개정증보판

도산과 지방세

전대규

SAMIL | 삼일인포마인

책을 출간한 지 3년이 되었다. 독자들의 성원으로 개정증보판을 내게 되었다. 그 동안 개인적으로 서울회생법원 부장판사를 마지막으로 23년간의 법관 생활을 마감 했다.

개정증보판의 특징적인 것은 다음과 같다.

첫째, 지금까지 개정된 각종 법률(채무자회생법, 지방세법 등)이나 도산과 지방세 에 관하여 추가로 연구한 내용들을 반영하였다. 특히 2023년 취득세 과세표준의 전 면적인 변경 및 2024년 1월 1일부터 적용되는 개정 내용을 반영하였다. 오해의 소지 나 적절하지 못한 표현을 다듬었고, 가독성을 높이기 위해 쉬운 표현을 찾아 쓰려고 했다.

둘째, 제1편 제2장에 있었던 '도산으로의 초대'는 삭제했다. 이 책 출간 이후 <도산, 일상으로의 회복>(법문사, 제2판)이 발행되었고, 거기에 해당 내용이 들어 있 기 때문이다.

셋째, 제2편 제3장에 '지방세 산책'이라는 새로운 장을 신설하여 도산 및 지방세 와 관련한 가벼운 에세이를 담았다. 이는 어려운 도산과 지방세의 내용을 좀 더 이 해하기 쉽도록 하기 위함이다.

넷째, 지방세[법]에 관한 개론서가 많지 않기에 「제2편 지방세」 부분은 지방세 [법]의 개론서가 될 수 있도록 적절한 분량을 유지하면서 중요한 내용들이 모두 포 함되도록 서술하였다.

책을 쓰기 위해서는 인내와 고뇌가 필요하다. 이 책은 기본적으로 교과서적인 체 계를 유지하면서 도산과 지방세의 실무적인 관점을 접목하여 쓰여졌다. 양쪽의 균형 을 이루면서 쓴다는 것은 생각보다 쉽지 않았다. 영구 장서용이 되리라는 소망을 실 현하기 위해 온몸으로 밀고 나가면서 마무리했다.

개정증보판이 나오기까지 주위의 많은 도움이 있었다. 한국지방세연구원에서의 지속적인 강의와 전국 지방세 담당 공무원들의 질문들은 이 책을 더욱 충실하게 만드는 밑거름이 되었다. 삼일인포마인 이희태 대표이사, 조원오 전무, 임연혁 차장 및 오미연 대리는 여전히 출간의 고행을 같이해 주었다. 마지막으로 늘 배려와 응원을 해주신 ㈜투데이아트의 박장선 회장님과 직원분들께 감사드린다.

2024. 2. 1.

전(前) 서울회생법원 부장판사
변호사 전 대 규

Businesses fail(기업은 실패하기도 한다). - Elizabeth Warren(엘리자베스 워런)
Taxes are the price we pay for civilization(조세는 문명사회를 위하여 지급하는 대가이다). - Justice Holmes(홈스 대법관)

   도산은 이제 일상적인 법률현상이고, 조세(지방세)는 우리의 삶과 밀접하게 연관되어 있다. 하지만 아이러니하게도 둘은 쉽지도 익숙하지도 않다. 아무런 관련이 없을 것 같은 2가지 주제는 창원지방법원, 수원지방법원, 서울회생법원에서 파산부장으로 근무하면서 도산사건을 다룬 경험과 서울특별시 지방세심의위원회 위원장으로서 수많은 지방세 사건을 처리(행정심판, 과세전적부심사청구)한 경험을 통해 연결되었다. 어쩌면 몇 년 전 한국지방세연구원에서 <도산과 조세채권>이라는 제목으로 강의를 시작하면서부터인지도 모른다.

   이 책은 저자가 쓴 「채무자회생법」[제5판, 법문사(2021년)]을 기본으로, 2019년 9월부터 2020년 12월까지 법률신문(법대에서, 풀어쓰는 채무자회생법), 헤럴드경제(헤럴드시사), 아시아경제(전대규의 7전8기), 한국지방세연구원 「지방세 알림e」(도산과 지방세)에 쓴 칼럼과 글을 모아 보완하여 완성한 것이다. 어려운 도산과 지방세를 좀 더 쉽게 접근할 수 있게 하자는 의도에서 시작된 것이다. 이러한 취지를 살리기 위해 도산 및 지방세심판업무를 하면서 다룬 사안이나 지방세 담당 공무원들의 질문 내용을 사례 형식으로 많이 반영하였다.

   제1편 제1장(풀어 쓴 채무자회생법)은 창간 70년을 맞은 법률신문과 독자들의 전문성 고양을 위하여 기획된 연재물을 바탕으로 한 것이다. 기획 의도대로 처음으로 채무자회생법을 공부하는 분들을 위해 가급적 쉽게 쓴 것으로, 도산일반, 회생절차, 파산절차, 개인회생절차에 대해 순차적으로 서술하였다. 제2장(도산으로의 초대, Serendipity!)은 제1장에 대한 이해를 바탕으로 그것이 실제 사례에서 어떻게 적용되는지 간단한 글을 통해 자연스럽게 도산법리를 터득하도록 구성하였다. 제목 그대로 도산법리에 대해 Serendipity하기를 소망하는 마음으로 쓴 것이다. 도산(채무자회생법)에 관한 개론서로서의 역할을 할 수 있을 것이다.

제2편은 지방세 총론(제1장)과 지방세 각론(제2장)으로 나누어, 지방세에 관한 기초적인 이론과 개별 세목에 대한 기본적인 내용을 중심으로 썼다. 지방세법의 내용이 방대하므로 전반적인 내용을 다루기보다 핵심적이고 실무에서 주로 문제되는 것을 중심으로 서술하였다. 제1편(도산)과 마찬가지로 제2편(지방세)도 제3편(도산과 지방세)을 이해하기 위한 기초가 된다는 것을 염두에 두고, 가급적 쉽게 풀어서 썼다. 지방세에 관한 개론서로서 역할을 할 수 있을 것이다.

제3편은 도산과 지방세에 대한 이해를 전제로, 도산절차(회생절차, 파산절차, 개인회생절차)에서 지방세채권이 어떻게 취급되고 있는지, 지방세 담당 공무원이나 이해관계인은 도산절차가 시작된 경우 어떻게 대처하여야 하는지 등을 세세하게 다루고 있다. 이 책을 쓴 핵심적인 부분이기도 하다. 해당 주제와 관련한 연구가 많지 않아 해석론을 중심으로 다양한 쟁점을 다루었다. 국세에 관한 것도 빠뜨릴 수 없어 제3편에 [보론 2]로 '도산과 국세'를 추가하였다. 지방세와 내용이 비슷하지만 국세에만 독자적인 쟁점들도 많아 이들을 중심으로 썼다. 이로써 책 제목과 달리 '도산과 조세'의 전반적인 내용이 포섭되었다.

이 책은 도산과 지방세(국세 포함)라는 흔치 않는 내용을 담고 있다. 도산(채무자회생법) 업무와 지방세(국세) 업무를 담당하는 분들에게 작은 도움이 되었으면 한다. 책이 나오기까지 서울회생법원 이정우 판사, 고려사이버대학교 세무·회계학과 허원 교수, 권정효 변호사(서울회생법원 법인파산관재인)의 도움이 컸다. 한국지방세연구원과 전국의 지방세 담당 공무원들은 이 책을 쓰는 계기를 만들어 주었고, 서울특별시 지방세심의위원회 위원 및 직원들은 지방세에 대해 새로운 시각을 갖게 해주었다. 삼일인포마인 이희태 대표이사, 조원오 전무, 조윤식 이사, 임연혁 차장 및 오미연 대리는 출간의 마지막을 같이 했다. 모든 분들께 진심으로 감사드린다.

2021. 1. 1.

서 울 회 생 법 원
부장판사 전 대 규

차 례

제1편 도 산

제1장 풀어 쓴 채무자회생법 ·························· 23

| 제1절 | **도산일반** ································· 23
   Ⅰ. 도산절차란 무엇인가 ··················· 23
   Ⅱ. 회생·파산과 도산 ····················· 26
   Ⅲ. 도산절차는 포괄적·집단적 집행절차이다 ··········· 26
   Ⅳ. 법원이 관여하는 도산절차가 필요한 이유 ········· 28

| 제2절 | **회생절차** ································· 30
   Ⅰ. 회생절차는 어떻게 진행되는가 ············· 31
     1. 회생절차개시신청 / 31
     2. 회생절차개시결정 / 31
     3. 채권신고·조사·확정 및 채무자 재산의 구성 / 32
     4. 회생계획안의 작성·제출, 결의 및 인가 / 33
     5. 회생계획의 수행과 회생절차의 종결·폐지 / 34
   Ⅱ. 회생절차개시결정 전 채무자 재산의 보전 ·········· 34
     1. 보전처분 / 34
     2. 다른 절차의 중지명령 / 35
     3. 강제집행 등의 취소명령 / 36
     4. 강제집행 등의 포괄적 금지명령 / 36
   Ⅲ. 회생절차개시결정의 효력 ················· 37
     1. 회생채권자·회생담보권자의 권리행사 제한 / 37
     2. 관리처분권의 이전 / 38
     3. 당사자적격의 이전 / 39
     4. 쌍방미이행 쌍무계약의 선택권 / 39
     5. 계속적 공급계약에서 이행거절권능의 제한 / 39
     6. 소송절차의 중단과 수계 / 39
   Ⅳ. 회생절차의 기관 ····················· 41
     1. 관리위원회 / 41

2. 관리인 / 41

3. 채권자협의회 / 42

4. 조사위원(간이조사위원) / 42

5. 구조조정담당임원 / 43

Ⅴ. 회생채권·회생담보권, 공익채권·공익담보권, 개시후기타채권 44

1. 회생채권·회생담보권 / 44

2. 공익채권·공익담보권 / 45

3. 개시후기타채권 / 46

Ⅵ. 채무자 재산의 구성과 확정 ··· 47

1. 채무자의 재산 / 47

2. 환취권 / 48

3. 부인권 / 48

4. 상계권 / 49

Ⅶ. 회생채권·회생담보권의 확정절차 ······································ 50

1. 채권신고·채권자목록제출 / 51

2. 채권조사 / 51

3. 이의채권의 확정 / 53

Ⅷ. 회생계획안의 제출 및 결의 ·· 55

1. 회생계획안의 제출 / 55

2. 회생계획안 사전제출제도(P-plan) / 57

3. 회생계획안의 가결 / 59

4. 권리보호조항을 정한 인가(강제인가) / 60

Ⅸ. 회생계획인가결정의 효력 ·· 61

1. 회생계획인가결정의 효력발생시기 / 61

2. 회생채권 등의 면책 등 및 권리의 변경 / 61

3. 회생계획의 효력이 미치는 자 / 62

4. 회생계획의 효력을 받지 않는 자 / 63

5. 중지 중인 절차의 실효 / 63

6. 회생채권자표 등에의 기재와 그 효력 / 64

Ⅹ. 간이회생절차 ·· 64

Ⅺ. 회생절차의 종료 ·· 65

    1. 회생절차의 종결 / 66

    2. 회생절차의 폐지 / 66

    3. 견련파산 / 67

| 제3절 | **파산절차** ·· 68

  Ⅰ. 파산절차는 어떻게 진행되는가 ······································ 68

  Ⅱ. 파산선고의 효과 ·· 69

    1. 채무자의 재산에 대한 효과 / 69

    2. 쌍방미이행 쌍무계약에서의 선택권 / 70

    3. 파산채권자에 대한 효과 / 71

    4. 소송절차의 중단과 수계 / 72

  Ⅲ. 파산채권과 재단채권 ·· 74

    1. 파산채권 / 74

    2. 재단채권 / 75

  Ⅳ. 파산재단의 구성 및 확정 ·· 75

    1. 파산재단 / 76

    2. 부인권 / 77

    3. 환취권 / 77

    4. 별제권 / 78

    5. 상계권 / 79

  Ⅴ. 파산채권의 확정절차 ·· 81

  Ⅵ. 파산재단의 관리·환가 및 배당 ···································· 81

  Ⅶ. 파산절차의 종료 ·· 82

    1. 파산절차의 종결 / 82

    2. 파산절차의 폐지 / 83

  Ⅷ. 면 책 ··· 84

    1. 면책결정 / 84

    2. 면책결정의 효력 / 85

    3. 비면책채권 / 85

  Ⅸ. 상속재산파산 ·· 87

차 례

| 제4절 | **개인회생절차** ···································· 89

 Ⅰ. 개인회생절차는 어떻게 진행되는가 ·············· 89

 Ⅱ. 신청권자 ································· 90

   1. 채무액수의 제한 / 90

   2. 급여소득자 / 91

   3. 영업소득자 / 91

 Ⅲ. 회생위원 ································· 92

 Ⅳ. 개인회생절차개시결정의 효력 ·············· 92

   1. 개인회생재단의 성립 / 92

   2. 다른 절차의 중지·금지 / 92

 Ⅴ. 개인회생재단의 구성과 확정 ·············· 93

   1. 개인회생재단 / 93

   2. 부인권 / 93

   3. 환취권 / 94

   4. 별제권 / 94

   5. 상계권 / 95

 Ⅵ. 개인회생채권과 개인회생재단채권 ·············· 95

   1. 개인회생채권 / 95

   2. 개인회생재단채권 / 96

 Ⅶ. 개인회생채권의 확정 ·············· 96

   1. 개인회생채권자목록제출 / 96

   2. 이의가 있는 개인회생채권의 확정 / 97

 Ⅷ. 변제계획 ································· 97

   1. 변제계획안의 제출 및 인가 / 97

   2. 변제계획인가결정의 효력 / 98

 Ⅸ. 개인회생절차의 폐지 및 면책 ·············· 99

   1. 개인회생절차의 폐지 / 99

   2. 면 책 / 100

| 제5절 | **국제도산** ·· **103** |

   Ⅰ. 국제도산관할 ·· 103

      1. 직접적 국제도산관할 / 103

      2. 간접적 국제도산관할 / 104

   Ⅱ. 준거법 ·· 105

제2편 **지방세**

제1장 지방세 총론 ··· 109

| 제1절 | **총 설** ··· **109** |

   Ⅰ. 지방세의 의의 ·· 109

   Ⅱ. 지방세법의 법원과 세목 ·· 111

      1. 지방세법의 법원 / 111

      2. 지방세의 세목 / 112

   Ⅲ. 지방세 부과 등의 원칙 ·· 116

      1. 실질과세원칙 / 116

      2. 신의성실원칙 / 117

      3. 근거과세원칙 / 119

      4. 법령해석의 기준 / 119

      5. 기업회계의 존중 / 121

   Ⅳ. 기간과 기한 ·· 121

      1. 기간의 계산 / 121

      2. 기한의 특례 / 122

      3. 우편신고 및 전자신고 / 122

      4. 기한의 연장과 취소 / 122

   Ⅴ. 서류의 송달 ·· 124

      1. 서류의 송달장소 / 124

      2. 서류송달의 방법 / 126

차 례

| 제2절 | **납세의무** ··· 129

  Ⅰ. 납세자 ··· 129

    1. 납세의무자 / 129

    2. 연대납세의무자 / 130

    3. 제2차 납세의무자 / 132

    4. 보증인 / 140

    5. 특별징수의무자 / 141

  Ⅱ. 납세의무의 성립과 확정 ··· 142

    1. 납세의무의 성립 / 142

    2. 납세의무의 확정 / 147

    3. 납세의무의 성립과 확정의 관계 / 149

    4. 납세의무성립의 도산절차에서의 의미 / 150

  Ⅲ. 납세의무의 승계와 소멸 ··· 151

    1. 납세의무의 승계 / 151

    2. 납부의무의 소멸 / 151

  Ⅳ. 양도담보권자 등의 물적 납세의무 ··························· 161

    1. 양도담보권자의 물적 납세의무 / 161

    2. 종중재산 명의수탁자의 물적 납세의무 / 163

| 제3절 | **부 과** ··· 164

  Ⅰ. 수정신고 ··· 164

    1. 수정신고의 의의 / 164

    2. 수정신고의 효력 / 165

  Ⅱ. 경정청구 ··· 166

    1. 통상적 사유에 의한 경정청구 / 166

    2. 후발적 사유에 의한 경정청구 / 167

  Ⅲ. 기한 후 신고 ··· 169

    1. 기한 후 신고의 의의 / 169

    2. 기한 후 신고의 효력 / 170

  Ⅳ. 가산세 ··· 171

    1. 의 의 / 171

2. 종 류 / 172

3. 가산세의 감면 등 / 175

| 제4절 | **지방세환급금과 지방세 우선** ·· **178**

Ⅰ. 지방세환급금의 환급과 충당 ·· 178

1. 지방세의 환급 / 178

2. 지방세환급금의 충당 / 179

3. 지방세환급금의 소멸시효 / 180

Ⅱ. 지방세 우선의 원칙 ·· 181

1. 지방세의 우선 징수 / 181

2. 지방세우선권의 예외 / 181

3. 압류우선주의 / 185

[보론1] 세무조사 ·· 189

| 제5절 | **지방세 구제제도** ·· **200**

Ⅰ. 과세전적부심사청구 ·· 200

1. 의 의 / 200

2. 청구대상 및 청구제외대상 / 202

3. 청구효과 / 203

4. 결과통지 및 조기결정 신청 / 205

5. 결정불복시 구제방법 / 206

Ⅱ. 지방세심판절차 ·· 207

1. 지방세심판전치주의 / 207

2. 이의신청 및 조세심판원에 대한 심판청구 / 208

3. 감사원에 대한 심사청구 / 213

4. 이의신청 · 심판청구와 감사원 심사청구의 관계 / 214

Ⅲ. 행정(지방세)소송 ·· 214

| 제6절 | **지방세의 징수** ·· **215**

Ⅰ. 납세의 고지 등 ·· 215

1. 납세의 고지 / 215

2. 납기 전 징수 / 220

3. 징수유예 / 221

차 례

Ⅱ. 독촉 또는 납부최고 ·· 225

Ⅲ. 체납처분 ·· 226

　1. 협의의 체납처분 / 226

　2. 교부청구 / 230

　3. 참가압류 / 231

　4. 체납처분의 중지·유예와 정리보류 / 232

제2장 지방세 각론 ··· 235

|제1절| **취득세** ·· 235

Ⅰ. 취 득 ·· 236

　1. 취득의 개념 / 236

　2. 취득의 유형 / 242

Ⅱ. 과세대상 ·· 249

Ⅲ. 납세의무자 및 비과세 ···································· 251

　1. 납세의무자 / 251

　2. 비과세 / 257

Ⅳ. 납세지 ·· 260

　1. 취득세의 납세지 / 260

　2. 불분명 납세지의 기준 / 261

　3. 취득세 안분 기준 / 262

Ⅴ. 과세표준과 세율 ·· 262

　1. 과세표준 / 263

　2. 취득의 시기 및 현황과세 / 275

　3. 세 율 / 279

Ⅵ. 면세점 ·· 291

Ⅶ. 부과·징수 ·· 291

　1. 징수방법 / 291

　2. 신고 및 납부 / 292

　3. 보통징수 / 300

| 제2절 | **등록면허세** ································· 301

   Ⅰ. 등록에 대한 등록면허세 ················· 301

     1. 과세대상 / 301

     2. 납세의무자 및 비과세 / 303

     3. 납세지 / 304

     4. 과세표준과 세율 / 304

     5. 신고 및 납부 / 306

     6. 특별징수 / 306

   Ⅱ. 면허에 대한 등록면허세 ················· 307

     1. 과세대상 / 307

     2. 납세의무자 및 비과세 / 307

     3. 납세지 / 309

     4. 세 율 / 309

     5. 신고납부 등 / 310

| 제3절 | **레저세** ································· 311

   Ⅰ. 과세대상 ································· 311

   Ⅱ. 납세의무자 ······························· 311

   Ⅲ. 과세표준 및 세율 ······················· 311

   Ⅳ. 신고 및 납부 ··························· 311

| 제4절 | **담배소비세** ····························· 312

   Ⅰ. 과세대상 ································· 312

   Ⅱ. 납세의무자 ······························· 312

     1. 제조자 / 312

     2. 수입판매업자 / 312

     3. 반입한 사람, 수취인 / 313

     4. 제조자 또는 반입한 사람 / 313

     5. 처분을 한 자 / 313

   Ⅲ. 납세지 ································· 313

   Ⅳ. 과세표준 및 세율 ······················· 314

     1. 과세표준 / 314

2. 세 율 / 314

V. 미납세 반출 및 과세면제 ……………………………………… 314

   1. 미납세 반출 / 314

   2. 과세면제 / 315

VI. 신고납부 및 수시부과 …………………………………………… 315

   1. 신고납부 / 315

   2. 수시부과 / 316

   3. 특별징수 / 316

| 제5절 | **지방소비세** ……………………………………………………… 317

I. 과세대상 …………………………………………………………… 317

II. 납세의무자 ……………………………………………………… 317

III. 납세지, 특별징수의무자 및 납입 …………………………… 318

   1. 납세지 / 318

   2. 특별징수의무자 / 318

   3. 납 입 / 318

IV. 과세표준 및 세액 ……………………………………………… 319

   1. 과세표준 / 319

   2. 세 액 / 319

V. 신고 및 납부 등 ………………………………………………… 319

VI. 부과 · 징수 등의 특례 ………………………………………… 320

| 제6절 | **주민세** ………………………………………………………… 320

I. 통 칙 ……………………………………………………………… 320

   1. 주민세의 유형 / 320

   2. 납세의무자 및 비과세 / 322

   3. 납세지 / 323

II. 개인분 주민세 …………………………………………………… 324

   1. 세 율 / 324

   2. 징수방법 : 보통징수방법 / 324

III. 사업소분 주민세 ………………………………………………… 324

   1. 과세표준 / 324

　　　2. 세 율 / 325

　　　3. 징수방법과 납기 / 326

　　Ⅳ. 종업원분 주민세 ·· 327

　　　1. 과세표준 / 327

　　　2. 세 율 / 327

　　　3. 면세점 / 327

　　　4. 중소기업 고용지원 / 328

　　　5. 징수방법과 납기 / 328

| 제7절 | **지방소득세** ·· **329**

　　Ⅰ. 과세대상 ·· 329

　　Ⅱ. 납세의무자 ··· 329

　　Ⅲ. 과세기간 및 사업연도 ·· 330

　　Ⅳ. 납세지 ·· 330

　　Ⅴ. 과세표준 및 세율 ··· 330

　　　1. 거주자(개인지방소득세) / 330

　　　2. 내국법인(법인지방소득세) / 331

　　Ⅵ. 과세표준 및 세액의 확정신고와 납부, 수정신고 등,
　　　수시부과 및 특별징수 ··· 331

　　　1. 과세표준 및 세액의 확정신고와 납부 / 331

　　　2. 수시부과 / 333

　　　3. 수정신고 등 / 334

　　　4. 특별징수 / 336

　　Ⅶ. 불복방법 ·· 337

　　Ⅷ. 법인전환 시 양도소득에 대한 개인지방소득세의 이월과세 ···· 337

　　　1. 법인전환 시 양도소득에 대한 소득세의 이월과세 / 337

　　　2. 법인전환 시 개인지방소득세의 이월과세 / 339

| 제8절 | **재산세** ·· **340**

　　Ⅰ. 과세대상 ·· 341

　　　1. 재산세의 과세대상 / 341

　　　2. 토지에 대한 재산세 과세대상 구분 / 343

Ⅱ. 납세의무자 및 비과세 ·· 345
  1. 납세의무자 / 345
  2. 비과세 / 353

Ⅲ. 납세지 ·· 356

Ⅳ. 과세표준 및 세율 ·· 356
  1. 과세표준 / 356
  2. 세 율 / 357

Ⅴ. 부과와 징수 ··· 359
  1. 과세기준일 / 359
  2. 납 기 / 359
  3. 징수방법 / 360

| 제9절 | **자동차세** ··· 364

Ⅰ. 자동차 소유에 대한 자동차세 ·· 364
  1. 납세의무자와 비과세 / 364
  2. 과세표준과 세율 / 366
  3. 납기와 징수방법 / 367
  4. 승계취득 시의 납세의무 / 368
  5. 자동차등록번호판의 영치 및 즉시 체납처분 / 368

Ⅱ. 자동차 주행에 대한 자동차세 ·· 369
  1. 납세의무자 / 369
  2. 세 율 / 370
  3. 신고납부와 보통징수 / 370
  4. 이의신청 등의 특례 / 371

| 제10절 | **지역자원시설세** ··· 372

Ⅰ. 과세대상 ··· 372

Ⅱ. 납세의무자 및 비과세 ·· 373
  1. 납세의무자 / 373
  2. 비과세 / 373

Ⅲ. 납세지 ·· 374
  1. 특정자원분 지역자원시설세 / 374

　　2. 특정시설분 지역자원시설세 / 374

　　3. 소방분 지역자원시설세 / 374

Ⅳ. 과세표준 및 세율 ··· 374

　　1. 특정자원분 지역자원시설세 / 374

　　2. 특정시설분 지역자원시설세 / 375

　　3. 소방분 지역자원시설세 / 375

Ⅴ. 부과·징수 ·· 376

　　1. 징수방법 / 376

　　2. 소액 징수면제 / 376

| 제11절 | **지방교육세** ··· 377

Ⅰ. 납세의무자 ··· 377

Ⅱ. 과세표준 및 세율 ··· 377

Ⅲ. 신고납부와 부과·징수 ··· 378

　　1. 신고납부 / 378

　　2. 부과·징수(보통징수) / 378

제3장 지방세 산책 ·· 379

　　1. 국세와 지방세의 불편한 동거 / 379

　　2. 서초구의 재산세 감면은 적법한가 / 381

　　3. 세법 용어 유감 / 385

　　4. 조세채권의 우선성은 정당한가 / 387

　　5. 조세심판과 조세소송 / 388

　　6. 회생절차에서 세금도 면책되는가 / 391

　　7. 세법은 왜 이렇게 복잡할까 / 392

　　8. 세법의 해석 적용도 법 감정이 고려되어야 한다! / 394

　　9. 조세채권의 면책과 형사책임 / 396

　　10. [안 내도 되는 세금(취득세)] 직계존비속으로부터 부동산
　　　　취득 / 398

　　11. [안 내도 되는 세금(자동차세)] 임의경매절차에서 자동차세
　　　　비과세 / 400

　　12. 개인회생절차개시 후 상속이 발생한 경우 취득세 문제 / 402

차 례

제3편   도산과 지방세

제1장 도산절차에서 지방세채권의 취급 ·· 409

Ⅰ. 지방세의 징수단계에서의 특권 ··· 409
1. 지방세우선권 / 409
2. 자력집행권(강제징수권) / 411
3. 지방세우선권과 자력집행권(강제징수권)의 의미 / 411

Ⅱ. 도산절차에서 지방세채권 취급의 중요성 ···························· 411

Ⅲ. 현행 채무자회생법의 지방세채권에 관한 태도 ···················· 412

제2장 회생절차와 지방세채권 ·· 414

Ⅰ. 회생절차에서 지방세채권의 취급 ·· 415
1. 회생채권·회생담보권·공익채권·개시후기타채권 / 415
2. 가산세 / 424

Ⅱ. 회생채권인 지방세채권에 관한 특칙 ···································· 427
1. 회생절차개시 신청 단계 / 427
2. 회생절차개시결정 단계 / 429
3. 채권신고·확정단계 / 433
4. 회생계획안 작성 단계 / 438
5. 회생계획안 결의 단계 / 440
6. 회생계획인가결정 단계 / 441

Ⅲ. 회생절차에서 지방세채권의 취급에 관한 몇 가지 쟁점 ········· 448
1. 납세보증보험자의 지방세채권 대위변제 / 448
2. 등록면허세(지방교육세)의 비과세 / 451
3. 과점주주의 제2차 납세의무 / 453
4. 후발적 경정청구사유로서 회생계획인가결정으로 인한
   면책 / 454
5. 지방세채무 승계 및 연대납세의무 / 456
6. 견련파산의 경우 지방세채권의 취급 / 457

7. 지방세채권에 기해 압류한 경우의 채권신고 / 457

8. 취득세와 관리인의 해제 / 458

9. 부인권 행사로 인한 원상회복과 재산세 납세의무자 / 459

10. 체납처분에 의한 강제환가절차에서 회생채권인 지방세
　　채권이 공익채권보다 우선하는지 여부 / 460

11. 지방세환급금의 충당과 상계제한 / 460

Ⅳ. 출자전환 등으로 인한 과점주주의 취득세 납세의무 ·············· 462

1. 과점주주의 취득세 납세의무 / 462

2. 회생절차개시 후 출자전환이나 주식취득 등으로 과점주주가 된
　　경우 / 465

3. 회생절차종결과 취득세 납세의무 / 466

Ⅴ. 법인합병에 대한 취득세 과세특례와 회생·파산절차 ············· 466

Ⅵ. 채무자의 재산에 속한 부동산 등이 경매로 매각된 경우
　　회생채권인 지방세채권자에의 배당 여부 ······························· 468

제3장 파산절차와 지방세채권 ·· 470

Ⅰ. 파산절차에서 지방세채권의 취급 ··· 471

1. 재단채권·후순위 파산채권·비파산채권(기타채권) / 471

2. 재단채권인 지방세채권의 변제 및 실현 / 480

Ⅱ. 파산절차에서 지방세채권의 취급에 관한 몇 가지 쟁점 ········· 487

1. 파산선고 후 채무자가 사망한 경우 상속인에 대한
　　취득세의 과세 여부 / 487

2. 파산선고와 지방세채권의 납기 / 488

3. 수시부과사유에 따른 지방세납세의무 / 489

4. 후발적 경정청구사유로서 파산선고 / 490

5. 지방세채권의 납세의무자 / 491

6. 비면책채권 / 492

7. 파산법인의 제2차 납세의무 / 493

8. 주택 취득에 있어 증여 취득 간주 배제 / 494

9. 등록면허세·지방교육세의 비과세 / 494

10. 지방세채권과 부인권 / 495

11. 임금채권자 등의 최우선변제권 / 495

12. 취득세 추징과 파산선고 / 496

13. 지방세우선권의 예외 / 496

Ⅲ. 별제권과 지방세채권 ·· 496

1. 별제권과 지방세채권의 순위 / 496

2. 별제권의 행사와 지방세채권 / 498

Ⅳ. 상속재산파산과 지방세채권 ······································ 500

Ⅴ. 파산선고와 체납처분 ·· 502

1. 파산선고 전에 된 체납처분 / 502

2. 파산선고 후 체납처분 / 503

Ⅵ. 파산관재인의 세무처리 ·· 503

1. 법인파산에서 파산관재인의 세무처리 / 504

2. 개인파산에서 파산관재인의 세무처리 / 508

3. 납세증명서 제출 및 그 예외 / 509

Ⅶ. 파산재단에 속한 부동산 등이 경매로 매각된 경우 지방세
채권자에의 배당 여부 ·· 510

Ⅷ. 면책절차와 지방세채권 ·· 510

제4장 개인회생절차와 지방세채권 ································· 511

Ⅰ. 개인회생절차에서 지방세채권의 취급 ························ 511

1. 개인회생채권 / 511

2. 개인회생재단채권 / 512

3. 가산세의 경우 / 513

Ⅱ. 개인회생절차에서 각 단계별 지방세채권의 취급 ·········· 514

1. 개인회생절차개시신청 단계 / 514

2. 개인회생절차개시결정 단계 / 514

3. 변제계획인가결정 단계 / 516

4. 면책결정(확정)단계 / 516

Ⅲ. 개인회생재단에 속한 부동산 등이 경매로 매각된 경우
개인회생채권인 지방세채권자에의 배당 여부 ·············· 517

[보론2] 도산과 국세 ·· 521

부 록 ··· 578
색 인 ··· 582

주요 법령 · 참고문헌 약칭

채무자회생법   채무자 회생 및 파산에 관한 법률

[법조문을 인용함에 있어 법률명에 관한 특별한 표시가
없으면 '채무자회생법'을 의미한다]

시행령   채무자 회생 및 파산에 관한 법률 시행령

규칙   채무자 회생 및 파산에 관한 규칙

개인예규   개인회생사건 처리지침(재민 2004-4)[재판예규 제1849호]

민소법   민사소송법

전대규   전대규, 채무자회생법(제8판), 법문사(2024)
(채무자회생법)

전대규(일상회복)   전대규, <도산, 일상으로의 회복>(제2판), 법문사(2023)

소순무 · 윤지현   소순무 · 윤지현, 조세소송, 조세통람(2020)

제 **1** 편

도 산

제 **1** 장　풀어 쓴 채무자회생법

제1장 풀어 쓴 채무자회생법

본 장은 창간 70주년을 맞은 법률신문과 함께 독자들의 전문성 향상을 위해 2020년 5월부터 10월까지 6개월 동안 12회에 걸쳐 법률신문에 게재한 내용을 토대로 채무자회생법의 전반적인 내용이 포함되도록 수정과 보완(추가)을 거쳐 완성된 것이다. 채무자회생법에 익숙하지 않은 분들을 전제로 기본적인 원리와 내용을 가급적 쉽게 서술하려고 노력했다.

제1절 도산일반

실패를 전제로 하는 도산절차를 규정하고 있는 채무자회생법은 전통적인 법관념에서 보면 이단아다. 약속은 지켜야 하는 것이 상식인데, 약속은 가끔 지키지 않아도 된다는 것을 규정하고 있으니 말이다. 채무자를 구제하기 위하여 탄생한 채무자회생법은 태생적으로 채권자들로부터 공격을 받을 수밖에 없다. 대표적인 것이 도덕적 해이다(moral hazard). 하지만 채무자회생법의 진정한 목적(면책을 통한 새로운 출발 등)을 달성하기 위해서는 때로는 활자의 내용을 넘어 시대정신과 사회적 가치를 투영하여 채무자 우호적인 해석이 요구되기도 하고 그래야만 한다. 이 점에서 법관을 비롯한 도산사건 담당자의 역할이 중대하다.

Ⅰ. 도산절차란 무엇인가

세상에 돈이 있기 전에 부채가 있었다.[1] 유사 이래 부의 불평등으로 빚(채무)이 늘 존재하였고 필연적으로 어떠한 이유에서건 변제하지 못하는 상황이 발생하였다. 빚을 갚지 못한 실패한 채무자를 어떻게 처리할 것인가.

예를 들어 한 번 생각해보자. 30대 초반에 월 300만 원의 급여를 받고 성실하게 사는 사람이 아버지가 사업자금을 빌리는 데 보증을 서주어 40억 원이 넘는 빚(보증채무)을 부담하게 되었다고 하자. 이 사람은 자신의 급여를 전부 빚 갚는 데 사용하여도 평생 빚을 갚지 못한다. 약속(계약)은 지켜져야 한다(Pacta sunt servanda)는 법언에 따르면 이 사람은 평생 빚을 갚아야 한다. 아버지를 위해 보증을 서주었지만 과연 이 사람을 얼마나 비난할 수 있을까. 이 사람으로 하여금 평생 빚 갚으며 살아가라고 하는 것이 정의인가. 아니면 채무를 탕감해주고 새로운 삶을 살 수 있도록 해주는 것이 타당한가. 이 사람에게 평생 빚을 갚으며 살라고 하면 일할 의욕도 없어져 직장을 그만 둘 수도 있다. 이로 인해 결혼, 출산, 가족부양 등에 심각한 영향을 미칠 수도 있다. 실로 희망이 없는 삶이 된다. 이러한 현상이 바람직한가. 이에 대한 해결책으로 등장한 것이 도산절차다.

채무자회생법은 도산절차로 회생절차(제2편), 파산절차(제3편), 개인회생절차(제4편)를 규정하고 있다.[2] ① 회생절차란 재정적 어려움에 처한 채무자의 채무를 조정하여 재건시키는 것이다. 존속을 목적으로 한다. ② 파산절차란 파산한 채무자의 모든 재산을 환가하여 채권자들에게 공평하게 나누어주는 것이다. 법인은 궁극적으로 소멸하지만, 개인[3]은 면책절차가 있다. 면책이란 가진 재산을 모

---

1) 「부채, 첫 5,000년의 역사」의 저자 데이비드 그레이버(David Graeber, 미국)의 말이다. 위 책은 인류학자 데이비드 그레이버가 인류역사 5,000년 동안 부채가 어떤 의미였으며, 또 어떤 역할을 했는지 그것이 부채위기를 겪고 있는 우리에게 어떤 메시지를 던지는지를 심도 있게 분석하고 있다. 가계부채 문제가 심각한 우리 경제에 시사하는 바가 큰 책이다.

2) 채무자회생법은 6편 660조와 부칙으로 구성되어 있다. 제1편 총칙은 제2편부터 제5편까지 공통으로 적용되는 내용에 관한 것이고, 이후 제2편 회생절차, 제3편 파산절차, 제4편 개인회생절차를 규정하고 있다. 이들 3가지 도산절차는 상호 독립적인 절차이다. 채무자회생법은 도산절차를 위와 같이 3가지 유형을 분류하고 있는데, 이는 채무자의 유형별로 추구하는 목표와 보호하고자 하는 대상이 다르기 때문이다. 제5편 국제도산은 도산사건에 국제적인 요소가 들어있는 사건에 관한 당사자들과 법원의 권리의무를 규정하고, 제6편 벌칙은 채무자회생법에 반하는 행위를 처벌하는 규정이다. 회생절차, 파산절차, 개인회생절차는 기본적으로 절차의 흐름대로 장을 배치하고 절차에 참여하는 주체나 조직이 처음 등장하는 대목에서 그에 관한 규정을 두고 있다.

3) 민법에서는 '자연인'이라고 한다.

두 환가하여 변제한 후 남은 채무를 전부 없애주는 것이다. 면책을 통해 개인은 빚의 굴레에서 벗어나 새로운 출발(fresh start)을 할 수 있다: ③ 개인회생절차란 계속적이고 반복적인 수입이 있는 개인(급여소득자 등)이 원칙적으로 3년 동안 일부 채무를 변제하면 나머지 채무를 면책시켜주는 것이다.

회생절차 및 개인회생절차를 재건형 절차라 하고, 파산절차를 청산형 절차라 한다. 재건형 절차와 청산형 절차는 채권자들에게 변제하는 재원이 다르다. 재건형 절차는 원칙적으로 장래의 수입(소득)이 변제재원이 되는 반면에, 청산형 절차는 과거(파산선고 당시)의 재산이 변제재원이 된다.[4] 재건형은 기존 재산을 유지시켜야 사업이나 영업을 계속할 수 있다는 점을 고려한 것이고, 청산형은 개인의 경우 장래수입을 새로운 출발을 위한 밑천으로 사용하도록 한다는 배려가 있는 것이다.

채무자회생법은 회생절차를 먼저 규정하고 있지만, 파산절차가 원칙이고 회생절차는 예외이다. 시장에 파산이 아닌 회생을 시키기 위한 법이라는 메시지를 주기 위하여 회생절차를 먼저 규정한 것이다.

| 현행 채무자회생법이 규정하고 있는 도산절차 |

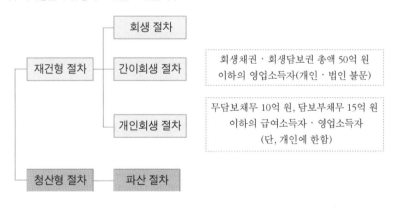

---

4) 물론 재건형 절차의 경우 과거의 재산도 변제재원이 될 수 있다. 그래서 변제재원이라는 측면에서 팽창주의를 채택하고 있다. 반면 청산형 절차는 과거의 재산(파산선고 당시의 재산)만이 변제재원이 되는 고정주의를 채택하고 있다.

Ⅱ. 회생 · 파산과 도산

채무자회생법은 파산과 회생을 명확히 구별하여 사용하고 있다. 그런데 현실적으로 도산이라는 용어가 사용되고 있고, 채무자회생법을 도산법이라고 부르기도 한다. 이 책의 제목도 '도산과 지방세'이다. 그렇다면 회생, 파산, 도산은 어떠한 관계에 있는 것인가.

제5편(국제도산)에서 회생과 파산을 포괄하는 의미로 '도산'이라는 용어를 사용하고 있다(제628조 제2호). 실무적으로도 파산과 회생을 포괄하는 개념으로 도산이라는 용어를 사용하는 것이 일반적으로 정착되었고,[5] 「채무자 회생 및 파산에 관한 규칙」 제8조도 회생과 파산을 포괄하는 개념으로 '도산'이라는 용어를 사용하고 있다.

실무적으로나 법률적으로나 회생과 파산을 통합하여 도산이라는 용어를 사용하여도 무방할 것으로 보인다.[6] 결론적으로 도산이라는 용어는 파산(bankruptcy)과 회생(rehabilitation)을 포괄하는 개념으로 보면 된다.

Ⅲ. 도산절차는 포괄적 · 집단적 집행절차이다

현행법상 강제환가절차는 크게 3가지 있다. 하나는 민사집행법에 의한 강제집행절차(경매)이고, 둘은 세금과 관련된 체납처분(강제징수)[7]절차(공매)이며, 셋은 도산절차이다.

민사집행법에 의한 강제집행을 하려면 집행권원이 필요하다. 집행권원의 대표

---

5) 대법원 2015. 5. 28. 선고 2012다104526, 104533(병합) 판결 등 참조.
6) 한편 「법원조직법」은 '회생 및 파산사건'을 전문적으로 다루는 전문법원을 '회생법원'이라고 하고 있다. 파산법원, 도산법원은 부정적 이미지가 강하고, 회생파산법원은 명칭으로는 너무 길다는 단점이 있으므로, 도산절차에 대한 부정적 이미지를 해소하여 도산절차 이용을 촉진하기 위하여 긍정적 명칭인 회생법원으로 하고 있는 것이다. 이에 대하여 회생법원이라는 명칭은 회생사건만을 다루는 것으로 오인될 수도 있고, 도산에서 원칙적이고 본질적인 것은 파산절차인데 이를 간과하고 있으며, 제353조 제4항에서 '파산계속법원'이라는 용어를 사용하고 있기 때문에 적절하지 않다는 비판도 있다. 한편 서울회생법원의 영문명칭은 'SEOUL BANKRUPTCY COURT'를 사용하고 있다. 관련 내용은 「전대규(일상회복), 14쪽」을 참조할 것.
7) 지방세에서는 '체납처분', 국세에서는 '강제징수'라고 한다. 용어가 그 본질적 부분인 강제성을 잘 드러낸다는 점에서 강제징수라는 용어가 타당해 보인다.

적인 것이 판결이다. 채권자는 판결을 받아 채무자의 특정재산을 압류한 후 환가하여 채권을 회수한다. 원칙적으로 한명의 채권자가 채무자의 하나의 재산에 대하여 강제로 환가하는 것이다(개별집행). 다른 채권자가 강제집행절차에서 배당을 받으려면 배당요구를 하여야 한다. 채권자가 배당요구를 하지 않아도 채권이 없어지지 않는다. 단지 배당을 받지 못할 뿐이다.

체납처분(강제징수)절차는 집행권원이 필요 없다. 조세채권의 경우는 자력집행권이 있기 때문이다. 세금을 납부하지 않으면 국가나 지방자치단체는 곧바로 납세자의 재산을 압류하고 환가한 후 체납세금을 징수해간다. 집행권원이 필요 없다는 점을 제외하고 나머지는 민사집행법에 의한 강제집행과 같다(개별집행).

도산절차는 어떤가. ① 도산절차 중 원칙적인 파산절차를 전제로 본다. 파산절차도 집행절차이다. 다만 민사집행법에 의한 강제집행과 다른 것은 모든 채권자가 참가하고 채무자의 모든 재산을 대상으로 환가를 진행한다는 것이다(일반집행). 집단적·포괄적 집행절차이다. 집행절차이기 때문에 집행권원이 있어야 하는 것이 아닐까. 수많은 채권자들에게 집행권원을 요구하면 신속하게 파산절차를 진행할 수 없다. 그래서 파산절차 내에 집단적 채권확정절차를 마련했다. 채권자들은 법원에 채권신고를 해야 한다. 채권신고는 민사집행법에 의한 강제집행에서 배당요구와 같다. 그래서 채권신고를 하지 않아도 배당을 받지 못할 뿐 채권이 없어지지는 않는다. 신고된 채권에 대하여 다툼이 없으면 채권이 확정되고, 다툼이 있으면 채권조사확정재판 등을 통해 확정된다.[8] 파산절차에서 배당을 받으려면 반드시 채권신고를 해야 한다. 개인의 경우 배당을 받지 못한 나머지 채무는 면책된다. ② 회생절차도 모든 채권자가 참가하고 채무자의 모든 재산을 대상으로 하는 포괄적·집단적 절차이다. 다만 회생절차에서는 파산절차와 달리 원칙적으로 재산을 환가하지 않고 이를 이용하여 수입을 창출하여 그 수입으로 채무를 변제한다. 회생절차에서도 채권신고를 해야 한다. 파산절차와 달리 채권신고를 하지 않으면 원칙적으로 회생계획이 인가되면 채권이 소멸(실

---

8) 확정된 파산채권은 파산채권자표에 기재된다. 파산절차 종료 후 파산채권자는 파산채권자표의 기재에 의하여 강제집행을 할 수 있다(제535조 제2항, 제548조 제1항).

권)된다.[9] 회생절차는 채무자의 회생을 목적으로 하기 때문에 그렇게 규정한 것이다(파산절차처럼 배당만 받지 못한다면 아무도 채권신고를 하지 않고 회생절차가 끝나면 전액을 추심할 것이다). 회생절차도 파산절차와 마찬가지로 집단적 채권확정절차가 마련되어 있다(회생절차에서 채권신고와 채권확정절차에 관한 내용은 아래 [<제2절 Ⅶ.>(본서 50쪽)]에서 자세히 다룬다). 요컨대 회생계획인가결정으로 채권신고를 하지 않는 것과 같은 일부 채무는 면책된다(제251조). ③ 개인회생절차도 모든 채권자가 참가하고 채무자의 모든 재산을 대상으로 하는 포괄적·집단적 절차이다. 개인회생절차에서는 채권신고제도가 없고 채무자에게 채권자목록을 제출하도록 하고 있다. 채권자목록에 기재되지 않은 채권은 개인회생절차에 아무런 영향을 받지 않는다. 개인회생절차도 파산절차와 마찬가지로 집단적 채권확정절차가 마련되어 있다. 신속한 절차 진행을 위한 것이다.

요컨대 민사집행법에 의한 강제집행절차와 체납처분(강제징수)절차는 개별집행절차이고, 도산절차는 포괄적·집단적 집행절차이다.

Ⅳ. 법원이 관여하는 도산절차가 필요한 이유

채무자의 채무를 조정하는 수단으로 법원이 관여하는 도산절차(court process)가 필요한 이유는 무엇일까. 여러 가지 이유가 있겠지만 다음 두 가지가 중요하다.

첫째 도산절차가 시작[10]되면 채권자의 개별적인 권리행사가 제한된다.[11] 그리

---

9) 이렇게 되면 회생절차가 진행 중임을 모르는 채권자에게는 너무 가혹하다. 그래서 아래에서 보는 바와 같이 채권자목록제출제도를 두고 있다. 관리인은 회생절차가 개시되면 채권자목록을 제출하여야 하고, 채권자목록에 기재된 것은 채권신고한 것으로 간주된다. 결국 채권신고도 하지 않고 채권자목록에도 기재되어 있지 않으면 채권은 실권된다.

10) 아래에서 보는 바와 같이 시작은 도산절차의 개시(회생절차개시, 파산선고, 개인회생절차개시)를 의미한다. 미국의 경우는 도산절차를 신청하면 바로 도산절차가 개시되어 채권자의 권리행사가 제한된다(자동중지). 하지만 우리의 경우는 도산절차신청만으로 도산절차가 개시되지 않고 법원이 도산절차개시결정을 하여야 비로소 시작된다. 그래서 도산절차신청과 도산절차개시 사이에 채권자는 권리행사를 할 수 있고, 채무자는 재산을 처분해 버릴 수 있다. 이 시기에 채권자의 권리행사를 막기 위하여 둔 것이 중지(금지)명령, 포괄적 금지명령 등이고, 채무자가 재산을 처분하지 못하도록 하는 것이 보전처분이다.

11) 기업구조조정 촉진법에 의한 공동관리절차(관리절차)의 경우도 채권자의 권리행사가 제한되지만 '금융채권자'만이 대상이 된다(상거래채권자는 제외)는 점에서 차이가 있다.

하여 채무자는 숨 쉴 수 있는 여유(breathing room)를 갖게 되고, 질서 있는 정리를 꾀할 수 있다. 도산절차가 시작되면 ① 회생절차에서는 회생채권자·회생담보권자, ② 파산절차에서는 파산채권자, ③ 개인회생절차에서는 개인회생채권자의 권리행사가 제한된다. 이러한 채권자들은 도산절차 밖에서 권리를 행사할 수 없고 도산절차에서 변제받는다. 도산절차에서 위 채권자들만이 권리행사가 제한되고 나머지 채권자들은 권리행사가 제한되지 않는다. 담보권자는 회생절차에서는 회생담보권자로서 권리행사가 제한되지만, 파산절차·개인회생절차에서는 별제권자로서 절차 밖에서 권리를 행사할 수 있다.

둘째 합의에 의하지 않는 권리조정이 가능하다. 자율협약과 같은 워크아웃절차[12]에서는 원칙적으로 일부 채권자가 반대할 경우 채무조정을 할 수 없다.[13] 사적인 채무면제이기 때문이다. 그러나 법원이 관여하는 도산절차(회생절차나 개인회생절차)는 채권자의 다수결(회생절차)이나 채권자들의 동의 유무와 상관없이(개인회생절차) 권리조정이 가능하다. 반대채권자들에 대하여도 법적 구속력을 부여할 수 있는 것이다. 그렇다면 반대채권자들은 어떻게 보호되는가. 채무자회생법은 반대채권자들의 권리를 보호하기 위하여 청산가치보장원칙이 지켜질 것을

---

12) 워크아웃(workout)이란 법원의 관여 없이 이해당사자 사이의 자율적인 협의에 의하여 이루어지는 사적 정리방식의 채무재조정절차를 통칭하는 것이다. 여기에는 자율협약과 기업구조조정 촉진법에 의한 공동관리절차(관리절차)가 있다. 관련 내용은 「전대규(채무자회생법), 2040쪽 이하」를 참조할 것.
13) 다만 기업구조조정 촉진법에 의한 경우에는 일부 채권자가 반대하더라도 채무조정이 가능하다. 하지만 대상이 금융채권자에 한정된다는 차이가 있음은 앞에서 본 바와 같다.

요구하고 있다(제243조 제1항 제4호, 제614조 제1항 제4호, 제2항 제1호). 청산가치보장원칙이란 채권자는 회생절차나 개인회생절차에서 최소한 파산절차에 의하여 변제(배당)받는 것(청산가치) 이상으로 변제받아야 한다는 것이다. 개인에 대한 파산절차에서는 채권자들이 반대하더라도 법원이 면책결정을 함으로써 개인들은 채무에서 벗어나게 된다.

제2절 회생절차

회생절차에서도 처분권주의(민소법 제203조)가 적용된다.[14] 그래서 회생절차는 채무자나 채권자 등의 회생절차개시신청이 있어야 시작될 수 있다. 회생절차는 법인이나 (일반적으로 개인회생절차를 이용할 수 없는)개인을 대상으로 한다. 개인에 대한 회생절차를 실무적으로 '일반회생'이라 부른다.

| 회생절차 흐름도 |

---

14) 민사소송법은 '처분권주의'라는 제목으로 "법원은 당사자가 신청하지 아니한 사항에 대하여는 판결하지 못한다."라고 정하고 있다. 민사소송에서 심판 대상은 원고의 의사에 따라 특정되고, 법원은 당사자가 신청한 사항에 대하여 신청 범위 내에서만 판단하여야 한다(대법원 2020. 1. 30. 선고 2015다49422 판결, 대법원 2013. 5. 9. 선고 2011다61646 판결, 대법원 1982. 4. 27. 선고 81다카550 판결 등 참조).

I. 회생절차는 어떻게 진행되는가

1. 회생절차개시신청

채무자나 일정한 요건을 갖춘 채권자는 법원에 회생절차개시신청을 할 수 있다. 회생절차개시신청만으로 채무자의 재산처분이나 채권자들(회생채권자·회생담보권자, 이하 같다)의 권리행사가 제한되는 것은 아니다. 회생절차개시결정을 하여야 비로소 제한된다. 이로 인해 회생절차개시신청과 회생절차개시결정 사이에 채무자의 재산처분이나 채권자들의 권리행사를 제한할 필요가 있다. 그래서 마련된 것이 채무자의 재산처분을 제한하는 보전처분, 채권자들의 권리행사를 제한하는 중지명령(진행 중인 강제집행 등을 정지시키는 것)·포괄적 금지명령(향후 강제집행 등을 못하게 하는 것, 다만 포괄적 금지명령이 내려지면 기존의 강제집행 등도 중지된다) 제도이다.

회생절차개시신청 후 신청인은 절차비용을 예납하고, 채무자(대표자)심문과 현장검증이 진행된다. 회생절차를 신청하였다고 하여 바로 회생절차가 시작되는 것은 아니다(미국의 경우는 원칙적으로 회생절차개시신청으로 회생절차가 개시된다). 법원이 회생절차개시결정을 하여야 비로소 회생절차가 시작된다. 회생절차가 시작(개시)된다는 것은 채권자들의 권리행사가 제한된다는 것을 의미한다(물론 채무자도 관리인이 선임되기 때문에 재산을 처분할 수 없다).

2. 회생절차개시결정

회생절차개시원인(변제기에 있는 채무의 변제불능이나 파산의 염려)이 있는 경우 법원은 회생절차개시결정을 한다. 회생절차개시결정을 하면서 관리인이 선임된다(제50조 제1항). 관리인은 채무자의 재산에 대한 관리처분권과 소송에서 당사자적격을 갖는다(제56조 제1항, 제78조). 관리인은 채무자(개인의 경우)나 그 대표자(개인이 아닌 경우)를 선임한다. 다만 실무적으로는 대부분 관리인을 선임하지 않는다. 관리인을 선임하지 않는 경우 채무자나 그 대표자가 관리인으로 간주된다(제74조 제3항, 제4항). 그래서 외관상 경영자(대표자)에 변화가 없다. 일반적으로 개시결정을 하면서 조사위원(주로 회계법인)도 선임된다. 조사위원은 채무자의 재산상황 등을 조사하여 법원에 보고한다.

회생절차가 개시되면 채권자들의 권리행사가 제한된다(제131조). 회생절차개시
결정의 효과에 대하여는 나중에 다룬다(아래 [Ⅲ.]).

3. 채권신고 · 조사 · 확정 및 채무자 재산의 구성

가. 채권신고 · 조사 · 확정

회생절차를 진행하기 위해서는 변제대상채권(회생채권·회생담보권)이 확정되어
야 하고, 변제재원인 채무자의 재산이 확보되어야 한다.

회생절차는 집단적·포괄적 집행절차이므로 채권확정에 있어서도 집단적 채
권확정절차를 두고 있다. 채권자들은 변제를 받기 위해 회생절차개시결정에서
정한 채권신고기간 내에 채권신고를 하여야 한다.[15] 신고한 채권에 대하여 관리
인이 시인하면 확정되고, 부인하면 채권조사확정재판이나 개시결정 당시 진행
중인 소송(수계) 등을 통해 확정된다. 채권신고를 하지 않으면 회생계획인가결정
으로 채권이 소멸(실권)될 수 있다. 하지만 이는 채권자들에게 가혹하므로(채권자
들은 대부분 회생절차가 진행 중임을 모른다) 관리인에 의한 채권자목록제출제도를 두
고 있다. 채권자목록에 기재되면 채권신고를 한 것으로 간주된다. 결국 채권자
목록에도 기재되어 있지 않고 채권신고도 하지 않은 경우, 회생계획인가결정으
로 채권은 소멸한다. 따라서 회생절차에서는 반드시 채권신고를 하여야 한다.

나. 채무자 재산의 구성

채무자의 재산이란 회생절차개시 전후를 묻지 않고 채무자에 속하는 일체의
재산을 말한다. 현재 채무자에 속하는 재산에 한정되지 않고 장래에 취득한 재
산은 물론 부인권 행사를 통해 채무자의 재산으로 복귀하는 것도 포함된다. 부
인권은 회생절차개시 전에 채무자가 한 사해행위(편파행위)에 대해 관리인이 이
를 부인하여 일탈된 재산을 채무자의 재산으로 회복시킬 수 있는 권리이다. 민

---

15) 채권신고기간 내에 채권신고를 하지 못한 경우의 구제방법에 대하여는 「전대규(일상회복),
125~129쪽」을 참조할 것.

법상의 채권자취소권과 유사하다. 관련 내용은 아래 <Ⅵ.3.>(본서 48쪽)을 참조할 것.

4. 회생계획안의 작성 · 제출, 결의 및 인가

회생계획이란 채무자 또는 그 사업의 효율적인 회생을 위한 계획(예외적으로 청산을 내용으로 하는 회생계획도 있다)으로서 이해관계인의 권리변경 및 변제방법, 채무자의 조직변경 등에 관한 사항을 정한 것을 말한다. 회생계획안이란 채무자의 회생계획을 문서화한 것으로 관계인집회의 심리와 결의의 대상이 되는 것을 말한다. 회생계획안은 관계인집회의 심리와 결의를 거쳐 최종적으로 법원의 인가 결정을 받음으로써 회생계획으로 된다.

관리인, 채권자, 채무자 등은 채권자들에게 어떻게 변제할 것인지를 기재한 회생계획안을 작성하여 법원에 제출한다(제220조, 제221조). 대부분 관리인이 작성하여 제출한다. 골프장 등과 같이 이해관계가 복잡한 때에는 채권자들도 회생계획안을 제출하는 경우가 많아 복수의 회생계획안이 존재하기도 한다.

채권자들이나 주주 · 지분권자는 관계인집회[16]에 참석하여 회생계획안을 검토(심리)하고 동의 여부에 관한 의사를 표시한다. 회생계획안에 대한 표결은 조(회생채권자조 · 회생담보권자조 · 주주조)를 분류하여 실시한다. 주주는 회생절차개시 당시 부채가 자산을 초과한 경우 의결권이 없다. 조별로 다수결에 따라 모든 조에서 가결되면, 법원은 특별한 사정이 없는 한 회생계획을 인가한다. 회생계획이 인가되면 채권신고도 하지 않고 채권자목록에도 기재되어 있지 않은 회생채권 · 회생담보권은 실권되고, 회생계획에 따라 권리가 실체법적으로 변경된다. 회생계획의 내용대로 채권자들의 채무조정이 이루어지는 것이다.

회생계획이 인가요건을 갖추지 못하였거나, 가결되지 못한 경우 회생절차는 폐지된다. 다만 일부 조에서 가결요건을 갖춘 경우 법원은 강제로 회생계획을 인가할 수도 있다(강제인가).

---

16) 파산절차나 개인회생절차에서는 채권자집회라고 한다. 하지만 회생절차에서는 채권자뿐만 아니라 주주 · 지분권자도 참석할 수 있기 때문에 관계인집회라고 한다.

5. 회생계획의 수행과 회생절차의 종결·폐지

회생계획은 관리인이 수행한다. 회생계획에 따라 변제가 시작되고 수행에 문제가 없다고 판단되면, 법원은 회생절차를 종결한다. 회생계획인가결정이 있은 후 부득이한 사유로 회생계획을 변경할 필요가 있는 때에는 회생절차가 종결되기 전에 회생계획을 변경할 수 있다(제282조 제1항). 반면 회생계획을 정상적으로 수행하지 못한 경우 회생절차는 폐지된다. 회생계획인가 전에도 절차 진행이 어렵다고 판단되면 회생절차를 폐지할 수 있다.

회생절차가 회생계획인가 전이든 인가 후이든 폐지되면 법원이 파산선고를 할 수 있는데, 이를 실무적으로 '견련파산'이라 한다(인가 후에는 필요적으로 파산선고를 하여야 한다).

회생절차가 종결되거나 폐지되면, 채무자의 재산에 대한 관리처분권은 다시 관리인에게서 채무자로 넘어온다. 당사자적격도 마찬가지이다.

II. 회생절차개시결정 전 채무자 재산의 보전

1. 보전처분

채무자에 대하여 회생절차개시가 신청되었다고 하더라도 회생절차개시결정이 있기 전까지는 채무자의 업무수행권과 재산의 관리·처분권은 여전히 채무자에게 있다. 그래서 회생절차개시결정이 있기 전까지 채무자는 사업을 방만하게 경영하거나 재산을 은닉·도피시킬 가능성이 있다. 만약 그렇게 된다면 채무자의 존속이 곤란하여 회생절차가 목적으로 하고 있는 회생이 불가능하게 될 수 있다.

이러한 상황을 방지하기 위하여 채무자회생법은 두 가지 종류의 보전처분을 규정하고 있다.[17] 하나는 회생절차개시신청에 대한 결정이 있을 때까지 채무자의 업무 및 재산에 관하여 가압류·가처분 그 밖에 필요한 보전처분을 하는 것이다(제43조 제1항). 대표적인 것으로 변제 또는 담보제공금지, 재산처분금지, 차

---

17) 보전처분은 채무자의 행위를 제한하는 것이고, 아래 중지명령, 취소명령, 포괄적 금지명령은 채권자의 권리 행사를 제한하는 것이다.

재금지, 채용금지의 가처분이 있다. 다른 하나는 보전관리인에 의한 관리를 명하는 것이다(제43조 제3항). 이는 조직법상의 보전처분으로 보전관리명령이라고도 한다. 실무적으로 보전관리인이 선임되는 경우는 거의 없다. 보전관리인의 선임이 필요한 경우에는 신속하게 회생절차개시결정을 하고 제3자 관리인을 선임하면 되기 때문이다.

2. 다른 절차의 중지명령

회생절차개시의 신청이 있는 경우 필요하다고 인정하는 때에는 법원은 이해관계인의 신청에 의하여 또는 직권으로 회생절차개시의 신청에 관한 결정이 있을 때까지 ① 파산절차, ② 회생채권 또는 회생담보권에 기한 강제집행, 가압류, 가처분 또는 담보권실행을 위한 경매절차(이하 '강제집행 등'이라 한다)로서 채무자의 재산에 대하여 이미 행하여지고 있는 것, ③ 채무자의 재산에 관한 소송절차 또는 ④ 채무자의 재산에 관하여 행정청에 계속하고 있는 절차의 중지를 명할 수 있다(제44조 제1항 제1호 내지 제4호).[18]

또한 ⑤ 국세징수법 또는 지방세징수법에 의한 체납처분(강제징수),[19] 국세징수의 예{국세 또는 지방세 체납처분(강제징수)의 예를 포함한다}에 의한 체납처분(강제징수) 또는 조세채무담보를 위하여 제공된 물건의 처분의 중지도 명할 수 있다(제44조 제1항 제5호).

주의할 것은 법원이 중지명령을 발령하였다고 하여 그 자체로 강제집행 등이 중지되는 것은 아니라는 것이다. 중지명령은 집행의 일시적 정지를 명하는 재판이므로, 중지명령정본은 민사집행법 제49조 제2호가 정한 '강제집행의 일시정지를 명한 취지를 적은 재판의 정본'에 해당한다. 따라서 집행을 정지하기 위해서는 채무자가 중지명령정본을 집행기관에 제출하여야 한다.[20]

---

18) 채무자에 대한 형사절차도 중지명령이나 포괄적 금지명령의 대상으로 할 수 있는가. 채무자회생법은 채권자들 사이에 손실을 분담하기 위해 설계된 법이지, 형법 적용을 피하기 위한 대피소(refuge)를 제공하는 법은 아니다. 따라서 도산절차에도 불구하고 형벌집행은 계속되어야 한다.
19) 국세에서는 '강제징수'라는 용어를 사용한다.
20) 이러한 점을 명확히 하기 위하여 실무적으로는 중지명령 결정문 하단에 "이 결정문을 집행

3. 강제집행 등의 취소명령

회생절차개시 신청을 전후하여 채무자의 자금사정이 악화되거나 부도가 나면 채권자들이 개별적으로 채무자의 재산에 대하여 강제집행, 가압류, 가처분 또는 담보권실행을 위한 경매를 신청함으로써 영업활동에 타격을 받아 회생이 불가능해지는 경우가 많다. 이러한 경우 채무자의 회생을 위하여 특히 필요하다고 인정되는 때 법원은 채무자(또는 보전관리인)의 신청에 의하거나 직권으로 회생채권 또는 회생담보권에 기하여 채무자의 재산에 대하여 한 강제집행 등을 취소할 수 있다(제44조 제4항).

실무적으로는 채무자의 매출채권, 예금반환채권에 관하여 강제집행 등이 이루어져 채무자가 매출에 따른 수입 또는 예금을 운영자금으로 사용할 수 없게 된 경우, 채무자의 원자재에 관하여 강제집행 등이 이루어져 생산시설을 가동할 수 없게 된 경우 등에 제한적으로 강제집행 등의 취소가 이루어지고 있다. 채권자들에게 미치는 영향이 크기 때문에 취소명령은 신중하게 결정하고 있다.

4. 강제집행 등의 포괄적 금지명령

법원은 회생절차개시의 신청이 있는 경우 앞에서 설명한 중지명령(제44조 제1항)만으로는 회생절차의 목적을 충분히 달성하지 못할 우려가 있다고 인정할 만한 특별한 사정이 있는 때에는 이해관계인의 신청에 의하거나 직권으로 회생절차개시 신청에 대한 결정이 있을 때까지 모든 회생채권자 및 회생담보권자에 대하여 회생채권 또는 회생담보권에 기한 강제집행, 가압류, 가처분 또는 담보권실행을 위한 경매절차의 금지를 명할 수 있다(제45조 제1항). 이를 포괄적 금지명령이라 한다. 실무적으로 대부분의 사건에서 회생절차개시신청 후 며칠 내로 발령된다.

채무자회생법 제정 과정에서 미국 연방도산법상 자동중지제도(automatic stay)[21]

기관(집행을 실시하고 있는 집행법원 또는 집행관)에 제출하여야만 집행정지를 받을 수가 있습니다."라는 문구를 기재하고 있다.

21) 미국 연방도산법(§362)은 도산절차를 신청하면 별도의 법원 명령이 없어도 채무자의 재산에 대한 채권자의 담보권 행사, 강제집행 등 채권 실행에 관한 일체의 행위가 자동적으로 금지 및 중지되는 것으로 규정하고 있다. 자동중지는 자발적 신청이든 비자발적 신청이든

의 도입 여부를 검토하다가, 남용의 우려가 있어 일본의 포괄적 금지명령제도를 도입하여 입법한 것이다.

포괄적 금지명령이 발령되면 회생채권자, 회생담보권자는 채무자의 모든 재산에 관하여 회생채권 또는 회생담보권에 기한 강제집행 등을 새로이 할 수 없다(제45조 제1항, 금지효). 또한 포괄적 금지명령은 이미 개시된 것은 물론 장래 개시가 예상되는 강제집행 등 전체에 대하여 집행장애사유가 된다. 따라서 회생채권자 등이 채무자의 재산에 대하여 이미 한 강제집행 등은 당연히 중지된다(제45조 제3항, 중지효).

III. 회생절차개시결정의 효력

회생절차개시결정은 채무자나 채권자의 지위 및 기존의 법률관계에 중대한 영향을 미친다.[22] 여기서는 회생절차개시결정으로 어떠한 효력이 발생하는지 개략적으로 살펴본다.

1. 회생채권자 · 회생담보권자의 권리행사 제한

회생절차개시결정이 있으면 회생채권자 · 회생담보권자는 개별적으로 변제를 받을 수 없다(제131조). 회생채권이나 회생담보권에 기한 강제집행, 가압류, 가처분, 담보권실행을 위한 경매절차는 중지되고 새롭게 신청할 수도 없다(제58조 제1

신청과 함께 모든 관계당사자에게 효력이 발생한다. 자동중지는 도산절차의 개시신청 자체가 금지명령이 된다는 사고방식이다. 자동중지제도의 목적은 ① 평등한 변제를 위한 채무자 재산의 보전(재산동결효과)과 ② 회생을 위한 기업 운영의 계속성 보장이다. 이를 통해 채무자는 쇄도하는 채권자들의 채권추심행위로부터 한 숨을 돌릴 수 있는 여유(breathing spell)를 가지고 전열을 정비할 수 있다. 자동중지는 도산절차 외에서의 채권회수를 금지하는 것으로서 채무자에게 가장 강력한 무기가 된다. 자동중지제도를 도입하면 회생절차가 좀 더 간명하고 시장에 예측가능성을 부여할 수 있으며, 회생절차의 이용을 촉진하여 회생절차로 조기 진입을 유도함으로써 회생의 가능성을 높일 수 있다는 장점이 있다. 반면 법원의 판단 없이 채무자의 일방적인 회생신청에 의하여 채권자의 권리행사가 제한되게 되는데, 이는 재산권 침해로 볼 수 있고 이를 경매절차의 진행을 저지하거나 부정수표단속법에 의한 형사처벌을 면하기 위한 수단으로 남용할 우려가 있다. 관련 내용은 「전대규(일상회복), 199쪽」을 참조할 것.

22) 종래의 법률관계에 미치는 영향에 관하여는 「전대규(채무자회생법), 253쪽 이하」를 참조할 것.

항, 제2항). 강제집행 등이 중지·금지되는 것은 회생채권이나 회생담보권에 기한 것이다. 또한 강제집행 등이 중지·금지되는 것은 채무자의 재산에 대하여 행하는 것에 한하므로 연대채무자·보증인 등 제3자의 재산에 대하여 행하는 것은 중지·금지되지 않는다.[23]

과태료 등과 같이 국세징수의 예에 의하여 징수할 수 있는 청구권으로서 그 징수 우선순위가 일반 회생채권보다 우선하지 아니한 것에 기한 체납처분(강제징수)도 중지되거나 금지된다(제58조 제1항 제3호, 제2항 제3호). 반면 조세채권 등과 같이 그 징수 우선순위가 일반 회생채권에 우선하는 것은 일정기간(회생절차개시결정이 있는 날부터 회생계획인가가 있는 날까지, 회생절차개시결정이 있는 날부터 회생절차가 종료되는 날까지, 회생절차개시결정이 있는 날부터 2년이 되는 날까지의 기간 중 말일이 먼저 도래하는 기간 동안)만 체납처분(강제징수)이 제한된다(제58조 제3항).

2. 관리처분권의 이전

회생절차개시결정이 있으면 채무자는 재산의 관리처분권을 상실하고, 관리인에게 넘어간다(제56조 제1항). 다만 채무자의 재산권(소유권) 자체가 관리인에게 이전되는 것은 아니다.

---

23) 소수주주의 회계장부 등에 대한 열람·등사청구권(상법 제466조 제1항)은 회사에 대하여 회생절차가 개시되더라도 배제되지 않는다(대법원 2020. 10. 20.자 2020마6195 결정). 그 이유는 다음과 같다. ① 회사에 대해 회생절차가 개시되면 상법 제466조 제1항의 적용이 배제된다는 규정도 없고, 주주가 회생절차에 의하지 않고는 상법 제466조 제1항의 회계장부 등에 대한 열람·등사청구권을 행사할 수 없다는 규정도 없다. 상법 제466조 제1항에 따라 주주가 열람·등사를 청구할 수 있는 서류에는 회계장부와 회계서류도 포함되어 채무자회생법에 따라 이해관계인이 열람할 수 있는 서류보다 그 범위가 넓은데, 이처럼 다른 이해관계인과 구별되는 주주의 권리를 회생절차가 개시되었다는 이유만으로 명문의 규정 없이 배제하거나 제한하는 것은 부당하다. ② 회생절차가 개시되더라도 그것만으로 주주가 상법 제466조 제1항에 따른 권리를 행사할 필요성이 부정되지 않는다. ③ 채무자의 효율적 회생이라는 목적을 위해 회사에 대해 회생절차가 개시되었는데, 주주가 회사의 회생을 방해할 목적으로 이러한 열람·등사청구권을 행사하는 경우에는 정당한 목적이 없어 부당한 것이라고 보아 이를 거부할 수 있다.

3. 당사자적격의 이전

채무자 재산에 대한 관리처분권이 관리인에게 이전되므로 '채무자의 재산에 관한 소송'에서는 관리인이 당사자적격을 갖게 된다(제78조). 법정소송담당에 해당한다.

4. 쌍방미이행 쌍무계약의 선택권

회생절차개시결정 당시 채무자와 상대방 모두 쌍무계약을 이행하지 아니한 상태인 경우, 관리인은 계약을 해제(해지)할 것인지 상대방에게 채무의 이행을 청구할 것인지의 선택권을 갖는다(제119조). 회생절차의 원활한 진행을 도모하기 위함이다. 다만 관리인이 상대방의 채무이행을 선택한 경우 이에 상응한 채무자의 채무도 이행하도록 하고, 해제를 선택한 경우 이에 따른 원상회복의무도 이행하도록 함으로써 양 당사자 사이에 형평을 유지하고 있다.

5. 계속적 공급계약에서 이행거절권능의 제한

전기·가스 등과 같이 채무자에 대하여 계속적 공급의무를 부담하는 쌍무계약의 상대방은 회생절차개시신청 전의 공급으로 발생한 회생채권이나 회생담보권을 변제하지 아니함을 이유로 회생절차개시신청 후 그 의무의 이행을 거부할 수 없다(제122조).

회생절차의 원만한 진행을 위해 계속적 공급계약에서 이행거절권능을 제한한 것이다. 실무적으로 전기요금미납을 이유로 한국전력공사가 전기 공급을 중단하는 사례가 있는데, 이는 위법한 것이다.

6. 소송절차의 중단과 수계

가. 소송절차의 중단

회생절차개시결정이 있으면 채무자의 재산에 관한 소송절차는 중단된다(제59조 제1항). 회생채권·회생담보권에 관한 소송은 물론 환취권·공익채권 등에 관한 소송도 그것이 채무자의 재산에 관한 것인 한 모두 중단된다. 채무자의 재산에 관한 관리처분권이 관리인에게 있고, 채무자의 재산에 관한 소송의 당사자적격이 관리인에게 있기 때문이다. 채무자가 당사자가 아닌 채권자취소소송 및 채권자대위소송도 중단된다(제113조).

'채무자의 재산에 관한 소송'에는 ㉮ 채무자의 재산에 속한 재산에 관한 소송, ㉯ 회생채권·회생담보권에 관한 소송 및 ㉰ 공익채권에 관한 소송이 포함된다. 아래 <나.>에서 보는 바와 같이 각 소송 유형에 따라 수계절차에 차이가 있다. 당사자에게 소송대리인이 있어도 중단된다.

나. 소송절차의 수계

(1) 중단된 소송절차가 회생채권·회생담보권과 관계없는 것(공익채권·환취권에 관한 소송, 채무자가 가지는 권리에 기한 이행의 소 등)은 관리인이나 상대방이 즉시 수계할 수 있다(제59조 제2항). 수계 후에도 청구취지를 변경할 필요는 없다.

(2) 중단된 소송절차가 회생채권·회생담보권에 관한 것인 경우에는 곧바로 소송수계를 할 것이 아니고, 채권자에게 회생절차 내에서 채권신고를 하게 한 다음 그 결과에 따라 조치하여야 한다.

채권신고에 대하여 관리인이나 다른 채권자의 이의가 없는 경우 회생채권이나 회생담보권은 신고한 내용대로 확정되므로 회생채권·회생담보권에 관한 소송은 소의 이익이 없어 부적법하다. 당사자(원고)는 소를 취하하여야 한다. 관리인 등이 채권신고에 대하여 이의한 경우에는 회생채권자나 회생담보권자가 채권확정을 구하는 것으로 청구취지를 변경하여야 하고, 이의를 한 사람 전원을 상대로 소송을 수계하여야 한다.

수계신청은 채권조사기간의 말일이나 특별조사기일(채권신고기간 이후에 신고된 채권을 조사하는 기일)부터 1월 이내에 하여야 한다(제172조 제2항, 제170조 제2항). 위 기간 내에 수계신청을 하지 않는 경우 신고된 채권은 부존재하는 것으로 확정된다.

Ⅳ. 회생절차의 기관

1. 관리위원회

관리위원회는 전문지식을 갖춘 관리위원의 보조를 받아 회생법원의 전문성을 보완하고 과중한 업무를 경감함으로써 회생절차의 신속·적정한 진행을 도모하기 위하여 둔 것이다(제15조). 관리위원회는 위원장 1인을 포함하여 3인 이상 15인 이내에서 관리위원(상임위원과 비상임위원)으로 구성된다(제16조 제1항). 관리위원회는 3인 이상의 관리위원으로 구성하여야 하기 때문에 3인의 관리위원이 없는 법원(창원지방법원, 광주지방법원 등)의 경우에는 비상임 관리위원을 두기도 한다.

관리위원회는 법관의 지휘를 받아 각종 의견제시, 검토 및 보고, 법관의 감독 업무를 보조한다. 관리위원회는 필요한 경우 공공기관, 관련 전문가 또는 이해관계인에 대하여 의견을 조회할 수 있고, 그 직능을 수행하기 위하여 필요한 경우에는 공공기관 또는 관계 당사자에게 자료의 제출이나 그 밖의 필요한 협력을 요청할 수 있다(규칙 제26조). 또한 법원이 필요하다고 인정하는 경우 관리위원으로 하여금 채무자의 서류를 열람하거나 공장 등의 현장에 출입하여 조사, 검사, 확인하게 할 수 있다(규칙 제27조 제1항).

2. 관리인

회생절차가 개시되면 종료될 때까지 채무자의 업무수행권과 재산의 관리처분권이 관리인에게 전속한다(제56조 제1항). 관리인은 채무자 또는 그 사업의 원활한 회생을 도모하는 한편 회생절차를 주도적으로 이끌어 나가는 중추적인 역할을 수행한다. 따라서 누구를 관리인으로 할 것인지는 회생절차의 성패를 좌우할 수 있는 아주 중요한 과제이다.

채무자회생법은 미국 연방도산법의 DIP(Debtor In Possession)의 이념을 받아들여 기존경영자를 원칙적으로 관리인으로 선임하도록 하고(제74조 제2항), 나아가 개인채무자, 중소기업 등의 경우에는 관리인을 선임하지 아니하고(제74조 제3항) 채무자나 그 대표자를 관리인으로 보도록 하고 있다(제74조 제4항).[24] 기존경영자 관리인 제도를 규정한 것은 기존경영자들이 회생절차개시신청을 기피하는 것을 방지하고, 기존경영자의 경영능력을 그대로 활용할 수 있게 함으로써 조기에 회생에 성공할 수 있도록 하기 위함이다. 실무적으로 기존경영자를 관리인으로 선임함으로써 외관상 대표자가 바뀌지 않는 것처럼 보이지만, 관리인은 법률적으로 전혀 다른 제3자적 지위에 있다.

한편 채무자의 재정적 파탄의 원인이 기존경영자의 재산의 유용, 은닉 또는 중대한 책임이 있는 부실경영에 기인하는 때, 채권자협의회가 요청하는 경우로서 상당한 이유가 있는 때, 그밖에 채무자의 회생에 필요한 때에는 예외적으로 기존경영자 이외의 제3자를 관리인으로 선임하도록 함으로써(제74조 제2항, 제3항 단서) 기존경영자 관리인 제도의 부작용을 방지하도록 하고 있다.

3. 채권자협의회

관리위원회는 회생절차개시신청이 있는 경우 주요채권자를 구성원으로 하는 채권자협의회를 구성하여야 한다(제20조 제1항). 채권자들의 지위를 강화하는 방안의 하나로 채권자협의회제도를 도입한 것이다. 또한 기존경영자 관리인 제도를 도입하면서 채권자협의회는 기존경영자를 실효성 있게 견제할 수 있는 기능과 역할을 담당하고 있다. 다만 실무적으로 간이회생사건의 경우 절차의 신속한 진행을 위해 채권자협의회를 구성하지 않기도 한다.

채권자협의회는 10인 이내로 구성한다(제20조 제2항). 채권자협의회는 ① 회생절차에 관한 의견의 제시, ② 관리인 및 보전관리인, 조사위원의 선임 또는 해임에 관한 의견의 제시 등의 기능을 한다. 실무적으로 구조조정담당임원의 추천도 채권자협의회에서 하고 있다.

4. 조사위원(간이조사위원)

회생절차가 개시되면 관리인은 즉시 채무자에게 속하는 재산의 가액을 평가하고(제90조), 재산목록과 대차대조표(재무상태표)를 작성하며(제91조), 채무자가 회

---

24) 간이회생절차에서는 원칙적으로 관리인을 선임하지 않으므로 채무자나 그 대표자를 관리인으로 보게 된다(제293조의6).

생절차에 이르게 된 사정, 채무자의 업무 및 재산에 관한 사항, 이사 등의 재산에 대한 보전처분 및 이사 등의 책임에 기한 손해배상청구권 등의 조사확정재판(제114조)을 필요로 하는 사정의 유무, 그밖에 채무자의 회생에 필요한 사항을 조사하여야 한다(제92조).

그러나 위와 같은 조사는 전문적인 분야로서 고도의 회계, 경영, 경제지식과 판단능력을 필요로 하는 분야이므로 관리인 스스로 이를 수행하기 곤란한 경우가 많다. 따라서 법원은 필요하다고 인정하는 때에는 채권자협의회 및 관리위원회의 의견을 들어 1인 또는 여러 명의 조사위원(examiner)을 선임하여 위와 같이 관리인이 조사, 작성하여야 할 사항에 관하여 제반 사정을 조사하게 하고 회생절차를 계속 진행함이 적정한지의 여부에 관한 의견서(조사보고서)를 제출하게 하거나 기타 필요한 사항을 조사하여 보고하게 할 수 있다(제87조 제1항 내지 제4항).

간이회생절차에서는 간이조사위원이 동일한 업무를 담당하고 있다.

실무적으로 모든 사건에 조사위원(간이조사위원)을 선임하고 있다. 조사위원은 일정 규모 이상의 회계법인이, 간이조사위원은 법원사무관이나 회계법인이나 변호사 또는 개인회계사가 각 담당하고 있다. 신청 후 납부하는 예납비용의 대부분은 조사위원(간이조사위원) 보수에 충당된다.

5. 구조조정담당임원

법원은 회생절차개시신청이 있는 경우 채무자로 하여금 구조조정담당임원(CRO, Chief Restructuring Officer)을 선임(채용계약)하도록 하고 있다.[25] 구조조정담당임원이란 일반적으로 기업의 사업부문과는 별도로 구조조정과 관련된 업무를 수행하는 간부급 직원을 말한다.

구조조정담당임원은 채권자협의회의 추천을 받아[26] 채무자의 임원으로 채용되어 채무자의 회생을 위한 조언자이자 감시자로서의 역할을 수행한다. 또한 채

---

25) 구조조정담당임원에 관한 명시적인 규정은 없지만 실무적으로 선임하도록 하고 있다.
26) 원칙적으로 채권자협의회의 추천을 받지만, 실무적으로는 법원이 추천하는 경우도 있다. 그 이유는 채무자의 비용부담을 덜어주기 위함이다. 이 경우 1명의 구조조정담당임원으로 하여금 2개 내지 3개 기업(채무자)의 구조조정담당임원을 겸하게 하고 있다.

무자와 채권자를 잇는 가교역할을 함으로써 보다 신속하고 원만한 회생절차를 진행할 수 있도록 한다.

회생절차의 기관	
관리위원회	• 절차관계인 관리감독, 지도, 의견제시 • 허가위임사무 처리
[간이]조사위원	• 채무자의 재산상태 조사 • 조사보고서 제출
관리인	• 채무자의 재산에 대한 관리, 처분권한 보유 • 기존경영자 관리인/제3자 관리인
구조조정담당임원	• 관리인의 행위 적정성, 자금수지 감독 • 법원 및 채권자협의회에 보고, 절차지원
채권자협의회	• 채권자의 절차참여 강화, 관리위원회가 구성 • 절차에 관한 각종 의견 제시

V. 회생채권 · 회생담보권, 공익채권 · 공익담보권, 개시후기타채권

회생절차에서 주로 문제되는 채권에는 회생채권·회생담보권, 공익채권·공익담보권, 개시후기타채권이 있다. 채권자는 자신의 채권이 어디에 해당하느냐에 따라 회생절차에서의 권리행사에 중대한 영향을 받는다. 원칙적으로 회생채권·회생담보권은 회생절차개시 전에 발생한 것이고, 공익채권·공익담보권, 개시후기타채권은 회생절차개시 후에 발생한 것이다.

1. 회생채권 · 회생담보권

회생채권이란 회생절차개시 전에 발생한 재산상의 청구권을 말한다(제118조 제1호). 다만 임금채권 등과 같이 회생절차개시 전에 발생한 청구권이지만 정책적인 이유(근로자 보호)에서 공익채권으로 규정한 것이 있고(제179조 제1항 제10호), 회생절차개시 후 이자 등과 같이 개시 후 발생한 청구권이지만 회생채권으로 규정한 것이 있다(제118조 제2호). 청구권의 주요한 발생원인이 회생절차개시 전에 발생한 것이면 충분하다. 재산상의 청구권이면 금전채권이든 비금전채권이든 상관

없다.

　회생담보권이란 회생채권 또는 회생절차개시 전의 원인으로 생긴 채무자 이외의 자에 대한 재산상의 청구권으로 회생절차개시 당시 채무자의 재산에 대하여 담보권이 설정된 것으로 담보된 범위의 것을 말한다(제141조 제1항). 따라서 담보목적물의 가치가 3억 원이고 피담보채권이 5억 원인 경우, 3억 원은 회생담보권이고 2억 원은 회생채권이다. 회생절차개시 후 이자는 담보목적물 가액 범위 내라도 회생채권이다(제118조 제2호).

　회생절차가 개시되면 일반적으로 이해관계인에게 손실이 발생한다. 손실을 누구에게 분담시킬 것인가. 채무자회생법은 회생채권자와 회생담보권자에게 분담시키고 있다. 회생채권·회생담보권은 회생계획인가결정으로 회생계획이나 채무자회생법에서 인정된 것을 제외하고 면책된다(제251조). 예컨대 회생계획에서 30%만 변제하는 것으로 되어 있으면 70%는 채권의 변제책임이 소멸한다(변제하지 않아도 된다). 회생채권자·회생담보권자는 ① 회생절차에 따라서만 채권을 변제받을 수 있고, ② 회생절차 밖에서는 권리행사가 금지되며, ③ 그가 가진 채권액에 따라 관계인집회에서 의결권을 행사한다.

　한편 실체법상 담보권은 채무자가 재정적 파탄 상태에 빠져 회생절차에 들어갈 경우를 대비한 것임에도, 오히려 회생절차가 시작되면 권리행사가 제한된다(파산절차나 개인회생절차에서는 원칙적으로 담보권 행사가 제한되지 않는다. 별제권으로 취급된다). 회생절차에서 담보권의 행사를 제한한 것은 회생절차의 원활한 수행을 위한 입법적 결단이다.

2. 공익채권 · 공익담보권

　공익채권은 회생절차를 수행하고 그 목적을 실현하기 위하여 채권자가 공동으로 부담하지 않으면 안 되는 비용으로서 성질을 갖는 채무자에 대한 청구권이다. 원칙적으로 회생절차개시 후에 발생한 것을 말한다. 예외적으로 회생절차개시 전에 발생한 청구권이지만 임금채권 등과 같이 사회정책적인 이유로 공익채권으로 규정한 것도 있다. 주의할 것은 채무자회생법에서 공익채권이라고 규정한 것만 공익채권이라는 것이다(열거주의). 제179조가 공익채권에 관한 일반규정이고, 개별적으로 공익채권을 규정한 것이 있다(제39조 제4항, 제58조 제6항, 제108조 제3항 제2호, 제4호 등). 열거주의를 취하는 관계로 회생절차개시 후에 발생한 것이지만 아래에서 보는 개시후기타채권이 되는 것도 있다.

공익채권은 회생절차와 무관하게 수시로 우선적으로 변제받는다(제180조 제1항). 우선변제는 채무자의 일반재산으로부터 변제받는 경우에 우선한다는 의미이다. 채무자의 재산이 공익채권 전액을 변제하기에 부족한 경우에는 법령에 정하는 우선권에 불구하고 아직 변제하지 아니한 채권액의 비율에 따라 변제되는 것이 원칙이다(제180조 제7항). 회생절차에서는 실체법상의 우선권이 있는 채권(조세채권 등)이라도 채무자의 재산이 부족한 경우에는 우선권이 참작되지 않는다는 점에 주의를 요한다.

공익채권을 변제하지 아니한 경우 강제집행도 할 수 있다. 공익채권의 변제방법에 관하여 회생계획에 규정되어 있더라도 공익채권자가 동의하지 않는 한 효력이 없다.

공익채권인지 회생채권인지는 채권의 본래 성질에 따라 구분한다. 채권자가 공익채권을 회생채권으로 신고하더라도 회생채권이 되는 것이 아니다.[27] 반대로 관리인이 회생채권을 공익채권으로 취급하였다고 하여 공익채권이 되는 것도 아니다.

공익담보권이란 공익채권에 담보권이 설정된 것을 말한다. 관리인이 공익채권의 변제를 하지 않을 때에는, 공익담보권자는 담보권의 실행을 위한 경매를 신청할 수 있다. 실무적으로 회생절차를 신청한 기업은 거의 담보 여력이 없기 때문에 공익담보권은 거의 존재하지 않는다.

3. 개시후기타채권

개시후기타채권이란 회생절차개시 후의 원인에 기하여 생긴 청구권으로 공익채권이 아닌 것을 말한다(제181조). 회생절차개시 후에 발생한 것이므로 회생채권

---

27) 채권자 입장에서는 회생채권인지 공익채권인지 명확하지 않는 경우 채권신고를 할 수밖에 없다. 공익채권으로 생각하고 채권신고를 하지 않았다가 나중에 회생채권으로 밝혀질 경우 실권되기 때문이다.

도 아니다. 회생채권이 아니어서 회생절차에서 변제받을 수 없고, 공익채권이
아니어서 수시로 우선적으로 변제받지도 못한다. 회생절차개시 후의 원인으로
발생한 채권은 대부분 공익채권에 해당하므로 개시후기타채권은 많지 않다. 그
렇지만 실무적으로는 종종 발생하고 있다. 공익채권에 대하여 열거주의를 취하
고 있기 때문이다.

개시후기타채권은 회생계획에서 정해진 변제기간이 만료될 때까지는 변제받을
수 없고, 강제집행·가압류·가처분 또는 담보권 실행을 위한 경매도 제한된다
(제181조). 결국 개시후기타채권은 실질적으로 회생채권보다 후순위로 취급된다.

파산절차에서도 이런 종류의 채권이 있지만 취급이 다르다. 파산절차에서는
변제재원인 파산재단에 대해 고정주의를 취하고 있기 때문에 파산재단으로부터
변제받을 수 없고(파산재단은 파산채권, 재단채권의 변제에 사용된다) 이런 종류의 채권
은 파산재단에 속하지 않는 자유재산에 대해서만 권리행사가 가능하다. 반면 회
생절차는 변제재원인 채무자 재산의 범위에 대해 팽창주의를 취하고 있기 때문
에 이런 채권을 개시후기타채권으로 규정하여 별도로 취급하고 있다. 파산재
단·자유재산·고정주의·팽창주의는 파산절차에 관한 부분에서 설명한다.

Ⅵ. 채무자 재산의 구성과 확정

회생절차에서 변제재원인 채무자의 재산과 이에 영향을 미치는 환취권·부인
권·상계권에 대하여 살펴보기로 한다.

1. 채무자의 재산

회생절차에서는 회생절차개시 당시 채무자가 가지고 있는 재산은 물론 장래
의 수입(소득)이 모두 변제재원이 될 수 있다. 이를 채무자의 재산이라 한다(회생
절차에서는 파산절차나 개인회생절차와 달리 회생재단이라는 개념을 사용하고 있지 않다). 채
무자의 재산은 장래 수입으로 늘어날 수 있으므로 '팽창주의'를 취하고 있다.

채무자의 재산은 채무자의 관리로부터 벗어나 관리인에게 관리처분권이 맡겨
져 있다. 현재는 기존의 대표자(개인이 아닌 경우)나 채무자(개인인 경우)를 그대로
관리인으로 선임하고 있어(선임하지 않는 경우 기존의 대표자나 채무자가 관리인으로 간

주된다) 외견상 채무자나 그 대표자가 관리권한을 그대로 유지한 것처럼 보이지만, 법률적으로는 채무자와 전혀 다른 관리인이 채무자의 재산을 관리한다.

채무자의 재산은 채무자가 가지고 있는 모든 재산을 내용으로 한다. 이것은 채무자 재산의 범위에 시간적 또는 객관적인 한계가 존재하지 않는다는 것을 의미한다. 파산절차와 달리 자유재산이라는 개념도 존재하지 않는다. 부인권 행사에 의하여 관리인이 반환받게 되는 재산도 채무자의 재산에 포함된다. 반대로 환취권이나 상계권의 행사에 의해 채무자의 재산이 줄어들 수도 있다.

2. 환취권

회생절차개시 당시 채무자가 점유하고 있는 재산 중에는 채무자 이외의 자의 소유에 속하는 것이 있을 수 있다. 그러한 재산은 채무자의 재산이 아니므로 그 소유자가 이를 가져갈 수 있다. 이처럼 환취권이란 제3자가 채무자의 재산에 속하지 않는다는 것을 주장하여 관리인으로부터 그 재산을 돌려받을 수 있는 권리를 말한다(제70조). 관리인의 지배권을 배제하는 것이다.

환취권은 채무자회생법이 새롭게 인정한 권리가 아니고, 실체법상 권리를 당연히 반영한 것에 불과하다. 실체법상 소유권, 목적물의 점유를 내용으로 하는 용익물권, 채권적 청구권 등이 환취권의 기초가 될 수 있다.

환취권은 관리인을 상대로 행사하여야 한다. 환취권은 회생절차에 따라 행사할 필요가 없고, 재판상 또는 재판 외에서 적절한 방법으로 행사하면 된다. 환취권은 회생절차에 영향을 받지 않는다(제70조).

3. 부인권

부인권이란 회생절차개시 전에 채무자가 ① 회생채권자 또는 회생담보권자(이하 '회생채권자 등'이라 한다)를 해하는 것을 알고 한 행위 또는 ② 다른 회생채권자 등과의 평등을 해하는 변제·담보제공 등과 같은 행위를 한 경우, 회생절차개시 후에 관리인이 채무자의 재산을 위하여 그 행위의 효력을 부인하고 일탈된 재산의 회복을 목적으로 하는 권리를 말한다(제110조 제1항). 민법상 채권자취소권에 해당하는 것이지만, 행사주체나 행사방법 등에 있어 차이가 있고 적용되는 범위도 더 넓다(사해행위 외에 편파행위도 적용대상이다).

부인권은 감소한 재산과 기업의 수익력을 회복하거나 채권자들 사이의 공평을 기하기 위한 목적으로 인정된 채무자회생법상의 특유한 제도이다. 부인권에는 고의부인(채무자가 회생채권자 등을 해할 것을 알고 한 행위를 부인하는 것), 위기부인(채무자가 지급의 정지 등 위기의 시기에 회생채권자 등을 해하는 행위를 하거나 담보제공 또는 채무소멸에 관한 행위를 한 경우 이를 부인하는 것), 무상부인(채무자의 무상행위나 이와 동일시할 수 있는 유상행위를 부인하는 것)이 있다.

부인권은 부인의 소, 부인의 청구 또는 항변의 방법으로 행사할 수 있다(제105조 제1항). 부인의 소나 부인의 청구는 회생계속법원(회생사건이 계속 중이거나 중이었던 법원)의 전속관할이다(제105조 제3항).

부인권은 회생절차의 목적을 실현하기 위하여 회생절차의 진행을 전제로 관리인만이 행사할 수 있는 권리이므로(제105조 제1항) 회생절차의 종료(종결·폐지)에 의하여 소멸한다.

4. 상계권

가. 회생채권자·회생담보권자에 의한 상계

제144조 및 제145조의 규정이 대상으로 하는 것은 회생채권 등을 자동채권으로 하고 채무자의 재산에 속하는 채권을 수동채권으로 하는 것이다. 즉 회생채권자 등에 의한 상계를 대상으로 한다.

회생절차가 개시되었다고 하여 원칙적으로 채권자의 실체법상 권리행사가 제한되는 것은 아니다. 따라서 회생채권자 등이 회생절차개시 당시 채무자에 대하여 채무를 부담하는 경우 그 채무를 수동채권으로 하는 상계는 원칙적으로 허용된다. 다만 채무자의 회생을 위한 노력을 곤란하게 하고 회생계획안의 작성 등 절차 진행에 지장을 초래하는 것을 방지하기 위해 상계적상의 시기 및 상계권의 행사시기 등에 관하여 일정한 제한을 하고 있다.

회생채권자 등이 상계를 하기 위해서는 회생채권이나 회생담보권은 신고기간 만료일까지 변제기가 도래하여야 하고,[28] 상계의 의사표시도 신고기간 만료일까지 하여야 한다(제144조). 또한 회생절차개시 후 부담한 채무를 수동채권으로 하여 상계를 하는 것 등과 같이 상계권 행사가 부당한 경우에는 상계를 금지하고 있다(제145조).

나. 관리인에 의한 상계

관리인에 의한 상계는 원칙적으로 허용되지 않고, 법원의 허가가 있는 경우 가능하다(제131조). 관리인에 의한 상계를 제한하지 않을 경우 채권자들 사이의 형평에 반할 수 있고(상계의 상대방이 된 채권자는 전액 변제받는 효과가 있다), 채권회수율이 낮아져 채권자 일반의 이익에 반할 수 있기 때문에 원칙적으로 허용되지 않는 것이다.

Ⅶ. 회생채권 · 회생담보권의 확정절차

회생절차에서는 집단적 채무조정을 내용으로 하는 회생계획이 핵심이다. 회생계획을 작성하기 위해서는 채권(회생채권과 회생담보권)의 규모를 정확히 파악하는 것이 필요하다. 다수의 이해관계인이 관여하는 회생절차에서 개별적으로 채권을 확정하면 시간이 오래 걸리고 비용이 많이 들기 때문에 집단적 채권확정절차를 두고 있다.

회생절차에서 채권확정은 일반적으로 [채권신고/채권자목록제출 → 채권조사(시부인) → 채권조사확정재판 → 채권조사확정재판에 대한 이의의 소]의 순서로 진행된다. 회생절차개시 당시에 회생채권 등에 관하여 소송이 계속 중이면 그

---

28) 회생절차는 청산을 목적으로 하지 않고 사업의 계속을 목적으로 한다. 따라서 회생의 실효를 거두기 위해서는 상계를 제한하는 것이 바람직하다. 그러나 형평성을 고려하여 상계적상의 시기를 약간 지연시키고 있다. 파산절차의 경우에는 상계적상에 시기적 제한이 없다. 개인회생절차의 경우도 마찬가지이다(제587조).
한편 상계에 관한 채무자회생법의 위와 같은 취급이 입법론적으로 타당한지는 의문이다. 도산절차개시 당시 상계할 수 있었던 자는 절차개시 후에도 상계할 수 있어야 하고, 도산절차개시 당시 상계할 수 없었던 자는 원칙적으로 상계가 허용되지 않는다고 보는 것이 합리적이다. 독일 도산법은 도산절차개시 당시 존재하는 채권자의 상계권은 도산절차에 의해 영향을 받지 않는다고 규정하고 있다(제94조). 상계적상의 도산절연성을 인정한 것으로, 채권자는 채무자의 채권에 대한 별제권자처럼 취급된다. 채권자는 채권신고를 할 필요도 없고 채권자의 채권은 상계를 통해 직접 만족을 받는다.

소송절차에서 확정하고, 회생채권 등에 대하여 집행권원 등이 있는 경우에는 제소책임과 확정방법에 관하여 특별한 취급을 하고 있다.

1. 채권신고 · 채권자목록제출

가. 채권신고

회생채권자 · 회생담보권자(회생채권자 등)가 회생절차에 참가하여 변제받기 위해서는 신고기간 내에 채권액 등을 법원에 신고하여야 한다(제148조, 제149조). 민사집행절차에서 배당요구와 같은 것이다. 채권신고기간은 회생절차개시결정시에 정해진다. 채권신고를 하면 시효중단의 효력이 있다(제32조 제1호). 반면 채권신고를 하지 않는 경우 회생계획이 인가되면 채권이 실효될 수 있다(제251조 참조).

책임질 수 없는 사유로 신고기간 내 채권신고를 못한 경우 신고기간 이후에도 채권신고를 할 수 있다(제152조). 이를 추후 보완신고라 한다.

나. 채권자목록제출제도

채권자는 채무자에 대하여 회생절차가 진행 중인 것을 모르는 경우가 많다. 그럼에도 채권신고를 하지 않았음을 이유로 실권되도록 하는 것은 채권자에게 가혹하다. 회생채권자 등의 채권신고 불편을 덜어주고 신고하지 않은 채권이 회생계획인가결정으로 실권되는 불이익을 방지하기 위하여 관리인으로 하여금 채권자목록을 법원에 제출하도록 하고 있다(제147조 제1항). 채권자목록에 기재된 회생채권 등은 채권신고를 한 것으로 간주된다(제151조). 결국 채권신고도 없고 채권자목록에도 기재되지 않은 채권은 회생계획인가결정으로 실권된다(제251조). 채권신고와 목록이 일치하지 않은 경우 채권신고가 우선한다.

관리인은 채권자목록을 제출하여야 하지만, 어디까지나 채권신고가 원칙이다. 따라서 관리인이 채권자목록을 제출하지 않아 채권이 실권된다고 하더라도 불법행위책임을 부담하지 않는다.

2. 채권조사

채권조사란 신고(추후 보완신고)되거나 채권자목록에 기재된 회생채권 및 회생담보권(회생채권 등)에 대하여 그 존부, 내용과 원인, 의결권액 등의 진위 여부를 검토하여 확정하는 과정이다. 실무적으로 관리인이나 이해관계인이 채권자목록에 기재되거나 신고된 채권의 내용을 시인하거나 부인한다는 점에서 '시·부인'이라고 부른다. 주주·지분권은 신고대상이나 채권조사의 대상은 아니다.

신고기간 내 신고된 채권은 기일 외에서 조사하고(관리인이 시부인표를 제출한다), 추후 보완신고된 채권은 특별조사기일을 정하여 조사한다.

채권조사에서 이의가 없는 경우 채권은 확정된다. 확정된 채권은 회생채권자표[부록 별지1]나 회생담보권자표[부록 별지2]에 기재되고, 그 기재는 확정판결과 동일한 효력이 있다(제168조).

| 채권조사 흐름도 |

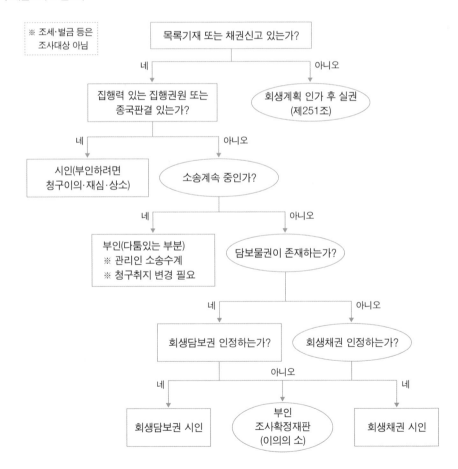

3. 이의채권의 확정

채권조사에서 이의가 있는 경우 그 확정은 ① 채권조사확정재판, ② 채권조사확정재판에 대한 이의의 소, ③ 회생절차개시 당시에 계속 중인 소송의 수계 및 ④ 집행력 있는 집행권원 또는 종국판결이 있는 채권에 대하여 다툼이 있는 경우 등 4가지 절차가 있다.

| 이의채권 확정절차 개요도 |

가. 채권조사확정재판

채권조사확정재판이란 채권자목록에 기재되거나 신고된 회생채권 등에 관하여 관리인 등이 이의를 한 때에 그 회생채권 등을 보유한 권리자가 그 권리의 확정을 위하여 이의자 전원을 상대방으로 하여 법원에 신청하는 재판을 말한다 (제170조).

반드시 조사기간의 말일 또는 특별조사기일로부터 1월 이내에 신청하여야 한다. 변론을 거치지 않는 간이·신속한 결정절차이다.

채권조사확정재판은 일반적으로 회생사건을 심리하고 있는 재판부가 담당한다.

나. 채권조사확정재판에 대한 이의의 소

채권조사확정재판에 불복한 자는 그 결정서의 송달을 받은 날로부터 1월 이내에 채권조사확정재판에 대한 이의의 소를 제기하여야 한다. 판결절차이다(제171조).

채권조사확정재판에 대한 이의의 소는 회생계속법원의 전속관할이다(제171조 제2항). 실무적으로 회생법원이 설치된 서울, 수원, 부산의 경우는 해당 각 회생법원, 회생법원이 설치되지 아니한 경우에는 지방법원 본원 민사부에서 담당하고 있다.

다. 이의채권에 관한 소송의 수계

회생절차개시 당시 이의가 제기된 채권(이의채권)에 관하여 소송이 계속되어 있는 경우 그 소송은 회생절차개시결정으로 중단된다. 회생채권자 등이 그 권리의 확정을 구하고자 하는 때에는 이의자 전원을 상대방으로 하여 소송절차를 수계하여야 한다(제172조).

회생절차개시 당시 이미 회생채권 등에 관하여 소송이 계속 중인 경우, 이의채권의 보유자로 하여금 새로이 채권조사확정재판을 신청하도록 하는 것은 비용·시간의 측면에서 비경제적이므로 중단된 소송을 수계하도록 한 것이다. 회생절차개시 당시 소송이 계속 중인 이의채권은 해당 소송절차를 통하여 확정하라는 취지이다. 수계신청은 조사기간의 말일 또는 특별조사기일로부터 1월 이내에 신청하여야 한다(제172조 제2항).

라. 집행력 있는 집행권원 또는 종국판결이 있는 회생채권 등의 확정

이의채권에 관하여는 원칙적으로 이의채권의 보유자가 채권조사확정재판을 신청하여야 한다. 그러나 집행력 있는 집행권원이 있는 채권은 강제집행에 착수할 수 있는 지위에 있고, 종국판결을 얻은 채권은 권리의 존재에 관하여 고도의 추정력이 있는 재판을 받은 것이므로 일반 회생채권 등에 비하여 유리한 지위에 있다. 이 점을 고려하여 이의채권에 관하여 집행력 있는 집행권원이나 종국판결이 있는 경우 이의자는 채무자가 할 수 있는 소송절차에 의하여만 이의를 주장할 수 있는 것으로 하고 있다(제174조). 구체적으로는 집행력 있는 집행권원에 대하여는 재심의 소, 청구이의의 소 등으로, 미확정의 종국판결의 경우에는 상소로 이의를 주장하여야 한다. 집행력 있는 집행권원이나 종국판결이 없는 이의채권과는 제소권자와 다투는 방법이 다르다.

회생절차개시 당시에 이미 위와 같은 소송이 계속 중인 경우에는 이의자가 회생채권자 등을 상대로 중단된 소송절차를 수계하여야 한다.

Ⅷ. 회생계획안의 제출 및 결의

1. 회생계획안의 제출

회생계획이란 채무자 또는 그 사업의 효율적인 회생을 위한 계획(예외적으로 청산을 내용으로 하는 회생계획도 있다)으로서 이해관계인의 권리변경 및 변제방법, 채무자의 조직변경 등에 관한 사항을 정한 것을 말한다. 향후 회생절차 수행의 기본규범이 되는 것으로 회생계획안이 결의를 위한 관계인집회에서 가결되어 인가된 것을 말한다.

회생계획안이란 채무자의 회생계획을 문서화한 것으로 관계인집회의 심리와 결의의 대상이 되는 것을 말한다. 회생계획안은 관계인집회의 심리와 결의를 거쳐 최종적으로 법원의 인가결정을 받음으로써 회생계획이 된다.

회생계획안의 제출권자는 관리인, 채무자, 목록에 기재되어 있거나 신고한 회생채권자·회생담보권자·주주·지분권자이다(제220조, 제221조). 이 중 관리인은 채무자의 재산에 대한 관리처분권을 가진 작성의무자로서 반드시 회생계획안을 작성하여 제출하여야 하지만(절차기관으로서 관리인의 의무이다), 나머지 제출권자는 회생계획안의 작성의무자가 아니다(이들은 회생절차의 기관은 아니지만, 이해관계를 가지고 있기 때문에, 독자적인 회생계획안 제출권이 인정된다). 다만 사전에 회생계획안이 제출되어 있는 경우에는, 관리인은 법원의 허가를 받아 별도의 회생계획안을 제출하지 아니하거나 제출한 회생계획안을 철회할 수 있다(제223조 제5항).

제 1 장 회생계획안 제출에 이르기까지의 경과와 현황
　제 1 절 채무자의 개요
　제 2 절 회생절차 개시신청에 이르게 된 경위
　제 3 절 회생절차 개시신청 후의 경과
제 2 장 회생계획안의 요지
　제 1 절 회생계획안 입안의 기초
　제 2 절 변제대상채권액의 내역
　제 3 절 권리변경과 변제방법의 요지
제 3 장 회생담보권 및 회생채권에 대한 권리변경과 변제방법
　제 1 절 총　칙
　제 2 절 회생담보권에 대한 권리변경 및 변제방법
　제 3 절 회생채권에 대한 권리변경 및 변제방법[29]
　제 4 절 미확정 회생채권 및 부인권 행사로 부활될 회생채권
　제 5 절 계속 중인 소송사건
　제 6 절 신고되지 않은 채권의 처리
　제 7 절 기타의 장래구상권
제 4 장 주주의 권리변경, 신주 및 사채의 발행
　제 1 절 주주의 권리변경
　제 2 절 출자전환
　제 3 절 주식병합
　제 4 절 신주의 발행
　제 5 절 사채의 발행
제 5 장 공익채권의 변제방법
제 6 장 변제자금 및 운영자금 조달방법
　제 1 절 변제자금의 조달방법
　제 2 절 운영자금의 조달방법
제 7 장 자구노력의 추진
　제 1 절 매출채권 회수가능성 증대 및 원가절감을 통한 수익성 개선
　제 2 절 영업이익의 극대화
제 8 장 예상 수익금의 과부족시 처리방법
　제 1 절 예상 수익금의 초과시 처리방법
　제 2 절 예상 수익금의 부족시 처리방법
제 9 장 회사를 인수할 자

　　제10장　분쟁이 해결되지 아니한 권리
　　제11장　정관의 변경
　　제12장　임원의 변경과 선임
　　제13장　관리인의 보수
　　제14장　회생절차의 종결 및 폐지신청
　　　제1절　회생절차의 종결
　　　제2절　회생절차의 폐지신청
　　제15장　기타사항
　　　별첨

2. 회생계획안 사전제출제도(P-plan)

회생절차개시 신청 전에 사적 정리(채무조정)가 진행되고 나아가 동의를 얻는 등 채권자와의 교섭이 진척된 경우나 채권자의 수가 적고 협조적이어서 신청단계에서 원활한 회생절차 진행이 예견되는 경우에는 신속하게 회생절차를 진행할 필요가 있다. 이러한 경우에는 회생계획안의 제출시기를 늦출 이유가 없다. 이에 채무자의 부채의 2분의 1 이상에 해당하는 채권을 가진 채권자 또는 이러한 채권자의 동의를 얻은 채무자는 회생절차개시의 신청이 있은 때로부터 회생절차개시 전까지 회생계획안을 작성하여 법원에 제출할 수 있도록 하였다(제223조 제1항). 이를 회생계획안 사전제출제도(P-plan)라 한다.

회생계획안 사전제출제도를 둔 취지는 절차지연에 따르는 경제적 비효율을 제거하고, 부실기업의 구조조정을 촉진함과 아울러 채무자의 회생을 신속히 도

---

29) 이 부분에 조세채권의 변제에 관한 내용도 기재된다. 회생계획안에서의 조세채권에 관한 기본적인 기재례는 다음과 같다.
　　○ **기본적인 기재례[3년 분할변제] - 과세관청 동의 불요**
　　　「채무자 회생 및 파산에 관한 법률」 제140조 제2항에 의하여 회생계획 인가결정일 이후 변제기일까지 국세징수법 또는 지방세징수법에 의한 징수 및 체납처분(강제징수)에 의한 재산의 환가는 유예합니다.
　　　채무자 회사는 회생계획 인가결정 전일까지 발생한 조세채권의 100%를 현금으로 변제하되, 현금 변제할 금액의 10%는 제1차년도(2024년)에 변제하고, 20%는 제2차년도(2025년)에 변제하고, 70%는 제3차년도(2026년)에 변제합니다.

모하려는 데 있다. 회생절차는 최소한의 비용으로 채무자의 기업가치의 손상을 최대한 줄이는 효율성과 신속성을 요하는데, 이러한 요구에 부응하는 것이 회생계획안 사전제출제도이다.

회생계획안 사전제출제도는 채권자와의 협상이 대부분 마무리되었으나 모든 이해관계자들이 따라 오도록 하기 위하여 법원의 인가결정이 필요할 때 사용하는 제도이다. 회생계획안 사전제출제도의 배경은 회생절차 신청 후에 일어나는 일련의 협상이 신청 전에 이미 수행되었다는 것이다. 이 제도는 채무자 자신의 재정적 어려움이 외부(언론)에 노출되기를 원하지 않는 기업에게 유용하다.

회생계획안 사전제출제도의 장점은 채무자가 채권자와의 협상을 회생절차개시결정(또는 회생절차개시신청) 전에 마치기 때문에 회생절차에 머무는 시간을 최소화할 수 있다는 것이다. 또한 기업가치의 하락을 줄일 수 있고, 채무자는 과정 전반에 있어 주도권을 가질 수 있다. 반면 단점으로 채무자는 회생절차개시신청 전에 협상할 경우 협상 기간 동안 채무자회생법에 의한 어떠한 보호도 받을 수 없다는 것이다. 포괄적 금지명령도 이용할 수 없고 담보권자의 담보권실행도 막지 못한다.

일반적으로 사전회생계획안은 상거래채무가 많은 채무자보다 높은 부채 구조를 가진 채무자에게 적합하다. 다시 말하면 사전회생계획안은 영업적 문제를 가진 채무자가 아닌 재무적 문제를 가진 채무자가 사용할 수 있는 제도이다.

통상회생절차 진행 과정	P-plan회생절차 진행 과정
① 회생절차개시 신청	① 기업이 투자자 또는 채권자와 협의해 신규자금 투자 등 내용을 담은 사전회생계획안 작성 및 제출(접수) * 제출(접수) 전 사전상담
② 심사/회생절차개시결정 - - - - - - - - - - - (약 1개월 소요)	② 회생절차개시결정 - - - - - - - - - - - (법원재량으로 즉시 결정 가능)
③ - 채권신고 및 조사 - 관리인 보고를 위한 관계인집회(임의) - - - - - - - - - - - (약 3개월 이상 소요)	③ 채권신고 및 조사(3주)
	④ 사전회생계획안 심리 및 결의 위한 관계인집회(관리인 보고를 위한 관계인집회 생략)
④ - 회생계획안 제출 - 회생계획안 심리 및 결의를 위한 관계인집회) - - - - - - - - - - - (수개월 소요)	⑤ 사전회생계획안 인가 결정
⑤ - 회생계획 인가 결정 - 회생계획 수행 또는 변경 - 회생절차 종결 - - - - - - - - - - - (최장 10년/대개 수년 소요)	⑥ 회생절차 종결 - - - - - - - - - - - (신청부터 3개월 내 종결 목표)

3. 회생계획안의 가결

회생계획안은 채권의 종류를 분류하여 조로 나눈 후 가결한다. 일반적으로 회생채권자조, 회생담보권자조, 주주·지분권자조 3개로 분류한다. 회생계획안은 분류된 모든 조에서 가결요건을 충족하여야 한다. 따라서 한 개의 조에서라도 가결요건이 충족되지 아니하면 회생계획안은 원칙적으로 부결된 것으로 처리하여야 한다.

확정된 회생채권 또는 회생담보권을 가진 회생채권자 또는 회생담보권자는 그 확정된 액이나 수에 따라, 이의 없는 의결권을 가진 주주·지분권자는 목록에 기재되거나 신고한 액이나 수에 따라 의결권을 행사할 수 있다. 법원은 이의 있는 권리에 관하여는 의결권을 행사하게 할 것인지 여부와 의결권을 행사하게 할 액 또는 수를 결정한다(제188조 제1항, 제2항).

회생계획안이 가결되려면 ① 회생채권자의 조에 있어서는 그 조에 속하는 의결권의 총액의 3분의 2 이상에 해당하는 의결권을 가진 자의 동의가 필요하다(제237조 제1호). ② 회생담보권자의 조는 회생계획안의 내용에 따라 그 가결요건이 다르다. 채무자의 존속, 합병 등 사업의 계속을 내용으로 하는 회생계획안을 제출한 경우에는 의결권을 행사할 수 있는 회생담보권자의 의결권의 총액의 4분의 3 이상에 해당하는 의결권을 가진 자의 동의가 있어야 한다(제237조 제2호 가목). 법원의 허가를 얻어 청산(영업의 전부 또는 일부의 양도, 물적 분할을 포함한다)을 내용으로 하는 계획안을 제출한 경우에는 의결권을 행사할 수 있는 회생담보권자의 의결권의 총액의 5분의 4 이상에 해당하는 의결권을 가진 자의 동의가 있어야 한다(제237조 제2호 나목). ③ 주주·지분권자의 조는 의결권을 '행사하는' 주주·지분권자의 의결권의 총수의 2분의 1 이상에 해당하는 의결권을 가진 자의 동의가 있어야 한다(제237조 제3호). 여기서 의결권을 행사하는 주주·지분권자란 관계인집회기일 또는 서면결의시 실제로 결의에 참가하여 의결권을 행사하는 주주·지분권자를 의미한다.

한편 주주·지분권자는 회생절차개시결정 당시 부채가 자산보다 많은 경우 의결권이 없기 때문에 실무적으로 주주·지분권자에게 의결권이 부여되는 경우는 거의 없다.

4. 권리보호조항을 정한 인가(강제인가)

회생계획안이 일부 조에서라도 가결요건을 충족시키지 못한 경우 회생절차를 폐지하는 것이 원칙이다. 그러나 일부 조에서는 가결요건을 갖추었으나 일부 조에서 무리한 요구를 하여 가결요건을 갖추지 못한 경우에도 회생절차를 폐지한다면 나머지 회생담보권자나 회생채권자 및 종업원들에 대한 피해가 크고 사회경제적으로도 바람직하지 않다. 이러한 경우 채무자회생법은 가결요건을 갖추지 못한 조에 속하는 권리자의 권리를 보호하는 조항을 두고 회생계획안을 인가할 수 있는 재량권을 법원에 부여하고 있다. 이를 권리보호조항을 정한 인가라고

하고, 실무적으로 강제인가(cram down)라 부른다.

　권리보호조항을 정한 인가(강제인가)를 하기 위해서는 적어도 1개 조에서 가결 요건을 갖추어야 한다. 모든 조에서 가결요건을 갖추지 못한 경우에는 권리보호 조항을 정한 인가(강제인가)를 할 수 없고 회생절차를 폐지하여야 한다(제286조 제1 항 제2호). 따라서 1개 조만 있고 가결요건을 갖추지 못하면 권리보호조항을 정한 인가(강제인가)를 할 수 없다.

Ⅸ. 회생계획인가결정의 효력

　회생계획인가결정으로 회생채권 등이 면책·소멸되고 실체법상의 권리의무가 변경되며, 강제집행 등의 절차가 실효된다. 회생계획인가결정에 이러한 효력을 인정하는 것은 회생절차 각 단계에서 의견청취, 의결권 행사 등으로 채권자 등 각 이해관계인에게 이해를 조정할 기회를 부여함으로써 절차보장이 확보되었다 는 데 있다.

1. 회생계획인가결정의 효력발생시기

　회생계획은 인가결정이 있는 때로부터 효력이 발생한다(제246조). 회생절차의 신속한 진행을 위하여 확정을 기다리지 않고 인가결정이 있는 때에 효력이 발생 하도록 한 것이다. 회생계획인가결정에 대하여 즉시항고를 하더라도 집행정지의 효력은 없다. 회생계획의 수행을 막으려면 회생계획수행정지가처분을 이용할 수 밖에 없다(제247조 제3항).

2. 회생채권 등의 면책 등 및 권리의 변경

가. 회생채권 등의 면책 등

　회생계획인가결정이 있으면 채무자는 회생계획이나 채무자회생법의 규정에 의하여 인정된 권리를 제외한 모든 회생채권과 회생담보권에 관하여 그 책임을 면하고, 주주·지분권자의 권리와 채무자의 재산상에 있던 모든 담보권은 소멸 한다(제251조). 따라서 채권신고를 하지 않고 채권자목록에 기재되어 있지 않은 회생채권 등은 특별한 사정이 없는 한 회생계획인가결정으로 실권된다.

면책의 의미에 관하여 ① 채무소멸설(채무가 절대적으로 소멸한다), ② 책임소멸설 (채무 자체는 존속하지만 채무자에 대하여 이행을 강제할 수 없다)이 대립하고 있다. 면책 후 채무자가 채권자에게 변제한 경우 전자는 부당이득이 되지만, 후자는 부당이 득이 되지 않는다. 판례는 책임소멸설(자연채무설)이다. 따라서 면책된 회생채권 등은 통상의 채권이 가지는 소 제기 권능을 상실한다.

나. 권리의 변경

회생계획의 인가결정이 있으면 회생채권자, 회생담보권자와 주주·지분권자 의 권리는 회생계획에 따라 변경된다(제252조 제1항). 권리변경이란 채무와 구별되 는 책임만이 변경되는 것이 아니라 회생계획의 내용대로 권리가 실체적으로 변 경된다는 의미이다. 인가에 의하여 생긴 권리변경의 효과는 그 뒤 회생절차가 폐지되더라도 존속한다. 예컨대 회생채권 1억 원이 회생계획안에 5,000만 원만 변제하는 것으로 되어 있는 경우 회생계획인가결정으로 회생채권은 5,000만 원 으로 확정적으로 변경된다. 이후 채무자가 회생계획을 제대로 이행하지 아니하 여 회생절차가 폐지된다고 하더라도 5,000만 원이 1억 원으로 회복되지 않는다. 이 점이 개인회생절차에서 변제계획인가와 다르다.[30]

한편 벌금·과료·형사소송비용·추징 및 과태료의 청구권은 감면 그 밖에 권리에 영향을 미치는 내용을 정하지 못한다(제140조 제1항). 벌금 등 청구권의 주 체는 국가 또는 공공단체로 다른 회생채권과 동일하게 권리변경의 대상으로 하 는 것은 타당하지 않기 때문이다.

3. 회생계획의 효력이 미치는 자

회생계획은 채무자, 회생채권자, 회생담보권자, 주주·지분권자와 회생을 위 하여 채무를 부담하거나 담보를 제공하는 자 및 신회사에 대하여 효력이 있다 (제250조 제1항).

---

30) 개인회생절차에서 변제계획이 인가되더라도 권리변경효는 없다. 따라서 변제계획이 인가된 후 변제계획이 제대로 수행되지 못하여 개인회생절차가 폐지된 경우에는 원래의 채권으로 회복된다.

'효력이 있다'는 것은 대상자들이 회생계획이 정하는 바에 따라 권리의 변경을 받거나 새로운 권리를 취득한다는 의미이다.

4. 회생계획의 효력을 받지 않는 자

회생계획은 회생채권자나 회생담보권자가 회생절차가 개시된 채무자의 보증인 그 밖에 회생절차가 개시된 채무자와 함께 채무를 부담하는 자에 대하여 가지는 권리와 채무자 외의 자가 회생채권자 또는 회생담보권자를 위하여 제공한 담보에 영향을 미치지 아니한다(제250조 제2항). 이는 회생계획에 따라 채무자의 채무가 면책되거나 변경되더라도 보증인이나 물상보증인 등의 의무는 면책되거나 변경되지 않는다는 것이다. 보증채무의 부종성을 인정하지 않는 것이다. 회생계획에 의한 권리변경은 어디까지나 채무자의 회생을 위하여 인정되는 것이고, 그 한도를 넘어 회생채권자 등의 권리에 불리한 영향을 미치게 할 수는 없기 때문이다.

다만, 채권자가 중소벤처기업진흥공단, 신용보증기금, 기술보증기금인 경우에는 중소기업의 회생계획인가결정을 받은 시점에 주채무가 감경 또는 면제될 경우 연대보증채무도 동일한 비율로 감경 또는 면제된다(중소기업진흥에 관한 법률 제74조의2, 신용보증기금법 제30조의3, 기술보증기금법 제37조의3). 이는 채권자가 중소벤처기업진흥공단, 신용보증기금, 기술보증기금인 경우 기업회생과정에서 기업채무에 대하여 연대보증을 하고 있는 대표자(기업인)의 재기에 장애요인이 된다는 점을 고려한 것이다. 채권자가 지역신용보증재단인 경우에는 위 예외가 인정되지 않는다.

5. 중지 중인 절차의 실효

회생계획인가결정이 있으면 회생절차개시결정으로 중지된 파산절차, 강제집행, 가압류, 가처분, 담보권실행 등을 위한 경매절차는 그 효력을 잃는다(제256조). 중지한 절차가 실효되도록 한 것은 회생계획인가결정이 있으면 회생채권자 등의 권리는 면책되거나 변경되고, 변경된 권리의 실현은 관리인에 의한 회생계획의 수행에 위임되어 있는 이상, 중지된 절차를 유지할 의미가 없기 때문이다.

국세징수의 예에 의하여 징수할 수 있는 청구권으로서 그 징수우선순위가 일반 회생채권보다 우선하지 아니한 것에 기한 체납처분(강제징수)은 실효되지 않는다(중지된 상태를 유지할 뿐 속행되는 것은 아니다). 국세징수법(지방세징수법)에 의한 체납처분(강제징수), 국세징수의 예에 의하여 징수할 수 있는 청구권으로서 그 징수우선순위가 일반 회생채권보다 우선하는 것은 실효되지 않고 오히려 인가결정과 동시에 그 절차의 속행이 가능하다. 다만 실무적으로 회생계획에 납부(징수)유예가 규정되어 있으므로 체납처분(강제징수)이 곧바로 속행되지는 않는다.

6. 회생채권자표 등에의 기재와 그 효력

회생계획인가결정이 확정된 때에는 법원사무관 등은 회생계획에서 인정된 권리를 회생채권자표 또는 회생담보권자표와 주주지분권자표에 기재하여야 한다(제255조). 이는 이후 회생계획의 수행과정에서 기준이 되는 변경된 권리내용을 명확히 하기 위한 것이다.

회생계획에 관하여 인정된 권리에 관한 회생채권자표와 회생담보권자표의 기재는 회생계획인가의 결정이 확정된 때에 채무자, 회생채권자, 회생담보권자, 채무자의 주주·지분권자, 회생을 위하여 채무를 부담하거나 또는 담보를 제공하는 자, 신회사에 대하여 확정판결과 동일한 효력이 있다.

X. 간이회생절차

간이회생절차는 소규모 사업자(중소기업 등)에 대하여 특별히 비용절감과 절차의 간소화를 제공하기 위하여 도입된 것이다. 간이회생절차는 소액영업소득자가 신청할 수 있다(제293조의4 제1항).

소액영업소득자란 간이회생절차개시의 신청 당시 회생채권 및 회생담보권 총액이 50억 원[31] 이하인 채무를 부담하는 영업소득자를 말한다(제293조의2 제2호, 시행령 제15조의3). 영업소득자는 부동산임대소득·사업소득·농업소득·임업소

---

31) 신종 코로나 바이러스 감염증(코로나19) 영향으로 도산에 직면한 중소기업이 신속하게 회생할 수 있도록 하기 위하여, 2020. 6. 2. 적용대상을 30억 원에서 50억 원으로 확대하였다.

득, 그 밖에 이와 유사한 수입을 장래에 계속적으로 또는 반복하여 얻을 가능성이 있는 채무자를 말한다(제293조의2 제1호). 간이회생절차는 회생절차와 달리 채무자만이 신청할 수 있다.

간이회생절차는 통상의 회생절차와 거의 같지만 몇 가지 점에서 차이가 있다. ① 회생절차는 관리인 선임이 원칙이지만(제74조 제1항), 간이회생절차는 관리인 불선임이 원칙이다(제293조의6). ② 조사위원이 아닌 간이조사위원이 선임된다(제293조의7). 비용절감을 위한 것이다. ③ 가결요건의 특례가 인정된다. 간이회생절차에서 회생계획안의 가결은 회생채권자 조의 경우 통상의 회생절차에서의 가결 요건(의결권 총액의 2/3 이상에 해당하는 의결권자의 동의)을 갖춘 경우뿐만 아니라, 의결권을 행사할 수 있는 회생채권자 의결권 총액의 1/2을 초과하는 의결권을 가진 자의 동의 및 의결권자 과반수의 동의가 있는 경우에도 가결된 것으로 본다(제293조의8). 회생담보권자 조와 주주·지분권자 조는 가결요건이 동일하다.

| 통상회생절차와 간이회생절차 |

	통상회생절차	간이회생절차
적용대상	채무 규모 제한 없음	회생절차개시 신청 당시 회생채권 및 회생담보권 총액이 50억 원 이하인 소액영업소득자
조사업무 수행자	조사위원(회계법인)	간이조사위원
조사위원 보수	최소 1,500만 원	300만 원 안팎
회생계획안 가결요건 (회생채권자조)	의결권 총액 2/3 이상 동의	의결권 총액 2/3 이상 동의 or 의결권 총액 1/2 초과 동의＋의결권자 과반수 동의

XI. 회생절차의 종료

어떤 사건에 대하여 회생절차의 계속이 소멸하는 것을 회생절차의 종료라고 한다. 회생절차는 ① 회생절차가 종결되거나(제283조), ② 회생절차폐지결정이 확정되거나(제286조 내지 제288조), ③ 회생계획불인가결정이 확정되거나(제242조), ④ 회생절차개시결정의 취소결정 및 회생절차개시신청의 기각결정이 확정되거나(제54조, 제42조), ⑤ 항고(재항고)심에서의 회생계획인가결정에 대한 취소결정 및 불인가결정이 확정된 경우(제247조), ⑥ 회생절차개시결정 전 신청취하의 경우(제48조)에 종료된다.

위 종료사유 중 회생절차종결결정은 회생절차의 목적이 달성됨으로써 그 절차를 종료하는 것임에 반하여, 나머지는 회생절차의 목적을 달성하지 못한 채 종료된 것이라는 점에서 차이가 있다.

1. 회생절차의 종결

회생절차의 종결이란 회생계획에 따른 변제가 시작된 이후 회생계획의 수행에 지장이 없어 회생절차의 목적을 달성할 수 있는 경우에 법원이 관리인, 목록에 기재되어 있거나 신고한 회생채권자 또는 회생담보권자의 신청 또는 직권으로 회생절차를 종료시키는 것을 말한다(제283조 제1항).

회생절차종결결정의 효력이 발생함과 동시에 채무자는 업무수행권과 재산의 관리처분권을 회복하고 관리인의 권한은 소멸한다.

2. 회생절차의 폐지

회생절차의 폐지란 회생절차개시결정 후에 당해 회생절차가 그 목적을 달성하지 못한 채 법원이 그 절차를 중도에 장래를 향하여 종료시키는 것을 말한다.

회생절차의 폐지는 크게 ① 회생계획인가 전의 폐지와 ② 회생계획인가 후의 폐지로 나눌 수 있다. 회생계획인가 전의 폐지는 다시 그 사유에 따라 ① 회생계획안이 기간 안에 제출되지 않았거나 제출된 회생계획안이 가결되지 않았음 등을 사유로 하는 폐지(제286조 제1항), ② 회생계획안 제출 전 또는 그 후에 채무자의 청산가치가 계속기업가치보다 명백히 크다는 것을 사유로 하는 폐지(제286조 제2항), ③ 채무자가 신고된 회생채권을 모두 변제할 수 있다는 것을 사유로 하는 폐지(제287조)로 나눌 수 있다.

회생절차폐지결정이 확정되어 효력이 발생하면 관리인의 권한은 소멸되고 채무자의 업무수행권 및 재산의 관리처분권은 채무자에게 회복된다.

3. 견련파산

회생절차가 종료(회생절차종결의 경우는 제외한다)된 때 절차 경제적 관점에서 법원은 임의적 또는 필요적으로 신청에 의하거나 직권으로 파산을 선고할 수 있다. 이를 실무적으로 견련파산이라 한다.

가. 필요적 파산선고

파산선고를 받지 아니한 채무자에 대하여 회생계획인가가 있은 후 회생절차폐지 또는 간이회생절차폐지의 결정이 확정된 경우, 법원은 그 채무자에게 파산의 원인이 되는 사실이 있다고 인정하는 때에는 직권으로 파산을 선고하여야 한다(제6조 제1항).

나. 임의적 파산선고

파산선고를 받지 아니한 채무자에 대하여 ① 회생절차개시신청 또는 간이회생절차개시신청의 기각결정(제293조의5 제2항 제2호 가목의 회생절차개시결정이 있는 경우 제외), ② 회생계획인가 전 회생절차 폐지결정 또는 간이회생절차폐지결정(회생절차가 속행된 경우 제외), ③ 회생계획불인가결정 중 어느 하나에 해당하는 결정이 확정된 경우, 법원은 그 채무자에게 파산의 원인이 되는 사실이 있다고 인정하는 때에는 채무자 또는 관리인의 신청에 의하거나 직권으로 파산을 선고할 수 있다(제6조 제2항).

제3절 파산절차

파산절차도 채무자나 채권자 등의 신청으로 시작될 수 있다. 채무자회생법 제3편 파산절차는 개인과 법인을 구분하지 않고 하나의 절차로 규정되어 있다. 제3편 제8장 제1절 면책은 개인의 경우에만 적용된다. 상속재산파산에 관하여 규정하고 있음은 물론, 유한책임신탁재산의 파산에 관하여 특칙이 규정되어 있다(제3편 제9장).

파산절차는 회생절차와 내용이 비슷하기 때문에 차이가 나는 것을 중심으로 개략적으로 살펴보기로 한다.

| 파산(면책)절차 흐름도 |

Ⅰ. 파산절차는 어떻게 진행되는가

파산절차도 포괄적·집단적 집행절차라는 점에서 회생절차와 비슷하다. 다만 파산절차는 파산재단을 환가하여 공평하게 배당을 하는 것이 목적이다. 채무자나 채권자가 파산신청을 하면 법원이 파산선고를 함으로써 파산절차는 개시된다. 회생절차에서 신청권자로서 채권자는 일정한 자격 제한(금액)이 있지만, 파산절차에서는 제한이 없다.

파산선고라는 용어는 회생절차(회생절차개시)나 개인회생절차(개인회생절차개시)와 균형상 파산절차개시로 바꾸어야 한다.

파산신청이 있으면 법원은 채무자의 재산에 대하여 가압류, 가처분 그 밖에 필요한 보전처분을 명할 수 있지만(제323조 제1항), 실무적으로는 거의 하지 않는다. 회생절차(제44조, 제45조)나 개인회생절차(제593조 제1항, 제5항)와 달리 파산절차에서는 파산채권에 기한 강제집행 등의 중지·금지명령이나 포괄적 금지명령제도가 규정되어 있지 않다. 해석론적으로 '그 밖에 필요한 보전처분'에 강제집행 중지가처분 등이 허용된다고 본다.

파산선고가 나면 파산채권자들이 채권신고를 하고, 파산관재인이 파산재단을 확보하여 환가한 후 배당을 하고 종결한다. 배당할 것이 없으면 파산절차를 폐지한다.

개인의 경우에는 파산절차가 종료된 후 면책절차가 있다.

Ⅱ. 파산선고의 효과

1. 채무자의 재산에 대한 효과

가. 파산재단의 성립

파산선고에 의하여 채무자가 파산선고 당시에 가진 모든 재산은 파산재단을 구성한다(제382조 제1항). 파산절차에서는 회생절차 및 개인회생절차와 달리 파산재단이 파산선고 당시의 모든 재산으로 범위가 확정되는 '고정주의'를 취하고 있다. 따라서 이후 파산절차는 파산재단에 속하는 재산을 대상으로 이루어진다.

파산재단에 속하는 재산이란 파산선고 당시에 채무자에 속한 적극재산으로서 압류가 가능한 것을 말한다. 채무자가 개인(자연인)인 파산사건에서는 압류금지재산, 면제재산, 채무자가 파산선고 후에 새로이 취득한 재산(신득재산)은 파산재단에 속하지 않고 자유재산에 해당한다. 자유재산은 채무자가 자유롭게 처분할 수 있다.

나. 관리처분권의 이전

(1) 파산관재인

파산관재인은 파산절차의 기관[32] 중 하나이다. 파산관재인은 법원이 관리위

---

32) 파산절차의 기관에는 관리위원회, 파산관재인, 채권자집회, 감사위원, 채권자협의회가 있다. 관리위원회와 채권자협의회는 회생절차의 그것과 같다. 채권자집회는 파산채권자의 의견을 파산절차에 반영시키기 위하여 법원이 소집하고 법원의 지휘 아래 개최되어 법이 정한 사

원회의 의견을 들어 파산선고와 동시에 선임한다(제312조 제1항, 제355조 제1항). 파산선고가 있게 되면 동시폐지의 경우를 제외하고 파산관재인을 선임하여야 한다. 회생절차에서 관리인에 상응하는 것이다.

파산관재인의 자격에는 특별한 제한이 없지만, ① 파산관재업무는 법률지식이 반드시 필요하고, ② 비용을 절감하고 절차를 신속히 처리할 수 있어야 하며, ③ 공정하고 중립적인 업무수행이 필요하기 때문에 일반적으로 변호사를 파산관재인으로 선임하고 있다. 다만 공적자금이 지원되는 부보금융회사가 파산하여 공적자금의 효율적인 회수가 필요한 때나 예금보험공사가 보험금 지급 또는 자금지원을 하는 부보금융회사가 파산하여 지원자금 등을 효율적으로 회수할 필요가 있을 때에는 예금보험공사 또는 그 임직원을 파산관재인으로 선임하도록 하고 있다(공적자금관리 특별법 제20조 제1항, 예금자보호법 제35조의8 제1항). 실무적으로 금융기관 파산의 경우에는 예금보험공사를 파산관재인으로 선임하고 있다.

(2) 파산관재인에 의한 파산재단의 관리처분

파산선고가 되면 파산재단은 파산관재인에 의하여 관리·처분이 행하여지게 된다(제384조). 다만 파산선고가 있더라도 파산재단에 대한 실체법상의 권리(재산의 귀속주체가 되는 지위)는 여전히 채무자에게 남아 있다. 채무자는 파산선고시에 소유하는 재산에 대한 관리처분권을 상실하고, 파산절차가 종료될 때까지 회복되지 않는다.

다. 당사자적격의 이전

'파산재단에 관한 소송'에서는 소송의 당사자적격도 파산관재인에게 있다(제359조).

2. 쌍방미이행 쌍무계약에서의 선택권

매매계약 등 쌍무계약을 체결한 경우로서 채무자 및 상대방이 파산선고 당시

항을 결의하거나 파산관재인 및 채무자 또는 이에 준하는 자로부터 보고나 설명을 듣는 등의 권한을 가진 파산채권자의 집회이다. 감사위원은 실무적으로 설치하지 않고 있다.

쌍방 모두 그 이행을 완료하지 아니한 때에는, 파산관재인은 그 선택에 따라 계약을 해제 또는 해지하거나 채무자의 채무를 이행하고 상대방의 채무이행을 함께 청구할 수 있다(제335조 제1항). 파산재단의 이익을 지키고 파산절차의 원활한 진행을 위해서다.

3. 파산채권자에 대한 효과

가. 개별적 권리행사의 제한

파산선고에 의하여 파산채권자는 개별적인 권리행사가 금지되고, 파산절차에 참가하여서만 그 만족을 얻을 수 있다(제424조). 즉 파산채권자는 그 채권을 법원이 정한 일정기간 내에 법원에 신고한 후, 채권조사기일에서의 조사를 거쳐 확정된 액 및 순위에 따라 배당을 받아야 하고, 채무자의 자유재산에 대하여도 강제집행을 할 수 없다.

나. 파산채권의 균질화(등질화)

파산절차는 채무자의 모든 재산을 환가하여 그 환가대금으로 파산채권에 대하여 금전에 의한 배당을 함으로써 채권자의 공평하고 평등한 만족을 도모하는 절차이다(제1조). 이를 위하여 파산선고가 있으면 금전에 의한 배당이 가능하도록 비금전채권은 금전으로 평가하고(금전화, 제426조), 파산선고시에 변제기가 도래하지 않는 채권은 일률적으로 변제기가 도래한 것으로 취급한다(현재화, 제425조). 나아가 조건부채권은 조건이 없는 것으로 취급한다(제427조).

다. 강제집행 등의 실효 등

(1) 강제집행 등의 실효

파산채권에 기하여 파산재단에 속하는 재산에 대하여 행하여진 강제집행·가압류 또는 가처분은 파산재단에 대하여는 그 효력을 잃는다. 다만, 파산관재인은 파산재단을 위하여 강제집행절차를 속행할 수 있다(제348조 제1항). 회생절차에서 회생절차개시결정으로 중지되었다가 회생계획인가결정으로 실효되는 것과 달리 파산선고로 실효된다.

(2) 체납처분(강제징수)의 경우

파산선고 전에 파산재단에 속하는 재산에 대하여 「국세징수법」 또는 「지방세징수법」에 의하여 징수할 수 있는 청구권(국세징수의 예에 의하여 징수할 수 있는 청구권으로서 그 징수우선순위가 일반 파산채권보다 우선하는 것을 포함한다)에 기한 체납처분(강제징수)을 한 때에는 파산선고는 그 처분의 속행을 방해하지 아니한다(제349조 제1항).

반면 파산선고 후에는 파산재단에 속하는 재산에 대하여 「국세징수법」 또는 「지방세징수법」에 의하여 징수할 수 있는 청구권(국세징수의 예에 의하여 징수할 수 있는 청구권을 포함한다)에 기한 체납처분(강제징수)을 할 수 없다(제349조 제2항).

관련 내용은 <제3편 제3장 V.>(본서 502쪽)를 참조할 것.

4. 소송절차의 중단과 수계

가. 소송절차의 중단

당사자가 파산선고를 받은 때에 파산재단에 관한 소송절차는 중단된다(민소법 제239조). 파산재단에 관한 소송에서는 파산관재인이 당사자가 되고(제359조) 파산재단에 관하여 채무자가 관리처분권을 상실하였기 때문이다. 소송대리인이 있는 경우에도 소송절차는 중단된다(민소법 제238조 참조).

중단되는 것은 '파산재단에 관한 소송'이다. 소송절차의 중단과 관련된 '파산재단'에는 적극재산뿐만 아니라 소극재산을 포함하는 개념이다. 따라서 '파산재단에 관한 소송'이란 '파산재단에 속하는 재산에 관한 소송'[33]과 '파산채권에 관한 소송',[34] '재단채권에 관한 소송'을 의미한다.[35] 파산선고를 받은 당사자가

---

33) 채무자가 원고 또는 피고가 되어 어떤 재산의 소유권을 다투는 것이 대표적이다. 구체적으로 채무자의 제3자에 대한 금전이행청구소송, 부동산인도청구소송, 채무자가 채권자인 경우 상대방이 제기한 채무부존재확인소송이 여기에 해당한다.
34) 채권자가 채무자에 대하여 제기한 금전이행소송, 반대로 채무자가 채권자에 대하여 제기한 채무부존재확인소송, 청구이의소송 등이 여기에 해당한다.
35) 파산재단에 관한 소송(민소법 제239조) = 적극재산에 관한 소송[파산재단에 속하는 재산에 관한 소송(제347조 제1항)] + 소극재산에 관한 소송[= 파산채권에 관한 소송 + 재단채권에 관한 소송]

원고이든 피고이든 상관없다. 유형에 따라 아래 <나.>에서 보는 바와 같이 수계절차가 다르다. 파산재단과 관련이 없는 소송(예컨대 자유재산에 관한 소송, 이혼 등 기타 신분관계에 관한 소송, 회사관계소송 등)은 채무자가 여전히 당사자가 되고 중단되지 않는다.

파산재단에 관한 소송절차의 중단은 파산선고의 확정을 기다리지 아니하고 그 선고에 의하여 즉시 발생한다. 파산은 선고한 때부터 효력이 발생하기 때문이다(제311조).

나. 소송절차의 수계

(1) 파산재단에 속하는 재산에 관한 소송

파산재단에 속하는 재산에 관하여 파산선고 당시 법원에 계속되어 있는 소송은 파산관재인 또는 상대방이 이를 수계할 수 있다(제347조 제1항).

(2) 파산채권에 관한 소송

파산채권은 개별적인 권리행사가 금지되고(제424조) 파산절차 내에서 조사·확정된 후에 배당을 받는다. 따라서 파산관재인이 곧바로 수계하는 것이 아니라 상대방의 파산채권신고와 그에 대한 채권조사결과에 따라 처리된다. 상대방이 파산채권을 법원에 신고하지 않은 경우 법원은 상대방에게 법원에 파산채권 신고를 하도록 권유한 다음 그 결과에 따라 다음과 같이 처리하는 것이 바람직하다.

① 상대방이 파산채권을 법원에 신고하고, 신고한 파산채권이 모두 시인된 경우에는 당해 파산채권의 존재 및 내용이 확정되고 이를 파산채권자표에 기재하면 그 기재는 확정판결과 동일한 효력이 있다(제460조). 따라서 이 경우에는 계속 중이던 소송은 부적법하게 되므로 수소법원은 소취하를 권유하고 응하지 않을 경우 소각하판결을 한다.[36]

② 상대방이 파산채권을 법원에 신고하고, 파산관재인 등에 의한 이의가 제기된 경우에는 파산채권의 신고인은 이의자 전원을 상대방으로 하여 수계신

---

36) 대법원 2013. 9. 12. 선고 2012다95486, 95493 판결.

청하고(제464조) 청구취지도 파산채권확정소송의 형태로 변경하여야 한다.

(3) 재단채권에 관한 소송

재단채권에 관한 소송도 파산재단에 관한 소송이므로 중단되고 파산관재인이 수계한다. 다만 청구취지는 이행의 소 형태를 유지한다.

(4) 견련파산의 경우 관리인이 수행하는 소송절차는 중단되고 파산관재인 또는 그 상대방이 중단된 소송을 수계할 수 있다(제6조 제6항).

Ⅲ. 파산채권과 재단채권

1. 파산채권

파산채권이란 파산선고 전에 발생한 재산상의 청구권을 말한다(제423조). 회생절차에서 회생채권에 상응하는 것이다.

파산절차가 시작되면 파산채권자들의 권리행사는 제한된다. 채권자들 사이에 평등한 배당을 하기 위해서다. 파산채권자가 배당을 받기 위해서는 채권신고를 하여야 한다. 채권신고를 하지 않으면 배당을 받지 못할 뿐 실권되지는 않는다. 채권신고를 하지 않으면(나아가 채권자목록에도 기재되어 있지 않아야 한다) 실권되는 회생절차와 다르다. 파산채권자를 제외한 나머지 채권자들(환취권자, 별제권자, 재단채권자)은 원칙적으로 파산절차의 구속을 받지 않고 자유롭게 권리를 행사할 수 있다.

파산절차는 파산재단(채무자의 재산)을 환가하여 얻은 금전을 파산채권자에게 배당하는 것을 목적으로 한다. 그런데 파산채권은 기한이 도래한 것, 기한이 도래하지 않은 것, 금전채권, 비금전채권 등 그 내용이 다양하다. 이러한 다양한 채권에 대하여 평등하고 공평하며 신속하게 만족을 도모하기 위해서는 이들을 통일적으로 처리할 필요가 있다. 이를 위해 파산채권에 대하여 변제기가 도래하지 않아도 이를 도래시키고(파산채권의 현재화, 제425조), 금액이 확정되지 않았으면 확정시키거나 비금전채권 등은 파산선고시의 금전채권으로 평가한다(파산채권의 금전화, 제426조).[37] 또한 조건부채권 등은 무조건주의를 취한다(제427조). 이를 앞 [<Ⅱ.3.나.>(본서 71쪽)]에서 본 바와 같이 파산채권의 균질화(등질화)라 한다.

2. 재단채권

재단채권이란 파산채권자의 공동이익을 위하여 발생한 채권으로 일반적으로 파산선고 후에 발생한 채권을 말한다. 회생절차에서의 공익채권에 상응하는 것이다. 다만 사회정책적인 이유(근로자 보호 등) 등으로 파산선고 전에 발생한 채권 중 일부는 재단채권으로 규정하고 있다. 대표적인 것이 임금채권이다.

재단채권은 파산절차와 무관하게 수시로 우선적으로 변제받을 수 있다. 따라서 파산절차에서 어떤 채권이 파산채권인지 재단채권인지는 권리행사에 있어 아주 중요하다. 어떤 채권을 재단채권으로 할 것인지는 궁극적으로 입법정책의 문제이다.

재단채권은 제473조에 일반적으로 규정되어 있지만, 개별적으로 규정된 것도 있다(제337조 제2항, 제347조 제2항, 제398조 제1항 등). 채무자회생법에서 규정된 것만 재단채권이다(열거주의). 이로 인하여 파산선고 이후에 발생한 채권으로서 재단채권이 아닌 채권이 있을 수 있다. 이를 기타채권(비파산채권)이라 한다. 기타채권은 채무자의 자유재산에 대하여 권리를 행사할 수 있고, 기타채권이 조세채권인 경우 납세의무자는 파산관재인이 아니라 채무자이다.

재단채권은 파산절차에 아무런 영향을 받지 않고 면책의 대상도 되지 않는다.

Ⅳ. 파산재단의 구성 및 확정

파산절차는 채무자의 재산을 환가하여 채권자들에게 공정하게 배당하는 것을 목적으로 한다(제1조 참조). 따라서 파산절차에서는 누가(who), 무엇(what)을 가져갈 것인지를 확정해야 한다. 가져갈 사람이 누구인지를 확정하는 것은 파산채권의 확정문제이다(아래 [Ⅴ.]). 가지고 갈 무엇을 확정하는 것이 파산재단의 구성 및 확정이다. 두 가지 문제는 모두 채무자회생법이 아닌 실체법에서 시작한다. 채

---

37) 회생절차에서는 채권이 현재화·금전화·무조건화되지 않는다. 회생절차는 존속을 전제로 하므로 채권자들은 원래 채권 그대로 회생절차에 참가하고 변제받으면 된다. 기한부채권, 조건부채권 등에 대한 평가규정이 있으나(제134조 내지 제138조) 이는 의결권 산정을 위한 조치에 불과하다(제133조 제2항).

권자들은 파산절차 밖에서 의지했던 채무자 소유 재산에 대하여 파산절차 내에서도 의지할 수 있고, 이 모든 재산이 파산재단이 된다.

1. 파산재단

파산선고가 되면 변제재원(환가대상)이 되는 채무자의 재산은 파산선고 시점의 재산으로 고정된다(고정주의). 파산선고 당시에 채무자가 가지고 있는 모든 재산을 파산재단이라 한다(제382조). 파산절차에서는 파산재단만이 변제재원이 되고, 파산선고 이후에 취득한 재산은 변제재원이 되지 않는다(법인의 경우에는 파산절차 종료 후 소멸을 전제로 하므로 장래에 취득한 재산도 기존의 파산재단에서 연유한 것으로 보아 파산재단에 포함된다[38]). 파산선고 이후 취득한 재산은 채무자(개인)가 새로운 출발을 할 수 있는 재원으로 사용한다.

파산재단은 채무자로부터 분리되어 그에 대한 관리처분권은 제3자의 지위에 있는 파산관재인(일반적으로 변호사가 맡고 있다는 것은 앞에서 본 바와 같다)에게 맡겨진다. 파산관재인은 파산재단을 환가(처분)하여 채권자들에게 나누어준다. 변제재원이 파산선고 당시의 재산으로 한정되는 관계로 배당(변제)을 받게 되는 채권도 파산선고 당시에 존재하는 채권(파산채권)이 되는 것이다. 당연히 재단채권을 변제하고 남아야 파산채권자에게 변제할 수 있다. 변제 후 남은 파산채권은 면책된다(개인의 경우 그렇다. 법인의 경우는 파산절차가 종료하면 소멸하므로 사실상 변제받을 수 없는 상태가 된다).

파산절차는 집행절차이기 때문에 민사집행법에서 압류가 금지되는 재산은 파산재단에 포함되지 않는다(제383조 제1항). 또한 법원은 개인채무자의 주거안정과 생계유지를 보장하기 위하여 파산재단에서 일부 재산을 제외하는 결정을 할 수 있다(제383조 제2항, 면제재산). 주택임대차보호법에서 정한 일정 범위 내의 임대차보증금과 6개월간의 생계비(1,110만 원)가 여기에 해당한다.

파산재단에 포함되지 않는 재산을 자유재산(압류금지재산, 면제재산, 환가포기재산,

---

38) 만약 법인이 완전히 새로운 원천으로 재산을 취득한 것이라면 파산재단에 포함되지 않고 파산절차 종료 후 청산절차를 밟아야 할 것이다.

장래취득재산)이라 한다. 자유재산은 채무자가 자유롭게 사용하고 처분할 수 있다. 자유재산은 채무자의 주거안정과 생계유지 또는 새로운 출발을 위한 재원으로 사용되는 것이므로 법인에게는 인정할 필요가 없다.

2. 부인권

부인권이란 채무자가 파산선고 전에 파산채권자들을 해하는 행위를 한 경우 그 효력을 부인하여 일탈된 재산을 파산재단으로 회복시키기 위하여 행사하는 권리를 말한다(제391조). 파산절차에서의 부인권은 회생절차에서의 부인권과 아래의 몇 가지 차이를 제외하고 동일하다.

① 회생절차상의 부인권은 법인 등의 회생을 위한 채무자의 수익력 내지 기업가치의 회복을 목적으로 하고, 회복한 재산을 반드시 환가하여야 하는 것은 아니다. 반면 파산절차에서의 부인권은 일탈된 재산을 회복하고 이를 환가하여 파산채권자들에게 더 많은 배당을 하는 것을 주된 목적으로 한다. ② 회생절차에서는 담보권자도 권리행사의 제한을 받게 되므로 회생절차개시 전의 담보권의 실행 또는 담보권자에 대한 변제도 부인의 대상이 될 수 있다. 그러나 파산절차에서는 담보권자는 별제권자로서 개별적인 권리행사가 가능하므로(제412조) 파산선고 전에 담보권을 실행하거나 담보권자에게 변제하더라도 부인의 대상이 되지 않는다. ③ 회생절차에서는 회생채권에 해당하는 회생절차개시 전의 벌금・과료・형사소송비용・추징금・과태료채권과 국세징수법 또는 지방세징수법에 의하여 징수할 수 있는 청구권(국세징수의 예에 의하여 징수할 수 있는 청구권으로서 그 징수우선순위가 일반 회생채권보다 우선하는 것을 포함한다)에 관하여 그 징수권한을 가진 자에 대하여 한 담보의 제공 또는 채무의 소멸에 관한 행위는 부인할 수 없으나(제100조 제2항), 파산절차에서는 이와 같은 규정이 없다(하지만 회생절차에서와 마찬가지로 부인권의 대상이 아니라고 보아야 할 것이다).

3. 환취권

환취권이란 제3자가 파산재단에 속하지 않는다는 것을 주장하여 파산관재인으로부터 그 재산을 돌려받을 수 있는 권리를 말한다(제407조). 즉 파산재단에 속하는 어떤 재산에 대하여 파산관재인의 지배의 배제를 구하는 권리이다. 환취권은 파산절차에 영향을 받지 않고 행사할 수 있다(제407조).

환취권의 내용은 회생절차와 동일하다.

4. 별제권

별제권이란 파산절차상 파산재단에 속하는 재산상에 설정되어 있는 유치권, 질권, 저당권, 「동산·채권 등의 담보에 관한 법률」에 따른 담보권 또는 전세권을 말한다(제411조). 별제권자는 파산재단에 속하는 특정한 재산으로부터 파산절차에 의하지 아니하고 우선적, 개별적으로 변제받을 수 있다. 파산선고 이후에도 경매신청을 할 수 있다. 별제권 행사로 변제받지 못한 부분은 파산채권이 된다.

파산절차에서는 대항요건 및 확정일자를 갖춘 임차보증금반환청구권 및 소액임차보증금반환채권이나 임금채권자 등의 최우선변제권도 임차인이나 근로자의 보호라는 정책적인 이유로 별제권으로 인정하고 있다.

가. 대항요건 및 확정일자를 갖춘 임차보증금반환청구권

임대인이 파산한 경우 주택임대차보호법(제3조 제1항) 및 상가건물 임대차보호법(제3조)의 규정에 의한 대항요건을 갖추고 임대차계약증서상의 확정일자를 받은 임차인은 파산재단에 속하는 주택, 상가(대지를 포함한다)의 환가대금에서 후순위권리자 그 밖의 채권자보다 우선하여 보증금을 변제받을 권리가 있다(제415조 제1항, 제3항).

건물만의 임차인이라고 하더라도 대지를 포함한 환가대금에서 우선변제를 받는다. 이는 임차인을 보호하기 위한 것으로 건물만의 전세권자(건물대금에서만 우선변제를 받는다)보다 더 강한 우선변제권을 갖는다.

나. 소액임차보증금반환채권

파산신청일까지 대항력을 갖춘 임차인은 주택임대차보호법(제8조) 및 상가건물 임대차보호법(제14조)의 규정에 의해 최우선변제를 받을 수 있는 소액보증금에 대하여 파산재단에 속하는 주택, 상가(대지를 포함한다)의 환가대금에서 다른 담보물권자보다 우선하여 변제받을 권리가 있다(제415조 제2항 전문, 제3항). 이 경우 임차인은 파산신청일까지 주택임대차보호법 제3조 제1항(또는 상가건물 임대차보호법 제3조 제1항)의 규정에 의한 대항요건을 갖추어야 한다(제415조 제2항 후문, 제3항).

대항요건을 갖추어야 할 시기는 파산신청일까지이다. 이는 주택임대차보호법 제8조 제1항, 상가건물 임대차보호법 제14조 제1항에서 우선변제권을 갖추어야 할 시기를 경매신청의 등기 전까지로 정하고 있는 것과 차이가 있다. 경매절차는 경매신청 후 바로 법원의 등기가 기입되지만, 파산절차에서는 파산신청이 있다고 하더라도 파산선고까지는 상당한 시간이 필요하다는 점을 고려한 것으로 보인다.

다. 임금채권자 등의 최우선변제권

근로기준법 제38조 제2항 각 호에 따른 채권과 근로자퇴직급여 보장법 제12조 제2항에 따른 최종 3년간의 퇴직급여 등 채권의 채권자는 해당 채권을 파산재단에 속하는 재산에 대한 별제권 행사 또는 제349조 제1항의 체납처분(강제징수)에 따른 환가대금에서 다른 담보물권자보다 우선하여 변제받을 권리가 있다(제415조의2).

근로자의 최종 3개월분의 임금·재해보상금 및 최종 3년분의 퇴직금 채권을 두텁게 보장하기 위하여, 파산절차에서도 근로자가 행사하는 근로자의 최종 3개월분의 임금·재해보상금 및 최종 3년분의 퇴직금 채권에 대하여 최우선변제권을 인정하고 있는 것이다. 최우선변제권이 인정되는 임금 등에 대하여는 근로자가 경매절차나 체납처분(강제징수)절차에서 직접 배당받을 수 있다.

주의할 것은 임금채권자 등의 최우선변제권이 인정되는 것은 별제권의 행사나 체납처분(강제징수)에 따른 환가대금에 대하여 인정될 뿐 파산관재인의 통상적인 환가에는 적용되지 않는다는 것이다.

5. 상계권

가. 파산채권자에 의한 상계

파산채권은 개별적 권리행사가 금지되나(제424조), 파산채권자가 파산선고 당시 채무자에 대하여 채무를 부담하는 때에는 파산절차에 의하지 아니하고 상계를 할 수 있다(제416조). 파산채권자는 채무자에 대한 채권으로 민법의 규정에 따라 상계를 할 수 있을 것이라는 기대를 하고 있었는데, 상대방이 파산선고를 받음으로 인해 상계(상계도 개별적 권리행사에 해당한다)를 할 수 없도록 한다면 예상하지 못한 불측의 손해를 입을 수 있으므로 파산채권자에게 상계를 인정한 것이다.

한편 파산절차에서는 민법에서 인정되는 상계 요건[39]을 완화하여 기한미도래의 채권이라도 현재화에 의하여 파산선고시에 기한이 도래한 것으로 보고, 비금전채권이라도 금전화하여 비록 민법상의 상계요건을 충족하지 못한 경우라도 파산절차 내에서는 상계가 가능하도록 하는 등 그 범위를 확장하고 있다. 이는 파산절차는 파산선고 당시 채무자의 총재산을 환가하여 금전에 의하여 다양한 종류의 파산채권자에 대해 공평한 만족을 도모한다는 특징(파산채권의 현재화·금전화)(제425조 내지 제427조)에서 나온 것이다.

반면 파산절차는 파산채권자들이 파산절차에 따라 공평하게 배당을 받는 것인데, 상계를 무조건적으로 인정하게 되면 특정한 채권자에게만 우선적인 만족을 주게 되어 파산절차의 구속을 받는 다른 채권자들에게 상당한 불공평을 가져올 우려가 있다. 따라서 법적으로 채권자평등의 원칙에 현저히 반하거나 파산재단의 감소를 가져와 채권자들의 이익을 해할 우려가 있는 상계에 대하여는 일부 금지를 하고 있다(제422조).

요컨대 파산절차에서는 파산채권자의 상계를 원칙적으로 허용하는 것에서 나아가 그 범위를 확장하고 있지만, 일정한 경우에는 상계를 제한하고 있기도 하다.

나. 파산관재인에 의한 상계

회생절차에서도 법원의 허가를 얻어 관리인이 상계를 할 수 있고(제131조 참조), 제416조 이하의 규정은 파산채권자에게 상계권의 확장을 인정하기 위한 규정으

---

39) 민법(제492조)에 의해 상계를 하려면 ① 동일 당사자 사이에 채권의 대립이 있어야 하고, ② 자동채권과 수동채권의 목적이 동종이어야 하며, ③ 양 채권의 변제기가 도래하고 있어야 하고, ④ 상계가 허용되지 않는 채권이 아니라야 한다. 한편 ③의 경우 수동채권에 대하여는 아직 기한이 도래하지 아니한 경우라도 채권자는 그가 가지는 기한의 이익을 포기하여 상계를 할 수 있다(통설).

로 파산관재인의 상계권 행사를 부정하는 것으로 보기는 어렵다는 점, 파산재단
에 속한 채권의 실질적 가치가 파산채권보다 낮은 경우에는 파산관재인이 상계
를 하는 것이 다른 파산채권자의 이익에 도움이 될 뿐만 아니라 파산관재인이
상대방에게 최고를 하여도 상대방에 의한 상계를 기대할 수 없다는 점에서 파산
채권자의 일반의 이익에 부합하는 경우 법원의 허가를 얻어 상계권의 행사가 가
능하다고 할 것이다.

Ⅴ. 파산채권의 확정절차

파산절차에서도 파산절차 내에 집단적 채권확정절차를 마련하고 있다. 파산채
권자가 채권신고를 하고 파산관재인이 시부인을 한다. 파산절차에서도 채권신고
기간이 정하여져 있지만, 회생절차와 달리 배당이 완료되기 전까지는 언제든지
채권신고를 할 수 있다(이런 점에서 파산절차에서는 채권신고기간이 의미가 없고, 절차 지
연의 한 요인이 되고 있다). 채권신고기간 내에 신고한 채권은 일반조사기일에서, 채
권신고기간 이후에 신고한 채권은 원칙적으로 특별조사기일에서 조사한다.

파산관재인이 시인하면 채권은 확정되고, 부인하면 파산채권조사확정재판(제
462조), 파산채권조사확정재판에 대한 이의의 소(제463조), 계속된 소송의 수계(제
464조), 집행력 있는 집행권원 등이 있는 경우 확정절차(제466조)를 통하여 파산채
권이 확정된다(구체적인 내용은 회생절차와 같다).

채권확정절차에 따라 확정된 파산채권은 파산채권자표[부록 별지3]에 기재된
다(제467조).

Ⅵ. 파산재단의 관리 · 환가 및 배당

파산절차의 목적인 파산채권자에 대한 배당을 하기 위해서는(제1조), 한편으론
배당을 받을 파산채권자의 범위, 금액 등을 확정하여야 함과 동시에, 다른 한편
으론 배당하여야 할 금전, 즉 배당재단을 형성하여야 한다. 이를 위해 파산재단
에 속한 재산을 파산관재인이 적절히 관리하고, 나아가 현금 이외의 재산을 현
금화(환가)할 필요가 있다.

파산선고로 파산재단이 형성되지만, 이후 그에 대한 관리 및 환가가 적절하게

행하여지는지 여부에 따라 실제 배당률은 차이가 발생할 수 있기 때문에, 파산 재단의 관리 및 환가는 파산관재인의 직무 중 가장 중요하다고 할 수 있다. 파산재단은 민사집행법에 의해 환가하거나 임의매각을 할 수도 있다.

파산재단에 대한 환가가 된 이후에는 파산채권자에게 배당을 한다. 배당이란 파산관재인이 환가한 금전을 법정의 절차에 따라 각 파산채권자에게 채권액에 비례하여 평등하게 변제하는 것을 말한다. 배당에는 중간배당[40]과 최후배당[41] 및 추가배당[42]이 있다.

Ⅶ. 파산절차의 종료

파산절차는 파산절차의 본래의 목적인 배당이 완료된 후 파산절차를 종결하거나 파산절차를 폐지한 경우에 종료한다. 파산절차를 종결하는 경우에는 배당을 위해 채권조사절차가 진행된다. 그러나 파산절차를 폐지할 경우에는 채권조사절차가 필요 없다.

1. 파산절차의 종결

파산관재인이 파산재단을 환가하여 배당이 끝나면 파산관재인의 임무가 종료된다. 이 경우 파산관재인은 채권자집회에 계산보고를 하여야 한다(제365조 제1항). 계산보고를 위한 채권자집회가 종결된 때에는 법원은 파산종결결정을 하고, 그 주문 및 이유의 요지를 공고한다(제530조).

---

40) 채권조사가 끝난 후 파산관재인은 배당하기에 적당한 정도의 금원이 있을 때마다 지체없이 배당을 실시하여야 한다(제505조). 파산관재인이 배당을 할 경우 법원의 허가를 받아야 한다(제506조). 중간배당은 경우에 따라 여러 번 할 수 있다.

41) 최후배당이란 파산재단에 관한 소송 등이 종결된 후 예외적으로 가치가 없다고 인정하여 환가하지 아니한 것을 제외하고 파산재단의 환가를 완료한 후에 행하는 배당을 말한다. 파산관재인이 최후배당을 할 때에는 법원의 허가를 받아야 한다(제520조). 이는 파산절차에 있어서 마지막 배당이므로 위 배당으로 파산절차가 종료하기 때문이다.

42) 배당액을 통지한 후에 새로 배당에 충당할 재산이 있게 된 때에는 파산관재인은 법원의 허가를 얻어 추가배당을 하여야 한다. 파산종결의 결정이 있은 후에도 또한 같다(제531조 제1항).

2. 파산절차의 폐지

파산절차의 폐지란 신고한 파산채권자의 동의가 있는 경우 또는 파산재단이 파산절차비용에도 충당하기 부족한 경우에 파산절차의 본래의 목적을 달성하지 못한 채 파산절차를 장래에 향하여 중지하는 것을 말한다.

파산폐지에는 파산채권자의 동의에 의한 폐지(동의폐지)와 파산재단 부족으로 인한 폐지가 있다. 후자는 다시 파산선고와 동시에 하는 폐지(동시폐지)와 파산선고 이후에 하는 폐지(이시폐지)가 있다.

가. 동의폐지

동의폐지란 채권신고기간 내에 신고한 파산채권자 전원의 동의를 얻어 채무자의 신청으로 파산절차를 폐지하는 것을 말한다(제538조 제1항). 파산포기라고도 한다.

파산절차는 파산재단을 극대화하여 파산채권자에게 최대한의 배당을 목적으로 하는 파산채권자를 위한 절차이므로, 파산절차에 참가한 모든 파산채권자가 파산절차를 종료시키는 것에 동의하고, 파산채권자에게 손해가 없다면 그 의사를 존중하는 것이 타당하며, 굳이 그 의사를 무시한 채 파산절차를 진행할 필요는 없다는 점을 고려한 것이다. 실무적으로는 거의 없다.

채무자가 융자나 채무면제 등을 통하여 지급불능이나 채무초과의 상태를 해소할 수 있다고 판단되는 경우 법인격을 회복할 수 있는 수단이다.

나. 파산재단 부족으로 인한 폐지

파산재단으로 파산절차비용을 충당하기에 부족하다고 인정되는 경우에 하는 폐지이다(제545조). 여기에는 동시폐지와 이시폐지가 있다.

(1) 동시폐지

동시폐지란 파산원인의 존재 그 밖의 파산선고의 요건을 모두 구비하고 있지만 파산재단이 적어 파산절차의 비용을 충당하기에 부족하다고 인정되는 때에 파산선고와 동시에 파산폐지의 결정을 하는 것을 말한다(제317조 제1항). 파산재단으로 파산절차비용에도 충당하지 못한 경우에는 계속하여 파산절차를 실시할 의미가 없기 때문이다.

동시폐지는 파산관재인을 선임하는 등 동시처분이 허용되지 않고 파산재단이 성립하지 않아 파산재단의 수집·환가·배당절차가 실시되지는 않지만, 파산선고의 효력이 발생한 것에는 변함이 없고 자격제한 등의 효과도 발생한다. 또한 개인에 대하여 동시폐지가 된 경우에도 파산신청이 된 이상 채무자는 면책신청의 자격이 인정된다(제556조 제1항 참조).

(2) 이시폐지

이시폐지란 파산선고 후에 파산절차의 비용까지 지급할 수 없을 정도로 부족하다고 인정된 경우에 하는 파산폐지를 말한다. 따라서 파산절차비용을 충당하기에 충분한 금액이 미리 납부되어 있는 때에는 이시폐지를 하지 못한다.

Ⅷ. 면 책

1. 면책결정

개인에 대하여는 면책이 인정된다. 법원은 면책불허가사유가 있는 경우를 제외하고 면책을 허가하여야 한다(제564조 제1항). 면책불허가사유가 있다고 하더라도 법원은 파산에 이르게 된 경위, 그 밖의 사정을 고려하여 상당하다고 인정되는 경우에는 면책을 허가할 수 있다(제564조 제2항). 이를 '재량면책'이라 한다. 면책결정은 확정되어야 효력이 발생한다(제565조).

면책불허가사유로는 ① 채무자가 파산범죄에 해당하는 행위(파산재단에 속하는 재산의 은닉, 손괴, 불이익한 처분, 파산재단의 부담을 허위로 증가시키는 행위 등)를 한 경우, ② 파산원인사실을 속이거나 감추고 신용거래로 재산을 취득한 경우, ③ 허위의 채권자목록 등을 제출하거나 재산상태에 관한 허위 진술을 한 경우, ④ 채무자가 면책의 신청 전에 개인파산절차에 의하여 면책을 받은 경우에는 면책허가결정의 확정일부터 7년이 경과되지 아니한 때, 개인회생절차에 의하여 면책을 받은 경우에는 면책확정일부터 5년이 경과되지 아니한 때, ⑤ 법이 정하는 채무자의 의무위반, ⑥ 과다한 낭비, 도박, 사행행위가 있는 경우가 있다(제564조 제1항).

2. 면책결정의 효력

면책을 받은 채무자는 파산절차에 의한 배당을 제외하고 모든 파산채권자에 대한 채무의 전부에 관하여 그 책임이 면제된다(제566조 본문). 파산채권자에 대하여는 채권신고의 유무와 관계가 없고, 우선권 있는 파산채권이든 일반 파산채권이든 후순위 파산채권이든 불문한다. 면책이란 회생절차에서와 같이 채무 자체는 존속하지만 채무자에 대하여 이행을 강제할 수 없다는 의미이다(자연채무설 또는 책임소멸설).

면책은 오로지 채무자에 대하여만 적용된다. 따라서 면책은 파산채권자가 채무자의 보증인 기타 채무자와 더불어 채무를 부담하는 자에 대하여 가지는 권리 및 파산채권자를 위하여 제공한 담보(물상보증)에는 영향을 미치지 아니한다(제567조). 다만 채권자가 중소벤처기업진흥공단, 신용보증기금, 기술보증기금인 경우에는 중소기업[43]의 파산선고 이후 면책결정을 받은 시점에 주채무가 감경 또는 면제될 경우 연대보증채무도 동일한 비율로 감경 또는 면제된다(중소기업진흥에 관한 법률 제74조의2, 신용보증기금법 제30조의3, 기술보증기금법 제37조의3).

3. 비면책채권

채권자 사이의 형평 내지 구체적인 정의관념, 공익상의 필요나 사회정책적인 이유에서 면책에서 제외되는 채권이 있다(제566조 단서). ① 조세, ② 벌금·과료·형사소송비용·추징금 및 과태료, ③ 채무자가 고의로 가한 불법행위로 인한 손해배상, ④ 채무자가 중대한 과실로 타인의 생명 또는 신체를 침해한 불법행위로 인하여 발생한 손해배상, ⑤ 채무자의 근로자의 임금·퇴직금 및 재해보상금, ⑥ 채무자의 근로자의 임치금 및 신원보증금, ⑦ 채무자가 악의로 채권자목록에 기재하지 아니한 청구권(다만, 채권자가 파산선고가 있음을 안 때에는 그러하지 아니하다)은 비면책채권이다.

---

43) 기업이란 사업을 하는 개인 및 법인과 이들의 단체를 말하지만(신용보증기금법 제2조 제1호, 기술보증기금법 제2조 제2호), 여기서는 개인만을 의미한다. 법인에 대하여는 면책제도가 없다.

실무적으로 주로 ⑦의 경우가 문제된다(채권자목록에 누락된 채권자가 비면책채권임을 이유로 채무자에 대하여 이행의 소를 제기하는 경우가 많다). 악의로(malicious) 채권자목록에 기재하지 아니한 청구권을 면책대상에서 제외한 이유는, 채권자목록에 기재되지 아니한 채권자가 있을 경우 그 채권자로서는 면책절차 내에서 면책신청에 대한 이의 등을 신청할 기회를 박탈당하게 될 뿐만 아니라 그에 따라 제564조에서 정한 면책불허가사유에 대한 객관적 검증도 없이 면책이 허가, 확정되면 원칙적으로 채무자가 채무를 변제할 책임에서 벗어나게 되므로, 위와 같은 절차 참여의 기회를 갖지 못한 채 불이익을 받게 되는 채권자를 보호하기 위한 것이다.[44] 따라서 채권자가 파산선고가 있음을 안 때에는 면책절차에도 참가할 수 있었을 것이므로 면책대상채권이 된다(제566조 제7호 단서).[45] 채무자의 악의에 대한 증명책임은 채권자가 부담한다.

'채무자가 악의로 채권자목록에 기재하지 아니한 청구권'이라고 함은 채무자가 면책결정 이전에 파산채권자에 대한 채무의 존재 사실을 알면서도 이를 채권자목록에 기재하지 않은 경우를 뜻하므로, 채무자가 채무의 존재 사실을 알지 못한 때에는 비록 그와 같이 알지 못한 데에 과실이 있더라도 비면책채권에 해당하지 아니하지만, 이와 달리 채무자가 채무의 존재를 알고 있었다면 과실로 채권자목록에 이를 기재하지 못하였다고 하더라도 비면책채권에 해당한다.[46] 채권은 확정되어 있을 것을 요하지 않는다.

---

44) 대법원 2018. 6. 28. 선고 2018다214401 판결, 대법원 2016. 4. 29. 선고 2015다71177 판결, 대법원 2010. 10. 14. 선고 2010다49083 판결.

45) 채무자가 채권자가 보유하고 있던 A채권을 채권자목록에 기재하지 않았다고 하더라도, 채권자가 보유하고 있던 다른 B채권을 채권자목록에 기재하였기 때문에 법원은 채권자에게 파산선고 및 면책신청에 대한 이의신청기간을 지정하는 결정을 송달하였고(제558조 제1항, 제2항, 제562조 제1항 본문, 제8조), 그로 인해 채권자는 채무자에 대하여 파산선고가 있음을 알고 있었다고 봄이 상당하므로 A채권은 면책채권에 해당한다고 할 것이다{대법원 2019. 11. 15. 선고 2019다256167, 2019다256174(병합) 판결 참조}.

46) 대법원 2018. 6. 28. 선고 2018다214401 판결, 대법원 2016. 4. 28. 선고 2015다256022 판결, 대법원 2013. 2. 14. 선고 2012다95554(본소), 2012다95561(반소) 판결.

Ⅸ. 상속재산파산

　상속재산파산이란 상속재산으로 상속채권자(피상속인의 채권자) 및 유증을 받은 자에 대한 채무를 완제할 수 없을 때 상속채권자 및 유증을 받은 자와 상속인의 (고유)채권자의 이익을 조정할 목적으로 상속재산과 상속인의 고유재산을 분리하여 상속재산에 대해 청산을 하는 파산절차를 말한다(제307조 참조).[47)]

　우리 민법은 실체법상 상속의 개시(피상속인의 사망)에 의하여 피상속인의 일신전속적인 것을 제외하고, 상속인의 의사와 무관하게 상속인이 알건 모르건, 피상속인의 재산·부채가 전부 법률상 당연히 상속인에게 포괄승계되는 당연상속주의를 취하고 있다(민법 제1005조). 당연상속주의 하에서는 피상속인 또는 상속인의 재산상태(자산과 부채의 비율)에 따라 상속채권자 및 유증을 받은 자나 상속인 또는 상속인의 (고유)채권자가 이익 또는 불이익을 받게 된다. 상속재산의 상태가 악화되어 있는 경우에는 상속인이 불이익을 받음은 물론, 상속인의 (고유)채권자도 변제가능성의 저하라는 불이익을 받을 우려가 있다. 반대로 상속인의 재산상태가 악화되어 있는 경우에는 상속채권자 및 유증을 받은 자가 변제가능성의 저하라는 불이익을 받을 우려가 있다.

　그래서 현행 민법은 위와 같은 문제점을 해결하고자 한정승인과 재산분리제도를 두고 있다. 이들은 상속재산에서 상속채권자 및 유증을 받은 자가 받는 이익과 상속인의 재산에서 상속인의 (고유)채권자가 받는 이익을 조정하기 위하여 상속인의 고유재산에서 상속재산을 분리하여 청산하기 위한 제도이다.

　그러나 부족한 상속재산을 상속채권자 및 유증을 받은 자에게 공평하고 평등하게 분배하는 시스템으로서의 한정승인이나 재산분리는 충분하다고 하기 어려

---

47) (개인)파산사건에서 상속이 문제되는 것으로, ① 채무자에 대한 파산절차가 진행되는 도중에 채권자가 사망한 경우(실무적으로 채권자의 상속인들을 파악하기가 어렵다), ② 상속인에 대하여 파산선고가 있는 경우(제346조, 제435조), ③ 상속재산에 대하여 파산선고가 있는 경우, ④ 채무자에 대한 파산절차가 진행되는 도중에 채무자가 사망한 경우가 있다. ①의 경우는 실무적으로 가끔 발생하지만, 주된 쟁점은 채권자의 상속인들을 파악하는 것이다. ④의 경우는 상속재산에 대하여 파산절차가 속행된다(제308조). ②의 경우에도 많은 법률적인 문제들이 있고 일반파산절차와 다른 몇 가지 특칙이 규정되어 있지만(제346조, 제435조 등), 결국은 상속인이라는 개인에 대한 파산에 불과하다.

운 점이 있다. 한정승인은 상속채권자를 위한 책임재산을 상속재산으로 한정하는 역할을 하지만, 상속재산을 관리하고 상속채무를 변제하는 것은 상속인이며 (민법 제1022조 단서, 제1034조 참조) 파산관재인과 같이 공평하고 중립적인 제3자가 아니다. 또한 채권조사절차가 존재하지 않으며, 부인권이나 상계권 제한도 없기 때문에 실체와 괴리된 변제, 편파적인 만족 또는 상속재산의 부당한 감소를 강제적으로 시정할 방법이 없다. 또한 재산분리는 상속채권자나 유증을 받은 자 또는 상속인의 채권자의 의사에 따라 상속재산과 상속인의 고유재산을 분리하여(민법 제1045조), 상속재산에 대해서는 상속채권자나 유증을 받은 자의 우선변제권을, 고유재산에 대하여는 상속인의 (고유)채권자의 우선변제권을 인정하고 있지만(민법 제1052조), 이해관계인의 공평을 도모하면서 상속재산을 청산하는 절차로서는 충분하지 못하다.

그래서 채무자회생법은 개인인 상속인에 대한 파산과 별도로 상속채권자나 유증을 받은 자가 그 권리에 따라 공평하고 평등한 변제를 받을 수 있도록 상속재산 그 자체에 대한 엄격한 파산절차를 두고 있다. 상속재산파산은 상속재산을 상속인의 고유재산에서 따로 떼어내어 한정승인이나 재산분리보다도 엄밀한 절차로 공평하게 청산하기 위한 제도이다. 다만 현실적으로 상속재산파산제도가 활발하게 이용되고 있지는 않다.

제4절 개인회생절차

　개인회생절차란 파산의 원인인 사실이 있거나 그러한 사실이 생길 염려가 있는 자로서 개인회생절차개시 신청 당시 일정 금액(무담보부채무의 경우 10억 원, 담보부채무의 경우 15억 원) 이하의 채무를 지고 있는 개인채무자가 정기적이고 확실하거나 장래에 계속적으로 또는 반복적으로 수입을 얻을 가능성이 있는 경우 수입 중에서 생계에 필요하다고 인정되는 비용 등을 제외한 나머지 금액(가용소득)을 원칙적으로 최장 3년간 변제하면 나머지 채무에 대하여 면책받을 수 있는 절차를 말한다.

| 개인회생절차 흐름도 |

Ⅰ. 개인회생절차는 어떻게 진행되는가

　개인회생절차는 개인채무자가 개인회생절차개시신청을 하고 법원이 개인회생절차개시결정을 하면 시작된다. 채무자가 개인회생절차의 개시를 신청하고 개시여부를 결정하기까지 상당한 시간이 걸리고, 개인회생절차의 원활한 수행을 위하여 채무자가 그 사이에 그의 재산으로 임의로 변제하거나 담보를 제공하는 등 재산을 흩어지게 하는 것을 방지할 필요가 있다. 이를 위하여 법원은 개시결정 전에 이해관계인의 신청이나 직권으로 채무자의 재산에 대하여 가압류, 가처분 또는 그밖에 필요한 보전처분을 할 수 있다(제592조 제1항). 또한 회생절차에서와 마찬가지로 채권자의 권리행사를 제한하기 위하여 중지・금지명령(제593조 제1항), 포괄적 금지명령(제593조 제5항, 제45조 제1항) 및 강제집행 등의 취소제도(제593조 제5항, 제45조 제5항)를 두고 있다. 구체적인 내용은 회생절차에서의 그것과 유사하다.

개시결정 이후 개인회생채권을 확정하는 절차를 진행하고, 채무자의 재산은 개인회생재단을 구성한다. 채무자는 채무를 어떻게 변제할 것인지를 기재한 변제계획안을 제출한다(실무적으로 절차를 신속하게 진행하기 위하여 신청 시에 변제계획안을 제출한다). 법원은 변제계획안을 검토한 후 별다른 문제가 없으면 변제계획을 인가한다. 회생절차와 달리 변제계획을 인가함에 있어 채권자들의 동의를 받을 필요는 없다. 채무자가 변제계획에 따라 정상적으로 변제하면 면책결정을 하고, 변제하지 못하면 개인회생절차를 폐지하거나 일정한 경우 특별면책을 한다.

Ⅱ. 신청권자

회생절차나 파산절차와 달리 개인회생절차는 개인채무자만이 신청할 수 있다(제588조). 개인회생절차는 개인채무자의 자발적인 의지에 따라 수행이 가능한 것이므로 채권자에게는 신청권이 인정되지 않는다.

개인채무자란 파산의 원인인 사실이 있거나 그러한 사실이 생길 염려가 있는 자로서 일정 금액 이하의 채무를 부담하는 급여소득자 또는 영업소득자를 말한다(제579조 제1호).

1. 채무액수의 제한

개인회생절차를 이용하려면 ① 유치권·질권·저당권·양도담보권·가등기담보권·「동산·채권 등의 담보에 관한 법률」에 따른 담보권·전세권 또는 우선특권으로 담보된 개인회생채권(담보부채권)은 15억 원, ② 그 밖의 개인회생채권(무담보부채권)은 10억 원 이하의 채무를 부담하는 자라야 한다. 채무총액의 한도기준의 적용시점은 개인회생절차개시의 신청 당시이다(제579조 제1호).

개인회생절차를 이용하는 채무자의 채무액수를 제한하는 이유는 다액의 채무를 부담하는 경우까지 간소화된 개인회생절차를 이용하도록 하는 것은 상대적으로 소액의 채무를 부담하고 있는 개인채무자에 대하여 복잡하고 비용이 많이 드는 회생절차를 적용할 때 발생하는 불합리를 피하기 위하여 마련한 개인회생절차의 취지에 비추어 적절하지 않기 때문이다.

개인회생절차를 이용하려면 담보부채권의 요건과 무담보부채권의 요건을 모두 갖추어야 한다. 예컨대 ① 담보부채권이 16억 원, 무담보부채권이 11억 원, ② 담보부채권이 16억 원, 무담보부채권이 8억 원, ③ 담보부채권이 13억 원, 무담보부채권이 11억 원인 경우는 모두 개인회생절차를 이용할 수 없다. 이처럼 개인회생절차를 이용할 수 없는 개인은 회생절차(제2편)를 이용할 수밖에 없다.

비면책채권이라고 하더라도 개인회생절차에 의하지 아니하고 변제받을 수 있는 것은 아니고(변제계획에 따라 변제받아야 한다), 채권자가 변제계획에 의하여 일부라도 변제를 받고 나머지가 있는 경우 면책이 되지 않는다는 것에 불과하므로 위 채권액에 포함된다고 할 것이다.

2. 급여소득자

급여소득자란 급여·연금 그 밖에 이와 유사한 정기적이고 확실한 수입을 얻을 가능성이 있는 개인채무자를 말한다(제579조 제2호). 개인회생절차는 개인의 장래 수입을 주된 변제재원으로 하기 때문에 변제기간 동안 개인의 수입이 정기적으로 확실하여야 한다.

정기적이고 확실한 수입은 채무자가 개인회생절차를 신청할 당시뿐만 아니라 변제계획을 인가할 당시에도 계속 갖추고 있어야 한다.

아르바이트, 파트타임 종사자, 비정규직, 일용직 근로자 등도 그 고용형태와 소득신고의 유무에 불구하고 정기적이고 확실한 수입을 얻을 가능성이 있다고 인정되는 이상 급여소득자에 해당한다(개인예규 제7조의2 제1항).[48]

3. 영업소득자

영업소득자란 부동산임대소득·사업소득·농업소득·임업소득 그 밖에 이와 유사한 수입을 장래에 계속적으로 또는 반복하여 얻을 가능성이 있는 개인채무자를 말한다(제579조 제3호). 영업소득자에는 소득신고의 유무에 불구하고 수입을 장래에 계속적으로 또는 반복하여 얻을 가능성이 있는 모든 개인을 포함한다(개인예규 제7조의2 제2항).

---

48) 대법원 2011. 10. 24.자 2011마1719 결정.

Ⅲ. 회생위원

개인회생절차에서는 채무자가 개인회생재단에 대한 관리처분권을 가지고 있기 때문에(제580조 제2항) 채무자의 적정한 직무수행을 유지하도록 법원의 감독이 필요하다. 하지만 개인채무자의 재산, 수입, 지출 등의 상황에 의심이 있는 경우 채권자나 법원이 직접 조사한다는 것은 사실상 불가능하다. 또한 개인회생채권의 평가에 있어 법원이 자료를 수집하여 이자 등을 계산하여야 하기 때문에 사건의 신속한 처리가 어렵다. 나아가 개인채무자는 통상 전문적인 법률지식이 없어 독자적으로 법률에 부합하는 변제계획안을 작성하는 것이 곤란하다. 그렇다고 회생절차처럼 조사위원을 두기에는 비용이나 보수가 너무 고액이다.

그래서 개인채무자의 재산 및 수입 상황의 조사, 개인회생채권의 평가에 있어 법원 보조, 개인채무자가 적정한 변제계획안을 작성하도록 필요한 권고를 수행하는 회생위원이라는 기관을 둔 것이다.

실무적으로는 개인회생절차개시의 신청 직후 곧바로 모든 사건에 대하여 회생위원을 선임하고 있다(개인예규 제9조 제1항). 회생위원은 법원사무관이 주로 맡고 있지만, 서울회생법원 등 일부 법원에서는 변호사 등 전임회생위원을 두어 맡기고 있기도 하다.

Ⅳ. 개인회생절차개시결정의 효력

1. 개인회생재단의 성립

개인회생절차개시결정은 결정시에 효력이 발생한다(제596조 제5항). 개시결정이 있으면 ① 개인회생절차개시결정 당시 채무자가 가진 모든 재산과 채무자가 개인회생절차개시결정 전에 생긴 원인으로 장래에 행사할 청구권 및 ② 개인회생절차진행 중에 채무자가 취득한 재산 및 소득은 개인회생재단을 구성하게 된다(제580조 제1항).

2. 다른 절차의 중지·금지

개인회생절차개시의 결정이 있는 때에는 ① 채무자에 대한 회생절차 또는 파산절차, ② 개인회생채권에 기하여 개인회생재단에 속하는 재산에 대하여 이미 진행 중인 강제집행·가압류 또는 가처분, ③ 개인회생채권을 변제받거나 변제를 요구하는 일체의 행위(소송행위 제외), ④ 체납처분(강제징수)이나 조세채무 담보를 위하여 제공된 물건의 처분은 중지 또는 금지된다. ② 내지 ④는 채권자 목록에 기재된 채권에 의한 경우에 한한다(제600조 제1항).

개인회생절차개시의 결정이 있는 때에는 변제계획의 인가결정일 또는 개인회생절차 폐지결정의 확정일 중 먼저 도래하는 날까지 개인회생재단에 속하는 재산에 대한 담보권의 설정 또는 담보권의 실행 등을 위한 경매도 중지 또는 금지된다(제600조 제2항). 개인회생절차의 원만한 진행을 위해 일정 기간 동안만 담보권의 행사를 제한한 것이다.

V. 개인회생재단의 구성과 확정

1. 개인회생재단

개인회생재단이란 ① 개인회생절차개시결정 당시 채무자가 가진 모든 재산, ② 채무자가 개인회생절차개시결정 전에 생긴 원인으로 장래에 행사할 청구권, ③ 개인회생절차진행 중에 채무자가 취득한 재산 및 소득을 말한다(제580조 제1항). 다만 ①, ②에 해당하는 것으로 압류금지재산이나 면제재산은 개인회생재단에서 제외된다(제580조 제3항, 제383조 제1항, 제2항).

개인회생절차에서는 개인회생절차개시 당시에 가진 재산은 물론 장래에 취득할 수입(소득)도 변제재원이 되는 '팽창주의'를 취하고 있다. 이처럼 변제재원이 되는 채무자의 모든 재산을 개인회생재단이라고 부른다. 파산절차에서처럼 압류금지재산과 면제재산이 인정되고 이들은 개인회생재단에서 제외된다. 다만 개인회생절차에서는 개인회생재단에 대한 관리처분권이 채무자에게 그대로 남는다(파산절차에서는 파산재단에 대한 관리처분권이 파산관재인에게 있고, 회생절차에서는 채무자의 재산에 대한 관리처분권이 관리인에게 있다).

2. 부인권

부인권이란 채무자가 개인회생절차개시 전에 자신의 일반재산에 관하여 채권자들을 해하는 행위(편파행위 포함)를 한 경우 그 효력을 부인하여 일탈된 재산을 개인회생재단으로 회복시키기 위하여 행사하는 권리를 말한다.

개인회생절차에서 부인권은 파산절차에서의 부인권에 관한 규정을 준용하고 있지만(제584조 제1항), 부인권의 행사주체(파산절차에서는 파산관재인, 개인회생절차에서는 채무자), 제척기간(파산절차에서는 파산선고 후 2년 또는 부인권 대상의 원인행위를 한 날로부터 10년, 개인회생절차에서는 개인회생절차개시결정 후 1년 또는 부인권 대상의 원인행위를 한 날로부터 5년) 등에서 차이가 있다.

3. 환취권

환취권이란 제3자가 개인회생재단에 속하지 않는다는 것을 주장하여 채무자로부터 그 재산을 돌려받을 수 있는 권리를 말한다. 개인회생절차개시결정은 채무자에 속하지 아니하는 재산을 개인회생재단으로부터 환취하는 권리에 영향을 미치지 아니한다(제585조, 제407조).

4. 별제권

별제권이란 개인회생절차상 개인회생재단에 속하는 재산상에 설정되어 있는 유치권, 질권, 저당권, 「동산·채권 등의 담보에 관한 법률」에 따른 담보권 또는 전세권 또는 우선특권을 말한다(제586조, 제411조). 개인회생절차상 별제권자는 변제계획이 인가된 이후 개인회생절차에 의하지 아니하고 별제권을 행사하여 우선적으로 자신의 채권의 만족을 받을 수 있다(제586조, 제412조). 다만 개인회생절차개시의 결정이 있는 때에는 변제계획의 인가결정일 또는 개인회생절차 폐지결정의 확정일 중 먼저 도래하는 날까지 개인회생재단에 속하는 재산에 대한 담보권의 설정 또는 담보권의 실행 등을 위한 경매는 중지 또는 금지된다(제600조 제2항). 개인회생절차의 원활한 진행을 위해서이다.

주택임대차보호법상 대항요건 및 확정일자를 갖춘 주택임차인과 소액임차인은 파산절차에서와 마찬가지로 개인회생절차에서 별제권자에 준하여 보호받고 있다(제586조, 제415조 제1항, 제2항).

5. 상계권

개인회생채권자가 개인회생절차개시결정 당시 채무자에 대하여 채무를 부담하는 때에는 개인회생절차에 의하지 아니하고 상계를 할 수 있다(제587조, 제416조). 파산절차에서와 같이 특별한 제한이 없다. 오히려 개인회생절차에서는 상계요건을 완화하여 기한미도래의 채권이라도 현재화에 의하여 개인회생절차개시결정시에 기한이 도래한 것으로 보고, 비금전채권이라도 금전화하여 비록 민법상의 상계요건을 충족하지 못한 경우라도 개인회생절차 내에서는 상계가 가능하도록 그 범위를 확장하고 있다(제587조, 제417조 전문, 제426조).

반면 파산절차에서와 마찬가지로 채권자평등의 원칙에 현저히 반하거나 개인회생재단의 감소를 가져와 채권자들의 이익을 해할 우려가 있는 상계에 대하여는 일부 금지를 하고 있다(제587조, 제422조).

Ⅵ. 개인회생채권과 개인회생재단채권

1. 개인회생채권

개인회생채권이란 개인회생절차개시결정 전에 발생한 재산상의 청구권을 말한다(제581조 제1항).

개인회생절차에서도 파산절차와 마찬가지로 채권의 목적 및 변제기 등에 있어서 변경이 일어난다(제581조 제2항). 이것은 개인회생절차를 원활하게 수행하기 위해 행하여지는 권리변경이다(개인회생채권의 현재화·금전화=개인회생채권의 균질화 또는 등질화). 회생절차와 비교하여 원칙적으로 3년이라는 단기의 변제계획에 의한 변제가 예정되어 있는 개인회생절차에서는 변제계획 수행 후 기한도래나 조건 성취로 인한 혼란을 피하기 위해 기한미도래채권이나 조건부채권 등에 대하여도 현재화·무조건화하여 변제계획에 포함되도록 한 것이다. 또한 개인회생절차는 채무자의 장래수입을 변제재원으로 하여 금전으로 분할 변제하고 나머지 채권은 면책되도록 하는 것이기 때문에 비금전채권에 관하여도 금전으로 평가하여 변제의 대상으로 한 것이다.

2. 개인회생재단채권

개인회생재단채권은 개인회생절차의 수행을 위해 발생하는 비용으로서 일반적으로 개인회생절차개시결정 후에 발생한 채권을 말한다. 물론 개인회생절차개시결정 전에 발생한 채권이지만, 임금 등과 같이 정책적인 이유로 개인회생재단채권으로 규정한 것이 있다. 개인회생재단채권은 개인회생절차와 무관하게 수시로 우선적으로 변제받는다. 따라서 다른 절차에서와 마찬가지로 채권자의 채권이 개인회생채권인지 개인회생재단채권인지는 권리행사에 있어 아주 중요하다.

개인회생재단채권은 일반적으로 제583조에 규정되어 있지만, 개별적으로 규정된 것도 있다(제608조).

Ⅶ. 개인회생채권의 확정

개인회생절차에서도 회생절차나 파산절차와 마찬가지로 개인회생채권에 관하여 개인회생채권조사확정재판 등과 같은 집단적 채권확정절차를 두고 있다. 다만 채권신고제도는 없다.

1. 개인회생채권자목록제출

개인회생채권자목록은 개인회생절차개시신청서에 첨부하여야 할 서류 중 하나이다. 개인회생절차에서는 회생절차나 파산절차와 달리 채권신고절차를 두지 않고, 채무자가 스스로 채권자목록을 작성하여 제출하고, 채권자목록의 내용에 관하여 채권자의 이의가 있으면 채권조사확정재판 등을 거쳐 채권의 존부 및 내용을 확정짓는 채권자목록제출제도를 채택하였다. 신속한 절차진행을 위한 것이지만, 이로 인해 채권자가 자발적으로 개인회생절차에 참가할 방법이 없는 문제가 있다.

면책결정 당시까지 채무자가 악의로 개인회생채권자목록에 기재하지 아니한 개인회생채권이 있는 경우에는 법원은 면책불허가결정을 할 수 있다(제624조 제3항 제1호). 채권자목록에 기재되지 아니한 채권은 면책되지 않을 뿐만 아니라(제625조), 개인회생절차에 구속되지도 않는다.

2. 이의가 있는 개인회생채권의 확정

이의가 있는 개인회생채권의 확정절차에는 ① 채권조사확정재판(제604조 제1항), ② 채권조사확정재판에 대한 이의의 소(제605조), ③ 개인회생절차개시 당시 소송이 계속 중인 경우(제604조 제2항)가 있다. ①과 ②는 회생절차나 파산절차에서의 그것과 유사하다. 다만 채권조사기간이 없고 이의기간에 채권조사확정재판을 신청하여야 한다.

개인회생절차개시 당시 이미 소송이 계속 중인 권리에 대하여 이의가 있는 경우에는 별도로 조사확정재판을 신청할 수 없고, 이미 계속 중인 소송의 내용을 개인회생채권조사확정의 소로 청구취지를 변경하여야 한다(제604조 제2항). 개인회생절차의 경우 회생절차나 파산절차와 달리 여전히 채무자가 관리처분권을 가지고 있으므로 소송의 중단이나 소송수계의 문제는 발생하지 않는다.

한편 채권자에게 이미 집행력 있는 집행권원 또는 종국판결이 있는 경우에 관하여는 회생절차나 파산절차와 달리 명시적인 규정이 없다. 채권자가 이미 집행력 있는 집행권원이나 종국판결을 받았음에도 그 채권에 대하여 제3자나 채무자가 채권조사확정재판으로 다투도록 하는 것은 부당하므로 회생절차나 파산절차의 규정을 유추적용하여 집행력 있는 집행권원이나 종국판결이 있는 경우에는 채무자가 다툴 수 있는 절차(청구이의 소나 재심의 소, 상소 등)로만 다툴 수 있다고 볼 것이다.

Ⅷ. 변제계획

1. 변제계획안의 제출 및 인가

변제계획안이란 개인회생절차를 신청한 채무자가 자신의 가용소득(소득에서 생계비를 뺀 것)을 투입하여 얼마동안 어떤 방법으로, 개인회생채권자들에게 채무금액을 변제하여 나가겠다는 내용으로 계획을 세운 것을 말한다. 변제계획안은 채무자만이 제출할 수 있고, 개인회생절차 개시신청일로부터 14일 이내에 제출하여야 하지만(제610조 제1항), 신속한 절차진행을 위해 실무적으로 개시신청과 동시에 제출하고 있다.

개인회생절차에서도 변제계획안에 대한 의견을 듣기 위해 채권자집회를 개최하지만, 회생절차와 같이 변제계획안에 대하여 결의를 하는 것은 아니다. 법원은 채권자집회에서 개인회생채권자 또는 회생위원의 이의진술 여부를 확인한 후 이를 토대로 변제계획안이 인가요건을 구비하고 있는지 여부를 심리하여 그 인부결정을 선고한다(제614조 제3항).

변제계획의 인가요건(제614조)이 갖추어진 경우 변제계획에 대한 법원의 인가는 재량이 아니라 의무적인 것이다.[49]

2. 변제계획인가결정의 효력

가. 권리변경의 효력 불발생

변제계획은 인가의 결정이 있은 때부터 효력이 생긴다. 그러나 회생절차와 달리(제252조 제1항) 변제계획에 의한 권리의 변경은 면책결정이 확정되어야 비로소 효력이 발생한다(제615조 제1항).

변제계획인가로 인한 권리의 변경은 잠정적인 것이다. 변제계획인가는 그 자체로 권리변경의 효력을 발생시키는 '형성적 효력'을 갖는 것이 아니라, 단지 변제계획에서 정하여진 변제기간 동안 정해진 변제율과 변제방법에 따라 변제를 완료하면 추후 면책신청절차를 통하여 면책결정을 받아 나머지 채무를 모두 면책받을 수 있다는 취지를 개인회생채권자들에게 명백히 알리는 '예고'로서의 성격을 갖는 것에 불과하다. 위와 같이 변제계획이 인가되더라도 그 변제계획에서 정한 내용대로 권리변경의 효력이 발생하지 않기 때문에, 법원사무관 등은 변제계획조항을 개인회생채권자표에 기재할 필요가 없다.

또한 개인회생절차에서는 개인회생채권자들에게 신고의무를 부여하고 있지 않기 때문에 개인회생채권자에게 신고의무가 있음을 전제로 하는 실권제도가 존재하지 아니한다.

---

49) 대법원 2015. 6. 26.자 2015마95 결정, 대법원 2009. 4. 9.자 2008마1311 결정 등 참조.

나. 중지된 절차의 실효

변제계획인가결정이 있는 때에는 변제계획 또는 변제계획인가결정에서 다르게 정하지 않는 한 개인회생절차개시결정에 의하여 중지된(제600조) 회생절차 및 파산절차와 개인회생채권에 기한 강제집행·가압류 또는 가처분은 그 효력을 잃는다(제615조 제3항).

그러나 담보권실행을 위한 경매절차는 인가결정에 의하여 효력이 상실되는 것이 아니라, 오히려 변제계획인가의 효력에 의하여 속행할 수 있게 된다(제600조 제2항 참조).

다. 전부명령에 대한 특칙

변제계획인가결정이 있는 때에는 채무자의 급료·연금·봉급·상여금, 그 밖에 이와 비슷한 성질을 가진 급여채권에 관하여 개인회생절차 개시 전에 확정된 전부명령 중 변제계획인가 결정 후에 제공한 노무로 인한 부분은 그 효력이 상실되고 그로 인하여 전부채권자가 변제받지 못하게 되는 채권액은 개인회생채권으로 된다(제616조).

Ⅸ. 개인회생절차의 폐지 및 면책

1. 개인회생절차의 폐지

개인회생절차의 폐지란 개인회생절차개시 후 그 개인회생절차가 목적을 달성하지 못하고 법원이 그 절차를 중도에 종료시키는 것을 말한다. 개인회생절차의 폐지는 변제계획인가 전의 폐지(제620조)와 변제계획인가 후의 폐지(제621조)가 있다.

가. 변제계획인가 전 개인회생절차폐지

변제계획인가 전 개인회생절차폐지는 채무자가 제출한 변제계획을 인가할 수 없거나(주로 스스로 폐지신청을 한 때이다), 채무자가 필수서류를 제출하지 않거나 허위서류를 제출한 경우, 정당한 사유 없이 채권자집회에 출석하지 아니한 경우에 한다(제620조).

변제계획인가 전 개인회생절차폐지의 경우 개인회생절차개시결정으로 중지 또는 금지되었던 개인회생재단에 속한 담보권의 설정 또는 담보권 실행을 위한 경매는 속행되거나 실행할 수 있게 된다(제600조 제2항 참조). 또한 개인회생절차 개시결정으로 중지 또는 금지되었던 채무자에 대한 회생절차 등(제600조 제1항)도 속행되거나 가능하게 된다.

나. 변제계획인가 후 개인회생절차폐지

변제계획인가 후 개인회생절차폐지는 채무자가 인가된 변제계획을 이행할 수 없음이 명백하거나(주로 변제지체가 3회 이상인 경우 등) 채무자가 재산 및 소득의 은닉 그 밖의 부정한 방법으로 인가된 변제계획을 수행하지 않는 경우에 한다(제621조 제1항).

변제계획인가 후 개인회생절차의 폐지는 이미 행한 변제와 채무자회생법의 규정에 의하여 생긴 효력에 영향을 미치지 아니한다(제621조 제2항). 따라서 변제계획이 인가된 후 변제계획에 따라 이미 변제한 경우 개인회생절차가 폐지되더라도 변제한 만큼의 채무소멸효과는 유지된다. 또한 개인회생채권자목록의 제출 또는 개인회생절차참가에 대하여 부여되는 시효중단의 효력은 그대로 유지되고, 변제계획인가결정에 따른 회생절차 등의 실효(제615조 제3항), 변제계획인가결정에 의한 채무자의 급여 등에 대한 전부명령의 실효(제616조 제1항)도 번복되지 않는다.

2. 면 책

가. 면책요건

(1) 일반면책

법원은 채무자 변제계획에 따른 변제를 완료한 때에는 당사자의 신청에 의하거나 직권으로 면책을 결정을 하여야 한다(제624조 제1항). 필요적으로 면책하여야 한다.

(2) 특별면책

법원은 채무자가 변제계획에 따른 변제를 완료하지 못하였더라도 ① 채무자가 책임질 수 없는 사유로 인하여 변제를 완료하지 못하였고, ② 개인회생채권자가 면책결정일까지 변제받은 금액이 채무자가 파산절차를 신청한 경우 파산절차에서 배당받을 금액보다 적지 아니하며(청산가치보장원칙), ③ 변제계획의 변경이 불가능한 경우에는 면책을 결정할 수 있다. 이 경우에는 이해관계인의 의견을 들어야 한다(제624조 제2항).

(3) 변제기간 단축에 따른 면책[부칙면책]

변제기간을 5년에서 3년으로 단축한 시행일인 2018. 6. 13. 당시 이미 변제계획인가결정을 받은 채무자가 위 시행일에 이미 변제계획안에 따라 3년 이상 변제계획을 수행한 경우에는 당사자의 신청 또는 직권으로 이해관계인의 의견을 들은 후 면책의 결정을 할 수 있다(부칙 제2조 제1항 단서).

나. 면책불허가사유

면책요건을 갖추었다고 하더라도 ① 면책결정 당시까지 채무자에 의하여 악의로 개인회생채권자목록에 기재되지 아니한 개인회생채권이 있는 경우, ② 채무자가 개인회생절차에 정해진 채무자의 의무를 이행하지 아니한 경우에는 면책을 불허하는 결정을 할 수 있다(제624조 제3항). 파산절차(제564조 제1항)에 비하여 면책불허가사유가 상당히 축소되어 있다.

면책불허가사유가 있다고 하더라도 반드시 면책불허가를 하여야 하는 것은 아니다. 면책불허가사유가 있다고 하더라도 제반 사정을 종합하여 면책하는 것이 타당하다고 판단되면 면책을 할 수도 있다(재량면책).

다. 면책결정의 효력

면책결정은 확정되어야 효력이 발생한다(제625조 제1항).[50] 면책결정을 받은 채

---

50) 개인회생절차에서는 변제계획에 따라 변제를 마친 후 별도의 면책결정을 받아야 면책의 효과가 발생한다. 반면 회생절차에서는 회생계획안이 인가되면 인가의 효력에 의하여 면책되

무자는 변제계획에 따라 변제한 것을 제외하고 개인회생채권자에 대한 채무에 관하여 그 책임이 면제된다(제625조 제2항). 변제계획에 의한 권리의 변경은 면책결정이 확정되어야 비로소 효력이 발생하고 개인회생절차도 종료되는 것이다(규칙 제96조).

책임이 면제된다는 의미는 채무 자체는 존속하지만 채무자에 대하여 이행을 강제할 수 없다는 의미이다(자연채무설, 책임소멸설).

면책은 개인회생채권자가 채무자의 보증인 그 밖에 채무자와 더불어 채무를 부담하는 자에 대하여 가지는 권리와 개인회생채권자를 위하여 제공한 담보에 영향을 미치지 아니한다(제625조 제3항). 따라서 채권자는 채무자에 대한 면책결정이 있더라도 보증인 등에 대하여 그 채무의 이행을 요구할 수 있고, 제3자가 제공한 담보물이 있을 경우에는 그 물건에 대한 담보권을 행사할 수 있다. 다만 채권자가 중소벤처기업진흥공단, 신용보증기금, 기술보증기금인 경우에는 중소기업[51]의 면책결정을 받은 시점에 주채무가 감경 또는 면제될 경우 연대보증채무도 동일한 비율로 감경 또는 면제된다(중소기업진흥에 관한 법률 제74조의2, 신용보증기금법 제30조의3, 기술보증기금법 제37조의3).

라. 비면책채권

면책결정이 있다고 하더라도 ① 개인회생채권자목록에 기재되지 아니한 청구권, ② 제583조 제1항 제2호의 규정에 의한 조세 등의 청구권, ③ 벌금·과료·형사소송비용·추징금 및 과태료, ④ 채무자가 고의로 가한 불법행위로 인한 손해배상, ⑤ 채무자가 중대한 과실로 타인의 생명 또는 신체를 침해한 불법행위로 인하여 발생한 손해배상, ⑥ 채무자의 근로자의 임금·퇴직금 및 재해보상금, ⑦ 채무자의 근로자의 임치금 및 신원보증금, ⑧ 채무자가 양육자 또는 부

고(제251조 참조), 파산절차에서는 별도의 변제 없이 법원의 면책결정에 의하여 면책된다는 점에서 차이가 있다.
51) 기업이란 사업을 하는 개인 및 법인과 이들의 단체를 말하지만(신용보증기금법 제2조 제1호, 기술보증기금법 제2조 제2호), 여기서는 개인만을 의미한다. 법인에 대하여는 면책제도가 없다.

양의무자로서 부담하여야 할 비용에 관하여는 책임이 면제되지 아니한다(제625조 제2항 단서).

제5절 국제도산

국제도산은 국경을 넘어서는 도산사건을 다룬다. 오늘날 기업은 물론 개인도 국경을 넘어 활동하는 경우가 많다. 많은 개인이나 기업들이 국경 너머에 자산을 가지고 있고 사업을 하며 업무를 수행한다. 이러한 시대적 상황에서 채무자의 도산은 자산 및 부채의 소재, 채무자 또는 채권자의 국적 등의 점에서 국제성을 가질 수밖에 없다. 국제도산에서는 도산재단, 채권자 또는 채무자 등이 2개 이상의 국가에 위치하고 있다. 국제도산은 기본적으로 국제도산관할, 준거법 등의 문제를 다룬다.

Ⅰ. 국제도산관할

국제도산관할은 도산사건에서의 국제재판관할을 의미한다. 국제도산관할은 국제재판관할에서와 마찬가지로 직접적 국제도산관할(직접관할)과 간접적 국제도산관할(간접관할 또는 승인관할)로 구분할 수 있다.

1. 직접적 국제도산관할

직접적 국제도산관할이란 채무자가 복수의 국가에 영업소나 재산 등을 갖고 있는 경우에 어느 국가의 법원이 도산법원으로서 도산절차를 개시할 수 있는가를 규율하는 것을 말한다.

채무자회생법에는 직접적 국제도산관할에 관한 규정을 두지 않고 단지 토지관할만을 규정하고 있다(제629조 제2항 참조). 우리나라에 채무자의 주된 사무소나 영업소가 있는 경우 우리나라 법원이 국제도산관할을 갖고, 외국에 주된 사무소나 영업소가 있는 채무자라도 우리나라에 채무자의 재산(채권의 경우에는 재판상의 청구를 할 수 있는 곳을 말한다)이 있다면 우리나라 법원의 국제도산관할을 인정할 수 있다(제3조 제1항). 재산소재지를 관할로 인정한 것은 국내에서 채무자의 재산을 담보로 금전을 대여한 국내채권자를 보호할 필요성이 크다는 점을 고려한 것이다.

2. 간접적 국제도산관할

간접적 국제도산관할은 도산절차의 국경을 넘어서는 효력확정의 문제와 관련된다.

가. 국내도산절차의 국외적 효력

국내에서 개시된 도산절차가 외국에서 어떠한 효력을 갖는가(국내도산절차의 국외적 효력). 외국에 소재한 재산에 대하여 관리인(파산관재인)의 관리처분권이 미치는지, 외국에서 진행 중인 법적 쟁송(소송)도 중단되는지 등이 여기에 해당한다.

채무자회생법은 국내도산절차의 국외적 효력을 인정하고 있지만(제640조) 외국이 그 효력을 인정할 것인가의 여부는 당해 외국법이 결정할 문제이다.[52] 즉 채무자회생법이 국내도산절차의 국외적 효력을 인정하였다고 하더라도 외국이 국외적 효력을 인정하여야 현실적인 집행력을 갖는 것인데, 외국에서 국내도산절차의 국외적 효력을 인정할 것인가는 외국의 입법정책의 문제이다. 외국에서 우리나라 도산절차를 인정하지 않으면 별다른 의미가 없다. 따라서 국내도산절차가 외국에 어떠한 영향을 미치는가는 따져보기 어려운 측면이 많다.

나. 외국도산절차의 국내적 효력 : 외국도산절차의 승인과 지원

외국에서 개시된 도산절차가 국내에서 인정될 수 있는가(외국도산절차의 국내적 효력). 채무자회생법은 국내도산절차의 국외적 효력을 인정하는 것과 균형상 외국도산절차의 국내적 효력도 인정하고 있다. 다만 외국도산절차의 승인절차와 지원절차라는 이원적인 방식을 채택하였다. 승인결정으로 외국도산절차의 효력

---

52) 채무자회생법상의 '외국법이 허용하는 바에 따라'는 이러한 의미이다.

이 우리나라에 그대로 확장되는 것이 아니라, 승인결정을 전제로 지원결정을 하는 체계이다.

외국도산절차의 승인이란 외국도산절차에 대하여 우리나라 내에 제5편의 지원처분을 할 수 있는 기초로서 승인하는 것을 말한다(제628조 제3호). 외국도산절차의 승인은 민사소송법 제217조가 규정하는 '외국재판의 승인'과 달리 외국법원의 '재판'을 승인하는 것이 아니라 당해 '외국도산절차'를 승인하는 것으로서 그 법적 효과는 외국도산절차가 지원결정을 하기 위한 적격을 갖추고 있음을 확인하는 것에 그치는 것이고, 그 승인에 의하여 외국도산절차의 효력이 직접 우리나라 내에서 확장되거나 국내에서 개시된 도산절차와 동일한 효력을 갖게 되는 것은 아니다. 외국도산절차의 승인에 관한 사건은 서울회생법원 합의부의 관할에 전속한다(제630조).

외국도산절차에 대한 지원절차란 외국도산절차의 승인신청에 관한 재판과 채무자의 우리나라 내에 있어서의 업무 및 재산에 관하여 당해 외국도산절차를 지원하기 위한 처분을 하는 절차를 말한다(제628조 제3호). 승인재판의 관할은 서울회생법원 합의부의 전속관할로 정하여져 있으므로 서울회생법원이 승인재판과 동시에 지원처분을 명하는 것이 보통이다. 다만 절차의 효율적인 진행이나 이해당사자의 권리보호를 위하여 필요한 때에는 당사자의 신청 또는 직권으로 지원사건을 제3조에서 정한 관할 법원에 이송할 수 있다(제630조 후문).

Ⅱ. 준거법

국제도산사건은 그 속성상 여러 나라의 법이 관련되어 있어 국내도산사건과는 달리 준거법의 결정이 문제된다. 채무자회생법은 국제도산에서 제기되는 준거법 결정의 문제에 관하여 아무런 규정을 두고 있지 않다. 도산절차의 준거법은 국제사법의 한 영역이다.

국제도산의 절차법적 사항에 관하여 본다. 우선 '절차는 법정지법에 따른다(forum regit processum)'는 국제사법원칙(lex fori-Prinzip)은 국제도산에서도 타당하다. 도산절차에 있어 법정지법이라 함은 도산법정지법(lex fori concursus, 도산절차개시지국법)을 의미한다. 결국 국제도산처리의 절차적인 사항은 도산절차개시국의 법률에 따른다. 구체적으로 도산절차의 개시, 관재인(관리인 또는 파산관재인)의 선임·권한과 의무는 물론 도산채권의 신고·확정, 배당 등 도산절차의 진행과 종료, 나아가 외국도산절차의 승인 등 절차법적인 사항은 도산법정지법에 의한다.

국제도산의 실체법적 사항도 원칙적으로 도산법정지법에 의한다.[53] 쌍방미이행 쌍무계약의 해제, 부인이나 상계금지 등에 대하여 거래지법이나 채무자의 본국법을 적용하는 것을 인정한다면, 이해관계인 사이에 불공평이 초래될 수 있기 때문이다. 다만 도산사건의 모든 실체법적 사항이 아니라 그 중 도산절차의 목적에 봉사하는 '도산전형적인 법률효과(insolvenztypische Rechtsfolge)' 또는 '도산법에 특유한 효력(spezifisch insolvenzrechtliche Wirkungen)'만이 도산법정지법의 규율을 받는다. 반면 실체법적 사항으로서 도산전형적인 법률효과에 해당하지 아니한 것은 법정지의 국제사법에 따라 정해지는 법률관계의 준거법에 따른다. 예컨대 매수인인 한국 기업과 매도인인 독일 기업간에 국제물품매매계약이 체결된 뒤 우리나라에서 매수인에 대하여 파산선고가 있었다면, 매수인의 파산관재인이 쌍방미이행 쌍무계약이라는 이유로 위 매매계약을 해제할 수 있는지는 도산전형적인 법률효과의 문제로서 도산법정지인 우리나라 채무자회생법에 따른다. 그러나 매매계약의 성립 및 효력의 문제는 법정지인 우리나라의 국제사법에 따라 결정되는 당해 계약의 준거법(예컨대 독일법)에 따른다.

---

53) 도산사건의 실체법적 사항에 도산법정지법을 적용하는 근거로는 도산절차에서는 절차(procedure)와 실체(substance)가 밀접하게 관련되어 있다는 점과 도산법정지법을 적용함으로써 채권자들의 평등취급이라는 국제도산의 이념과 정의에 보다 충실할 수 있다는 점에 있다. 이에 의하면 국제도산의 절차법적 사항과 실체법적 사항이 모두 도산법정지법에 의하여 규율되므로 절차와 실체의 구별이라는 어려운 문제를 피할 수 있다.

제**2**편

지방세

제**1**장 지방세 총론

제**2**장 지방세 각론

제**3**장 지방세 산책

제1장 지방세 총론

제1절 총 설

I. 지방세의 의의

조세는 세금을 부과징수하는 과세권의 귀속에 따라 국세와 지방세로 구분한다.[1] 지방세는 지방자치단체가 과세권을 갖는다(지방세기본법 제4조). 지방세는 지방자치단체가 필요로 하는 재정수요를 충족시키기 위해 개별적인 반대급부 없이 강제적으로 그 지방자치단체의 주민에게 부과하는 조세이다.

지방자치단체란 특별시·광역시·특별자치시·도·특별자치도·시·군·구(자치구를 말한다)를 말한다(지방세기본법 제2조 제1항 제2호). 지방자치단체에 해당하는 구는 특별시와 광역시에 설치된 자치구로 수원시, 성남시, 용인시 등 일반 시에 설치된 구는 자치구에 해당되지 않는다. 특별시·광역시를 제외한 시·군 산하의 구·읍·면 등은 지방자치단체가 아니다.

지방세는 광역자치단체(특별시·광역시·도)가 부과·징수하는 지방세와 기초자치단체(시·군·구)가 부과·징수하는 지방세가 있다. 또한 특별자치시·특별자치도가 부과·징수하는 지방세도 있다(지방세기본법 제8조).

지방세도 과세권자가 지방자치단체라는 점만 다를 뿐 조세라는 점에서 국세와 다를 바 없으므로 조세로서의 모든 특성을 갖는다. 그러나 지방세는 법률규정에 의해 바로 납세의무를 부여하는 국세와 달리 지방세관계법[2]에서 조례에

---

1) 조세라고 하면 국세와 지방세를 지칭하는 것이 일반적이다. 그러나 경우에 따라서는 조세가 국세를 의미하는 경우도 있다. 예컨대 조세범 처벌법에서 조세, 채무자회생법 제179조 제1항 제9호 가.목에서의 조세 등이 그렇다. 반대로 지방세를 의미하는 경우도 있다(지방세법 제98조 제1항 제2호).

위임된 사항에 대해서는[3] 지방자치단체의 조례로 다시 제정하여 공포·시행하여야 그 효력이 있다는 점은 국세와 다르다.[4] 또한 지방세는 지방자치단체에 의하여 부과·징수되며 당해 지방자치단체의 재정수요에 충당된다는 점에서 국세가 국가에 의하여 부과·징수되며 국가의 재정수요에 충당되는 것과 다르다. 어떠한 조세를 국세 또는 지방세로 할 것인가에 대하여는 명확한 기준이 없으며, 세원의 규모와 분포, 재정의 여건, 행정의 편의 등을 고려하여 결정된다.[5] 예컨대 종합부동산세의 경우 재산세와 과세대상에서 차이가 없지만 지방자치단체 사이에 세수 규모의 차이가 크기 때문에 지방세로 하지 않고 국세로 한 것이다.

지방세는 1949년 처음 시행된 이래 2010년 말까지 「지방세법」 단일법으로 운용되다가 2011년 1월 1일 「지방세법」이 「지방세기본법」, 「지방세법」, 「지방세특례제한법」으로 분법되었고, 2017년 3월 28일 다시 「지방세기본법」이 「지방세기본법」과 「지방세징수법」으로 분법되면서 지금의 4법체계를 갖추게 되었다.

중앙정부와 지방정부 사이의 세원배분방식으로는 동일한 과세물건에 대하여 국가나 지방자치단체 중 어느 한 쪽만이 과세권을 행사하는 분리세 방식과 공동으로 과세권을 행사하는 공동세 방식이 있다. 우리나라는 분리세 방식을 원칙으로 하면서 부족분은 국가 또는 광역자치단체에서 재정지원을 하는 형태를 취하고 있다.

---

2) 지방세관계법이란 지방세징수법, 지방세법, 지방세특례제한법, 조세특례제한법 및 「제주특별자치도 설치 및 국제자유도시 조성을 위한 특별법」을 말한다(지방세기본법 제2조 제1항 제4호).

3) 지방자치단체는 과세 형평을 현저하게 침해하는 등의 예외를 제외하고는 지방세기본법에 따른 지방세심의위원회의 심의를 거쳐 조례로 세율경감, 세액감면 또는 세액공제를 할 수 있다(지방세특례제한법 제4조). 이는 각 지방자치단체의 자치권에 속하므로 어떤 지방자치단체에서만 조례를 제정하지 않아 다른 지방자치단체에 비해 고율의 지방세를 부담하게 되더라도 조세평등의 원칙에 위배되지 않고(대법원 1996. 1. 26. 선고 95누13050 판결), 조례로써 등록세 면제대상의 범위를 축소하여도 조세법률주의에 위배되지 않는다(대법원 1989. 9. 29. 선고 88누11957 판결).

4) 지방세기본법이나 지방세관계법에서 조례로 위임한 범위에서 지방자치단체 조례에 의하여 지방세의 세율을 조정할 수 있도록 하고 있다(표준세율제도).

5) 국세는 전국적으로 공평한 부담이 필요한 소득이나 소비에 대한 세목이 대부분이고, 지방세는 토지, 건물 등 지역사회에 기초한 세금이 대부분이다.

Ⅱ. 지방세법의 법원과 세목

1. 지방세법의 법원

지방세법[6]의 법원(法源)이란 지방세법에 관한 법의 존재형식을 말한다. 지방세법의 법원에는 헌법(제11조, 제38조, 제59조 등), 법률(지방세기본법, 지방세징수법, 지방세법, 지방세특례제한법 등과 같은 개별세법, 지방자치법 제135조), 조약 및 국제법규, 명령(시행령, 시행규칙), 지방자치단체의 조례·지방자치단체 장의 규칙(지방세기본법 제5조) 등이 있다.

법원은 아니지만 실무적으로 중요한 기능을 수행하는 것으로「지방세관계법 운영 예규」가 있다.[7]「지방세관계법 운영 예규」란 행정안전부가 지방세관계법의 통일적 운영과 납세자의 예측가능성 향상을 위해 지방세 관련 지침을 일반 국민들이 쉽게 확인할 수 있도록 만든 것을 말한다. 지방세관계 4개 법률(지방세기본법, 지방세징수법, 지방세법, 지방세특례제한법)을 각 장으로 나누어 총 4개의 장과 539개의 조문으로 구성되어 있다.「지방세관계법 운영 예규」는 과세관청 내부에서 사실상의 구속력을 지니고 현실적으로 세무행정의 대부분이 운영 예규에 의해 이루어지고 있으므로 운영 예규에 관하여도 숙지해 둘 필요가 있다.

| 지방세의 부과·징수를 규정하는 법률 |

지방세기본법		지방세에 대한 기본적 사항과 부과에 필요한 사항, 불복 절차와 지방세 범칙행위에 대한 처벌 등의 사항 규정
지방세관계법 (지방세기본법 제2조 제1항 제4호)	지방세법	지방세 11개 세목에 대한 각 세목별 과세요건 및 부과·징수, 그 밖의 필요한 사항 규정
	지방세특례제한법	지방세 감면 및 특례에 관한 사항과 이의 제한에 관한 사항 규정
	지방세징수법	지방세 징수에 필요한 사항 규정

---

6) 지방세의 세목을 규정하고 있는 단행 법률로서의 지방세법(법률 제17473호)을 의미하는 것이 아니라 지방세에 관하여 규정한 모든 세법을 말한다.

7) 지방세관계법 운영 예규는 과세관청 내부에 있어서 세법의 해석기준 및 집행기준을 시달한 행정규칙에 불과하고, 법원이나 국민을 기속하는 법규가 아니므로, 운영 예규 그 자체가 과세처분의 적법한 근거가 될 수는 없다(대법원 2009. 4. 23. 선고 2007두10884 판결, 대법원 2007. 2. 8. 선고 2005두5611 판결 등 참조).

지방세관계법 (지방세기본법 제2조 제1항 제4호)	조세특례제한법	지방세를 포함한 조세 감면 및 특례에 관한 사항과 이의 제한에 관한 사항 규정
	제주특별자치도 설치 및 국제자유도시 조성을 위한 특별법	지방세의 감면 및 특례 등에 관한 사항 규정
지방자치단체의 조례 · 지방자치단체장의 규칙		지방세기본법 및 지방세관계법이 정하는 범위에서 지방세의 세목, 세율 등 부과 · 징수에 필요한 사항 규정

2. 지방세의 세목

지방세란 특별시 · 광역시 · 도세 또는 시 · 군 · 구세(자치구의 구세를 말한다)를 말하며 가산세[8]가 포함된다(지방세기본법 제2조 제1항 제3호 참조).[9] 현행법상 지방세는 11개의 세목이 있다. 지방세의 경우 총칙에 관한 부분은 지방세기본법과 지방세징수법에서, 지방세의 실체(개별 지방세)에 관한 부분은 모두 「지방세법」에서 일괄하여 규정하고 있다.

지방세의 세목에는 ① 취득세(지방세법 제6조 내지 제22조의2), ② 등록면허세(지방세법 제23조 내지 제39조), ③ 레저세(지방세법 제40조 내지 제46조), ④ 담배소비세(지방세법 제47조 내지 제64조), ⑤ 지방소비세(지방세법 제65조 내지 제73조), ⑥ 주민세(지방세법 제74조 내지 제84조의7), ⑦ 지방소득세(지방세법 제85조 내지 제103조의65), ⑧ 재산세(지방세법 제104조 내지 제123조), ⑨ 자동차세(지방세법 제124조 내지 제140조), ⑩ 지역자원시설세(지방세법 제141조 내지 제148조), ⑪ 지방교육세(지방세법 제149조 내지 제154조)가 있다(지방세기본법 제7조, 제8조).

---

8) "가산세"란 지방세기본법 또는 지방세관계법에서 규정하는 의무를 성실하게 이행하도록 하기 위하여 의무를 이행하지 아니할 경우에 지방세기본법 또는 지방세관계법에 따라 산출한 세액에 가산하여 징수하는 금액을 말한다(지방세기본법 제2조 제1항 제23호).
9) 지방세기본법 운영 예규 2 - 1.

(2024. 1. 1. 현재)

지방세 (11개)	특별시· 광역시	특별시세· 광역시세	보통세	취득세
				레저세
				담배소비세
				지방소비세[10]
				주민세[11]
				지방소득세
				자동차세
			목적세	지역자원시설세
				지방교육세
		구세	보통세	등록면허세
				재산세[12]
	도	도세	보통세	취득세
				등록면허세
				레저세
				지방소비세[13]
			목적세	지역자원시설세
				지방교육세
		시·군세	보통세	담배소비세
				주민세
				지방소득세
				재산세
				자동차세

---

10) 지방소비세 중 시·군·구에 납입된 금액(지방세법 제71조 제3항 제3호 가.목 및 나.목)은 시·군·구세이다(지방세기본법 제11조의2).

11) 광역시의 경우 주민세 사업소분 및 종업원분은 구세이다(지방세기본법 제11조).

12) 서울특별시의 경우 구세인 재산세(그 세원이 선박 및 항공기에 대한 재산세는 구세이다)는 그 중 특별시분 재산세와 구(區)분 재산세를 각각 50%로 한다. 재산세의 도시지역분은 특별시세이고, 광역시는 자치구세이다(지방세기본법 제9조).

13) 지방소비세 중 시·군·구에 납입된 금액(지방세법 제71조 제3항 제3호 가.목 및 나.목)은 시·군·구세이다(지방세기본법 제11조의2).

지방세 (11개)	특별자치시 · 특별자치도	특별자치시세 · 특별자치도세	보통세	취득세
				등록면허세
				레저세
				담배소비세
				지방소비세
				주민세
				지방소득세
				재산세
				자동차세
			목적세	지역자원시설세
				지방교육세

가. 보통세와 목적세

보통세는 지방세의 징수 목적이 사전에 사용용도가 정해지지 아니한 일반적인 용도로 사용될 경비에 충당하기 위하여 부과하는 지방세를 말한다. 목적세는 지방세의 징수 목적이 특정한 경비에 충당하기 위해 부과하는 지방세를 말한다.

보통세에는 취득세, 등록면허세, 레저세, 담배소비세, 지방소비세, 주민세, 지방소득세, 재산세, 자동차세 9개의 세목이 있고, 목적세에는 지역자원시설세, 지방교육세 2개 세목이 있다(지방세기본법 제7조).

나. 지방자치단체의 세목

특별시와 광역시의 경우 광역자치단체가 9개의 세목을 가지고, 기초자치단체(자치구)가 2개의 세목을 갖는 반면(지방세기본법 제8조 제1항, 제3항), 도의 경우에는 광역자치단체가 6개의 세목을 갖고 기초자치단체(시 · 군)가 5개의 세목을 갖는다(지방세기본법 제8조 제2항, 제4항). 특별자치시와 특별자치도에서는 모든 세목이 시세 또는 도세가 된다(지방세기본법 제8조 제5항). 다만 「강원특별자치도 설치 등에 관한 특별법」 제정(2023. 6. 11. 시행)에 따라 강원특별자치도가 출범하였는데, 강원특별자치도의 경우 기존 도세 및 시 · 군세의 세목 분류 체계가 기존과 동일하게 적용된다(지방세기본법 제8조 제6항).

세목 배분은 도시와 농촌지역간의 세수입 격차, 지방자치단체의 재정수요 등을 감안하여 배분된 것이기 때문에 외형적인 세목수의 다소는 의미가 없다.[14)]

| 지방자치단체의 세목 |

구분	특별시 · 광역시		도		특별자치시 · 특별자치도	
	특별시 · 광역시세	자치구세	도세	시 · 군세	특별자치시세 · 특별자치도세	
					시 · 군이 없는 경우	시 · 군이 있는 경우
보통세	취득세 레저세 담배소비세 지방소비세 주민세 지방소득세 자동차세	등록면허세 재산세	취득세 등록면허세 레저세 지방소비세	담배소비세 주민세 지방소득세 재산세 자동차세	취득세 등록면허세 레저세 담배소비세 지방소비세 주민세 지방소득세 재산세 자동차세	종전의 도세 · 시군세 세목에 따름
목적세	지역자원 시설세 지방교육세		지역자원 시설세 지방교육세		지역자원 시설세 지방교육세	

다. 지방교부세

지방교부세란 국가가 지방자치단체의 행정 운영에 필요한 재원을 교부하여 그 재정을 조정함으로써 지방행정을 건전하게 발전시키도록 함을 목적으로 재정적 결함이 있는 지방자치단체에 교부하는 금액을 말한다(지방교부세법 제1조, 제2조 제1호 참조). 이것은 국가가 부과·징수한 세금을 재정력의 균등화 내지 보강을 위하여 지방자치단체에 교부하는 것으로 지방교부세라는 조세가 있는 것은

---

14) 이런 세목배분에도 불구하고 발생되는 지방자치단체의 재정불균형을 해소하기 위해 지방자치법 제173조 및 지방자치법 시행령 제117조에 근거하여 특별시장 및 광역시장은 지방재정법에서 정하는 바에 따라 그 재원을 조정하도록 하는 조정교부금제도가 시행되고 있다.

아니다.

　지방교부세는 지방자치단체 상호간 재정력의 불균형을 시정하고, 지방자치단체에 있어 적정한 행정수준을 유지하기 위하여 지방교부세법에 따라 내국세(목적세 및 종합부동산세, 담배에 부과하는 개별소비세 총액의 100분의 45 및 다른 법률에 따라 특별회계의 재원으로 사용되는 세목의 해당 금액은 제외한다), 종합부동산세, 담배에 부과되는 개별소비세를 재원으로 하여(지방교부세법 제4조 제1항) 일정기준에 따라 지방자치단체에 배분·교부하는 것으로 세금의 명칭이 붙어 있지만, 본래의 의미에서 조세는 아니다.

Ⅲ. 지방세 부과 등의 원칙

1. 실질과세원칙

　과세대상이 되는 소득, 수익, 재산, 행위 또는 거래의 사실상 귀속자와 형식상 귀속자가 다를 경우에는 그 실질 귀속자를 납세의무자로 하여 지방세 관계 법률을 적용한다(귀속에 관한 실질주의, 지방세기본법 제17조 제1항). 이는 소득이나 수익, 재산, 거래 등의 과세대상에 관하여 귀속 명의와 달리 실질적으로 귀속되는 자가 따로 있는 경우에는 형식이나 외관을 이유로 귀속 명의자를 납세의무자로 삼을 것이 아니라 실질적으로 귀속되는 자를 납세의무자로 삼겠다는 것이다. 따라서 재산 귀속명의자는 이를 지배·관리할 능력이 없고 명의자에 대한 지배권 등을 통하여 실질적으로 이를 지배·관리하는 사람이 따로 있으며 그와 같은 명의와 실질의 괴리가 조세 회피 목적에서 비롯된 경우에는, 그 재산에 관한 소득은 재산을 실질적으로 지배·관리하는 사람에게 귀속된 것으로 보아 그를 납세의무자로 보아야 한다.[15]

　또한 지방세에 대한 과세표준 또는 세액 계산에 관한 규정은 소득·수익·재산·행위 또는 거래의 명칭이나 형식에 관계없이 그 실질내용에 따라야 적용한다(거래내용에 관한 실질주의, 지방세기본법 제17조 제2항).

　실질과세의 원칙은 헌법상의 기본이념인 평등의 원칙을 조세법률관계에 구현

---

15) 대법원 2018. 12. 13. 선고 2018두128 판결.

하기 위한 실천적 원리로서, 조세의 부담을 회피할 목적으로 과세요건사실에 관하여 실질과 괴리되는 비합리적인 형식이나 외관을 취하는 경우에 그 형식이나 외관에 불구하고 실질에 따라 담세력이 있는 곳에 과세함으로써 부당한 조세회피행위를 규제하고 과세의 형평을 제고하여 조세정의를 실현하고자 하는 데 주된 목적이 있다. 이는 조세법의 기본원리인 조세법률주의와 대립관계에 있는 것이 아니라 조세법규를 다양하게 변화하는 경제생활관계에 적용함에 있어 예측가능성과 법적 안정성이 훼손되지 않는 범위 내에서 합목적적이고 탄력적으로 해석함으로써 조세법률주의의 형해화를 막고 실효성을 확보한다는 점에서 조세법률주의와 상호보완적이고 불가분적인 관계에 있다고 할 것이다.[16]

실질과세원칙에서 '실질'은 경제적 실질을 의미한다(국세기본법 제14조 제3항 참조). 경제적 실질을 판단함에 있어서는 주관적인 요소와 객관적인 요소를 모두 고려하여 판단하여야 할 것이다.

2. 신의성실원칙

납세자와 세무공무원은 신의에 따라 성실하게 그 의무를 이행하거나 직무를 수행하여야 한다(지방세기본법 제18조). 납세자와 세무공무원 모두에게 신의성실을 요구하고 있다.

가. 납세자의 경우

납세자에게 신의칙을 적용하기 위해서는 객관적으로 모순되는 행태가 존재하고, 그 행태가 납세자의 심한 배신행위에 기인하였으며, 그에 기하여 야기된 과세관청의 신뢰가 보호받을 가치가 있는 것이어야 할 것이다.[17]

한편 납세자가 과세관청에 대하여 자기의 과거의 언동에 반하는 행위를 하였을 경우에는 세법상 조세감면 등 혜택의 박탈, 가산세에 의한 제재, 각종 세법상

---

16) 대법원 2018. 11. 9. 선고 2014도9026 판결, 대법원 2012. 1. 19. 선고 2008두8499 전원합의체 판결 등 참조.
17) 대법원 1999. 11. 26. 선고 98두17968 판결, 대법원 1997. 3. 20. 선고 95누18383 전원합의체 판결 등 참조.

의 벌칙 등 불이익처분을 받게 될 것이며, 과세관청은 실지조사권을 가지고 있는 등 세법상 우월한 지위에서 조세과징권을 행사하고 있고, 과세처분의 적법성에 대한 증명책임은 원칙적으로 과세관청에 있는 점 등을 고려한다면, 납세자에 대한 신의성실의 원칙의 적용은 극히 제한적으로 인정하여야 하고 이를 확대해석하여서는 아니된다.[18] 납세자의 배신행위를 이유로 한 신의성실원칙의 적용은 그 배신행위의 정도가 극히 심한 경우가 아니면 허용하여서는 안 될 것이다.[19] 요컨대 과세관청에 비하여 약자의 지위에 있는 납세자에 대하여 신의성실의 원칙을 적용할 때에는 엄격히 제한적으로 적용하여야 한다.

나. 과세관청의 경우

과세관청의 행위에 대하여 신의성실의 원칙이 적용되기 위해서는 첫째 과세관청이 납세자에게 신뢰의 대상이 되는 공적인 견해를 표명하여야 하고, 둘째 납세자가 과세관청의 견해표명이 정당하다고 신뢰한 데 대하여 납세자에게 귀책사유가 없어야 하며, 셋째 납세자가 그 견해표명을 신뢰하고 이에 따라 무엇인가 행위를 하여야 하고, 넷째 과세관청이 위 견해표명에 반하는 처분을 함으로써 납세자의 이익이 침해되는 결과가 초래되어야 한다.

그리고 과세관청의 공적인 견해표명은 원칙적으로 일정한 책임 있는 지위에 있는 세무공무원에 의하여 이루어짐을 요하나, 신의성실의 원칙 내지 금반언의 원칙은 합법성을 희생하여서라도 납세자의 신뢰를 보호함이 정의, 형평에 부합하는 것으로 인정되는 특별한 사정이 있는 경우에 적용되는 것으로서 납세자의 신뢰보호라는 점에 그 법리의 핵심적 요소가 있는 것이므로, 위 요건의 하나인 과세관청의 공적 견해표명이 있었는지 여부를 판단하는 데 있어 반드시 행정조직상의 형식적인 권한분장에 구애될 것은 아니고 담당자의 조직상 지위와 임무, 당해 언동을 하게 된 구체적인 경위 및 그에 대한 납세자의 신뢰가능성에 비추어 실질에 의하여 판단하여야 한다.[20] '과세관청이 납세자에게 신뢰의 대상이

---

18) 대법원 1996. 9. 10. 선고 95누7239 판결 참조.
19) 대법원 1997. 3. 20. 선고 95누18383 전원합의체 판결 참조.

되는 공적인 견해를 표명하였다'는 사실은 납세자가 주장·증명하여야 한다.[21]

3. 근거과세원칙

납세의무자가 장부를 기록하고 있을 때에는 지방세 과세표준 조사 및 결정은 장부에 기록된 내용과 그 증거자료에 따라야 한다(지방세기본법 제19조 제1항).

장부에 기재된 내용이 사실과 다르거나 누락되었을 때 그 부분에 대해서만 세무조사를 한 사실에 따라 결정할 수 있다(지방세기본법 제19조 제2항). 이 경우에는 결정서에 반드시 조사한 사실과 결정 근거를 첨부해야 하고, 이 결정서를 납세의무자 또는 그 대리인이 구술로 열람 요구할 경우 이에 응하여야 하며, 사본발급을 요구할 경우에는 원본과 다름없음을 확인해 주어야 한다(지방세기본법 제19조 제3항, 제4항).

4. 법령해석의 기준

지방세 관련 법령의 해석 및 적용은 과세의 형평과 해당 조문의 목적에 비추어 납세자의 재산권이 부당하게 침해되지 않도록 하여야 한다(지방세기본법 제20조 제1항).

---

20) 대법원 2019. 1. 17. 선고 2018두42559 판결(외교부 소속 전·현직 공무원을 회원으로 하는 비영리 사단법인인 갑 법인이 재외공무원 자녀들을 위한 기숙사 건물을 신축하면서, 갑 법인과 외무부장관이 과세관청과 내무부장관에게 취득세 등 지방세 면제 의견을 제출하자, 내무부장관이 '갑 법인이 학술연구단체와 장학단체이고 갑 법인이 직접 사용하기 위하여 취득하는 부동산이라면 취득세가 면제된다'고 회신하였고, 이에 과세관청은 약 19년 동안 갑 법인에 대하여 기숙사 건물 등 부동산과 관련한 취득세·재산세 등을 전혀 부과하지 않았는데, 그 후 과세관청이 위 부동산이 학술연구단체가 고유업무에 직접 사용하는 부동산에 해당하지 않는다는 등의 이유로 재산세 등의 부과처분을 한 사안에서, 과세관청과 내무부장관이 갑 법인에 '갑 법인이 재산세 등이 면제되는 학술연구단체·장학단체에 해당하고, 위 부동산이 갑 법인이 고유업무에 직접 사용하는 부동산에 해당하여 재산세 등이 과세되지 아니한다'는 공적 견해를 명시적 또는 묵시적으로 표명하였으며, 갑 법인은 고유업무에 사용하는 부동산에 대하여는 재산세 등이 면제된다는 과세관청과 내무부장관 등의 공적인 견해표명을 신뢰하여 위 부동산을 취득하여 사용해 왔고, 갑 법인이 위 견해표명을 신뢰한 데에 어떠한 귀책사유가 있다고 볼 수 없으므로, 위 처분은 신의성실의 원칙에 반하는 것으로서 위법하다고 본 원심판단을 수긍한 사례), 대법원 1995. 6. 16. 선고 94누12159 판결 등 참조.
21) 대법원 1992. 3. 31. 선고 91누9824 판결.

가. 소급입법에 의한 과세금지

모든 국민은 소급입법에 의하여 재산권을 박탈당하지 아니한다(헌법 제13조 제2항). 지방세를 납부할 의무가 이미 성립한 후에는 법이 개정되었다고 하여도 새로운 법에 따라 소급하여 과세하지 않는다(지방세기본법 제20조 제2항).

나. 비과세 해석 또는 관행에 의한 소급과세의 금지

지방세 관련 법령의 해석 또는 지방세 행정의 관행이 납세자에게 일반적으로 받아들여진 후에는 그 해석 또는 관행에 따른 행위나 계산은 정당한 것으로 보아 새로운 해석 또는 관행에 따라 소급하여 과세하지 않는다(지방세기본법 제20조 제3항). 이러한 조세관행 존중의 원칙은 합법성의 원칙을 희생하여서라도 납세자의 신뢰를 보호함이 정의의 관념에 부합하는 것으로 인정되는 특별한 사정이 있을 경우에 한하여 적용되는 예외적인 법원칙이다.[22]

비과세관행이 성립되었다고 하려면 장기간에 걸쳐 어떤 사항에 대하여 과세하지 아니하였다는 객관적 사실이 존재할 뿐만 아니라 과세관청 자신이 그 사항에 대하여 과세할 수 있음을 알면서도 어떤 특별한 사정에 의하여 과세하지 않는다는 의사가 있고 이와 같은 의사가 대외적으로 명시적 또는 묵시적으로 표시될 것임을 요한다.[23] 일정기간동안 과세누락이 있었다는 사실만으로는 일반적으로 납세자들에게 받아들여진 지방세관행이 있는 것이라고 볼 수 없고, 과세관청이 과세할 수 있는 정을 알면서도 납세자에 대하여 불과세를 시사하는 언동이 있었고 또 어떠한 공익상 필요에서 상당기간 이를 부과하지 아니함으로써 납세자가 그것을 신뢰하는 것이 무리가 아니라고 인정할 만한 사정이 있는 때에 비과세관행이 성립되었다고 인정할 여지가 있다.[24]

---

22) 대법원 2013. 12. 26. 선고 2011두5940 판결, 대법원 2002. 10. 25. 선고 2001두1253 판결 등 참조.
23) 대법원 1993. 7. 27. 선고 90누10384 판결, 대법원 1989. 2. 14. 선고 88누3 판결, 대법원 1987. 12. 8. 선고 86누4 판결 등 참조. 따라서 특히 그 의사표시가 납세자의 추상적인 질의에 대한 일반론적인 견해표명에 불과한 경우에는 위 원칙의 적용을 부정하여야 한다.
24) 대법원 1986. 6. 10. 선고 85누1009 판결, 대법원 1985. 5. 28. 선고 84누545 판결 등 참조. 위 85누1009 판결은 「납세자가 과세관청에게 부가가치세 면세사업자 등록신청을 하여 그 등록

'일반적으로 납세자에게 받아들여진 지방세 관련 법령의 해석 또는 지방세 행정의 관행'이란 비록 잘못된 해석 또는 관행이라도 특정납세자가 아닌 불특정한 일반납세자에게 정당한 것으로 이의 없이 받아들여져 납세자가 그와 같은 해석 또는 관행을 신뢰하는 것이 무리가 아니라고 인정될 정도에 이른 것을 말한다.[25] 단순히 세법의 해석기준에 관한 공적인 견해의 표명이 있었다는 사실만으로 그러한 해석 또는 관행이 있다고 볼 수 없고, 그러한 해석 또는 관행의 존재에 대한 증명책임은 납세자에게 있다.[26]

5. 기업회계의 존중

세무공무원이 지방세의 과세표준과 세액을 조사·결정할 때에는 해당 납세의무자가 계속하여 적용하고 있는 기업회계의 기준 또는 관행이 일반적으로 공정하고 타당하다고 인정되는 것이면 존중하여야 한다. 다만, 지방세관계법에서 다른 규정을 두고 있는 경우에는 그 법에서 정하는 바에 따른다(지방세기본법 제22조).

Ⅳ. 기간과 기한

1. 기간의 계산

지방세와 관련된 내용으로 기간을 계산할 때에는 지방자치단체 조례를 포함한 지방세관계법에서 특별히 정한 경우를 제외하고는 민법(제155조부터 제161조까

중을 교부받고 그 이래 수차 과세관청의 검열을 받은 사실이 있다거나 이 사건 과세처분에 이르기까지 사업장에 대하여 부가가치세가 부과된 일이 없다는 사실이 인정되는 것만으로는 과세관청이 납세자에게 부가가치세를 부과할 수 있는 정을 알면서도 불과세를 시사하는 언동을 시사하였거나 공익상 필요에 의하여 이를 부과하지 아니하였으며 납세자로서도 그것을 비과세의 대상으로 믿어 왔다고는 보기 어렵다」는 취지로 판시하였다.

25) 대법원 2010. 4. 15. 선고 2007두19294 판결 참조. 지방세기본법 제20조 제3항에서 "이 법 및 지방세관계법의 해석 또는 지방세 행정의 관행이 일반적으로 납세자에게 받아들여진 후"라 함은 성문화의 여부에 관계없이 행정처분의 선례가 반복됨으로써 납세자가 그 존재를 일반적으로 확신하게 된 것을 말하며 명백히 법령위반인 경우는 제외한다(지방세기본법 운영예규 20 − 1).

26) 대법원 2013. 12. 26. 선고 2011두5940 판결, 대법원 2002. 10. 25. 선고 2001두1253 판결 등 참조.

지)을 따른다(지방세기본법 제23조).

2. 기한의 특례

지방세 관련 신고, 신청, 청구, 그 밖의 서류 제출, 통지, 납부 또는 징수에 관한 기한이 토요일 및 일요일, 「공휴일에 관한 법률」에 따른 공휴일 및 대체공휴일, 「근로자의 날 제정에 관한 법률」에 따른 근로자의 날일 때에는 그 다음 날을 기한으로 한다(지방세기본법 제24조 제1항).

지방세 관련 신고기한 또는 납부기한이 되는 날에 대통령령으로 정하는 장애로 인하여 지방세통합정보통신망의 가동이 정지되어 전자신고 또는 전자납부를 할 수 없는 경우[27]에는 그 장애가 복구되어 신고 또는 납부를 할 수 있게 된 날의 다음 날을 기한으로 한다(지방세기본법 제24조 제2항).

3. 우편신고 및 전자신고

우편신고와 전자신고의 경우 모두 발송주의에 의하여 기한을 정하고 있다. 우편으로 과세표준 신고서, 과세표준 수정신고서, 경정청구에 필요한 사항을 기재한 경정청구서 또는 이와 관련된 서류를 제출한 경우 우편법령에 따른 통신날짜도장이 찍힌 날(통신날짜도장이 찍히지 아니하였거나 찍힌 날짜가 분명하지 아니할 때에는 통상 걸리는 우편 송달 일수를 기준으로 발송한 날에 해당한다고 인정되는 날)에 신고된 것으로 본다(지방세기본법 제25조 제1항). 지방세통합정보통신망을 이용하여 제출하는 경우에는 해당 신고서 등이 지방세통합정보통신망에 저장된 때에 신고된 것으로 본다(지방세기본법 제25조 제2항).

4. 기한의 연장과 취소

가. 기한의 연장

지방자치단체의 장은 천재지변, 사변(事變), 화재(火災), 그 밖에 대통령령(제6조)으로 정하는 사유로 납세자가 지방세 관련 신고·신청·청구 또는 그 밖의 서

---

27) 정전, 통신상의 장애, 프로그램의 오류, 그 밖의 부득이한 사유로 지방세정보통신망의 가동이 정지되어 전자신고 또는 전자납부를 할 수 없는 경우를 말한다(지방세기본법 시행령 제5조).

류 제출·통지나 납부를 정해진 기한까지 할 수 없다고 인정되는 경우에는 대통령령으로 정하는 바에 따라 직권 또는 납세자의 신청으로 그 기한을 연장할 수 있다(지방세기본법 제26조 제1항).

지방자치단체의 장은 납부기한을 연장하는 경우 납부할 금액에 상당하는 담보의 제공을 요구할 수 있다. 다만, 사망, 질병, 그 밖에 대통령령으로 정하는 사유로 담보 제공을 요구하기 곤란하다고 인정될 때에는 그러하지 아니하다(지방세기본법 제26조 제2항).

납부기한 만료일 10일 전 당시를 기준으로 납세자의 납부기한연장신청에 대하여 지방자치단체의 장이 신청일부터 10일 이내에 승인 여부를 통지하지 아니하면 그 10일이 되는 날에 납부기한의 연장을 승인한 것으로 본다(지방세기본법 제26조 제3항).

나. 납부기한 연장의 취소

지방자치단체의 장은 납부기한을 연장한 경우라도 납세자가 ① 담보의 제공 등 지방자치단체의 장의 요구에 따르지 아니할 때, ②「지방세징수법」제22조 제1항 각 호의 어느 하나에 해당되어 그 연장한 기한까지 연장된 해당 지방세 전액을 징수할 수 없다고 인정될 때, ③ 재산상황의 변동 등 대통령령으로 정하는 사유로 인하여 납부기한을 연장할 필요가 없다고 인정될 때[28]에는 그 기한의 연장을 취소하고, 그 지방세를 즉시 징수할 수 있다(지방세기본법 제27조 제1항).

지방자치단체의 장은 납부기한의 연장을 취소하였을 때에는 납세자에게 그

---

28) 재산상황, 그 밖에 사업의 변화로 인하여 기한을 연장할 필요가 없다고 인정되는 경우에는 납부기한 연장을 취소하고, 그 지방세를 즉시 징수할 수 있다(지방세기본법 시행령 제10조 제1항 제1호). 회생계획에 지방세의 일부는 납부하고 나머지는 균등 분할 납부하도록 규정되어 있고, 위 회생계획이 법원으로부터 인가결정을 받아 확정된 경우 위 지방세기본법 및 같은 시행령을 근거로 납부기한 연장을 취소하고 해당 지방세를 즉시 징수할 수 있는가. 회생법원의 회생계획인가결정이 확정되었고, 회생채권자표 등의 기재는 조세(지방세)채권자 등에 대하여 확정판결과 동일한 효력이 있기 때문에(제255조 제1항), 해당 회사가 회생계획에 규정된 의무를 위배하지 않는 이상 지방자치단체는 일시에 지방세를 징수할 수 없다고 할 것이다.

사실을 즉시 통지하여야 한다(지방세기본법 제27조 제2항).

V. 서류의 송달

서류의 송달이란 지방세 부과·징수와 관련된 사항을 납세자 또는 이해관계인에게 알리기 위해 서류를 송부하는 것을 말한다.[29] 서류에는 지방세 고지에 관한 서류, 경정 또는 결정에 관한 서류, 독촉장, 압류조서등본, 채권압류통지서, 지방세 환급금 통지서, 이의신청·심판청구에 관한 서류, 기타 지방세 관계법령에 의해 통지나 송달을 해야 하는 것이 포함된다. 서류의 송달로 지방세의 채권·채무가 확정·변경·소멸하는 효력을 갖는다.

1. 서류의 송달장소

가. 원칙

(1) 서류는 명의인(서류에 수신인으로 지정되어 있는 자를 말한다)의 주소, 거소, 영업소 또는 사무소(이하 주소 또는 '영업소'라 한다)에 송달한다. 다만, 전자송달(지방세기본법 제30조 제1항)인 경우에는 지방세통합정보통신망에 가입된 명의인의 전자우편주소나 지방세통합정보통신망의 전자사서함[전자서명법 제2조에 따른 인증서(서명자의 실지명의를 확인할 수 있는 것을 말한다) 또는 행정안전부장관이 고시하는 본인임을 확인할 수 있는 인증수단으로 접근하여 지방세 고지내역 등을 확인할 수 있는 곳을 말한다] 또는 연계정보통신망의 전자고지함(연계정보통신망의 이용자가 접속하여 본인의 지방세 고지내역을 확인할 수 있는 곳을 말한다)에 송달한다(지방세기본법 제28조 제1항).

서류의 송달은 명의인에게 하는 것이 원칙이나 명의인이 다른 사람에게 수령권을 위임할 수도 있고, 그 위임은 묵시적으로도 가능하다.[30] 송달을

---

29) 지방세기본법은 서류의 송달에 관하여 민사소송법상의 송달에 관한 규정을 명시적으로 준용하고 있지 않다. 다만 행정소송인 조세소송(지방세소송)과 관련하여서는 행정소송법이 적용되고, 이에 규정이 없는 경우에는 민사소송법의 규정이 준용되므로(행정소송법 제8조 제2항), 조세소송(지방세소송) 단계에서의 서류 송달에 관하여서는 민사소송법상 서류의 송달에 관한 규정이 준용된다. 따라서 조세소송(지방세소송) 단계의 서류에 해당하지 않는 서류(예컨대 납부고지서)의 송달에 관하여는 지방세기본법이 적용될 뿐이다.

받을 자가 파산선고를 받은 때에는 파산관재인의 주소 또는 영업소에 서류를 송달한다.[31] 납세고지서의 송달이 부적법하여 송달의 효력이 발생하지 않으면 해당 과세처분은 무효이다.[32]

송달받아야 할 사람이 교정시설 또는 국가경찰관서의 유치장에 체포·구속 또는 유치된 사실이 확인된 경우에는 해당 교정시설의 장 또는 국가경찰관서의 장에게 송달한다(지방세기본법 제153조, 국세기본법 제8조 제5항).[33] 다만 실무적으로 교정시설 또는 국가경찰관서의 유치장에 체포·구속 또는 유치된 사실이 확인되었는지 여부가 문제될 수 있다. 확인할 수 있는 경우까지 포함된다고 보기는 어려울 것이다.[34]

　(2) 연대납세의무자에게 서류를 송달할 때에는 그 대표자를 명의인으로 하며,

---

30) 납세의무자가 거주하던 아파트에서는 통상 일반 우편물은 집배원이 아파트 경비실 부근에 설치되어 있는 세대별 우편함에 넣으면 아파트 거주자들이 이를 위 우편함에서 수거하여 가고, 등기우편물 등 특수우편물의 경우에는 집배원이 아파트 경비원에게 주면 아파트 경비원이 이를 거주자에게 전달하여 왔으며, 위 아파트의 주민들은 이러한 우편물 배달방법에 관하여 별다른 이의를 제기하지 아니하여 왔다면, 위 납세의무자 및 아파트의 주민들은 등기우편물 등의 수령권한을 아파트의 경비원에게 묵시적으로 위임한 것이라고 볼 것이므로, 아파트의 경비원이 납세고지서를 수령한 날, 납세고지서가 적법하게 납세의무자에게 송달되었다고 할 것이다(대법원 2000. 7. 4. 선고 2000두1164 판결, 대법원 2000. 1. 14. 선고 99두9346 판결, 대법원 1998. 5. 15. 선고 98두3679 판결 등 참조).

31) 지방세기본법 운영 예규 30-3. 지방세소송에 관하여는 타당한 내용이나(행정소송법 제8조 제2항, 민사소송법 제179조 참조), 지방세소송이 아닌 경우에 대하여는 입법적 보완이 필요하다. 서류를 송달받아야 할 자가 소송무능력자인 경우에도 지방세기본법 운영 예규 30-2는 법정대리인에게 하여야 한다고 규정하나(위 예규는 행정소송법 제8조 제2항, 민사소송법 제179조에 따라 지방세소송에 관한 서류의 경우에만 유효하다), 지방세 관계법에는 명문의 규정이 없다. 역시 입법적 보완이 필요하다. 한편 대법원은 적법한 법정대리인을 파악하기 매우 어려운 경우 사리를 변별할 지능을 가지고 있다고 보여지는 미성년자인 본인을 직접 수송달자로 하여 한 상속세납세고지서의 송달은 적법하다고 하고 있다(대법원 1990. 10. 23. 선고 90누3393 판결 참조).

32) 대법원 1997. 5. 23. 선고 96누5094 판결 참조.

33) 「지방세기본법 운영 예규 30-4(수감자에 대한 송달)」는 '송달을 받을 자가 교도소 등에 수감 중이거나 이에 준하는 사유가 있는 경우에는 그 사람의 주소지에 서류를 송달한다. 그러나 주소가 불명인 경우와 서류를 대신 받아야 할 자가 없는 경우에는 그 사람이 수감되어 있는 교도소 등에 서류를 송달한다.'고 규정하고 있다. 하지만 이는 법에 어긋난 것으로 효력이 없다.

34) 이준봉, 조세법총론(제6판), 삼일인포마인(2020), 474쪽.

대표자가 없으면 연대납세의무자 중 지방세를 징수하기 유리한 자를 명의인으로 한다. 다만, 납세의 고지와 독촉에 관한 서류는 연대납세의무자 모두에게 각각 송달하여야 한다(지방세기본법 제28조 제2항).

(3) 상속이 개시된 경우에 상속재산관리인이 있을 때에는 그 상속재산관리인의 주소 또는 영업소에 송달한다(지방세기본법 제28조 제3항).

(4) 납세관리인(지방세기본법 제139조)이 있을 때에는 납세의 고지와 독촉에 관한 서류는 그 납세관리인의 주소 또는 영업소에 송달한다(지방세기본법 제28조 제4항).

송달하는 서류는 그 송달을 받아야 할 자에게 도달한 때부터 효력이 발생한다. 다만, 전자송달의 경우에는 송달받을 자가 지정한 전자우편주소, 지방세통합정보통신망의 전자사서함 또는 연계정보통신망의 전자고지함에 저장된 때에 그 송달을 받아야 할 자에게 도달된 것으로 본다(지방세기본법 제32조).

나. 송달받을 장소를 신고한 경우

서류를 송달받을 명의인이 해당 지방자치단체에 주소 또는 영업소 중에서 송달받을 장소를 신고하였을 때에는 그 신고된 장소에 송달하여야 하고, 이를 변경하였을 때에도 같은 방법으로 변경신고 및 그 신고한 장소로 송달하여야 한다(지방세기본법 제29조).

2. 서류송달의 방법

서류의 송달은 교부, 우편, 전자송달로 하되 구체적인 방법은 해당 지방자치단체의 조례로 정하고 있다(지방세기본법 제30조 제1항).

가. 교부송달

교부송달은 송달할 장소에서 그 송달을 받아야 할 명의인에게 직접 전달하는 방식으로 한다. 송달받을 명의인이 거부하지 않으면 다른 장소에서 전달할 수 있다. 서류를 송달받을 자가 주소 또는 영업소를 이전하였을 때에는 주민등록표 등으로 확인하고 그 이전한 장소에 송달하여야 한다(지방세기본법 제30조 제2항, 제4항).

송달할 장소에서 그 명의인을 만나지 못했을 때에는 그의 사용인, 종업원 또는 동거인[35] 등 사리를 분별할 수 있는 사람에게 송달할 수 있으며, 그들이 서류 수령을 거부하면 송달할 장소에 서류를 둘 수 있다(지방세기본법 제30조 제3항).

납세고지서의 교부송달에도 납세의무자 또는 그와 일정한 관계에 있는 사람이 현실적으로 이를 수령하는 행위가 반드시 필요하다 할 것이므로, 세무공무원이 납세의무자와 그 가족들이 부재중임을 알면서도 아파트 문틈으로 납세고지서를 투입하는 방식으로 송달하였다면, 이러한 납세고지서의 송달은 부적법한 것으로서 효력이 발생하지 아니한다.[36]

나. 우편송달

일반우편으로 서류를 송달할 경우에는 서류의 명칭, 송달받을 자의 성명 또는 명칭, 송달 장소, 발송연월일, 서류의 주요내용을 기록하여 보관하여야 한다(지방세기본법 제30조 제6항). 주의할 점은 서류송달의 효력은 도달주의이므로 서류명의인이 수령하였음을 확인할 수 있는 방법이 필요하므로 체납처분과 관계되는 독촉고지서, 체납처분통지서 등은 반드시 등기우편으로 하여야 한다(지방세기본법 제153조, 국세기본법 제10조 제2항).

---

35) "동거인"이라 함은 송달을 받아야 할 자와 동일 장소 내에서 공동생활을 하고 있는 자를 말하며, 생계를 같이 하는 것을 요하지 않는다(지방세기본법 운영 예규 30-6, 대법원 2021. 4. 15. 선고 2019다244980,244997 판결 참조).

36) 대법원 1997. 5. 23. 선고 96누5094 판결 참조. 납세자가 과세처분의 내용을 이미 알고 있는 경우에도 납세고지서 송달이 필요한가. 납세의 고지에 관한 규정들은 헌법과 지방세기본법이 규정하는 조세법률주의의 대원칙에 따라 처분청으로 하여금 자의를 배제하고 신중하고도 합리적인 처분을 행하게 함으로써 조세행정의 공정성을 기함과 동시에 납세의무자에게 부과처분의 내용을 상세하게 알려서 불복 여부의 결정 및 그 불복신청에 편의를 주려는 취지에서 나온 것으로 엄격히 해석 적용되어야 할 강행규정이므로 납세자가 과세처분의 내용을 이미 알고 있는 경우에도 납세고지서의 송달이 불필요하다고 할 수는 없다(위 판결 참조).

다. 전자송달

전자송달은 서류의 송달을 받아야 할 자가 해당 지방자치단체에 신청하는 경우에만 가능하다(지방세기본법 제30조 제7항).

라. 공시송달

공시송달이란 「지방세기본법」 제30조(서류송달의 방법)에 의하여 지방세 관련 서류를 교부나 우편송달하여야 하나 송달받을 자의 주소나 거소 등의 불분명으로 서류 송달이 불가능할 경우에 서류내용을 공고함으로써 그 송달의 효과를 발생시키는 방법이다.

(1) 공시송달의 요건

서류의 송달을 받아야 할 자에게 다음과 같은 사유가 있어야 한다(지방세기본법 제33조 제1항, 같은 법 시행령 제17조, 제18조).

① 주소 또는 영업소가 국외에 있고 송달하기 곤란한 경우
② 주소 또는 영업소가 분명하지 아니한 경우(주민등록표나 법인등기사항증명서 등으로도 주소 또는 영업소를 확인할 수 없는 경우)
③ 서류를 우편으로 송달하였으나 받을 사람이 없는 것으로 확인되어 반송됨으로써 납부기한 내에 송달이 곤란하다고 인정되는 경우
④ 세무공무원이 2회 이상 납세자를 방문하여 서류를 교부하려고 하였으나 받을 사람이 없는 것으로 확인되어 납부기한 내에 송달하기 곤란하다고 인정되는 경우

(2) 공시송달의 공고방법

공시송달을 위한 공고방법은 지방세정보통신망, 지방자치단체의 정보통신망이나 게시판에 게시하거나 관보·공보 또는 일간신문에 게재하는 방법으로 한다. 정보통신망을 이용할 때에는 다른 공시송달 방법 즉, 게시판·관보·공보·일간신문 등을 함께 활용해야 한다(지방세기본법 제33조 제2항).

(3) 공시송달의 효력발생시기

공시송달은 공고한 날로부터 14일이 지나면 서류가 송달된 것으로 본다(지방세기본법 제33조 제1항).

제2절 납세의무

Ⅰ. 납세자

지방세의 납세자에는 지방세법이 정하는 각 세목별 납세의무자와 연대납세의무자, 제2차 납세의무자, 보증인, 특별징수의무자가 있다(지방세기본법 제2조 제1항 제12호).[37]

1. 납세의무자

납세의무자란 지방세법에 따라 지방세를 납부할 의무(지방세를 특별징수하여 납부할 의무는 제외한다)가 있는 자를 말한다(지방세기본법 제2조 제1항 제11호). 납세의무자는 지방세법에 의하여 자신의 지방세를 납부할 의무를 지는 자를 말하는 것으로 납부의무의 대행자인 징수의무자(국세의 원천징수의무자, 지방세의 특별징수의무자)와는 다른 개념이다.

---

[37] **납세의무의 확장** 납세의무는 납세의무자의 담세력을 고려한 것이므로 납세의무자에게 부과하고 징수하는 것이 원칙이다. 그러나 지방세가 지방자치단체의 재정 수입으로서 강한 공익성을 지니고 있는 것을 고려하여 그 징수를 확보하기 위한 여러 조치를 두고 있는데, 그 중 하나가 납세의무의 승계, 연대납세의무, 제2차 납세의무, 물적 납세의무와 같이 납세의무의 범위를 확장하는 것이다.

	본래의 납세자	확장의 범위
납세의무의 승계	소멸	전액
연대납세의무	존재	전액
제2차 납세의무	존재	부족분
물적 납세의무	존재	부족분

2. 연대납세의무자

연대납세의무란 복수의 자가 연대하여 하나의 납세의무를 부담하는 것을 말한다. 연대납세의무에 관하여는 민법의 연대채무에 관한 제413조부터 제416조까지, 제419조, 제421조, 제423조 및 제425조부터 제427조까지의 규정을 준용한다(지방세기본법 제44조 제5항).

따라서 과세관청은 어느 연대납세의무자에 대하여 또는 동시나 순차로 모든 연대납세의무자에 대하여 지방세채무의 전부나 일부를 청구할 수 있다(민법 제414조). 어느 연대납세의무자에 대한 이행청구는 다른 연대납세의무자에게도 효력이 있다(민법 제416조). 그러나 세액의 확정은 개별적으로 고지하여야 한다.[38]

지방세에 관한 연대납세의무로는 ① 공유자[39] 또는 공동사업[40]자의 연대납세의무(지방세기본법 제44조 제1항),[41] ② 법인의 분할·합병에 따른 연대납세의무(지방세기본법 제44조 제2항, 제3항), ③ 채무자회생법 제215조에 따라 설립된 신회사의 기존 법인 징수금[42]에 대한 연대납세의무(지방세기본법 제44조 제4항)[43] 등이 있

---

38) 대법원 1993. 12. 21. 선고 93누10316 판결, 대법원 1990. 2. 27. 선고 89누6280 판결 등 참조.
39) 공유물이란 「민법」 제262조(물건의 공유)의 규정에 의한 공동소유의 물건을 말한다(지방세기본법 운영 예규 44-1 제1호).
40) 공동사업이란 그 사업이 당사자 전원의 공동의 것으로서, 공동으로 경영되고 당사자 전원이 그 사업의 성공 여부에 대하여 이익배분 등 이해관계를 가지는 사업을 말한다(지방세기본법 운영 예규 44-1 제2호).
41) 통상 공유물이나 공동사업에 관한 권리의무는 공동소유자나 공동사업자에게 실질적, 경제적으로 공동으로 귀속하게 되는 관계로 담세력도 공동의 것으로 파악하는 것이 조세실질주의의 원칙에 따라 합리적이기 때문에 조세채권의 확보를 위하여 그들에게 연대납세의무를 지우고 있는 것이므로, 위 연대납세의무가 자신의 조세채무를 넘어 타인의 조세채무에 대하여 납세의무를 부당하게 확장하고 불평등한 취급을 하고 있다고 할 수 없고, 개인책임을 기초로 하는 헌법전문과 헌법상의 평등권, 재산권보장의 원리에 위배된다고 볼 수도 없다 (대법원 1999. 7. 13. 선고 99두2222 판결).
42) "지방자치단체의 징수금"이란 지방세와 체납처분비를 말한다(지방세기본법 제2조 제1항 제22호).
43) 채무자회생법 제280조에 따라 회생계획에서 신회사가 채무자의 조세채무를 승계할 것을 정한 경우 채무자의 조세채무가 소멸한다는 것과 모순된다. 지방세기본법과 채무자회생법 중 어느 것이 우선한다고 할 수 없으므로 입법적 해결이 필요해 보인다. 다만 회생계획에서 면책적으로 조세채무의 승계를 규정할 경우 징수권자의 동의를 받아야 하기 때문에(채무자회생법 제140조 제3항) 실질적으로는 차이가 없다.

다. 또한 ④ 수인의 상속인이 피상속인의 지방세 납세의무를 승계하는 경우 연대납세의무(지방세기본법 제42조 제2항), 취득세 과세대상 물건을 수인이 상속(피상속인이 상속인에게 한 유증 및 포괄유증과 신탁재산의 상속을 포함한다)받는 경우 그 취득세에 관한 연대납세의무(지방세법 제7조 제7항), ⑤ 과점주주들의 간주취득세에 관한 연대납세의무(지방세법 제7조 제5항)[44] 등도 있다. 다만 ②의 경우 분할법인에 부과되거나 납세의무가 성립한 지방자치단체의 징수금에 대하여 분할로 승계된 재산가액을 한도로 연대납세의무를 부담한다. 이는 법인이 분할 또는 분할합병하는 경우 과도한 연대납세의무 부담을 완화하기 위함이다.

연대납세의무자 중 1인에 대한 과세처분의 하자가 다른 연대납세의무자에게도 그 효력이 미치는가. 연대납세의무의 법률적 성질은 민법상의 연대채무와 근본적으로 다르지 아니하여, 각 연대납세의무자는 개별 세법에 특별한 규정이 없는 한 원칙적으로 고유의 납세의무부분이 없이 공동사업 등에 관계된 지방세의 전부에 대하여 전원이 연대하여 납세의무를 부담하는 것이므로, 지방세를 부과함에 있어서는 연대납세의무자인 각 공유자 또는 공동사업자에게 개별적으로 당해 지방세 전부에 대하여 납세의 고지를 할 수 있고, 또 연대납세의무자의 1인에 대한 과세처분의 하자는 상대적 효력만을 가지므로, 연대납세의무자의 1인에 대한 과세처분의 무효 또는 취소 등의 사유는 다른 연대납세의무자에게 그 효력이 미치지 않는다.[45]

---

44) 과점주주를 형성하는 친족 기타 특수관계에 있는 자들은 실질적으로 당해 법인의 자산에 관하여 공동사업자 또는 공유자의 지위에서 관리·처분권을 행사할 수 있으므로, 그 자산에 대한 권리의무도 과점주주에게 실질적·경제적으로 공동으로 귀속된다. 따라서 그 담세력도 공동으로 파악하는 것이 공평과세·실질과세의 원칙에 부합하므로, 조세채권의 확보를 위하여 그들에게 연대납세의무를 부담하게 한 지방세법 제7조 제5항은 자기책임이나 주주에 대한 유한책임을 넘어 부당하게 납세의무를 확장하거나 조세법률주의가 추구하는 적법절차의 원리를 위반하였다고 할 수 없다. 아울러, 위 조항은 과점주주가 당해 법인의 자산에 대하여 공동으로 가지는 실질적·경제적 담세력을 기초로 조세채권을 확보하고자 하는 것으로, 과점주주 상호간에 구상권을 행사하여 그 피해를 최소화할 수 있도록 하고 있고 연대납세의무를 통하여 얻고자 하는 조세채권확보라는 공익 또한 결코 작지 않다는 점에서, 과잉금지원칙을 위배하여 헌법상 보장되는 재산권 등의 기본권을 침해하고 있다고 할 수도 없다(대법원 2008. 10. 23. 선고 2006두19501 판결 참조).
45) 대법원 1999. 7. 13. 선고 99두2222 판결 참조.

3. 제2차 납세의무자

가. 의의

제2차 납세의무자란 납세자가 납세의무를 이행할 수 없는 경우에 납세자에 갈음하여 납세의무를 지는 자를 말한다(지방세기본법 제2조 제1항 제13호).

제2차 납세의무는 지방세징수의 확보를 위하여 원래의 납세의무자의 재산에 대하여 체납처분을 하여도 징수하여야 할 지방세에 부족이 있다고 인정되는 경우에 그 원래의 납세의무자와 특수관계에 있는 제3자에 대하여 원래의 납세의무자로부터 징수할 수 없는 액을 한도로 하여 보충적으로 납세의무를 부담케 하는 제도로서(보충성), 형식적으로 제3자에 귀속되어 있는 경우라고 하더라도 실질적으로는 원래의 납세의무자에게 그 재산이 귀속되어 있는 것으로 보아도 공평을 잃지 않는 경우 등 형식적 권리의 귀속을 부인하여 사법질서를 어지럽히는 것을 피하면서 그 권리귀속자에게 보충적으로 납세의무를 부담케 하여 징수절차의 합리화를 아울러 도모하려는 제도이다.[46]

제2차 납세의무는 본래의 납세의무에 대신하는 것이기 때문에 주된 납세의무를 전제로 성립하고 주된 납세의무에 관하여 생긴 사유는 제2차 납세의무에도 효력이 있다. 따라서 본래의 납세의무가 소멸하면 제2차 납세의무도 소멸한다(부종성).

나. 유형

제2차 납세의무자로 청산인 등(지방세기본법 제45조), 출자자[무한책임사원, 과점주주](지방세기본법 제46조), 법인(지방세기본법 제47조), 사업양수인(지방세기본법 제48조)이 있다. 이외에 사업소분 주민세의 경우 사업소용 건축물의 소유자와 사업주가 다른 경우 건축물소유자의 제2차 납세의무제도가 있다(지방세법 제75조 제2항 단서).

---

46) 대법원 1982. 12. 14. 선고 82누192 판결.

(1) 청산인 등

법인이 해산한 경우[47]에 그 법인에 부과되거나 납부할 지방자치단체의 징수금[48]을 납부하지 않고 잔여재산을 분배하거나 인도하여 그 법인에 대한 체납처분을 해도 징수할 금액에 부족한 경우 청산인 및 잔여재산을 분배 또는 인도받은 자가 그 부족한 금액에 대한 제2차 납세의무를 진다. 제2차 납세의무의 한도는 청산인의 경우 분배하거나 인도한 재산의 가액을, 남은 재산을 분배받거나 인도받은 자는 각자가 분배 또는 인도받은 재산의 가액으로 한다(지방세기본법 제45조).[49] 여기서 재산의 가액은 해당 잔여재산(殘餘財産)을 분배하거나 인도한 날 현재의 시가(時價)로 한다(지방세기본법 시행령 제23조).

(2) 출자자

유가증권시장에 주식을 상장하지 않은 법인의 경우 법인의 재산으로 그 법인에 부과되거나 그 법인이 납부할 지방자치단체의 징수금에 충당하여도 부족한 경우에는 그 지방자치단체의 징수금의 과세기준일 또는 납세의무성립일(이에 관한 규정이 없는 세목의 경우에는 납기개시일) 현재 무한책임사원이나 과점주주는 그 부족액에 대하여 제2차 납세의무를 진다(지방세기본법 제46조 본문, 같은 법 시행령 제24조 제1항).

---

47) "법인이 해산한 경우"라 함은 해산등기의 유무에 관계없이 ① 주주총회 기타 이에 준하는 총회 등에서 해산을 결정한 경우에는 그 익일, ② 해산할 날을 정하지 아니한 경우에는 해산결의를 한 때, ③ 해산사유(존립기간의 만료, 정관에 정한 사유의 발생, 파산, 합병 등)의 발생으로 해산하는 경우에는 그 사유가 발생한 때, ④ 법원의 명령 또는 판결에 의하여 해산하는 경우에는 그 명령 또는 판결이 확정된 때, ⑤ 주무관청이 설립허가를 취소한 경우에는 그 취소의 효력이 발생하는 때 등을 말한다(지방세기본법 운영 예규 45-1).

48) "그 법인에 부과되거나 그 법인이 납부할 지방자치단체의 징수금"이라 함은 당해 법인이 결과적으로 납부하여야 할 지방자치단체의 모든 징수금을 말하며, 해산할 때나 잔여재산을 분배 또는 인도하는 때에 이미 부과하였거나 부과하여야 할 지방세를 포함하는 것이다(지방세기본법 운영 예규 45-2).

49) "분배"라 함은 법인이 청산하는 경우에 있어서 잔여재산을 사원, 주주, 조합원, 회원 등에게 원칙적으로 출자액에 따라 분배하는 것을 말하며(민법 제724조 제2항, 상법 제260조, 제269조, 제538조, 제612조 참조), "인도"라 함은 법인이 청산하는 경우에 있어서 잔여재산을 「민법」 제80조(잔여재산의 귀속) 등의 규정에 의하여 처분하는 것을 말한다(지방세기본법 운영 예규 45-3).

(가) 무한책임사원

무한책임사원의 책임은 퇴사등기 후 2년 또는 해산등기 후 5년이 경과하면 소멸(상법 제225조, 제267조)하므로 제2차 납세의무를 지우기 위해서는 이 기간 내에 제2차 납세의무자에 대한 납부통지를 하여야 한다. 단, 퇴사등기 또는 해산등기를 하기 전에 무한책임사원이 소속된 법인에게 지방세 납세의무가 이미 성립되어 있는 경우에 한한다.[50]

법인의 무한책임사원에게 제2차 납세의무를 부과시키기 위해서는 체납조세의 납세의무 성립일 현재 실질적으로 무한책임사원으로서 그 법인의 운영에 관여할 수 있는 위치에 있음을 요하고, 단지 형식상으로 법인의 등기부상 무한책임사원으로 등재되어 있다는 사유만으로 곧 무한책임사원으로서 납세의무를 부과시킬 수 없다.[51]

(나) 과점주주

과점주주란 주주 또는 유한책임사원 1명과 그의 특수관계인 중 대통령령으로 정하는 자[52]로서 그들의 소유주식의 합계 또는 출자액의 합계가 해당 법인의 발행주식 총수 또는 출자총액의 100분의 50을 초과하면서 그에 관한 권리를 실질적으로 행사하는 자들을 말한다(지방세기본법 제46조 제2호, 지방세법 시행령 제10조의2). 과점주주는 부족액을 그 법인의 발행주식총수(의결권이 없는 주식은 제외한다) 또는 출자총액으로 나눈 금액에 해당 과점주주가 실질적으로 권리를 행사하는 소유주식수(의결권이 없는 주식은 제외한다) 또는 출자액을 곱하여 산출한 금액을 한도로 제2차 납세의무를 부담한다(지방세기본법 제46조 단서).

법인의 주주에 대하여 제2차 납세의무를 지우기 위해서는 과점주주로서 주금을 납입하는 등 출자한 사실이 있거나 주주총회에 참석하는 등 운영

---

50) 지방세기본법 운영 예규 46 - 1.
51) 대법원 1990. 9. 28. 선고 90누4235 판결, 광주지방법원 2013. 2. 20. 선고 2012구합3569 판결 등 참조.
52) "대통령령으로 정하는 자"란 해당 주주 또는 유한책임사원과 지방세기본법 시행령 제2조의 어느 하나에 해당하는 관계에 있는 자를 말한다(지방세기본법 시행령 제24조 제2항).

에 참여하여 그 법인을 실질적으로 지배할 수 있는 위치에 있음을 요하며 형식상 주주명부에 등록되어 있는 것만으로는 과점주주라 할 수 없다. 어느 특정주주와 그 친족·기타 특수관계에 있는 주주들의 소유주식 합계 또는 출자액 합계가 당해 법인의 발행주식 총수 또는 출자총액의 100분의 50을 초과하면 특정주주를 제외한 여타 주주들 사이에 친족 기타 특수관계가 없더라도 그 주주 전원을 과점주주로 본다.[53] 과점주주의 판정은 지방세의 납세의무성립일 현재 주주 또는 유한책임사원과 그 친족 기타 특수관계에 있는 자의 소유주식 또는 출자액을 합계하여 그 점유비율이 50%를 초과하는 지를 계산하는 것이며, 이 요건에 해당되면 당사자 개개인을 전부 과점주주로 본다.[54]

과점주주는 그 스스로가 법인의 경영에 관여하여 이를 사실상 지배하거나 당해 법인의 발행주식총수의 100분의 51 이상의 주식에 관한 권리를 실질적으로 행사하는 자일 필요는 없다. 과점주주에 해당하는지 여부는 과반수 주식의 소유 집단의 일원인지 여부에 의하여 판단하여야 하고, 구체적으로 회사경영에 관여한 사실이 없다고 하더라도 그것만으로 과점주주가 아니라고 판단할 수 없으며, 주식의 소유사실은 과세관청이 주주명부나 주식이동상황명세서 또는 법인등기사항전부증명서 등 자료에 의하여 이를 증명하면 되고, 다만 위 자료에 비추어 일견 주주로 보이는 경우에도 실은 주주명의를 도용당하였거나 실질소유주의 명의가 아닌 차명으로 등재되었다는 등의 사정이 있는 경우에는 단지 그 명의만으로 주주에 해당한다고 볼 수는 없으나 이는 주주가 아님을 주장하는 그 명의자가 증명하여야 한다.[55]

과점주주의 과점주주도 제2차 납세의무를 부담하는가. 제2차 납세의무는 법인에 대한 제2차 납세의무자로 과점주주만을 규정하고 있을 뿐 그 법

---

53) 지방세기본법 운영 예규 46-3.
54) 지방세기본법 운영 예규 46-4.
55) 대법원 2008. 9. 11. 선고 2008두983 판결, 대법원 2004. 7. 9. 선고 2003두1615 판결 등 참조.

인의 과점주주인 법인(이하 '1차 과점주주'라 한다)이 제2차 납세의무자로서 체납한 국세 등에 대하여 1차 과점주주의 과점주주(이하 '2차 과점주주'라 한다)가 또다시 제2차 납세의무를 진다고 규정하지 않고 있다. 따라서 2차 과점주주가 단지 1차 과점주주의 과점주주라는 사정만으로 1차 과점주주를 넘어 2차 과점주주에까지 그 보충적 납세의무를 확장하여 과점주주에 해당한다고 보는 것은 특별한 사정이 없는 한 허용되지 않는다.[56]

(3) 법인

비상장법인의 출자자인 무한책임사원 또는 과점주주가 그의 재산으로 지방세를 충당하여도 부족한 경우 법인은 그 출자자의 소유주식 또는 출자지분의 가액 한도 내에서 부족한 금액에 대한 제2차 납세의무를 진다.

지방세(둘 이상의 지방세의 경우에는 납부기한이 뒤에 도래하는 지방세를 말한다)의 납부기간 종료일 현재 법인의 무한책임사원 또는 과점주주(이하 "출자자"라 한다)의 재산(그 법인의 발행주식 또는 출자지분은 제외한다)으로 그 출자자가 납부할 지방자치단체의 징수금에 충당하여도 부족한 경우에는 그 법인은 ① 지방자치단체의 장이 출자자의 소유주식 또는 출자지분을 재공매하거나 수의계약으로 매각하려 하여도 매수희망자가 없을 때, ② 법률 또는 법인의 정관에서 출자자의 소유주식 또는 출자지분의 양도를 제한하고 있을 때에만 제한적으로 그 출자자의 소유주식 또는 출자지분의 가액 한도 내에서 그 부족한 금액에 대하여 제2차 납세의무를 진다. 법인의 제2차 납세의무는 그 법인의 자산총액에서 부채총액을 뺀 가액을 그 법인의 발행주식총액 또는 출자총액으로 나눈 가액에 그 출자자의 소유주식 금액 또는 출자액을 곱하여 산출한 금액을 한도로 한다(지방세기본법 제47조). 여기서 자산총액과 부채총액의 평가는 해당 지방세(둘 이상의 지방세의 경우에는 납부기한이 뒤에 도래하는 지방세를 말한다)의 납부기간 종료일 현재의 시가에 따른다(지방세기본법 시행령 제25조).

---

56) 대법원 2019. 5. 16. 선고 2018두36110 판결 참조.

$$\text{제2차 납세의무 세액} = (\text{법인 자산총액} - \text{부채총액}) \times \frac{\text{출자자의 주식(출자)액}}{\text{법인 발행주식(출자)총액}}$$

법인의 제2차 납세의무제도는 원래의 납세의무자인 출자자의 재산에 대해 체납처분을 하여도 징수하여야 할 조세에 부족이 있다고 인정되는 경우에 사법질서를 어지럽히는 것을 최소화하면서도 실질적으로 출자자와 동일한 이해관계에 의해 지배되는 법인으로 하여금 보충적으로 납세의무를 지게 함으로써 조세징수를 확보하고 실질적 조세평등을 이루기 위한 것이다. 그러나 이러한 법인의 제2차 납세의무는 출자자와 법인이 독립된 권리의무의 주체임에도 예외적으로 본래의 납세의무자가 아닌 제3자인 법인에게 출자자의 체납액에 대하여 보충적인 성질의 납세의무를 부과하는 것이고, 또한 조세법규의 해석은 엄격하게 하여야 하는 것이므로 그 적용 요건을 엄격하게 해석하여야 한다. 지방세기본법 제47조 제1항은 같은 항 각 호의 1에 해당하는 경우에 한하여 법인이 제2차 납세의무를 진다고 한정적으로 규정하고, 그 중 제2호는 '법률 또는 법인의 정관에서 출자자의 소유주식 또는 출자지분의 양도를 제한하고 있을 때'(이하 '이 사건 조항'이라 한다)를 규정하고 있다. 앞서 본 법인의 제2차 납세의무제도의 취지, 그 적용 요건에 관한 엄격 해석의 원칙에 이 사건 조항의 문언 및 양도 제한과 압류 제한의 성격·관계 등을 종합하여 보면, 출자자의 소유주식 등에 대하여 법률 등에 의한 양도 제한 이외의 사유로 지방세징수법이나 국세징수법에 의한 압류 등 체납처분절차가 제한되는 경우까지 이 사건 조항에서 정한 요건에 해당한다고 볼 수는 없다.[57]

(4) 사업양수인

사업의 양도·양수가 있는 경우 그 사업에 관하여 양도일 이전에 양도인의 납세의무가 확정된 지방자치단체의 징수금을 양도인의 재산으로 충당하여도 부

---

57) 대법원 2020. 9. 24. 선고 2016두38112 판결(체납자 소유 주식이 외국법인이 발행한 주식으로 체납처분절차가 어렵다는 이유로 법인에게 제2차 납세의무가 있다고 할 수 없다는 취지) 참조.

족할 때에는 양수인은 그 부족한 금액에 대하여 양수한 재산의 가액 한도 내에서 제2차 납세의무를 진다. "양수인"이란 사업장별로 그 사업에 관한 모든 권리와 의무를 포괄승계(미수금에 관한 권리와 미지급금에 관한 의무의 경우에는 그 전부를 승계하지 아니하더라도 포괄승계로 본다)한 자로서 양도인이 사업을 경영하던 장소에서 양도인이 경영하던 사업과 같거나 유사한 종목의 사업을 경영하는 자를 말한다(지방세기본법 제48조 제1항, 제2항).

사업의 양도·양수 당시 이미 부과되어 있는 지방세에 대하여만 사업의 양수인이 제2차 납세의무를 지게 되는 것이므로 사업의 양도·양수 후에 양도인에게 부과된 지방세에 대하여는 사업의 양수인에게 제2차 납세의무를 지울 수 없다.[58]

(5) 사업소분 주민세에 대한 건축물 소유자

사업소분 주민세를 사업주의 재산으로 징수해도 부족액이 있는 경우에는 건축물의 소유자에게 제2차 납세의무를 지울 수 있다(지방세법 제75조). 이때 건축물의 소유자가 주민세 비과세 대상(지방세법 제77조)인지는 고려하지 않는다.

| 제2차 납세의무 요약표 | [59]

구분	주된 납세자	제2차 납세의무자	대상 지방세	요건	한도
청산인 등 (지방세기본법 제45조)	해산법인	① 청산인 ② 잔여재산 받은 자	해산법인이 납부해야 할 모든 지방세(확정 불요)	① 지방세 체납 ② 잔여재산 부족	잔여재산 분배·인도한 날의 시가로 ① 청산인은 분배 또는 인도한 재산 가액 ② 분배 또는 인도받은 자는 각자가 받은 재산 가액

---

58) 대법원 1993. 5. 11. 선고 92누10210 판결 참조.
59) 한국지방세연구원, 2023 지방세 교육교재 - 지방세기본법 -, 152쪽.

구분	주된 납세자	제2차 납세의무자	대상 지방세	요건	한도
출자자 등 (지방세기본법 제46조)	비상장법인	① 무한책임 사원 ② 과점주주	납세의무가 성립한 지방세(확정불요)	① 비상장법인 ② 지방세 체납 ③ 재산 부족 ④ 납세의무 성립일 현재 무한책임사원 또는 과점주주	① 무한책임사원은 체납액 전부 ② 과점주주는 출자 비율 한도
법인 등 (지방세기본법 제47조)	① 무한책임 사원 ② 과점주주	출자받은 법인	납세자에게 확정된 지방세	① 지방세 체납 ② 재산 부족 ③ 주식 또는 출자지분의 처분 불능	지방세 납부기간 종료일 시가의 순자산 중 출자비율 한도
사업양수인 등 (지방세기본법 제48조)	사업양도인	사업포괄 양수인	사업양도일 이전 확정된 지방세	① 지방세 체납 ② 재산 부족 ③ 사업포괄양도	양수한 재산가액 한도
건축물 소유자 (지방세법 제75조)	사업주	사업주의 사업소가 있는 건축물 소유자	납세의무가 확정된 사업소분 주민세	사업주의 재산으로 사업소분 주민세를 징수해도 부족한 경우	건축물 가액

다. 제2차 납세의무의 성립과 확정

제2차 납세의무자는 납세자와 인적·물적으로 특수한 관계에 있는 제3자로 보충적으로 납세의무를 지게 되는 것이다. 제2차 납세의무가 성립되기 위해서는 법정요건(지방세기본법 제45조부터 제48조 등)이 갖추어져야 한다. 구체적으로 ① 본래의 납세의무의 체납이 있어야 한다. ② 체납자의 재산으로는 체납처분을 하여도 지방자치단체의 징수금에 충당하기에 부족하여야 한다. 다만 일단 주된 납세의무가 체납된 이상 그 징수부족액의 발생은 반드시 주된 납세의무자에 대하여 현실로 체납처분을 집행하여 부족액이 구체적으로 생기는 것을 요하지 아니하고 다만 체납처분을 하면 객관적으로 징수부족액이 생길 것으로 인정되면 족하다.[60] ③ 제3자(제2차 납세의무자)가 본래의 납세의무자와 일정한 관계에 있어야 한다.

제2차 납세의무에 대해서는 주된 납세의무와 별도로 부과제척기간이 진행하

---

60) 대법원 2004. 5. 14. 선고 2003두10718 판결, 대법원 1996. 2. 23. 선고 95누14756 판결.

고, 부과제척기간은 특별한 사정이 없는 한 이를 부과할 수 있는 날인 제2차 납세의무가 성립한 날로부터 기산하는 것으로 봄이 상당하다. 한편 제2차 납세의무가 성립하기 위하여는 주된 납세의무자의 체납 등 그 요건에 해당하는 사실이 발생하여야 하므로 그 성립시기는 적어도 '주된 납세의무의 납부기한'이 경과한 이후라고 할 것이다.[61]

성립된 제2차 납세의무는 납부고지로 구체적으로 확정된다(지방세징수법 제15조).

4. 보증인

보증인이란 납세자의 지방세 또는 체납처분비[62]의 납부를 보증한 자를 말한다(지방세기본법 제2조 제1항 제14호).

지방자치단체의 장[63]은 납부기한을 연장하거나 지방세의 고지유예, 분할고지, 징수유예를 하는 경우 그 처분과 관련하여 지방세채권확보를 분명히 하기 위하여 담보의 제공을 요구할 수 있다(지방세기본법 제26조 제2항, 지방세징수법 제27조).[64]

---

61) 대법원 2012. 5. 9. 선고 2010두13234 판결 참조.
62) "체납처분비"란 지방세징수법 제3장의 체납처분에 관한 규정에 따른 재산의 압류·보관·운반과 매각에 드는 비용(매각을 대행시키는 경우 그 수수료를 포함한다)을 말한다(지방세기본법 제2조 제1항 제25호).
63) "지방자치단체의 장"이란 특별시장·광역시장·특별자치시장·도지사·특별자치도지사·시장·군수·구청장(자치구의 구청장을 말한다)을 말한다(지방세기본법 제2조 제1항 제2호).
64) 납세담보 납세담보는 지방세법에 의해 납세의무자에게 담보제공의무가 과하여진 경우 지방세법이 정한 절차에 따라 과세관청의 요구에 따라 제공되는 공법상의 담보이다. 물적 담보와 인적 담보가 있다. 인적 담보(납세보증)는 보증인에 의한 담보이고, 물적 담보는 특정재산에 의한 담보이다.
납세담보의 요건과 효과는 지방세기본법에 정하여져 있으며(제67조) 이를 갖추지 못한 납세담보는 효력이 없다(대법원 1981. 10. 27. 선고 81다692 판결 참조). 또한 납세담보는 지방세법이 그 제공을 요구하도록 규정된 경우에 한하여 과세관청이 요구할 수 있고, 따라서 지방세법에 근거 없이 제공한 납세보증은 공법상효력이 없다(대법원 1990. 12. 26. 선고 90누5399 판결 참조). 담보제공사유는 법정되어 있으나 제공 자체는 임의이다. 따라서 납세담보는 약정담보의 일종이다.
납세담보로 제공할 수 있는 것은 ① 금전, ② 국채 또는 지방채, ③ 지방자치단체의 장이 확실하다고 인정하는 유가증권, ④ 납세보증보험증권, ⑤ 지방자치단체의 장이 확실하다고 인정하는 보증인의 납세보증서, ⑥ 토지, ⑦ 보험에 든 등기되거나 등록된 건물·공장재단·광업재단·선박·항공기 또는 건설기계이다(지방세기본법 제65조).

담보의 종류 중 하나가 보증인의 납세보증서이다(지방세기본법 제65조 제5호). 납세자가 납세보증보험증권을 제출한 경우(지방세기본법 제65조 제4호) 납세보증보험자도 보증인의 지위에 있다고 할 것이다. 인적 담보에 해당한다.

본래의 납세의무자는 물론 연대납세의무자, 제2차 납세의무자, 납세보증인, 특별징수의무자의 납세의무도 보증할 수 있다.

5. 특별징수의무자

가. 특별징수제도

특별징수의무자란 특별징수에 의하여 지방세를 징수하고 이를 납부할 의무가 있는 자를 말한다(지방세기본법 제2조 제1항 제21호). 특별징수란 지방세를 징수할 때 편의상 징수할 여건이 좋은 자로 하여금 징수하게 하고 그 징수한 세금을 납부하게 하는 것을 말한다(지방세기본법 제2조 제1항 제20호). 특별징수는 원천징수, 위탁징수, 거래징수로 구분된다. 원천징수는 지방소득세 등과 같이 소득을 지급하는 자가 세금을 징수하여 과세관청에 납부하는 것을 말한다. 위탁징수는 등록에 대한 등록면허세 등과 같이 제3의 기관이나 사업자 등에게 세금을 징수하여 납부하도록 하는 것을 말한다. 거래징수는 컨테이너 지역자원시설세 등과 같이 거래과정에서 대가를 받는 자가 그 대가에 세금을 추가하여 함께 징수한 후 세금을 과세관청에 납부하도록 하는 것을 말한다.

특별징수에 관한 개별적인 내용은 지방세법에 규정되어 있다(지방세법 제31조, 제60조 제2항, 제68조, 제71조, 제72조, 제89조, 제95조, 제100조, 제102조, 제103조의11, 제103조의13 내지 제103조의 18, 제103조의23 제3항, 제103조의27 제2항, 제103조의29, 제103조의37 제4항, 제103조의51, 제103조의52, 제103조의54, 제103조의56, 제103조의62, 제137조, 제137조의2, 제138조, 제139조, 제147조 등). 특별징수의무는 등록에 대한 등록면허세(지방세법 제31조), 담배소비세(지방세법 제60조), 지방소비세(지방세법 제68조), 지방소득세(지방세법 제103조의13, 제103조의29 등),[65] 자동차 주행에 대한 자동차세(지방세법 제137조) 등의 경우에 인정된다. 특별징수제도는 과세관청이 지방자치단

---

65) 소득세·법인세를 원천징수할 때 지방소득세도 함께 특별징수하여야 하기 때문에, 이 경우에는 소득세·법인세 원천징수의무자가 곧 지방소득세 특별징수의무자가 된다.

체라는 점만 다를 뿐 징수납부의무자와 납세의무자가 분리되어 있다는 기본적인 구조는 국세에서의 원천징수의무와 같다.

특별징수제도에 있어서 조세법률관계는 원칙적으로 특별징수의무자와 과징권자인 세무관서와의 사이에만 존재하게 되고, 납세의무자와 세무관서와의 사이에는 특별징수된 지방세를 특별징수의무자가 세무관서에 납부한 때에 납부가 있는 것으로 되는 것 외에는 원칙적으로 양자 사이에 조세법률관계가 존재하지 않는다.[66]

나. 특별징수불이행에 대한 형사처벌

특별징수의무자가 정당한 사유 없이 지방세를 징수하지 아니한 경우에는 1천만 원 이하의 벌금에 처하고, 특별징수의무자가 정당한 사유 없이 징수한 세금을 납부하지 아니한 경우에는 2년 이하의 징역 또는 2천만 원 이하의 벌금에 처한다(지방세기본법 제107조). 특별징수불이행과 납부불이행에 대해 각각 규정하고 있다.

지방세기본법에서 특별징수불이행에 대해 형사처벌을 하는 이유는 특별징수가 징수권의 확보를 보다 쉽게 하기 위해 의무를 누군가에게 지운 것인데, 이러한 의무를 위배하는데 대해 가산세 부담(지방세기본법 제56조) 이외에 형사처벌을 함으로써 관련 세원의 확보를 확실히 하기 위한 것이라 할 수 있다.

II. 납세의무의 성립과 확정

1. 납세의무의 성립

지방세 납세의무의 성립이란 지방세관계법률에서 정한 과세요건이 충족되는 것으로서 지방세관계법률에서 정한 사실이나 행위가 완성됨에 따라 납세의무자에게 과세대상(과세물건)을 귀속시키고 과세표준을 산정하여 세율을 적용할 수 있는 상태가 되는 것을 말한다.

지방세 납세의무가 성립하면 지방세채권의 신속한 확보를 위해 과세관청은 부

---

66) 대법원 1983. 12. 13. 선고 82누174 판결 참조.

과제척기간 내에 납세의무를 확정해야 한다. 납세의무의 성립으로 지방세채권·채무관계가 발생하지만 이는 추상적인 관계에 불과하고 납세의무 확정절차를 거쳐야 비로소 구체적인 관계가 되기 때문이다.

지방세 납세의무는 지방세법이 정한 과세요건[67]이 완성되는 때 성립하고, 구체적인 성립시기는 지방세기본법 제34조에 각 세목별로 규정되어 있다. 기간과세되는 세목은 그 기간의 종료일에, 수시부과[68]되는 세목(지방세법 제98조, 제103조의9, 제103조의26 등)은 수시부과사유가 발생하는 때마다 성립하는 것이 일반적이다.

가. 구체적으로 보면 다음과 같다(지방세기본법 제34조 제1항).

(1) 취득세 : 과세물건을 취득하는 때

(2) 등록면허세

　　(가) 등록에 대한 등록면허세 : 재산권과 그 밖의 권리를 등기하거나 등록하는 때

　　　　대도시 내에서의 법인의 지점 설치에 따른 부동산등기에 대하여 중과하는 등록세의 과세요건은 대도시 내에서의 부동산등기 및 이후

---

67) 과세요건이란 지방세채무의 성립에 필요한 법률상의 요건을 말한다. 개별 세목마다 내용이 다르다. 이를 개별적 과세요건이라 한다. 각 개별적 과세요건에 공통적인 기준이 되는 것을 일반적 과세요건이라 한다. 일반적 과세요건에는 ① 납세의무자, ② 과세대상, ③ 과세표준, ④ 세율이 있다. 지방세의 경우 세목이나 지방자치단체에 따라 과세권자가 다르므로 과세권자도 과세요건에 포함된다고 할 것이다.
과세대상이란 조세법률관계의 성립에 필요한 물적 요소로 법률에서 과세의 목적물로 정한 일정한 물건·행위 또는 사실 등을 말한다. 과세물건, 과세객체라고도 한다. 지방세법에서는 일반적으로 과세대상이라고 하고 있지만(제4조 제2항, 제6조 제1호, 제7조 제6항 등), 과세물품이라고 하기도 한다(제136조, 제137조 제1항).
과세표준에 세율을 적용하여 산출된 금액을 세액이라 하고, 이것이 납세의무의 내용이 된다.
68) 과세관청은 과세의 시간적 단위인 과세기간이 종료하고 법정신고기간을 기다려서 과세표준과 세액을 결정한다. 그런데 ① 사업부진이나 그 밖의 사유로 장기간 휴업 또는 폐업상태가 있는 때로서 지방소득세를 포탈(逋脫)할 우려가 있다고 인정되는 경우, ② 기타 조세를 포탈할 우려가 있다고 인정되는 상당한 이유가 있는 경우 등과 같이 일정한 사유가 있는 때에는 과세기간 종료 전이든 신고기한 도래 전이든 불구하고 과세관청이 과세표준과 세액을 결정할 수 있다. 이를 수시부과라 한다(지방세법 제98조, 제103조의26 참조). 지방소득세 외에 수시부과하는 지방세로 자동차 소유에 대한 자동차세(지방세법 제130조 제1항 내지 제3항), 재산세(제115조 제2항), 담배소비세(제62조) 등이 있다.

지점설치의 2가지라 할 것이고, 따라서 대도시 내에서 부동산등기를 먼저 경료하였다 하더라도 이후 지점이 설치되었을 경우에 비로소 중과되는 등록세의 과세요건이 충족되어 지점을 설치한 때 납세의무가 성립한다.[69]

 (나) 면허에 대한 등록면허세 : 각종의 면허를 받는 때와 납기가 있는 달의 1일

(3) 레저세 : 승자투표권, 승마투표권 등을 발매하는 때

(4) 담배소비세 : 담배를 제조장 또는 보세구역으로부터 반출(반출)하거나 국내로 반입(반입)하는 때

(5) 지방소비세 : 「국세기본법」에 따른 부가가치세의 납세의무가 성립하는 때

(6) 주민세

 (가) 개인분 및 사업소분 : 과세기준일

 (나) 종업원분 : 종업원에게 급여를 지급하는 때

(7) 지방소득세 : 과세표준이 되는 소득에 대하여 소득세·법인세의 납세의무가 성립하는 때

(8) 재산세 : 과세기준일

(9) 자동차세

 (가) 자동차 소유에 대한 자동차세 : 납기가 있는 달의 1일

 (나) 자동차 주행에 대한 자동차세 : 과세표준이 되는 교통·에너지·환경세의 납세의무가 성립하는 때

(10) 지역자원시설세

 (가) 발전용수 : 발전용수를 수력발전(양수발전은 제외한다)에 사용하는 때

 (나) 지하수 : 지하수를 채수(채수)하는 때

 (다) 지하자원 : 지하자원을 채광(채광)하는 때

 (라) 컨테이너 : 컨테이너를 취급하는 부두를 이용하기 위하여 컨테이너를 입항·출항하는 때

---

69) 대법원 1997. 10. 14. 선고 97누9253 판결 참조.

(마) 원자력발전 : 원자력발전소에서 발전하는 때

(바) 화력발전 : 화력발전소에서 발전하는 때

(사) 특정부동산 : 과세기준일

(11) 지방교육세 : 과세표준이 되는 세목의 납세의무가 성립하는 때

(12) 가산세 : 가산세의 성격 및 의무위반 시기가 다른 점 등을 고려하여 가산세의 종류별로 납세의무의 성립시기를 달리 규정하고 있다. 다만, (나)부터 (마)까지의 규정에 따른 경우 출자자의 제2차 납세의무(제46조)를 적용할 때에는 지방세기본법 및 지방세관계법에 따른 납부기한(법정납부기한)이 경과하는 때로 한다.

(가) 무신고가산세(제53조) 및 과소신고 · 초과환급신고가산세(제54조) : 법정신고기한이 경과하는 때

(나) 제55조 제1항 제1호에 따른 납부지연가산세 및 제56조 제1항 제2호에 따른 특별징수 납부지연가산세 : 법정납부기한 경과 후 1일마다 그 날이 경과하는 때

(다) 제55조 제1항 제2호에 따른 납부지연가산세 : 환급받은 날 경과 후 1일마다 그 날이 경과하는 때

(라) 제55조 제1항 제3호에 따른 납부지연가산세 : 납세고지서에 따른 납부기한이 경과하는 때

(마) 제55조 제1항 제4호에 따른 납부지연가산세 및 제56조 제1항 제3호에 따른 특별징수 납부지연가산세 : 납세고지서에 따른 납부기한 경과 후 1개월마다 그 날이 경과하는 때

(바) 제56조 제1항 제1호에 따른 특별징수 납부지연가산세 : 법정납부기한이 경과하는 때

(사) 그 밖의 가산세 : 가산세를 가산할 사유가 발생하는 때. 다만, 가산세를 가산할 사유가 발생하는 때를 특정할 수 없거나 가산할 지방세의 납세의무가 성립하기 전에 가산세를 가산할 사유가 발생하는 경우에는 가산할 지방세의 납세의무가 성립하는 때로 한다.

나. 다만 다음의 경우는 별도의 규정을 두고 있다(지방세기본법 제34조 제2항). 위 가. (1) 내지 (12)에 속하는 지방세이지만, 징수상의 기술적인 이유로 성립시기를 달리 규정한 것이다.

(1) 특별징수하는 지방소득세 : 과세표준이 되는 소득에 대하여 소득세·법인세를 원천징수하는 때

(2) 수시로 부과하여 징수하는 지방세 : 수시부과할 사유가 발생하는 때

(3) 「법인세법」 제67조에 따라 처분되는 상여에 대한 주민세 종업원분

　　(가) 법인세 과세표준을 결정하거나 경정하는 경우 : 「소득세법」 제131조 제2항 제1호에 따른 소득금액변동통지서를 받은 날

　　(나) 법인세 과세표준을 신고하는 경우 : 신고일 또는 수정신고일

다. 과세요건이 충족됨으로써 법률의 규정에 의하여 지방세채무가 당연히 성립한다(이를 '추상적 지방세채무'라 한다). 납세의무자나 과세관청 어느 쪽의 행위도 필요 없고 과세요건사실만 있으면 법률상 당연히 납세의무가 성립한다. 제2차 납세의무의 성립시기에 관하여는 위 [<Ⅰ.3.다.>(본서 139쪽)]을 참조할 것.

한편 세금의 부과는 납세의무의 성립시에 유효한 법령의 규정에 의하여야 하고, 세법의 개정이 있을 경우에도 특별한 사정이 없는 한 개정 전후의 법령 중에서 납세의무가 성립될 당시의 법령을 적용하여야 할 것이다.[70]

조세법령이 납세의무자에게 불리하게 개정된 경우에 개정된 법령의 부칙에서 '이 법 시행 당시 종전의 규정에 따라 부과 또는 감면하여야 할 …세에 대하여는 종전의 예에 의한다'는 취지의 규정을 두고 있다면 이는 납세의무자의 기득권이나 신뢰를 보호하기 위한 것이므로, 여기서 '종전의 규정에 따라 부과 또는 감면하여야 할 조세'에 해당하여 개정 전 법령이 적용되기 위하여는 개정 전 법령의 시행 당시 과세요건이 모두 충족되어 납세의무가 성립하였거나, 비록 과세요건이 모두 충족되지는 않았더라도 납세의무자가 개정 전 법령에 의한 조세 감면 등을 신뢰하여 개정 전 법령의 시행 당시에 과세요건의 충족과 밀접하게 관

---

[70] 대법원 1997. 10. 14. 선고 97누9253 판결, 대법원 1994. 5. 24. 선고 93누5666 전원합의체 판결 등 참조.

련된 원인행위로 나아감으로써 일정한 법적 지위를 취득하거나 법률관계를 형성하는 등 그 신뢰를 마땅히 보호하여야 할 정도에 이른 경우여야 하고, 이러한 정도에 이르지 않은 경우에는 개정 전 법령이 아니라 납세의무 성립 당시의 법령이 적용된다고 할 것이다.[71]

2. 납세의무의 확정

가. 확정의 방식

과세관청이 지방세채무의 이행을 청구하기 위해서는 성립한 지방세채무의 내용을 구체적으로 검토·확인하는 확정절차를 밟아야 한다(이를 '구체적 지방세채무'라 한다). 납세의무가 확정되기 전에는 납세의무가 성립되어 있다고 하더라도 과세관청은 납세의무자에게 납세의무의 이행을 청구할 수 없지만, 확정 후에는 청구할 수 있다. 납세의무자도 확정 후에는 비로소 납세의무의 존부와 범위 등에 대하여 다툴 수 있다.

납세의무가 확정되면 과세관청은 소멸시효(지방세기본법 제39조) 기간 내에 지방세를 징수하여야 한다. 소멸시효가 경과하면 납세의무는 소멸한다.

지방세채무의 확정절차는 ① 신고납세방식(신고납부방식), ② 부과과세방식(보통징수방식), ③ 자동확정방식이 있다.[72]

신고납세방식(신고납부방식)은 성립된 지방세채무(납세의무)에 대하여 납세의무자가 스스로 과세요건이 충족되었는지를 조사·확인하고 과세표준과 세액을 계산하여 신고함으로써 지방세채무를 확정하는 방식이다. 취득세, 등록면허세, 지방소득세(지방세기본법 제35조 제1항 제1호)가 각 이에 해당한다. 이 경우에는 납세의무자가 과세표준과 세액을 신고하는 때에 지방세채무가 확정되고, 다만 납세의무

---

71) 대법원 2015. 10. 15. 선고 2015두42763 판결, 대법원 2001. 5. 29. 선고 98두13713 판결, 대법원 1994. 5. 24. 선고 93누5666 전원합의체 판결 등 참조.
72) 징수방법으로는 신고납부, 보통징수, 특별징수가 있다. "신고납부"란 납세의무자가 그 납부할 지방세의 과세표준과 세액을 신고하고, 신고한 세금을 납부하는 것을 말한다(지방세기본법 제2조 제1항 제16호). "보통징수"란 세무공무원이 납세고지서를 납세자에게 발급하여 지방세를 징수하는 것을 말한다(지방세기본법 제2조 제1항 제19호). 특별징수에 관하여는 앞 [<Ⅰ.5.가.>(본서 141쪽)]을 참조할 것.

자가 신고를 하지 아니하거나 신고한 과세표준과 세액이 지방세법이 정하는 바에 맞지 아니하여 과세관청이 결정 또는 경정을 할 경우에는 그 결정 또는 경정하는 때에 확정된다(지방세기본법 제35조 제1항 제2호).

부과과세방식(보통징수방식)[73]은 성립된 지방세채무에 대하여 과세관청의 부과처분에 의하여 지방세채무를 확정하는 방식으로 과세관청이 과세표준과 세액을 결정하는 때에 구체적인 지방세채무가 확정된다(지방세기본법 제35조 제1항 제3호). 재산세(지방세법 제116조 제1항), 개인분 주민세(지방세법 제79조 제1항), 자동차 소유에 대한 자동차세(지방세법 제128조 제1항), 소방분 지역자원시설세(제147조 제3항) 등이 여기에 해당한다. 보통징수방식으로 징수하는 지방세이다.

자동확정방식은 지방세의 확정을 위하여 특별한 절차를 필요로 하지 아니하고 성립과 동시에 확정되는 방식이다(지방세기본법 제35조 제2항). 특별징수하는 지방소득세, 일부 납부지연가산세(지방세기본법 제55조 제1항 제3호 및 제4호, 제56조 제1항 제3호)가 여기에 해당한다.

나. 경정·결정

신고납세방식의 지방세(조세)에서는 과세표준이나 세액 등은 1차적으로 신고에 의하여 확정되지만, 과세관청도 2차적으로 확정할 권한을 가지고 있다. 신고납세방식의 지방세(조세)에서 납세의무자가 과세표준 등을 신고하지 않아 과세관청이 조사, 결정하는 것을 '결정(당초결정)'이라 하고, 과세표준 등의 신고는 하였지만 그 신고에 오류 등이 있어 이를 바로 잡아 다시 결정하는 것을 '경정결정'이라 한다.

부과과세방식의 지방세(조세)에서는 과세관청이 처음 하는 결정을 '결정(당초결정)'이라 하고, 당초결정에 오류 등이 있는 경우 이를 바로 잡아 다시 하는 것을 '경정결정'이라 한다.

과세관청은 과세처분에 오류 또는 탈루가 있는 경우 부과권의 제척기간 내에서는 언제든지 횟수에 상관없이 종전 처분을 시정하기 위한 처분을 할 수 있다.

---

73) 부과과세방식에 상당하는 지방세의 확정방식을 보통징수라 부른다.

이는 공평과세의 이념이나 과세권의 본질상 당연한 것으로서 기존 세액의 납부 여부나 세액 등의 탈루, 오류의 발생원인 등과는 무관한 것으로서 이를 가리켜 이중과세에 해당한다거나 형평과세 내지 신의성실의 원칙에 위배되는 것이라고 할 수 없다.[74]

3. 납세의무의 성립과 확정의 관계

납세자의 지방세채무, 즉 납세의무는 조세법률이 정한 과세요건을 충족하면 일단 성립한다. 그러나 이것은 납세자의 납세의무가 추상적으로 성립한 상태에 불과하고 지방자치단체가 이에 대해 이행의 청구를 시작으로 징수절차에 나아가기 위해서는 납세의무의 내용을 구체적으로 확인하는 확정절차를 밟아야 한다. 즉, 납세의무의 확정절차로서 납세자의 신고행위나 과세권자의 결정·경정 등의 부과처분을 거쳐 납세의무의 과세표준과 세액이 구체적으로 확정되어야 구체적 지방세채무·채권관계가 발생한다. 과세표준과 세액의 계산이 복잡하고 또 이를 둘러싼 견해의 차이가 있는 경우가 적지 않아 이와 같은 확정절차가 반드시 필요하고 납세자와 과세권자의 지위는 이와 같은 확정절차 전후로 분명히 구분된다. 부과처분이나 신고행위 등으로 납세의무가 확정되기 전 단순히 납세의무가 성립한 시점에서는 과세관청은 납세의무의 이행을 청구할 수도 집행단계에 나아갈 수도 없다. 납세자도 추상적으로 납세의무를 부담하고 있다고는 하지만, 과세표준과 세액이 확정되지 않아 특정 액수의 납부의무를 이행할 필요가 없는 상태이고, 추상적이나마 성립한 납세의무에 대해 다툴 방법도 없다. 부과처분이나 신고행위 등 납세의무의 확정이 있어야 비로소 과세권자는 구체적인 지방세채권을 행사할 수 있고, 납세자가 납세의무를 이행하지 않는 경우 쟁송절차를 거치지 않고 바로 체납처분 절차에 나아갈 수 있다. 납세자도 납세의무가 확정되어야 비로소 구체적으로 납세의무의 존부와 범위를 다툴 수 있는데, 단순히 납부를 하지 않는 방법으로 다툴 수는 없고, 부과처분에 대해서는 제소기간 내의 항고소송으로, 신고의 경우는 정해진 기간 내에 경정청구를 하거나 경정거

---

74) 대법원 1992. 7. 28. 선고 91누10732 판결 참조.

부처분에 대한 항고소송으로만 다툴 수 있다.

이처럼 지방세 부과권이 행사되기 전 지방세관계법률에 따라 단순히 납세의
무가 추상적으로 성립한 상태에서 지방세 부과권자의 지위는 민사법상 계약이
나 법률규정에 따라 바로 성립·확정되는 일반 채권자의 지위와는 준별된다. 납
세의무 확정 전에 납세자 영역에서 부정한 행위가 있다고 하더라도 구체적 지방
세채권이 발생하기 전이기 때문에 이미 성립하고 있는 채권이 방해받는 것과는
다르다.[75]

4. 납세의무성립의 도산절차에서의 의미

도산절차개시 후 지방세 담당 공무원이 지방세 관련 업무를 정확히 처리하기
위해서는 먼저 문제되는 지방세가 어떤 채권인지(회생채권인지 공익채권인지, 파산채
권인지 재단채권인지, 개인회생채권인지 개인회생재단채권인지)를 파악하여야 한다.[76] 그
전제로 검토하여야 할 것이 해당 지방세가 언제 성립하였는지 여부이다. 납세의
무의 성립시기에 따라 회생채권(개인회생채권)이 되기도 하고, 공익채권(개인회생재
단채권)이 되기도 하기 때문이다. 원칙적으로 회생절차(개인회생절차)개시결정 전에
납세의무가 성립한 것은 회생채권(개인회생채권)이 되고, 개시결정 후에 납세의무
가 성립한 것은 공익채권(개인회생재단채권)이 된다. 파산절차에서는 납세의무의
성립시기와 관련 없고 원칙적으로 재단채권이다.

---

75) 대법원 2021. 2. 18. 선고 2017두38959 전원합의체 판결 참조.
76) 도산절차가 개시되면 채권자들의 개별적인 권리행사가 제한된다. 권리행사가 제한되는 채
　　권자는 회생채권자·회생담보권자, 파산채권자, 개인회생채권자이다. 이러한 채권자들은 각
　　도산절차에 참가하여 변제를 받을 뿐 개별적으로 권리행사를 할 수 없다. 반면 공익채권자,
　　재단채권자, 개인회생재단채권자는 도산절차와 상관없이 수시로 우선적으로 변제를 받는
　　다. 도산절차의 영향을 받지 않는다는 것이다. 따라서 지방세 담당 공무원은 해당 지방세채
　　권이 어떤 채권인지 먼저 파악하여 그에 맞게 대응하여야 한다.

Ⅲ. 납세의무의 승계와 소멸

1. 납세의무의 승계

납세의무의 승계란 일정한 사유로 인하여 본래의 납세자로부터 다른 자에게 납세의무가 이전되는 것을 말한다. 이는 당사자의 의사에 관계없이 법정요건의 충족에 의해 강제적으로 이루어지며 법정요건이 충족되면 당연히 승계되는 것이다.

납세의무의 승계는 법인의 합병(지방세기본법 제41조), 상속(지방세기본법 제42조)[77] 등과 같은 권리의무의 포괄승계와 회생계획에서 신회사가 채무자의 지방세채무를 승계한 것으로 정한 때(제280조)[78]에만 인정된다.

지방세채무는 금전채무이므로 승계가 가능한 채무이다. 반면 지방세는 경제적 부담능력을 고려하여 과세된다는 점에서 납세의무자의 개별성이 강조되므로 무작정 지방세채무의 승계를 인정하는 것은 적당하지 않다. 현행법은 이러한 점을 고려하여 포괄승계(법인의 합병, 상속)의 경우와 회생계획에 의한 지방세채무의 승계만을 규정하고 있다.

2. 납부의무[79]의 소멸

지방자치단체의 징수금을 납부할 의무는 ① 납부·충당·부과 취소되었을 때, ② 부과제척기간이 지났을 때, ③ 소멸시효(지방세기본법 제39조)가 완성되었을 때 소멸한다(지방세기본법 제37조).[80] 납부의무는 사법상의 채무와 유사 또는 동일한 원인에 의하여 소멸하지만, 상계는 금지된다(지방세징수법 제21조).

---

77) 납세의무 승계를 피하면서 재산을 상속받기 위하여 피상속인이 상속인을 수익자로 하는 보험 계약을 체결하고 상속인은 상속을 포기한 것으로 인정되는 경우에는 그 상속을 포기한 자가 피상속인의 사망으로 보험금을 받는 때에는 상속포기자를 상속인으로 보고, 해당 보험금을 상속받은 재산으로 보아 피상속인의 납세의무를 승계한다(지방세기본법 제42조 제2항).

78) 회생계획에서 신회사가 지방세채무를 면책적으로 승계할 것을 정한 경우에는 징수권한을 가진 자의 동의를 받아야 하기 때문에(제140조 제3항), 이러한 특례가 징수권한을 가진 자의 이익을 해할 염려는 없다.

79) 지방세기본법은 '납세의무'와 '납부의무'라는 용어를 혼용하고 있다.

80) 체납처분에 의한 만족[아래 <제6절 Ⅲ.>(본서 226쪽) 참조]의 경우에도 납부의무는 소멸한다.

가. 납부·충당·부과 취소되었을 때

(1) 납 부

납부의무는 지방자치단체에 대한 공법상의 채무이기 때문에 사법상의 채무가 변제에 의하여 소멸하는 것과 마찬가지로 일반적으로는 납부에 의하여 소멸한다.

지방세는 제3자가 납부하여도 정당한 납세의무자 명의로 납부하면 납세의무가 소멸한다(지방세징수법 제20조).[81] 민법 제469조 제3자의 변제에 준하는 것이나, 납세의무가 대량적·반복적으로 발생하기 때문에 민법에서와 같은 제한을 두고 있지 않다.

(2) 충 당

충당은 지방세 환급금을 당해 납세의무자가 납부할 지방세 및 체납처분비 상당액과 상계하여 납부의무를 소멸시키는 것이다.[82]

(3) 부과의 취소

부과의 취소란 지방세 부과에 흠결이 있어 권한 있는 기관이 부과의 효력을 소급하여 상실시키는 것이다. 과세관청의 직권에 의한 부과취소(지방세기본법 제58조), 이의신청·심사청구·심판청구·행정소송 등에 의하여 부과취소가 된 경우가 그것이다.

나. 제척기간의 도과

지방자치단체의 조세채권(지방세채권)은 법률, 또는 조례에 정하여진 과세요건의 충족에 의하여 법률상 당연히 성립하는 것이고(지방세기본법 제34조 참조) 세법의 절차에 따라 그 세액을 확정함으로써(지방세기본법 제35조 참조) 그것이 구체적으로 현실화되고 이 확정된 조세채권의 이행을 청구하고 나아가 강제적으로 추구하여 그 만족을 보게 된다. 이렇게 추상적으로 성립된 조세채권을 구체적으로 확정하는 지방자치단체의 권능을 부과권이라 하고, 그 이행을 강제적으로 추구

---

81) 지방세기본법 운영 예규 37−1.
82) 지방세기본법 운영 예규 37−2.

하는 권능을 징수권이라고 한다.[83] 부과권의 제척기간이 만료되면 과세권자로서는 새로운 결정이나 증액경정결정은 물론 감액경정결정 등 어떠한 처분도 할 수 없음이 원칙이다.[84] 제척기간이 도과된 후에 이루어진 과세처분은 무효이다.[85]

제척기간은 과세관청의 확정권한에 대한 기간적 제한이나 그 반사적 효과로서 납세자는 해당 지방세채무를 납부할 의무를 면하므로 지방세기본법은 그 효과의 측면에 착안하여 이를 납세의무의 소멸사유로 규정하고 있다(지방세기본법 제37조 제2호).

자동확정방식의 지방세 납세의무는 과세관청의 부과권의 행사에 의하지 않고 법률의 규정에 의하여 자동확정되는 것이므로, 거기에 부과권의 제척기간이 적용될 여지가 없다.[86] 마찬가지로 아래 (3)의 특례제척기간도 적용되지 않는다.[87]

(1) 제척기간

(가) 지방세는 부과할 수 있는 날부터 일반적인 경우 5년간 행사하지 않으면 부과할 수 없다. 납세자가 사기나 그 밖의 부정한 행위로 지방세를 포탈하거나 환급·공제 또는 감면받은 경우는 10년이다(지방세기본법 제38조 제1항 제1호, 제3호). 원칙적으로 지방세의 부과제척기간을 5년으로 규정하면서 '납세자가 사기 기타 부정한 행위로 지방세를 포탈하거나 환급·공제 받은 경우'에는 그 부과제척기간을 당해 지방세를 부과할 수 있는 날부터 10년으로 연장하고 있다. 위 조항의 입법취지는 조세법률관계의 신속한 확정을 위하여 원칙적으로 지방세 부과권의 제척기간을 5년으로 하면서도 지방세에 관한 과세요건사실의 발견을 곤란하게 하거나 허위의 사실을 작출하는 등의 부정한 행위가 있는 경우에 과세관청으로서는 탈루신고임을 발견하기가 쉽지 아니하여 부과권의 행사를 기대하기가 어려우

---

83) 대법원 1984. 12. 26. 선고 84누572 전원합의체 판결 참조.
84) 대법원 2002. 9. 24. 선고 2000두6657 판결.
85) 대법원 2021. 5. 27. 선고 2017두56032 판결, 대법원 2004. 6. 10. 선고 2003두1752 판결.
86) 대법원 1996. 3. 12. 선고 95누4056 판결 참조.
87) 대법원 2020. 11. 12. 선고 2017두36908 판결.

므로 당해 지방세에 대한 부과제척기간을 10년으로 연장하는 데에 있다.[88] 따라서 '사기나 그 밖의 부정한 행위'라고 함은 조세의 부과와 징수를 불가능하게 하거나 현저히 곤란하게 하는 위계 기타 부정한 적극적인 행위를 말하고(지방세기본법 제38조 제5항[89]), 적극적 은닉의도가 나타나는 사정이 덧붙여지지 않은 채 단순히 세법상의 신고를 하지 아니하거나 허위의 신고를 함에 그치는 것은 여기에 해당하지 않는다.[90]

(나) 납세자가 법정신고기한까지 과세표준 신고서를 제출하지 않은 경우에는 부과할 수 있는 날로부터 7년이 경과하면 부과할 수 없다. 그러나 상속

---

88) 대법원 2020. 8. 21. 선고 2019다301623 판결 참조.
89) '사기나 그 밖의 부정한 행위'란 다음 각 호의 어느 하나에 해당하는 행위로서 지방세의 부과와 징수를 불가능하게 하거나 현저히 곤란하게 하는 적극적 행위를 말한다(지방세기본법 제38조 제5항).
  1. 이중장부의 작성 등 장부에 거짓으로 기록하는 행위
  2. 거짓 증빙 또는 거짓으로 문서를 작성하거나 받는 행위
  3. 장부 또는 기록의 파기
  4. 재산의 은닉, 소득·수익·행위·거래의 조작 또는 은폐
  5. 고의적으로 장부를 작성하지 아니하거나 갖추어 두지 아니하는 행위
  6. 그 밖에 위계(僞計)에 의한 행위
90) 대법원 2020. 12. 10. 선고 2019두58896 판결, 대법원 2020. 8. 21. 선고 2019다301623 판결, 대법원 2017. 4. 13. 선고 2015두44158 판결, 지방세기본법 운영 예규 38-2 등 참조. 일반적으로 다른 사람 명의의 예금계좌를 빌려 예금하였다고 하여 그 차명계좌를 이용하는 점만으로 구체적 행위의 동기, 경위 등 정황을 떠나 어느 경우에나 적극적 매출은닉 행위가 된다고 단정할 것은 아니지만, 장부에의 허위 기장행위, 수표 등 지급수단의 교환반복행위 기타의 은닉행위가 곁들여져 있는 경우, 차명계좌를 이용하면서 여러 곳의 차명계좌에 분산 입금하거나 순차 다른 차명계좌에의 입금을 반복하는 행위 또는 단 1회의 예입이라도 그 명의자와의 특수한 관계 때문에 은닉의 효과가 현저해지는 등으로 적극적 은닉의도가 있다고 인정되는 경우에는 조세의 부과징수를 불능 또는 현저히 곤란하게 만든 것으로서 부정행위에 해당할 수 있다(대법원 2019. 9. 9. 선고 2019두31730 판결 참조).
한편 명의를 위장하여 소득을 얻더라도 그것이 조세포탈과 관련이 없는 행위인 때에는 명의위장 사실만으로 '사기 기타 부정한 행위'에 해당한다고 할 수 없으나, 그것이 누진세율 회피, 수입의 분산, 감면특례의 적용, 세금 납부를 하지 아니할 무자력자의 명의사용 등과 같이 명의위장이 조세회피의 목적에서 비롯되고 나아가 여기에 허위 매매계약서의 작성과 대금의 허위지급, 허위의 세금 신고, 허위의 등기·등록, 허위의 회계장부 작성·비치 등과 같은 적극적인 행위까지 부가된다면 이는 조세의 부과와 징수를 불가능하게 하거나 현저히 곤란하게 하는 '사기 기타 부정한 행위'에 해당한다(대법원 2020. 12. 10. 선고 2019두58896 판결, 대법원 2013. 12. 12. 선고 2013두7667 판결 등 참조).

또는 증여(부담부 증여를 포함한다)⁹¹⁾를 원인으로 취득하는 경우, 「부동산 실권리자명의 등기에 관한 법률」 제2조 제1호에 따른 명의신탁약정으로 실권리자가 사실상 취득하는 경우, 타인의 명의로 법인의 주식 또는 지분을 취득하였지만 해당 주식 또는 지분의 실권리자인 자가 과점주주가 되어 해당 법인의 부동산 등을 취득한 것으로 보는 경우 법정신고기한까지 과세표준 신고서를 제출하지 아니한 때에는 10년이 된다(지방세기본법 제38조 제1항 제2호).

(다) 제척기간이란 지방세를 부과할 수 있는 날로부터 위 5년, 7년, 10년을 말한다. 제척기간이 만료되었을 때에는 납세의무가 소멸한다. 제척기간이 만료되면 부과권을 행사할 수 없다. 제척기간은 권리관계를 조속히 확정·안정시키려는 것으로서 기간의 중단이나 정지가 없다.⁹²⁾

(2) 제척기간의 기산일

(가) 부과제척기간의 기산일이 되는 '부과할 수 있는 날'이라 함은 ① 지방세기본법 또는 지방세관계법에서 신고·납부하도록 규정된 지방세의 경우에는 해당 지방세에 대한 신고기한의 다음 날(예정신고기한, 중간예납기한, 수정신고기한은 신고기한에 포함되지 않는다)을, ② 그 외에는 해당 지방세의 납세의무 성립일을 말한다(지방세기본법 시행령 제19조 제1항).

(나) 다만 다음의 경우에는 해당 각 항에서 정한 날을 지방세를 부과할 수 있는 날로 한다(지방세기본법 시행령 제19조 제2항).

　① 특별징수의무자 또는 「소득세법」 제149조에 따른 납세조합에 대하여 부과하는 지방세의 경우 : 해당 특별징수세액 또는 납세조합징수세액의 납부기한의 다음 날

　② 신고납부기한 또는 ①에 따른 법정 납부기한이 연장되는 경우 : 그 연장된 기한의 다음 날

---

91) 증여의 경우 유·무상의 구분 없이 모두 동일하게 10년을 적용한다.
92) 지방세기본법 운영 예규 38-1.

③ 비과세 또는 감면받은 세액 등에 대한 추징사유가 발생하여 추징하는 경우 : ㉮ 법 또는 지방세관계법에서 비과세 또는 감면받은 세액을 신고납부하도록 규정된 경우에는 그 신고기한의 다음 날, ㉯ 그 외의 경우에는 비과세 또는 감면받은 세액을 부과할 수 있는 사유가 발생한 날

(3) 제척기간의 특례

일정한 사실이 후발적으로 발생한 경우에는 통상적인 제척기간의 경과 후에도 경정·결정을 할 수 있다. ① 이의신청·심판청구, 감사원법에 따른 심사청구 또는 「행정소송법」에 따른 소송(행정소송)에 대한 결정 또는 판결이 확정된 날로부터 1년, ② 조세조약에 부합하지 아니하는 과세의 원인이 되는 조치가 있어 그 조치가 있음을 안 날부터 3년 이내(조세조약에서 따로 규정하는 경우에는 그에 따른다)에 그 조세조약에 따른 상호합의가 신청된 것으로서 그에 대하여 상호합의가 이루어진 경우에는 상호합의가 종결된 날로부터 1년, ③ 경정청구가 있는 경우(지방세기본법 제1항, 제2항 및 제4항)에는 경정청구일로부터 2개월, ④ 세무서장 또는 지방국세청장이 지방소득세 관련 소득세 또는 법인세 과세표준과 세액의 결정·경정 등에 관한 자료를 통보한 경우에는 지방소득세 관련 자료의 통보일로부터 2개월이 지나기 전까지는 해당 결정·판결, 상호합의, 경정청구 또는 지방소득세 관련 자료의 통보에 따라 경정결정이나 그 밖에 필요한 처분을 할 수 있다(지방세기본법 제38조 제2항).

한편 ①의 경우 판결이나 결정으로 명의대여 사실이 확인되거나 과세의 대상이 되는 재산의 취득자가 명의자일 뿐이고 사실상 취득한 자가 따로 있다는 사실이 확인된 경우에는, 일반적인 제척기간에도 불구하고 당초의 부과처분을 취소하고 실제로 사업을 경영한 자(전자)나 재산을 사실상 취득한 자(후자)에게 그 결정 또는 판결이 확정된 날부터 1년 이내에 경정이나 그 밖에 필요한 처분을 할 수 있다(지방세기본법 제38조 제3항).

④는 부과제척기간이 임박하거나 경과한 경우 세무서장 또는 지방국세청장이 지방소득세 관련 소득세 또는 법인세 자료를 통보하였을 때 지방소득세를 부과 또는 환급하기 위한 경정결정 등 필요한 처분을 하지 못하는 경우를 방지하기

위하여 마련한 것이다.

다. 소멸시효의 완성

지방자치단체의 징수금의 징수를 목적으로 하는 지방자치단체의 권리(지방세징수권)는 그 권리를 행사할 수 있는 때부터 5년(5천만 원 이상 지방세의 경우 10년)간 행사하지 않으면 소멸한다(지방세기본법 제39조 제1항). 이를 지방세징수권의 소멸시효라 한다. 여기서 지방세에는 가산세는 제외한 금액이다(지방세기본법 제39조 제1호, 제2호 참조).

지방세징수권을 행사할 수 있는 때는 ① 과세표준과 세액의 신고로 납세의무가 확정되는 지방세의 경우 신고한 세액에 대해서는 그 법정납부기한의 다음 날, ② 과세표준과 세액을 지방자치단체의 장이 결정 또는 경정하는 경우 납세고지한 세액에 대해서는 그 납세고지서에 따른 납부기한의 다음 날로 한다(지방세기본법 제39조 제3항). 다만 ③ 특별징수의무자로부터 징수하는 지방세로서 납세고지한 특별징수세액의 경우는 납세고지서에 따른 납부기한의 다음 날, ④ 위 ①의 법정납부기한이 연장되는 경우는 연장된 기한의 다음 날로 한다(지방세기본법 제39조 제4항).[93]

소멸시효가 완성되면 징수할 권리가 소멸하므로[94] 납세의무가 소멸하는 것이다. 지방세의 소멸시효가 완성한 때에는 체납처분비 및 이자상당액에도 그 효력이 미친다. 주된 납세의무자의 지방세가 소멸시효의 완성으로 인하여 소멸한 때에는 제2차 납세의무자, 납세보증인에도 그 효력이 미친다.[95]

제척기간과 다른 점은 소멸시효에는 시효중단과 시효정지가 있다는 것이다.

(1) 소멸시효의 중단

소멸시효 진행 중에 납세고지 등의 사유가 발생하면 그동안 진행되었던 기간

---

93) 국세기본법 제27조 제3항, 같은 법 시행령 제12조의4 제1항 제1호, 제2호, 제2항 제3호 참조.
94) 지방세기본법 운영 예규 39-1. 소멸시효가 완성되어 징수권이 소멸된 후에 부과한 과세처분은 위법한 처분으로 그 하자가 중대하고도 명백하여 당연무효이다(대법원 1988. 3. 22. 선고 87누1018 판결 참조).
95) 지방세기본법 운영 예규 39-2.

은 소멸하고[96] 그 사유가 소멸되면 이때부터 시효가 새로 진행된다.[97] 지방세 징수권의 시효 중단사유로는 납세고지, 독촉 또는 납부최고, 교부청구, 압류가 있다(지방세기본법 제40조 제1항).

(가) 납세고지

여기서의 납세고지는 납세의무가 확정된 지방세에 관하여 그 이행을 최고하는 징수처분을 말한다. 구체적으로 신고납부방식의 지방세에 있어서 납세의무자가 과세표준과 세액을 신고하였으나 그 세액의 전부 또는 일부를 납부하지 아니한 때에 해당 세액을 징수하기 위한 일환으로 하는 것을 말한다.[98]

위법한 부과처분(과세처분)도 권리의 행사로 볼 수 있으므로 시효중단의 사유가 된다. 소멸시효의 중단은 소멸시효의 기초가 되는 권리의 불행사라는 사실상태와 맞지 않은 사실이 생긴 것을 이유로 소멸시효의 진행을 차단케 하는 제도이므로 납세고지에 의한 조세징수권자의 권리행사에 의하여 이미 발생한 소멸시효중단의 효력은 그 부과처분(납세고지)이 취소되었다 하더라도 사라지지 않는다.[99]

청구부분이 특정될 수 있는 경우에 있어서의 일부 청구는 청구를 하지 아니한 나머지 부분에 대한 시효중단의 효력이 발생하지 아니한다고 할 것이고, 이러한 이치는 조세채권에 있어서도 달리 할 바 아니라고 할 것이므로 납세고지에 의하여 시효가 중단되는 부분은 납세고지된 부분 및 그 액수에 한정되고 남은 세액에 대한 조세부과권에 대하여는 시효가 중단됨이 없이 진행한다.[100] 세목은 납세의무의 단위를 구분하는 본질적인

---

96) 지방세기본법 운영 예규 40-1.
97) 지방세기본법 운영 예규 40-3.
98) 부과과세방식(보통징수)에 의한 지방세는 물론 신고납세방식의 지방세에 대하여 지방자치단체가 과세표준과 세액을 결정, 경정 또는 수시부과결정하여 고지한 세액과 특별징수의무자로부터 징수하는 특별징수세액에 대하여는 그 납세고지에 의한 납부기한의 다음날을 소멸시효의 기산일로 하므로 이에 대하여는 시효의 중단사유가 발생할 여지가 없다.
99) 대법원 1987. 9. 8. 선고 87누298 판결, 대법원 1987. 3. 10. 선고 85누959 판결.
100) 대법원 1987. 3. 10. 선고 86누313 판결, 대법원 1985. 2. 13. 선고 84누649 판결 등 참조.

요소이므로 세목에 따라 납세고지로 인한 시효중단의 여부가 결정된다.[101]

(나) 독촉 또는 납부최고

관련 내용은 <제6절 Ⅱ.>(본서 225쪽)를 참조할 것.

(다) 교부청구

관련 내용은 <제6절 Ⅲ.2.>(본서 230쪽)를 참조할 것.

(라) 압류

관련 내용은 <제6절 Ⅲ.1.가.>(본서 226쪽)를 참조할 것.

(마) 민법이 정한 소멸시효 중단사유의 적용 여부

지방세채권에 민법이 정한 소멸시효 중단사유가 적용될 수 있는가. 지방세기본법 제39조 제2항은 지방세징수권의 소멸시효에 관하여 지방세기본법 또는 지방세관계법에 특별한 규정이 있는 것을 제외하고는 민법에 따른다고 규정하고 있고, 제40조 제1항은 납세고지(제1호), 독촉 또는 납부최고(제2호), 교부청구(제3호), 압류(제4호)를 지방세징수권의 소멸시효 중단사유로 규정하고 있다. 위 납세고지, 독촉 또는 납부최고, 교부청구, 압류는 지방세징수를 위해 지방세징수법에 규정된 특유한 절차들로서 지방세기본법이 규정한 특별한 지방세징수권 소멸시효 중단사유이기는 하다. 그러나 지방세기본법은 민법에 따른 지방세징수권 소멸시효 중단사유의 준용을 배제한다는 규정을 두지 않고 있고, 조세채권도 민사상 채권과 비교하여 볼 때 성질상 민법에 정한 소멸시효 중단사유를 적용할 수 있는 경우라면 준용을 배제할 이유도 없다. 따라서 지방세기본법 제40조 제1항 각 호의 소멸시효 중단사유를 제한적·열거적 규정으로 보아 지방세기본법 제40조 제1항 각 호가 규정한 사유들만이 지방세징수권의 소멸시효 중단사유가 된다고 볼 수는 없다. 이와 같은 관련 규정의 체계와 문

---

101) 대법원 2020. 11. 12. 선고 2017두36908 판결(세목은 부과처분에서는 물론 징수처분에서도 납세의무의 단위를 구분하는 본질적인 요소이므로 근거 세목이 '소득세'인 1차 징수처분과 근거 세목이 '법인세'인 이 사건 징수처분은 처분의 동일성이 인정되지 않아 1차 징수처분은 이 사건 징수권의 소멸시효를 중단하는 사유인 '납세고지'에 해당한다고 보기 어렵다) 참조.

언 내용 등에 비추어, 민법 제168조 제1호가 소멸시효의 중단사유로 규정하고 있는 '청구'도 그것이 허용될 수 있는 경우라면 지방세기본법 제39조 제2항에 따라 지방세징수권의 소멸시효 중단사유가 될 수 있다고 봄이 타당하다. 따라서 지방자치단체가 소멸시효 중단을 위해 납세의무자를 상대로 조세채권확인의 소를 제기한 경우 소멸시효는 중단된다.[102] 중단된 시효는 고지한 납부기간, 독촉 또는 납부최고에 따른 납부기간, 교부청구 중의 기간, 압류해제까지의 기간이 지난 때부터 새롭게 진행한다(지방세기본법 제40조 제2항).

(2) 소멸시효의 정지

소멸시효는 분할납부기간, 연부(年賦)기간, 징수유예기간, 체납처분유예기간, 사해행위취소소송(지방세징수법 제39조)이 진행 중인 기간, 채권자대위소송이 진행 중인 기간, 체납자가 국외에 6개월 이상 계속하여 체류하는 경우 해당 국외 체류기간 동안에는 시효가 진행하지 아니한다(지방세기본법 제40조 제3항). 시효정지 기간이 지나면 시효정지 전에 진행되었던 기간과 새로 진행되는 기간을 합산해서 소멸시효가 만료된다.[103]

납세의무자가 과세전적부심사를 청구하여 심리가 진행 중인 경우에는 소멸시

---

102) 대법원 2020. 3. 2. 선고 2017두41771 판결 참조. 위 판결은 나아가 '지방세는 지방자치단체 존립의 기초인 재정의 근간으로서, 지방세법은 공권력 행사의 주체인 과세관청에 부과권이나 우선권 및 자력집행권 등 세액의 납부와 징수를 위한 상당한 권한을 부여하여 공익성과 공공성을 담보하고 있다. 따라서 지방세채권자는 지방세법이 부여한 부과권 및 자력집행권 등에 기하여 지방세채권을 실현할 수 있어 특별한 사정이 없는 한 납세자를 상대로 소를 제기할 이익을 인정하기 어렵다. 다만 납세의무자가 무자력이거나 소재불명이어서 체납처분 등의 자력집행권을 행사할 수 없는 등 지방세기본법 제40조 제1항이 규정한 사유들에 의해서는 지방세채권의 소멸시효 중단이 불가능하고 지방세채권자가 지방세채권의 징수를 위하여 가능한 모든 조치를 충실히 취하여 왔음에도 지방세채권이 실현되지 않은 채 소멸시효기간의 경과가 임박하는 등의 특별한 사정이 있는 경우에는, 그 시효중단을 위한 재판상 청구는 예외적으로 소의 이익이 있다고 봄이 타당하다. 지방자치단체 등 과세주체가 당해 확정된 지방세채권의 소멸시효 중단을 위하여 납세의무자를 상대로 제기한 조세채권존재확인의 소는 공법상 당사자소송에 해당한다'는 취지로 판시하고 있다.
103) 지방세기본법 운영 예규 40-2.

효가 정지되지 않는다.[104] 지방세기본법에서 규정한 소멸시효의 정지사유가 아닐 뿐만 아니라 민법에도 그와 같은 취지의 규정은 없기 때문이다.

한편 회생절차에서 체납처분 등에 대한 중지명령에 의한 중지기간에는 시효가 진행되지 아니한다(제44조 제2항).

라. 회생채권인 지방세채권을 신고하지 아니한 경우

회생회사에 대한 회생채권인 지방세채권은 채권자목록에 기재되어 있지 않고, 지체 없이, 즉 회생계획안 수립에 장애가 되지 않는 시기로서 늦어도 회생계획안 심리를 위한 관계인집회 이전까지 신고하지 아니하면 실권 소멸된다(제251조).[105]

관련 내용은 <제3편 제2장 Ⅱ.6.가.(1)>(본서 441쪽)을 참조할 것.

Ⅳ. 양도담보권자 등의 물적 납세의무[106][107]

1. 양도담보권자의 물적 납세의무

납세자가 지방자치단체의 징수금을 체납한 경우에 그 납세자에게 양도담보재산이 있을 때에는 그 납세자의 다른 재산에 대하여 체납처분을 집행하고도 징수할 금액이 부족한 경우에만 그 양도담보재산으로써 납세자에 대한 지방자치단

---

104) 대법원 2016. 12. 1. 선고 2014두8650 판결.
105) 대법원 2002. 9. 4. 선고 2001두7268 판결, 대법원 1994. 3. 25. 선고 93누14417 판결 등 참조.
106) 신탁재산 수탁자의 재산세 물적 납세의무(지방세법 제119조의2) 신탁재산에 대한 재산세의 납세의무자가 2021. 1. 1.부터 수탁자에서 위탁자로 변경되었다. 이로 인해 신탁재산과 관련한 위탁자에 대한 재산세에 기하여 신탁재산에 대한 압류 등 체납처분을 할 수 없게 되었다. 그래서 신탁재산의 위탁자가 재산세 또는 체납처분비를 체납한 경우로서 그 위탁자의 다른 재산에 대하여 체납처분을 하여도 징수할 금액에 미치지 못할 때에는 해당 신탁재산의 수탁자는 그 신탁재산으로써 위탁자의 재산세 등을 납부할 의무가 있다고 규정하였다(본서 352쪽).
107) 물적 납세의무를 지는 양도담보권자, 종중재산 명의수탁자, 신탁재산 수탁자(재산세)가 물적 납세의무를 이행하지 않더라도 그로 인해 납세증명서 발급 제한, 관허사업 제한, 체납 또는 정리보류 자료의 제공, 고액·상습체납자 명단공개 등의 행정제재는 받지 않는다(지방세징수법 시행령 제2조 제3호 내지 제5호, 제9조 제7호 내지 제9호, 제16조 제1항 제3호 내지 제5호, 제19조 제1항 제4호 내지 제6호).

체의 징수금을 징수할 수 있다(지방세기본법 제75조 제1항 본문). 양도담보재산이란 납세자가 자기 또는 제3자의 채무를 담보하기 위하여 채권자 또는 제3자에게 양도한 재산을 말한다.[108]

양도담보권자의 물적 납세의무는 자기의 납세의무가 아니고 당초 납세자의 납세의무를 전제로 제2차적인 납세의무란 점(납부책임의 인적 범위가 확장된다)에서 제2차 납세의무와 유사한 면이 있다. 양도담보는 저당권 등과 유사한 개념이지만 소유권이 채권자에게 이전되어 있기 때문에 압류 등에 의한 채권 확보를 할 수 없어 지방세징수에 있어서 저당권 등에 비하여 불균형하므로 이를 보완한 제도적 장치라고 할 수 있다.

양도담보권자에게 물적 납세의무를 부과하기 위해서는 ① 납세자(양도담보권설정자)의 체납세액이 존재하여야 하고, ② 납세자의 다른 재산에 대하여 체납처분을 집행하고도 징수할 금액이 부족한 경우여야 하며, ③ 양도담보재산이 존재하여야 하고,[109] ④ 지방세의 법정기일 이후에 설정된 양도담보 이어야만 한다(지방세기본법 제75조 제1항).

한편 양도담보권자는 납세자에게 양도담보재산 이외의 다른 재산이 없을 경우에 납세자의 체납지방세를 자기의 채권에 우선하여 징수당할 부담을 지게 되므로 납세자의 체납지방세를 대납할 정당한 이익을 가진다고 할 것이다.[110] 따라서 납부책임을 이행한 양도담보권자는 본래의 납세자에 대하여 구상권을 행사할 수 있다고 할 것이다.

양도담보권자의 물적 납세의무는 양도담보재산을 한계로 한다. 따라서 양도담

---

108) 지방세기본법 운영 예규 75 - 1.

109) 양도담보권자의 물적 납세의무는 납세자의 재산에 대하여 양도담보권이 설정되어 있는 경우에 그 담보권자가 양도담보재산으로 체납된 지방세 등의 납부의무를 지는 것이므로 물적 납세의무자로서 체납된 지방세 등의 납부고지를 받을 당시 이미 가등기담보권을 귀속정산의 방법으로 실행하여 소유권을 취득함으로써 이 담보권이 소멸된 경우에는 특별한 사정이 없는 한 그 부동산은 이미 정산절차가 종료되어 양도담보재산이 아니라고 할 것이므로 그 소유자가 양도담보권자로서 물적 납세의무를 질 이유가 없다(대법원 1990. 4. 24. 선고 89누2615 판결 참조).

110) 대법원 1981. 7. 28. 선고 80다1579 판결 참조.

보권자가 물적 납세의무를 이행하지 않더라도 다른 재산에 대해서는 체납처분을 할 수 없다.

2. 종중재산 명의수탁자의 물적 납세의무

납세자가 종중(宗中)인 경우로서 지방자치단체의 징수금을 체납한 경우에 그 납세자에게 「부동산 실권리자명의 등기에 관한 법률」 제8조 제1호에 따라 종중 외의 자에게 명의신탁한 재산이 있을 때에는 그 납세자의 다른 재산에 대하여 체납처분을 집행하고도 징수할 금액이 부족한 경우에만 그 명의신탁한 재산으로써 납세자에 대한 지방자치단체의 징수금을 징수할 수 있다(지방세기본법 제75조 제3항).

종중이 그 재산을 종중 외의 자에게 명의신탁한 경우에는 그 소유권이 대외적으로 명의수탁자에게 귀속되므로 종중에 대한 체납처분에 어려움이 있었다. 이에 종중재산의 명의신탁 허용 취지를 감안하면서 지방세를 원활하게 확보하기 위하여 종중재산의 명의수탁자에게 물적 납세의무를 지우고 있다.

여기서 '징수할 금액이 부족한 경우'란 명의수탁자에게 납부고지를 하는 때에 객관적으로 부족액이 생길 것으로 인정되기만 하면 된다. 종중재산 명의수탁자의 물적 납세의무도 양도담보권자의 경우와 같이 그 명의신탁된 재산을 한계로 한다고 할 것이다.

제3절 부 과

지방세 납세의무자가 과세표준 및 세액을 신고한 때 잘못이나 누락 등이 있는 경우 이를 수정(경정)할 수 있도록 수정신고, 경정청구제도를 두고 있다. 또한 신고기한이 지났더라도 과세표준 신고서를 제출할 수 있는 기한 후 신고제도도 마련하고 있다.

Ⅰ. 수정신고

1. 수정신고의 의의

지방세기본법 또는 지방세관계법에 따른 법정신고기한까지 과세표준 신고서를 제출한 자 및 납기 후의 과세표준 신고서를 제출한 자는 아래의 사유 중 하나에 해당하는 때에는 지방자치단체의 장이 그 지방세의 과세표준과 세액을 결정 또는 경정하여 통지하기 전으로서 부과제척기간(지방세기본법 제38조)이 끝나기 전까지는 과세표준 수정신고서를 제출할 수 있다(지방세기본법 제49조 제1항). 이를 수정신고[111]라 한다. 내용적으로는 증액신고이다.

법정신고기한이라 함은 지방세관계법에 규정하는 과세표준과 세액에 대한 신고기한 또는 신고서의 제출기한을 말한다(지방세기본법 제2조 제1항 제9호). 다만, 지방세기본법 제24조 및 제26조의 규정에 의하여 신고기한이 연장된 경우에는 그 연장된 기한을 법정신고기한으로 본다.[112]

① 과세표준 신고서 또는 납기 후의 과세표준 신고서에 기재된 과세표준 및 세액이 지방세관계법에 따라 신고하여야 할 과세표준 및 세액보다 적을 때

---

111) 납세의무자의 신고에 의해 납세의무가 확정되는 방식(신고납부방식)에 있어 그 신고에 오류가 있을 경우 과세관청이 그 오류에 대하여 처분할 때까지 납세의무자가 아무런 행위를 할 수 없다면 가산세 등으로 인한 납세의무자의 부담 증가, 징수업무의 비효율 등의 문제가 발생한다. 수정신고는 이러한 문제를 방지하기 위하여 도입된 것이다. 신고납부방식의 지방세에 있어서 기존 신고에 과세표준과 세액의 오류가 있는 경우에 납세의무자가 스스로 그 오류를 보정하고 추가로 세액을 납부할 수 있도록 한 제도이다.
112) 지방세기본법 운영 예규 49-1.

② 과세표준 신고서 또는 납기 후의 과세표준 신고서에 기재된 환급세액이 지방세관계법에 따라 신고하여야 할 환급세액을 초과할 때

③ 그 밖에 특별징수의무자의 정산과정에서 누락 등이 발생하여 그 과세표준 및 세액이 지방세관계법에 따라 신고하여야 할 과세표준 및 세액 등보다 적을 때

수정신고자는 법정신고기한까지 과세표준 신고서를 제출한 자 및 납기 후의 과세표준 신고서를 제출한 자이다. 따라서 법정신고기한까지 과세표준 신고서를 제출하지 아니하거나 납기 후 과세표준 신고서를 제출하지 아니한 자는 수정신고를 할 수 없다. 과세표준 신고서를 신고만하고 납부하지 아니한 경우에도 수정신고대상에 해당한다.[113]

한편 수정신고로 인하여 추가납부세액이 발생한 경우에는 그 수정신고를 한 자는 추가납부세액을 납부하여야 한다(지방세기본법 제49조 제2항).

2. 수정신고의 효력

수정신고(과세표준 신고서를 법정신고기한까지 제출한 자의 수정신고로 한정한다)는 당초의 신고에 따라 확정된 과세표준과 세액을 증액하여 확정하는 효력을 가진다(지방세기본법 제35조의2 제1항). 따라서 납세의무자가 그 수정신고로 인해 발생한 추가납부세액을 납부하지 않은 경우 과세관청은 수정신고일 다음 날부터 바로 그 세액을 징수할 수 있다.[114]

수정신고는 당초 신고에 따라 확정된 세액에 관한 지방세기본법 또는 지방세관계법에서 규정하는 권리·의무관계에 영향을 미치지 아니한다(지방세기본법 제35조의2 제2항). 따라서 '과세표준과 세액을 증액하여 확정하는 효력'에는 기존 납세의무의 확정분은 포함되지 않는다고 보아야 한다.

---

113) 대법원 2001. 2. 9. 선고 99두5955 판결 참조.
114) 반면 기한 후 신고에 따른 수정신고는 과세관청의 경정이 있어야 비로소 납세의무가 확정되므로(지방세기본법 제51조 제3항) 납세의무자가 그 수정신고로 인해 발생한 추가납부세액을 납부하지 않은 경우 과세관청은 경정을 한 후에 그 세액을 징수해야 한다.

Ⅱ. 경정청구

과세표준과 세액의 확정을 위한 과세관청의 부과처분이나 납세의무자의 신고가 언제나 정확하다고 볼 수는 없으므로 이를 시정하기 위한 제도적 장치가 필요하다. 과세관청은 납세의무자의 신고나 과세관청의 당초 부과처분에 오류가 있는 경우 부과제척기간이 도과하지 않는 한 언제든지 경정처분을 할 수 있다. 이와 같은 과세관청의 경정권한에 대응하여 납세의무자가 스스로 자신이 한 신고행위의 잘못을 수정할 수 있는 제도가 경정청구제도이다.[115]

1. 통상적 사유에 의한 경정청구

지방세기본법 또는 지방세관계법에 따른 과세표준 신고서를 법정신고기한까지 제출한 자 및 납기 후 과세표준 신고서를 제출한 자는 아래의 사유 중 하나에 해당하는 때는 법정신고기한[116]이 지난 후 5년 이내[지방세법에 따른 결정 또는 경정이 있는 경우에는 그 결정 또는 경정이 있음을 안 날(결정 또는 경정의 통지를 받았을 때에는 통지받은 날)부터 90일 이내(법정신고기한이 지난 후 5년 이내로 한정한다)를 말한다]에 최초 신고 및 수정신고한 지방세의 과세표준 및 세액(지방세법에 따른 결정 또는 경정이 있는 경우에는 그 결정 또는 경정 후의 과세표준 및 세액 등을 말한다)의 결정 또는 경정을 지방자치단체의 장에게 청구할 수 있다(지방세기본법 제50조 제1항). 이를 통상의 경정청구 또는 감액경정청구라 한다.

① 과세표준 신고서 또는 납기 후의 과세표준 신고서에 기재된 과세표준 및 세액(지방세법에 따른 결정 또는 경정이 있는 경우에는 그 결정 또는 경정 후의 과세표준 및 세액)이 지방세법에 따라 신고하여야 할 과세표준 및 세액을 초과할 때

---

115) 과소신고의 경우에는 지방자치단체의 장이 이를 적극적으로 증액경정하여 추징하지만, 과다신고의 경우 지방자치단체의 장의 적극적인 감액경정을 기대하기 어렵다. 따라서 경정청구는 납세의무자 스스로에게 감액경정의 권리를 부여하고자 함에 그 취지가 있다. 수정신고는 증액신고라는 점에서 차이가 있다.

116) 취득세의 법정신고기한은 과세물건을 취득한 날로부터 60일 이내이나(지방세법 제20조 제1항), 그 신고납부기한 이내에 재산권과 그 밖의 권리의 취득·이전에 관한 사항을 공부에 등기하려는 경우에는 등기 또는 등록을 하기 전까지 취득세를 신고납부하여야 하므로(지방세법 제20조 제4항) 이 경우 법정신고기한은 등기·등록일로 보아야 한다.

② 과세표준 신고서 또는 납기 후의 과세표준 신고서에 기재된 환급세액(지방세법에 따른 결정 또는 경정이 있는 경우에는 그 결정 또는 경정 후의 환급세액)이 지방세법에 따라 신고하여야 할 환급세액보다 적을 때

경정청구권을 대위하여 행사할 수 있는가. 지방세기본법 제50조 제1항은 '과세표준 신고서를 법정신고기한까지 제출한 자 및 납기 후 과세표준 신고서를 제출한 자'는 경정청구를 할 수 있다고 명시적으로 규정하고 있을 뿐만 아니라 경정청구권의 성질상 납세의무자에 대하여 금전채권만을 가지고 있는 자는 특별한 사정이 없는 한 납세의무자의 경정청구권을 대위하여 행사할 수 없다고 할 것이다.[117]

2. 후발적 사유에 의한 경정청구

과세표준 신고서를 법정신고기한까지 제출한 자 또는 지방세의 과세표준 및 세액의 결정을 받은 자는 아래의 어느 하나에 해당하는 사유가 발생하였을 때에는 통상의 경정청구 기간에도 불구하고 그 사유가 발생한 것을 안 날부터 90일 이내에 결정 또는 경정을 청구할 수 있다(지방세기본법 제50조 제2항). 이를 후발적 사유에 의한 경정청구라 한다. 후발적 사유에 의한 경정청구는 당초의 신고나 과세처분 당시에는 존재하지 아니하였던 후발적 사유를 이유로 하는 것이다.[118]

경정청구기간이 도과한 후에 제기된 경정청구는 부적법하여 과세관청이 과세표준 및 세액을 결정 또는 경정하거나 거부처분을 할 의무가 없으므로, 과세관청이 경정을 거절하였다고 하더라도 이를 항고소송의 대상이 되는 거부처분으로 볼 수 없다.[119]

---

117) 서울행정법원 2012. 4. 26. 선고 2011구합21300 판결 참조.
118) 따라서 해당 지방세의 법정신고기한이 지난 후에 과세표준 및 세액의 산정기초가 되는 거래 또는 행위의 존재 여부나 법률효과가 달라지는 경우 등의 사유는 후발적 사유에 포함될 수 있지만, 법령에 대한 해석이 최초의 신고·결정 또는 경정 당시와 달라졌다는 사유는 여기에 포함되지 않는다(대법원 2017. 8. 23. 선고 2017두38812 판결 참조).
119) 대법원 2017. 8. 23. 선고 2017두38812 판결.

① 최초의 신고·결정 또는 경정에서 과세표준 및 세액의 계산 근거가 된 거래 또는 행위 등이 그에 관한 제7장에 따른 심판청구, 「감사원법」에 따른 심사청구에 대한 결정이나 소송의 판결[120](판결과 동일한 효력을 가지는 화해나 그 밖의 행위를 포함한다)에 의하여 다른 것으로 확정되었을 때.

법원의 조정에 의하여 부동산의 매매대금이 감액된 경우에도 여기에 해당한다.[121]

② 조세조약에 따른 상호합의가 최초의 신고·결정 또는 경정의 내용과 다르게 이루어졌을 때

③ ① 및 ②의 사유와 유사한 사유로서 대통령령으로 정하는 사유가 해당 지방세의 법정신고기한이 지난 후에 발생하였을 때. 여기에 해당하는 것으로 ⓐ 최초의 신고·결정 또는 경정을 할 때 과세표준 및 세액의 계산근거가 된 거래 또는 행위 등의 효력과 관계되는 관청의 허가나 그 밖의 처분이

---

120) 채권자취소권의 행사로 사해행위가 취소되고 일탈재산이 원상회복되더라도, 채무자가 일탈재산에 대한 권리를 직접 취득하는 것이 아니고 사해행위 취소의 효력이 소급하여 채무자의 책임재산으로 회복되는 것도 아니다(대법원 2020. 11. 26. 선고 2014두46485 판결, 대법원 2012. 8. 23. 선고 2012두8151 판결, 대법원 2006. 7. 24. 선고 2004다23127 판결, 대법원 2000. 12. 8. 선고 98두11458 판결 등 참조). 따라서 재산을 증여받은 수증자가 사망하여 증여받은 재산을 상속재산으로 한 상속개시가 이루어졌다면, 이후 사해행위취소 판결에 의하여 그 증여계약이 취소되고 상속재산이 증여자의 책임재산으로 원상회복되었다고 하더라도, 수증자의 상속인은 국세기본법 제45조의2 제2항이 정한 후발적 경정청구를 통하여 상속재산에 대한 상속세 납세의무를 면할 수 없다. 위 2014두46485 판결은 「원고가 자신의 토지를 처에게 증여하고 얼마 후 수익자인 처가 사망하여 원고와 자녀들이 그 토지를 함께 상속하였는데, 원고의 채권자들이 위 증여행위가 사해행위임을 이유로 증여계약의 취소 및 원상회복의 소를 제기하여 승소·확정판결을 받아 채권자들의 강제집행까지 완료된 사안에서, 위 토지를 상속재산가액에서 제외하여 달라는 원고의 경정청구를 거부한 이 사건 처분이 적법하다고 본 원심을 수긍하고 상고를 기각한 사례」이다.

121) 대법원 2014. 11. 27. 선고 2014두39272 판결(갑이 을 등으로부터 부동산을 매수하는 계약을 체결하였다가 분필 절차가 지연되자 매매계약의 해제를 통지하였고, 이에 을 등이 잔금 지급 등을 구하는 민사소송을 제기하였는데, 위 소송에서 부동산의 매매대금을 당초 금액보다 감액하는 등의 조정이 성립되었고, 갑이 취득세 등에 대해 감액경정청구를 하자, 관할 행정청이 이를 거부하는 처분을 한 사안에서, 위 조정에서 부동산의 매매대금이 감액된 것은 지방세기본법 제51조 제2항 제1호에서 정한 후발적 경정청구사유에 해당한다는 이유로, 위 처분이 위법하다고 한 사례) 참조.

취소된 경우, ⓑ 최초의 신고·결정 또는 경정을 할 때 과세표준 및 세액의 계산근거가 된 거래 또는 행위 등의 효력과 관계되는 계약이 해당 계약의 성립 후 발생한 부득이한 사유로 해제되거나 취소된 경우, ⓒ 최초의 신고·결정 또는 경정을 할 때 장부 및 증명서류의 압수, 그 밖의 부득이한 사유로 과세표준 및 세액을 계산할 수 없었으나 그 후 해당 사유가 소멸한 경우, ⓓ ⓐ부터 ⓒ까지의 규정에 준하는 사유가 있는 경우(지방세기본법 시행령 제30조)가 있다. 납세의무의 성립 후 소득의 원인이 된 채권이 채무자의 도산 등으로 인하여 회수불능이 되어 장래 그 소득이 실현될 가능성이 전혀 없게 된 것이 객관적으로 명백하게 되었다면 ⓓ의 후발적 경정청구사유가 된다.[122]

부과권의 제척기간이 경과한 후에도 후발적 사유에 의한 경정청구가 가능하다.[123]

| 경정청구제도 |

구분	통상적 사유에 의한 경정	후발적 사유에 의한 경정
청구대상	신고세목	신고세목, 보통징수세목
청구사유	납세자가 신고시 과세표준·세액 등 과다신고한 경우	납제자가 지방세 신고시 또는 과세관청의 지방세 부과시 과세표준·세액의 근거가 판결 등에 의하여 다른 것으로 확정시
청구기간	신고기한으로부터 5년	사유 발생을 안 날로부터 90일

Ⅲ. 기한 후 신고

1. 기한 후 신고의 의의

법정신고기한까지 과세표준 신고서를 제출하지 아니한 자는 지방자치단체의 장이 「지방세법」에 따라 그 지방세의 과세표준과 세액(가산세 포함)을 결정하여 통지하기 전까지 납기 후의 과세표준 신고서(기한후신고서)를 제출할 수 있다(지방

---

122) 대법원 2014. 1. 29. 선고 2013두18810 판결 참조.
123) 대법원 2006. 1. 26. 선고 2005두7006 판결.

세기본법 제51조 제1항). 이를 기한 후 신고라 한다.

기한 후 신고는 납세자 입장에서는 과세관청이 부과고지하기 전까지 계속 가산세가 부과되는 불합리함을 방지할 수 있으며, 과세관청 입장에서는 납세자가 미신고한 사실을 찾는 행정낭비를 줄일 수 있다.

기한후신고서를 제출한 자로서 지방세관계법에 따라 납부하여야 할 세액이 있는 자는 기한후신고서의 제출과 동시에 그 세액을 납부하여야 한다(지방세기본법 제51조 제2항).

2. 기한 후 신고의 효력

기한 후 신고가 있다 하더라도 곧바로 기한 후 신고한 대로 과세표준과 세액을 확정하는 것은 아니며, 기한후신고서를 제출한 경우(납부할 세액이 있는 경우에는 그 세액을 납부한 경우만 해당한다) 지방자치단체의 장이 「지방세법」에 따라 신고일부터 3개월 이내에 그 지방세의 과세표준과 세액을 결정하여야 비로소 그 때 세액이 확정된다(지방세기본법 제51조 제3항).

수정신고는 당초 신고에 따라 확정된 세액에 관한 지방세기본법 또는 지방세관계법에서 규정하는 권리·의무관계에 영향을 미치지 아니한다(지방세기본법 제35조의2 제2항).

| 수정신고에 따른 납세의무의 확정 방법 및 효력 |

당초 신고 구분	납세의무 확정 방법	당초 신고한 확정 세액에 대한 효력
법정신고기한 내 신고 (지방세기본법 제49조)	납세의무자의 신고로 당초의 신고에 따라 확정된 과세표준과 세액을 증액하여 확정(지방세기본법 제35조의2 제1항)	당초 신고로 확정된 세액에 관한 지방세관계법률의 권리·의무관계에 영향이 없음(지방세기본법 제35조의2 제2항)
법정신고기한 후 신고[기한 후 신고](지방세기본법 제51조)	과세관청이 신고일로부터 3개월 이내에 과세표준과 세액을 경정하여 확정(지방세기본법 제51조 제3항)	

Ⅳ. 가산세[124]

1. 의 의

가산세란 지방세기본법 또는 지방세관계법에서 규정하는 의무를 성실하게 이행하도록 하기 위하여 의무를 이행하지 아니할 경우에 지방세기본법 또는 지방세관계법에 따라 산출한 세액에 가산하여 징수하는 금액을 말한다(지방세기본법 제2조 제1항 제23호, 제52조 제1항). 가산세의 종류에는 무신고, 과소신고·초과환급신고, 납부지연, 그리고 특별징수납부 등 불성실에 대한 것이 있다.

가산세는 해당 의무가 규정된 지방세관계법의 해당 지방세 세목으로 하는 것이므로(지방세기본법 제52조 제2항) 본세와 구분하여 가산세라 할 뿐이다. 가산세는 본세와 별개의 것이므로 본세에 대한 불복은 가산세까지 포함하지 않고 가산세는 독립된 불복대상이다. 따라서 본세와 독립하여 가산세 부과처분 그 자체만의 취소를 구할 경우 별도의 전심절차를 거쳐야 한다.

지방세를 감면하는 경우 가산세는 그 감면대상에 포함되지 아니한다(지방세기본법 제52조 제3항, 조세특례제한법 제3조 제2항).

가산세는 과세권의 행사 및 지방세채권의 실현을 용이하게 하기 위하여 납세의무자가 법에 규정된 신고·납세의무 등을 위반한 경우에 법이 정하는 바에 의하여 부과하는 행정상의 제재로서[125] 납세자의 고의·과실은 고려되지 아니한다.[126] 한편 납부지연가산세[127]는 아래에서 보는 바와 같이 지방세채무자가 이

---

124) 유사한 제도를 중첩적으로 운영함에 따라 발생하는 납세자의 혼란을 완화하고 과세 체계를 합리화하기 위하여 납세자가 납부기한까지 세금을 완납하지 아니한 경우에 가산하여 징수하는 납부불성실가산세와 「지방세징수법」에 따라 가산하여 징수하는 가산금을 납부지연가산세로 통합하여 규정하였다(제55조 제1항 및 제56조, 제55조 제4항·제5항).

125) 대법원 2021. 1. 28. 선고 2020두44725 판결 참조.

126) 대법원 2007. 4. 26. 선고 2005두10545 판결, 대법원 1994. 8. 26. 선고 93누20467 판결 참조. 가산세는 그 법적성질이 행정질서벌(행정벌)의 일종임에도 고의·과실을 고려하지 않는 것이 옳은지는 의문이다. 질서위반행위규제법은 고의 또는 과실이 없는 질서위반행위는 과태료의 부과대상이 아니라고 하고 있다(제7조).

127) 지방세기본법 제55조 제1항 제3호, 제4호의 납부지연가산세는 2021. 1. 1. 이전의 가산금(중가산금)에 해당하는 것이다. 이전의 가산금(중가산금)과 마찬가지로 징수절차에 들어가 납세고지를 하면서 정한 납부기한 내에 납부하지 않는 경우 부가되는 것, 즉 지체책임의

행하여야 할 지방세채무액의 전부 또는 일부를 납부기한까지 이행하지 않았기 때문에 지방세채무의 이행지체로 인하여 지방세채권자에게 생긴 손해에 대한 지연이자의 성격도 가진다.

가산세는 그 종류별로 납세의무의 성립시기가 다르지만(지방세기본법 제34조 제1항 제12호), 그 과세표준과 세액을 지방자치단체가 결정하는 때에 확정된다(지방세기본법 제35조 제1항 제1호 단서).

| 가산세의 유형 및 가산세율 |

구 분	유 형		가산세율
「지방세기본법」 제53조~제56조	무신고 가산세	일반	20%
		사기 · 부정	40%
	과소신고 · 초과환급신고 가산세	일반	10%
		사기 · 부정	40%
	납부지연가산세		① 납부지연일자 0.025% [한도 75/100] ② 3%+월 0.0025%[60개월 한도]
	특별징수납부 등 불성실가산세		3%+납부지연일자 0.025% [한도 10/100]

2. 종 류

가. 무신고가산세

납세의무자가 법정신고기한까지 과세표준 신고를 하지 아니한 경우 부과한다(지방세기본법 제53조). 일반적인 경우 무신고납부세액의 20%, 사기나 그 밖의 부정한 행위(지방세기본법 제38조 제5항)[128]로 무신고한 경우에는 무신고납부세액의 40%

성격을 그대로 유지하고 있다.

128) '사기, 그 밖의 부정한 행위'라고 함은 조세의 부과와 징수를 불가능하게 하거나 현저히 곤란하게 하는 위계 기타 부정한 적극적인 행위를 말하고, 적극적 은닉의도가 나타나는 사정이 덧붙여지지 않은 채 단순히 세법상의 신고를 하지 아니하거나 허위의 신고를 함에 그치는 것은 여기에 해당하지 않는다. 또한 납세자가 명의를 위장하여 소득을 얻더라도, 명의위장이 조세포탈의 목적에서 비롯되고 나아가 여기에 허위 계약서의 작성과 대금의 허위지급, 과세관청에 대한 허위의 조세 신고, 허위의 등기 · 등록, 허위의 회계장부 작성 · 비

에 상당하는 금액을 가산세로 부과한다. 무신고납부세액에는 가산세와 가산하여 납부하여야 할 이자 상당 가산액[129]은 제외한다(지방세기본법 제53조 제1항, 제2항).

가산세 부과의 근거가 되는 법률 규정에서 본세의 세액이 유효하게 확정되어 있을 것을 전제로 납세의무자가 법정기한까지 과세표준과 세액을 제대로 신고하거나 납부하지 않은 것을 요건으로 하는 무신고·과소신고·납부불성실 가산세 등은 신고·납부할 본세의 납세의무가 인정되지 아니하는 경우에는 이를 따로 부과할 수 없다.[130]

지방교육세는 부가세이므로 무신고가산세를 부과하지 않는다(지방세법 제153조 제1항).

나. 과소신고가산세·초과환급신고가산세

납세의무자가 법정신고기한까지 과세표준 신고를 한 경우로서 신고하여야 할 납부세액보다 납부세액을 적게 신고(과소신고)하거나 지방소득세 과세표준 신고를 하면서 환급받을 세액을 신고하여야 할 금액보다 많이 신고(초과환급신고)한 경우에 부과한다. 일반적인 경우에는 과소신고한 납부세액과 초과환급신고한 환급세액을 합한 금액(과소신고납부세액등)의 10%에 상당하는 금액을 가산세로 부과한다. 사기나 그 밖의 부정한 행위로 과소신고하거나 초과환급신고한 경우에는 [㉮ 사기나 그 밖의 부정한 행위로 인한 과소신고납부세액등(부정과소신고납부세액등)의 40%에 상당하는 금액 + ㉯ 과소신고납부세액등에서 부정과소신고납부세액등을 뺀 금액의 10%에 상당하는 금액]을 가산세로 부과한다(지방세기본법 제54조 제1항, 제2항).

치 등과 같은 적극적인 행위까지 부가되는 등의 특별한 사정이 없는 한, 명의위장 사실만으로 '사기, 그 밖의 부정한 행위'에 해당한다고 볼 수 없다(대법원 2017. 4. 13. 선고 2015두44158 판결 참조).

129) 지방세특례제한법 제117조 제2항, 제126조 제8항, 제131조 제5항, 제178조 제2항 등.
130) 대법원 2019. 2. 14. 선고 2015두52616 판결, 대법원 2018. 11. 29. 선고 2015두56120 판결 등 참조.

다. 납부지연가산세

납세의무자가 지방세관계법에 따른 납부기한까지 지방세를 납부하지 아니하거나 납부하여야 할 세액보다 적게 납부(과소납부)한 경우 또는 환급받아야 할 세액보다 많이 환급(초과환급)받은 경우 부과한다. 납부지연가산세는 납세의무자로 하여금 지방세관계법에 정한 의무를 성실하게 이행하도록 하는 취지 외에 법정납부기한(납부기한)과 납부일 사이의 기간에 대한 지연이자에 상당하는 금액으로 정상적으로 납부한 자와의 형평성을 유지하기 위한 성격도 있다. 납부지연가산세는 다음과 같다.[131]

> (1) [⑦ 납부하지 아니한 세액, 과소납부분(납부하여야 할 금액에 미달하는 금액을 말한다) 세액[132] 또는 초과환급분(환급받아야 할 세액을 초과하는 금액을 말한다) 세액 × ⑭ 납부지연일자(법정납부기한이나 환급받은 날의 다음 날부터 자진납부일 또는 부과결정일까지의 기간) × 0.025%]로 하되, ⑦의 100분의 75에 해당하는 금액을 한도로 한다(지방세기본법 제55조 제1항 제1호, 제2호, 같은 법 시행령 제34조).
> (2) ⑦ 납세고지서에 따른 납부기한까지 납부하지 아니한 세액 또는 과소납부분 세액(지방세관계법에 따라 가산하여 납부하여야 할 이자상당액이 있는 경우 그 금액을 더하고, 가산세는 제외한다) × 100분의 3
> ⑭ 다음 계산식에 따라 납세고지서에 따른 납부기한이 지난 날부터 1개월이 지날 때마다 계산한 금액. 다만 부과하는 기간은 60개월(1개월 미만은 없는 것으로 본다)을 초과할 수 없다.
> 납부하지 아니한 세액 또는 과소납부분 세액(지방세관계법에 따라 가산하여 납부하여야 할 이자상당액이 있는 경우 그 금액을 더하고, 가산세는 제외한다) × 0.025%

신고납부방식의 지방세는 원칙적으로 납세의무자가 스스로 과세표준과 세액을 정하여 신고하는 행위에 의하여 납세의무가 구체적으로 확정된다. 따라서 납세의무를 이행하지 아니한다고 하여 과세관청이 신고된 세액에 납부지연가산세

---

131) 아래 (2)는 기존의 가산금에 해당하는 것이다. 납세고지서별·세목별 세액이 30만 원 미만인 경우에는 (2)⑭의 가산세를 적용하지 아니한다(지방세기본법 제55조 제4항).
132) 지방세관계법에 따라 가산하여 납부하여야 할 이자 상당 가산액이 있는 경우 그 금액을 더한다.

를 더하여 납세고지를 하였더라도, 이는 신고에 의하여 확정된 조세채무의 이행을 명하는 징수처분과 가산세의 부과처분 및 징수처분이 혼합된 처분일 뿐이다.[133]

납부지연가산세는 본세의 납세의무자가 법령에서 정한 기간 내에 신고납부하여야 할 세액을 납부하지 아니하였거나 산출세액에 미달하게 납부한 때에 부과·징수하는 것이므로 본세의 납세의무가 성립하지 아니한 경우에는 부과·징수할 수 없고, 이러한 법리는 불복기간 등의 경과로 본세의 납세의무를 더 이상 다툴 수 없게 되었다고 하더라도 마찬가지이다.[134]

라. 특별징수납부 등 불성실가산세

특별징수의무자가 징수하여야 할 세액을 지방세관계법에 따른 납부기한까지 납부하지 아니하거나 과소납부한 경우에 부과한다. 특별징수의무가 납부하지 아니한 세액 또는 과소납부분 세액의 100분의 10을 한도로, 다음과 같이 계산한 금액을 가산세로 부과한다(지방세기본법 제57조 제1항, 같은 법 시행령 제34조).

[⑦ 납부하지 아니한 세액 또는 과소납부분 세액 × 3%] + [⑦의 금액 × 납부지연일자(납부기한의 다음 날부터 자진납부일 또는 부과결정일까지의 기간) × 0.025%]

3. 가산세의 감면 등

가. 가산세의 면제

가산세를 부과하는 원인이 되는 사유가 지방세기본법 제26조(천재지변 등으로 인한 기한의 연장) 제1항에 따른 기한연장사유에 해당하거나 납세자가 해당 의무를 이행하지 아니한 정당한 사유가 있을 때에는 가산세를 부과하지 아니한다(지방세기본법 제57조 제1항).

(1) 법정면제사유

가산세의 일반적 면제사유를 제한적으로 규정하고 있는데, 기한연장사유와 같

---

133) 대법원 2014. 4. 24. 선고 2013두27128 판결 참조.
134) 대법원 2014. 4. 24. 선고 2013두27128 판결 참조.

다. 구체적으로 ① 천재지변, 사변(事變), 화재(火災), ② 납세자가 재해 등을 입거나 도난당한 경우, ③ 납세자 또는 동거가족이 질병이나 중상해로 6개월 이상의 치료가 필요하거나 사망하여 상중(喪中)인 경우, ④ 권한 있는 기관에 장부·서류 또는 그 밖의 물건(장부등)이 압수되거나 영치된 경우, ⑤ 납세자가 사업에 현저한 손실을 입거나 사업이 중대한 위기에 처한 경우(납부의 경우로 한정한다), ⑥ 정전, 프로그램의 오류, 그 밖의 부득이한 사유로 지방자치단체의 금고, 지방세 수납대행기관, 세입금통합수납처리시스템을 정상적으로 가동시킬 수 없는 경우, ⑦ 지방자치단체의 금고 또는 지방세수납대행기관의 휴무, 그 밖에 부득이한 사유로 정상적인 신고 또는 납부가 곤란하다고 행정안전부장관이 인정하는 경우, ⑧ 납세자의 장부 작성을 대행하는 세무사(세무법인을 포함한다) 또는 공인회계사(회계법인을 포함한다)가 재난 등으로 피해를 입거나 해당 납세자의 장부(장부 작성에 필요한 자료를 포함한다)를 도난당한 경우(지방소득세에 관하여 신고·신청·청구 또는 그 밖의 서류 제출·통지를 하거나 납부하는 경우로 한정한다), ⑨ ②부터 ⑦까지의 규정에 준하는 사유가 있는 경우를 말한다(지방세기본법 제57조 제1항, 제26조 제1항, 같은 법 시행령 제6조).

법정면제사유에 의한 가산세의 면제는 납세자의 신청을 요건으로 허용된다(지방세기본법 제57조 제3항).

(2) 정당한 사유[135]

가산세의 법정면제사유는 제한적이고, 의무위반에 대한 제재적 성격을 갖는 가산세의 성질에 비추어 의무위반에 비난가능성이 없는 경우에도 가산세를 부과하는 것은 부당하다. 그리하여 의무위반에 정당한 사유가 있는 경우에는 가산세를 면제하도록 한 것이다.

가산세는 과세권의 행사 및 조세채권의 실현을 용이하게 하기 위하여 납세의무자가 정당한 이유 없이 법에 규정된 신고, 납세 등 각종 의무를 위반한 경우에 법이 정하는 바에 따라 부과하는 행정상의 제재이다. 따라서 단순한 법률의

---

135) 지방세기본법 운영 예규 57-2.

부지나 오해의 범위를 넘어 세법해석상 의의로 인한 견해의 대립이 있는 등으로 납세의무자가 의무를 알지 못하는 것이 무리가 아니었다고 할 수 있어서 그를 정당시할 수 있는 사정이 있을 때 또는 의무의 이행을 당사자에게 기대하는 것이 무리라고 하는 사정이 있을 때 등 의무를 게을리한 점을 탓할 수 없는 정당한 사유가 있는 경우에는 이러한 제재를 과할 수 없다.[136]

실무적으로 정당한 사유가 있는지 여부가 많이 다투어진다. 일반규정으로서의 성격상 판례의 축적을 통해 해결할 수밖에 없다.[137]

---

136) 대법원 2016. 10. 27. 선고 2016두44711 판결 참조.
137) 판례는 ① 단순한 법률의 부지나 오해에 해당하는 경우는 가산세 면제의 정당한 사유로 인정하지 않는다. 다만 예외적으로 법률의 부지나 오해를 넘어서는 세법해석상의 의의가 있는 경우에는 납세자에게 정당한 사유가 있다고 본다(대법원 2021. 1. 28. 선고 2020두44725 판결 참조). ② 납세자가 단순히 세무공무원의 잘못된 설명을 듣고(과세관청의 세무지도) 이에 따라 의무를 해태한 경우에는 납세자에게 대체로 정당한 사유가 없다고 본다. ③ 납세자의 질의회신 등 서면에 의한 언동에 관하여는 과세관청의 세무지도보다 납세자에게 정당한 사유를 인정한 경우가 상대적으로 많다. ④ 과세관청의 선행행위가 있다고 하더라도 단순한 사무적 행위만으로는 정당한 사유가 있다고 보지 않았고 과세관청의 진지한 검토가 수반된 경우에 한하여 납세자에게 정당한 사유를 인정하였다. ⑤ 조세전문가의 조언에 따라 세무처리를 한 것만을 이유로 가산세 면제의 정당한 사유가 있다고 보기는 어렵지만, 세법해석상의 의의를 이유로 가산세의 정당한 사유를 인정하면서 납세자가 세법의 해석에 관하여 전문가로부터 자문과 세무조정을 받은 점을 그 근거의 하나로 들고 있는 사례가 있다(대법원 2002. 8. 23. 선고 2002두66 판결). ⑥ 신고 당시 적법하다고 보이던 신고가 그 후의 사정변경(법률의 소급적용)에 의해 납세자의 고의, 과실에 근거하지 않고 당해 신고액이 과소로 된 때는 정당한 사유로 인정된다. 정당한 사유에 관한 유형별 고찰에 관하여는 「백제흠, 세법의 논점, 박영사(2016), 20~37쪽」을 참조할 것.
　○ 정당한 사유 긍정례
　　대법원 판결이 선고되기 전까지는 토지의 지목 변경으로 인한 취득세의 납세의무자에 관하여 세법해석상 견해의 대립이 있었던 점, 과세관청인 피고도 당초에는 위탁자에게 취득세 등을 부과하였던 점, 나아가 위탁자에 대한 부과처분이 이미 이루어진 상황에서 원고가 스스로 세법 규정을 자신에게 불리하게 해석하여 취득세 등을 신고·납부할 것을 기대하기는 어려운 점 등을 종합하면, 원고가 취득세 등을 신고·납부하지 아니하였다고 하더라도 이 사건 대법원 판결이 선고되기 전까지는 그 의무해태를 탓할 수 없는 정당한 사유가 있다고 봄이 상당하다(대법원 2016. 10. 27. 선고 2016두44711 판결).
　○ 정당한 사유 부정례
　　납세의무자가 인터넷 국세종합상담센터의 답변에 따라 세액을 과소신고·납부한 경우, 그 답변은 과세관청의 공식적인 견해표명이 아니라 상담직원의 단순한 상담에 불과하므로, 납세의무자에게 신고·납세의무의 위반을 탓할 수 없는 정당한 사유가 있다고 정당한 사유란 가산세의 면제사유이므로 납세자가 그 존재에 대하여 주장·증명책임을 부담한다.

나. 가산세의 감면

법정신고기한이 지난 후 2년 이내에 수정신고를 하는 경우 등과 같이 일정한 사유가 있는 경우에는 가산세액을 감면한다(지방세기본법 제57조 제2항).

제4절 지방세환급금과 지방세 우선

Ⅰ. 지방세환급금의 환급과 충당

1. 지방세의 환급

가. 지방세환급금

납세의무자가 지방세·체납처분비로서 납부한 금액 중 잘못 납부하거나 초과하여 납부한 금액이 있거나 지방세법에 따라 환급하여야 할 환급세액이 있을 때 지방자치단체의 장은 이를 반환할 의무를 지게 되는데, 그 반환할 금액을 지방세환급금이라 한다.

지방세환급금에는 과오납액(착오납부, 이중납부 등 납세의무가 없는데도 납부한 금액 + 정당세액을 초과하여 납부한 금액)과 환급세액(지방세관계법에서 규정하고 있는 환급요건에 따라 확정된 금액)이 있다(지방세기본법 제60조 제1항).

납세자가 지방자치단체에 대하여 채권자가 되는 경우이다.

나. 환급대상자

지방세환급금을 받을 수 있는 자는 환급하여야 할 지방세 또는 체납처분비를

보기 어렵다(대법원 2009. 4. 23. 선고 2007두3107 판결). 조세심판원의 결정이 일관되지 않았다는 사정만으로 세법해석상 의의로 인한 견해의 대립이 있었다고 인정할 수 있는 정도에 이르렀다고 보기는 어렵다(대법원 2021. 1. 28. 선고 2020두44725 판결 참조).

납부한 지방세 납부고지서 등에 기재된 납세의무자 또는 특별징수의무자를 원칙으로 한다. 다만 지방세법 또는 다른 법령에 특별한 규정이 있는 때에는 그러하지 아니한다.[138]

2. 지방세환급금의 충당

가. 의 의

지방자치단체의 징수금과 지방자치단체에 대한 채권으로서 금전의 급부를 목적으로 하는 것은 법률에 따로 규정이 있는 것을 제외하고는 상계할 수 없다. 환급금에 관한 채권과 지방자치단체에 대한 채무로서 금전의 급부를 목적으로 하는 것에 대해서도 또한 같다(지방세징수법 제21조)[139]. 이처럼 원칙적으로 과세관청이 갖고 있는 채권과 환급금 지급채무를 상계하지 못하도록 하고 있으나, 지방세환급금의 충당에는 예외를 두고 있다.

지방세환급금의 충당은 납세자가 납부할 지방세와 과세관청이 환급할 지방세환급금이 서로 대립하고 있는 경우 그 대등액에 있어서 이를 동시에 소멸시키는 것을 말한다(지방세기본법 제60조 제2항). 양자(납세자의 환급청구권과 과세관청의 지방세채권)는 별개의 채권·채무이지만 별도로 행사되는 경우의 불편과 지방세징수권의 확보를 위하여 인정되는 제도이다.

지방세환급금의 충당은 민법상의 상계제도와 유사하다.[140] 다만 민법상의 상계는 당사자 일방의 상대방에 대한 의사표시에 의하나, 지방세환급금의 충당은 과세관청이 법정된 요건과 방식에 따라 일방적으로 행하는 점에서 차이가 있다.

---

138) 지방세기본법 운영 예규 60-4.
139) 상계금지는 예산총계주의를 확인한 규정이다. 예산총계주의란 세입과 세출은 모두 예산에 편입하여야 한다는 원칙이다(국가재정법 제17조, 지방재정법 제34조). 따라서 수입과 지출의 상계는 허용되지 않는다. 재정의 전반을 파악하는 것이 용이하고 예산집행의 책임을 명확히 할 수 있다는 장점 때문에 현재 대부분의 국가들은 예산총계주의(총계예산주의)를 채택하고 있다.
국세의 경우는 지방세와 달리 상계를 금지하는 명문의 규정은 없지만, 예산총계주의 규정이 같은 역할을 하고 있는 것이다.
140) 대법원 1994. 12. 2. 선고 92누14250 판결 참조.

나. 충당 순서

지방세환급금은 체납된 지방세에 우선 충당하여 한다. 다음으로 납세고지(보통 징수) 및 신고납부에 의한 지방세의 순으로 충당한다. 이 경우 납세자의 동의를 받아야 하지만, 납기 전 징수사유(지방세징수법 제22조)가 있는 때에는 납세자의 동의 없이 충당한다(지방세기본법 제60조 제2항, 같은 법 시행령 제37조 제1항).[141]

다. 지방세환급가산금

지방세환급금을 충당하거나 지급할 때에는 지방세환급발생 원인에 따라 환급가산금 기산일을 정하여 기산일의 다음 날부터 충당하는 날 또는 지급결정을 하는 날까지의 기간과 금융기관의 예금이자율[142]을 적용하여 계산한 금액(지방세환급가산금)을 지방세환급금에 가산하여야 한다(지방세기본법 제62조).

3. 지방세환급금의 소멸시효

납세자의 지방세환급금과 지방세환급가산금에 대한 권리는 이를 행사할 수 있는 때부터 5년간 행사하지 아니하면 시효로 인하여 소멸한다(지방세기본법 제64조 제1항).

이를 행사할 수 있는 때란 「지방세기본법」 제62조 제1항 환급가산금을 계산하기 위한 기산일과 같다. 다만, 납부 후 그 납부의 기초가 된 신고 또는 부과를

---

141) 지방세기본법 운영 예규 60-1 【지방세환급금 충당의 순위】
　　지방자치단체의 장이 「지방세기본법」 제60조 제2항의 규정에 의하여 지방세환급금을 지방세 등에 충당하는 때에는 다음 각 호의 순위에 따라 충당한다. 다만, 동 순위에 따라 충당함으로써 조세채권이 일실될 우려가 있다고 인정되는 때에는 그러하지 아니하다.
　　1. 체납액은 체납처분비, 지방세의 순으로 충당하며, 2 이상의 체납액이 있는 때에는 납부기한이 먼저 경과한 체납액부터 순차로 소급하여 충당한다.
　　2. 납기 중에 있는 지방세가 2 이상인 때에는 고지납부기한이 먼저 도래하는 지방세부터 순차적으로 충당한다(납세자가 충당에 동의하거나 충당을 청구하는 경우에 한함. 단 납기 전 징수사유가 있을 경우 제외).
　　3. 「지방세기본법」 및 지방세관계법에 따라 자진 납부하는 지방세에 충당한다(납세자가 충당에 동의하거나 충당을 청구하는 경우에 한함).
142) 연 1천분의 21(지방세기본법 제62조 제1항, 같은 법 시행령 제43조, 국세기본법 시행령 제43조의3 제2항, 국세기본법 시행규칙 제19조의3).

경정하거나 취소하여 지방세환급금이 발생된 경우에는 경정결정일 또는 부과취소일을 말한다.[143)]

Ⅱ. 지방세 우선의 원칙

1. 지방세의 우선 징수

원칙적으로 모든 채권은 평등하다. 하지만 지방세(지방세채권)는 지방자치단체의 존립과 활동을 위한 경제적 기초가 되기 때문에 다른 일반적 채권과는 달리 그 징수가 확보될 필요성이 있다. 일반적으로 지방세의 징수를 확보하기 위하여 지방자치단체에게 사법상의 일반 채권자에게는 인정되지 않는 우월적 지위를 인정하고 있다. 절차법적으로 지방세채권의 자력집행권과 실체법적으로 지방세의 우선권이 그것이다.

지방세기본법은 지방세를 제외한 다른 공과금이나 일반 사법상의 채권보다 우선하여 지방세채권을 확보할 수 있도록 지방세 우선의 원칙을 규정하고 있다. 즉 지방자치단체의 징수금은 다른 공과금과 그 밖의 채권에 우선하여 징수한다(지방세기본법 제71조 제1항 본문).

지방세의 우선권은 지방세의 우선징수권만을 뜻한다. 따라서 지방세채권이 모든 경우에 다른 공과금과 그 밖의 채권에 우선하여 징수된다는 뜻이 아니고, 납세자의 재산에 대한 강제집행, 경매, 체납처분 등의 강제환가절차에서 지방세를 다른 공과금 기타 채권에 우선하여 징수하는 효력을 의미할 뿐이다.[144)]

2. 지방세우선권의 예외

지방자치단체의 징수금은 다른 공과금과 그 밖의 채권에 우선하여 징수하는 것이 원칙이지만, 지방세우선권이 절대적인 것도 아니고 이를 무한정 인정할 경우 국민들의 법적안정성이 보장되지 않기 때문에, 또는 근로자 등을 보호하기 위한 정책적인 이유에서 일정한 예외를 인정하고 있다(지방세기본법 제71조 제1항 단서).

---

143) 지방세기본법 운영 예규 64-1.
144) 지방세기본법 운영 예규 71-1, 대법원 1996. 10. 15. 선고 96다17424 판결 참조.

가. 국세 또는 공과금의 체납처분비(제1호)

국세 또는 공과금의 체납처분을 하여 그 체납처분 금액에서 지방자치단체의 징수금을 징수하는 경우 그 국세 또는 공과금의 체납처분비는 지방세징수금보다 우선하여 징수한다.

나. 강제집행비용 등(제2호)

강제집행·경매 또는 파산절차에 따라 재산을 매각하여 그 매각금액에서 지방자치단체의 징수금을 징수하는 경우 해당 강제집행·경매 또는 파산절차에 든 비용은 지방세징수금보다 우선하여 징수한다. 이러한 강제집행비용 등은 모든 채권자들을 위하여 지출된 공익비용이기 때문이다.

다. 법정기일[145] 전에 설정된 전세권 등의 피담보채권과 대항요건 등을 갖춘 임대차보증금(제3호)

(1) 일반론

법정기일 전에 전세권·질권·저당권의 설정을 등기·등록한 사실 또는 「주택임대차보호법」 제3조의2 제2항 및 「상가건물 임대차보호법」 제5조 제2항에 따른 대항요건과 임대차계약증서상의 확정일자(確定日字)를 갖춘 사실이 대통령

---

145) 법정기일이란 지방세채권과 저당권 등에 의하여 담보된 채권간의 우선 여부를 결정하는 기준일을 말한다(지방세기본법 운영 예규 71-3). 신고납세방식 세목의 경우 신고한 세액은 신고일이고, 부과과세방식 세목의 경우는 납세고지서 발송일이다. 구체적으로 다음과 같다(지방세기본법 제71조 제1항 제3호).
 ① 과세표준과 세액의 신고에 의하여 납세의무가 확정되는 지방세의 경우 : 신고한 해당 세액에 대하여는 그 신고일
 ② 과세표준과 세액을 지방자치단체가 결정, 경정 또는 수시부과 결정하는 경우 : 고지한 해당세액에 대하여는 그 납세고지서의 발송일
 ③ 특별징수의무자로부터 징수하는 지방세의 경우 : 그 납세의무의 확정일
 ④ 양도담보재산 또는 제2차 납세의무자의 재산에서 지방세를 징수하는 경우 : 납부통지서의 발송일
 ⑤ 지방세징수법 제33조 제2항에 따라 납세자의 재산을 압류한 경우 : 그 압류와 관련하여 확정된 세액에 대해서는 그 압류등기일 또는 등록일

령(지방세기본법 시행령 제50조 제1항)으로 정하는 바에 따라 증명되는 재산을 매각하여 그 매각금액에서 지방세를 징수하는 경우 그 전세권·질권·저당권에 따라 담보된 채권, 등기 또는 확정일자를 갖춘 임대차계약증서상의 보증금은 지방세징수금에 우선한다.

지방세채권은 등기나 등록에 의해 공시되는 것이 아니므로 거래안전에 장애가 되고, 우선변제권을 기대하고 담보권을 취득한 자에게 예측하지 못한 손해를 줄 수 있다. 담보권자의 경우 이러한 점을 고려하여 법정기일을 기준으로 부분적으로 문제를 해결한 것이다. 대항요건을 갖춘 임대차보증금에 우선권을 부여한 것은 국민의 주거안정과 경제생활안정을 위한 정책적 배려이다.

(2) 당해세의 우선

지방세와 담보물권의 피담보채권 사이의 우열은 원칙적으로 담보물권이 지방세의 법정기일 전에 설정된 것인지의 여부에 따라 결정되나, 예외적으로 전세권·질권·저당권의 목적재산에 대하여 부과된 지방세는 비록 그 담보권이 법정기일 전에 설정된 경우라도 그 전세권·질권·저당권의 피담보채권에 우선한다. 이를 당해세 우선의 원칙이라 한다.

이는 담보물권의 목적물 자체를 과세대상으로 하는 지방세는 담보물권에 대한 우선권을 인정해도 담보취득자의 예측가능성을 크게 저해하지 않는다는데 근거한다.

관련 내용은 <제3편 제3장 Ⅰ.1.가.(3)>(본서 476쪽)를 참조할 것.

(3) 압류 후 압류재산에 설정된 물권과 새로 발생한 지방세채권의 우선순위

지방세징수법 제57조 제2항은 지방자치단체의 장이 한 부동산 등의 압류의 효력은 당해 압류재산의 소유권이 이전되기 전에 지방세기본법 제71조 제1항 제3호의 규정에 의하여 법정기일이 도래한 지방세에 대한 체납액에 대하여도 미친다고 규정하고 있는바, 위 규정의 취지는 한번 압류등기를 하고 나면 동일한 자에 대한 압류등기 이후에 발생한 체납세액에 대하여도 새로운 압류등기를 거칠 필요없이 당연히 압류의 효력이 미친다는 것일 뿐이고, 그 압류에 의해 그 후에 발생한 지방세채권에 특별한 우선적 효력을 인정하는 것은 아니며, 또 위 규정이 지방세기본법 제71조 제1항 제3호의 규정을 배제하는 효력까지 있는 것은 아니므로,[146] 압류 후 압류재산에 저당권, 질권 또는 전세권이 설정된 경우 그 물권과 압류 이후 새로 발생한 지방세와의 우선순위는 지방세기본법 제71조 제1항 제3호의 규정에 따라 그 설정등기일과 새로 발생한 지방세의 법정기일의 선후에 따라 결정된다고 할 것이다.[147]

라. 소액임차보증금채권(제4호)

주택임대차보호법 제8조 또는 상가건물 임대차보호법 제14조가 적용되는 임대차관계에 있는 주택 또는 건물을 매각하여 그 매각금액에서 지방세를 징수하는 경우에는 임대차에 관한 보증금 중 일정액으로서 각 규정에 따라 임차인이 우선하여 변제받을 수 있는 금액에 관한 채권은 지방세징수금보다 우선한다. 경제적 약자를 보호하기 위함이다.

마. 임금 등 채권(제5호)

사용자의 재산을 매각하거나 추심하여 그 매각금액 또는 추심금액에서 지방세를 징수하는 경우에는 근로기준법 제38조 제2항(최종 3개월분 임금[148] 및 재해보상금) 및 근로자퇴직급여 보장법 제12조 제2항(최종 3년간의 퇴직급여 등)에 따라 지방세에 우선하여 변제되는 임금, 퇴직금, 재해보상금은 지방세징수금보다 우선한다. 경제적 약자를 보호하기 위함이다.

---

146) 대법원 1988. 1. 19. 선고 87누827 판결 참조.
147) 대법원 2004. 11. 12. 선고 2003두6115 판결 참조. 위 판결은 '비록 이 사건 근저당권이 이 사건 압류 후에 설정되었고 그 후 압류에 관계된 체납국세가 전액 납부되었으나 압류 후에 발생한 이 사건 체납국세로 말미암아 계속 압류가 유효하다고 하더라도, 근저당권의 설정등기일이 체납국세의 법정기일보다 앞서므로, 이 사건 근저당권의 피담보채권이 공매대금의 배분순위에 있어서 이 사건 체납국세보다 우선순위에 있다고 판단한 것은 정당하다'고 판시하고 있다.
148) 최종 3월분의 임금 채권이란 최종 3개월 사이에 지급사유가 발생한 임금 채권을 의미하는 것이 아니라, 최종 3개월간 근무한 부분의 임금 채권을 말한다(대법원 2002. 3. 29. 선고 2001다83838 판결).

바. 가등기담보권과의 우선관계

납세의무자를 등기의무자로 하고 채무불이행을 정지조건으로 하는 대물변제의 예약(豫約)을 근거로 하여 권리이전의 청구권 보전(保全)을 위한 가등기(가등록을 포함한다)와 그 밖에 이와 유사한 담보의 대상으로 된 가등기가 되어 있는 재산을 압류하는 경우에 그 가등기를 근거로 한 본등기가 압류 후에 되었을 때에는 그 가등기의 권리자는 그 재산에 대한 체납처분에 대하여 그 가등기를 근거로 한 권리를 주장할 수 없다. 다만, 지방세(그 재산에 대하여 부과된 지방세는 제외한다)의 법정기일 전에 가등기된 재산에 대해서는 그 권리를 주장할 수 있다(지방세기본법 제71조 제2항).

담보가등기권리는 지방세징수법을 적용할 때에는 저당권으로 본다(가등기담보등에 관한 법률 제17조 제3항).

결국 가등기담보의 피담보채권과 지방세우선 관계는 위 <다.>에서 설명한 담보물권의 우선관계와 같다.

사. 회생절차·파산절차에서 공익채권·재단채권의 변제재원이 부족한 경우

「채무자 회생 및 파산에 관한 법률」 제180조 제7항, 제477조(재단부족의 경우의 변제방법)의 규정에 따라 공익채권 또는 재단채권인 지방세가 다른 공익채권 또는 재단채권과 동등 변제되는 경우에는 지방세 우선징수권이 적용되지 않는다.[149] 이러한 경우에는 지방세채권은 다른 공익채권 또는 재단채권과 채권액에 비례하여 변제받는다.

3. 압류우선주의

가. 원 칙

모든 지방세채권은 원칙적으로 그 징수순위가 동일하다. 다만 압류에 관계된 지방세채권이 우선 징수된다(압류우선주의)는 예외가 있다(지방세기본법 제73조). 이

---

149) 지방세기본법 운영 예규 71-17 제1호.

를 압류우선주의(압류선착주의)라 한다. 지방세징수에 열의를 가진 자에게 우선권을 준다는 취지이다. 지방세징수법 제57조 제2항은 같은 법 제55조에 의한 부동산 등의 압류는 당해 압류 재산의 소유권이 이전되기 전에 법정기일이 도래한 지방세에 대한 체납액에 대하여도 그 효력이 미친다고 규정하고 있는데, 위 규정의 취지는 한번 압류등기를 하고 나면 동일한 자에 대한 압류등기 이후에 발생한 체납세액에 대하여도 새로운 압류등기를 거칠 필요 없이 당연히 압류의 효력이 미친다는 것이므로, 압류선착주의에서 의미하는 '압류에 관계되는 지방세'란 압류의 원인이 된 지방세뿐만 아니라 위와 같이 국세징수법 제57조에 의하여 압류의 효력이 미치는 지방세를 포함하는 것이다.[150]

1개 부동산에 대하여 체납처분의 일환으로 압류가 행하여졌을 때 그 압류에 관계되는 조세는 국세나 지방세를 막론하고 교부청구한 다른 조세보다 우선하고 이는 선행압류 조세와 후행압류 조세 사이에도 적용되지만(압류선착주의 원칙), 이러한 압류선착주의 원칙은 공매대상 부동산 자체에 대하여 부과된 조세(당해세)에 대하여는 적용되지 않는다.[151]

관련 내용은 <제3편 제2장 Ⅰ.1.다.(3)(나)>(본서 422쪽)를 참조할 것.

나. 예 외

(1) 직접 체납처분비의 우선

납세자의 재산에 대해 체납처분을 하였을 경우에 발생되는 체납처분비는 당해세나 담보채권에 의한 우선순위에도 불구하고 다른 지방자치단체의 징수금과 국세 및 그 밖의 채권에 우선하여 징수한다(지방세기본법 제72조).

체납처분비란 「지방세징수법 제3장의 체납처분에 관한 규정에 따른 재산의 압류·보관·운반과 매각에 드는 비용(매각을 대행시키는 경우 그 수수료를 포함한다)을 말한다(지방세기본법 제2조 제25호).

---

150) 대법원 2007. 12. 14. 선고 2005다11848 판결, 대법원 2004. 11. 12. 선고 2003두6115 판결 등 참조.
151) 대법원 2007. 5. 10. 선고 2007두2197 판결.

(2) 담보가 있는 지방세의 우선(담보우선주의)

지방자치단체의 징수금에 대하여 납세담보가 되어 있는 재산을 다른 지방자치단체가 압류하고 그 재산을 매각하였을 때에는 당해 재산을 납세담보 받은 지방자치단체의 징수금은 다른 지방자치단체의 징수금 또는 국세가 먼저 압류가 착수되었다 할지라도 우선하여 징수한다(지방세기본법 제74조). 납세담보물이 납세자의 소유가 아닌 경우에도 마찬가지이다.

지방자치단체의 징수금에 대해서 담보의 제공을 받았다는 것은 지방세 징수 면에서 본다면 압류가 이루어진 것과 동일시 할 수 있으므로 가장 먼저 압류가 이루어진 것으로 보아 압류선착수주의 취지에 따라 징수의 우선을 인정한 것이라 할 수 있다.

'담보 있는 지방세의 우선 원칙'은 납세담보를 제공받고 징수유예, 체납처분에 의한 재산 압류나 압류재산 매각의 유예 등을 한 지방세채권자로서는 징수 또는 체납처분 절차를 진행할 수 없을 뿐만 아니라 일정한 경우 이미 압류한 재산의 압류도 해제하여야 하는 사정 등을 감안하여, 납세담보물의 매각대금을 한도로 하여 '담보 있는 지방세'를 다른 지방세에 우선하여 징수하도록 함으로써 납세담보제도의 실효성을 확보하기 위한 것으로서, '압류에 의한 우선 원칙'의 예외에 해당하는 점, 지방세기본법 제65조는 토지와 보험에 든 등기된 건물 등을 비롯하여 납세보증보험증권이나 납세보증서도 납세담보의 하나로 규정하고 있을 뿐 납세담보를 납세의무자 소유의 재산으로 제한하고 있지 아니한 점 등을 종합하여 보면, 납세담보물에 대하여 다른 조세에 기한 선행압류가 있더라도 매각대금은 납세담보물에 의하여 담보된 지방세에 우선적으로 충당하여야 하고, 납세담보물이 납세의무자의 소유가 아닌 경우라고 하여 달리 볼 것은 아니다.[152]

---

152) 대법원 2015. 4. 23. 선고 2013다204959 판결 참조.

(3) 도세우선주의

압류우선주의, 담보우선주의(담보가 있는 지방세의 우선)에 불구하고 시·군에 위임된 도세(지방세징수법 제17조)는 시·군세에 우선하여 징수한다(지방세징수법 제4조 제2항). 시·군이 자신의 지방세를 징수하기 위하여 징수 위임된 도세의 징수를 소홀히 할 우려가 있으므로 이를 방지하기 위함이다.

[보론1] 세무조사

신고납세방식에서 납세자가 성실하게 신고하였는지를 검증하여 적절한 과세권을 행사하거나 부과과세방식에서 과세표준과 세액을 확정하기 위하여 과세자료를 수집할 필요가 있다. 과세자료를 수집하기 위하여 과세관청에게 세무조사권을 인정하고 있다.

세무조사란 지방세의 부과·징수를 위하여 질문을 하거나 해당 장부·서류 또는 그 밖의 물건을 검사·조사하거나 그 제출을 명하는 활동을 말한다(지방세기본법 제2조 제1항 제36호). 세무조사결정은 납세의무자의 권리·의무에 직접 영향을 미치는 공권력의 행사에 따른 행정작용으로서 항고소송의 대상이 된다.[153]

I. 세무조사의 기본원칙

지방자치단체의 장은 적절하고 공평한 과세의 실현을 위하여 필요한 최소한의 범위에서 세무조사를 하여야 하며, 다른 목적 등을 위하여 조사권을 남용해서는 아니 된다(지방세기본법 제80조 제1항). 세무조사의 적법요건으로 객관적 필요성, 최소성, 권한남용의 금지 등을 명확히 규정하고 있다.

세무조사권 남용금지는 법치국가원리를 조세절차법의 영역에서도 관철하기 위한 것으로서 그 자체로서 구체적인 법률적 효력을 가진다. 따라서 세무조사가 과세자료의 수집 또는 신고내용의 정확성 검증이라는 본연의 목적이 아니라 부정한 목적을 위하여 행하여진 것이라면 이는 세무조사에 중대한 위법사유가 있는 경우에 해당하고 이러한 세무조사에 의하여 수집된 과세자료를 기초로 한 과세처분 역시 위법하다. 세무조사가 지방자치단체의 과세권을 실현하기 위한 행정조사의 일종으로서 과세자료의 수집 또는 신고내용의 정확성 검증 등을 위하여 필요불가결하며, 종국적으로는 지방세의 탈루를 막고 납세자의 성실한 신고를 담보하는 중요한 기능을 수행하더라도 만약 남용이나 오용을 막지 못한다면

---

153) 대법원 2011. 3. 10. 선고 2009두23617,23624 판결 참조.

납세자의 영업활동 및 사생활의 평온이나 재산권을 침해하고 나아가 과세권의 중립성과 공공성 및 윤리성을 의심받는 결과가 발생할 것이기 때문이다.[154]

Ⅱ. 세무조사의 대상자 선정

세무조사의 출발점은 적정한 세무조사 대상자를 선정하는 것에 있다. 세무조사 대상자 선정은 납세자가 납득할 수 있는 명백하고 객관적인 기준을 제시함으로써 세무조사의 공정성과 타당성이 유지되도록 하여야 한다. 지방세기본법 제82조는 과세권자의 세무조사권 남용을 방지하기 위하여 세무조사 대상자 선정에 있어 기준을 제시하고 있다. 세무조사의 대상자 선정방식에는 정기선정조사와 수시선정조사가 있다.

세무조사대상 선정사유가 없음에도 세무조사대상으로 선정하여 과세자료를 수집하고 그에 기하여 과세처분을 하는 것은 적법절차의 원칙을 어긴 것으로 특별한 사정이 없는 한 과세처분은 위법하다.[155]

1. 정기선정조사

지방자치단체의 장은 아래의 어느 하나에 해당하는 경우에 정기적으로 신고의 적정성을 검증하기 위하여 대상을 선정(정기선정)하여 세무조사를 할 수 있다. 이 경우 지방자치단체의 장은 지방세심의위원회의 심의를 거쳐(지방세기본법 제147조 제1항) 객관적 기준에 따라 공정하게 대상을 선정하여야 한다(지방세기본법 제82조 제1항).

(1) 지방자치단체의 장이 납세자의 신고내용에 대한 성실도 분석결과 불성실의 혐의가 있다고 인정하는 경우

(2) 최근 4년 이상 지방세와 관련한 세무조사를 받지 아니한 납세자에 대하여 업종, 규모 등을 고려하여 대통령령으로 정하는 바에 따라 신고내용이 적절한지를 검증할 필요가 있는 경우

---

154) 대법원 2016. 12. 15. 선고 2016두47659 판결 참조.
155) 대법원 2014. 6. 26. 선고 2012두911 판결 참조.

(3) 무작위추출방식으로 표본조사를 하려는 경우

2. 수시선정조사

지방자치단체의 장은 정기선정에 의한 조사 외에 아래의 어느 하나에 해당하는 경우에는 수시세무조사를 할 수 있다(지방세기본법 제82조 제2항).

(1) 납세자가 지방세기본법 또는 지방세관계법에서 정하는 신고·납부, 담배의 제조·수입 등에 관한 장부의 기록 및 보관 등 납세협력의무를 이행하지 아니한 경우

(2) 납세자에 대한 구체적인 탈세 제보가 있는 경우

(3) 신고내용에 탈루나 오류의 혐의를 인정할 만한 명백한 자료가 있는 경우
'신고내용에 탈루나 오류의 혐의를 인정할 만한 명백한 자료가 있는 경우'란 객관적인 자료에 의하여 조세의 탈루나 오류 사실이 확인될 가능성이 뒷받침되는 경우를 의미한다. 이 경우 당해 자료에 의하여 조세의 탈루나 오류 사실이 명백할 필요까지는 없다.[156)]

(4) 납세자가 세무조사를 신청하는 경우

(5) 무자료거래, 위장·가공거래 등 거래 내용이 사실과 다른 혐의가 있는 경우

(6) 납세자가 세무공무원에게 직무와 관련하여 금품을 제공하거나 금품제공을 알선한 경우

III. 세무조사의 사전통지와 연기신청, 세무조사기간

1. 세무조사의 사전통지

세무공무원은 지방세에 관한 세무조사를 하는 경우에는 조사를 받을 납세자(납세관리인이 정해져 있는 경우에는 납세관리인을 포함한다)에게 조사를 시작하기 15일 전까지 조사대상 세목, 조사기간, 조사 사유 및 그 밖에 대통령령으로 정하는 사

---

156) 부산고등법원 2018. 1. 12. 선고 2017누20668 판결(대법원 2018. 6. 15. 선고 2018두36011 판결[심리불속행기각]) 참조.

항을 알려야 한다. 다만, 사전에 알릴 경우 증거인멸 등으로 세무조사의 목적을 달성할 수 없다고 인정되는 경우에는 사전통지를 생략할 수 있다(지방세기본법 제83조 제1항).

세무공무원은 사전통지를 생략하고 세무조사를 하는 경우 세무조사를 개시할 때 사전통지사항과 사전통지를 아니한 사유가 포함된 세무조사통지서를 세무조사를 받을 납세자에게 교부하여야 한다. 다만, 폐업 등 대통령령으로 정하는 경우157)에는 그러하지 아니하다(지방세기본법 제83조 제6항).

2. 세무조사의 연기신청

세무조사의 통지를 받은 납세자는 천재지변이나 그 밖에 대통령령으로 정하는 사유158)로 조사를 받기 곤란한 경우에는 지방자치단체의 장에게 조사를 연기해 줄 것을 신청할 수 있다(지방세기본법 제83조 제2항).

3. 세무조사기간

세무조사의 투명성을 보장하고 장기간의 세무조사로 인하여 납세자가 피해를 받지 않도록 하기 위하여 세무조사 기간을 명시하고 있다.

지방자치단체의 장은 조사대상 세목·업종·규모, 조사 난이도 등을 고려하여 세무조사 기간을 20일 이내로 하여야 한다. 다만, 다음의 어느 하나에 해당하는 사유가 있는 경우에는 그 사유가 해소되는 날부터 20일 이내로 세무조사 기간을 연장할 수 있다(지방세기본법 제84조 제1항).

　(1) 납세자가 장부 등의 은닉, 제출지연, 제출거부 등 조사를 기피하는 행위가

---

157) "폐업 등 대통령령으로 정하는 경우"란 ① 납세자가 세무조사 대상이 된 사업을 폐업한 경우, ② 납세자가 납세관리인을 정하지 않은 경우로서 국내에 주소 또는 거소를 두지 않은 경우, ③ 납세자 또는 납세관리인이 세무조사통지서의 수령을 거부하거나 회피하는 경우를 말한다(지방세기본법 시행령 제54조 제4항).

158) "대통령령으로 정하는 사유"란 ① 화재 및 도난, 그 밖의 재해로 사업상 중대한 어려움이 있는 경우, ② 납세자 또는 납세관리인의 질병, 중상해, 장기출장 등으로 세무조사를 받는 것이 곤란하다고 판단되는 경우, ③ 권한 있는 기관에 장부 등이 압수되거나 영치된 경우, ④ ①부터 ③까지에 준하는 사유가 있는 경우를 말한다(지방세기본법 시행령 제54조 제2항).

명백한 경우

(2) 거래처 조사, 거래처 현지 확인 또는 금융거래 현지 확인이 필요한 경우

(3) 지방세 탈루 혐의가 포착되거나 조사 과정에서 범칙사건조사(지방세기본법 제113조 참조)로 조사 유형이 전환되는 경우

(4) 천재지변, 노동쟁의로 조사가 중단되는 등 지방자치단체의 장이 정하는 사유에 해당하는 경우

(5) 세무조사 대상자가 세금 탈루 혐의에 대한 해명 등을 위하여 세무조사 기간의 연장을 신청한 경우

(6) 납세자보호관이 세무조사 대상자의 세금 탈루 혐의의 해명과 관련하여 추가적인 사실 확인이 필요하다고 인정하는 경우

Ⅳ. 재조사의 제한

1. 원칙

지방자치단체의 장은 원칙적으로 같은 세목 및 같은 과세연도에 대하여 재조사를 할 수 없다(지방세기본법 제80조 제2항). 이를 중복조사 금지원칙이라 한다. 세무조사는 기본적으로 적정하고 공평한 과세의 실현을 위하여 필요한 최소한의 범위 안에서만 행하여져야 하고, 더욱이 같은 세목 및 같은 과세기간에 대한 재조사는 납세자의 영업의 자유나 법적 안정성을 심각하게 침해할 뿐만 아니라 세무조사권의 남용으로 이어질 우려가 있으므로 조세공평의 원칙에 현저히 반하는 예외적인 경우를 제외하고는 금지된다.[159] 세목과 과세연도가 같아야 하므로 과세기간이 동일하더라도 세목이 다르면 중복조사에 해당하지 않는다.[160]

중복조사 금지원칙을 위반한 세무조사를 통하여 이루어진 과세처분은 위법하다.[161]

---

159) 대법원 2017. 12. 13. 선고 2016두55421 판결, 대법원 2015. 9. 10. 선고 2013두6206 판결, 대법원 2015. 2. 26. 선고 2014두12062 판결.

160) 대법원 2006. 5. 25. 선고 2004두11718 판결 참조.

161) 대법원 2017. 12. 13. 선고 2016두55421 판결(금지되는 재조사에 기하여 과세처분을 하는

2. 예외

지방자치단체의 장은 아래의 경우에는 재조사를 할 수 있다(지방세기본법 제80조 제2항).

(1) 지방세 탈루의 혐의를 인정할 만한 명백한 자료가 있는 경우

세무조사는 기본적으로 적정하고 공평한 과세의 실현을 위하여 필요한 최소한의 범위 안에서 행하여져야 하고, 더욱이 동일한 세목 및 과세기간에 대한 재조사는 납세자의 영업의 자유 등 권익을 심각하게 침해할 뿐만 아니라 과세관청에 의한 자의적인 세무조사의 위험마저 있으므로 조세공평의 원칙에 현저히 반하는 예외적인 경우를 제외하고는 금지될 필요가 있는 점, 재조사를 금지하는 입법 취지에는 납세자의 실질적인 권익보호뿐만 아니라 세무조사 기술의 선진화도 포함되어 있는 점 등을 종합하여 보면, 재조사가 예외적으로 허용되는 경우의 하나로 규정하고 있는 '지방세 탈루의 혐의를 인정할 만한 명백한 자료가 있는 경우'라 함은 지방세의 탈루사실이 확인될 상당한 정도의 개연성이 객관성과 합리성이 뒷받침되는 자료에 의하여 인정되는 경우로 엄격히 제한되어야 한다. 따라서 객관성과 합리성이 뒷받침되지 않는 한 탈세제보가 구체적이라는 사정만으로는 여기에 해당한다고 보기 어렵다.[162)]

(2) 거래상대방에 대한 조사가 필요한 경우

(3) 둘 이상의 사업연도와 관련하여 잘못이 있는 경우

(4) 제88조 제5항 제2호 단서, 제96조 제1항 제3호 단서 또는 제100조에 따라 심판청구에 관하여 준용하는 국세기본법 제65조 제1항 제3호 단서에 따른 필요한 처분의 결정에 따라 조사를 하는 경우

(5) 납세자가 세무공무원에게 직무와 관련하여 금품을 제공하거나 금품제공을

것은 단순히 당초 과세처분의 오류를 경정하는 경우에 불과하다는 등의 특별한 사정이 없는 한 그 자체로 위법하고, 이는 과세관청이 그러한 재조사로 얻은 과세자료를 과세처분의 근거로 삼지 않았다거나 이를 배제하고서도 동일한 과세처분이 가능한 경우라고 하여 달리 볼 것은 아니다).

162) 대법원 2010. 12. 23. 선고 2008두10461 판결 참조.

알선한 경우

(6) 제84조의3 제3항에 따른 조사를 실시한 후 해당 조사에 포함되지 아니한 부분에 대하여 조사하는 경우

(7) 그 밖에 (1)부터 (6)까지의 경우와 유사한 경우로서 대통령령으로 정하는 경우[163]

3. 재조사 금지대상인 세무조사에 해당하는지 여부의 판단기준

세무공무원의 조사행위가 재조사가 금지되는 '세무조사'에 해당하는지 여부는 조사의 목적과 실시경위, 질문조사의 대상과 방법 및 내용, 조사를 통하여 획득한 자료, 조사행위의 규모와 기간 등을 종합적으로 고려하여 구체적 사안에서 개별적으로 판단할 수밖에 없을 것인데, 세무공무원의 조사행위가 사업장의 현황 확인, 기장 여부의 단순 확인, 특정한 매출사실의 확인, 행정민원서류의 발급을 통한 확인, 납세자 등이 자발적으로 제출한 자료의 수령 등과 같이 단순한 사실관계의 확인이나 통상적으로 이에 수반되는 간단한 질문조사에 그치는 것이어서 납세자 등으로서도 손쉽게 응답할 수 있을 것으로 기대되거나 납세자의 영업의 자유 등에도 큰 영향이 없는 경우에는 원칙적으로 재조사가 금지되는 '세무조사'로 보기 어렵지만, 조사행위가 실질적으로 과세표준과 세액을 결정 또는 경정하기 위한 것으로서 납세자 등의 사무실·사업장·공장 또는 주소지 등에서 납세자 등을 직접 접촉하여 상당한 시일에 걸쳐 질문하거나 일정한 기간 동안의 장부·서류·물건 등을 검사·조사하는 경우에는 특별한 사정이 없는 한 재조사가 금지되는 '세무조사'로 보아야 할 것이다.[164]

---

163) 지방세기본법 시행령 제52조(재조사 금지의 예외) 법 제80조 제2항 제7호에서 "대통령령으로 정하는 경우"란 다음 각 호의 어느 하나에 해당하는 경우를 말한다.
　1. 법 제102조부터 제109조까지의 규정에 따른 지방세에 관한 범칙사건을 조사(이하 "범칙사건조사"라 한다)하는 경우
　2. 세무조사 중 서면조사만 하였으나 법 또는 지방세관계법에 따른 경정을 다시 할 필요가 있는 경우
　3. 각종 과세정보의 처리를 위한 재조사나 지방세환급금의 결정을 위한 확인조사 등을 하는 경우

Ⅴ. 통합조사의 원칙

1. 원칙

세무조사는 납세자가 납부하여야 하는 모든 지방세 세목을 통합하여 실시하는 것을 원칙으로 한다(지방세기본법 제84조의3 제1항). 이를 통합조사의 원칙이라 한다.

통합조사의 원칙이란 납세자의 사업과 관련된 여러 세목을 통합하여 조사해야 한다는 것을 의미하는 것으로 특별한 사정이 없는 한 세목별 부분 세무조사나 수회에 걸친 중복조사 · 재조사를 금지한다는 것에 불과하고, 특정 지방세 사건과 관련된 모든 관계당사자를 조사관이 모두 조사해야 한다는 의미는 아니다.[165]

2. 예외

가. 특정 세목에 대한 조사

① 세목의 특성, 납세자의 신고유형, 사업규모 또는 세금탈루 혐의 등을 고려하여 특정 세목만을 조사할 필요가 있는 경우, ② 조세채권의 확보 등을 위하여 특정 세목만을 긴급히 조사할 필요가 있는 경우, ③ 그 밖에 세무조사의 효율성 및 납세자의 편의 등을 고려하여 특정 세목만을 조사할 필요가 있는 경우(납세자가 특정 세목에 대하여 세무조사를 신청한 경우)에 해당하는 때에는 특정한 세목만을 조사할 수 있다(지방세기본법 제84조의3 제2항, 같은 법 시행령 제55조의3 제1항).

나. 부분조사

① 제50조 제3항에 따른 경정 등의 청구에 따른 처리, 제58조에 따른 부과취소 및 변경 또는 제60조 제1항에 따른 지방세환급금의 결정을 위하여 확인이 필

---

164) 대법원 2017. 12. 13. 선고 2015두3805 판결, 대법원 2017. 3. 16. 선고 2014두8360 판결 등 참조.
165) 서울행정법원 2015. 6. 18. 선고 2014구합54240 판결 참조.

요한 경우, ② 제88조 제5항 제2호 단서, 제96조 제1항 제3호 단서 또는 제100조에 따라 심판청구에 관하여 준용하는 「국세기본법」 제65조 제1항 제3호 단서에 따른 재조사 결정에 따라 사실관계의 확인이 필요한 경우, ③ 거래상대방에 대한 세무조사 중에 거래 일부의 확인이 필요한 경우, ④ 납세자에 대한 구체적인 탈세 제보가 있는 경우로서 해당 탈세 혐의에 대한 확인이 필요한 경우, ⑤ 명의위장, 차명계좌의 이용을 통하여 세금을 탈루한 혐의에 대한 확인이 필요한 경우, ⑥ 그 밖에 세무조사의 효율성 및 납세자의 편의 등을 고려하여 특정 사업장, 특정 항목 또는 특정 거래에 대한 조사가 필요한 경우(무자료거래, 위장·가공 거래 등 특정 거래 내용이 사실과 다른 구체적인 혐의가 있는 경우로서 조세채권의 확보 등을 위하여 긴급한 조사가 필요한 경우)에는 위 각 사항에 대한 확인을 위하여 필요한 부분에 한정한 조사를 실시할 수 있다(지방세기본법 제84조의3 제3항, 같은 법 시행령 제55조의3 제2항).

Ⅵ. 세무조사의 결과통지

세무공무원은 범칙사건조사 및 세무조사(서면조사를 포함한다)를 마친 날부터 20일(지방세기본법 제33조 제1항에 따른 공시송달의 경우는 40일) 이내에 ① 세무조사 내용, ② 결정 또는 경정할 과세표준, 세액 및 산출근거, ③ 그 밖에 대통령령으로 정하는 사항이 포함된 조사결과를 서면으로 납세자(납세관리인이 정해져 있는 경우에는 납세관리인을 포함한다)에게 알려야 한다. 다만, 조사결과를 통지하기 곤란한 경우로서 대통령령으로 정하는 경우[166)]에는 결과 통지를 생략할 수 있다(지방세기본법 제85조 제1항). 납세자의 권리를 보호하기 위하여 범칙사건조사 및 세무조사를 마

---

166) "대통령령으로 정하는 경우"란 ① 「지방세징수법」 제22조에 따른 납기 전 징수의 사유가 있는 경우, ② 조사결과를 통지하려는 날부터 부과 제척기간의 만료일 또는 지방세징수권의 소멸시효 완성일까지의 기간이 3개월 이하인 경우, ③ 납세자의 소재가 불명하거나 폐업으로 통지가 불가능한 경우, ④ 납세관리인을 정하지 아니하고 국내에 주소 또는 영업소를 두지 아니한 경우, ⑤ 법 제88조 제5항 제2호 단서, 제96조 제1항 제3호 단서 또는 법 제96조 제6항 및 「국세기본법」 제81조에 따라 준용되는 같은 법 제65조 제1항 제3호 단서에 따른 재조사 결정에 따라 조사를 마친 경우, ⑥ 세무조사 결과 통지의 수령을 거부하거나 회피하는 경우를 말한다(지방세기본법 시행령 제56조 제2항).

친 후 20일 이내에 통지하도록 기간을 명확히 정하였다.

한편 세무공무원은 ① 「국제조세조정에 관한 법률」 및 조세조약에 따른 국외 자료의 수집·제출 또는 상호합의절차 개시에 따라 외국 과세기관과의 협의가 진행 중인 경우, ② 해당 세무조사와 관련하여 지방세관계법의 해석 또는 사실 관계 확정을 위하여 행정안전부장관에 대한 질의 절차가 진행 중인 경우로 위 기간 이내에 조사결과를 통지할 수 없는 부분이 있는 경우에는 납세자의 동의를 얻어 그 부분을 제외한 조사결과를 납세자에게 설명하고, 이를 서면으로 통지할 수 있다. 위와 같은 사유가 해소된 때에는 그 사유가 해소된 날부터 20일(제33조 제1항 각 호의 어느 하나에 해당하는 경우에는 40일) 이내에 통지한 부분 외에 대한 조사결과를 납세자에게 설명하고, 이를 서면으로 통지하여야 한다(지방세기본법 제85조 제2항, 제3항).

세무조사결과를 통지받은 납세자는 과세전적부심사를 청구할 수 있다(지방세기본법 제88조 제2항 제1호).

Ⅶ. 위법한 세무조사의 사법적 통제

위법한 세무조사에 대한 사법적 통제방안으로 ① 위법한 세무조사 결정의 취소, ② 위법한 세무조사에 기초한 과세처분의 취소를 고려할 수 있다.

1. 위법한 세무조사결정의 취소

세무조사결정은 납세의무자의 권리·의무에 직접 영향을 미치는 공권력의 행사에 따른 행정작용으로서 항고소송의 대상이 된다.[167)]

---

167) 대법원 2011. 3. 10. 선고 2009두23617,23624 판결(부과처분을 위한 과세관청의 질문조사권이 행해지는 세무조사결정이 있는 경우 납세의무자는 세무공무원의 과세자료 수집을 위한 질문에 대답하고 검사를 수인하여야 할 법적 의무를 부담하게 되는 점, 세무조사는 기본적으로 적정하고 공평한 과세의 실현을 위하여 필요한 최소한의 범위 안에서 행하여져야 하고, 더욱이 동일한 세목 및 과세기간에 대한 재조사는 납세자의 영업의 자유 등 권익을 심각하게 침해할 뿐만 아니라 과세관청에 의한 자의적인 세무조사의 위험마저 있으므로 조세공평의 원칙에 현저히 반하는 예외적인 경우를 제외하고는 금지될 필요가 있는 점, 납세

2. 위법한 세무조사에 기초한 과세처분의 취소

세무조사에 '중대한 위법사유'가 있는 경우 그에 기초한 과세처분은 위법하다. 중대한 위법사유에 해당하는 것으로 ① 세무조사 대상자 선정사유의 부존재,[168] ② 중복조사 금지원칙의 위반,[169] ③ 세무조사권을 남용한 경우[170] 등을 들 수 있다. 위법한 중복조사나 세무조사선정절차상의 위법을 이유로 부과처분이 취소된 경우에는 과세관청이 다시 세무조사를 할 수는 없으므로, 이런 경우에는 과세관청이 새로운 부과처분을 할 수 없다고 할 것이다.

세무조사절차에서 위와 같은 중대한 위법사유가 있는 경우에는 납세자는 세무조사결정 자체의 취소를 구할 수도 있고, 그 세무조사에 기초한 과세처분의 위법을 다툴 수도 있다.

의무자로 하여금 개개의 과태료 처분에 대하여 불복하거나 조사 종료 후의 과세처분에 대하여만 다툴 수 있도록 하는 것보다는 그에 앞서 세무조사결정에 대하여 다툼으로써 분쟁을 조기에 근본적으로 해결할 수 있는 점 등을 종합하면, 세무조사결정은 납세의무자의 권리·의무에 직접 영향을 미치는 공권력의 행사에 따른 행정작용으로서 항고소송의 대상이 된다) 참조.

168) 대법원 2014. 6. 26. 선고 2012두911 판결 참조.

169) 대법원 2017. 12. 13. 선고 2015두3805 판결, 대법원 2017. 3. 16. 선고 2014두8360 판결 등 참조.

170) 대법원 2016. 12. 15. 선고 2016두47659 판결(세무조사가 과세자료의 수집 또는 신고내용의 정확성 검증이라는 본연의 목적이 아니라 부정한 목적을 위하여 행하여진 것이라면 이는 세무조사에 중대한 위법사유가 있는 경우에 해당하고 이러한 세무조사에 의하여 수집된 과세자료를 기초로 한 과세처분 역시 위법하다. 세무조사가 국가의 과세권을 실현하기 위한 행정조사의 일종으로서 과세자료의 수집 또는 신고내용의 정확성 검증 등을 위하여 필요불가결하며, 종국적으로는 조세의 탈루를 막고 납세자의 성실한 신고를 담보하는 중요한 기능을 수행하더라도 만약 남용이나 오용을 막지 못한다면 납세자의 영업활동 및 사생활의 평온이나 재산권을 침해하고 나아가 과세권의 중립성과 공공성 및 윤리성을 의심받는 결과가 발생할 것이기 때문이다).

제5절 지방세 구제제도

지방세 구제제도는 지방세와 관련하여 위법 또는 부당한 처분을 받았거나 필요한 처분을 받지 못함으로써 권리 또는 이익을 침해당한 자 등이 구제를 요청하는 제도로, 세금이 고지되기 전에 구제받을 수 있는 사전적 구제제도(과세전적부심사청구)와 세금고지서가 나간 후에 구제받을 수 있는 사후적 구제제도(이의신청, 감사원 심사청구, 심판청구, 행정소송)로 나누어 볼 수 있다.

취득세, 지방소득세, 지방소비세 등 신고납부 세목의 경우 과세표준 신고서를 법정신고기한까지 제출한 자는 과세관청에 경정청구를 거친 후라야 이의신청 등을 할 수 있다.[171]

| 지방세 구제제도의 개요 |

구 분		심리·의결	결 정
과세 前	과세전적부심사청구	지방세심의위원회	시·군·구세 : 시장·군수·구청장 도세 : 도지사
과세 後	이의신청	〃	〃
	심판청구 (조세심판원)	조세심판관회의	조세심판원
	심사청구 (감사원)	감사위원회의	감사원
	행정소송	법원	법원

Ⅰ. 과세전적부심사청구

1. 의 의

과세전적부심사청구는 지방자치단체에서 지방세를 부과하기 전에 과세할 사항을 미리 납세자에게 알려주고, 그 통지된 내용에 따른 과세가 적법한지 부과고지 전에 시정하는 제도이다.

---

171) 대법원 2004. 9. 3. 선고 2003두8180 판결 참조.

지방자치단체의 장은 ① 지방세 업무에 대한 감사나 지도·점검 결과 등에 따라 과세하는 경우, ② 세무조사에서 확인된 해당 납세자 외의 자에 대한 과세자료 및 현지 확인조사에 따라 과세하는 경우, ③ 납세고지하려는 세액이 30만 원 이상인 경우에는 미리 납세자에게 그 내용을 서면으로 통지(과세예고통지)하여야 한다(지방세기본법 제88조 제1항). 과세예고통지를 하지 아니하고 한 과세처분은 위법하다.[172]

과세처분 이후에 구제받는 사후구제제도의 폐단을 보완하고 실질적으로 납세자의 권리를 보호한다는 측면에서 의미가 있다. 권리가 침해되기 전에 구제받을 수 있는 실질적인 권리보호제도라 할 수 있다.

과세처분 이후에 행하여지는 심사·심판청구나 행정소송은 시간과 비용이 많이 소요되어 효율적인 구제수단으로 미흡한 측면이 있다는 점과 대비하여 볼 때, 과세전적부심사 제도는 과세관청이 위법·부당한 처분을 행할 가능성을 줄이고 납세자도 과세처분 이전에 자신의 주장을 반영할 수 있도록 하는 예방적 구제제도의 성질을 가진다. 과세예고 통지를 받은 자가 청구할 수 있는 과세전적부심사는 위법한 처분은 물론 부당한 처분도 심사대상으로 삼고 있어 행정소송과 같은 사후적 구제절차에 비하여 그 권리구제의 폭이 넓다.[173]

---

172) 대법원 2016. 4. 15. 선고 2015두52326 판결(사전구제절차로서 과세예고 통지와 통지 내용의 적법성에 관한 심사(과세전적부심사)제도가 가지는 기능과 이를 통해 권리구제가 가능한 범위, 제도가 도입된 경위와 취지, 납세자의 절차적 권리 침해를 효율적으로 방지하기 위한 통제방법 등을 종합적으로 고려하면, 지방세기본법이 과세예고 통지의 대상으로 삼고 있지 않다거나 과세전적부심사를 거치지 않고 곧바로 과세처분을 할 수 있는 예외사유로 정하고 있는 등의 특별한 사정이 없는 한, 과세관청이 과세처분에 앞서 필수적으로 행하여야 할 과세예고 통지를 하지 아니함으로써 납세자에게 과세전적부심사의 기회를 부여하지 아니한 채 과세처분을 하였다면, 이는 납세자의 절차적 권리를 침해한 것으로서 과세처분의 효력을 부정하는 방법으로 통제할 수밖에 없는 중대한 절차적 하자가 존재하는 경우에 해당하므로, 과세처분은 위법하다) 참조.
173) 대법원 2016. 4. 15. 선고 2015두52326 판결.

2. 청구대상 및 청구제외대상

가. 청구대상

아래의 어느 하나에 해당하는 통지를 받은 자는 통지받은 날부터 30일 이내에 지방자치단체의 장에게 통지내용의 적법성에 관한 심사(과세전적부심사)를 청구할 수 있다(지방세기본법 제88조 제2항).

(1) 세무조사결과에 대한 서면 통지

(2) 과세예고통지

과세예고통지는 과세관청이 조사한 사실 등의 정보를 미리 납세자에게 알려줌으로써 납세자가 충분한 시간을 가지고 준비하여 과세전적부심사와 같은 의견청취절차에서 의견을 진술할 기회를 가짐으로써 자신의 권익을 보호할 수 있도록 하기 위한 처분의 사전통지로서의 성질을 가진다.[174]

① 지방세 업무에 대한 감사나 지도·점검 결과 등에 따라 하는 과세예고통지. 다만 시정요구에 따라 과세처분하는 경우로서 시정요구 전에 과세처분 대상자가 지적사항에 대한 소명안내를 받은 경우는 제외한다.

② 세무조사에서 확인된 해당 납세자 외의 자에 대한 과세자료 및 현지확인조사에 따라 하는 과세예고통지

③ 비과세 또는 감면 신청을 반려하여 과세하는 경우(「지방세법」에서 정한 납기에 따라 납세고지하는 경우는 제외한다)

④ 비과세 또는 감면한 세액을 추징하는 경우

⑤ 납세고지하려는 세액이 30만 원 이상인 경우(「지방세법」에서 정한 납기에 따라 납세고지하는 경우 등[175]은 제외한다)

납세고지하려는 세액이 30만 원 이상이라 함은 고지서 1매당 납부할 세액(본세 및 병기 세목 합계액)이 30만 원 이상인 경우를 의미한다.

---

174) 대법원 2016. 4. 15. 선고 2015두52326 판결.
175) 지방세기본법 시행령 제58조 제3항.

과세전적부심사 청구대상을 위와 같이 열거하고 있는 이상 열거하지 않은 항목(예컨대 제2차 납세의무자 지정통지, 과세압류예고통지, 납세안내문 등)은 과세전적부심사 청구대상이 될 수 없다.

나. 청구제외대상

아래의 사항에 대하여는 과세전적부심사를 청구할 수 없다(지방세기본법 제88조 제3항, 같은 법 시행령 제58조 제5항).

① 지방세 범칙사건 조사를 하는 경우

적부심사대상에서 제외되는 범칙사건인지 여부는 납세자를 기준으로 할 것이 아니라 처분을 기준으로 하여야 할 것이다. 따라서 동일인에 대한 과세관청의 처분 중 범칙사건으로 고발되지 않은 부분(처분)에 대해서는 과세전적부심사가 가능하다.[176] 예컨대 과세관청이 납세자인 A법인에 대하여 취득세, 재산세 등 수개의 처분을 하고 그 중 취득세에 대해서만 조세포탈로 고발한 경우 납세자를 기준으로 하면 A법인은 고발 또는 통고처분을 받지 아니한 재산세처분까지 모두 과세전적부심사청구를 할 수 없다는 결론이 되지만, 처분을 기준으로 하면 고발된 처분을 제외한 재산세 처분에 대해서는 과세전적부심사를 청구할 수 있다.

② 세무조사 결과 통지 및 과세예고 통지를 하는 날부터 지방세 부과제척 기간의 만료일까지의 기간이 3개월 이하인 경우

③ 그 밖에 법령과 관련하여 유권해석을 변경하여야 하거나 새로운 해석이 필요한 경우 등 대통령령(제58조 제5항)으로 정하는 경우(법령과 관련하여 유권해석을 변경하여야 하거나 새로운 해석이 필요한 경우나 「국제조세조정에 관한 법률」에 따라 조세조약을 체결한 상대국이 상호합의절차의 개시를 요청한 경우)

3. 청구효과

과세관청은 청구부분에 대하여 결정이 있을 때까지 과세표준 및 세액의 결정

---

176) 대법원 2020. 10. 29. 선고 2017두51174 판결 참조.

이나 경정결정을 유보하여야 한다.

가. 과세전적부심사청구에 대한 결정이 나오기 전에 과세처분을 할 수 있는지 여부

과세관청이 과세예고 통지 후 과세전적부심사청구나 그에 대한 결정이 나오기 전에 과세처분을 할 수 있는가(과세처분의 효력이 있는가). 사전구제절차로서 과세전적부심사 제도가 가지는 기능과 이를 통해 권리구제가 가능한 범위, 이러한 제도가 도입된 경위와 취지, 납세자의 절차적 권리 침해를 효율적으로 방지하기 위한 통제 방법과 더불어, 헌법 제12조 제1항에서 규정하고 있는 적법절차의 원칙은 형사소송절차에 국한되지 아니하고, 세무공무원이 과세권을 행사하는 경우에도 마찬가지로 준수하여야 하는 점 등을 고려하여 보면, 지방세기본법 및 지방세기본법 시행령이 과세전적부심사를 거치지 않고 곧바로 과세처분을 할 수 있거나 과세전적부심사에 대한 결정이 있기 전이라도 과세처분을 할 수 있는 예외사유로 정하고 있다는 등의 특별한 사정이 없는 한, 과세예고 통지 후 과세전적부심사 청구나 그에 대한 결정이 있기도 전에 과세처분을 하는 것은 원칙적으로 과세전적부심사 이후에 이루어져야 하는 과세처분을 그보다 앞서 함으로써 과세전적부심사 제도 자체를 형해화시킬 뿐만 아니라 과세전적부심사 결정과 과세처분 사이의 관계 및 불복절차를 불분명하게 할 우려가 있으므로, 그와 같은 과세처분은 납세자의 절차적 권리를 침해하는 것으로서 절차상 하자가 중대하고도 명백하여 무효이다.[177]

---

177) 대법원 2020. 10. 29. 선고 2017두51174 판결, 대법원 2020. 4. 9. 선고 2018두57490 판결, 대법원 2016. 12. 27. 선고 2016두49228 판결 참조. 과세전적부심사 청구 기회를 박탈하고 부과처분을 한 경우 다시 적법한 절차를 거쳐 부과처분을 하는 것이 가능한가. 위 판결의 사안과 같이 그 하자가 중대하고 명백하여 부과처분이 당연무효라고 하는 경우까지 다시 처분을 할 수 있다고 한다면, 절차상 하자를 이유로 처분을 취소하는 것이 납세자에게 아무런 이익이 되지 않는다. 과세관청은 세법이 정한 절차를 무시하고 처분을 한 다음, 그것도 납세자가 불복하는 경우에 한하여 위법하다는 이유로 처분이 취소된다고 하더라도 다시 세법이 정한 절차를 거쳐 동일한 내용의 처분을 할 수 있다는 결과가 되기 때문이다(납세자가 불복하지 않으면 과세관청이 위법한 처분을 하더라도 아무런 문제가 발생하지 않을 것이다). 이런 점에서는 세법이 보장한 납세자의 권리를 침해하였다는 이유로 처분이 취소

나. 과세전적부심사청구 중 납기 전 징수사유가 발생한 경우 과세처분을 할 수 있는지 여부

과세전적부심사제도는 과세처분 이후의 사후적 구제제도와는 별도로 과세처분 이전의 단계에서 납세자의 주장을 반영함으로써 권리구제의 실효성을 높이기 위하여 마련된 사전적 구제제도이기는 하지만, 지방세 부과의 제척기간이 임박한 경우에는 이를 생략할 수 있는 등 과세처분의 필수적 전제가 되는 것은 아닐 뿐만 아니라 납세자에게 신용실추, 자력상실 등의 사정이 발생하여 납기 전 징수의 사유가 있는 경우에도 지방세징수권의 조기 확보를 위하여 그 대상이나 심사의 범위를 제한할 필요가 있다. 이에 따라 지방세기본법 제88조 제3항, 같은 법 시행령 제58조 제5항 등은 과세전적부심사를 청구할 수 없는 사유의 하나로 '납기 전 징수의 사유가 있는 경우'를 규정하고 있는데, 과세전적부심사청구 당시에는 납기 전 징수의 사유가 발생하지 아니하여 과세전적부심사청구가 허용된 경우라도 그 후 납기 전 징수의 사유가 발생하였다면 지방자치단체의 장은 과세전적부심사에 대한 결정이 있기 전이라도 과세처분을 할 수 있다고 할 것이고, 지방자치단체의 장이 과세전적부심사청구에 대한 결정 및 통지의 기한을 넘겨 그 결정이나 통지를 하지 않던 중 납기 전 징수의 사유가 발생한 경우라고 하여 달리 볼 것은 아니다.[178]

4. 결과통지 및 조기결정 신청

가. 결과통지

과세전적부심사청구를 받은 지방자치단체의 장은 지방세심의위원회[179]의 심

된 경우에는 새로운 처분을 할 수 없다고 할 것이다.

178) 대법원 2012. 10. 11. 선고 2010두19713 판결 참조.

179) 다음 각 호의 사항을 심의하거나 의결하기 위하여 지방자치단체에 지방세심의위원회를 둔다(지방세기본법 제147조 제1항).
   1. 제88조에 따른 과세전적부심사에 관한 사항
   2. 제90조 및 제91조에 따른 이의신청에 관한 사항
   3. 「지방세징수법」 제11조 제3항에 따른 체납자의 체납정보 공개에 관한 사항
   4. 지방세관계법에 따라 위원회의 심의를 받도록 규정한 사항

사를 거쳐 결정을 하고, 그 결과를 청구받은 날로부터 30일 이내에 청구인에게 알려야 한다(지방세기본법 제88조 제4항 전문).

천재지변 등으로 지방세심의위원회를 소집할 수 없는 경우 등 일정한 사유가 있는 때는 위 심사기간을 30일 범위에서 1회에 한하여 연장할 수 있다(지방세기본법 제88조 제4항 후문, 같은 법 시행령 제58조 제6항).

나. 조기 결정 신청

과세전적부심사청구의 대상이 되는 통지를 받은 자는 과세전적부심사를 청구하지 아니하고 그 통지를 한 지방자치단체의 장에게 통지받은 내용의 전부 또는 일부에 대하여 과세표준 및 세액을 조기에 결정 또는 경정결정을 해 줄 것을 신청할 수 있다. 이 경우 해당 지방자치단체의 장은 신청받은 내용대로 즉시 결정 또는 경정결정을 하여야 한다(지방기본법 제88조 제7항). 청구인이 조기 결정 신청을 한 경우에는 과세전적부심사청구는 그 실익이 없으므로 심사를 하지 아니한다(지방세기본법 제88조 제5항 제3호 참조).

과세전적부심사청구의 채택가능성을 기대하기 어려울 경우에는 조기결정신청을 통해 세액을 확정·납부함으로써 납부불성실가산세 증가로 인한 손해를 방지하고 나아가 사후구제절차를 통해 다투는 것이 일반적이다.

5. 결정불복시 구제방법

과세전적부심사청구의 결정에 불복할 경우 이의신청 등은 할 수 없고, 해당 세목의 부과처분이 있을 때 그 부과처분에 대한 불복청구로서 사후적 구제방법을 청구할 수 있을 뿐이다.

---

5. 제82조 제1항에 따른 세무조사대상자 선정에 관한 사항
6. 그 밖에 지방자치단체의 장이 필요하다고 인정하는 사항

Ⅱ. 지방세심판절차

1. 지방세심판전치주의

지방세심판전치주의란 법령에 의하여 위법 또는 부당한 과세처분에 대하여 행정심판이 인정되는 경우, 행정소송을 제기하기 전에 행정심판을 필요적으로 거치도록 하는 것을 말한다. 과세관청으로 하여금 과세처분이 적법한 것인지의 여부를 심리하여 스스로 재고·시정할 수 있는 기회를 부여함과 아울러 소송비용과 시간 등을 절감시켜 국민에게 편의를 주려는 것이다.[180]

지방세 불복과 관련하여 전심절차를 두고 있다. 그 취지는 과세처분은 일반 행정처분에 비하여 반복하여 대규모로 이루어지고, 전문성, 복잡성, 계속성 등의 특징을 지니고 있기 때문에 소제기에 앞서 과세관청의 전문적인 지식과 경험을 활용하여 무리한 소제기를 방지하고, 사실관계에 대한 쟁점을 분명히 하기 위함이다.

지방세의 경우 필요적 행정심판전치주의를 도입하여[181] 조세심판원의 심판청구(또는 감사원 심사청구)를 반드시 거쳐야만 행정소송의 제기가 가능하도록 하고 있다(지방세기본법 제98조 제3항 본문, 제6항). 다만 재조사결정에 따른 처분에 대하여는 그렇지 않다(지방세기본법 제98조 제3항 단서).

나아가 지방세법률관계가 극히 대량적·주기적으로 반복하여 성립되는 점 등 지방세관계사건의 특수성에 비추어 행정심판법과는 달리 ① 이의신청(임의적), ② 감사원 심사청구 및 심판청구 등 2단계의 전심절차를 규정하고 있다.[182] 다만 대법원은 해석에 의하여 필요적 전치주의의 예외를 상당히 넓게 인정하고 있다.[183] 또한 심판청구에 대한 재조사결정[184]에 따른 처분청의 처분에 대한 행정

---

180) 대법원 1989. 11. 10. 선고 88누7996 판결 참조.

181) 지방세에 대하여 행정심판전치주의가 도입된 경위, 헌법재판소의 위헌결정으로 인한 폐지, 재도입의 과정에 관하여는 「소순무·윤지현, 201쪽」을 참조할 것. 국세의 경우도 행정심판전치주의를 채택하고 있다(국세기본법 제56조 제2항 본문).

182) 국세의 경우도 이의신청은 임의적인 절차이다(국세기본법 제55조 제3항, 제66조). 국세청장에 대한 심사청구(국세기본법 제61조)나 조세심판원장에 대한 심판청구(국세기본법 제67조)를 거쳐 행정소송을 제기할 수 있다(행정심판전치주의, 국세기본법 제56조 제2항 본문). 심사청구와 심판청구는 중복하여 신청할 수 없다(국세기본법 제55조 제9항). 중복신청된 경우는 먼저 제기한 것만, 동시에 신청된 경우는 심판청구만 각 적법한 것으로 본다.

소송은 전치주의가 적용되지 않는다(지방세기본법 제98조 제3항 단서).

| 지방세행정심판체계도 | [185]

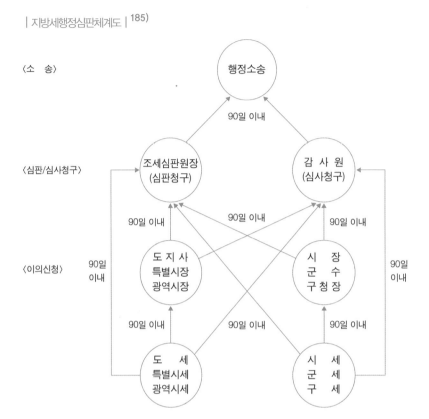

2. 이의신청 및 조세심판원에 대한 심판청구

가. 이의신청 등의 청구대상

지방세기본법 또는 지방세관계법에 따른 처분으로서 위법·부당한 처분을 받

---

183) 관련 내용은 「소순무·윤지현, 204~207쪽」을 참조할 것.

184) 재조사결정은 심판청구가 이유 있어 취소·경정 또는 필요한 처분을 하기 위하여 사실관계 확인 등 추가조사가 필요한 경우 처분청으로 하여금 이를 재조사하여 그 결과에 따라 취소·경정 또는 필요한 처분을 하도록 하는 결정유형이다(지방세기본법 제100조, 국세기본법 제65조 제1항 제3호 단서). 독립된 종국결정이기는 하나 후속처분에 의하여 비로소 납세자의 권리구제 여부가 판가름나는 중간적 성격을 띤다. 재조사결정 자체에 대한 불복은 허용되지 않는다(소순무·윤지현, 238쪽).

185) 소순무·윤지현, 198쪽.

았거나 필요한 처분을 받지 못하여 권리 또는 이익을 침해당한 자는 이의신청 또는 심판청구를 할 수 있다(지방세기본법 제89조 제1항).

'필요한 처분을 받지 못함'이란 처분청이 ① 비과세·감면신청에 대한 결정, ② 지방세의 환급, ③ 압류해제, ④ 기타 ① 내지 ③에 준하는 사항을 명시적 또는 묵시적으로 거부하거나(거부처분) 아무런 의사표시를 하지 아니하는 것(부작위)을 말한다.[186] '권리 또는 이익을 침해당한 자'라 함은 위법·부당한 처분을 받거나 필요한 처분을 받지 못한 직접적인 당사자를 말한다. 제3자적 지위에 있는 자도 당해 위법·부당한 처분으로 인하여 자신의 권리 또는 이익의 침해를 당한 경우는 불복청구할 수 있다. 다만, 간접적 반사적인 이익의 침해를 받은 자는 불복청구를 할 수 없다.[187]

그러나 ① 이의신청, 심판청구에 대한 처분(다만, 이의신청에 대한 처분에 대하여 심판청구를 하는 경우는 제외한다), ② 지방세기본법 제121조 제1항에 따른 통고처분, ③ 감사원법 따라 심사청구를 한 처분이나 그 심사청구에 대한 처분, ④ 과세전적부심사의 청구에 대한 처분, ⑤ 지방세기본법에 따른 과태료의 부과에 대하여는 이의신청 등을 할 수 없다(지방세기본법 제89조 제2항). 일반적으로 신고납세방식의 경우 납세의무자가 그 과세표준과 세액을 신고하는 때에 세액이 확정되어 신고와 함께 세액을 납부할 의무가 있는 것으로서, 납세의무자가 과세표준과 세액의 신고만 하고 세액을 납부하지 아니하여 과세관청이 신고한 사항에 대하여 아무런 경정 없이 신고내용과 동일한 세액을 납부하도록 고지한 것은 확정된 조세의 징수를 위한 징수처분일 뿐(확정된 세액을 징수하기 위한 절차에 불과할 뿐) 이의신청 등의 대상이 되는 과세처분으로 볼 수는 없어[188] 이에 대한 이의신청 등은

---

186) 지방세기본법 운영 예규 89 - 2.
187) 지방세기본법 운영 예규 89 - 3. 제2차 납세의무자로 지정되어 납부통지서를 받은 납세의무자는 그 납부통지에 대하여 불복청구를 할 수 있다. 제2차 납세의무자 또는 납세보증인은 납부통지된 처분에 대하여 불복한 경우에 그 납부통지의 원천이 된 본래 납세의무자에 대한 처분의 확정 여부에 관계없이 독립하여 납부통지된 세액의 내용에 관하여 다툴 수 있다(지방세기본법 운영 예규 89 - 5).
188) 대법원 2004. 9. 3. 선고 2003두8180 판결, 조심 2014지1223, 2014. 9. 3. 결정 등 참조. 납세자로서는 경정청구를 한 후 경정청구거부처분에 대하여 이의신청 등으로 불복하여야 한다.

부적법하다.

나. 이의신청

이의신청이란 지방세기본법 또는 지방세관계법에 의한 처분으로서 위법 또는 부당한 처분을 받거나 필요한 처분을 받지 못함으로써 권리 또는 이익의 침해를 당한 자가 이에 불복하여 과세관청에 문서로 신청하는 것을 말한다(지방세기본법 제89조 제1항).

지방세기본법 제90조, 같은 법 시행령 제59조 제1항에 의하면, 이의신청은 불복의 사유 등 일정한 사항을 기재한 이의신청서에 의하도록 규정하고 있으므로 이의신청은 서면행위로서 구두에 의한 이의신청은 인정되지 않는다.[189]

(1) 이의신청기간

이의신청인은 이의신청을 하려면 그 처분이 있은 것을 안 날 또는 처분의 통지를 받았을 때에는 그 통지를 받은 날로부터 90일 이내에 신청해야 한다(지방세기본법 제90조).[190]

'처분이 있음을 안 날'이란 당사자가 통지, 공고 기타의 방법에 의하여 당해 처분이 있었다는 사실을 현실적으로 안 날을 의미한다.[191] 추상적으로 알 수 있었던 날을 의미하는 것이 아니다. '통지를 받은 날'이란 사회통념상 해당 통지가 있었던 것을 실제로 알 수 있는 객관적 상태에 있었던 날을 의미한다.

한편 기간의 계산에 있어 초일은 산입되지 않으므로(지방세기본법 제23조, 민법 제

---

189) 대법원 1993. 10. 12. 선고 93누12190 판결 참조.
190) 위 기간 내에 이의신청을 하지 않으면 각하된다(지방세기본법 제96조 제1항 제1호). 주의할 것은 위 기간 내에 이의신청을 하였다고 하더라도 지방자치단체의 장은 그 신청의 서식 또는 절차에 결함이 있는 경우와 불복사유를 증명할 자료의 미비로 심의할 수 없다고 인정될 경우에는 20일간의 보정기간을 정하여 문서로 그 결함의 보정을 요구할 수 있고(지방세기본법 제95조 제1항), 보정요구를 받은 이의신청인이 보정기간 내에 필요한 보정을 하지 아니한 경우 역시 이의신청은 각하된다는 것이다(지방세기본법 제96조 제1항 제1호). 다만 '필요한 보정'이 무엇인지 명확하지 않고 이의신청 기간 내에 이의신청을 한 자의 권리구제를 위해서는 미보정을 이유로 한 각하는 제한적으로 인정되어야 할 것이다.
191) 대법원 1991. 6. 28. 선고 90누9521 판결.

157조) '그 처분이 있은 것을 안 날' 또는 '통지를 받은 날'의 다음날부터 90일을 계산하면 된다.

청구인이 이의신청을 취하한 경우에도 청구기간 내에는 다시 이의신청을 할 수 있다.[192]

(2) 이의신청 대상기관(피신청기관, 지방세기본법 제90조)

① 시·도지사 : 특별시세·광역시세·도세[도세 중 특정부동산에 대한 지역 자원시설세 및 시·군세에 부가하여 징수하는 지방교육세와 특별시세·광 역시세 중 특별시분 재산세, 특정부동산에 대한 지역자원시설세 및 구세 (군세 및 특별시분 재산세를 포함한다)에 부가하여 징수하는 지방교육세는 제외]

② 특별자치시장·특별자치도지사 : 특별자치시세·특별자치도세

③ 시장·군수·구청장 : 시·군·구세[도세 중 특정부동산에 대한 지역자원 시설세 및 시·군세에 부가하여 징수하는 지방교육세와 특별시세·광역시 세 중 특별시분 재산세, 특정부동산에 대한 지역자원시설세 및 구세(군세 및 특별시분 재산세를 포함)에 부가하여 징수하는 지방교육세를 포함]. [ ]속의 지방세에 대하여 시장·군수·구청장에게 이의신청하도록 한 것은 시· 군·구세의 고지서에 병기되어 동시에 부과징수 되는 위 각 지방세 특성 상 그 본세와 동시에 처리함으로써 납세의무자에게 편의를 제공하고 행정 의 효율성을 제고하기 위함이다.

(3) 결정 및 송달

불복청구 결정기관은 접수된 날로부터 90일 내에 이를 지방세심의위원회의 의결에 따라 결정하여 이의신청인에게 이유를 함께 기재한 결정서를 송달하여 야 한다(지방세기본법 제96조 제1항). 위 90일의 기산일은 결정기관에 접수된 날의 다음 날로부터 계산하고 보정요구 기간은 제외한다(지방세기본법 제95조 제3항).

이의신청에 따른 결정은 해당 처분청을 기속한다(지방세기본법 제96조 제2항).

---

192) 지방세기본법 운영 예규 91-2.

(4) 결정에 대한 불복

이의신청에 대하여는 그 결정의 통지를 받은 날로부터 90일 이내에 조세심판원장에게 심판청구를 할 수 있다(지방세기본법 제91조 제1항). 감사원에 심사청구를 할 수도 있다. 지방세심판전치주의를 채택하고 있기 때문에 이의신청을 한 경우에는 심판청구나 감사원에 대한 심사청구를 거쳐야만 행정소송을 제기할 수 있다.

다. 조세심판원에 대한 심판청구

심판청구는 조세심판원으로 일원화되었다. 심판청구는 이의신청을 거친 후에 하거나 거치지 아니하고 바로 심판청구를 할 수도 있다.

이의신청을 거친 후 심판청구를 할 때에는 이의신청에 대한 결정 통지를 받은 날부터 90일 이내에 조세심판원장에게 심판청구를 하여야 한다(지방세기본법 제91조 제1항). 이의신청에 대한 결정기간(지방세기본법 제96조)에 이의신청에 대한 결정 통지를 받지 못한 경우에는 결정 통지를 받기 전이라도 그 결정기간이 지난 날부터 심판청구를 할 수 있다(지방세기본법 제91조 제2항).

이의신청을 거치지 아니하고 바로 심판청구를 할 때에는 그 처분이 있은 것을 안 날(처분의 통지를 받았을 때에는 통지받은 날)부터 90일 이내에 조세심판원장에게 심판청구를 하여야 한다(지방세기본법 제91조 제3항).

라. 결정의 효력(기속력)

(1) 이의신청에 따른 결정이나 조세심판원의 결정은 해당 처분청을 기속한다(지방세기본법 제96조 제2항, 제100조, 국세기본법 제80조 제1항). 따라서 불복사유가 인정되어 취소되었다면 동일사항에 관하여 특별한 사유 없이 다시 종전 처분을 되풀이 할 수 없다.[193] 다만 기속력은 결정의 주문 및 그 전제가 된 요건사실의 인정과 판단, 즉 처분 등의 구체적 위법사유에 관한 판단에만 미친다고 할 것이고,[194] 종전 처분이 재결에 의하여 취소되었다 하

---

193) 대법원 2019. 1. 31. 선고 2017두75873 판결, 대법원 2017. 3. 9. 선고 2016두56790 판결, 대법원 2010. 6. 24. 선고 2007두18161 판결 등 참조.

더라도 종전 처분시와는 다른 사유를 들어서 처분을 하는 것은 기속력에 저촉되지 않는다고 할 것이며, 여기에서 동일 사유인지 다른 사유인지는 종전 처분에 관하여 위법한 것으로 재결에서 판단된 사유와 기본적 사실관계에 있어 동일성이 인정되는 사유인지 여부에 따라 판단되어야 한다.[195] 그리고 부과처분을 취소하는 결정이 있는 경우 당해 처분청은 결정의 취지에 반하지 아니하는 한, 그 결정에 적시된 위법사유를 시정·보완하여 정당한 조세를 산출한 다음 새로이 이를 부과할 수 있는 것이고, 이러한 새로운 부과처분은 결정의 기속력에 저촉되지 아니한다.[196]

(2) 해당 처분청은 결정의 취지에 따라 즉시 필요한 처분을 하여야 한다(지방세기본법 제96조 제3항, 제100조, 국세기본법 제80조 제2항).

3. 감사원에 대한 심사청구

감사원의 감사를 받는 자의 직무에 관한 처분이나 그 밖의 행위에 관하여 이해관계가 있는 자는 감사원에 그 심사의 청구를 할 수 있다(감사원법 제43조 제1항). 지방자치단체는 감사원의 감사를 받는 자에 해당하여 지방세의 부과·징수는 감사원법에 의한 심사청구의 대상이 된다. 따라서 지방세에 관한 처분(위법·부당한 처분을 받았거나 필요한 처분을 받지 못한 경우 등)에 대하여 권리·이익의 침해를 당한 자는 감사원에 심사청구를 제기할 수 있다.

이해관계인은 심사청구의 원인이 되는 행위가 있음을 안 날부터 90일 이내, 그 행위가 있은 날부터 180일 이내에 심사청구를 하여야 한다(감사원법 제44조 제1항).

감사원에 제기하는 심사청구에 대한 결정은 행정심판을 거친 것으로 본다

---

194) 대법원 2001. 3. 23. 선고 99두5238 판결, 대법원 1998. 2. 27. 선고 96누13972 판결 등 참조.
195) 대법원 2005. 12. 9. 선고 2003두7705 판결 참조. 기속력과 기판력은 서로 다르다. 행정심판의 재결은 피청구인인 행정청을 기속하는 효력을 가지므로 재결청이 취소심판의 청구가 이유 있다고 인정하여 처분청에 처분을 취소할 것을 명하면 처분청으로서는 재결의 취지에 따라 처분을 취소하여야 하지만, 나아가 재결에 판결에서와 같은 기판력이 인정되는 것은 아니어서 재결이 확정된 경우에도 처분의 기초가 된 사실관계나 법률적 판단이 확정되고 당사자들이나 법원이 이에 기속되어 모순되는 주장이나 판단을 할 수 없게 되는 것은 아니다(대법원 2015. 11. 27. 선고 2013다6759 판결).
196) 대법원 2001. 9. 14. 선고 99두3324 판결 참조.

(지방세기본법 제98조 제6항). 따라서 감사원법에 의한 심사청구를 거친 경우에는 과세처분에 대하여 바로 행정소송을 제기할 수 있다.[197]

4. 이의신청 · 심판청구와 감사원 심사청구의 관계

동일한 처분에 대하여 이의신청 또는 심판청구와 감사원 심사청구를 중복 제기한 경우에는 청구인에게 감사원 심사청구를 취하하지 아니하면 불복신청이 각하됨을 통지하여야 한다. 다만, 감사원 심사청구가 청구기간을 경과한 때에는 이의신청 또는 심판청구의 기간 내에 제기된 불복청구를 처리한다.[198]

Ⅲ. 행정(지방세)소송[199]

심판청구를 거친 경우에는 심판청구에 대한 결정의 통지를 받은 날부터 90일 내에 행정소송을 제기하여야 하고(지방세기본법 제98조 제4항), 감사원법에 따른 심사청구를 거친 경우에는 그 심사청구에 대한 결정의 통지를 받은 날로부터 90일 내에 행정소송을 제기하여야 한다(감사원법 제46조의2).

행정심판(이의신청, 감사원에 대한 심사청구, 조세심판원에 대한 심판청구)과 달리 위법한 처분만이 행정소송(취소소송)의 대상이 된다(행정소송법 제4조 제1호 참조).

---

197) 현재 최종적인 행정심판은 조세심판원의 심판청구와 감사원의 심사청구 등 두 갈래로 운영되고 있다. 이로 인해 비효율, 전문성 저하, 판단 저촉, 납세자의 불편 등 여러 가지 문제가 발생하고 있다. 현실적으로 감사원의 심사청구는 존재감이 없다는 점에서 최종적인 행정심판은 조세심판원의 심판청구로 단일화할 필요가 있다.
198) 지방세기본법 운영 예규 89-4 참조.
199) 여기서는 조세행정소송 중 항고소송, 그 중에서도 취소소송을 말한다. 조세행정소송에는 항고소송(취소소송, 무효등확인소송, 부작위위법확인소송), 당사자소송, 민중소송, 기관소송 등이 있다. 조세행정소송에 관한 구체적인 내용에 관하여는 「소순무 · 윤지현, 96~104쪽」을 참조할 것.

제6절 지방세의 징수[200]

납세의무가 확정된 지방세 및 체납처분비 등 지방자치단체의 징수금(지방세기본법 제2조 제1항 제22호)을 납세자가 임의로 납부하지 아니한 경우 그 납세의무의 이행을 구하는 일련의 절차를 지방세의 징수라 한다(지방세기본법 제2조 제1항 제18호).

지방세의 징수절차는 납세의 고지 등(임의징수절차), 독촉(임의징수절차), 체납처분(강제징수절차)으로 이루어진다. 구체적인 내용은 지방세징수법에서 규정하고 있다.

Ⅰ. 납세의 고지 등

1. 납세의 고지

가. 의 의

납세의 고지는 납세자에게 그 지방세의 과세연도, 세목, 세액 및 그 산출근거, 납부기한과 납부장소를 구체적으로 밝힌 문서(전자문서를 포함한다)로 알려 구체적으로 확정된 납세의무의 이행을 청구하는 것이다. 지방자치단체의 장은 지방세를 징수하려면 납세자에게 납부할 지방세의 과세연도·세목·세액 및 납부기한, 세액의 산출근거와 납부장소를 적은 납세고지서나 납부통지서[201]로 하여야 한다(지방세징수법 제12조 제1항, 같은 법 시행령 제20조).

납세의 고지를 문서로 하도록 한 것은 지방세는 직접적인 반대급부 없이 지방세법이 유보하고 있는 과세요건사실을 충족하는 모든 자에게 강제적으로 부과되는 재산권 침해적 성격이 있기 때문에 함부로 과세권을 남용하지 못하도록 하기 위함이다.

신고납세방식이나 자동확정방식에 의한 지방세는 납부기한까지 납부하지 아

---

200) 지방세의 징수는 지방세법이 정한 방법과 절차에 따라서만 이루어져야 하므로 상계는 허용되지 않는다(지방세징수법 제21조, 대법원 1988. 6. 14. 선고 87다카3222 판결 참조).
201) 납세고지서는 납세의무자나 연대납세의무자, 납부통지서는 제2차 납세의무자나 보증인에 대한 것이다. 국세의 경우는 2021. 1. 1.부터 양자를 구별하지 아니하고 '납부고지'로 용어를 통일하였다(국세징수법 제7조).

니한 경우 납세고지서를 발급한다. 부과과세방식에 의한 지방세는 납세의무를 확정짓는 부과고지와 함께 납세고지서가 발급된다.

나. 납세고지의 성격

납세고지는 지방세채무를 확정하는 부과처분의 성격과 확정된 지방세의 이행을 명하는 징수처분으로서의 성격을 겸하고 있다.[202] 반면 신고납부방식의 지방세에서 납세의무자가 과세표준과 세액을 신고만 하고 세액을 납부하지 않아 지방자치단체가 해당 세액을 징수하고자 할 경우 또는 성립과 동시에 자동적으로 확정되는 특별징수하는 지방세의 특별징수의무자에게 납세고지를 하는 경우의 납세고지는 지방세의 징수를 위한 징수처분의 성격만을 갖는다.

이와 같이 납세고지는 지방세의 부과와 징수절차에서 필수적인 요소로서 부과처분은 납세고지에 의해 완결되고 징수처분은 납세고지에 의해 개시된다.

다. 납세고지서의 기재사항

납세고지서에는 납부할 지방세의 과세연도·세목·세액 및 납부기한, 세액의 산출근거와 납부장소를 기재하여야 한다(지방세징수법 시행령 제20조).

납세고지서에 세액의 산출근거 등의 기재를 요구하는 것은 단순한 세무행정상의 편의를 위한 훈시규정이 아니라, 헌법과 지방세기본법에 규정된 조세법률주의의 원칙에 따라 과세관청의 자의를 배제하고 신중하고도 합리적인 과세처분을 하게 함으로써 조세행정의 공정을 기함과 아울러 납세의무자에게 부과처분의 내용을 자세히 알려주어 이에 대한 불복 여부의 결정과 불복신청의 편의를 주려는데 그 근본취지가 있으므로, 이 규정들은 강행규정으로 보아야 한다.[203] 이처럼 납세고지서에 관한 법령 규정들은 강행규정으로서 이들 법령이 요구하는 기재사항 중 일부를 누락시킨 하자가 있는 경우 이로써 그 부과처분은 위법하게 된다. 다만 납세고지서 작성과 관련한 하자는 그 고지서가 납세의무자

---

202) 대법원 1993. 12. 21. 선고 93누10316 판결 참조.
203) 대법원 2002. 11. 13. 선고 2001두1543 판결 참조.

에게 송달된 이상 과세처분의 본질적 요소를 이루는 것은 아니어서 과세처분의 취소사유가 될 뿐 당연무효사유는 아니다.[204) 따라서 납세고지서의 필요적 기재사항을 누락하는 것과 같은 절차적 위법을 이유로 부과처분이 취소된 경우 처분청은 다시 납세고지서의 누락사항을 기재한 고지를 하는 등의 적법한 절차를 거쳐 새로운 처분을 할 수 있다.[205) 한편 과세처분의 납세고지서가 적법하게 송달되지 않은 경우 그 과세처분은 무효라 할 것이다.[206)

하나의 납세고지서에 의하여 본세와 가산세를 함께 부과할 때에는 납세고지서에 본세와 가산세 각각의 세액과 산출근거 등을 구분하여 기재하여야 하고, 여러 종류의 가산세를 함께 부과하는 경우에는 그 가산세 상호 간에도 종류별로 세액과 산출근거 등을 구분하여 기재하여야 하므로, 본세와 가산세 각각의 세액과 산출근거 및 가산세 상호 간의 종류별 세액과 산출근거 등을 제대로 구분하여 기재하지 아니한 채 본세와 가산세의 합계액 등만을 기재한 경우에도 그 과세처분은 위법하다.[207)

---

204) 대법원 2012. 10. 18. 선고 2010두12347 전원합의체 판결, 대법원 1998. 6. 26. 선고 96누12634 판결 등 참조.
205) 대법원 2010. 6. 24. 선고 2007두16493 판결 참조.
206) 대법원 2021. 4. 29. 선고 2020다287761 판결, 대법원 2010. 5. 13. 선고 2009두3460 판결, 대법원 1995. 8. 22. 선고 1995누3909 판결 등 참조. 민사소송에서 어느 행정처분의 당연무효 여부가 선결문제로 되는 때에는 당사자는 행정처분의 당연무효를 주장할 수 있으나, 이 경우 행정처분의 당연무효를 주장하는 자에게 그 행정처분이 무효인 사유를 주장·증명할 책임이 있다(대법원 2012. 6. 14. 선고 2010다86723 판결, 대법원 2010. 5. 13. 선고 2009두3460 판결 등 참조). 납세자가 납세고지서를 적법하게 송달받은 적이 없어 과세처분 자체가 무효라는 이유로 납부한 세금 상당의 부당이득반환을 구하려면 납세자가 납부한 세금의 원인이 된 과세처분이 무효인 사유 즉, 과세처분의 납세고지서가 적법하게 송달되지 않았음을 증명하여야 한다(위 2020다287761 판결).
207) 대법원 2015. 10. 15. 선고 2015두36652 판결, 대법원 2012. 10. 18. 선고 2010두12347 전원합의체 판결 등 참조.

라. 제2차 납세의무자·양도담보권자등에 대한 납부고지

(1) 제2차 납세의무자에 대한 납부고지

(가) 납부고지 방법

납부고지란 지방세징수권자가 납세자로부터 징수하고자 하였던 납세액 중 징수하지 못한 징수부족액에 관하여 제2차 납세의무자 또는 납세보증인 및 양도담보권자등으로부터 징수하고자 하는 금액을 결정하여 그에 관한 납부통지서를 송달함으로써 이행을 구하는 행정처분을 말한다.

지방자치단체의 장은 납세자 지방자치단체의 징수금을 제2차 납세의무자(보증인을 포함한다)로부터 징수하려면 제2차 납세의무자에게 징수하려는 지방자치단체의 징수금의 과세연도·세목·세액 및 그 산출근거·납부기한·납부장소와 제2차 납세의무자로부터 징수할 금액 및 그 산출근거, 그 밖에 필요한 사항을 기록한 납부통지서로 고지하여야 한다(지방세징수법 제15조). 주된 납세의무자에 대한 납세고지서에 그 세액산출근거를 명시하지 아니하였다고 할지라도 그 부과처분이 무효이거나 취소되지 아니한 이상 제2차 납세의무자에 대한 납부통지를 하면서 그 과세표준과 세액의 계산명세서를 기재한 서류를 첨부하였다면 그 부과처분은 적법하다.[208) 제2차 납세의무는 주된 납세의무와의 관계에서 이른바 부종성과 보충성을 가지는 것이지만 제2차 납세의무자에 대한 납부고지는 형식적으로는 독립된 부과처분이기 때문이다.

(나) 징수유예 등과의 관계

주된 납세자(제2차 납세의무의 원인이 된 납세의무를 지는 자를 말한다)의 지방세에 관하여 징수를 유예한 기간중에 있어서는 그 지방세의 제2차 납세의무자에 대하여 납부통지서를 발부하거나 체납처분을 하지 아니한다. 그러나 제2차 납세의무자에 대하여 한 징수유예는 주된 납세자에 대하여 효력을 미치지 아니한다.

주된 납세자의 지방세에 대하여 환가의 유예를 한 경우에는 제2차 납세의무자에 대하여 납부통지서를 발부하거나 체납처분을 할 수 있다.[209)

---

208) 대법원 1985. 3. 26. 선고 83누689 판결.

(2) 양도담보권자등에 대한 납부고지

양도담보권자나 종중재산의 명의수탁자로부터 납세자에 대한 지방자치단체의 징수금을 징수할 때에도 미리 납부의 고지를 하여야 한다(지방세징수법 제16조, 지방세기본법 제75조).

마. 연대납세의무자에 대한 납세고지

연대납세의무자에게 납세고지를 할 때에는 연대납세의무자 전원을 납세고지서에 기재하여야 하며, 그 각각의 납세의무자에게 납세고지서를 보내야 한다(지방세기본법 제28조 제2항).

바. 납세고지서 하자의 치유

하자 있는 행정행위의 치유는 행정행위의 성질이나 법치주의의 관점에서 볼 때 원칙적으로 허용될 수 없는 것이고 예외적으로 행정행위의 무용한 반복을 피하고 당사자의 법적 안정성을 위해 이를 허용하는 때에도 국민의 권리나 이익을 침해하지 않는 범위에서 구체적 사정에 따라 합목적적으로 인정하여야 할 것이다.[210) 납세고지서 기재사항의 하자에 대한 보완이나 치유에 관하여도 마찬가지이다.

한편 과세관청이 과세처분에 앞서 납세의무자에게 보낸 과세예고통지서 등에 의하여 납세의무자가 그 처분에 대한 불복 여부의 결정 및 불복신청에 전혀 지장을 받지 않았음이 명백하다면, 이로써 납세고지서의 흠이 보완되거나 치유되었다고 볼 수 있지만, 이와 같이 납세고지서의 흠을 사전에 보완할 수 있는 서면은 법령 등에 의하여 납세고지에 앞서 납세의무자에게 교부하도록 되어 있어 납세고지서와 일체를 이룰 수 있는 것에 한정되어야 하고, 거기에는 납세고지서의 필수적 기재사항이 제대로 기재되어 있어야 한다.[211)

---

209) 국세징수법 기본통칙 12-0…1 참조.
210) 대법원 1992. 5. 8. 선고 91누13274 판결.
211) 대법원 2015. 10. 15. 선고 2015두36652 판결, 대법원 2005. 10. 13. 선고 2005두5505 판결 등 참조.

사. 납세고지 등의 효력

납세자가 납세고지서 또는 납부고지서에 정하여진 날(지정납부기한)까지 세액을 납부하지 아니하면 지방자치단체의 장은 독촉을 거쳐 체납처분에 의해 그 만족을 얻는다.

납세고지는 지방세징수권의 소멸시효 중단사유이다(지방세기본법 제40조 제1항 제1호).

2. 납기 전 징수

지방세채권에 대한 납기 또는 납부기한은 납세자의 담세력을 신용하고 일정한 준비기간을 마련해서 원활한 징수의 목적을 달성시키기 위하여 설정된 것이며, 특히 납부기한은 납세자의 이익을 위한 것으로(민법 제153조 제1항), 납기가 도래하기까지는 강제적으로 지방세채권을 실현하기 위한 절차를 밟을 수 없는 것이나, 납세자에게 '자력상실이나 신용실추' 등과 같은 법이 정하는 일정한 사정 즉, 법정의 납기 전 징수사유[212)가 생긴 경우에 당초의 납부기한까지 기다려서는 당해 납세자가 납부하여야 할 세금의 징수를 확보할 수 없다고 인정하는 때에, 지방자치단체의 장은 납세자가 가지는 기한의 이익을 박탈하여 징수의 확보를 도모할 수 있다(지방세징수법 제22조). 이것을 납기 전 징수라 한다.

납기 전이라도 징수할 수 있는 지방자치단체의 징수금은 ① 신고납부를 하거

---

212) 납기 전 징수사유는 납세자가 ① 국세, 지방세, 그 밖의 공과금의 체납으로 강제징수 또는 체납처분이 시작된 경우, ②「민사집행법」에 따른 강제집행이 시작되거나「채무자 회생 및 파산에 관한 법률」에 따른 파산선고를 받은 경우, ③ 경매가 시작된 경우, ④ 법인이 해산한 경우, ⑤ 지방자치단체의 징수금을 포탈하려는 행위가 있다고 인정되는 경우, ⑥「어음법」및「수표법」에 따른 어음교환소에서 거래정지처분을 받은 경우, ⑦ 납세자가 납세관리인(지방세기본법 제139조)을 정하지 아니하고 국내에 주소 또는 거소를 두지 아니하게 된 경우, ⑧「신탁법」에 따른 신탁을 원인으로 납세의무가 성립된 부동산의 소유권을 이전하기 위하여 등기관서의 장에게 등기를 신청하는 경우이다(지방세징수법 제22조 제1항).
여기서 강제집행이라 함은「민사집행법」제2편에 의한 강제집행을 말하는 것이나 가압류 및 가처분은 포함되지 아니한다(지방세징수법 운영 예규 22-4). 지방자치단체의 징수금을 포탈하려는 행위라 함은 사기, 기타 부정한 방법으로 지방세 등을 면하거나 면하고자 하는 행위, 지방세 등의 환급·공제를 받거나 받고자 하는 행위 또는 지방세 등의 체납처분의 집행을 면하거나 면하고자 하는 행위를 말한다(지방세징수법 운영 예규 22-5).

나 납세의 고지를 하는 지방세, ② 특별징수하는 지방세, ③ 납세조합[213]이 징수하는 지방세로서 지방자치단체의 장이 납부기한까지 기다려서는 해당 지방세를 징수할 수 없다고 인정하는 것으로 한정한다(지방세징수법 시행령 제27조).

지방세 납기 전 징수의 시효와 관련하여 납기 전 징수는 본래의 납부기한 전에 행하는 것이므로 납기 전 징수 고지 당시에는 아직 징수권 내지 지방세채권의 시효기간은 진행하지 아니하므로 시효중단의 여지가 없다. 그러나 납기 전 징수의 고지를 하게 되면 당해 지방세 징수권의 시효기간은 새로 지정된 납부기한의 경과에 의하여 진행하는 것이므로 그 납기 전 징수에 따른 압류에 의하여 그 징수권의 시효는 중단된다.

3. 징수유예

가. 납기 시작 전의 징수유예

(1) 의의

납기 시작 전의 징수유예는 납세자[214]가 재해 또는 도난 등 기타의 사유로 재산에 현저한 손실을 입었거나 사업이 중대한 위기에 처한 사유 등으로 지방세를 납부할 수 없다고 인정될 경우[215] 그 징수 부담을 완화하여 납세자금 조달을 위

---

213) 소득세법 제149조 내지 제153조 참조.

214) 납세자에는 특별징수의무자, 승계납세의무자, 연대납세의무자, 제2차 납세의무자 및 보증인이 포함된다(지방세징수법 운영 예규 25 - 1).

215) 납기 시작 전 징수유예의 사유로 ① 풍수해, 벼락, 화재, 전쟁, 그 밖의 재해 또는 도난으로 재산에 심한 손실을 입은 경우, ② 사업에 현저한 손실을 입은 경우, ③ 사업이 중대한 위기에 처한 경우, ④ 납세자 또는 동거가족이 질병이나 중상해(重傷害)로 6개월 이상의 치료가 필요한 경우 또는 사망하여 상중(喪中)인 경우, ⑤ 조세조약에 따라 외국의 권한 있는 당국과 상호합의절차가 진행 중인 경우, ⑥ ①부터 ④까지의 경우에 준하는 사유가 있는 경우가 있다(지방세징수법 제25조).
위 ⑥에 따른 '①부터 ④까지의 규정에 준하는 사유가 있는 경우'란 징수절차를 즉시 강행할 경우 납세자에게 돌이킬 수 없는 손해를 가하여 경제생활을 위태롭게 할 우려가 있는 경우로서 다음의 어느 하나에 해당하는 경우를 말한다(지방세징수법 운영 예규 25 - 8).
1. 납세자와 「지방세기본법 시행령」 제3조 제1항에 따른 친족관계에 있는 자(동거가족을 제외한다)가 질병이 있어 납세자가 그 치료비용을 부담해야 하는 경우
2. 사업을 영위하지 아니하는 납세자로서 소득이 현저히 감소하거나 전혀 없는 경우
3. 납세자의 거래처 등이 다음 각 목에 따른 사유가 있어 납세자가 매출채권 등을 회수하

한 시간적인 여유를 주려는 데 그 목적이 있으며 납세자의 고의 또는 중대한 과실에 기인하지 않는 객관적인 사정으로 인하여 납부가 곤란한 경우 상당한 시간적 여유를 줌으로써 강제조치에 의하지 아니하고도 징수의 목적을 달성하고자하는 제도이다(지방세징수법 제25조).

(2) 납기 시작 전 징수유예의 종류

납기 시작 전 징수유예에는 고지유예, 분할고지가 있다(지방세징수법 제25조).

① 고지유예는 납부기간 개시 전에 과세관청이 내부적으로 확정한 세액결정의 통지를 일정한 기간 유예하는 것이다. 납부기간 개시 전이란 납세의 고지를 하는 날 전을 말한다.[216]

② 분할고지는 납세고지를 하기 전에 결정한 세액을 분할하여 고지함으로써 세액을 징수유예 기간 내에 분할하여 납부하도록 하는 것이다.

나. 고지된 지방세 등의 징수유예

(1) 의의

고지된 지방세 등의 징수유예는 지방자치단체의 장이 납세자가 납세의 고지 또는 독촉을 받은 후에 납기 시작 전의 징수유예(지방세징수법 제25조)의 사유가 발생하여 고지된 지방세 또는 체납액을 납부기한까지 납부할 수 없다고 인정할 때에 납부기한을 다시 정하여 징수를 유예(이하 "징수유예"라 한다)하는 것을 말한다(지방세징수법 제25조의2).

기 곤란하게 된 경우
가. 파산선고
나. 회생절차의 개시결정
다. 어음교환소의 거래정지처분
라. 사업의 부진 또는 부도로 인한 휴·폐업
마. 가부터 라까지의 사유와 유사한 사유
4. 「채무자 회생 및 파산에 관한 법률」에 따라 회생절차개시결정을 받고 납부계획서를 제출한 경우
5. 1부터 4까지의 경우와 유사한 경우
216) 국세징수법 기본통칙 15-0···1 참조.

(2) 고지된 지방세 등 징수유예의 종류

① 징수유예는 고지한 지방세의 납부기한이 지나기 전에 징수유예의 사유가 발생하여 그 납부기한을 연장하는 것이다.

② 체납액의 징수유예는 납세자가 납세의 독촉을 받은 후에 징수유예의 사유가 발생하여 그 납부기한을 연장하는 경우를 말한다.

체납액의 징수유예는 확정된 조세채권을 고지 받았으나 이를 납부기한까지 납부하지 아니하여 체납된 세액(지방세와 체납처분비)을 그 대상으로 하여 그 징수절차를 일정기간 정지하는 완화조치다. 따라서 고지유예나 분할고지가 납세의 이행청구를 유예하는 것임에 반하여 체납처분의 유예는 지방세의 강제징수절차인 체납처분으로서의 압류 또는 매각을 유예한다는 점에서 그 성질이 다르다.

(3) 징수유예의 효과

지방자치단체의 장이 징수유예를 한 경우에는 그 징수유예기간이 끝날 때까지 납부지연가산세(지방세기본법 제55조 제1항 제3호, 제4호) 및 특별징수 납부지연가산세(지방세기본법 제56조 제1항 제2호·제3호)를 징수하지 못한다(지방세징수법 제28조 제1항, 제2항).

지방자치단체의 장은 징수유예를 한 기간 중에는 그 유예한 지방세 또는 체납액에 대하여 체납처분(교부청구는 제외한다)을 할 수 없다(지방세징수법 제28조 제3항).

다. 회생계획과 징수유예

채무자회생법은 회생계획에서 지방세채권의 징수유예 등에 관하여 정할 경우 지방세징수법 등에서 정하는 요건이나 절차를 요구하지 않고 있고(제140조 제2항, 제3항), 징수유예 등의 기간 또한 3년 이하까지는 징수의 권한을 가진 자의 의견을 들어 정할 수 있는 것으로 하고 있으며, 체납액의 징수유예를 할 경우 체납액에 대한 납부기한의 도과 여부를 묻지 않고 있는 등 지방세징수법 및 같은 법 시행령의 규정보다는 지방세채권의 징수유예를 할 수 있는 범위를 확대하고 있다. 이는 채무자가 회생절차개시의 신청을 할 때에는 이미 지방세채권의 납부기한이 도과된 경우가 많고, 회생계획의 인가까지 절차적으로 상당한 기간이 필요하여 체납액의 납부기한이 도과하기 전에 징수유예를 정한 회생계획의 인가를 받기 어려운 점과 체납액의 납부기한이 도과된 후에는 회생계획에서 징수유예를 정할 수 없게 하면 회생계획이 수행되는 동안에도 지방세채권에 대하여 납부지연가산세가 계속 부과되어 채무자의 회생이 사실상 어렵게 되는 점 등을 고려하여, 지방세채권의 경우에 이미 발생한 본세 등의 감면은 징수의 권한을 가진 자의 동의 없이 할 수 없게 하는 대신에, 3년을 초과하지 않는 범위 내에서 징수를 유예하는 내용을 회생계획에서 정할 경우에는 징수의 권한을 가진 자의 의견을 들으면 족하도록 함으로써 채무자 또는 그 사업의 효율적인 회생을 도모함과 아울러 채권자·주주·지분권자 등 이해관계인의 법률관계를 합리적으로 조정하려는 것이다.

또한 제251조는 회생계획인가의 결정이 있는 때에는 회생계획이나 채무자회생법의 규정에 의하여 인정된 권리를 제외하고는 채무자는 모든 회생채권과 회생담보권에 관하여 그 책임을 면한다고 규정하고 있는바, 제140조 제2항, 제3항에서 규정하는 지방세채권도 위 제251조에서 규정하는 권리변경의 대상이 되는 회생채권에 속하므로 채무자가 회생계획인가 후 이러한 지방세채권에 대하여 변제하여야 할 채무의 범위는 다른 일반 회생채권과 마찬가지로 인가된 회생계획의 내용에 따라 정해지게 된다. 따라서 회생계획에서 지방세채권에 대하여 징수유예의 규정을 둔 이상, 징수가 유예된 체납액 등에 대하여는 회생계획에서 정한 바에 따라 납부지연가산세가 부과될 수 없는 것이며, 별도로 징수유예에 관한 지방세징수법의 규정이나 지방자치단체 장의 징수유예에 따라 그 효력이 발생하는 것은 아니라고 할 것이다.

이러한 법리에 비추어 보면, 지방세징수법의 규정에 의하여서만 인가된 회생계획에서 정한 징수유예의 효력이 발생하는 것은 아니므로, 회생계획에서는 체납액의 납부기한이 도과된 경우에도 징수유예를 정할 수 있고 회생계획의 인가에 따라 채무자가 부담할 지방세채권의 수액과 기한이 정해진다고 보아야 할 것이며, 따라서 회생계획에서 체납액의 납부기한이 경과된 후에 징수유예를 정하였다고 하여 그러한 회생계획에 대한 인가결정이 지방세징수법을 위반하여 위법하다거나 무효라고 볼 것은 아니다.

그렇다면 징수유예를 정한 회생계획이 체납액의 납부기한 이후에 인가된 경우에도 그 징수유예기간 동안 납부지연가산세를 징수할 수 없다(지방세징수법 제28조 제4항).[217]

Ⅱ. 독촉 또는 납부최고[218]

독촉이란 납세자(제2차 납세의무자는 제외한다)가 납부기한까지 납부하지 아니한 경우 체납처분에 앞서 그 이행을 최고하는 행위를 말한다. 납부최고란 제2차 납세의무자가 납부기한까지 납부하지 아니한 경우 체납처분에 앞서 그 이행을 최고하는 행위를 말한다.

독촉은 독촉장(제2차 납세의무자를 제외한 납세자), 납부최고는 납부최고서(제2차 납세의무자)에 의하여 한다(지방세징수법 제32조).

독촉이나 납부최고는 지방세법에서 채무이행을 재촉한다는 "최고"의 의미에 더하여 지방세 등 공법상의 금전채권에 있어서 압류 등의 체납처분을 하기 위한 전제요건으로서 납세자에게 예고하는 통지행위의 역할도 포함하고 있다.[219]

한편 독촉은 체납처분의 전제가 되나 자동차세의 경우에는 독촉 없이 체납처분이 가능하며(지방세법 제133조), 납기 전 징수를 하는 경우(지방세징수법 제22조)와 확정 전 보전압류(지방세징수법 제33조 제2항, 납세의무가 확정되리라고 추정되는 금액을 한도로 하는 재산압류)를 하는 경우에는 독촉을 요하지 아니한다.[220]

---

217) 대법원 2009. 1. 30.자 2007마1584 결정 참조.
218) 국세의 경우는 2021. 1. 1.부터 납세자 유형을 묻지 않고 모두 '독촉'으로 용어를 통일하였다(국세징수법 제10조).
219) 지방자치단체의 장이 지방세의 납부를 독촉한 후 다시 동일한 내용의 독촉을 하는 경우 최초의 독촉만이 징수처분으로서 항고소송의 대상이 되는 행정처분이 되고 그 후에 한 동일한 내용의 독촉은 체납처분의 전제요건인 징수처분으로서 소멸시효 중단사유가 되는 독촉이 아니라(시효의 중단은 최초의 독촉에 한하여 인정되고 그 이후의 독촉은 시효중단의 효력이 없다) 민법상의 단순한 최고에 불과하여 국민의 권리의무나 법률상의 지위에 직접적으로 영향을 미치는 것이 아니므로 항고소송의 대상이 되는 행정처분이라 할 수 없다(대법원 1999. 7. 13. 선고 97누119 판결 참조).

Ⅲ. 체납처분

납세자가 독촉 또는 납부최고에도 불구하고 세금을 납부하지 아니한 경우 납세자의 재산으로부터 지방세채권의 강제적 실현을 도모하는 것을 체납처분이라 한다. 즉 체납자의 재산을 압류하고 공매방법에 의하여 이를 매각(환가)하며, 배분(청산)에 의하여 체납액에 충당하는 등의 절차를 체납처분이라고 한다.

체납처분에는 협의의 체납처분, 교부청구 및 참가압류가 있다.

1. 협의의 체납처분

협의의 체납처분은 지방자치단체가 납세자의 재산을 압류하여 지방세채권의 만족을 도모하는 절차로, 압류, 매각(환가), 청산(환가대금의 배분)이라는 일련의 절차로 이루어진다.

가. 압 류

지방자치단체의 장은 납세자가 독촉장(납부최고서)을 받고 지정된 기한 내에도 체납된 지방세를 납부하지 아니하거나 지방세징수법 제22조 제1항에 따라 납세자가 납부기한 전에 납부고지를 받고 지정된 기한까지 완납하지 아니한 경우에는 납세자의 재산을 압류한다(지방세징수법 제33조 제1항).[221]

지방자치단체의 장은 체납자가 파산선고를 받은 경우에도 이미 압류한 재산이 있을 때에는 체납처분을 속행하여야 한다(지방세징수법 시행령 제41조).[222]

---

220) 지방세징수법 운영 예규 32-3.
221) ○ **확정 전 보전압류** 납세자가 납기 전 징수사유(지방세징수법 제22조 제1항)가 있어 납세자에게 부과하는 경우로서 납세의무가 확정된 후 그 지방세를 징수할 수 없다고 인정하면 납세의무가 확정되리라고 추정되는 금액을 한도로 하여 납세자의 재산을 압류할 수 있다(지방세징수법 제33조 제2항). 이는 확정 전 보전압류이다.
　　○ **기한 전 보전압류** 납세의 고지 또는 독촉은 받고 납세자가 도피할 우려가 있어 그 납부기한을 기다려서는 고지한 지방세나 그 체납액을 징수할 수 없다고 인정되는 경우에는 납세자의 재산을 압류할 수 있다(지방세징수법 제33조 제3항). 이는 납부기한 전 보전압류이다.
222) 채무자 회생 및 파산에 관한 법률 제349조 제1항에도 같은 취지의 규정이 있다.

지방자치단체의 장은 지방세를 징수하기 위하여 필요한 재산 외의 재산을 압류할 수 없다(지방세징수법 제43조).[223] 민사집행법(제188조 제2항)에서와 마찬가지로 초과압류금지원칙을 규정한 것이다. 다만 채권에 관하여는 필요하다고 인정하는 경우[224] 초과압류를 인정하고 있다(지방세징수법 제53조).

급료·임금·봉급·세비·퇴직연금, 그 밖에 이와 유사한 채권의 압류는 체납액을 한도로 하여 압류 후에 수입(收入)할 금액에 미친다(지방세징수법 제54조). 여기서 "그 밖에 이에 유사한 채권"이란 계속적 지급을 목적으로 하는 계약에 의하여 발생하는 수입을 청구할 수 있는 권리로 임대인과 임차인 사이의 임대차 계약에 따른 차임채권, 예금주와 은행사이의 임차계약에 따른 예금반환채권, 신용카드가맹점 계약에 따른 신용카드매출채권, 사업자 등록에 따른 국세환급금채권, 기성고에 따른 공사대금채권 등이 해당된다.[225] 지방자치단체의 장이 체납자의 계속수입을 압류한 경우에는 겸임, 승급 등으로 증액된 수입의 부분에도 당초의 압류의 효력이 미친다.[226]

나. 매 각

(1) 공매·수의계약

압류재산의 매각은 독촉·압류절차를 진행한 후에도 체납세액이 납부되지 아니한 경우 지방세채권에 충당하기 위하여 압류재산을 공매(지방세징수법 제71조) 또는 수의계약(지방세징수법 제72조)의 방법에 의하여 금전으로 환가하는 것을 말한다.

---

223) 초과압류금지에 위배된 압류는 위법하나 당연무효는 아니다(대법원 1986. 11. 11. 선고 86누479 판결).
224) "필요하다고 인정"하는 경우라 함은 당해 채권에 대한 채무자의 자력상태가 그 이행이 확실하다고 인정할 수 없는 경우 또는 당해 채권에 대하여 지방세보다 우선하는 질권이 설정된 경우 등으로서 압류에 관련된 지방세의 징수가 확실하지 아니한 것으로 인정되어 세무공무원이 채권의 전부를 압류할 필요가 있다고 인정하는 경우로 한다(지방세징수법 운영 예규 53-1).
225) 지방세징수법 운영 예규 54-1 참조.
226) 지방세징수법 운영 예규 54-2.

(가) 공 매

공매란 공적기관에 의하여 소유자의 의사에 관계없이 강제적으로 매수의 기회를 일반에게 공개하여 행하는 매매를 말한다. 지방세징수법상 공매는 매수의 기회를 일반에게 공개하여 강제적으로 환가하는 처분으로서 체납 처분절차의 한 단계를 이루며 입찰 또는 경매에 의한다(지방세징수법 제71조, 국세징수법 제67조 제1항 참조). 입찰은 문서로, 경매는 구술로 청약자 중에서 최고가 신청인을 정하는 방법이다.

공매의 주체는 지방자치단체의 장이 되는 것이 원칙이지만, 압류한 재산의 공매에 전문 지식이 필요하거나 그 밖에 특수한 사정이 있어 직접 공매하기에 적당하지 아니하다고 인정할 때에는 한국자산관리공사 또는 지방세조합으로 하여금 공매를 대행하게 할 수 있다. 이 경우 공매는 지방 자치단체의 장이 한 것으로 본다(지방세징수법 제103조의2 제1항).[227]

공매의 성질은 매매로 보아야 한다(민법 제578조 참조).[228] 매수인은 매수대 금을 납부한 때에 매각재산을 취득하며(승계취득),[229] 지방자치단체의 장이 매수대금을 수령하였을 때에는 체납자로부터 매수대금 만큼의 체납액을 징수한 것으로 본다(지방세징수법 제94조).[230]

---

[227] **전문매각기관의 매각대행** 지방자치단체의 장은 압류한 재산이 예술적·역사적 가치가 있어 가격을 일률적으로 책정하기 어렵고, 그 매각에 전문적인 식견이 필요하여 직접 매각하기에 적당하지 아니한 물품(이하 "예술품등"이라 한다)인 경우에는 직권이나 납세자의 신청에 따라 예술품등의 매각에 전문성과 경험이 있는 기관 중에서 전문매각기관을 선정하여 예술품등의 매각을 대행하게 할 수 있다(지방세징수법 제103조의3 제1항).

[228] 대법원 1991. 10. 11. 선고 91다21640 판결, 대법원 1964. 5. 12. 선고 63다663 판결, 대법원 1961. 11. 2. 선고 4293민상590 판결 등 참조.

[229] ○ 지방세징수법 운영 예규 94－1【매각재산의 승계취득】법 제94조 제1항의 "매각재산을 취득한다"라 함은 매수인이 체납자로부터 매각재산을 승계적으로 취득함을 말한다.
　　○ 지방세징수법 운영 예규 94－2【위험부담의 이전시기】매각재산의 매각에 따른 위험 부담의 이전시기는 매수대금의 전액을 납부한 때로 한다. 따라서 매각재산의 매수인으로부터 매수대금의 전액을 납부받기 전에 그 재산상에 생긴 위험(예를 들면, 소실·도난 등)은 체납자가 부담하고 매수대금의 납부가 있은 후에 그 재산상에 생긴 위험은 그 재산의 등기절차, 현실의 인도 유무에 불구하고 매수인이 부담한다.

[230] 지방세징수법 운영 예규 94－3【징수한 것으로 본다】법 제94조 제2항에서 "징수한 것으로 본다"라 함은 공매를 집행하는 공무원이 매각대금을 영수한 때에 그 매각대금에 관한 위

한편 「채무자 회생 및 파산에 관한 법률」 제44조(다른 절차의 중지명령 등)에 따라 법원이 체납처분의 중지를 명한 때와 같은 법 제58조 제3항(회생절차 개시결정으로 인한 체납처분절차의 중지)에 따라 체납처분이 중지된 때, 같은 법 제140조(벌금·조세 등의 감면)에 따라 회생계획에서 징수유예 또는 환가의 유예가 인가된 때에는 공매가 제한된다.[231]

(나) 수의계약

수의계약이란 압류재산의 매각을 입찰·경매 등의 경쟁방법에 의하지 아니하고 지방자치단체의 장 또는 한국자산관리공사가 매수인과 가액을 결정하여 매각하는 계약을 말한다.[232]

수의계약은 수의계약으로 매각하지 아니하면 매각대금이 체납처분비에 충당하고 남을 여지가 없는 경우, 부패·변질 또는 감량되기 쉬운 재산으로서 속히 매각하지 아니하면 재산가액이 줄어들 우려가 있는 경우, 압류한 재산의 추산(推算) 가격이 1천만 원 미만인 경우, 법령으로 소지(所持) 또는 매매가 규제된 재산인 경우,[233] 제1회 공매 후 1년간 5회 이상 공매하여도 매각되지 아니한 경우, 공매하는 것이 공익을 위하여 적절하지 아니한 경우[234]에 할 수 있다(지방세징수법 제72조 제1항).

험(예 : 유실·도난 등)의 부담을 체납자가 면하는 것(따라서 매수대금의 영수 후 위험이 발생하여도 체납자의 지방세를 소멸시키는 효과에는 영향이 없다)과 당해 체납액에 관한 납부지연가산세의 계산(법 제31조 참조)이 매각대금을 영수한 시점에서 정지되는 것을 말한다.

231) 지방세징수법 운영 예규 71 – 4 제4호(제58조 제2항은 제58조 제3항의 오기다), 제5호.
232) 지방세징수법 운영 예규 72 – 1.
233) 지방세징수법 운영 예규 72 – 5.
234) 공매하는 것이 공익을 위하여 적절하지 아니한 경우란 「공익사업을 위한 토지 등의 취득 및 보상에 관한 법률」, 「국토의 계획 및 이용에 관한 법률」 등에 따라 토지를 수용할 수 있는 자로부터 압류 토지를 수용할 뜻이 고지된 때, 「징발법」의 규정에 따라 징발관이 압류물건을 징발할 의사가 있음을 통지한 때 등을 말한다(지방세징수법 운영 예규 72 – 6).

(2) 배분요구

공매공고의 등기 또는 등록(지방세징수법 제79조) 전까지 등기되지 아니하거나 등록되지 아니한 채권자[235]가 배분을 받기 위해서는 반드시 배분요구의 종기까지 지방자치단체의 장에게 배분을 요구하여야 한다(지방세징수법 제81조 제1항).

부동산의 경우 매각으로 소멸되지 아니하는 전세권을 가진 자가 배분을 받으려면 배분요구의 종기까지 배분을 요구하여야 한다(지방세징수법 제81조 제2항).

다. 청 산

압류재산에 대한 매각처분이 종료되면 체납처분에서 생긴 금전을 체납된 지방자치단체의 징수금에 충당함과 동시에 다른 권리자에게도 배분하고도 남는 금액이 있을 때에는 체납자에게 환급하는 등 청산의 절차를 취하여야 한다(지방세징수법 제97조 제1항).

배분이란 압류재산의 매각대금 및 매각대금 예치이자에 대하여 민법 기타 법령에 의하여 배분할 순위와 금액을 정하여 채권자에게 교부하는 것을 말한다.

배분은 지방자치단체의 장이 주체가 된다고 할 것이나, 한국자산관리공사 또는 지방세조합이 대행하는 공매절차에서는 배분처분도 한국자산관리공사 등이 대행하게 할 수 있다(지방세징수법 제103조의2 제1항 제4호).

2. 교부청구

교부청구는 현재 진행 중인 강제환가절차의 집행기관에 환가대금의 교부를 요구하여 지방세채권의 만족을 도모하는 절차이다. 교부청구는 체납자에 대하여 이미 체납처분, 강제집행, 파산선고 또는 경매의 개시가 있는 경우에 동일한 재산에 대하여 중복하여 압류를 집행하는 것은 공연히 무익하게 절차를 복잡하게

---

235) ① 압류재산에 관계되는 체납액, ② 교부청구와 관계되는 체납액·국세 또는 공과금, ③ 압류재산에 관계되는 전세권·질권 또는 저당권에 의하여 담보된 채권, ④ 「주택임대차보호법」 또는 「상가건물 임대차보호법」에 따라 우선변제권이 있는 임차보증금 반환채권, ⑤ 「근로기준법」 또는 「근로자퇴직급여 보장법」에 따라 우선변제권이 있는 임금, 퇴직금, 재해보상금 및 그 밖에 근로관계로 인한 채권, ⑥ 압류재산에 관계되는 가압류채권, ⑦ 집행력 있는 정본에 의한 채권을 가진 자를 말한다(지방세징수법 제81조 제1항).

하고 집행경제 등의 측면에서 볼 때 적당하지 아니하여, 지방자치단체의 장이 스스로 압류를 집행하지 아니하고 이들 집행기관의 강제환가절차에 참가하여 지방세채권의 변제를 받는 절차이다. 파산선고가 되면 파산관재인에게 교부청구를 하여야 한다(지방세징수법 제66조).

지방자치단체의 장이 경매법원에 대하여 지방세의 교부를 청구하는 것은 민사집행법에 규정된 경매절차에서 하는 배당요구와 같은 성질이라고 할 수 있다.[236] 교부청구는 그 스스로가 집행절차를 계속 진행하는 권능을 갖고 있지 못하므로 이미 진행되던 재산매각절차가 중도에 해제되거나 취소되는 경우에는 교부청구 자체도 함께 실효된다(교부청구의 부종성).[237] 교부청구는 기존 다른 강제환가절차에 단순히 편승하여 지방세의 교부를 요구할 수 있는 것에 지나지 않는 절차이기 때문이다.

3. 참가압류

참가압류는 징세관서가 압류하고자 하는 납세자의 재산이 이미 다른 기관에 의해 압류되어 있을 때에 교부청구에 갈음하여 그 다른 기관의 압류에 참가하는 절차이다(지방세징수법 제67조).

참가압류는 교부청구가 선행의 집행절차가 해제되거나 취소되는 경우에는 그 효력을 상실하므로 인하여 발생하는 문제점을 보완한 것이다. 참가압류는 체납처분 등을 행하는 집행기관 사이에 이중의 압류를 허용하는 것과 같은 효과를 갖는 것으로서 형식적으로는 교부청구의 한 형태라고 볼 수 있다.[238] 그러나 참가압류의 경우 그 참가압류에 앞선 압류가 해제되거나 취소된 때에는 참가압류를 한 처분이 그 참가압류재산에 대하여 참가압류시에 소급하여 압류의 효력이 생긴다(지방세징수법 제68조 참조).

결국 참가압류는 교부청구보다 지방자치단체의 장이 체납처분절차의 집행을

---

236) 파산선고의 경우에는 체납자의 모든 재산에 대한 포괄적인 정리라는 성격을 띠고 있으므로 이 경우의 교부청구는 채권신고에 유사하다.
237) 지방세징수법 운영 예규 66-5.
238) 지방세징수법 운영 예규 68-2.

보다 확실하게 하기 위하여 마련한 제도이다.

4. 체납처분의 중지·유예와 정리보류

가. 체납처분의 중지

체납처분의 중지란 체납처분의 목적물인 체납자의 총재산의 추산가액이 체납처분비에 충당하고 잔여가 생길 여지가 없을 때에 체납처분의 집행을 중지하는 것을 말한다(지방세징수법 제104조 제1항).

체납처분의 중지는 무익한 체납처분의 집행으로 무용의 노력과 시간의 낭비를 방지한다는 취지와 함께 무익한 체납처분에 의하여 납세자에게 공매 없는 권리침해 내지 고통을 주는 것을 방지하기 위하여 도입된 제도이다.

체납처분을 중지하려면 지방세심의위원회의 심의를 거쳐야 하고, 의결통지가 있는 때로부터 10일 내에 그 사실을 1개월간 공고하여야 한다(지방세징수법 제104조 제3항, 같은 법 시행령 제92조 제2항).

나. 체납처분의 유예

체납처분의 유예란 체납자가 지방자치단체의 장이 성실납세자로 인정하는 기준에 해당된 때 또는 재산의 압류나 압류재산의 매각을 유예함으로써 사업을 정상적으로 운영할 수 있게 되어 체납액의 징수가 가능하다고 인정된 때에 그 체납액에 대하여 체납처분에 의한 재산의 압류나 압류재산의 매각을 일시적으로 유예하는 것을 말한다(지방세징수법 제105조 제1항).

체납처분의 유예는 체납 지방세로서 독촉납부기한이 경과한 것에 대하여 강제징수를 완화시키는 제도로, 납세자의 생활을 보호함과 동시에 사업을 계속할 수 있게 함으로써 지방세의 원활한 징수를 도모하기 위한 것이다.

체납처분 유예의 사유가 있는 경우 직권으로 체납처분 유예를 할 수 있는가. 지방세징수법상 체납처분 유예와 압류해제, 납세담보에 관한 규정의 체계와 문언 내용, 특히 지방세징수법 제105조 제1항은 지방자치단체의 장이 일정한 사유가 있는 경우 체납처분을 유예할 수 있다고 규정하고 있을 뿐 체납자의 신청이 있는 경우에만 체납처분 유예를 할 수 있다고 규정하지 않고 있고, 지방세징수법 제25조에 규정된 징수유예도 지방자치단체의 장이 직권으로 할 수 있는 점과의 균형 등에 비추어 보면, 지방자치단체의 장은 지방세징수법 제105조 제1항 각 호에서 정한 체납처분 유예의 사유가 인정되는 경우에는 체납자의 신청이 없더라도 같은 조 제1항, 제2항에 따라 직권으로 체납처분에 의한 재산의 압류나 압류재산의 매각을 유예하고 이미 압류한 재산의 압류를 해제할 수 있다고 봄이 타당하다.[239]

한편 체납자가 파산선고를 받은 경우에도 이미 압류한 재산이 있을 때에는 체납처분을 속행하여야 한다(제349조 제1항).

다. 정리보류 등

(1) 정리보류

(가) 의의

정리보류는 체납처분을 집행하여도 체납자에게 재력이 없어 지방세 채권을 실현할 수 없는 경우에 오랫동안 미해결 상태로 놓아두는 것은 과세권자나 납세자 모두에게 과중한 부담이 되므로 이러한 지방세의 채권·채무 관계를 조속히 종결지어 법적 안정성을 기하고자 하는 조치이다.

정리보류는 ① 체납처분이 종결되고 체납액에 충당된 배분금액이 그 체납액보다 적을 때, ② 체납처분을 중지하였을 때(지방세징수법 제104조), ③ 체납자의 행방불명이거나 재산이 없다는 것이 판명된 경우, ④ 채무자회생법 제251조에 따라 체납한 회사[240]가 납부의무를 면제받게 된 경우에 한다(지방세징수법 제106조 제1항, 같은 법 시행령 제94조 제1항).

(나) 효과

지방세의 정리보류는 납세의무가 소멸하는 사유가 아니라 체납처분을 종료하는 의미만을 갖는다.[241] 따라서 지방자치단체의 장은 정리보류를 한 후 압류할

---

239) 대법원 2020. 9. 3. 선고 2020두36687 판결 참조.
240) 회사라고 되어 있지만 회생절차개시신청 능력이 있는 개인이나 법인 등도 포함된다고 보아야 할 것이다. 입법적 정비가 필요하다.

수 있는 다른 재산을 발견하였을 때에는 지체 없이 그 처분을 취소하고 체납처분을 하여야 한다(지방세징수법 제106조 제3항).[242] 그렇다고 하더라도 ④의 경우에는 새로운 체납처분을 할 수 없다. 지방세채권이 면책된 경우 체납처분을 할 수 없기 때문이다.

정리보류는 체납처분을 종료하는 것이지 납세의무를 소멸시키는 것은 아니므로 정리보류 기간 중 징수권에 대한 소멸시효는 계속 진행한다.

(2) 시효완성정리

지방자치단체의 장은 지방세징수권의 소멸시효가 완성되었을 때에는 시효완성정리를 하여야 한다(지방세징수법 제106조 제2항).

---

241) 대법원 2019. 8. 9. 선고 2018다272407 판결.
242) 지방세의 정리보류는 국세의 정리보류와 마찬가지로 더 이상 납세의무가 소멸하는 사유가 아니라 체납처분을 종료하는 의미만을 가지게 되었고, 정리보류의 취소 역시 국민의 권리와 의무에 영향을 미치는 행정처분이 아니라 과거에 종료되었던 체납처분 절차를 다시 시작한다는 행정절차로서의 의미만을 가지게 되었다고 할 것이다(대법원 2019. 8. 9. 선고 2018다272407 판결, 대법원 2011. 3. 24. 선고 2010두25527 판결 등 참조). 정리보류가 이루어진 지방세에 대하여 다시 체납처분을 하기 위해서는 해당 정리보류를 취소하는 절차를 미리 마쳐야 한다(지방세징수법 제106조 제2항). 지방세징수법 제106조 제2항 본문 및 같은 법 시행령 제94조 제3항은 지방세채권을 강제적으로 실현시키는 체납처분 절차에서 체납자의 권리 내지 재산상의 이익을 보호하기 위해 마련된 강행규정으로 보아야 한다. 따라서 지방자치단체의 장이 정리보류를 하였다가 체납처분의 일환으로 지방세의 교부청구를 하는 과정에서 위 규정들을 위반하여 정리보류의 취소 및 그 통지에 관한 절차적 요건을 준수하지 않았다면, 강제집행 절차에서 적법한 배당요구가 이루어지지 아니한 경우와 마찬가지로, 해당 교부청구에 기해서는 이미 진행 중인 강제환가절차에서 배당을 받을 수 없다고 봄이 타당하다(위 2018다272407 판결). ☞ 지방자치단체인 피고가 체납된 지방세액의 교부청구를 하는 과정에서 선행 정리보류(결손처분)를 취소하고 그 취소사실을 납세자인 원고에게 지체 없이 통지하는 절차를 마치지 아니한 이상, 위 피고가 한 교부청구 중 정리보류가 이루어진 부분은 절차적 요건이 흠결되어 적법하다고 볼 수 없으므로, 이에 기해서는 경매절차에서 배당을 받을 수 없다고 한 사례.

제2장 지방세 각론

제1절 취득세

취득세는 재산의 이전이라는 사실 자체를 포착하여 거기에 담세력을 인정하고 부과하는 유통세의 일종으로, 취득자가 재화를 사용·수익·처분함으로써 얻을 수 있는 이익을 포착하여 부과하는 것이 아니고 취득자가 실질적으로 완전한 내용의 소유권을 취득하는지 여부와 관계없이 사실상의 취득행위 자체를 과세객체로 하는 것이다.[243] 취득세는 소유권이 이동하는 과정을 통하여 일어나는 취득이라는 행위에 대하여 과세하기 때문에 법률적으로는 행위세적인 성격을 가지고 있으며,[244] 경제적인 측면에서는 유통세에 속한다(통설).

취득세는 납세의무자가 완전한 내용의 소유권을 취득하였는지 여부, 또는 취득한 물건을 실제로 사용·수익하였는지 여부 등과 관계없이 사실상의 취득행위가 있었다면 그 자체로 일정한 담세력이 있다고 인정하여 조세를 부과하는 것이라고 할 수 있다. 거래에 관한 일정한 행위를 담세력의 지표로 삼아 세금을

---

243) 대법원 2021. 5. 27. 선고 2017두56032 판결, 대법원 2017. 6. 8. 선고 2015두49696 판결, 대법원 2007. 4. 12. 선고 2005두9491 판결, 대법원 1984. 11. 27. 선고 84누52 판결 등 참조.

244) 취득세에 있어서 경정청구(지방세기본법 제50조)가 인정되는가. 부동산 취득세는 부동산의 취득행위를 과세객체로 하는 행위세이므로, 그에 대한 조세채권은 취득행위라는 과세요건 사실이 존재함으로써 당연히 발생하고, 일단 적법하게 취득한 이상 이후에 계약이 합의해 제되거나, 해제조건의 성취 또는 해제권의 행사 등에 의하여 소급적으로 실효되었더라도 이는 이미 성립한 조세채권의 행사에 아무런 영향을 줄 수 없다(대법원 2018. 9. 13. 선고 2015두57345 판결). 이러한 취득세의 성격과 본질 등에 비추어 보면, 매매계약에 따른 소유권이전등기가 마쳐진 이후 매매계약에서 정한 조건이 사후에 성취되어 대금감액이 이루어졌더라도, 당초의 취득가액을 기준으로 한 적법한 취득행위가 존재하는 이상 위와 같은 사유는 특별한 사정이 없는 한 취득행위 당시의 과세표준을 기준으로 성립한 조세채권의 행사에 아무런 영향을 줄 수 없고, 따라서 위와 같은 사유만을 이유로 통상의 경정청구나 후발적 경정청구를 할 수도 없다.

부과하는 유통세이자 행위세의 성격을 지닌 세목의 제정도 합리적인 입법재량의 범위 내에서 허용된다고 할 것이고, 취득행위 자체를 지표로 측정된 담세력이 납세의무자가 그 취득 등으로 체감할 수 있는 현실적 이익과 일치하지 않는다고 하여 응능과세의 원칙이나 실질과세의 원칙 및 조세평등주의에 반한다고 볼 수는 없다.

취득세는 지방자치단체의 주요한 세입원이자 각종 감면 또는 중과세를 통하여 정책세제(예컨대 부동산 정책)로 활용되기도 한다.

Ⅰ. 취 득

지방세법은 '취득'에 관하여 매매·교환·상속·기부·법인에 대한 현물출자·건축·공유수면의 매립·간척에 의한 토지의 조성 등과 기타 이와 유사한 취득으로서 원시취득·승계취득 또는 유상·무상을 불문한 일체의 취득을 말한다고 규정하고(지방세법 제6조 제1호), 부동산 등의 취득에 있어서는 민법 등 관계 법령의 규정에 의한 등기·등록 등을 이행하지 아니한 경우라도 '사실상으로 취득한 때'에는 각각 취득한 것으로 보고 당해 취득물건의 소유자 또는 양수인을 각각 취득자로 한다고 규정하고 있을 뿐(지방세법 제7조 제1항, 제2항) 취득의 본질적 의미가 무엇인지에 대하여는 규정하지 않고 있다.[245] 결국, 지방세법상 '취득'의 의미와 '사실상으로 취득한 때'의 의미가 무엇인가는 해석론에 맡겨져 있다고 할 것이다.

1. 취득의 개념

지방세법 제6조 제1호에서 취득에 관하여 적극적으로 규정하고 있지만, 그 규정만으로는 취득의 본질적 의미를 정확히 파악할 수 없으므로 지방세법 제7조 제1항, 제2항을 종합하여 취득의 개념을 파악할 수밖에 없다.[246]

---

245) 소득세법은 양도의 개념에 관하여 "양도란 자산에 대한 등기 또는 등록에 관계없이 매도, 교환, 법인에 대한 현물출자 등으로 인하여 그 자산이 유상으로 사실상 이전되는 것을 말한다."고 규정하고 있다(소득세법 제88조 제1호).
246) '부동산의 취득'이란 부동산의 취득자가 실질적으로 완전한 내용의 소유권을 취득하는가

가. 소유권 이전에 의한 취득

지방세법상 '취득'이란 매매, 교환, 상속, 증여, 기부, 법인에 대한 현물출자, 건축, 개수(改修), 공유수면의 매립, 간척에 의한 토지의 조성 등과 그 밖에 이와 유사한 취득으로서 원시취득(수용재결로 취득한 경우 등 과세대상이 이미 존재하는 상태에서 취득하는 경우는 제외한다), 승계취득 또는 유상·무상의 모든 취득을 말한다(지방세법 제6조 제1호).

취득의 의미와 관련하여 ① 소유권의 취득이라는 행위가 존재하면 실질적인 취득 여부와는 상관없이 취득세를 과세하여야 한다는 소유권 취득설(형식설)과 ② 소유권의 취득이 있다 하더라도 사실상 취득하지 아니한 경우에는 취득세를 과세할 수 없다는 실질적 가치취득설(실질설)이 대립하고 있다. 지방세법에 형식적인 취득으로 인정되는 사항 중 일부 사항을 비과세대상으로 규정한 것(지방세법 제9조 제3항)은 예시규정이 아닌 한정적으로 열거한 것으로 보아야 할 것이므로[247] 소유권 취득설이 타당하다. 대법원도 소유권 취득설(형식설)의 입장을 취하여 지방세법에 규정되지 아니한 경우에는 비록 형식적인 취득에 해당한다고 하더라도 취득세의 과세대상에 해당한다고 보고 있다.[248]

따라서 양도담보의 설정으로 인한 취득[249] 및 해지로 인한 취득[250]도 모두 형식적인 소유권이전의 방식에 의한 소유권 취득이 있으므로 취득세 과세대상에 해당한다는 것이다. (특별)한정승인의 경우도 마찬가지이다.[251] 그리고 가등기

의 여부에 관계없이 소유권 이전 형식에 의한 부동산 취득의 모든 경우를 포함하는 것이고, '사실상 취득'이란 일반적으로 등기와 같은 소유권 취득의 형식적 요건을 갖추지는 못하였으나 대금의 지급과 같은 소유권취득의 실질적 요건을 갖춘 경우를 말한다. 따라서 유상승계취득의 경우 대금의 지급과 같은 소유권 취득의 실질적 요건 또는 소유권 이전의 형식을 갖추지 아니한 이상 취득세 납세의무가 성립하였다고 할 수 없다(대법원 2003. 10. 23. 선고 2002두5115 판결, 대법원 2009. 4. 23. 선고 2009다5001 판결 등 참조).

247) 대법원 1992. 5. 12. 선고 91누10411 판결 참조.

248) 대법원 2003. 10. 23. 선고 2002두5115 판결, 대법원 2002. 6. 28. 선고 2000두7896 판결, 대법원 1999. 9. 3. 선고 98다12171 판결, 대법원 1992. 5. 12. 선고 91누10411 판결, 대법원 1984. 11. 27. 선고 84누52 판결, 대법원 1978. 9. 26. 선고 78누204 판결 등.

249) 대법원 1980. 1. 29. 선고 79누305 판결 참조.

250) 대법원 1999. 10. 8. 선고 98두11496 판결, 대법원 1987. 10. 13. 선고 87누581 판결 참조.

가 경료되어 있는 부동산을 취득한 경우도 취득세 부과대상인 취득에 해당한다고 본다.[252]

반면 소유권이전등기의 원인이었던 양도계약을 소급적으로 실효시키는 합의해제 약정에 기초하여 소유권이전등기를 말소하는 원상회복 조치의 결과로 그 소유권을 취득한 것은 아래 <다.(2)>에서 보는 바와 같이 취득세 과세대상이 되는 부동산취득에 해당되지 아니한다.[253] 또한 취득세를 납부한 지입차주가 기존 운수업체와 체결했던 위수탁계약을 해지하고 다른 운수업체와 새로운 위수탁계약을 체결하여 지입회사를 변경하는 경우에는 당해 자동차의 지입차주가 이미 취득세를 납부한 사실이 있다면 이는 새로운 취득을 수반하는 것이 아니고 단순히 등록변경사항에 해당하므로 이 경우 지입차주는 취득세 납세의무가 없다.[254]

나. 사실상 취득

지방세법은 민법 등 관계법령에 따른 등기·등록 등을 하지 아니한 경우라도 사실상 취득하면 취득한 것으로 본다(지방세법 제7조 제1항, 제2항). 물권변동에 있어 형식주의를 취하고 있으므로 소유권 취득설에 의하면 등기 등을 하지 않으면 취득세를 부과할 수 없다. 하지만 취득세는 진실한 소유자에게 부과하여야 하므로 등기·등록상 소유자가 아니더라도 그에게 부과되어야 한다는 점을 고려하여 취득의 개념을 확대한 것이다. 따라서 위법한 건축물이라고 하더라도 사실상 취득이 될 수 있고(취득세 납세의무를 부담한다), 사실상 취득을 한 후 위법건축물을 자진 철거하더라도 취득세 납세의무에는 영향을 미치지 않는다.

사실상의 취득이란 일반적으로 등기와 같은 소유권 취득의 형식적 요건을 갖추지는 못하였으나 대금의 지급과 같은 소유권 취득의 실질적 요건을 갖춘 경우를 말한다.[255] 매매의 경우에 있어서는 사회통념상 대금의 거의 전부가 지급되

---

251) 대법원 2007. 4. 12. 선고 2005두9491 판결.
252) 대법원 1986. 9. 23. 선고 86누475 판결 참조.
253) 대법원 1993. 9. 14. 선고 93누11319 판결 참조.
254) 다만 새로운 운수업체는 단순 변경에 따른 등록면허세(15,000원)를 납부하여야 한다(지방세법 제28조 제1항 제3호 다.1)).

었다고 볼 만한 정도의 대금지급이 이행되었음을 뜻한다고 보아야 하고, 이와 같이 대금의 거의 전부가 지급되었다고 볼 수 있는지 여부는 개별적·구체적 사안에 따라 미지급 잔금의 액수와 그것이 전체 대금에서 차지하는 비율, 미지급 잔금이 남게 된 경위 등 제반 사정을 종합적으로 고려하여 판단하여야 한다.[256] 유상승계취득의 경우 대금의 지급과 같은 소유권 취득의 실질적 요건 또는 소유권 이전의 형식도 갖추지 아니한 이상 잔금지급일이 도래하였다고 하여도 취득세 납세의무가 성립하였다고 할 수 없다.[257]

매수인이 부동산에 관한 매매계약을 체결하고 소유권이전등기에 앞서 매매대금을 모두 지급한 경우 사실상의 잔금지급일에 '사실상 취득'에 따른 취득세 납세의무가 성립하고, 그 후 그 사실상의 취득자가 부동산에 관하여 매매를 원인으로 한 소유권이전등기를 마치더라도 이는 잔금지급일에 '사실상 취득'을 한 부동산에 관하여 소유권 취득의 형식적 요건을 추가로 갖춘 것에 불과하므로, 잔금지급일에 성립한 취득세 납세의무와 별도로 등기일에 '취득'을 원인으로 한 새로운 취득세 납세의무가 성립하는 것은 아니다. 이러한 법리는 매매대금을 모두 지급하여 부동산을 사실상 취득한 자가 3자간 등기명의신탁 약정에 따라 명의수탁자 명의로 소유권이전등기를 마쳤다가 그 후 해당 부동산에 관하여 자신의 명의로 소유권이전등기를 마친 경우에도 마찬가지로 적용된다.[258]

---

255) 대법원 2021. 5. 27. 선고 2017두56032 판결, 대법원 2018. 3. 22. 선고 2014두43110 전원합의체 판결, 대법원 2007. 5. 11. 선고 2005두13360 판결 등. 지방세법 제6조 제1호에서 「취득」이라 함은 취득자가 소유권이전등기·등록 등 완전한 내용의 소유권을 취득하는가의 여부에 관계없이 사실상의 취득행위(잔금지급, 연부금완납 등) 그 자체를 말하는 것이다 (지방세법 운영예규 6-8).

256) 대법원 2014. 1. 23. 선고 2013두18018 판결(378억 원 중 370억 원을 지급한 사안에서, 8억 원은 사회통념상 378억 원을 거의 전부 지급한 것으로 볼 수 없다고 함), 대법원 2010. 10. 14. 선고 2008두8147 판결(미지급잔금이 전체 분양대금의 1.478%인 경우 분양대금 거의 전부를 지급한 것으로 볼 수 없다고 한 사례) 등 참조. 실무적으로 취득시기를 늦추기 위하여 소액의 잔금만을 남기는 경우가 있지만, 소액의 잔금지급일을 취득시기로 볼 수는 없다.

257) 대법원 2009. 4. 23. 선고 2009다5001 판결, 대법원 2001. 2. 9. 선고 99두5955 판결 등.

258) 대법원 2018. 3. 22. 선고 2014두43110 전원합의체 판결.

다. 매매계약해제의 경우

부동산이 매매계약에 따라 매도인으로부터 매수인에게 소유권이전등기가 경료된 후 그 매매계약이 해제되어 그에 따른 효과로 매도인에게 그 소유권이 원상회복된 경우 당초 매매계약에 따른 매수인의 부동산 취득과 이후 계약해제에 따른 매도인의 부동산 취득이 각각 취득세 과세대상인지가 문제될 수 있다.

(1) 매수인의 취득에 대하여

취득세는 본래 재화의 이전이라는 사실 자체를 포착하여 거기에 담세력을 인정하고 부과하는 유통세의 일종으로, 취득자가 재화를 사용·수익·처분함으로써 얻을 수 있는 이익을 포착하여 부과하는 것이 아니다. 이처럼 부동산 취득세는 부동산의 취득행위를 과세객체로 하는 행위세이므로, 그에 대한 조세채권은 취득행위라는 과세요건 사실이 존재함으로써 당연히 발생하고, 일단 적법하게 취득한 이상 이후에 매매계약이 합의해제되거나, 해제조건의 성취 또는 해제권의 행사 등에 의하여 소급적으로 실효되었더라도, 이로써 이미 성립한 조세채권의 행사에 아무런 영향을 줄 수 없다.[259)260)]

한편 사실상의 잔금지급일을 확인할 수 없는 경우로서 해당 취득물건을 등기·등록하지 아니하고 취득일로부터 60일 이내에 계약이 해제된 사실이 화해조서, 인낙조서, 공정증서, 계약해제신고서, 부동산거래 계약해제 등 신고서 등에 의하여 증명되는 경우에는 취득으로 보지 아니한다(지방세법 시행령 제20조 제2

---

259) 대법원 2018. 9. 13. 선고 2018두38345 판결, 대법원 2001. 4. 10. 선고 99두6651 판결 등. 매매계약이 무효인 경우는 어떠한가. 매매계약이 무효인 경우 실체적인 법률관계에 있어서 그 소유권을 취득한 것이라고 볼 수 없어 취득세의 납세의무자가 될 수 없다고 할 것이다(대법원 2014. 5. 29. 선고 2012두12709 판결, 대법원 1964. 11. 24. 선고 64누84 판결, 서울고등법원 2018. 2. 13. 선고 2017누76717 판결 등 참조). 증여계약이 무효이거나 취소된 경우에 관하여는 아래 <라.> 참조. 반면 등록면허세의 경우에는 등기 등이 원인무효이더라도 납세의무에 아무런 영향이 없다(대법원 2014. 5. 29. 선고 2012두12709 판결, 본서 302쪽 참조).

260) 납세의무자가 제3자로부터 부동산을 이혼 위자료조로 취득한 것이라면 그 취득에 대한 조세채권은 당연히 발생하고 그 뒤 그 납세의무자가 그 제3자에게 그 부동산을 반환하기로 약정하고 원인무효를 원인으로 한 소유권이전등기말소청구소송의 형식을 취하여 자기 명의의 소유권이전등기를 말소하였다 하여 이미 성립한 조세채권의 행사에 영향을 줄 수 없다(대법원 1995. 2. 3. 선고 94누910 판결).

항 제2호 단서). 취득세의 납세의무가 성립하면 매매계약이 해제되더라도 지방세채권의 행사에 영향이 없다는 것을 전제하면서, 위 요건에 해당하면 과세에서 제외될 수 있는 퇴로를 열어 준 것이다. 위와 같은 경우에는 사실상 취득의 요건을 갖추지 못하여 담세력이 존재하지 않는다고 평가한 것이다. 다만 매수인이 취득한 물건에 관하여 등기·등록을 마친 경우에는 취득 후 60일 이내에 계약해제가 위 각 서류에 의하여 증명되더라도 위 조항은 적용되지 않아 취득세의 납세의무 성립에는 영향이 없다.

(2) 매도인의 취득에 대하여

매도인이 계약해제에 따른 원상회복으로서 소유권이전등기의 방식으로 매매대상 부동산의 소유권을 회복한 경우 그 취득이 취득세 과세대상인가.

해제권의 행사에 따라 부동산매매계약이 적법하게 해제되면 계약의 이행으로 변동되었던 물권은 당연히 계약이 없었던 상태로 복귀하는 것이므로 매도인이 비록 원상회복의 방법으로 소유권이전등기의 방식을 취하였다 하더라도 특별한 사정이 없는 이상 이는 매매 등과 유사한 새로운 취득으로 볼 수 없어 취득세 과세대상이 되는 부동산 취득에 해당하지 않는다.[261]

라. 증여계약이 무효·취소, 합의해제된 경우

취득세는 본래 재화의 이전이라는 사실 자체를 포착하여 거기에 담세력을 인정하고 부과하는 유통세의 일종으로 취득자가 재화를 사용·수익·처분함으로써 얻을 수 있는 이익을 포착하여 부과하는 것이 아니어서 취득자가 실질적으로 완전한 내용의 소유권을 취득하는가 여부에 관계없이 사실상의 취득행위 자체를 과세대상으로 하는 것이고, 취득세의 과세대상이 되는 부동산 취득에 관하여 민법 기타 관계 법령에 의한 등기·등록 등을 이행하지 아니한 경우라도 사실상으로 취득한 때에 취득한 것으로 보며, 무상승계취득의 경우에는 그 계약일에 취득한 것으로 보므로, 부동산에 관한 증여계약이 성립하면 그 자체로 취득세의 과세대상이 되는 사실상의 취득행위가 존재하게 되어 그에 대한 조세채권이 당

---

261) 대법원 2020. 1. 30. 선고 2018두32927 판결.

연히 성립하고, 증여계약으로 인하여 수증자가 일단 부동산을 적법하게 취득한 다음에는 그 후 합의에 의하여 계약을 해제하고 그 부동산을 반환하는 경우에도 이미 성립한 조세채권의 행사에 영향을 줄 수 없다.[262] 그런데 증여계약이 무효이거나 취소된 경우에는 처음부터 취득세의 과세대상이 되는 사실상의 취득행위가 있다고 할 수 없다. 그러나 조세소송에서 과세처분의 위법 여부를 판단하는 기준시기는 그 처분 당시라 할 것이어서 착오를 이유로 증여계약의 취소가 이루어졌다고 하더라도 그 착오의 내용이나 증여 의사표시를 취소하는 목적 등에 비추어 볼 때 사실상 과세처분이 이루어진 이후의 사정에 근거한 것으로서 그 실질에 있어서는 과세처분 후 증여계약을 합의해제하는 것에 불과한 경우에는 그 취소로 인한 취득세 과세처분의 효력에 대하여도 합의해제에 관한 위 법리가 그대로 적용된다.[263]

2. 취득의 유형

취득세 과세대상물건의 취득원인에 따라 취득에는 일반취득과 간주취득이 있다. 일반취득은 다시 어떤 권리를 타인으로부터 승계하지 않고 독자적으로 취득하는 원시취득과 이미 존재하고 있는 과세대상물건을 양도·양수하는 승계취득으로 구분할 수 있다. 원시취득과 승계취득의 중대한 차이는 승계취득한 권리는 전의 권리의 제한 및 하자를 승계하나 원시취득은 그러하지 않는다는 것이다.

취득 유형의 구분이 필요한 것은 그 취득의 성격이나 유형에 따라 취득시기나 적용되는 세율이 다르기 때문이다. 예컨대 부동산을 매매나 경매로 취득하는 경우 세율은 4.0%(지방세법 제11조 제1항 제7호 나.목)이나, 신축으로 취득하는 경우에

---

262) 다만, 해당 취득물건을 등기·등록하지 않고 다음 각 호의 어느 하나에 해당하는 서류로 계약이 해제된 사실이 입증되는 경우에는 취득한 것으로 보지 않는다(지방세법 시행령 제20조 제1항 단서).
  1. 화해조서·인낙조서(해당 조서에서 취득일부터 60일 이내에 계약이 해제된 사실이 입증되는 경우만 해당한다)
  2. 공정증서(공증인이 인증한 사서증서를 포함하되, 취득일부터 60일 이내에 공증받은 것만 해당한다)
  3. 행정안전부령으로 정하는 계약해제신고서(취득일부터 60일 이내에 제출된 것만 해당한다)
263) 대법원 2013. 6. 28. 선고 2013두2778 판결 참조.

는 2.8%이다(지방세법 제11조 제1항 제3호).

가. 일반취득

(1) 승계취득

승계취득이란 어떤 권리가 타인의 권리에 기하여 특정인에게 승계적으로 발생하는 것을 말한다.

① 유상 : 매매, 교환, 현물출자, 경매[264] 등

② 무상 : 상속,[265] 증여,[266] 기부, 법인합병

유상취득인지 무상취득인지에 따라 적용되는 세율에 있어 차이가 있다(지방세법 제11조 제1항 참조).

배우자 또는 직계존비속의 부동산등을 취득하는 경우에는 증여로 취득한 것으로 본다. 부담부증여의 경우에도 마찬가지이다. 다만 아래의 어느 하나에 해당하는 경우에는 유상으로 취득한 것으로 본다(지방세법 제7조 제11항, 제12항 단서).

㉮ 공매(경매를 포함한다)를 통하여 부동산 등을 취득한 경우

㉯ 파산선고로 인하여 처분되는 부동산 등을 취득한 경우

㉰ 권리의 이전이나 행사에 등기 또는 등록이 필요한 부동산등을 서로 교환한 경우

---

264) 경매는 채무자 재산에 대한 환가절차를 국가가 대행해 주는 것일 뿐 본질적으로 매매의 일종에 해당하므로(대법원 2020. 11. 26. 선고 2020두46639 판결, 대법원 1993. 5. 25. 선고 92다15574 판결 등 참조) 경매를 통한 부동산취득은 승계취득이다{수원지방법원 2019. 7. 25. 선고 2019구합63103 판결(확정)}. 공매의 경우도 마찬가지이다.

265) '상속'은 취득세의 과세요건으로서 '취득'의 원인이 되고, 한편 '상속'에는 '한정승인'도 포함되는 이상, 상속재산에 대하여 한정승인을 한 자는 상속을 포기한 자와는 달리 그 부동산에 대한 등기 없이도 상속인의 사망일에 피상속인의 재산에 취득세 납세의무를 부담하게 된다(대법원 2007. 4. 12. 선고 2005두9491 판결, 서울행정법원 2016. 7. 8. 선고 2016구합1585 판결).

266) 법정상속분 비율에 따라 부동산에 관하여 소유권이전등기를 마쳤다면 이로써 부동산을 법정상속분대로 '취득'한 것이고, 그 이후 관련 상속재산분할 사건에서 조정이 성립되어 상속분이 달라졌다면 당초 상속분보다 증가된 상속분에 대해서는 이를 '증여'받은 것으로 봄으로써 그에 따른 취득세를 부담하는 것이 취득세의 본질에도 부합한다{서울행정법원 2019. 10. 11. 선고 2018구합85846 판결(항고기각, 심리불속행기각으로 확정) 참조}.

㉓ 해당 부동산등의 취득을 위하여 그 대가를 지급한 사실이 ⓐ 그 대가를 지급하기 위한 취득자의 소득이 증명되는 경우, ⓑ 소유재산을 처분 또는 담보한 금액으로 해당 부동산을 취득한 경우, ⓒ 이미 상속세 또는 증여세를 과세(비과세 또는 감면받은 경우를 포함한다)받았거나 신고한 경우로서 그 상속 또는 수증 재산의 가액으로 그 대가를 지급한 경우, ⓓ ⓐ부터 ⓒ까지에 준하는 것으로서 취득자의 재산으로 그 대가를 지급한 사실이 입증되는 경우 중 하나에 의하여 증명되는 경우

증여자의 채무를 인수하는 부담부 증여의 경우에는 그 채무액에 상당하는 부분은 부동산 등을 유상으로 취득하는 것으로 본다(지방세법 제7조 제12항 본문).

도시 및 주거환경정비법 제97조 제2항에 따라 사업시행자가 용도 폐지되는 정비기반시설을 국가 등으로부터 취득한 것은 무상의 승계취득에 해당한다.[267]

(2) 원시취득

원시취득이란 어떤 권리가 타인의 권리에 기함이 없이 특정인에게 새로 발생

---

267) 도시 및 주거환경정비법 제97조 제2항은 '시장·군수 또는 주택공사 등이 아닌 사업시행자가 정비사업의 시행으로 새로이 설치한 정비기반시설은 그 시설을 관리할 국가 또는 지방자치단체에 무상으로 귀속되고, 정비사업의 시행으로 인하여 용도가 폐지되는 국가 또는 지방자치단체 소유의 정비기반시설은 그가 새로이 설치한 정비기반시설의 설치비용에 상당하는 범위 안에서 사업시행자에게 무상으로 양도된다'고 정하고 있다(이하 전단 부분을 '전단 규정'이라 하고, 후단 부분을 '후단 규정'이라 한다). 이는 민간 사업시행자에 의하여 새로이 설치된 정비기반시설을 전단 규정에 따라 당연히 국가 또는 지방자치단체에 무상귀속되는 것으로 함으로써 공공시설의 확보와 효율적인 유지·관리를 위하여 국가 등에게 그 관리권과 함께 소유권까지 일률적으로 귀속되도록 하는 한편, 그로 인한 사업시행자의 재산상 손실을 합리적인 범위 안에서 보전해 주기 위하여 후단 규정에 따라 새로 설치한 정비기반시설의 설치비용에 상당하는 범위 안에서 용도폐지되는 정비기반시설을 사업시행자에게 무상양도하도록 강제하는 것이다. 따라서 사업시행자는 후단 규정에 의하여 용도폐지되는 정비기반시설을 국가 등으로부터 무상으로 양도받아 취득할 따름이고 따로 그에 대한 대가를 출연하거나 소유권을 창설적으로 취득한다고 볼 사정도 없는 이상, 사업시행자가 위 정비기반시설을 구성하는 부동산을 취득한 것은 무상의 승계취득에 해당하므로, 그에 따른 과세표준과 구 지방세법 제11조 제1항 제2호에서 정한 세율 등을 적용한 취득세 등을 납부할 의무가 있다(대법원 2020. 1. 16. 선고 2019두53075 판결, 대법원 2019. 4. 11. 선고 2018두35841 판결, 대법원 2019. 4. 3. 선고 2017두66824 판결 등 참조).

하는 것을 말한다. 신축건물의 소유권 취득, 무주물 선점(민법 제252조), 유실물 습득(민법 제253조), 매장물 발견(민법 제254조), 선의취득(민법 제249조), 시효취득(민법 제245조) 등이 여기에 해당한다.

수용재결에 의한 취득은 성질상 원시취득이나,[268] 지방세법에 의하여 '수용재결로 인하여 취득한 경우 등 과세대상이 이미 존재하는 상태에서 취득하는 경우'는 원시취득에서 제외하고 있다(지방세법 제6조 제1호 괄호).[269]

① 토지 : 공유수면매립, 간척에 의한 토지의 조성

② 건축물 : 신축, 증축, 개축, 재축, 이축

③ 선박 : 건조

④ 차량·기계장비·항공기 : 제조, 조립

⑤ 광업권·어업권 : 출원

나. 간주취득

과세대상물건을 직접적으로 취득하지는 않았지만(소유권의 변동이 없다), 취득으로 간주하여 취득세 납세의무를 지우는 것으로 어떤 일정한 행위에 대하여 취득으로 보는 것이다.

① 선박, 차량과 기계장비 : 종류변경

선박, 차량과 기계장비의 종류를 변경함으로써 그 가액이 증가한 경우에는 취득으로 본다(지방세법 제7조 제4항).

② 토지 : 사실상 지목변경

토지의 지목을 사실상 변경함으로써 그 가액이 증가한 경우에는 취득으로 본다. 이 경우 「도시개발법」에 따른 도시개발사업(환지방식만 해당한다)의 시행으로 토지의 지목이 사실상 변경된 때에는 그 환지계획에 따라 공급되

---

268) 대법원 2016. 6. 23. 선고 2016두34783 판결 참조.

269) 부동산의 경우 세율 적용에 차이가 있다. 수용재결로 인한 취득이 본래의 성질대로 원시취득으로 본다면 1천분의 28의 세율이 적용된다(지방세법 제11조 제1항 제3호). 그러나 현행법과 같이 원시취득에서 제외될 경우 수용재결로 인한 취득은 '그 밖의 원인으로 인한 취득'에 해당되어 세율이 1천분의 40이 된다(지방세법 제11조 제1항 제7호 나목).

는 환지는 조합원이, 체비지 또는 보류지는 사업시행자가 각각 취득한 것으로 본다(지방세법 제7조 제4항).

지적법상 지목이란 "토지의 주된 용도에 따라 토지의 종류를 구분하여 지적공부에 등록한 것"이므로(지적법 제2조 제7호), "토지의 지목을 사실상 변경"한다는 것은 사실상 토지의 주된 용도를 변경하는 것을 말하는데, 그 변경이 있는지 여부는 토지의 형질변경 유무 뿐만이 아니라 상하수도공사, 도시가스공사, 전기통신공사 유무를 비롯하여 여러 사정을 종합하여 객관적으로 판단되어야 한다.[270] 지목변경의 효용은 토지에 흡수되어 일체를 이루게 되므로 지목변경 당시 토지의 소유자에게 취득세 납세의무가 있다. 신탁법에 의한 신탁으로 수탁자에게 소유권이 이전된 토지의 지목이 사실상 변경됨으로써 가액이 증가한 경우 취득세의 납세의무자는 수탁자이다. 위탁자가 그 토지의 지목을 사실상 변경하였다고 하더라도 간주취득세의 납세의무자는 위탁자가 아니라 수탁자이다.[271]

③ 과점주주 : 비상장주식취득(지방세법 제7조 제5항)

한국거래소 상장법인을 제외한 법인의 주식 또는 지분을 취득함으로써 해당 법인의 과점주주가 된 때에는 그 과점주주가 당해 법인의 취득세 과세대상자산(부동산 등, 법인이 신탁법에 따라 신탁한 재산으로서 수탁자 명의로 등기·등록이 되어 있는 부동산 등을 포함한다[272])을 취득(법인설립 시에 발행하는 주식 또는 지분을 취득함으로써 과점주주가 된 경우에는 취득으로 보지 아니한다)한 것으로 간

---

270) 대법원 2018. 3. 29. 선고 2017두35844 판결, 대법원 2006. 7. 13. 선고 2005두12756 판결 등 참조. 위 2005두12756 판결은 '이 사건 토지는 1973. 2. 6.경 위 경원건설이 임야에서 골프장 시설지인 잡종지로 개간하여 준공한 이후 원고가 2001. 7.경 이를 취득할 때까지는 사실상 대지와 같이 형질변경된 주거나지 상태의 잡종지에 불과할 뿐이고, 택지조성공사가 완료 및 준공되었다고 볼 수는 없으며, 그 후 2003. 5. 14. 이 사건 토지 위에 주택을 완공함으로 인하여 비로소 사실상 대지로 지목변경이 이루어졌다고 봄이 상당하다'고 판시하였다.
271) 대법원 2019. 10. 31. 선고 2016두42487 판결, 대법원 2012. 6. 14. 선고 2010두2395 판결 등 참조.
272) 법인이 신탁법에 따라 신탁한 재산은 수탁자의 소유에 해당하므로 취득세의 과세대상에 포함되지 않기 때문에(대법원 2014. 9. 4. 선고 2014두36266 판결 참조) 입법적으로 신탁한 재산도 간주취득세의 과세대상물건에 해당하는 것을 명시한 것이다.

주하여 취득세를 과세하게 된다(지방세법 제7조 제5항, 지방세기본법 제46조). 이러한 취득세를 일반적으로 '간주취득세'라 부른다. 관련 내용은 <제3편 제2장 Ⅳ.>(본서 462쪽)를 참조할 것. 지분증권이 아닌 수익증권을 취득한 경우에는 간주취득세를 부과할 수 없다.[273] 수익증권은 투자신탁이 소유한 부동산에서 발생되는 수익을 우선적으로 받을 수 있는 권리를 표창하는 증권일 뿐 '법인의 주식 또는 지분'으로 볼 수 없기 때문이다.

법인의 자기주식 취득으로 주식소유 비율에 변화가 있어 과점주주가 된 경우 간주취득 규정이 적용되는가. 주주가 주식발행 법인의 주식을 취득하여 과점주주의 주식소유 비율이 증가되는 것이 아니라 주식발행 법인이 자기주식을 취득함으로써 기존의 주주에 대한 주식소유비율이 증가하여 과점주주가 된 경우에는 과점주주에 대한 취득세 납세의무가 없다.[274]

과점주주(특수관계자) 간의 주식거래가 간주취득세의 과세대상이 되는가. 간주취득세 납세의무를 부담하는 과점주주에 해당하는지 여부는 과점주주 중 특정 주주 1인의 주식의 증가를 기준으로 판단하는 것이 아니라 과점주주 집단이 소유한 총주식 비율의 증가를 기준으로 판단한다. 그리고 지방세법 제7조 제5항은 간주취득세 납세의무를 지는 과점주주에 대하여는 지방세기본법 제44조를 준용하여 연대납세의무를 부담하도록 규정하고 있는데, 그 취지는 과점주주 집단을 형성하는 친족 기타 특수관계에 있는 자들은 실질적으로 당해 법인의 자산에 관하여 공동사업자 또는 공유자의

---

273) 지분증권은 주권이 표시된 것이고(자본시장과 금융투자업에 관한 법률 제4조 제4항), 수익증권은 신탁의 수익권이 표시된 것이다(위 법률 제4조 제5항). 실무적으로 수익증권 거래(share deal)에 대한 취득세 과세 여부가 문제되고 있다. 법인을 만들어 부동산을 매입한 투자자는 주주가 되어 주식을 가지지만, 부동산 펀드에 투자한 투자자는 수익증권을 가진다(위 법률 제189조). 부동산을 그대로 두고 수익증권만을 거래하는 것을 수익증권 거래(share deal)이라 한다. 법인의 주식을 거래하여 과점주주가 된 경우에는 간주취득세를 납부하지만, 수익증권의 거래는 취득세가 발생하지 않는다(증권거래세만 납부할 뿐이다). 이로 인해 실무에서는 투자신탁을 이용한 수익증권 거래가 많이 이용되고 있다. 법인 투자자가 주식을 거래하는 것과 수익증권을 거래하는 것은 실질에 있어 거의 유사하나 취득세 과세에 있어서는 차이가 있다. 입법적 보완이 필요하다.

274) 대법원 2010. 9. 30. 선고 2010두8669 판결 참조.

지위에서 관리·처분권을 행사할 수 있게 되므로 그 자산에 대한 권리의무도 과점주주에게 실질적·경제적으로 공동으로 귀속된다는 점을 고려하여 그 담세력을 공동으로 파악하려는 데 있다. 따라서 과점주주 집단을 형성하는 구성원이 추가되는 경우에 그로 인하여 그 과점주주 집단이 새로소유하게 되는 것으로 보는 부동산 등과 관련하여 간주취득세를 부과하는 것은 별론으로 하고, 종전부터 그 과점주주 집단이 소유한 것으로 보는 부동산 등과 관련하여서는 기존의 과점주주로부터 그 과점주주 집단의 새로운 구성원에게 주식이 이전되더라도 특별한 사정이 없는 한 간주취득세를 부과할 수 없다고 해석하는 것이 자연스럽다. 이러한 점들을 종합하여 보면, 과점주주 집단 내부에서 주식이 이전되는 경우나 기존의 과점주주와 친족 기타 특수관계에 있으나 당해 법인의 주주가 아니었던 자가 기존의 과점주주로부터 그 주식의 일부 또는 전부를 이전받아 새로이 과점주주가되는 경우뿐만 아니라 당해 법인의 주주가 아니었던 자가 기존의 과점주주와 친족 기타 특수관계를 형성하면서 기존의 과점주주로부터 그 주식의 일부 또는 전부를 이전받아 새로이 과점주주가 되는 경우에도 기존의 과점주주와 새로운 과점주주가 소유한 총주식의 비율에 변동이 없다면 간주취득세의 과세대상이 될 수 없다.[275]

④ 건축물 : 개수(자본적 지출, 지방세법 제6조 제6호), 주체구조부의 취득(지방세법 제7조 제3항)

⑤ 연부취득

연부(年賦)란 매매계약서상 연부계약 형식을 갖추고 일시에 완납할 수 없는 대금을 2년 이상에 걸쳐 일정액씩 분할하여 지급하는 것을 말한다(지방세법 제6조 제20호). 연부취득의 경우 사실상의 연부금 지급일을 취득일로 보는 것으로 매번의 연부지급일을 독립적인 취득으로 간주하여 납세의무를 지우고 있다(지방세법 시행령 제20조 제5항).[276] 다만 연부취득 중에 등기·등록

---

275) 대법원 2021. 5. 7. 선고 2020두49324 판결, 대법원 2013. 7. 25. 선고 2012두12495 판결, 대법원 2007. 8. 23. 선고 2007두10297 판결 등 참조.

을 하는 경우는 그 등기·등록일이 취득일이 된다.

연부취득중인 부동산에 관하여 매도인·매수인 및 제3자 사이의 갱개계약에 의하여 매수인의 지위가 양도된 경우 제3자가 부동산을 취득하게 되는 것은 갱개계약에 의한 것이므로 그때의 부동산 취득이 연부취득에 해당하는지 여부는 위 계약의 내용에 의하여 판단되어야 할 것이고, 제3자가 전자의 권리를 승계하거나 의무를 인수하기로 약정하였다 하여 달리 볼 것은 아니다. 따라서 연부취득중인 부동산에 관하여 매도인·매수인 및 제3자 사이의 갱개계약에 의하여 매수인의 지위가 양도되고, 그 갱개계약일부터 잔금지급일까지의 기간이 2년 미만인 경우, 제3자는 연부취득자가 아니다.[277]

Ⅱ. 과세대상

과세대상은 대체로 주민의 담세력에 따라 정해지므로 지방세법은 각 세목의 담세력을 표시한다고 추측되는 것을 과세대상으로 규정하고 있다.

취득세는 부동산,[278] 차량, 기계장비, 항공기, 선박, 입목, 광업권, 어업권, 양식업권, 골프회원권, 승마회원권, 콘도미니엄 회원권, 종합체육시설 이용회원권 또는 요트회원권을 과세대상으로 한다(지방세법 제7조)[279].

취득세의 과세대상은 지방세법에 열거하고 있으며, 열거되지 아니한 과세물건에 대한 취득행위가 있다고 하더라도 취득세 과세대상이 되는 것은 아니다.

---

276) 지방세법 운영 예규 6-8.

277) 대법원 1998. 11. 27. 선고 97누3170 판결.

278) 신탁수익권은 지방세법 제7조의 취득세 과세대상에 해당되지 않고, 단순히 신탁수익권을 취득한 것만으로 수익권증서에 표시된 신탁부동산을 사실상 취득하였다고 볼 수도 없으므로, 원고가 이 사건 각 신탁수익권 매매계약에 따라 신탁수익권을 취득한 것은 신탁재산을 관리·처분함에 따라 발생하는 신탁이익을 받을 수 있는 권리를 취득한 것에 불과할 뿐, 이 사건 각 토지를 사실상 취득한 것으로 볼 수 없다{서울행정법원 2018. 1. 11. 선고 2017구합65487 판결(항소기각, 심리불속행기각으로 확정됨)}.

279) 분양권 및 입주권 자체는 취득세의 과세대상이 아니다. 추후 분양권 및 입주권을 통해 실제로 주택을 취득하는 시점에 해당 주택에 대한 취득세가 부과된다.

부동산	토지, 건축물
동 산	차량, 기계장비, 항공기, 선박, 입목
권 리	광업권, 어업권, 양식업권
회원권	골프회원권, 승마회원권, 콘도미니엄회원권, 종합체육시설이용회원권, 요트회원권

　　실무적으로 수익증권의 취득이 취득세의 과세대상이 되는지 여부가 문제이다.[280) 수익증권이란 재산의 운용을 타인에게 신탁한 경우 그 수익을 받는 권리가 표시된 증권을 말한다. 구체적으로 금전신탁계약에 의한 수익권, 투자신탁에 의한 수익권 및 그 밖에 이와 유사한 것으로서 신탁의 수익권이 표시된 것이다(자본시장과 금융투자업에 관한 법률 제4조 제5항, 제110조 제1항, 제189조 제1항). 수익증권이 취득세의 과세대상인 부동산 등에 해당하지 않은 것은 명백하므로 수익증권

---

280) 신탁관계에서 위탁자보다 수익자가 신탁재산에 영향을 더 행사하여 자기 재산처럼 활용할 수 있으므로 실질과세의 원칙상 수익자가 실질적 소유권을 취득한 것으로 보아 수익증권의 양도거래에 있어서도 수익증권을 양수하는 자에게 취득세를 과세할 수 있다는 견해가 있을 수 있다.
　　수익증권의 취득을 실질과세원칙(지방세기본법 제17조)에 따라 취득세를 과세할 수 있는가. 실질과세의 원칙은 헌법상의 기본이념인 평등의 원칙을 조세법률관계에 구현하기 위한 실천적 원리로서, 조세의 부담을 회피할 목적으로 과세요건사실에 관하여 실질과 괴리되는 비합리적인 형식이나 외관을 취하는 경우에 그 형식이나 외관에 불구하고 실질에 따라 담세력이 있는 곳에 과세함으로써 부당한 조세회피행위를 규제하고 과세의 형평을 제고하여 조세정의를 실현하고자 하는 데 주된 목적이 있다. 이는 조세법의 기본원리인 조세법률주의와 대립관계에 있는 것이 아니라 조세법규를 다양하게 변화하는 경제생활관계에 적용함에 있어 예측가능성과 법적 안정성이 훼손되지 않는 범위 내에서 합목적이고 탄력적으로 해석함으로써 조세법률주의의 형해화를 막고 실효성을 확보한다는 점에서 조세법률주의와 상호보완적이고 불가분적인 관계에 있다고 할 것이다(대법원 2012. 1. 19. 선고 2008두8499 전원합의체 판결). 이러한 실질과세원칙의 법리에 비추어 보면, 수익증권의 취득이 오로지 취득세 회피 목적에서 비롯된 것이 아닌 한, 그 경제적 효과 또는 실질이 신탁부동산을 취득한 것과 유사하더라도 수익증권의 취득을 부동산의 취득으로 보아 취득세를 과세하기는 어렵다고 할 것이다.

의 취득은 취득세의 과세대상이 아니다. 취득세 과세대상인 물건에 관한 신탁(부동산신탁)이 설정되면서 수익자로 지정받은 경우나, 신탁이 설정된 이후에 수익자로부터 수익권을 양수한 경우도 마찬가지 이유로 취득세를 과세할 수 없다.[281]

Ⅲ. 납세의무자 및 비과세

1. 납세의무자

가. 본래의 납세의무자

(1) 과세대상을 취득한 자

취득세는 부동산, 차량, 기계장비, 항공기, 선박, 입목, 광업권, 어업권, 양식업권, 골프회원권, 승마회원권, 콘도미니엄 회원권, 종합체육시설 이용회원권 또는 요트회원권을 취득한 자에게 부과한다(지방세법 제7조 제1항). 차량, 기계장비, 항공기 및 주문을 받아 건조하는 선박은 승계취득자가 납세의무자이다(지방세법 제7조 제2항 단서). 선박의 경우 제조, 조립, 건조 등이 완성되어 실수요자가 인도받거나 사실상 잔금을 지급하는 날을 최초의 취득일로 보기 때문에(지방세법 시행령 제20조 제3항) 선박이 제조 등 원시취득이 이루어 졌더라도 취득세 납세의무는 없으며 실수요자가 승계취득하는 경우에 납세의무가 발생한다.

앞에서 본 바와 같이 유상 및 무상 승계취득을 원인으로 적법하게 과세대상 물건을 취득한 이후에는 그 후 합의에 의하여 계약을 해제하고 그 재산을 반환하는 경우에도 이미 성립한 지방세채권에는 영향을 줄 수 없다. 다만, 소유권이전 등기를 경료하지 않은 경우를 전제로 무상취득 및 유상취득에 있어 60일 이내에 화해조서 등 일정한 서류에 의하여 계약해제 사실을 증명하는 경우는 취득한 것으로 보지 아니한다(지방세법 시행령 제20조 제1항 단서, 제2항 제2호 단서).

(2) 신탁의 경우

신탁의 설정에 따라 신탁재산(부동산)이 위탁자로부터 수탁자에게 이전된 경우

---

281) 신탁수익권에 관하여는 위 「서울행정법원 2018. 1. 11. 선고 2017구합65487 판결(확정)」을 참조할 것.

소유권 취득의 형식적 요건을 갖춘 것은 물론 대내외적으로 수탁자에게 소유권이 이전하는 것이므로 당연히 취득세 과세대상에 해당하고, 수탁자를 납세의무자로 볼 수밖에 없다. 하지만 현재는 신탁재산의 이전에 대하여는 아래에서 보는 바와 같이 비과세하고 있다(지방세법 제9조 제3항).

나. 간주 납세의무자

(1) 주체구조부의 취득자

건축물 중 조작(造作) 설비, 그 밖의 부대설비에 속하는 부분으로서 그 주체구조부(主體構造部)와 하나가 되어 건축물로서의 효용가치를 이루고 있는 것에 대하여는 주체구조부 취득자 외의 자가 가설(加設)한 경우에도 주체구조부의 취득자가 함께 취득한 것으로 본다(지방세법 제7조 제3항).

이는 건축물의 부대설비는 당해 건축물의 종물이거나 부합물로서 주물의 처분에 따라 처분되는 점을 고려한 것이다. 예컨대 자동승강기를 임차인이 설치하였다 하더라도 건물소유자가 취득세 납세의무자가 된다. 무단으로 대수선이 이루어진 경우에도 취득세 납세의무자는 건축물의 소유자이다.

(2) 수입하는 자

외국인 소유의 취득세 과세대상 물건(차량, 기계장비, 항공기 및 선박만 해당한다)을 직접 사용하거나 국내의 대여시설 이용자에게 대여하기 위하여 소유권을 이전받는 조건으로 임차하여 수입하는 경우에는 수입하는 자가 납세의무자이다(지방세법 제7조 제6항).

(3) 상속인

상속(피상속인이 상속인에게 한 유증 및 포괄유증과 신탁재산의 상속을 포함한다)으로 인하여 취득하는 경우에는 상속인 각자가 상속받는 취득물건(지분을 취득하는 경우에는 그 지분에 해당하는 취득물건을 말한다)을 취득한 것으로 본다(지방세법 제7조 제7항).

상속인이 한정승인을 할 경우 책임이 제한된 상태로 피상속인의 재산에 관한 권리·의무를 포괄적으로 승계하는 것이므로 한정승인에 의하여 부동산을 상속

받은 자도 취득세 납세의무가 있다.[282]

(4) 조합주택용 부동산 : 조합원

「주택법」 제11조에 따른 주택조합과 「도시 및 주거환경정비법」 제35조 제3항 및 「빈집 및 소규모주택 정비에 관한 특례법」 제23조에 따른 재건축조합 및 소규모재건축조합(이하 "주택조합등"이라 한다)이 해당 조합원용으로 취득하는 조합주택용 부동산(공동주택과 부대시설·복리시설 및 그 부속토지를 말한다)은 그 조합원이 취득한 것으로 본다. 다만, 조합원에게 귀속되지 아니하는 부동산(비조합원용 부동산)은 제외한다(지방세법 제7조 제8항).

조합주택등이 조합원용으로 취득한 부동산에 대하여는 조합원이 납세의무자이다. 그 이유는 건물신축의 경우에는 특단의 사정이 없는 한 그 자재, 노임 등 소요비용을 제공한 자가 그 건물을 원시취득 하는데, 주택조합은 그 소유자금으로 조합원의 건물을 신축 분양하는 것이 아니라 공정에 따라 조합원으로부터 각자 부담할 건축자금을 제공받아 조합원의 자금으로 건축하는 것이므로 건축절차의 편의상 조합명의로 그 건축허가와 준공검사를 받았다고 하더라도 이 때부터 위 건물의 소유권은 건축자금 제공자인 조합원이 원시취득한 것으로 보아야 하기 때문이다.[283] 나아가 주택조합등과 조합원을 별개의 납세자로 볼 경우 주택조합등이 부동산을 취득할 때와 당해 부동산을 조합원에게 소유권을 이전해 줄 때 각각 취득세의 납세의무가 발생하는 이중과세를 방지하기 위함이기도 하다.

(5) 시설대여업자

시설대여업자가 건설기계나 차량의 시설대여를 하는 경우로서 대여시설이용자의 명의로 등록하는 경우라도 그 건설기계나 차량은 시설대여업자가 취득한 것으로 본다(지방세법 제7조 제9항). 건설기계나 차량에 한하여 적용된다.

운용리스의 경우 취득의 실질적 요건을 갖추지 못하므로 취득 행위가 이루어졌다고 볼 수 없다는 점을 고려한 것이다. 금융리스의 경우 기업회계와 법인세

---

282) 대법원 2007. 4. 12. 선고 2005두9491 판결. 취득세를 납부하지 않으려면 상속포기를 하여야 한다.
283) 대법원 1994. 6. 24. 선고 93누22715 판결.

법에서는 실질을 중시하여 대여시설이용자의 장부상 자산으로 처리하지만, 그렇다고 하더라도 소유권이 대여시설이용자에게 있는 것은 아니다. 소유권자는 대여시설이용자가 아니라 시설대여업자이므로 시설대여업자에게 취득세 납세의무가 있는 것이다.

리스기간 종료 시에 대여시설이용자가 염가구매선택권 등을 행사하여 리스자산을 취득한 경우 비로소 대여시설이용자가 취득세 납세의무가 있는 것이다(유상취득).

(6) 차량 또는 기계장비의 사실상 취득자

영업용 기계장비 또는 차량을 기계장비대여업체 또는 운수업체의 명의로 등록하는 경우라도 해당 기계장비나 차량의 취득대금을 지급한 자가 따로 있음이 증명되는 경우 그 기계장비나 차량은 취득대금을 지급한 자가 취득한 것으로 본다(지방세법 제7조 제10항).

(7) 위탁자 지위 이전이 있는 경우 위탁자

위탁자의 지위를 이전할 실질적인 필요성 내지 경제성에 의문이 있을 수 있지만, 신탁법은 위탁자에 대하여 여러 권능을 수여하고 있으므로 신탁을 종료하지 않고서 위탁자의 지위를 이전하는 것을 부정할 이유는 없다(신탁법 제10조).

신탁재산의 위탁자 지위의 이전이 있는 경우에는 새로운 위탁자가 해당 신탁재산을 취득한 것으로 본다.[284] 다만 위탁자 지위의 이전에도 불구하고 신탁재산에 대한 실질적인 소유권 변동이 있다고 보기 어려운 경우{부동산 집합투자기구의 집합투자업자(위탁자)의 지위이전의 경우 등}에는 그러하지 아니하다(지방세법 제7조 제15항). 이는 위탁자 지위의 이전이 있는 경우 취득세를 부과함으로써 과세 공

---

[284] 신탁재산은 수탁자 명의로 등기되어 있으므로 위탁자의 지위가 이전되어도 새로운 위탁자가 이를 취득한 것으로 보기는 어렵다. 그러나 실질적인 측면에서는 새로운 위탁자가 신탁재산을 취득한 것과 마찬가지로 볼 수 있어 위탁자가 변경되어 그 지위를 이전하는 경우 새로운 위탁자가 해당 신탁재산을 취득한 것으로 보아 취득세를 과세하는 것으로 규정한 것이다. 이것은 위탁자 지위의 이전이 있는 경우 취득세를 부과함으로써 과세 공백을 메우기 위하여 특별히 마련된 조항으로서 창설적 규정이라고 보아야 한다(대법원 2018. 2. 8. 선고 2017두67810 판결).

백을 메우기 위하여[285] 특별히 마련된 조항으로서 창설적 규정이라고 보아야 한다.[286]

사 례 ::

① A와 B가 토지매매계약 체결 → ② 잔금 지급 전 토지를 A가 C에게 신탁이전(취득세 비과세) → ③ B의 잔금 지급/위탁자 지위 A에서 B로 이전(취득세 과세) → ④ 신탁종료 후 토지를 C에서 B로 이전(비과세)

위탁자의 지위 이전 없이 수익증권만 취득한 경우에는 지방세법 제7조 제15항이 적용될 수 없다.

명의신탁[287] 부동산에 대한 명의신탁자의 취득세 납세의무

Ⅰ. 계약명의신탁의 경우

계약명의신탁이란 명의신탁자가 명의수탁자와 사이에 명의신탁약정을 맺고 명의수탁자가 매매계약의 당사자가 되어 매도인과 사이에 매매계약을 체결한 후 등기를 매도인으로부터 명의수탁자 앞으로 이전하는 형식을 말한다.

계약명의신탁의 경우, 매도인이 선의이냐 악의이냐에 따라 부동산의 소유자가 명의수탁자 혹은 매도인으로 달라지는 점은 있으나, 명의신탁자의 입장에서는 어느 경우에도 매도인이나 명의수탁자에게 소유권이전등기청구를 할 수 있는 지위를

---

285) 신탁을 종료하지 않고서도 위탁자의 지위이전이 가능해짐에 따라 사실상의 소유권이 새로이 지위이전을 받은 위탁자로 변경되었음에도 취득세를 과세할 수 없는 문제점이 발생하였고, 그로 인한 조세부담 회피 사례를 방지하기 위하여 위탁자 지위이전의 경우에도 취득세를 과세할 수 있도록 한 것이다.

286) 대법원 2018. 2. 8. 선고 2017두67810 판결.

287) 명의신탁약정이 3자간 등기명의신탁인지 아니면 계약명의신탁인지의 구별은 계약당사자가 누구인가를 확정하는 문제로 귀결되는바, 계약명의자가 명의수탁자로 되어 있다 하더라도 계약당사자를 명의신탁자로 볼 수 있다면 이는 3자간 등기명의신탁이 된다. 따라서 계약명의자인 명의수탁자가 아니라 명의신탁자에게 계약에 따른 법률효과를 직접 귀속시킬 의도로 계약을 체결한 사정이 인정된다면 명의신탁자가 계약당사자라고 할 것이므로, 이 경우의 명의신탁관계는 3자간 등기명의신탁으로 보아야 한다(대법원 2010. 10. 28. 선고 2010다52799 판결).

갖지 못한다.[288] 따라서 명의신탁자가 부동산의 매수대금을 실질적으로 지급하였다고 하더라도 명의신탁자는 부동산을 사실상 취득하였다고 보기 어려워 취득세 납세의무가 성립할 수 없다.[289]

한편 명의신탁자와 명의수탁자가 계약명의신탁약정을 맺고 명의수탁자가 당사자가 되어 명의신탁약정이 있다는 사실을 알지 못하는 소유자(매도인)와 부동산에 관한 매매계약을 체결한 경우 그 계약은 일반적인 매매계약과 다를 바 없이 유효하므로(부동산 실권리자명의 등기에 관한 법률 제4조 제2항 단서 참조), 그에 따라 매매대금을 모두 지급하면 소유권이전등기를 마치지 아니하였더라도 명의수탁자에게 취득세 납세의무가 성립하고, 이후 그 부동산을 제3자에게 전매하고서도 최초의 매도인이 제3자에게 직접 매도한 것처럼 소유권이전등기를 마친 경우에도 마찬가지이다.[290] 반면 매도인이 악의인 경우에는 수탁자에게 취득세 납세의무가 성립하지 않는다.[291] 부동산 실권리자명의 등기에 관한 법률 제4조 제1항, 제2항에 따라 명의수탁자 명의의 소유권이전등기가 무효여서 소유권이 여전히 매도인에게 남아 있다고 보아야 하기 때문이다.

II. 3자간 등기명의신탁의 경우[292]

3자간 등기명의신탁이란 명의신탁자와 명의수탁자가 명의신탁약정을 맺고 명의신탁자가 매매계약의 당사자가 되어 매도자와 사이에 매매계약을 체결한 후 등기를 매도인으로부터 명의수탁자 앞으로 이전하는 형식을 말한다.

3자간 등기명의신탁의 경우 명의신탁약정과 그에 따른 등기는 무효인 반면 매도인과 명의신탁자 사이의 매매계약은 유효하므로, 명의신탁자는 매도인에게 매매계약에 따른 소유권이전등기를 청구할 수 있고, 그 소유권이전등기청구권을 보전하기 위하여 매도인을 대위하여 무효인 명의수탁자 명의 등기의 말소를 구할 수도 있

---

288) 계약명의신탁에 의하여 부동산의 등기를 매도인으로부터 명의수탁자 앞으로 이전한 경우 명의신탁자는 매매계약의 당사자가 아니고 명의수탁자와 체결한 명의신탁약정도 무효이어서 매도인이나 명의수탁자에게 소유권이전등기를 청구할 수 있는 지위를 갖지 못한다 (대법원 2017. 7. 11. 선고 2012두28414 판결).

289) 대법원 2017. 7. 11. 선고 2012두28414 판결, 대법원 2012. 10. 25. 선고 2012두14804 판결 참조.

290) 대법원 2017. 9. 12. 선고 2015두39026 판결.

291) 대법원 2017. 12. 13. 선고 2014두40067 판결 참조.

292) 2자간 등기명의신탁의 경우 명의수탁자에게 취득세의 납세의무가 있는가. 명의신탁약정도 무효이고 수탁자 명의의 등기도 원인무효이므로(신탁자가 여전히 소유자이다) 수탁자는 부동산을 취득하였다고 볼 수 없어 취득세 납세의무가 없다고 할 것이다(대법원 2017. 12.

다.[293] 따라서 명의신탁자는 잔금지급일에 사실상의 취득자에 해당하여 취득세의 납세의무가 있다. 그 후 그 사실상의 취득자가 그 부동산에 관하여 매매를 원인으로 한 소유권이전등기를 마치더라도 이는 잔금지급일에 '사실상 취득'을 한 부동산에 관하여 소유권 취득의 형식적 요건을 추가로 갖춘 것에 불과하므로, 잔금지급일에 성립한 취득세 납세의무와 별도로 그 등기일에 새로운 취득세 납세의무가 성립하는 것은 아니다.[294]

2. 비과세[295]

지방세는 지방세법이 규정하는 과세요건이 충족되면 납세의무가 성립한다. 과세요건 중 1개 이상을 제외함으로써 납세의무가 원천적으로 성립하지 않도록 하는 것을 비과세라 한다.

취득세의 비과세는 국가 등에 대한 비과세(지방세법 제9조 제1항), 국가 등에 귀속 또는 기부채납 조건부 취득에 대한 비과세(지방세법 제9조 제2항), 신탁재산(지방

---

13. 선고 2015두52296 판결 참조).

293) 대법원 2002. 3. 15. 선고 2001다61654 판결 참조.

294) 대법원 2018. 3. 22. 선고 2014두43110 전원합의체 판결.

295) ○ **비과세와 감면** 지방세법이 규정하는 과세요건이 충족되면 납세의무가 성립한다. 과세요건사실에는 과세권자, 납세의무자, 과세대상, 과세표준, 세율 등이 있다. 비과세는 이들 과세요건사실 중 1개 이상을 과세요건에서 배제시킴으로써 처음부터 납세의무가 성립되지 않도록 한 것이다. 비과세는 처음부터 납세의무가 성립하지 않는 것이므로 감면을 논할 여지가 없다. 지방세의 비과세는 과세요건사실을 규정하고 있는 실체법인 지방세법에 규정되어 있다.

감면은 일단 납세의무가 성립한 이후에 그 성립된 납세의무를 소멸시키는 여러 가지 면세제도 중 하나이다. 지방세의 감면은 지방세특례제한법, 지방세기본법, 지방세징수법, 지방세법, 조세특례제한법 및 조약에 따르지 아니하고는 지방세법에서 정한 일반과세에 관한 지방세 특례를 정할 수 없다(지방세특례제한법 제3조). 조례에 의한 지방세 감면도 가능하다(지방세특례제한법 제4조). 추징이란 감면처분이 된 이후에 일정한 사유가 발생한 경우 감면처분의 효과를 박탈하는 것을 말한다. 감면처분에 대한 해제조건이다.

○ **최소납부제** 지방세특례제한법에 따라 지방세(취득세 및 재산세)를 경감받더라도 최소한의 세액(면제세액의 15%)은 납부하도록 하는 제도이다(지방세특례제한법 제177조의2). 취득세 또는 재산세가 전액 면제되고, 그 면제세액이 취득세는 200만 원, 재산세는 50만 원을 초과하는 경우 면제세액의 15%는 납부하여야 한다(85% 감면율 적용). 다만 농기계류 등에 대한 감면이나 자영어민 등에 대한 감면과 같이 취약계층이나 대체취득 등과 같은 형식적 취득에 대하여는 적용하지 아니한다.

세법 제9조 제3항), 징발재산(지방세법 제9조 제4항), 임시건물(지방세법 제9조 제5항), 주택의 시가표준액이 9억 원 이하인 주택에 대한 대수선(지방세법 제9조 제6항), 상속개시 이전에 천재지변 등으로 사용할 수 없는 차량(지방세법 제9조 제7항)에 대한 비과세가 있다. 비과세대상들은 한정적 열거로 보아야 한다.[296]

(1) 국가 또는 지방자치단체, 지방자치단체조합, 외국정부 및 주한국제기구의 취득에 대해서는 취득세를 부과하지 아니한다. 다만, 대한민국 정부기관의 취득에 대하여 과세하는 외국정부의 취득에 대해서는 취득세를 부과한다(지방세법 제9조 제1항).

(2) 국가, 지방자치단체 또는 지방자치단체조합(이하 '국가 등'이라 한다)에 귀속 또는 기부채납(「사회기반시설에 대한 민간투자법」 제4조 제3호에 따른 방식으로 귀속되는 경우를 포함한다)을 조건으로 취득하는 부동산 및 「사회기반시설에 대한 민간투자법」 제2조 제1호 각 목에 해당하는 사회기반시설에 대해서는 취득세를 부과하지 아니한다(지방세법 제9조 제2항).

귀속이란 법률행위가 아닌 법률의 규정에 의한 소유권의 취득을 의미한다.[297] 귀속을 조건으로 부동산을 취득하는 것은 부동산을 국가 등에 귀속시키기 위한 잠정적이고 일시적인 조치에 불과하므로 국가 등이 직접 부동산을 취득하는 경우와 동일하게 평가할 수 있다고 보아 그 경우 취득세를 비과세하는 지방세법 제9조 제1항과 같은 취지에서 취득세를 비과세하는 것이다. 따라서 취득세가 부과되지 않는 국가 등에 귀속을 조건으로 취득하는 부동산은 적어도 그 취득 당시에 확정적으로 국가 등에 귀속이 예정되어 있어야 할 것이다.[298]

기부채납은 기부자가 그의 소유재산을 국가 등의 공유재산으로 증여하는 의사표시를 하고 국가 등은 이를 승낙하는 채납의 의사표시를 함으로써 성립하는 증여계약이다.[299] 취득세 비과세 요건으로 규정한 '기부채납을

---

296) 대법원 1992. 5. 12. 선고 91누10411 판결 참조.
297) 대법원 2011. 7. 28. 선고 2010두6977 판결, 부산지방법원 2014. 4. 18. 선고 2013구합2342 판결(확정), 헌법재판소 2011. 12. 29. 선고 2010헌바191 전원재판부 결정 등 참조.
298) 대법원 2011. 7. 28. 선고 2010두6977 판결 참조.

조건으로 취득하는 부동산'의 의미에 관하여, 사업자가 주택건설사업계획 승인을 받고 그 승인조건에서 나타난 기부채납 등의 조건에 맞추어 취득한 토지가 이에 해당함은 당연하고, 나아가 주택건설사업계획승인 이전이라도 이미 기부채납의 대상이 되는 토지의 위치나 면적이 구체적으로 특정된 상태에서 행정관청과 사이에 기부채납에 대한 협의가 진행 중인 것으로 볼 수 있는 객관적인 사정이 있는 경우에는, 그 이후에 취득하여 국가 등에 기부채납한 토지도 '기부채납을 조건으로 취득한 토지'로서 비과세 대상에 해당한다.[300]

(3) 신탁법에 따른 신탁등기가 병행되는 신탁으로 인한 신탁재산의 취득으로 ① 위탁자로부터 수탁자에게 신탁재산을 이전하는 경우, ② 신탁의 종료로 인하여 수탁자로부터 위탁자에게 신탁재산을 이전하는 경우, ③ 수탁자가 변경되어 신수탁자에게 신탁재산을 이전하는 경우에는 취득세를 부과하지 아니한다(지방세법 제9조 제3항). 신탁법상의 신탁에 의한 취득은 정책적인 견지에서 비과세하는 것이다. 비과세 요건으로 신탁등기를 요구하는 것은 신탁재산은 위탁자 및 수탁자로부터 강력한 독립성이 보장되기 때문에 과세관청을 포함한 제3자에 대하여 대항력을 갖추기 위해서는 그 재산이 신탁재산이라는 사실을 공시할 필요가 있기 때문이다.

한편 조세법률주의의 원칙상 과세요건이나 비과세요건 또는 조세감면요건을 막론하고 조세법규의 해석은 특별한 사정이 없는 한 법문대로 해석하여야 할 것이고 합리적 이유 없이 확장해석하거나 유추해석하는 것은 허용되지 아니한다.[301] 그렇다고 하더라도, 구체적인 사안에서 개별 조세법규를 해석·적용함에 있어서 조세법률주의가 지향하는 법적 안정성 및 예측가능성을 해치지 않는 범위 내에서 입법의 취지, 목적과 사회통념에

---

299) 대법원 1996. 11. 8. 선고 96다20581 판결 참조.
300) 대법원 2011. 11. 1. 선고 2011두17363 판결, 대법원 2006. 1. 26. 선고 2005두14998 판결, 대법원 2005. 5. 12. 선고 2003다43346 판결 등 참조.
301) 대법원 2011. 1. 27. 선고 2010도1191 판결, 대법원 2008. 2. 15. 선고 2006두8969 판결 등 참조.

따른 합리적 해석을 하는 것까지 모두 금지하는 것은 아니라고 할 것이다.[302)]

(4) 동원대상지역 내의 토지의 수용사용에 관한 환매권의 행사로 매수하는 부동산의 취득에 대하여는 취득세를 부과하지 아니한다(지방세법 제9조 제4항).

(5) 임시흥행장, 공사현장사무소 등 임시건축물의 취득에 대하여는 취득세를 부과하지 아니한다. 다만, 존속기간이 1년을 초과하는 경우에는 취득세를 부과한다(지방세법 제9조 제5항).

(6) 시가표준액 9억 원 이하인 공동주택의 개수로 인한 취득에 대하여는 취득세를 부과하지 아니한다. 다만, 건축법에 따른 대수선으로 인한 취득의 경우는 취득세를 부과한다(지방세법 제9조 제6항, 같은 법 시행령 제12조의2).

(7) 사용할 수 없는 차량의 상속에 따른 취득세의 비과세(지방세법 제9조 제7항, 같은 법 시행령 제12조의3)

① 상속개시 이전에 천재지변·화재·교통사고·폐차·차령초과 등으로 사용할 수 없는 차량이나 ② 차령초과로 사실상 차량을 사용할 수 없는 사유로 상속으로 인한 이전등록을 하지 아니한 상태에서 폐차함에 따라 상속개시일부터 3개월 이내에 말소등록된 차량에 대해서는 각 상속에 따른 취득세를 부과하지 아니한다.

Ⅳ. 납세지

1. 취득세의 납세지

취득세의 납세지는 다음과 같다(지방세법 제8조).

① 부동산 : 부동산 소재지

② 차량 :「자동차관리법」에 따른 등록지. 다만, 등록지가 사용본거지와 다른 경우에는 사용본거지를 납세지로 하고,[303)] 철도차량의 경우에는 해당 철

---

302) 서울고등법원 2006. 6. 21. 선고 2005누20414 판결(심리불속행 기각, 확정).
303) 법인이 자동차등록을 하면서 등록관청으로부터 주사무소 소재지 외의 다른 장소를 사용본거지로 인정받아 그 장소가 자동차등록원부에 사용본거지로 기재되었다면, 그 등록이 당연무효이거나 취소되었다는 등의 특별한 사정이 없는 한 차량의 취득세 납세지가 되는 '사

도차량의 청소, 유치(留置), 조성, 검사, 수선 등을 주로 수행하는 철도차량 기지의 소재지를 납세지로 한다.[304]

③ 기계장비 : 「건설기계관리법」에 따른 등록지

④ 항공기 : 항공기의 정치장(定置場) 소재지

⑤ 선박 : 선적항 소재지. 다만, 「수상레저안전법」 제30조 제3항 각 호에 해당하는 동력수상레저기구의 경우에는 같은 조 제1항에 따른 등록지로 하고, 그 밖에 선적항이 없는 선박의 경우에는 정계장 소재지(정계장이 일정하지 아니한 경우에는 선박 소유자의 주소지)로 한다. 정계장이란 선박을 계류하는 일정한 장소를 말한다.

⑥ 입목 : 입목 소재지

⑦ 광업권 : 광구 소재지

⑧ 어업권·양식업권 : 어장 소재지

⑨ 골프회원권, 승마회원권, 콘도미니엄 회원권, 종합체육시설 이용회원권 또는 요트회원권 : 골프장·승마장·콘도미니엄·종합체육시설 및 요트 보관소의 소재지

2. 불분명 납세지의 기준

가. 납세지가 불분명한 경우

납세지가 분명하지 아니한 경우에는 해당 취득물건의 소재지를 그 납세지로 한다(지방세법 제8조 제2항).

용본거지'는 법인의 주사무소 소재지가 아니라 '자동차등록원부에 기재된 사용본거지'를 의미한다(대법원 2017. 11. 9. 선고 2016두40139 판결 참조).

304) 실무적으로 차량의 납세지는 개인의 경우 주민등록지를 사용본거지로 보며, 법인의 경우에는 법인의 본점소재지를 사용본거지로 보고 있으나, 등록관청으로부터 사용본거지로 인정을 받아 자동차등록원부에 기재된 경우에는 그 기재된 주소지를 사용본거지로 보아 납세지를 판단한다.

나. 과점주주 간주취득세의 납세지

과점주주의 간주취득세의 경우는 당해 물건 소재지 또는 등록지를 납세지로 한다.

다. 리스물건의 납세지

리스 차량 및 건설기계의 납세지는 취득당시의 리스물건을 주로 관리하는 대여시설이용자의 사용본거지로 보아야 한다.[305]

3. 취득세 안분 기준

같은 취득물건이 둘 이상의 지방자치단체에 걸쳐 있는 경우의 납부할 취득세를 산출할 때 그 과세표준은 취득 당시의 가액을 취득물건의 소재지별 시가표준액 비율로 나누어 계산한다(지방세법 제8조 제3항, 같은 법 시행령 제12조).

Ⅴ. 과세표준과 세율

과세표준이란 세액을 산정하기 위한 기초로서 그 단위는 금액, 가격, 수량, 건수 등으로 표시된다. 세율이란 세액 산출을 위하여 과세표준에 곱하여야 할 율을 말한다.[306]

---

305) 대법원 2017. 11. 9. 선고 2016두40139 판결 참조.

306) 세목에 따라 과세표준이 금액으로 정해지는 경우는 백분율·천분율로, 수량으로 정해지는 경우는 단위에 대한 금액으로 각 표시된다. 세율에는 비례세율, 누진세율, 탄력세율 등이 있다. 세율에는 재정학적으로 비례세율, 누진세율 등이 있다. 한편 지방세법은 지방자치단체의 재량권을 고려하여(지방세기본법 제5조 참조) 지방세 독자적인 세율을 규정하고 있다. ① 법정세율(일반세율). 지방세법에서 정한 세율을 각 지방자치단체가 그대로 따라야하는 고정된 세율을 말한다. 면허에 대한 등록면허세(지방세법 제34조 제1항), 레저세(지방세법 제52조 제1항)의 세율이 이에 해당한다. ② 표준세율. 지방자치단체가 지방세를 부과할 경우에 통상 적용하여야 할 세율로서 재정상의 사유 또는 그 밖의 특별한 사유가 있는 경우에는 이에 따르지 아니할 수 있는 세율을 말한다(지방세기본법 제2조 제6호). 실제 적용세율은 지방자치단체의 조례로 정한다. 통상 50% 범위 내에서 가감 조정할 수 있다. 표준세율로 되어 있는 지방세는 취득세(지방세법 제14조), 등록에 대한 등록면허세(지방세법 제28조 제6항), 사업소분·종업원분 주민세(지방세법 제81조 제2항, 제84조의3 제2항), 지방소득세(지방세법 제92조 제2항), 자동차 소유에 대한 자동차세(지방세법 제127조 제3항),

1. 과세표준

지방세법은 원칙적으로 취득원인별(무상취득, 유상승계취득, 원시취득, 간주취득)로 과세표준을 규정하고 있다. 다만 차량 또는 기계장비의 취득이나 대물변제 등으로 취득하는 경우에는 과세표준의 특례를 인정하고 있다.

가. 과세표준의 기준 : 취득당시가액

취득세의 과세표준은 취득 당시의 가액(취득당시가액)으로 한다. 다만, 연부로 취득하는 경우 취득세의 과세표준은 연부금액으로 한다. 연부금액이란 매회 사실상 지급되는 금액을 말하며, 취득금액에 포함되는 계약보증금을 포함한다(지방세법 제10조).

취득 당시의 가액(취득당시가액)은 무엇을 의미하는가. 지방세법은 실질적 가치 반영 강화를 위해 취득원인에 따라 달리 규정하고 있다.

(1) 무상취득의 경우 원칙적으로 "시가인정액"을, 예외적으로 시가표준액을 의미한다(지방세법 제10조의2).

(2) 유상승계취득과 원시취득의 경우 원칙적으로 사실상의 취득가격을, 예외적으로 사실상 연부금 지급액 또는 시가인정액[307]이나 시가표준액을 의미한다(지방세법 제10조의3, 제10조의4).

지역자원시설세(지방세법 제146조 제4항), 재산세(지방세법 제111조 제3항), 지방교육세(지방세법 제151조 제2항)가 있다. ③ 조정세율. 기본세율을 법률로 정해 놓고 일정한 범위 내에서 가감 조정할 수 있도록 한 세율이다. 표준세율은 지방자치단체(조례)가 조정하나, 조정세율은 행정부(대통령령)가 조정한다. 담배소비세(지방세법 시행령 제61조), 자동차 주행에 대한 자동차세(지방세법 시행령 제131조)가 여기에 해당한다. ④ 제한세율. 지방자치단체가 지방세법에서 정한 기준 이내에서 지방자치단체가 조례로 정할 수 있는 세율을 말한다. 표준세율은 조례에서 세율을 정하지 아니하면 지방세법상의 세율이 적용되지만, 제한세율은 조례로 세율을 정하지 아니하면 과세요건의 미비로 납세의무가 성립하지 않는다. 개인분 주민세(지방세법 제78조), 재산세 도시지역분(지방세법 제112조 제2항)이 여기에 해당한다.

307) 증여 취득에 대한 취득세 과세표준은 종전에는 시가표준액을 적용하였으나, 2023년부터 공평과세 실현과 실질가치 반영 강화, 국세(증여세)와의 정합성 등 제고를 위하여 부동산을 증여 취득하는 경우 시가를 반영한 시가인정액을 과세표준으로 적용한다.

(3) 간주취득의 경우 원칙적으로 사실상의 취득가격을, 예외적으로 시가표준 액을 의미한다(지방세법 제10조의6).

나. 승계취득의 경우

(1) 무상취득의 경우

무상취득의 경우 '시가인정액'을, 예외적으로 시가표준액[308]을 적용한다.

(가) 원칙 : 시가인정액

시가인정액이란 취득시기 현재 불특정 다수인 사이에 자유롭게 거래가 이루어지는 경우 통상적으로 성립된다고 인정되는 가액으로 해당 물건의 매매사례가액, 감정가액, 공매가액 등 대통령령(제14조)으로 정하는 바에 따라 시가로 인정되는 가액을 말한다. 구체적으로 취득일 전 6개월부터 취득일 후 3개월 이내의 기간(평가기간)에 취득 대상이 된 부동산 등에 대 하여 매매, 감정, 경매(민사집행법에 따른 경매를 말한다) 또는 공매한 사실이 있는 경우의 가액을 말한다(지방세법 시행령 제14조 제1항).

취득한 부동산등의 면적, 위치 및 용도와 시가표준액이 동일하거나 유사 하다고 인정되는 다른 부동산에 대한 시가인정액이 있는 경우 해당 가액

---

[308] 과세표준과 세율은 세액산출의 근거가 되며 세액은 이들 과세표준과 세율을 곱하여 산출 한다. 이때의 과세표준은 과세대상 물건의 가격, 수량, 중량, 용적 등을 수치화한 것으로 지방세부과의 기준이 된다. 시가표준액은 취득세, 재산세 등의 과세표준을 정하기 위하여 시가 그 자체는 아니지만 과세관청이 과세를 위한 최저한의 표준가격으로서 결정·고시한 가액을 말한다(지방세법 제4조). 세액산정의 기초가 되는 과세표준은 시가표준액과 다르 다. 과세표준은 시가표준액의 상위개념이다. 그러나 지방세법은 그 운영에 있어서 시가표 준액을 세액산출의 근거로 삼는 경우가 대부분이므로 지방세법상 세액산정에 관한 한 사 실상 시가표준액과 과세표준을 동일하게 봐도 무방하다.
1. 토지 및 주택의 시가표준액 : 지방세법상 토지 및 주택의 시가표준액은 「부동산 가격공 시에 관한 법률」에 따라 공시된 개별공시지가 및 개별주택가격으로 한다(지방세법 제4 조 제1항 본문).
2. 건축물 등의 시가표준액 : 건축물, 선박, 항공기, 그 밖의 과세대상에 대한 시가표준액은 거래가격, 수입가격, 신축·건조·제조가격 등을 고려하여 정한 기준가격에 종류, 구조, 용도, 경과연수 등 과세대상별 특성을 고려하여 행정안전부장관이 정하는 기준에 따라 지 방자치단체의 장이 결정한 가액이다(지방세법 제4조 제2항, 같은 법 시행령 제4조 제1항).

을 시가인정액으로 본다(지방세법 시행령 제14조 제5항, 제6항). 물론 당해 물건에 대한 매매 등 시가인정액이 있으면 유사 부동산의 매매 등 시가인정액은 적용하지 않는다.

(나) 예외 : 시가표준액

상속 등의 경우에는 시가표준액을 취득당시가액으로 한다(지방세법 제10조의2 제2항, 같은 법 시행령 제14조의2).

① 상속에 따른 무상취득의 경우 : 시가표준액(지방세법 제4조)

② 1억 원 이하의 부동산등을 무상취득(상속의 경우는 제외한다)하는 경우 : 시가인정액과 시가표준액 중에서 납세자가 정하는 가액

③ ① 및 ②에 해당하지 아니하는 경우 : 시가인정액으로 하되, 시가인정액을 산정하기 어려운 경우에는 시가표준액

(다) 부담부 증여의 경우 : 사실상의 취득가격 및 시가인정액

증여자의 채무를 인수하는 부담부 증여의 경우 유상으로 취득한 것으로 보는 채무액에 상당하는 부분(채무부담액)에 대해서는 아래 (2)에서 설명하는 유상승계취득에서의 과세표준(사실상 취득가격)을 적용하고, 취득물건의 시가인정액에서 채무부담액을 뺀 잔액에 대해서는 무상취득에서의 과세표준(시가인정액)을 적용한다(지방세법 제10조의2 제6항).

채무부담액의 범위는 시가인정액을 그 한도로 한다. 채무부담액은 취득자가 부동산등의 취득일이 속하는 달의 말일부터 3개월 이내에 인수한 것을 증명한 채무액으로서 ① 등기사항전부증명서로 확인되는 부동산등에 대한 저당권, 가압류, 가처분 등에 따른 채무부담액, ② 금융기관이 발급한 채무자 변경 확인서 등으로 확인되는 금융기관의 금융채무액, ③ 임대차계약서 등으로 확인되는 부동산등에 대한 임대보증금액, ④ 그 밖에 판결문, 공정증서 등 객관적 증명자료로 확인되는 취득자의 채무부담액의 금액으로 한다(지방세법 시행령 제14조의4).

(2) 유상취득의 경우

유상승계취득의 경우 사실상 취득가격을 적용한다. 다만, 특수관계인간 거래로 인해 조세부담을 부당하게 감소시킨 것으로 인정되는 경우에는 시가인정액을 적용한다.

(가) 원칙 : 사실상 취득가격

부동산등을 유상거래(매매 또는 교환 등 취득에 대한 대가를 지급하는 거래를 말한다)로 승계취득하는 경우 취득당시가액은 취득시기 이전에 해당 물건을 취득하기 위하여 ① 납세의무자, ② 「신탁법」에 따른 신탁의 방식으로 해당 물건을 취득하는 경우에는 같은 법에 따른 위탁자, ③ 그 밖에 해당 물건을 취득하기 위하여 비용을 지급하였거나 지급하여야 할 자로서 대통령령으로 정하는 자가 거래 상대방이나 제3자에게 지급하였거나 지급하여야 할 일체의 비용으로서 사실상의 취득가격으로 한다(지방세법 제10조의3 제1항).

사실상의 취득가격이란 해당 물건을 취득하기 위하여 거래 상대방 또는 제3자에게 지급했거나 지급해야 할 직접비용과 아래 1)의 간접비용의 합계액에서 아래 2)를 제외한 금액을 말한다. 다만, 취득대금을 일시급 등으로 지급하여 일정액을 할인받은 경우에는 그 할인된 금액으로 하고, 법인이 아닌 자(개인)가 취득한 경우에는 아래 1)의 ①, ② 또는 ⑦의 금액을 제외한 금액으로 한다.

1) 사실상의 취득가격에 포함되는 간접비용(지방세법 시행령 제18조 제1항)[309]

---

309) 취득가격에는 과세대상물건의 취득 시기 이전에 거래상대방 또는 제3자에게 지급원인이 발생 또는 확정된 것으로서 당해물건 자체의 가격(직접비용)은 물론 그 이외에 실제로 당해물건 자체의 가격으로 지급되었다고 볼 수 있거나(취득자금이자, 설계비 등) 그에 준하는 취득절차비용(소개수수료, 준공검사비용 등)도 간접비용으로서 이에 포함된다 할 것이나, 그것이 취득의 대상이 아닌 물건이나 권리에 관한 것이어서 당해물건 자체의 가격이라고 볼 수 없는 것이라면 과세대상물건을 취득하기 위하여 당해물건의 취득시기 이전에 그 지급원인이 발생 또는 확정된 것이라도 이를 당해물건의 취득가격에 포함된다고 보아 취

① 건설자금에 충당한 차입금의 이자 또는 이와 유사한 금융비용

건설자금에 충당한 차입금의 이자를 취득세의 과세표준에 포함하도록 규정하는 것은 그것이 취득을 위하여 간접적으로 소요된 금액임을 근거로 한다.[310] 그렇다면 어떠한 자산을 건설 등에 의하여 취득하는 데에 사용할 목적으로 직접 차입한 자금의 경우 그 지급이자는 취득에 소요되는 비용으로서 취득세의 과세표준에 포함되지만, 그 밖의 목적으로 차입한 자금의 지급이자는 납세의무자가 자본화하여 취득가격에 적정하게 반영하는 등의 특별한 사정이 없는 한 그 차입한 자금이 과세물건의 취득을 위하여 간접적으로 소요되어 실질적으로 투자된 것으로 볼 수 있어야 취득세의 과세표준에 합산할 수 있다고 할 것이다. 또한 과세요건사실의 존재 및 과세표준에 대한 증명책임은 과세관청에게 있으므로, 그 밖의 목적으로 차입한 자금의 지급이자가 과세물건의 취득을 위하여 소요되었다는 점에 관하여도 원칙적으로 과세관청이 그 증명책임을 부담한다.[311]

② 할부 또는 연부(年賦) 계약에 따른 이자 상당액 및 연체료

③ 「농지법」에 따른 농지보전부담금, 「문화예술진흥법」 제9조 제3항에 따른 미술작품의 설치 또는 문화예술진흥기금에 출연하는 금액, 「산지관리법」에 따른 대체산림자원조성비 등 관계 법령에 따라 의무적으로 부담하는 비용

④ 취득에 필요한 용역을 제공받은 대가로 지급하는 용역비·수수료

득세과세표준으로 삼을 수 없다(대법원 1996. 1. 26. 선고 95누4155 판결).

아파트 신축·분양사업과 관련된 신탁수수료는 아파트를 취득한 자가 거래상대방 또는 제3자에게 지급한 비용이라고 할 수 없으므로 취득가격(취득세 과세표준)에 포함될 수 없다(대법원 2011. 1. 13. 선고 2009두23075 판결, 전주지방법원 2019. 6. 27. 선고 2018구합2879 판결[위 판결은 대법원에서 2020. 5. 14. 심리불속행기각으로 종결되었다(2020두32937)] 등 참조).

310) 대법원 2010. 4. 29. 선고 2009두17179 판결 등 참조.
311) 대법원 2018. 3. 29. 선고 2014두46936 판결 참조.

(건축 및 토지조성공사로 수탁자가 취득하는 경우 위탁자가 수탁자에게 지급하는 신탁수수료를 포함한다)

⑤ 취득대금 외에 당사자의 약정에 따른 취득자 조건 부담액과 채무 인수액

⑥ 부동산을 취득하는 경우 「주택도시기금법」 제8조에 따라 매입한 국민주택채권을 해당 부동산의 취득 이전에 양도함으로써 발생하는 매각차손. 이 경우 행정안전부령으로 정하는 금융회사 등(이하 "금융회사등"이라 한다) 외의 자에게 양도한 경우에는 동일한 날에 금융회사등에 양도하였을 경우 발생하는 매각차손을 한도로 한다.

⑦ 「공인중개사법」에 따른 공인중개사에게 지급한 중개보수

⑧ 붙박이 가구 · 가전제품 등 건축물에 부착되거나 일체를 이루면서 건축물의 효용을 유지 또는 증대시키기 위한 설비 · 시설 등의 설치비용

⑨ 정원 또는 부속시설물 등을 조성 · 설치하는 비용

⑩ ①부터 ⑨까지의 비용에 준하는 비용

2) 다음의 어느 하나에 해당하는 비용은 사실상 취득가격에 포함하지 않는다(지방세법 시행령 제18조 제2항).

① 취득하는 물건의 판매를 위한 광고선전비 등의 판매비용과 그와 관련한 부대비용

② 「전기사업법」, 「도시가스사업법」, 「집단에너지사업법」, 그 밖의 법률에 따라 전기 · 가스 · 열 등을 이용하는 자가 분담하는 비용

③ 이주비, 지장물 보상금 등 취득물건과는 별개의 권리에 관한 보상 성격으로 지급되는 비용

④ 부가가치세

⑤ ①부터 ④까지의 비용에 준하는 비용

(나) 예외 : 시가인정액

특수관계인 간의 거래로 그 취득에 대한 조세부담을 부당하게 감소시키

는 행위 또는 계산을 한 것으로 인정되는 경우(부당행위계산)에는 시가인정액을 취득당시가액으로 결정할 수 있다(지방세법 제10조의3 제2항).

부당행위계산은 특수관계인으로부터 시가인정액보다 낮은 가격으로 부동산을 취득한 경우로서 시가인정액과 사실상 취득가격의 차액이 3억 원 이상이거나 시가인정액의 100분의 5에 상당하는 금액 이상인 경우로 한다(지방세법 제10조의3 제3항, 같은 법 시행령 제18조의2).

다. 원시취득의 경우

부동산등을 원시취득하는 경우 취득당시가액은 사실상 취득가격으로 한다. 다만 법인이 아닌 자(개인)가 건축물을 건축하여 취득하는 경우로서 사실상 취득가격을 확인할 수 없는 경우의 취득당시가액은 시가표준액으로 한다(지방세법 제10조의4).

라. 과세표준에 대한 특례

차량·기계장비를 유상승계취득한 경우는 사실상의 취득가격을, 무상취득의 경우는 "시가표준액"을 적용한다. 그 밖에 대물변제, 교환, 양도담보, 법인의 합병·분할·현물출자 등 사실상의 취득가격을 확인하기 어려운 경우는 예외적으로 운영한다.

(1) **차량·기계장비 취득의 경우**(지방세법 제10조의5 제1항)

(가) 무상취득하는 경우 : 시가표준액(지방세법 제4조 제2항)

(나) 유상승계취득하는 경우 : 사실상 취득가격. 다만, 사실상 취득가격에 대한 신고 또는 신고가액의 표시가 없거나 그 신고가액이 시가표준액보다 적은 경우 시가표준액으로 한다.

(다) 차량 제조회사가 생산한 차량을 직접 사용하는 경우 : 사실상 취득가격

(라) 천재지변 등 아래의 사유로 차량 또는 기계장비의 사실상 취득가격이 시가표준액(지방세법 제4조 제2항)보다 낮은 경우 사실상 취득가액으로 한다(지방세법 제10조의5 제2항, 같은 법 시행령 제18조의3 제1항, 제2항 본문).

① 천재지변, 화재, 교통사고 등으로 중고 차량이나 중고 기계장비의 가액이 시가표준액보다 낮은 것으로 시장·군수·구청장이 인정하는 경우

② 국가, 지방자치단체 또는 지방자치단체조합으로부터 취득하는 경우

③ 수입으로 취득하는 경우

④ 민사소송 및 행정소송의 확정 판결(화해·포기·인낙 또는 자백간주에 의한 것은 제외한다)에 따라 취득가격이 증명되는 경우

⑤ 법인장부(금융회사의 금융거래 내역서 또는 「감정평가 및 감정평가사에 관한 법률」 제6조에 따른 감정평가서 등 객관적 증거서류에 따라 법인이 작성한 원장·보조장·출납전표 또는 결산서를 말한다)에 따라 취득가격이 증명되는 경우

⑥ 경매 또는 공매로 취득하는 경우

다만, ⑤에 따른 중고 차량 또는 중고 기계장비로서 그 취득가격이 시가표준액보다 낮은 경우(①의 경우는 제외한다)에는 해당 시가표준액을 취득당시가액으로 한다(지방세법 제10조의5 제2항, 같은 법 시행령 제18조의3 제1항, 제2항 단서).

(2) 대물변제 등으로 취득하는 경우

(가) 대물변제, 교환, 양도담보 등 유상거래를 원인으로 취득하는 경우(지방세법 제10조의5 제3항 제1호, 같은 법 시행령 제18조의4 제1항 제1호)

① 대물변제 : 대물변제액(대물변제액 외에 추가로 지급한 금액이 있는 경우에는 그 금액을 포함한다). 다만, 대물변제액이 시가인정액을 초과하는 경우 취득당시가액은 시가인정액으로 한다.

② 교환 : 교환을 원인으로 이전받는 부동산등의 시가인정액과 이전하는 부동산등의 시가인정액(상대방에게 추가로 지급하는 금액과 상대방으로부터 승계받는 채무액이 있는 경우 그 금액을 더하고, 상대방으로부터 추가로 지급받는 금액과 상대방에게 승계하는 채무액이 있는 경우 그 금액을 차감한다) 중 높은 가액

③ 양도담보 : 양도담보에 따른 채무액(채무액 외에 추가로 지급한 금액이 있는

경우 그 금액을 포함한다). 다만, 그 채무액이 시가인정액을 초과하는 경우 취득당시가액은 시가인정액으로 한다.

다만, 특수관계인으로부터 부동산등을 취득하는 경우로서 부당행위계산을 한 것으로 인정되는 경우(지방세법 제10조의3 제2항) 취득당시가액은 시가인정액으로 한다.

(나) 법인의 합병·분할 및 조직변경을 원인으로 취득하는 경우(지방세법 제10조의5 제3항 제2호, 같은 법 시행령 제18조의4 제1항 제2호) : 시가인정액. 다만, 시가인정액을 산정하기 어려운 경우 취득당시가액은 시가표준액으로 한다.

(다) 「도시 및 주거환경정비법」 제2조 제8호의 사업시행자, 「빈집 및 소규모 주택 정비에 관한 특례법」 제2조 제1항 제5호의 사업시행자 및 「주택법」 제2조 제11호의 주택조합이 취득하는 경우(지방세법 제10조의5 제3항 제3호, 같은 법 시행령 제18조의4 제1항 제3호)

다음 계산식에 따라 산출한 가액으로 한다.

가액 = A × [B -(C × B / D)]

A : 해당 토지의 제곱미터당 분양가액
B : 해당 토지의 면적
C : 사업시행자 또는 주택조합이 해당 사업 진행 중 취득한 토지면적(조합원으로부터 신탁받은 토지는 제외한다)
D : 해당 사업 대상 토지의 전체 면적

(라) 그 밖에 (가)부터 (다)까지의 규정에 준하는 경우로서 ① 「도시개발법」에 따른 도시개발사업의 시행으로 인한 사업시행자의 체비지 또는 보류지의 취득, ② 지방세법 제7조 제16항 후단에 따른 조합원의 토지 취득에 해당하는 경우(지방세법 제10조의5 제3항 제4호, 같은 법 시행령 제18조의4 제1항 제4호, 제2항)

1) 「도시개발법」에 따른 도시개발사업의 시행으로 인한 사업시행자의 체

비지 또는 보류지를 취득하는 경우 : 다음 계산식에 따라 산출한 가액

$$가액 = A \times [B - (C \times B / D)] - E$$

A : 해당 토지의 제곱미터당 분양가액
B : 해당 토지의 면적
C : 사업시행자가 해당 사업 진행 중 취득한 토지면적
D : 해당 사업 대상 토지의 전체 면적
E : 법 제7조 제4항 후단에 따른 토지의 지목 변경에 따른 취득가액

2) 지방세법 제7조 제16항 후단에 따른 조합원의 토지 취득하는 경우 : 다음 계산식에 따라 산출한 가액

$$가액 = (A \times B) - C$$

A : 해당 토지의 제곱미터당 분양가액
B : 해당 토지의 면적
C : 법 제7조 제4항 후단에 따른 토지의 지목 변경에 따른 취득가액

마. 간주취득의 경우(지방세법 제10조의6)

(1) 지목변경·구조변경·개수

(가) 원칙 : 사실상 취득가격

1) 지목변경 등 아래의 경우 그 변경으로 증가한 가액에 해당하는 사실상의 취득가격을 과세표준으로 적용한다(지방세법 제10조의6 제1항).
① 토지의 지목을 사실상 변경한 경우
② 선박, 차량 또는 기계장비의 용도 등을 변경한 경우, 구체적으로 선박의 선질(船質)·용도·기관·정원 또는 최대적재량이나 차량 또는 기계장비의 원동기·승차정원·최대적재량·차체 등을 변경한 경우(지방세법 시행령 제18조의5)
2) 건축물을 개수하는 경우(지방세법 제10조의6 제3항, 제10조의4 제1항)

(나) 예외 : 시가표준액

법인이 아닌 자(개인)가 위 (가)의 어느 하나에 해당하는 경우로서 사실상 취득가격을 확인할 수 없는 경우(지방세법 제10조의6 제2항, 제3항, 제10조의4 제2항, 같은 법 시행령 제18조의6 제2호)

(2) 과점주주의 취득

과점주주가 취득한 것으로 보는 해당 법인의 부동산, 차량, 기계장비, 항공기, 선박, 입목, 광업권, 어업권, 골프회원권, 승마회원권, 콘도미니엄 회원권, 종합체육시설 이용회원권 또는 요트회원권에 대한 과세표준은 그 부동산 등의 총가액을 그 법인의 주식 또는 출자의 총수로 나눈 가액에 과점주주가 취득한 주식 또는 출자의 수를 곱한 금액으로 한다. 이 경우 과점주주는 조례로 정하는 바에 따라 과세표준과 그 밖에 필요한 사항을 신고하여야 한다(지방세법 제10조의6 제4항).

이상의 내용을 표로 정리하면 다음과 같다.[312]

| 취득단계에서의 과세표준 |

취득구분		과세표준(취득 당시의 가액)
무상취득	원칙	시가인정액(상속 제외) (취득일 전 6개월부터 취득일 후 3개월 이내의 기간에 매매, 감정, 경매, 공매한 사실이 있는 경우 그 가액)
	상속	시가표준액
	시가표준액 1억 원 이하인 부동산등	시가인정액과 시가표준액 중 납세자가 정하는 가액
	부담부 증여(채무부담액을 뺀 잔액)	시가인정액
	상속 및 시가표준액 1억 원 이하 부동산등에 해당하지 않으며, 시가인정액을 산정하기 어려운 경우	시가표준액

---

312) 한국지방연구원 2023년 지방세 교육 교재를 인용하였다.

취득구분		과세표준(취득 당시의 가액)
유상 취득	원칙	사실상 취득가격(취득시기 이전에 거래 상대방 또는 제3자에게 지급하였거나 지급하여야 할 일체의 비용)
	연부	사실상 연부금 지급액
	부담부 증여 중 채무부담액	사실상 취득가격
	부당행위계산 인정 시	시가인정액
원시 취득	원칙	사실상 취득가격
	법인이 아닌 자가 취득하는 경우로서 사실상 취득가격을 확인할 수 없는 경우	시가표준액
차량· 기계장비	무상취득	시가표준액
	유상승계취득	사실상 취득가격. 다만, 신고 또는 신고가액의 표시가 없거나 그 신고가액이 시가표준액보다 적은 경우 시가표준액
	차량 제조회사 생산 차량 직접사용	사실상 취득가격
	천재지변 등으로 가액이 시가표준액보다 하락한 것으로 인정되는 경우	사실상 취득가격
대물변제	min(대물변제액, 시가인정액)	
교환	max(ⓐ이전받는 부동산등의 시가인정액, ⓑ이전하는 부동산등의 시가인정액)	
양도담보	min(양도담보에 따른 채무액, 시가인정액)	
법인의 합병·분할·조직변경		시가인정액. 다만, 시가인정액 산정이 어려운 경우 시가표준액
정비사업시행자, 빈집정비사업·소규모주택정비사업시행자, 주택조합이 취득하는 비조합원용 토지 또는 체비지·보류지		㎡당 분양가액×과세면적
도시개발사업 시행자의 체비지·보류지 취득		㎡당 분양가액×과세면적 − 지목변경 취득가액
도시개발사업과 정비사업의 조합원의 초과 취득 토지면적		㎡당 분양가액×취득면적 − 지목변경 취득가액
지목변경 ·구조변경·개수	원칙	사실상 취득가격(그 변경으로 증가한 가액)
	사실상 취득가격을 확인할 수 없는 경우	시가표준액
과점주주	법인장부에 따른 부동산등의 총가액×과점주주 주식·출자비율	

바. 부동산등 일괄취득의 경우 과세표준

(1) 원칙

부동산등을 한꺼번에 취득하여 각 과세물건의 취득 당시의 가액이 구분되지 않는 경우에는 한꺼번에 취득한 가격을 각 과세물건별 시가표준액 비율로 나눈 금액을 각각의 취득 당시의 가액으로 한다(지방세법 시행령 제19조 제1항). 만약 시가표준액이 없는 과세물건이 포함되어 있으면 부동산등의 감정가액 등을 고려하여 시장·군수·구청장이 결정한 비율로 나눈 금액을 각각의 취득 당시의 가액으로 한다(지방세법 시행령 제19조 제4항).

(2) 예외

① 주택, 건축물과 부속토지를 한꺼번에 취득한 경우나 ② 신축 또는 증축으로 주택과 주택 외의 건축물을 한꺼번에 취득한 경우에는 주택 부분과 주택 외 부분의 취득 당시의 가액을 구분하여 산정한다(지방세법 시행령 제19조 제2항, 제3항).

2. 취득의 시기 및 현황과세

가. 취득의 시기

(1) 취득세의 납세의무는 과세물건을 취득한 때 성립하므로(지방세기본법 제34조 제1항 제1호) 취득의 시기에 따라 취득세의 납세의무 성립시점이 달라진다. 취득 여부를 판단하는 기준일에 해당하는 취득의 시기는 취득 물건의 유형에 따라 지방세법 시행령(제20조)에 별도로 규정하고 있다(지방세법 제10조의7).

| 취득유형별 취득의 시기(지방세법 시행령 제20조) |

구 분	취득의 시기
① 무상승계취득(제1항)	계약일 (상속 또는 유증으로 인한 취득의 경우에는 상속 또는 유증 개시일을 말함)[313]

---

313) 다만, 해당 취득물건을 등기·등록하지 않고 다음 각 호의 어느 하나에 해당하는 서류로 계약이 해제된 사실이 입증되는 경우에는 취득한 것으로 보지 않는다.
  1. 화해조서·인낙조서(해당 조서에서 취득일부터 60일 이내에 계약이 해제된 사실이 입

구　분	취득의 시기
② 유상승계취득(제2항)	• 사실상의 잔금지급일[314] • 사실상의 잔금지급일을 확인할 수 없는 경우 : 그 계약상의 잔금지급일(계약상 잔금지급일이 명시되지 아니한 경우에는 계약일부터 60일이 경과한 날을 말함)[315]
③ 차량·기계장비·항공기 및 선박(제3항)	주문을 받거나 판매하기 위하여 차량등을 제조·조립·건조하는 경우 : 실수요자가 차량등을 인도받는 날과 계약상의 잔금지급일 중 빠른 날
	차량등을 제조·조립·건조하는 자가 그 차량등을 직접 사용하는 경우 : 차량등의 등기 또는 등록일과 사실상의 사용일 중 빠른 날

증되는 경우만 해당한다)

2. 공정증서(공증인이 인증한 사서증서를 포함하되, 취득일부터 60일 이내에 공증받은 것만 해당한다)

3. 행정안전부령으로 정하는 계약해제신고서(취득일부터 60일 이내에 제출된 것만 해당한다)

314) 앞에서 본 바와 같이 조세법률주의의 원칙상 조세법규의 해석은 특별한 사정이 없는 한 법문대로 해석하여야 할 것이고 합리적 이유 없이 확장해석하거나 유추해석하는 것은 허용되지 아니한다. 그렇다고 하더라도, 구체적인 사안에서 개별 조세법규를 해석·적용함에 있어서 조세법률주의가 지향하는 법적 안정성 및 예측가능성을 해치지 않는 범위 내에서 입법의 취지, 목적과 사회통념에 따른 합리적 해석을 하는 것까지 모두 금지하는 것은 아니라고 할 것이다. 따라서 실무적으로 사실상의 잔금지급일보다 사용승인일(준공)이 늦은 경우 원시취득에 앞서 승계취득한 것으로 볼 수 없으므로 사용승인일(원시취득일)을 취득시기로 본다. 예컨대 분양회사로부터 부동산을 취득하고 2022. 1. 14. 잔금을 모두 지급하였으나 사용승인일이 2022. 2. 24.인 경우 분양받은 자의 부동산 취득시기는 2022. 2. 24.이 된다.

315) 다만, 해당 취득물건을 등기·등록하지 않고 다음 각 목의 어느 하나에 해당하는 서류로 계약이 해제된 사실이 입증되는 경우에는 취득한 것으로 보지 않는다.

　가. 화해조서·인낙조서(해당 조서에서 취득일부터 60일 이내에 계약이 해제된 사실이 입증되는 경우만 해당한다)

　나. 공정증서(공증인이 인증한 사서증서를 포함하되, 취득일부터 60일 이내에 공증받은 것만 해당한다)

　다. 행정안전부령으로 정하는 계약해제신고서(취득일부터 60일 이내에 제출된 것만 해당한다)

　라. 부동산 거래신고 관련 법령에 따른 부동산거래계약 해제등 신고서(취득일부터 60일 이내에 등록관청에 제출한 경우만 해당한다)

구 분	취득의 시기
④ 수입에 따른 취득(제4항)	• 해당 물건을 우리나라에 반입하는 날(보세구역을 경유하는 것은 수입신고필증 교부일) • 차량등의 실수요자가 따로 있는 경우에는 실수요자가 차량등을 인도받는 날과 계약상의 잔금지급일 중 **빠른 날**(취득자의 편의에 따라 수입물건을 우리나라에 반입하지 않거나 보세구역을 경유하지 않고 외국에서 직접 사용하는 경우에는 그 수입물건의 등기 또는 등록일)
⑤ 연부취득(제5항)	사실상의 연부금 지급일(취득가액 총액이 50만 원 이하인 경우는 제외)
⑥ 건축물을 건축 또는 개수하여 취득(제6항)	사용승인서를 내주는 날(사용승인서를 내주기 전에 임시사용승인을 받은 경우에는 그 임시사용승인일을 말하고, 사용승인서 또는 임시사용승인서를 받을 수 없는 건축물의 경우에는 사실상 사용이 가능한 날을 말함)과 사실상의 사용일 중 **빠른 날**[316]
⑦-1[317] 주택조합의 토지 취득(제7항)	「주택법」 제49조에 따른 사용검사를 받은 날
⑦-2 주택재건축조합 및 소규모재건축조합의 토지 취득(제7항)	「도시 및 주거환경정비법」 제86조 제2항 또는 「빈집 및 소규모 주택정비에 관한 특례법」 제40조 제2항에 따른 소유권이전 고시일의 다음 날

---

316) 지방세법 시행령 제20조 제6항 본문은 건축물을 건축하여 취득하는 경우 취득세 과세대상이 되는 취득시기에 관하여 '사용승인서를 내주는 날(사용승인서를 내주기 전에 임시사용승인을 받은 경우에는 그 임시사용승인일을 말하고, 사용승인서 또는 임시사용승인서를 받을 수 없는 건축물의 경우에는 사실상 사용이 가능한 날을 말한다)과 사실상의 사용일 중 빠른 날을 취득일'로 보도록 규정하고 있다. 지방세법 시행령 제20조 제13항은 '제1항, 제2항 및 제5항에 따른 취득일 전에 등기 또는 등록을 한 경우 그 등기일 또는 등록일에 취득'한 것으로 보도록 규정하면서도 건축물을 건축하여 취득하는 경우에 관한 제6항을 적용대상에서 제외하고 있다. 이러한 관련 규정의 체계 및 내용에 비추어 보면, 사용승인서(또는 임시사용승인서)를 받을 수 없고 사실상 사용도 가능하지 않은 미완성 건축물을 매수하여 소유권이전등기를 마친 경우라면 소유권이전등기와 무관하게 그 이후의 사용승인일(또는 임시사용승인일)과 사실상의 사용일 중 빠른 날이 건물의 취득일이 된다고 보아야 한다(대법원 2018. 7. 11. 선고 2018두33845 판결 참조).

317) ⑦은 조합원으로부터 취득하는 토지 중 조합원에 귀속되지 아니하는 토지의 취득시기를 말한다.

구 분	취득의 시기
⑧ 매립·간척 등으로 토지 원시취득(제8항)	공사준공인가일, 사용승낙일·허가일, 사실상 사용일 중 **빠른 날**
⑨ 차량·기계장비 또는 선박의 종류변경에 따른 취득(제9항)	사실상 변경한 날과 공부상 변경한 날 중 **빠른 날**
⑩ 토지의 지목변경에 따른 취득(제10항)	토지의 지목이 사실상 변경된 날, 공부상 변경된 날, 사실상의 사용일 중 **빠른 날**
⑪ 민법에 따른 점유·재산분할로 인한 취득 (제12, 13항)	등기일 또는 등록일
⑫ ①, ②, ⑤에 따른 취득일 전에 등기 또는 등록 시(제14항)	등기일 또는 등록일

(2) 도시 및 주거환경정비법 제97조 제2항 후단에 따라 사업시행자가 용도 폐지되는 정비기반시설을 구성하는 부동산을 취득하는 것은 무상의 승계취득에 해당하는데, 이에 대한 취득세 납세의무 성립일인 취득시기는 같은 법 제97조 제5항에서 정한 '정비사업이 준공인가되어 관리청에 준공인가 통지를 한 때'라고 봄이 타당하다.[318]

(3) 대물변제로 인한 부동산 취득에 있어 취득세 납세의무의 성립시기는 소유권이전등기시이다. 지방세기본법 제34조 제1항 제1호는 취득세는 취득세 과세물건을 취득하는 때에 그 납세의무가 성립한다고 규정하고, 지방세법 제7조 제2항은, 부동산의 취득에 있어서는 민법 등 관계 법령의 규정에 의한 등기 등을 이행하지 아니한 경우라도 사실상으로 취득한 때에는 취득한 것으로 본다고 규정하고 있으며, 여기에서 사실상의 취득이라 함은 일반적으로 등기와 같은 소유권취득의 형식적 요건을 갖추지는 못하였으나 대금의 지급과 같은 소유권취득의 실질적 요건을 갖춘 경우를 말하는 것인바, 대물변제는 본래의 채무에 갈음하여 다른 급부를 현실적으로 하는 때에 성립하는 요물계약으로서, 다른 급부가 부동산의 소유권이전인 때에는 그 소유권이전등기를 완료하여야만 대물변제가 성립되어 기존채무가

---

318) 대법원 2020. 1. 16. 선고 2019두53075 판결 참조.

소멸하는 것이므로, 채권자로서는 그 소유권이전등기를 경료하기 이전에는 소유권취득의 실질적 요건을 갖추었다고 할 수 없고, 따라서 소유권이전등기를 경료한 때에 당해 부동산을 취득하는 것으로 보아야 한다.[319]

나. 현황과세

부동산, 차량, 기계장비 또는 항공기는 해당 물건을 취득하였을 때의 사실상의 현황에 따라 부과하며 사실상의 현황이 분명하지 아니한 경우에는 공부상의 등재 현황에 따라 부과한다(지방세법 시행령 제13조).

3. 세 율

취득세는 과세표준에 세율을 적용하여 계산한 금액을 그 세액으로 한다. 취득세의 세율에는 표준세율, 중과세율, 특례세율이 있다.

가. 표준세율(지방세법 제11조, 제12조)

표준세율이란 지방자치단체가 지방세를 부과할 경우에 통상 적용하여야 할 세율로서 재정상의 사유 또는 그 밖의 특별한 사유가 있는 경우에는 이에 따르지 아니할 수 있는 세율을 말한다(지방세기본법 제2조 제1항 제6호).[320]

부동산의 취득에 대한 표준세율은 지방세법 제11조에(그 유형에 따라 적용할 세율을 규정하고 있다), 부동산을 제외한 물건의 취득에 대한 표준세율은 지방세법 제12조에 각 규정되어 있다.

---

319) 대법원 1999. 11. 12. 선고 98두17067 판결 참조.
320) 표준세율의 적용범위를 '재정상의 사유 또는 그 밖의 특별한 사유가 있는 경우'로 포괄적으로 규정하고 있다. 다만 재산세의 경우에는 '특별한 재정수요로 재원을 확보하거나 재해 등의 발생으로 재산세의 세율 인하가 불가피하다고 인정되는 경우'로(지방세법 제111조 제3항) 그 적용범위가 좁다.

취득요인	구 분	세 율(%)
① 상속으로 인한 취득(제1호)	농지	2.3
	농지 외의 것	2.8
② 상속 외의 무상 취득(제2호)[321]	일반	3.5
	비영리사업자	2.8
③ 원시취득(제3호)[322]		2.8
④ 공유물의 분할 취득(제5호)		2.3
⑤ 합유물·총유물의 분할취득(제6호)		2.3
⑥ 유상 취득(제7호[323]) ⑥-1 법인이 합병 또는 분할에 따라 부동산을 취득한 경우(제5항)	농지	3.0
	농지 외의 것	4.0
⑦ [주택[324]]의 유상 취득(제8호)[325][326]	가액 6억 원 이하	1
	가액 6억 원 초과 9억 원 이하	(해당주택의 취득당시가액 ×2/3억 원 − 3)× 1/100
	가액 9억 원 초과	3

---

321) 상속인 아닌 자가 사인증여로 인하여 부동산의 소유권을 취득한 경우에도 상속 외의 무상 취득에 해당한다(대법원 2013. 10. 11. 선고 2013두6138 판결 참조).

322) 지방세법 제10조의4 및 제10조의6 제3항에 따라 건축(신축과 재축은 제외한다) 또는 개수로 인하여 건축물 면적이 증가할 때에는 그 증가된 부분에 대하여 원시취득으로 보아 제1항 제3호의 세율을 적용한다(지방세법 제11조 제3항).

323) 그 밖의 원인으로 인한 취득은 매매, 교환 등의 일반적인 거래에 의한 유상승계 취득(주택은 제외)을 말한다.

324) 주택이란 세대의 구성원이 장기간 독립된 주거생활을 할 수 있는 구조로 된 건축물의 전부 또는 일부 및 그 부속토지로서(주택법 제2조 제1호) 건축법에 따른 건축물대장·사용승인서·임시사용승인서 또는 부동산등기법에 따른 등기부에 주택으로 기재된 주거용 건축물과 그 부속토지를 말한다.

한편 주택이 철거가 예정되어 단전·단수 등으로 주거 기능이 상실된 경우(재개발, 재건축을 예정하고 있어 장기간 방치되어 주거로서 기능이 상실된 경우)에도 취득세를 과세할 수 있는가. 주택이 단전·단수가 이루어져 주택으로 이용되지 않는다고 하더라도 그 외형은 여전히 존재하여 건축물로서의 재산적 가치를 상실하였다고 볼 수 없으므로, 주택이 아닌 건축물로 보아 취득세를 부과할 수 있다고 할 것이다{대법원 2015. 8. 27. 선고 2015두40002 판결, 인천지방법원 2013. 9. 12. 선고 2013구합10018 판결(확정) 참조}. 따라서 주택 수에 있어서도 포함되지 않는다.

325) 주택을 신축 또는 증축한 이후 해당 주거용 건축물의 소유자(배우자 및 직계존비속을 포함

지방자치단체의 장은 조례로 정하는 바에 따라 취득세의 세율을 제11조와 제12조에 따른 세율의 100분의 50의 범위에서 가감할 수 있다(지방세법 제14조).

한편 아래 나.(1)의 과밀억제권역에서 부동산을 취득하더라도 ① 주택건설사업[327] 등과 같이 대도시 중과 제외 업종(지방세법 시행령 제26조 제1항)에 직접 사용할 목적으로 부동산을 취득하거나, ② 법인이 사원에 대한 분양 또는 임대용으로 직접 사용할 목적으로 사원주거용 목적 부동산을 취득한 경우에도 표준세율을 적용한다(지방세법 제13조 제2항 단서).

유상거래를 원인으로 취득하는 주택의 취득세율을 인하한 것(지방세법 제11조 제1항 제8호)은 주택거래에 따른 취득세 부담을 완화하여 주거안정 및 주택거래 정상화를 도모하기 위한 것이다. 이러한 입법취지와 세율 규정의 내용을 종합하면, 지방세법 제11조 제1항 제8호의 세율 규정에 따른 취득세율이 적용되는 경우는 세대의 구성원이 장기간 독립한 주거생활을 할 수 있는 구조로서 건축물대장에 주택으로 기재되고 주거용으로 사용될 수 있는 건축물과 부속토지를 납세자가 유상거래를 원인으로 취득한 경우에 한정된다고 봄이 타당하다. 이러한 법리에 비추어 볼 때, 매수인이 주택의 용도로 건축 중인 미완성 건축물 및 부속토지를 매수하고 그에 관한 소유권이전등기를 마쳤다고 하더라도 당시 건축물의 구조가 주거에 적합하지 않은 상태로 건축물대장에 주택으로 기재된 바 없고 실제 주거용으로 사용될 수 없는 경우에는 위와 같은 소유권이전등기를 마쳤다는 사정만으로

한다)가 해당 주택의 부속토지를 취득한 경우에는 제8호를 적용하지 않는다(지방세법 제11조 제4항). 제7호 나.목(1천분의 40)을 적용한다. 주택의 부속토지의 취득시기에 따라 취득세율이 달라지는 불합리를 제거하기 위한 것이다.

326) 지분으로 주택을 취득한 경우 취득한 주택의 제10조에 따른 취득 당시의 가액은 다음 계산식에 따라 산출한 전체 주택의 취득당시가액으로 한다.
전체 주택의 취득 당시의 가액 = 취득 지분의 취득 당시의 가액 × [전체 주택의 시가표준액/취득 지분의 시가표준액]

327) 주택건설사업을 위해 철거가 예정된 건축물을 취득한 경우에는 해당 건축물의 취득에 대해 표준세율을 적용할 수 없다(서울행정법원 2019. 7. 18. 선고 2018구합86696 판결 참조). 표준세율이 적용되는 것은 주택건설용으로 취득한 후 3년 이내에 주택건설에 착공하는 부동산만 해당하고(지방세법 시행령 제26조 제1항 제3호), 철거가 예정된 건축물은 여기에 포함되기 어렵기 때문이다.

건축물의 부속토지에 관하여 위 세율 규정에 따른 취득세율이 적용된다고 볼 수는 없다. 또한 위와 같이 매수인이 미완성 건축물을 취득한 이후 추가공사를 완료하고 사용승인을 받아 건축물대장에 등록하였다고 하더라도 이는 '건축물대장에 주택으로 기재된 건축물을 유상거래를 원인으로 취득'한 것이 아니므로, 그 건축물에 관하여 위 세율 규정에 따른 취득세율이 적용된다고 볼 수도 없다.[328]

나. 중과세율(지방세법 제13조)[329][330]

(1) 과밀억제권역 내 취득

과밀억제권역(수도권정비계획법 제6조) 내에서 법인의 본점이나 주사무소용으로 신축하거나 증축하는 건축물과 부속토지,[331][332] 산업단지 · 유치지역 · 공업지역

---

328) 대법원 2018. 7. 11. 선고 2018두33845 판결 참조.

329) 토지나 건축물을 취득하고 취득일로부터 5년 이내에 사후적으로 지방세법 제13조에서 규정한 중과대상에 해당되었을 때는 중과세율을 적용하여 산출한 세액에서 취득당시 납부한 세액을 공제하고 취득세를 추징한다(지방세법 제16조).

330) 하나의 건축물이 중과대상과 일반과세대상을 모두 포함하고 있는 경우(중과대상이 건물의 일부에 시설된 경우), 중과세대상과 일반과세대상의 범위에 관하여는 명문의 규정이 없으나, 각 전용면적을 제외한 건물 전체 공용면적에 대하여는 중과세대상과 일반과세대상에 사용되는 전용면적의 비율로 안분하여 중과세대상과 일반과세대상의 면적을 산정하고, 이 때 건물 전체 공용면적의 범위는 중과세대상과 일반과세대상의 위치, 구조와 건물의 사용실태 등을 종합하여 중과세대상과 일반과세대상으로 이용되는 공용면적만을 의미한다고 봄이 상당하다(대법원 1997. 12. 12. 선고 97누7851 판결, 대법원 1997. 4. 11. 선고 97누1426 판결 등 참조).

331) 본점이나 주사무소의 사업용 부동산이란 법인의 본점 또는 주사무소의 사무소로 사용하는 부동산과 그 부대시설용 부동산(기숙사, 합숙소, 사택, 연수시설, 체육시설 등 복지후생시설과 예비군 병기고 및 탄약고는 제외한다)을 말한다(지방세법 시행령 제25조). 일반적으로 본점이라 함은 여러 개의 사업장을 운영하면서 사업활동을 하는 법인에 있어서 법인의 주된 업무를 지휘 · 통제를 하는 활동이 이루어지는 사업장을 의미한다. 법인의 본점용 부동산은 법인이 고유업무의 수행에 필요한 사무실 등으로 직접 사용되고 있는 부동산과 그 부대시설용 부동산을 말하며, 이에 해당하는지 여부는 법인의 목적사업의 특성과 그 수행방법, 법인의 경영활동에 필수적인 업무인 인사 · 기획, 재무 등의 활동이 이루어지는 장소, 주요 의사결정권자, 주요 경영의사결정과정 및 다른 사무소 등과의 업무상의 지휘감독체계 등을 종합하여 판단하여야 한다{조심 2018지2277(2019. 9. 11.), 조심 2018지0175(2018. 6. 1.), 조심 2014지379(2015. 1. 2.) 등 참조}.

332) 지상정착물의 부속토지란 지상정착물의 효용과 편익을 위해 사용되고 있는 토지를 말하고, 부속토지인지 여부는 필지 수나 공부상의 기재와 관계없이 토지의 이용현황에 따라 객

을 제외한 과밀억제권역에서 공장을 신·증설하기 위하여 취득하는 공장건물과 부속토지, 대도시(과밀억제권역에서 산업단지 제외) 내에서 법인설립(휴면법인[333] 인수 포함), 지점 또는 분사무소의 설치, 전입과 관련된 부동산 취득[334](그 설립·설치· 전입 이후의 부동산 취득을 포함한다[335])에 대하여는 취득세를 중과한다(지방세법 제13

관적으로 결정되는 것이므로, 여러 필지의 토지가 하나의 지상정착물의 부속토지가 될 수 있는 반면, 1필지의 토지라도 그 일부가 지상정착물의 효용과 편익을 위해서가 아니라 명백히 별도의 용도로 사용되고 있는 경우에는 그 부분은 지상정착물의 부속토지라고 볼 수 없다(대법원 1995. 11. 21. 선고 95누3312 판결, 대법원 1994. 11. 4. 선고 93누10125 판결 등 참조).

333) 지방세법 시행령 제27조.
334) 대도시에서의 법인 설립, 지점·분사무소 설치 및 법인의 본점·주사무소·지점·분사무소의 대도시 전입에 따른 부동산 취득은 해당 법인 또는 행정안전부령으로 정하는 사무소 또는 사업장이 그 설립·설치·전입 이전에 법인의 본점·주사무소·지점 또는 분사무소의 용도로 직접 사용하기 위한 부동산 취득(채권을 보전하거나 행사할 목적으로 하는 부동산 취득은 제외한다)으로 하고(지방세법 시행령 제27조 제3항), "행정안전부령으로 정하는 사무소 또는 사업장"이란 「법인세법」 제111조·「부가가치세법」 제8조 또는 「소득세법」 제168조에 따른 등록대상 사업장(「법인세법」·「부가가치세법」 또는 「소득세법」에 따른 비과세 또는 과세면제 대상 사업장과 「부가가치세법 시행령」 제11조 제2항에 따라 등록된 사업자단위 과세 적용 사업장의 종된 사업장을 포함한다)으로서 인적 및 물적 설비를 갖추고 계속하여 사무 또는 사업이 행하여지는 장소를 말한다. 다만 ① 영업행위가 없는 단순한 제조·가공장소, ② 물품의 보관만을 하는 보관창고, 물품의 적재와 반출만을 하는 하치장은 제외한다(지방세법 시행규칙 제6조).
중과세 요건인 지점 또는 분사무소의 설치에 따른 부동산등기에 있어서 지점 또는 분사무소라 함은 법인세법·부가가치세법 또는 소득세법의 규정에 의하여 등록된 사업장으로서 그 명칭 여하를 불문하고 인적·물적 설비를 갖추고 계속하여 당해 법인의 사무 또는 사업이 행하여지는 장소를 말한다(대법원 1998. 4. 24. 선고 98두2737 판결 참조). 여기에서 '인적 설비'란 고용형식이 반드시 해당 법인에 직속하는 형태를 취하여야 하는 것은 아니지만 적어도 해당 법인의 지휘·감독 아래 인원이 상주하는 것을 뜻한다(대법원 2014. 6. 26. 선고 2014두4023 판결, 대법원 2011. 6. 10. 선고 2008두18496 판결).
한편 대도시에서의 법인 설립, 지점·분사무소 설치 및 법인의 본점·주사무소·지점 또는 분사무소의 대도시 전입에 따른 부동산 취득은 해당 법인 또는 사무소 등이 그 설립·설치·전입 이전에 법인의 본점 등의 용도로 직접 사용하기 위한 부동산 취득만을 취득세 중과세율 적용대상으로 규정하고 있으므로(지방세법 시행령 제27조 제3항) 임대용으로 사용하는 부동산의 경우 중과세율 적용대상으로 보기 어렵다.
335) 그 설립·설치·전입 이후의 부동산 취득은 법인 또는 사무소등이 설립·설치·전입 이후 5년 이내에 하는 업무용·비업무용 또는 사업용·비사업용의 모든 부동산 취득으로 한다(지방세법 시행령 제27조 제3항).

조 제1항, 제2항).

과밀억제권역 안에서 법인의 본점 또는 주사무소의 사무소로 사용하는 부동산과 그 부대시설용 부동산을 취득한 경우 취득세를 중과세하고 있는 취지는 이러한 지역 내에서 인구유입과 산업집중을 현저하게 유발시키는 본점 또는 주사무소의 신설 및 증설을 억제하려는 것이므로,[336] 백화점 등 유통업체의 매장이나 은행본점의 영업장 등과 같이 본점 또는 주사무소의 사무소에 영업장소가 함께 설치되는 경우에 그 영업장소 및 부대시설 부분은 취득세 중과세 대상에 해당하지 않는다.[337] 중과 규정상의 법인 설립 등에 해당하는지 여부는 법인등기사항전부증명서의 기재와 관계없이 실질적으로 본점 등의 역할을 수행하는 곳을 기준으로 하여 판단하여야 한다.[338]

대도시 내에서의 법인의 설립과 지점의 설치 등에 따른 부동산 취득에 있어서 취득세 중과의 과세요건은 부동산 취득과 법인의 설립 또는 지점의 설치 등이라는 두 가지 요건을 모두 갖추어야 충족되고, 이에 관한 요건을 모두 충족할 때에 납세의무가 성립된다고 할 것이다.[339]

(2) 사치성재산

사치성재산의 증가를 억제하여 국민생활의 건전화와 경제적 낭비 및 위화감 방지를 통하여 자원의 효율적 활용을 기하고자 골프장, 고급주택,[340] 고급오락

---

336) 대법원 2011. 6. 10. 선고 2008두18496 판결 참조.
337) 대법원 2001. 10. 23. 선고 2000두222 판결.
338) 대법원 2017. 12. 21. 선고 2017두63795 판결.
339) 대법원 1994. 5. 10. 선고 93누22135 판결 참조.
340) 고급주택(지방세법 제13조 제5항 제3호, 같은 법 시행령 제28조 제4항)인 1구의 건축물에서 '1구'는 어떻게 결정되는가. 고급주택에 대한 취득세 중과취지에 비추어 보면 1구의 건물의 범위는 그 건물이 전체로서 경제적 용법에 따라 하나의 주거생활용으로 제공된 것이냐의 여부에 의하여 합목적적으로 결정되어야 하는 것으로, 공동주택인 1구의 건물에는 전유부분뿐만 아니라 공용부분도 포함되는 것인바, 1구의 건물의 범위를 결정하는 기준에 비추어 볼 때, 주택의 효용과 편익을 위하여 하나의 주거생활단위로 제공되고 있는 것이라면 독점적·배타적으로 사용 가능한지 여부를 불문하고 1구의 건물에 포함된다 할 것이다 (대법원 1998. 5. 29. 선고 96누8789 판결 참조).
오피스텔이 고급주택에 포함되는가. 오피스텔은 건축법상 업무시설에 불과하여 주거 여부

장, 고급선박 등을 취득하는 경우에도 중과세율이 적용된다(지방세법 제13조 제5항).

취득세 중과대상이 되는 고급주택의 하나로 '1구의 건물의 대지면적이 662㎡를 초과하고 그 건축물의 가액이 9,000만 원을 초과하는 주거용 건물과 그 부속토지로서 취득당시 그 시가표준액이 6억 원을 초과하는 주택'을 규정하고 있다(지방세법 제13조 제5항 제3호, 같은 법 시행령 제28조 제4항 제2호). 이러한 규정들은 고급주택을 사치성 재산의 일부로 구분하여 취득세를 중과세한다는 것이므로 고급주택에 해당하는 건물의 일부를 구분하여 취득하는 경우뿐만 아니라 건물과 대지를 구분하여 그 중 하나를 취득하거나 대지의 일부를 구분하여 취득하는 경우에도 취득세가 중과세되는 것으로 봄이 상당하고, 여기서 '1구의 건물의 대지면적'은 건물의 소유자가 건물 사용을 위하여 사실상 공여하는 부속토지의 면적을 뜻하고, 이러한 1구의 주택에 부속된 토지인지 여부는 당해 토지의 취득 당시 현황과 이용실태에 의하여 결정되고 토지의 권리관계·소유형태 또는 필지 수를 불문한다.[341] 또한 1구의 건물의 대지라 함은 당해 주택과 경제적 일체를 이루고 있는 토지로서 사회통념상 주거생활공간으로 인정되는 대지를 뜻하는 것으로서, 공부상이나 건축허가상 주택의 부지로 되어 있는 토지를 말하는 것이 아니라 실제 담장이나 울타리 등으로 경계가 지워진 주택 부속토지를 말한다.[342]

와 관계없이 주택에서 제외된다는 견해가 있을 수 있다. 하지만 지방세법 제13조 제5항 제3호는 고급주택을 일정 기준 이상의 '주거용 건축물과 그 부속토지'라고 정하고 있고, 지방세법이나 지방세특례제한법의 개별 규정에서 '건축물'이 아닌 '주택'이라는 용어를 사용하고 있는 경우에 그 '주택'에 포함되는 건축물의 범위는 각 규정의 취지와 목적에 따라 달리 해석되어야 한다(대법원 2013. 11. 28. 선고 2013두13945 판결 참조)는 점에서 오피스텔도 고급주택에 해당할 수 있다.

341) 대법원 1994. 2. 8. 선고 93누7013 판결 참조.
342) 대법원 1993. 7. 27. 선고 91누10985 판결, 대법원 1993. 5. 25. 선고 92누12667 판결 등 참조.

구 분	세 율
① 과밀억제권역에서 대통령령으로 정하는 본점이나 주사무소의 사업용으로 신축하거나 증축하는 건축물(「신탁법」에 따른 수탁자가 취득한 신탁재산 중 위탁자가 신탁기간 중 또는 신탁종료 후 위탁자의 본점이나 주사무소의 사업용으로 사용하기 위하여 신축하거나 증축하는 건축물을 포함)과 그 부속토지를 취득하는 경우와 같은 조에 따른 과밀억제권역(「산업집적활성화 및 공장설립에 관한 법률」을 적용받는 산업단지·유치지역 및 「국토의 계획 및 이용에 관한 법률」을 적용받는 공업지역은 제외)에서 공장을 신설하거나 증설하기 위하여 사업용 과세물건을 취득하는 경우(지방세법 제13조 제1항)	표준세율+(중과기준세율×200/100)[343]
② 대도시(과밀억제권역에서 산업단지 제외)에서의 법인의 설립 등 및 법인 등의 대도시 전입에 따른 대도시 부동산 취득, 대도시(산업단지, 유치지역, 공업지역 제외) 공장 신·증설에 따른 부동산 취득(지방세법 제13조 제2항 본문)[344]	(표준세율×300/100) − (중과기준세율×200/100)
③ 골프장, 고급주택, 고급오락장, 고급선박 등(지방세법 제13조 제5항)	표준세율+(중과기준세율×400/100)
④ ①과 ②가 동시에 적용되는 과세물건(지방세법 제13조 제6항)	표준세율×300/100
⑤ ②와 ③이 동시에 적용되는 과세물건(지방세법 제13조 제7항)	(표준세율×300/100)+{중과기준세율×200/100}

(3) 법인 및 다주택자

법인이 주택을 취득하는 경우 12%의 중과세율이 적용된다(지방세법 제13조의2 제1항 제1호). 법인을 이용한 우회취득을 방지하기 위하여 1주택부터 중과하고 있

---

343) 주택(지방세법 제11조 제1항 제8호)을 취득한 경우에는 「표준세율＋중과기준세율×200/100」이다.

344) 다만 대도시 중과 제외 업종(지방세법 시행령 제26조 제1항)에 직접 사용할 목적으로 부동산을 취득하거나 사원주거용 목적 부동산(지방세법 시행령 제26조 제2항)을 취득하는 경우에는 표준세율(지방세법 제11조)을 적용한다(지방세법 제13조 제2항 단서). 하지만 정당한 사유 없이 취득일로부터 1년 내에 해당 목적에 직접 사용하지 아니하거나 다른 업종이나 다른 용도에 사용·겸용하는 경우 또는 2년 이내에 매각 등을 한 경우에는 중과세율을 적용하여 추징한다(지방세법 제13조 제3항 제1호 본문, 제2호). 주택건설사업의 경우에는 직접 사용하여야 하는 기한 또는 다른 업종이나 다른 용도에 사용·겸용이 금지되는 기간은 3년이다(지방세법 제13조 제3항 제1호 단서, 지방세법 시행령 제26조 제3항).

다(주택수와 관계없다).

개인으로서 다주택자[345]의 경우도 중과된다. 1세대[346] 2주택(일시적 2주택은 제외한다)에 해당하는 주택으로서 조정대상지역에 있는 주택을 취득한 경우는 8%를 적용한다(지방세법 제13조의2 제1항 제2호 전단). 1세대 3주택 이상에 해당하는 주택으로서 ① 조정대상지역에 있는 주택을 취득한 경우는 12%(지방세법 제13조의2 제1항 제3호 전단), ② 조정대상지역 외에 있는 주택을 취득한 경우는 8%(지방세법 제13조의2 제1항 제2호 후단)를 적용한다. 1세대 4주택 이상에 해당하는 주택으로서 조정대상지역 외의 주택을 취득한 경우는 12%이다(지방세법 제13조의2 제1항 제3호 후단).

조정대상지역에 있는 주택으로서 시가표준액이 3억 원 이상인 주택을 상속 외의 무상취득을 한 경우(예컨대 증여)에도 12%의 세율로 중과한다(지방세법 제13조의2 제2항, 지방세법 시행령 제28조의6 제1항).

---

345) 신탁된 주택은 위탁자의 주택 수에 포함한다. 조합원입주권, 주택분양권, 주거용으로 사용하는 오피스텔은 주택 수에 가산한다(지방세법 제13조의3).

346) 1세대란 주택을 취득하는 사람과 「주민등록법」 제7조에 따른 세대별 주민등록표 또는 「출입국관리법」 제34조 제1항에 따른 등록외국인기록표 및 외국인등록표에 함께 기재되어 있는 가족(동거인은 제외한다)으로 구성된 세대를 말한다. 주택을 취득하는 사람의 배우자(사실혼은 제외하며, 법률상 이혼을 했으나 생계를 같이 하는 등 사실상 이혼한 것으로 보기 어려운 관계에 있는 사람을 포함한다), 취득일 현재 미혼인 30세 미만의 자녀 또는 부모(주택을 취득하는 사람이 미혼이고 30세 미만인 경우로 한정한다)는 주택을 취득하는 사람과 같은 세대별 주민등록표 또는 등록외국인기록표등에 기재되어 있지 않더라도 1세대에 속한 것으로 본다(지방세법 시행령 제28조의3 제1항).
다만 ① 부모와 같은 세대별 주민등록표에 기재되어 있지 않은 30세 미만의 자녀로서 「소득세법」 제4조에 따른 소득이 「국민기초생활 보장법」 제2조 제11호에 따른 기준 중위소득의 100분의 40 이상이고, 소유하고 있는 주택을 관리·유지하면서 독립된 생계를 유지할 수 있는 경우(다만, 미성년자인 경우는 제외한다), ② 취득일 현재 65세 이상의 부모(부모 중 어느 한 사람이 65세 미만인 경우를 포함한다)를 동거봉양하기 위하여 30세 이상의 자녀, 혼인한 자녀 또는 ①에 따른 소득요건을 충족하는 성년인 자녀가 합가한 경우, ③ 취학 또는 근무상의 형편 등으로 세대전원이 90일 이상 출국하는 경우로서 「주민등록법」 제10조의3 제1항 본문에 따라 해당 세대가 출국 후에 속할 거주지를 다른 가족의 주소로 신고한 경우에 해당하는 때에는 각각 별도의 세대로 본다(지방세법 시행령 제28조의3 제2항).

구분	1세대 2주택	1세대 3주택(이상)	1세대 4주택(이상)·법인	무상취득 (3억 원 이상)
조정대상지역	8%	12%	12%	12%
조정대상지역 외	–	8%	12%	–

> 중과세율 = 표준세율(지방세법 제11조, 제12조) + 가산세율[중과기준세율 × 배율]
> "중과기준세율"이란 지방세법 제11조 및 제12조에 따른 세율에 가감하거나 지방세법 제15조 제2항에 따른 세율의 특례 적용기준이 되는 세율로서 1천분의 20을 말한다(지방세법 제6조 제19호).

(4) 중과세율 적용 배제 특례

부동산투자회사가 취득하는 부동산, 부동산집합투자기구의 집합투자재산으로 취득하는 부동산, 회사(법인세법 제51조의2 제1항 제9호)가 취득하는 부동산의 취득에 대하여는 2024년 12월 31일까지 지방세법 제13조 제2항 본문 및 제3항의 세율을 적용하지 아니한다(지방세특례제한법 제180조의2 제1항). 표준세율을 적용한다.

중과세율 적용 배제 특례도 중복 감면의 배제 규정(지방세특례제한법 제180조)[347] 이 적용된다고 할 것이다.[348] 예컨대 임대사업자가 임대할 목적으로 취득하는 주택에 대한 취득세 감면(지방세특례제한법 제31조 제1항)과 지방세 중과세율 적용 배제가 동시에 해당할 경우 중복감면 배제에 따라 감면율이 높은 것 하나만 적

---

347) 감면규정과 지방세법상 비과세규정이 동시에 적용되면 중복 적용할 수 있다. 둘 이상의 감면규정이 적용되는 경우 감면율이 높은 것 하나만 적용한다고 할 때 적용한 감면규정이 사후 추징사유 등에 의하여 그 감면규정을 적용할 수 없게 된 경우에는 적용하지 아니한 다른 감면규정을 적용할 수 있다.

348) 이에 대하여 감면은 통상적인 세율을 적용하여야 하나 특정한 목적을 위해 일부나 전부를 줄여주는 것을 의미하므로 중과세율 적용 배제는 중복 감면 배제 규정이 적용되지 않는다는 주장이 있을 수 있다. 그러나 지방세특례제한법은 '감면'과 '특례'를 혼용하고 있고, 농어촌특별세법 제2조 제1항은 '감면'에 지방세법 제15조 제1항에 따른 취득세 특례세율 적용을 포함하고 있으며, 지방세특례제한법 제2조 제1항 제6호, 제4조의 각 규정 등에 비추어 보면 지방세특례제한법 제180조의 '감면 규정'에 중과세율 적용 배제 특례도 포함된다고 볼 것이다. 조세심판원도 중과세율 적용 배제와 감면규정은 중복하여 적용할 수 없다고 하고 있다(조심 2020지1267, 2021. 3. 29.).

용한다.

다. 특례세율(지방세법 제15조)

(1) 형식적인 취득으로 등기 또는 등록을 하는 경우(지방세법 제15조 제1항) : [표준세율 – 중과기준세율(2%)]

아래의 어느 하나에 해당하는 취득에 대한 취득세는 표준세율(지방세법 제11조, 제12조)에 따른 세율에서 중과기준세율(2%)을 뺀 세율로 산출한 금액을 그 세액으로 한다(지방세법 제15조 제1항 본문).

① 환매등기를 병행하는 부동산의 매매로서 환매기간 내에 매도자가 환매한 경우의 그 매도자와 매수자의 취득

② 상속으로 인한 취득 중 다음 어느 하나에 해당하는 취득

㉮ 대통령령(지방세법 시행령 제29조)으로 정하는 1가구 1주택의 취득

㉯ 「지방세특례제한법」 제6조 제1항에 따라 취득세의 감면대상이 되는 농지의 취득

③ 「법인세법」 제44조 제2항 또는 제3항에 해당하는 법인의 합병으로 인한 취득. 다만, 법인의 합병으로 인하여 취득한 과세물건이 합병 후에 제16조에 따른 과세물건에 해당하게 되는 경우 또는 합병등기일부터 3년 이내에 「법인세법」 제44조의3 제3항 각 호의 어느 하나에 해당하는 사유가 발생하는 경우(같은 항 각 호 외의 부분 단서에 해당하는 경우는 제외한다)에는 그러하지 아니하다.

④ 공유물·합유물의 분할 또는 「부동산 실권리자명의 등기에 관한 법률」 제2조 제1호 나목에서 규정하고 있는 부동산의 공유권 해소를 위한 지분이전으로 인한 취득(등기부등본[등기사항전부증명서]상 본인 지분을 초과하는 부분의 경우에는 제외한다)

⑤ 건축물의 이전으로 인한 취득. 다만, 이전한 건축물의 가액이 종전 건축물의 가액을 초과하는 경우에 그 초과하는 가액에 대하여는 그러하지 아니하다.

⑥ 「민법」 제834조, 제839조의2 및 제840조에 따른 재산분할로 인한 취득
  재산분할로 인한 취득에 대하여 특례세율을 적용하도록 규정하고 있
  다. 이는 부부가 혼인 중 공동의 노력으로 이룩한 재산을 부부관계 해
  소에 따라 분할하는 것에 대하여 통상보다 낮은 취득세율을 적용함으
  로써 실질적 부부공동재산의 청산으로서의 성격을 반영하는 취지이다.
  그리고 법률조항에서의 민법 제834조 및 제839조의2는 협의상 이혼
  시 재산분할에 관한 규정이지만, 민법 제839조의2는 민법 제843조에
  따라 재판상 이혼 시 준용되고 있고, 혼인 취소는 물론 사실혼 해소의
  경우에도 해석상 준용되거나 유추적용되는데, 이는 부부공동재산의 청
  산의 의미를 갖는 재산분할은 부부의 생활공동체라는 실질에 비추어
  인정되는 것이라는 점에 근거한다. 위 각 법률조항의 내용 및 체계, 입
  법 취지, 사실혼 해소의 경우에도 민법상 재산분할에 관한 규정이 준용
  되는 점, 법률혼과 사실혼이 혼재된 경우 재산분할은 특별한 사정이 없
  는 한 전체 기간 중에 쌍방의 협력에 의하여 이룩한 재산을 모두 청산
  대상으로 하는 점, 실질적으로 부부의 생활공동체로 인정되는 경우에
  는 혼인신고의 유무와 상관없이 재산분할에 관하여 단일한 법리가 적
  용됨에도 세법을 적용할 때 혼인신고의 유무에 따라 다르게 과세하는
  것은 합리적이라고 보기 어려운 점, 사실혼 여부에 관하여 과세관청으
  로서는 이를 쉽게 파악하기 어렵더라도 객관적 자료에 의해 이를 증명
  한 사람에 대해서는 그에 따른 법률효과를 부여함이 상당한 점 등을
  더하여 보면, 법률조항은 사실혼 해소 시 재산분할로 인한 취득에 대해
  서도 적용된다.[349]
⑦ 그 밖의 형식적인 취득 등 대통령령으로 정하는 취득
  벌채하여 원목을 생산하기 위한 입목의 취득이 여기에 해당한다(지방세
  법 시행령 제30조 제1항).

---

349) 대법원 2016. 8. 30. 선고 2016두36864 판결.

(2) 간주취득 등의 경우(지방세법 제15조 제2항) : 중과기준세율(2%)

건물의 개수로 인한 취득, 선박·차량·기계장비의 종류변경, 토지의 지목변경, 과점주주의 취득 등에 대한 취득세는 중과기준세율을 적용하여 계산한 금액을 그 세액으로 한다(지방세법 제15조 제2항 본문).

VI. 면세점

취득세의 경우 취득가액이 50만 원 이하일 때는 취득세를 부과하지 아니한다(지방세법 제17조 제1항). 일정 금액 이하의 과세대상에 대하여 과세를 제외하는 것으로 비과세와는 본래의 성격상 다르지만 실질적인 효과는 동일하다고 할 수 있다.

한편, 면세점에 의한 과세를 회피하는 경우를 방지하기 위하여, 토지나 건축물을 취득한 자가 취득한 날부터 1년 이내에 인접한 토지나 건축물을 취득한 경우 그 전후의 취득에 관한 토지나 건축물의 취득을 각각 1건의 토지나 건축물의 취득으로 보아 면세점 규정을 적용한다(지방세법 제17조 제2항).

VII. 부과·징수

1. 징수방법

취득세의 징수방법은 신고납부의 방법으로 하되(지방세법 제18조, 제20조), 신고납부를 하지 아니한 경우에는 보통징수방법에 의하여 부과고지하여야 한다(지방세법 제21조).

신고납세방식의 조세인 취득세에 있어 납세의무자가 과세표준 및 세액을 신고하였다면 이로써 취득세 납세의무가 확정되는 것이므로, 그 뒤에 납세고지서가 발부되었다고 하더라도, 이는 이미 확정된 취득세 납세의무의 이행을 명하는 징수처분에 지나지 아니한다고 할 것이다.[350]

---

350) 대법원 2003. 10. 23. 선고 2002두5115 판결.

2. 신고 및 납부

가. 과세물건을 취득한 경우

취득세 과세물건을 취득한 자는 그 취득한 날[351]부터 60일 이내에 신고납부하여야 한다. 무상취득(상속은 제외한다) 또는 증여자의 채무를 인수하는 부담부증여로 인한 취득의 경우는 취득일이 속하는 달의 말일부터 3개월, 상속으로 인한 경우는 상속개시일이 속하는 달의 말일부터, 실종으로 인한 경우는 실종선고일이 속하는 달의 말일부터 각각 6개월(외국에 주소를 둔 상속인이 있는 경우에는 각각 9개월) 이내에 신고납부하여야 한다(지방세법 제20조 제1항). 한편 아래 <라.>에서 보는 바와 같이 신고납부기한 이내에 재산권과 그 밖의 권리의 취득·이전에 관한 사항을 공부에 등기하거나 등록(등재)하려는 경우에는 등기 또는 등록을 하기 전까지 취득세를 신고·납부하여야 하므로 이 경우 법정신고기한은 등기·등록일로 보아야 한다.

취득세는 신고납부방식의 지방세로서 이러한 유형의 지방세에 있어서는 원칙적으로 납세의무자가 스스로 과세표준과 세액을 정하여 신고하는 행위에 의하여 납세의무가 구체적으로 확정되는 것으로서 납세의무자의 신고행위가 중대하고 명백한 하자가 있지 않는 한 당연무효로 되지 않는다.[352]

---

351) 「부동산 거래신고 등에 관한 법률」 제10조 제1항에 따른 토지거래계약에 관한 허가구역에 있는 토지를 취득하는 경우로서 같은 법 제11조에 따른 토지거래계약에 관한 허가를 받기 전에 거래대금을 완납한 경우에는 그 허가일이나 허가구역의 지정 해제일 또는 축소일을 말한다. 토지거래 허가구역 내에서 토지를 취득한 경우 사실상 잔금지급일을 취득일로 본다. 다만 그 신고납부는 토지거래허가 및 해제 등의 사유로 그 매매계약이 확정적으로 유효하게 된 날부터 60일 이내로 한다(지방세법 운영 예규 20 - 1).
한편 국토이용관리법상의 토지거래허가구역 안에 있는 토지에 관한 매매계약 등 거래계약은 관할 관청의 허가를 받아야만 효력이 발생하며 허가를 받기 전에는 물권적 효력은 물론 채권적 효력도 발생하지 아니하여 무효라고 할 것이며, 토지에 대한 거래허가를 받지 아니하여 무효의 상태에 있다면 매수인이 매매대금을 전액 지급했다 하더라도 매수인이 토지를 취득했다고 할 수는 없다고 할 것이므로 매수인이 토지거래허가구역 안에 있는 토지에 관한 매매계약을 체결하고 매도인에게 그 매매대금을 모두 지급하였다고 하더라도, 그 취득세 신고 당시 관할 관청으로부터 토지거래허가를 받지 못하였다면 그 토지를 취득하였다고 할 수 없다(대법원 1997. 11. 11. 선고 97다8427 판결).
352) 대법원 2006. 6. 2. 선고 2006두644 판결 참조.

나. 취득 후 중과세율 적용대상이 된 경우

취득세 과세물건을 취득한 후에 그 과세물건이 제13조 제1항부터 제7항까지의 세율(중과세율)의 적용대상이 되었을 때에는 대통령령(지방세법 시행령 제34조)으로 정하는 날부터 60일 이내에 제13조 제1항부터 제7항까지의 세율을 적용하여 산출한 세액에서 이미 납부한 세액(가산세는 제외한다)을 공제한 금액을 세액으로 하여 대통령령으로 정하는 바에 따라 신고하고 납부하여야 한다(지방세법 제20조 제2항).

다. 부과대상 또는 추징대상이 된 경우

지방세법 또는 다른 법령에 따라 취득세를 비과세, 과세면제(담배소비세, 지방세법 제54조) 또는 경감받은 후에 해당 과세물건이 취득세 부과대상 또는 추징대상이 되었을 때에는 그 사유 발생일부터 60일 이내에 해당 과세표준에 제11조부터 제15조까지의 세율을 적용하여 산출한 세액[경감받은 경우에는 이미 납부한 세액(가산세는 제외한다)을 공제한 세액을 말한다]을 대통령령으로 정하는 바에 따라 신고하고 납부하여야 한다(지방세법 제20조 제3항).[353]

(1) 감면된 지방세의 추징

지방세법 또는 다른 법령(지방세특례제한법 등)에 따라 지방세를 비과세, 과세면제 또는 경감 받은 후에 개별 감면규정에서 추징에 관한 (단서) 규정이 있어 해당 과세물건이 지방세 부과대상 또는 추징대상이 된 경우(지방세특례제한법 제6조 제1항, 제4항, 제8조 제4항, 제31조 제5항, 제6항 등)에는 개별 규정에 따라 지방세를 추징한다. 해당 추징 규정이 취득세인 경우 취득세를 추징한다.[354]

---

353) 지방세의 감면은 납세의무가 성립함을 전제로 한 것이므로 추징사유가 발생하였다고 하여 다시 납세의무가 성립하는 것이 아니다. 따라서 원래의 납세의무 성립시(취득시)에 납세의무는 성립하고, 다만 부과제척기간의 기산점만 연장될 뿐이다(지방세기본법 시행령 제19조 제2항 제3호).

354) 대부분 취득세에 관한 추징 규정이지만, 재산세(지방세특례제한법 제31조 제5항, 제6항, 제31조의3 제2항 등), 등록면허세(지방세특례제한법 제57조의2 제8항, 제91조), 개인지방소득세(지방세특례제한법 제130조 제2항, 제155조 제9항, 제157조 제7항, 제158조 제7항) 등을

(2) 부동산에 대해 감면된 취득세의 추징

부동산에 대한 감면을 적용할 때 지방세특례제한법에서 특별히 규정한 경우를 제외하고는 ① 정당한 사유 없이 그 취득일부터 1년이 경과할 때까지 해당 용도로 직접 사용하지 아니하는 경우, ② 해당 용도로 직접 사용한 기간이 2년 미만인 상태에서 매각·증여[355]하거나 다른 용도로 사용하는 경우 그 해당 부분에 대해서는 감면된 취득세를 추징한다(지방세특례제한법 제178조 제1항).

(가) 직접 사용

직접 사용이란 부동산의 소유자가 해당 부동산을 사업 또는 업무의 목적이나 용도에 맞게 사용하는 것을 말한다(지방세특례제한법 제2조 제1항 제8호).[356] 여기서 '직접 사용'의 범위는 부동산 등의 사업목적과 취득목적을 고려하여 그 실제의 사용관계를 기준으로 객관적으로 판단하면 된다.[357] 문제는 부동산의 소유자가 직접 사용하지 아니하고 제3자에게 임대하여 사

추징하는 경우도 있다.

355) 매각·증여는 매매계약이나 증여계약이 아닌 소유권의 이전(등기)을 의미하는 것으로 보아야 한다. 이는 무상승계취득의 경우 취득시기를 계약일로 보는 것과 다르다(지방세법 시행령 제20조 제1항 참조).

356) 직접 사용은 해당 부동산의 소유자 또는 사실상 취득자의 지위에서 현실적으로 해당 부동산을 그 업무 자체에 직접 사용하는 것을 의미하고(대법원 2015. 3. 25. 선고 2014두43097 판결 참조), 설령 대표이사가 동일한 다른 법인에 임대하여 같은 용도로 사용하더라도 임차법인은 임대법인과는 별개의 권리의무주체로서 해당 부동산의 소유자가 직접 사용한다고 볼 수 없다(대법원 2017. 1. 18. 선고 2016두57182 판결 참조).
한편 지방세특례제한법 시행령 제123조는 '지방세특례제한법 또는 다른 법령에서 토지에 대한 재산세의 감면규정을 적용할 때 직접 사용의 범위에는 해당 감면대상 업무에 사용할 건축물을 건축 중인 경우를 포함한다'고 규정함으로써 직접 사용의 범위를 넓히고 있다. 반대 해석상 이러한 규정을 두고 있지 않은 취득세 등의 경우에는 직접 사용의 범위에 건축물을 건축 중인 경우는 포함되지 않는다고 할 것이다. 따라서 산업용 건축물 등을 건축할 목적으로 토지를 취득한 후 그 취득일로부터 3년이 경과한 때까지 해당 용도로 직접 사용하지 아니하여 취득세를 추징할 경우(지방세특례제한법 제78조 제4항, 제5항 제1호)에는 산업용 건축물 등에 사용승인을 받은 시점부터 그 토지를 직접 사용하는 것으로 보는 것이 타당하다(대법원 2008. 5. 29. 선고 2008두3319 판결, 대구고등법원 2014. 9. 19. 선고 2914누4499 판결 등 참조).

357) 대법원 2002. 10. 11. 선고 2001두878 판결, 대법원 2002. 4. 26. 선고 2000두3238 판결 등 참조.

업 또는 업무의 목적이나 용도에 맞게 사용하는 경우에도 직접 사용으로 볼 수 있는지 여부이다. 지방세특례제한법의 조문 규정 형식과 내용을 보더라도 제178조는 추징 사유로 해당 부동산을 매각 또는 증여하는 경우와 이를 다른 용도로 사용하는 경우를 규정하고 있을 뿐이고 사업 또는 업무의 목적이나 용도에 맞게 사용할 것을 전제로 임대하는 경우에 관하여는 규정하고 있지 아니한 점, 위 법은 각종 취득세 감면규정을 두면서 임대용 부동산을 감면대상에서 제외할 경우에는 명문으로 이를 밝히고 있는데(위 법 제14조, 제21조, 제23조, 제47조, 제48조, 제53조, 제88조 등 참조) 임대용 부동산을 감면대상에서 제외한다고 규정하고 있지 아니한 경우에는 달리 해석할 여지가 있는 점, 직접 사용은 해당 부동산을 사업 또는 업무의 목적이나 용도에 맞게 사용하라는 것이 핵심인 점 등에 비추어 '직접 사용'의 의미는 부동산의 소유자가 해당 부동산을 사업 또는 업무의 목적이나 용도에 맞게 사용하는 것이면 충분하고, 그 사용 방법이 부동산 소유자 스스로 그와 같은 용도에 사용하거나 혹은 제3자에게 임대 또는 위탁하여 그와 같은 용도에 사용하는지 여부는 가리지 아니한다고 봄이 타당하다는 견해가 있다.[358] 이 견해에 따르면 지방세특례제한법에서 명문으로 임대용 부동산을 감면대상에서 제외한다고 명시적으로 규정한 경우를 제외하고 부동산의 소유자가 직접 사용하지 아니하고 제3자에게 임대하여 사업 또는 업무의 목적이나 용도에 맞게 사용하는 경우에도 직접 사용으로 볼 수 있을 것이다. 하지만 지방세특례제한법상 직접 사용의 정의 규정에 부동산의 소유자가 사용하도록 규정하고 있고, 위와 같이 직접 사용의 정의 규정을 둔 취지는 직접 사용의 주체를 구분하지 아니할 경우 제3자 임대 등 다른 수익적 방법이 있는 경우까지 과도한 감면혜택으로 이어지는 불합리한 점이 있어 이 경우에는 특례를 제한하

---

358) 대법원 2011. 12. 13. 선고 2011두20239 판결, 대법원 2011. 1. 27. 선고 2008두15039 판결, 대법원 1984. 7. 24. 선고 84누297 판결 등 참조. 모두 '직접 사용'의 정의 규정을 두기 전의 판결이다.

여 취득세를 감면하고자 하는 입법 취지('직접 사용'의 주체는 사용자가 아닌 소유자임을 분명히 하기 위한 취지)에 맞추고자 그 사용의 주체를 명확히 하고자 함에 있다. 따라서 제3자에게 임대하여 사용하는 경우에는 제3자가 사업 또는 업무의 목적이나 용도에 맞게 사용하더라도 직접 사용으로 볼 수 없다고 할 것이다.[359] 다만 사용용도 등을 고려하여 부동산 소유자가 아닌 제3자가 해당 용도대로 사용하는 것에 관해 개별규정에서 예외적으로 감면 인정을 규정한 것으로 보인다(지방세특례제한법 제22조 제2항 본문, 제50조 제2항 본문 등).

요컨대 부동산 소유자가 아닌 제3자가 해당 용도대로 사용하는 것에 관해 개별규정에서 예외적으로 감면 인정을 규정한 경우를 제외하고 부동산의 소유자가 사용한 경우만을 직접 사용으로 볼 것이다.[360]

(나) 정당한 사유

'정당한 사유'란 해당 사업에 직접 사용하는 데에 걸리는 준비기간의 장단, 직접 사용할 수 없는 법령·사실상의 장애사유 및 장애정도, 목적 사업에 사용하기 위한 진지한 노력을 다하였는지의 여부, 행정관청의 귀책사유가 가미되었는지 여부 등을 아울러 참작하여 구체적인 사안에 따라 개별적으로 판단하여야 한다. 직접 사용할 수 없는 법령상의 장애사유가 있음을 알았거나, 설사 몰랐다고 하더라도 조금만 주의를 기울였더라도 그러한 장애사유의 존재를 쉽게 알 수 있었던 상황 하에서 부동산을 취득하였고, 취득 후 유예기간 이내에 당해 부동산을 목적 사업에 직접 사용하지 못한 것이 동일한 사유 때문이라면, 취득 전에 존재한 법령상의 장애사유가 충분히 해소될 가능성이 있었고 실제 그 해소를 위하여 노력하여 이를 해소하였는데도 예측하지 못한 전혀 다른 사유로 목적사업에

---

359) 2014. 1. 1. 법률 제12175호로 직접 사용에 대한 개념 정의("직접 사용"이란 부동산의 소유자가 해당 부동산을 사업 또는 업무의 목적이나 용도에 맞게 사용하는 것을 말한다.)가 처음 규정되었다. 직접 사용에 관한 다툼이 있어 이를 명확히 하기 위하여 규정한 것이다.
360) 대전고등법원 2018. 11. 14. 선고 2018누11089 판결(심리불속행기각으로 확정) 참조.

사용하지 못하였다는 등의 특별한 사정이 없는 한, 그 법령상의 장애사유는 당해 부동산을 목적사업에 직접 사용하지 못한 데 대한 정당한 사유가 될 수 없다.[361]

(다) 적용 범위

1) 개별 감면규정에서 추징 (단서)조항이 없는 경우에 적용하고, 부동산 및 직접사용 여부에 따른 취득세 감면에 대해서만 적용한다. 취득세에만 한정되고 나머지 세목에는 개별 규정이 적용된다. 위 ①은 취득시점에서는 해당 용도에 직접사용하지 아니하여도 취득 후 1년 이내에 직접사용하면 감면요건을 갖추게 되므로 취득 후 1년간은 유예한다는 의미이다. ②에서 매각은 잔금 완납 또는 소유권이전등기일 등 제3자에게 소유권이 사실상 이전되는 것을 의미하며, 다른 용도에 사용한다 함은 감면받은 용도가 아닌 용도로 사용함을 의미한다.

2) 지방세특례제한법 제180조의2의 경우도 적용되는가. 예컨대 PFV 등 부동산투자기관이 지방세 중과세율 적용 배제를 받은 후 정당한 사유 없이 그 취득일로부터 1년 내에 해당 용도에 직접 사용하지 아니한 경우 중과세율을 적용하여 취득세를 추징할 수 있는가이다. 실무적으로 취득세 중과 배제는 세제상의 특별한 혜택을 주는 법규상의 감면에 해당하므로 지방세특례제한법 제178조가 적용된다는 견해가 있다.[362] 하지만 중과 배제는 '특례'에는 해당하지만(지방세특례제한법 제2조 제1항 제6호) '감면'에 해당한다고 보기 어려운 점, 지방세특례제한법 제180조의2는 PFV, 리츠, 펀드 등 부동산투자기관의 선진금융기업 도입 활성화를 위한 세제지원을 위해 도입된 것으로 처음부터 추징과 같은 사후관리규정을 두고 있지 않았던 점, 취득세를 면제하는 규정만 있고 추징규정이 없는 경우 사후에 중과세 요건을 구비하게 되었다고 하더라도 취득세 중과규정을 적용하여 면제된 취득세를 추징할

---

361) 대법원 2012. 12. 13. 선고 2011두1948 판결, 대법원 2002. 9. 4. 선고 2001두229 판결 등 참조.
362) 지방세특례제도과 - 1102, 2018. 4. 3.

수는 없는 점[363] 등을 고려하면, 지방세특례제한법 제180조의2의 경우에는 적용되지 않는다고 할 것이다. 따라서 PFV 등 부동산투자기관이 지방세 중과세율 적용 배제를 받은 후 정당한 사유 없이 그 취득일로부터 1년 내에 해당 용도에 직접 사용하지 아니한 경우 중과세율을 적용하여 취득세를 추징할 수는 없다.

(3) 감면된 취득세의 추징에 관한 이자상당액

지방세특례제한법에 따라 부동산에 대한 취득세 감면을 받은 자가 지방세특례제한법의 각 규정에서 정하는 추징 사유에 해당하여 그 해당 부분에 대해서 감면된 세액을 납부하여야 하는 경우에는 대통령령으로 정하는[364] 바에 따라 계산한 이자상당액을 가산하여 납부하여야 하며, 해당 세액은 「지방세법」 제20조에 따라 납부하여야 할 세액으로 본다(지방세특례제한법 제178조 제2항 본문).

취득세 감면 이후 추징 시 본세만 추징함에 따라 감면기간 동안 이자 및 부동산 시세차익 등을 향유할 수 있어 감면제도의 실효성 확보 및 성실납세자와의 형평성 제고를 위해 이자상당액을 가산하여 납부하도록 한 것이다.

추징사유가 발생하여 감면 세액을 추징하는 경우 감면기간 동안 부당하게 향유한 이익에 상당하는 금액(1일 10만분의 25)을 본세에 부가하여 추징하도록 하였으며, 가산기간은 취득세 납부기한의 다음 날부터 추징사유가 발생한 날까지의 기간을 말한다(지방세특례제한법 제123조의2 제1항).

다만, ① 파산선고를 받은 경우, ② 천재지변이나 그 밖에 이에 준하는 불가피한 사유로 해당 부동산을 매각·증여하거나 다른 용도로 사용한 경우에는 이자상당액을 가산하지 아니한다(지방세특례제한법 제178조 제2항 단서, 같은 법 시행령 제123조의2 제2항).

(4) 추징사유에 해당하는지 여부를 판단할 적용법규

취득세 등을 면제(감면)하였다가 뒤에 이를 추징하는 경우에 당해 부동산의 취

---

363) 대법원 2005. 9. 29. 선고 2003두9374 판결 참조.
364) 지방세특례제한법 시행령 제123조의2 제1항.

득이 취득세 등의 면제대상인지 여부는 그 취득이 이루어질 당시의 법령을 기준으로 판단하여야 할 것이나, 추징사유의 존부는 특별한 사정이 없는 한 추징사유에의 해당 여부가 문제되는 사실이 발생할 당시의 법률(지방세법이나 지방세특례제한법 등)에 따라 판단하여야 할 것이다.[365]

한편, 세법의 개정이 있을 경우에 일반적으로는 법률불소급의 원칙상 개정 전후의 법 중에서 납세의무가 성립될 당시의 세법을 적용하여야 하나, 개정된 세법 부칙이 '이 법 시행 당시 종전의 규정에 의하여 … 부과 또는 감면하여야 할 …세에 대하여는 종전의 예에 의한다'는 경과규정을 두고 있다면, 이는 세법이 납세의무자에게 불리하게 개정된 경우에 납세의무자의 기득권 내지 신뢰보호를 위하여 납세의무자에게 유리한 구법을 적용하도록 하는 특별규정이므로, 구법(감면 당시의 법률)을 적용하여야 할 것이다.[366]

(5) 감면받은 자에 대하여 파산선고가 된 경우

파산선고 후 파산관재인이 감면대상이 된 부동산을 매각한 경우에도 추징대상이 되는가. 감면된 취득세의 추징은 '부동산에 대한 취득세를 감면받은 자'가 추징사유에 해당하는 행위를 하였을 경우에 하는 것이므로 파산관재인이 환가행위로서 한 것은 추징사유에 해당하지 않는다고 할 것이다. 이러한 전제에서 앞{<(3)>}에서 본 바와 같이 채무자가 파산선고를 받은 경우에는 감면기간 동안의 이자상당액도 가산하지 않는다.

라. 등기 · 등록 재산의 경우

신고납부기한 이내에 재산권과 그 밖의 권리의 취득 · 이전에 관한 사항을 공부에 등기하거나 등록(등재)하려는 경우에는 등기 또는 등록을 하기 전까지 취득세를 신고 · 납부하여야 한다(지방세법 제20조 제4항).

여기서 '등기 또는 등록을 하기 전까지'는 무엇을 의미하는가. 지방세법 시행령 제36조 제1, 2항과 부동산등기법 제29조의 문언과 내용 및 체계 등에 비추어

---

365) 대법원 1992. 6. 9. 선고 91누10725 판결 참조.
366) 대법원 1994. 5. 24. 선고 93누5666 전원합의체 판결 참조.

보면, 납세의무자는 취득세 과세물건을 등기 또는 등록하려면 등기 또는 등록의 신청서를 등기·등록관서에 접수하는 날까지 취득세를 신고·납부하여야 하고, 설령 등기관이 등기신청서의 접수일 다음 날까지 취득세 등의 보정을 허용한다고 하여 취득세의 신고·납부기한이 변경된다고 볼 수는 없으므로, 지방세법 제20조 제4항이 정한 재산권 등의 이전 등을 등기 또는 등록하려는 경우의 취득세 신고·납부기한인 "등기 또는 등록을 하기 전까지"는 "등기 또는 등록의 신청서를 등기·등록관서에 접수하는 날까지"를 의미한다고 봄이 상당하다.[367]

3. 보통징수

취득세의 납세의무자가 신고납부를 하지 아니한 경우나 제10조 제5항부터 제7항의 규정에 따른 과세표준이 확인된 경우에는 제10조부터 제15조까지의 규정에 따라 산출한 세액 또는 그 부족세액에 가산세(지방세기본법 제53조부터 제55조까지)를 합한 금액을 세액으로 하여 보통징수의 방법으로 징수한다(지방세법 제21조 제1항).

---

367) 대법원 2020. 10. 15. 선고 2017두47403 판결 참조.

제2절 등록면허세

등록면허세는 ① 취득이 수반되지 않는 각종 등기·등록 등에 대하여 납부하는 등록에 대한 등록면허세와 ② 각종 인가·허가 등에 대하여 납부하는 면허에 대한 등록면허세가 있다.

Ⅰ. 등록에 대한 등록면허세

1. 과세대상

등록이란 재산권과 그 밖의 권리의 설정·변경 또는 소멸에 관한 사항을 공부에 등기하거나 등록하는 것을 말한다(지방세법 제23조 제1호 본문). 재산권이라 함은 금전적 가치가 있는 물권·채권·무체재산권 등을 지칭하는 것이며, 그 밖의 권리라 함은 재산권 이외의 권리로서 부동산등기법 등 기타 관계법령의 규정에 의하여 등기·등록하는 것을 말한다.[368]

등록에 대한 등록면허세의 과세대상은 다음과 같다.

(1) 취득을 원인으로 이루어지는 등기 또는 등록을 제외한 등기·등록

지방세법은 등록면허세의 과세대상인 등록에서 취득을 원인으로 이루어지는 등기 등을 제외[369]하면서 법률상 유효한 취득을 원인으로 한 등기로 한정하고 있지는 않다. 따라서 등기의 원인이 무효인 경우라도 그 등기 자체가 등록면허세의 과세대상인 등록에서 제외되는 이른바 '취득을 원인으로 이루어지는 등기'가 아니라고 할 수는 없다. 그리고 지방세법은 제30조 제1항에서 등록에 대한 등록면허세의 신고납부기한을 '등록을 하기 전까

---

368) 지방세법 운영 예규 23-1.

369) 2011년 지방세 세목 체계 간소화 차원에서 취득과 관련된 것은 취득세의 과세대상으로 통합되었다. 취득이 수반되는 보전·이전등기 등 소유권 변동에 관련된 등기 등에 관한 것은 취득세로 통합되고(별도로 등록면허세는 과세하지 않고 취득세만 과세한다), 법인 설립과 자본금 증자등기를 비롯해 저당권·전세권 등 재산의 취득이 수반되지 아니하는 것은 등록면허세를 과세한다.

지'로 규정하고 있는 등 취득을 원인으로 이루어지는 등기 등이 사후적으로 등록면허세의 과세대상이 되는 것을 예정하고 있지 않다. 지방세법 제6조 제1호에서 정한 취득이라면 취득세의 과세 여부만 문제될 뿐 등록면허세의 과세대상은 아니라고 할 것이고, 그 취득을 원인으로 등기가 이루어진 후 등기의 원인이 무효로 밝혀져 취득세 과세대상에 해당하지 않더라도 등록면허세 납세의무가 새롭게 성립하는 것은 아니라고 봄이 타당하다.[370)]

(2) 광업권 및 어업권의 취득에 따른 등록

(3) 외국인 소유의 취득세 과세대상 차량, 기계장비, 항공기, 선박을 직접 사용하거나 국내의 대여시설 이용자에게 대여하기 위하여 임차하여 수입하는 경우(연부로 취득하는 경우에 한정)의 등기 또는 등록

(4) 취득세 부과제척기간(지방세기본법 제38조)이 경과한 물건의 등기 또는 등록

(5) 취득가액이 50만 원 이하에 해당하는 취득에 대한 물건의 등기 또는 등록은 취득세 면세점에 해당하여 취득세는 부과하지 않으나 등록면허세는 과세한다.

등기·등록이 된 이후 법원의 판결 등에 의해 그 등기 또는 등록이 무효 또는 취소가 되어 등기·등록이 말소된다 하더라도 이미 납부한 등록면허세는 과오납으로 환급할 수 없다.[371)]

---

370) 대법원 2018. 4. 10. 선고 2017두35684 판결 참조.
371) 지방세법 운영 예규 23-2 제1항. 등록면허세는 재산권 기타 권리의 취득·이전·변경 또는 소멸에 관한 사항을 공부에 등기 또는 등록하는 경우에 등기 또는 등록이란 단순한 사실의 존재를 과세물건으로 하여 그 등기 또는 등록을 받는 자에게 부과하는 세금으로서, 그 등기 또는 등록의 유·무효나 실질적인 권리귀속 여부와는 관계가 없는 것이므로 등기 또는 등록명의자와 실질적인 권리귀속 주체가 다르다거나 일단 공부에 등재되었던 등기 또는 등록이 뒤에 원인무효로 말소되었다 하더라도 위와 같은 사유는 그 등기 또는 등록에 따른 등록면허세 부과처분의 효력에 아무런 영향이 없다(대법원 2002. 6. 28. 선고 2000두7896 판결 참조). 등기가 원인무효의 등기라고 하더라도 등록면허세의 부과처분에는 아무런 영향이 없다(대법원 2014. 5. 29. 선고 2012두12709 판결 참조).

2. 납세의무자 및 비과세

가. 납세의무자

공부에 등기 또는 등록하는 자는 등록면허세를 납부할 의무를 진다(지방세법 제24조 제1호). 등기 또는 등록을 하는 자란 재산권 기타 권리의 설정·변경 또는 소멸에 관한 사항을 공부에 등기 또는 등록을 받는 등기·등록부상에 기재된 명의자(등기권리자)를 말한다.[372]

나. 비과세

① 국가, 지방자치단체, 지방자치단체조합, 외국정부 및 주한국제기구가 자기를 위하여 받는 등록,[373] ② 「채무자 회생 및 파산에 관한 법률」 제6조 제3항, 제25조 제1항부터 제3항까지, 제26조 제1항, 같은 조 제3항, 제27조, 제76조 제4항, 제362조 제3항, 제578조의5 제3항, 제578조의8 제3항 및 제578조의9 제3항에 따른 등기 또는 등록,[374] ③ 행정구역의 변경, 주민등록번호의 변경, 지적 소관청의 지번변경, 계량단위의 변경, 등록 담당 공무원의 착오 등의 사유로 단순 표시변경의 회복 또는 경정 등기 또는 등록, ④ 무덤과 이에 접속된 부속시설물의 부지로 사용되는 토지로 지적공부상 지목이 묘지인 토지 등기에 대하여는 등록에 대한 등록면허세를 부과하지 아니한다. 다만, 대한민국 정부기관의 등록에 대하여 과세하는 외국정부의 등록에 대하여는 부과한다(지방세법 제26조 제1항, 제2항 제1호 내지 제3호, 같은 법 시행령 제40조 제1항).

---

372) 지방세법 운영 예규 24-1.

373) 지방세법 운영 예규 26-1.

374) 도산절차 중 법원(법원사무관등)의 촉탁 또는 등기소의 직권으로 이루어지는 등기 또는 등록에 대하여 비과세 하는 것으로 채무자의 경제적 부담을 덜어주고 도산절차를 신속하게 진행하기 위함이다. 2024년 1월 1일 법 개정으로 비과세되었지만, 위 개정규정은 이 법 시행 전에 「채무자 회생 및 파산에 관한 법률」에 따라 법원이 촉탁하여 등기 또는 등록을 하였으나 이 법 시행 당시 같은 법에 따라 회생절차·간이회생절차가 진행 중이거나 회생계획·간이회생계획을 수행중인 경우에도 적용한다는 점(부칙 제3조), 부과제척기간 등을 고려하면 사실상 2024년 1월 1일 이전에 회생절차에서 법원의 촉탁으로 이루어진 등기 또는 등록에 대하여도 비과세가 적용된다고 할 것이다. 어려운 경제상황을 고려하여 회생절차 기업에 대한 등록면허세 비과세사유를 확대한 것이다.

3. 납세지

등기 또는 등록의 대상에 따라 납세지가 별도로 규정되어 있다(지방세법 제25조 제1항). 예컨대 부동산 등기는 부동산 소재지이다(지방세법 제25조 제1항 제1호).

등록에 관계된 재산이 둘 이상의 지방자치단체에 있는 경우는 등록관청 소재지를, 같은 채권의 담보를 위하여 설정하는 둘 이상의 저당권에 대하여는 처음 등록하는 등록관청 소재지를, 납세지가 분명하지 아니한 경우에는 등록관청 소재지를 각각 납세지로 한다(지방세법 제25조 제1항 제16호 내지 제18호).

4. 과세표준과 세율

가. 과세표준[375]

부동산, 선박, 항공기, 자동차 및 건설기계의 등록에 대한 등록면허세 과세표준은 등록 당시의 가액으로 한다. 이 경우 과세표준은 조례로 정하는 바에 따라 등록자의 신고에 따르며, 신고가액이 없거나 신고가액을 시가표준액(지방세법 제4조)보다 적게 신고할 경우에는 시가표준액을 과세표준으로 한다(지방세법 제27조 제1항, 제2항).

한편 ① 제23조 제1호 가.목·나.목 및 라.목에 따른 취득을 원인으로 하는 등록의 경우에는 제10조의2부터 제10조의6까지의 규정에서 정하는 취득당시가액을, ② 제23조 제1호 다.목에 따른 취득을 원인으로 하는 등록의 경우에는 제23조 제1항에 따른 등록 당시의 가액과 제10조의2부터 제10조의6까지의 규정에서 정하는 취득당시가액 중 높은 가액을 과세표준으로 한다. 다만, 등록 당시에 자산재평가 또는 감가상각 등의 사유로 그 가액이 달라진 경우에는 변경된 가액을 과세표준으로 한다(지방세법 제27조 제3항).

---

375) 취득세의 경우와 비슷하다.

나. 세 율

(1) (표준)세율

등록면허세에 대한 세율은 지방세법 제28조 제1항에 규정되어 있다.

지방자치단체의 장은 부동산 등기의 경우 조례로 정하는 바에 따라 등록면허세의 세율을 표준세율(지방세법 제28조 제1항 제1호)의 100분의 50 범위에서 가감할 수 있다(지방세법 제28조 제6항).

(2) 중과세율

대도시에서 법인을 설립하거나 지점이나 분사무소를 설치함에 따른 등기, 대도시 밖에 있는 법인의 본점이나 주사무소를 대도시로 전입함에 따른 등기 등에 대하여는 산정된 세액에 3배 중과한다. 다만 대도시에 설치가 불가피하다고 인정되는 중과 제외 업종[376)에 대하여는 그러하지 아니하다(지방세법 제28조 제2항). 중과 제외 업종에 대하여는 표준세율을 적용한다.

여기서 부동산등기라 함은 당해 법인 또는 지점 등이 그 설립, 설치, 전입과 관련하여 그 이전에 취득하는 부동산의 등기를 뜻하는 것이므로, 그 부동산의 전부가 반드시 당해 법인 또는 지점 등의 업무에 사용되는 것이어야 한다거나 취득 당시 전부를 법인의 본점 또는 지점 등으로 사용할 의사가 있을 것을 요하지는 아니한다 하더라도 그 설립, 설치, 전입과 아무런 관련이 없이 취득한 부동산을 그 후 법인의 본점 또는 지점 등으로 사용하게 된 경우의 등기까지 포함하는 것은 아니다.[377)

대도시 내에서의 법인의 설립과 지점의 설치 등에 따른 부동산등기에 있어서 등록면허세 중과의 과세요건은 부동산등기와 법인의 설립 또는 지점의 설치 등이라는 두 가지 요건을 모두 갖추어야 충족되고, 이에 관한 요건을 모두 충족할 때에 납세의무가 성립된다고 할 것이다.[378) 따라서 대도시 내에서 부동산등기를 먼저 경료하였다 하더라도 이후 지점이 설치되었을 경우에 비로소 중과되는 등

---

376) 지방세법 시행령 제44조, 제26조 제1항 각 호.
377) 대법원 1997. 10. 14. 선고 97누9253 판결 참조.
378) 대법원 1994. 5. 10. 선고 93누22135 판결 참조.

록세의 과세요건이 충족되어 지점이 설치된 때 납세의무가 성립한다.[379]

(3) 중과세율 적용 배제 특례

투자회사, 경영참여형 사모집합투자기구 및 투자목적회사, 기업구조조정투자회사의 설립등기(설립 후 5년 이내에 자본 또는 출자액을 증가하는 경우를 포함한다)에 대해서는 등록면허세를 과세할 때 2024년 12월 31일까지 지방세법 제28조 제2항·제3항의 세율을 적용하지 아니한다(지방세특례제한법 제180조의2 제2항).

5. 신고 및 납부

등록을 하려는 자는 등록면허세 산출세액을 등록을 하기 전까지 납세지를 관할하는 지방자치단체의 장에게 신고·납부하여야 한다(지방세법 제30조 제1항). "등록을 하기 전까지"란 등기 또는 등록 신청서를 등기·등록관서에 접수하는 날까지를 말한다. 다만, 특허권·실용신안권·디자인권 및 상표권의 등록에 대한 등록면허세의 경우에는 「특허법」, 「실용신안법」, 「디자인보호법」 및 「상표법」에 따른 특허료·등록료 및 수수료의 납부기한까지를 말한다(지방세법 시행령 제48조 제1항).

6. 특별징수

특별징수 대상 및 의무자는 아래와 같다(지방세법 제31조).

특별징수 대상	특별징수의무자
특허권, 실용신안권, 디자인권, 상표권	특허청장
저작권	해당 등록기관의 장

특별징수의무자는 등록일이 속하는 달의 다음 달 말일까지 납세지를 관할하는 지방자치단체의 장에게 그 내용을 통보하고 특별징수한 등록면허세를 납부하여야 한다(지방세법 제31조 제1항, 제2항).

특별징수를 과다 징수한 경우 지방세환급가산금 없이 특별징수의무자가 직접

---

379) 대법원 1997. 10. 14. 선고 97누9253 판결.

환급할 수 있다(지방세법 제31조 제3항).

특별징수의무자가 다음 달 말일까지 납부하지 아니하거나 부족하게 납부하더라도 특별징수납부 등 불성실가산세(지방세기본법 제56조)는 부과하지 않는다(지방세법 제31조 제4항).

Ⅱ. 면허에 대한 등록면허세

1. 과세대상

면허란 각종 법령에 규정된 면허·허가·인가·등록·지정·검사·검열·심사 등 특정한 영업설비 또는 행위에 대한 권리의 설정, 금지의 해제 또는 신고의 수리(受理) 등 행정청의 행위(법률의 규정에 따라 의제되는 행위 포함)를 말한다(지방세법 제23조 제2호 전문). 면허에 대한 등록면허세의 과세대상은 행정청으로부터 위와 같은 행위를 받는 행위이다.

면허의 종별은 사업의 종류와 규모 등을 고려하여 제1종부터 제5종까지 구분하여 대통령령(제39조)으로 정한다(지방세법 제23조 제2호 후문).

2. 납세의무자 및 비과세

가. 납세의무자

면허(변경면허 포함)를 받는 자는 등록면허세를 납부할 의무를 진다(지방세법 제24조 제2호). 면허에 대한 등록면허세 납세의무자는 면허의 종류마다 등록면허세를 납부하여야 한다.

면허분 등록면허세는 면허를 부여받을 때와 납기[380]가 있는 달의 1일에 납세의무가 성립한다(지방세기본법 제34조 제1항 제2호 나.목). 현재 정기 면허분[381] 등록면허세의 과세기준일은 매년 1월 1일이다.

---

380) 납기는 각 지방자치단체의 조례로 정해지는데(지방세법 제35조 제2항), 현재 면허분 등록면허세의 납기는 모두 1월 16일부터 1월 31일까지이다.

381) 면허분 등록면허세는 신규면허를 부여받을 때에 납부하는 것(신고분)과 매년 1월 1일에 갱신되는 것으로 보아 부과하는 간주면허(정기분)가 있다.

당해연도 1월 1일이 지나 면허가 말소된 경우에도 당해연도의 등록면허세의 납세의무가 있으며, 당해연도 1월 1일이 지나 면허의 명의가 변경되는 경우에는 종전의 명의자는 정기분 등록면허세를, 새로운 명의자는 신규 등록면허세를 납부하여야 한다. 등록면허세는 면허의 효력이 존속하는 한 일시적인 휴업 등의 사유가 있을지라도 등록면허세 납세의무를 지는 것이므로 휴업 중에도 매년 1월에 정기분 등록면허세를 납부하여야 한다. 등록면허세의 납세의무는 면허증서를 교부받거나 도달된 때에 납세의무가 발생하는 것이므로 면허증서를 교부받기 전에 면허가 취소된 경우에는 등록면허세 납세의무가 발생하지 아니한다.[382]

나. 비과세

① 국가, 지방자치단체, 지방자치단체조합, 외국정부 및 주한국제기구가 자기를 위하여 받는 면허, ② 면허를 받은 자가 변경되는 경우, 종별 구분이 상위의 종으로 변경되는 경우, 기간이 1년을 초과하는 면허로 매년 1월 1일에 면허가 갱신된 것으로 보는 경우를 제외한 변경 면허, ③ 사업주체의 변경 없이 단순히 대표자의 명의를 변경하는 면허, ④ 의료업을 개설한 자로 보건복지부장관에 따라 공중보건업무에 종사할 것을 명받아 종사하기 위하여 휴업하는 기간 중의 해당 면허와 종사명령기간 중에 개설하는 병원 및 의원의 면허, 동물진료업을 개설한 자로 공수의로 위촉된 수의사의 동물진료업의 면허, ⑤ 총포 또는 총포의 부품이 보관된 경우 그 총포의 소지 면허,[383] ⑥ 매년 1월 1일 현재 관할 세무서장에게 폐업신고를 하고 폐업 중인 해당 업종의 면허, ⑦ 매년 1월 1일 현재 1년 이상 사실상 휴업 중인 사실이 증명되는 해당 업종의 면허, ⑧ 마을 주민의 복지증진 등을 도모하기 위하여 마을 주민만으로 구성된 조직의 주민공동체 재산 운영을 위하여 필요한 면허에 대해서는 등록면허세를 부과하지 아니한다. 다만, 대한민국 정부기관의 면허에 대하여 과세하는 외국정부의 면허, 총포 또는 총포의 부품이 보관된 경우 그 총포의 소지 면허로 같은 과세기간 중에 반환받

---

382) 지방세법 운영 예규 24-2.
383) 지방세법 운영 예규 26-2.

은 기간이 있는 경우는 면허에 대한 등록면허세를 부과한다(지방세법 제26조 제1항, 제2항 제4호, 같은 법 시행령 제40조 제2항).

② 내지 ⑧은 면허의 단순한 표시변경 등으로 등록면허세의 과세가 적합하지 아니한 경우이다.

3. 납세지

영업장 또는 사무소가 있는 면허의 경우에는 영업장 또는 사무소 소재지를, 영업장 또는 사무소가 없는 면허의 경우에는 면허를 받은 자의 주소지를, 납세지가 불분명하거나 국내에 없는 경우에는 면허부여기관 소재지를 각각 면허에 대한 등록면허세의 납세지로 한다(지방세법 제25조 제2항).

4. 세 율

과세표준과 세율의 규정을 두고 그 각각을 곱하여 세액을 산출하는 등록에 대한 등록면허세와 달리, 면허에 대한 등록면허세는 과세표준이 없이 면허의 종류와 내용, 인구규모에 따라 세액을 정하고 있다(지방세법 제34조 제1항).

구분	인구 50만 명 이상 시	그 밖의 시	군
제1종	67,500원	45,000원	27,000원
제2종	54,000원	34,000원	18,000원
제3종	40,500원	22,500원	12,000원
제4종	27,000원	15,000원	9,000원
제5종	18,000원	7,500원	4,500원

* "인구"란 매년 1월 1일 현재 주민등록법에 따라 등록한 주민수를 말한다(지방세법 제34조 제4항).

동일한 행정청의 행위라고 하더라도 해당 처분행위가 등록면허세 과세대상인 둘 이상의 업종에서 면허를 부여받은 경우 각 업종마다 등록면허세를 과세한다.

5. 신고납부 등

가. 신고납부

새로 면허를 받거나 그 면허를 변경받는 자는 면허증서를 발급받거나 송달받기 전까지 납세지(지방세법 제25조 제2항)를 관할하는 지방자치단체의 장에게 등록면허세를 신고하고 납부하여야 한다(지방세법 제35조 제1항).

나. 보통징수

면허의 유효기간이 정하여져 있지 아니하거나 그 기간이 1년을 초과하는 면허에 대하여는 매년 1월 1일에 그 면허가 갱신된 것으로 보아 납세지를 관할하는 해당 지방자치단체의 조례로 정하는 납기에 보통징수의 방법으로 매년 그 등록면허세를 부과한다(지방세법 제35조 제2항 전단).

면허의 유효기간이 1년 이하인 면허에 대하여는 면허를 할 때 한 번만 등록면허세를 부과한다(지방세법 제35조 제2항 후단).[384] 또한 ① 제조·가공 또는 수입의 면허로서 각각 그 품목별로 받는 면허, ② 건축허가 및 그 밖에 이와 유사한 면허로서 매장문화재 발굴 등 대통령령(제51조)으로 정하는 면허는 유효기간에 상관없이 면허를 할 때 한 번만 등록면허세를 부과한다(지방세법 제35조 제3항).

다. 납부의 효력

피상속인이 납부한 등록면허세는 상속인이 납부한 것으로 보고, 합병으로 인하여 소멸한 법인이 납부한 등록면허세는 합병 후 존속하는 법인 또는 합병으로 인하여 설립된 법인이 납부한 것으로 본다(지방세법 제36조).

---

384) 면허의 기간이 2개 연도에 걸치더라도 다시 과세되지 않는다.

제3절 레저세

레저세는 1961년에 국세에서 지방세로 이관하여 세목을 '마권세'로 하고 특별시세·광역시세·시·군세로 하다가, 납세지가 되는 경마장이 과천시로 이전함에 따라 시·군세에서 도세로 이관하여 시행하였다. 1994년 경정·경륜 사업의 실시에 따라 이들도 과세대상에 포함시키기 위하여 세목 명칭을 '경주·마권세'로 변경하여 2001년까지 시행하다가, 2002년부터 '레저세'로 개칭하고 2003년부터 소싸움도 레저세 과세대상에 포함되었다.

I. 과세대상

레저세의 과세대상은 ① 「경륜·경정법」에 따른 경륜 및 경정, ② 「한국마사회법」에 따른 경마, ③ 「전통 소싸움경기에 관한 법률」에 따른 소싸움이다(지방세법 제40조, 같은 법 시행령 제56조).

II. 납세의무자

경륜 및 경정, 경마, 소싸움의 사업을 영위하는 자는 과세대상 사업장과 장외발매소가 있는 자치단체에 각각 레저세를 납부할 의무가 있다(지방세법 제41조). 장외발매소란 경마장 외의 장소에 마권의 발매 등을 처리하기 위해 설치한 시설을 말한다(한국마사회법 제6조 2항).

III. 과세표준 및 세율

레저세의 과세표준은 승자투표권(경륜 또는 경정), 승마투표권(경마), 소싸움경기 투표권(소싸움)의 발매금액의 총액으로 하고, 세율은 10%로 한다(지방세법 제42조).

IV. 신고 및 납부

납세의무자는 승자투표권, 승마투표권 소싸움경기 투표권의 발매일이 속하는 달의 다음 달 10일까지 발매금총액에 10% 세율을 곱하여 산출한 세액을 경륜장 등의 소재지 및 장외발매소의 소재지별로 안분 계산하여 해당 지방자치단체의 장에게 각각 신고하고 납부하여야 한다(지방세법 제43조).

제4절 담배소비세

Ⅰ. 과세대상

담배소비세의 과세대상은 담배이다(지방세법 제48조 제1항). "담배"란 ① 「담배사업법」 제2조에 따른 담배, ② ①과 유사한 것으로서 연초(煙草)의 잎이 아닌 다른 부분을 원료의 전부 또는 일부로 하여 피우거나, 빨거나, 증기로 흡입하거나, 씹거나, 냄새 맡기에 적합한 상태로 제조한 것, ③ 그 밖에 ①과 유사한 것으로서 대통령령으로 정하는 것을 말한다(지방세법 제47조 제1호).

담배는 피우는 담배, 씹는담배, 냄새 맡는 담배, 머금는 담배로 구분할 수 있다(지방세법 제48조 제2항). 피우는 담배는 궐련, 파이프담배, 엽궐련, 각련, 전자담배, 물담배로 세분화 할 수 있다(지방세법 제48조 제2항 제1호, 같은 법 시행령 제60조).

Ⅱ. 납세의무자

담배소비세 납세의무자는 다음과 같다(지방세법 제49조).

1. 제조자

제조자란 「담배사업법」 제11조에 따른 담배제조업허가를 받아 담배를 제조하는 자 및 담배를 판매할 목적으로 제조하는 자를 말한다(지방세법 제47조 제4호). 제조자는 제조장으로부터 반출(搬出)한 담배에 대하여 담배소비세를 납부할 의무가 있다(지방세법 제49조 제1항).

2. 수입판매업자

수입판매업자란 「담배사업법」 제13조에 따라 담배를 수입하여 매도하는 자 및 담배를 수입하여 판매하는 자를 말한다(지방세법 제47조 제6호). 수입판매업자는 보세구역으로부터 반출한 담배에 대하여 담배소비세를 납부할 의무가 있다.

3. 반입한 사람, 수취인

외국으로부터 입국(「남북교류협력에 관한 법률」 제2조 제1호에 따른 출입장소를 이용하여 북한으로부터 들어오는 경우를 포함한다)하는 사람(입국자)의 휴대품·탁송품(託送品)·별송품(別送品)으로 반입하는 담배 또는 외국으로부터 탁송(託送)의 방법으로 국내로 반입하는 담배에 대해서는 그 반입한 사람이 담배소비세를 납부할 의무가 있다. 다만, 입국자 또는 수입판매업자가 아닌 사람이 외국으로부터 우편으로 반입하는 담배에 대해서는 그 수취인이 담배소비세를 납부할 의무가 있다(지방세법 제49조 제3항).

4. 제조자 또는 반입한 사람

위 1. 내지 3.까지의 방법 외의 방법으로 담배를 제조하거나 국내로 반입하는 경우에는 그 제조자 또는 반입한 사람이 담배소비세의 납세의무자가 된다(지방세법 제49조 제4항).

5. 처분을 한 자

지방세법 제54조에 따른 면세담배를 반출한 후 지방세법 제54조 제1항 각 호의 구분에 따른 해당 용도에 사용하지 아니하고 매도, 판매, 소비, 그 밖의 처분을 한 경우에는 그 처분을 한 자가 담배소비세를 납부할 의무가 있다(지방세법 제49조 제5항).

Ⅲ. 납세지

담배소비세의 납세지는 제조장으로부터 반출한 담배, 보세구역으로부터 반출한 담배에 대해서는 담배가 매도된 소매인의 영업장 소재지로 하며(지방세법 제50조 제1항), 담배가 국내로 반입되는 경우에는 세관 소재지로 한다(지방세법 제50조 제2항).

담배를 제조한 경우에는 담배를 제조한 장소, 담배를 국내로 반입하는 경우에는 국내로 반입하는 자의 주소지(법인의 경우에는 본점이나 주사무소 소재지)가 납세지가 된다(지방세법 제50조 제3항). 지방세법 제49조 제5항의 경우[385] 담배소비세의 납세지는 같은 항에 따른 처분을 한 자의 영업장 소재지로 하되, 영업장 소재지가 분명하지 아니한 경우에는 그 처분을 한 장소로 한다(지방세법 제50조 제4항).

Ⅳ. 과세표준 및 세율

1. 과세표준

담배소비세의 과세표준은 담배의 개비수, 중량 또는 니코틴 용액의 용량으로 한다(지방세법 제51조). 개비수란 궐련형은 20개비, 중량은 1그램당, 니코틴 용액의 경우에는 1밀리리터이다.

2. 세 율

담배소비세의 세율은 담배의 종류에 따라 각각 달리 규정하고 있으며(지방세법 제52조 제1항), 100분의 30의 범위에서 대통령령으로 가감하여 조정할 수 있다(지방세법 제52조 제2항). 조정세율도 담배의 종류마다 각각 달리 규정하고 있다(지방세법 시행령 제61조).

Ⅴ. 미납세 반출 및 과세면제

1. 미납세 반출

(1) 담배 공급의 편의를 위하여 제조장 또는 보세구역에서 반출하는 것으로서 ① 담배를 제조장에서 다른 제조장으로 반출하는 것, ② 외국물품인 담배를 보세구역에서 다른 보세구역으로 반출하는 것, (2) 담배를 다른 담배의 원료로 사용하기 위하여 반출하는 것, (3) 그 밖에 ① 제조장을 이전하기 위하여 담배를 반출하는 것, ② 수출할 담배를 제조장으로부터 다른 장소에 반출하는 것, ③ 담배를 폐기하기 위하여 제조장 또는 수입판매업자의 담배보관장소로부터 폐기

---

[385] 제54조에 따른 면세담배를 반출한 후 제54조 제1항 각 호의 구분에 따른 해당 용도에 사용하지 아니하고 매도, 판매, 소비, 그 밖의 처분을 한 경우.

장소로 반출하는 것에 해당하는 담배에 대하여는 담배소비세를 징수하지 아니한다(지방세법 제53조 제1항, 같은 법 시행령 제62조).

제조장(보세구역)에서 제조장(보세구역)으로 반입된 담배에 대해서는 그 반입장소를 제조장 또는 보세구역으로 보고, 반입자를 제조자 또는 수입판매업자로 보아 담배소비세의 부과 또는 면제에 관한 규정을 적용한다(지방세법 제53조 제2항). 이는 담배 재반입시 다른 법령상의 미납세반출 제도와 통일성을 기하기 위함이다.

2. 과세면제

제조자 또는 수입판매업자가 ① 수출, ② 주한외국군의 관할 구역에서 주한외국군의 군인, 외국 국적을 가진 민간인으로서 주한외국군대에서 근무하는 사람, 위에 해당하는 사람의 가족에 대한 판매, ③ 보세구역에서의 판매, ④ 외항선 또는 원양어선의 선원에 대한 판매, ⑤ 국제항로에 취항하는 항공기 또는 여객선의 승객에 대한 판매, ⑥ 시험분석 또는 연구용, ⑦ 「남북교류협력에 관한 법률」 제13조에 따라 반출승인을 받은 담배로서 북한지역에서 취업 중인 근로자 및 북한지역 관광객에게 판매하는 담배, ⑧ 대통령령(제63조)으로 정하는 용도에 제공하는 경우에는 담배소비세를 면제한다(지방세법 제54조 제1항).

입국자가 반입하는 담배로서 대통령령(제64조)으로 정하는 범위의 담배에 대해서는 담배소비세를 면제한다(지방세법 제54조 제2항).

우리나라에서 수출된 담배가 포장 또는 품질의 불량, 판매부진, 그 밖의 부득이한 사유로 다시 수입되어 제조장 또는 수입판매업자의 담배보관장소로 반입할 목적으로 보세구역으로부터 반출된 경우에는 담배소비세를 면제한다(지방세법 제54조 제3항).

Ⅵ. 신고납부 및 수시부과

1. 신고납부

제조자는 매월 1일부터 말일까지 제조장에서 반출한 담배에 대한 산출세액을 대통령령(제69조 제1항)으로 정하는 안분 기준에 따라 다음 달 20일까지 각 지방자치단체의 장에게 신고납부하여야 한다(지방세법 제60조 제1항).

수입판매업자는 매월 1일부터 말일까지 보세구역에서 반출한 담배에 대한 산출세액을 다음 달 20일까지 대통령령(제69조 제2항)으로 정하는 바에 따라 각 지방자치단체의 장에게 신고납부하여야 한다(지방세법 제60조 제2항).

지방세법 제49조 제3항에 따른 납세의무자는 세관장에게 대통령령(제69조 제4항)으로 정하는 바에 따라 담배소비세를 신고하고 납부하여야 한다(지방세법 제60조 제5항).

2. 수시부과

지방자치단체의 장은 ① 제조자 · 수입판매업자인 납세의무자(지방세법 제49조 제1항 및 제2항)가 사업 부진이나 그 밖의 사유로 휴업 또는 폐업의 상태에 있는 경우, ② 제61조에 따라 담배소비세를 징수하는 경우(부족세액의 추징)에는 관계 증거자료에 따라 수시로 그 세액을 결정하여 부과 · 징수할 수 있다(지방세법 제62조).

3. 특별징수

제61조 제1항 제4호 · 제5호 또는 같은 조 제2항 제3호 · 제5호의 위반행위를 한 제조자 또는 수입판매업자에 대하여 세액을 부과 · 징수하는 경우에는 제62조 제1항 제2호에도 불구하고 해당 제조자 또는 수입판매업자의 주소지(법인의 경우에는 본점 또는 주사무소 소재지)를 관할하는 지방자치단체의 장이 대통령령으로 정하는 바에 따라 세액을 부과 · 징수하여야 한다. 이 경우 지방자치단체의 장을 각 지방자치단체가 부과 · 징수할 담배소비세의 특별징수의무자로 한다(지방세법 제62조의2 제1항).

제5절 지방소비세

2009. 12. 31. 지방자치단체의 자주세원의 확보와 자치단체의 재정지출을 통한 지역경제 활성화에 따른 세원확충 효과가 자치단체 세입으로 연결되는 지방재정의 선순환 구조의 기틀을 마련하기 위하여 지방소득세와 함께 지방소비세가 신설되었다. 시·도세이며 보통세이다.

Ⅰ. 과세대상

지방소비세의 과세대상은 ① 사업자[386]가 행하는 재화 또는 용역의 공급,[387] ② 재화의 수입이다(지방세법 제65조, 부가가치세법 제4조).

Ⅱ. 납세의무자

지방소비세의 납세의무자는 부가가치세를 납부하여야 하는 자이다(지방세법 제66조). 부가가치세의 납세의무자는 ① 사업자나 ② 재화를 수입하는 자이다(부가가치세법 제3조).

부가가치세 납세의무자는 직접 지방소비세를 지방자치단체에 납부하는 것이 아니라 세무서장 또는 세관장에게 납부하면 된다. 세무서장 또는 세관장이 부가가치세와 지방소비세를 함께 징수한 후 납입관리자에게 납입한다(지방세법 제71조 참조).

---

386) "사업자"란 사업 목적이 영리이든 비영리이든 관계없이 사업상 독립적으로 재화 또는 용역을 공급하는 자를 말한다(부가가치세법 제2조 제3호).
387) 재화의 공급은 계약상 또는 법률상의 모든 원인에 따라 재화를 인도하거나 양도하는 것으로 한다(부가가치세법 제9조 제1항). 용역의 공급은 계약상 또는 법률상의 모든 원인에 따른 것으로서 ① 역무를 제공하는 것이나 ② 시설물, 권리 등 재화를 사용하게 하는 것에 해당하는 것으로 한다(부가가치세법 제11조 제1항).

III. 납세지, 특별징수의무자 및 납입

1. 납세지

납세지는 각 사업장의 소재지로 한다(지방세법 제67조, 부가가치세법 제6조).

2. 특별징수의무자

납세지를 관할하는 세무서장 또는 부가가치세법 제58조 제2항에 따라 재화의 수입에 대한 부가가치세를 징수하는 세관장을 지방소비세의 특별징수의무자로 한다(지방세법 제68조).

지방소비세의 과세관청은 특별시장, 특별자치시장, 특별자치도지사, 광역시장, 도지사이지만, 지방소비세의 징수는 세무서장이나 세관장이 하고 있다. 특별징수의무자는 납세자가 지불하는 세금을 받아 지방자치단체에 납입하는데 불과한 것이 아니라 지방자치단체를 대신하여 적극적으로 세금을 징수하고 지방자치단체에 스스로의 책임으로 납부하여야 할 의무를 지고 있는 것이다.

3. 납 입

특별징수의무자는 징수한 지방소비세를 다음 달 20일까지 관할구역의 인구 등을 고려하여 대통령령으로 정하는 특별시장·광역시장·특별자치시장·도지사 또는 특별자치도지사(납입관리자)에게 행정안전부령으로 정하는 징수명세서와 함께 납입하여야 한다(지방세법 제70조 제1항). 특별징수의무자가 징수한 지방소비세를 납입하는 경우 납입업무의 효율적 처리를 위하여 국세청장을 통하여 납입관리자에게 일괄 납입할 수 있다(지방세법 시행령 제74조). 일괄 납입이란 각 세무서장 또는 세관장이 납입할 지방소비세를 국세청장이 납입관리자에게 일괄 정산한 후 납입하는 것을 말한다.[388]

납입관리자는 위와 같이 납입된 지방소비세를 일정한 기준에 따라[389] 특별시

---

388) 지방세법 운영 예규 71…시행령 74 - 1.
389) 안분기준
　　(지역별 소비지출에 따른 부분 5%분) 지역별 소비지출 등을 고려하여 대통령령으로 정하는 바에 따라 특별시장·광역시장·특별자치시장·도지사 및 특별자치도지사에게 안분하

장·광역시장·특별자치시장·도지사 또는 특별자치도지사나 지방자치단체의 장과 교육감 등에게 대통령령으로 정하는 기간 이내에 납입하여야 한다(지방세법 제71조 제3항).

Ⅳ. 과세표준 및 세액

1. 과세표준

지방소비세의 과세표준은 부가가치세의 납부세액에서 부가가치세의 감면세액 및 공제세액을 빼고 가산세를 더하여 계산한 세액으로 한다(지방세법 제69조 제1항).

2. 세액

지방소비세의 세액은 과세표준의 25.3%이다(지방세법 제69조 제2항).[390]

Ⅴ. 신고 및 납부 등

부가가치세와 지방소비세의 신고·납부·경정 및 환급은 일괄 처리된다(지방세법 제70조 제1항). 지방소비세 해당분은 앞에서 본 바와 같이 특별징수의무자가 안분방식에 의하여 시·도에 납입한다.

지방소비세는 국세기본법에 따른 부가가치세의 납세의무가 성립하는 때에 성립한다. 그리고 부가가치세는 신고납부하는 세금이므로 신고납부하는 때에 확정

여 납입

(취득세 감소분 등에 따라 배분하는 부분 6%분) 법률 제12118호 지방세법 일부개정법률 제11조 제1항 제8호의 개정규정에 따라 감소되는 취득세, 지방교육세, 지방교부세, 지방교육재정교부금 등을 보전하기 위하여 대통령령으로 정하는 바에 따라 지방자치단체의 장과 특별시·광역시·특별자치시·도 및 특별자치도의 교육감에게 안분하여 납입

(국고보조금의 지방사업 전환과 연계한 인상분 10%분) 지역별 소비지출에 따른 부분(5%분) 및 취득세 감소분 등에 따라 배분하는 부분(6%분)을 제외한 부분에 대한 안분방식 규정. 국가보조사업 전환 보전에 따라 시·도 전환사업 보전금액에서 시·도의 비중을 적용하여 산출

390) 2013년까지는 5%, 2014년에는 8%, 2015년~2018년 11%, 2019년 15%, 2020년 및 2021년 21%, 2022년부터는 25.3%이다. 다만 지방세법 제69조 제2항에도 불구하고 2022년 지방소비세액은 지방세법 제69조 제1항의 과세표준에 23.7%를 적용하였다(부칙 제4조).

이 된다. 부가가치세법에 따라 부가가치세를 신고·납부한 경우에는 지방소비세도 신고·납부한 것으로 본다(지방세법 제70조 제2항).

Ⅵ. 부과·징수 등의 특례

지방소비세의 부과·징수 및 불복절차 등에 관하여는 국세(부가가치세)의 예에 따른다. 이 경우 특별징수의무자(지방세법 제68조)를 처분청으로 본다(지방세법 제72조). 구체적으로 특별징수의무자가 있는 세무관서를 처분청으로 한다.

제6절 주민세

Ⅰ. 통 칙

1. 주민세의 유형

주민세는 개인분, 사업소분, 종업원분으로 구분된다.[391]

주민세 개인분은 지방자치단체에 주소를 둔 개인에 대하여 부과하는 것을 말한다(지방세법 제74조 제1호).

주민세 사업소분은 지방자치단체에 소재한 사업소 및 그 연면적을 과세표준으로 하여 부과하는 것을 말한다(지방세법 제74조 제2호). 여기서 사업소란 근로를 제공하는 인적 및 물적 설비를 갖추고 계속하여 사업 또는 사무가 이루어지는 장소를 말한다(지방세법 제74조 제4호). 인적설비란 그 계약형태나 형식에 불구하고 당해 장소에서 그 사업에 종사 또는 근로를 제공하는 자를 말한다. 물적설비란 허가와 관계없이 현실적으로 사업이 이루어지고 있는 건축물 기계장치 등이 있고, 이러한 설비들이 지상에 고착되어 현실적으로 사무·사업에 이용되는 것을 말한다.[392] '계속'의 의미는 최소한 1개월 이상의 기간 동안 지속되는 것을 말한

---

391) 균등분, 재산분 및 종업원분으로 구분하고 있던 주민세 과세체계를 2021년 1월 1일부터 개인분, 사업소분 및 종업원분으로 개편하고, 종전에 지방자치단체에 사업소를 둔 법인 및 개인에 대하여 부과하던 균등분의 내용을 사업소분으로 이관하여 규정하였다.

다.[393)] 독립된 사업소인지 여부는 장소의 인접성, 각 설비의 사용관계, 사업 상호간의 관련성, 사업수행 방법, 사업조직의 횡적·종적 구조와 종업원에 대한 감독구조 등 실질 내용에 관한 제반 사정을 종합하여 판단하여야 한다.[394)] 사업소 연면적은 「건축법」 제2조 제1항 제2호에 따른 건축물연면적, 기계장치 또는 저장시설의 수평투영면적을 합한 면적이다(지방세법 제74조 제6호, 같은 법 시행령 제78조).

주민세 종업원분이란 지방자치단체에 소재한 사업소 종업원의 급여총액을 과세표준으로 하여 부과하는 주민세를 말한다(지방세법 제74조 제3호). 종업원의 급여총액이란 사업소의 종업원에게 지급하는 봉급, 임금, 상여금 및 이에 준하는 성질을 가지는 급여로서 대통령령으로 정하는 것을 말한다(지방세법 제74조 제7호, 같은 법 시행령 제78조의2). 종업원이란 사업소에 근무하거나 사업소로부터 급여를 지급받는 임직원, 그 밖의 종사자로서 대통령령으로 정하는 사람을 말한다(지방세법 제74조 제8호, 같은 법 시행령 제78조의3).

| 과세기준일(납세의무 성립일) 및 납기 |

구분	과세기준일(납세의무 성립일)	납 기	납부방법
개인분	7. 1.	8. 16. ~ 8. 31.	보통징수
사업소분	7. 1.	8. 1. ~ 8. 31.	신고납부
종업원분	종업원에게 급여를 지급하는 때	급여지급일 다음달 10일	

---

392) 지방세법 운영 예규 74-1.

393) 지방세법 운영 예규 74-2.

394) 동일 건물 내 또는 인접한 장소에 동일 사업주에 속하기는 하나 그 기능과 조직을 달리하는 2개 이상의 사업장이 있는 경우, 그 각각의 사업장을 별개의 사업소로 볼 것인지 여부는 그 각 사업장의 인적·물적 설비에 독립성이 인정되어 각기 별개의 사업소로 볼 수 있을 정도로 사업 또는 사무 부문이 독립되어 있는지 여부에 의해 가려져야 하고, 이는 건물의 간판이나 사무소의 표지 등과 같은 단순히 형식적으로 나타나는 사업장의 외관보다는 사업소의 목적, 장소적 인접성과 각 설비의 사용관계, 사업 상호간의 관련성과 사업수행방법, 사업조직의 횡적·종적 구조와 종업원에 대한 감독 구조 등 실질 내용에 관한 제반 사정을 종합하여 판단하여야 한다(대법원 2018. 4. 26. 선고 2016두52562 판결, 대법원 2008. 10. 9. 선고 2008두10188 판결 등 참조).

2. 납세의무자 및 비과세

가. 납세의무자

(1) 주민세 개인분

개인분 주민세의 납세의무자는 과세기준일(매년 7월 1일)[395] 현재 지방자치단체에 주소(외국인의 경우에는 「출입국관리법」에 따른 체류지를 말한다)를 둔 개인이다. 다만, 다음의 어느 하나에 해당하는 자는 제외한다(지방세법 제75조 제1항).

① 「국민기초생활 보장법」에 따른 수급자

② 「민법」에 따른 미성년자(그 미성년자가 미성년자가 아닌 자와 「주민등록법」상 같은 세대를 구성하고 있는 경우는 제외한다)

③ 「주민등록법」에 따른 세대원 및 이에 준하는 개인으로서 대통령령(제79조 제1항)으로 정하는 자

④ 「출입국관리법」 제31조에 따른 외국인등록을 한 날부터 1년이 경과되지 아니한 외국인

(2) 주민세 사업소분

주민세 사업소분 납세의무자는 과세기준일(7월 1일) 현재 아래의 어느 하나에 해당하는 사업주(과세기준일 현재 1년 이상 계속하여 휴업하고 있는 자는 제외한다)로 한다(지방세법 제75조 제2항 본문).[396] 사업주란 지방자치단체에 사업소를 둔 자를 말한다(지방세법 제74조 제5호).

(가) 지방자치단체에 대통령령(제79조 제2항)으로 정하는 일정한 규모 이상의 사업소를 둔 개인. "대통령령으로 정하는 일정한 규모 이상의 사업소를 둔 개인"이란 사업소를 둔 개인 중 직전 연도의 「부가가치세법」에 따른 부가가치세 과세표준액(부가가치세 면세사업자의 경우에는 「소득세법」에 따른 총수입금액을 말한다)이 4천800만 원 이상인 개인으로서 ① 담배소매인, ②

---

395) 지방세법 제79조 제2항.

396) 다만, 사업소용 건축물의 소유자와 사업주가 다른 경우에는 대통령령(제80조)으로 정하는 바에 따라 건축물의 소유자에게 제2차 납세의무를 지울 수 있다(지방세법 제75조 제2항 단서).

연탄 · 양곡소매인, ③ 노점상인, ④ 「유아교육법」 제2조 제2호에 따른 유치원의 경영자에 해당하지 않는 사람을 말한다(지방세법 시행령 제79조 제2항 본문).

개인과 사업소를 둔 개인은 적용 세율에 있어 차이가 있다.

(나) 지방자치단체에 사업소를 둔 법인(법인세의 과세대상이 되는 법인격 없는 사단 · 재단 및 단체를 포함한다)

(3) 주민세 종업원분

종업원분 주민세의 납세의무자는 종업원에게 급여를 지급하는 사업주로 한다(지방세법 제75조 제3항).

나. 비과세

① 국가기관, 지방자치단체 및 지방자치단체조합, ② 주한외국정부기관 · 주한국제기구 · 「외국 민간원조단체에 관한 법률」에 따른 외국 민간원조단체 및 주한외국정부기관 · 주한국제기구에 근무하는 외국인은 주민세를 부과하지 아니한다. 다만, 대한민국의 정부기관 · 국제기구 또는 그 기관에 근무하는 대한민국의 국민에게 주민세와 동일한 성격의 조세를 부과하는 국가와 그 국적을 가진 외국인 및 그 국가의 정부 또는 원조단체의 재산에 대하여는 주민세를 부과한다(지방세법 제77조 제1항).

앞{위 가.(1)}에서 본 바와 같이 ① 「국민기초생활 보장법」에 따른 수급자, ② 「민법」에 따른 미성년자(그 미성년자가 미성년자가 아닌 자와 「주민등록법」상 같은 세대를 구성하고 있는 경우는 제외한다), ③ 「주민등록법」에 따른 세대원 및 이에 준하는 개인으로서 대통령령(제79조 제1항)으로 정하는 자, ④ 「출입국관리법」 제31조에 따른 외국인등록을 한 날부터 1년이 경과되지 아니한 외국인에 대하여는 주민세 개인분을 부과하지 아니한다(지방세법 제75조 제1항 제1호 단서).

3. 납세지

개인분의 납세지는 과세기준일(7월 1일) 현재 주소지를 관할하는 지방자치단체에서 부과한다(지방세법 제76조 제1항, 제79조 제2항).

사업소분의 납세지는 과세기준일(7월 1일) 현재 각 사업소 소재지를 관할하는 지방자치단체에서 사업소별로 각각 부과한다(지방세법 제76조 제2항, 제83조 제2항). 사업소용 건축물이 2개 이상의 지방자치단체에 걸쳐 있는 경우에는 그 건축물의 면적에 따라 안분한다(지방세법 시행령 제81조 제1항).

종업원분의 납세지는 급여를 지급한 날 현재의 사업소 소재지(사업을 폐업하는 경우에는 폐업하는 날 현재의 사업소 소재지를 말한다)를 관할하는 지방자치단체에서 사업소별로 각각 부과하며, 월 2회 이상 급여를 지급하는 경우에는 마지막으로 급여를 지급한 날 현재의 사업소 소재지를 납세지로 한다(지방세법 제76조 제3항). 2개 이상 지방자치단체에 걸쳐 있는 사업소의 경우 납세구분이 곤란할 때에는 종업원분의 총액을 주민세 사업소분의 안분비율에 따라 안분한다(지방세법 시행령 제81조 제2항).

Ⅱ. 개인분 주민세

1. 세 율

개인균등분의 세율은 지방자치단체의 장이 10,000원을 초과하지 아니하는 범위에서 조례로 정한다(지방세법 제78조).

2. 징수방법 : 보통징수방법

주민세 개인분은 매년 7월 1일 기준으로 지방자치단체에서 부과 고지하고(보통징수방법) 납부기한을 8월 16일부터 8월 31일까지로 한다(지방세법 제79조).

Ⅲ. 사업소분 주민세

1. 과세표준

주민세 사업소분의 과세표준은 과세기준일(매년 7월 1일) 현재의 사업소 및 그 연면적으로 한다(지방세법 제80조, 제83조 제2항). 사업소에 사용되어지는 건축물, 시설물 등이 이에 해당한다. 건축물의 연면적 중 1제곱미터 미만은 계산하지 아니한다(지방세법 시행령 제82조).

2. 세 율

사업소분의 세율을 기본세율과 사업소의 연면적에 대한 세율로 나누어 규정하고, 법인에 대하여 자본금액 또는 출자금액에 따라 적용되는 기본세율의 상한은 20만 원이다.

가. 표준세율

(1) 기본세율(지방세법 제81조 제1항 제1호)

(가) 사업주가 개인인 사업소 : 5만 원

(나) 사업주가 법인인 사업소

① 자본금액 또는 출자금액이 30억 원 이하인 법인 : 5만 원

② 자본금액 또는 출자금액이 30억 원 초과 50억 원 이하인 법인 : 10만 원

③ 자본금액 또는 출자금액이 50억 원을 초과하는 법인 : 20만 원

④ 그 밖의 법인 : 5만 원

자본금액 또는 출자금액이라 함은 당해 법인의 법인등기부상의 납입자본금 또는 출자금을 적용한다. 다만, 자본금이나 출자금이 없는 법인은 그 밖의 법인으로 분류된다.[397]

(2) 오염물질 배출사업소를 제외한 사업소의 연면적에 대한 세율

(지방세법 제81조 제1항 제2호 본문)

사업소 연면적 1제곱미터당 250원

(3) 표준세율의 조정

지방자치단체의 장은 조례로 정하는 바에 따라 표준세율을 100분의 50의

---

397) 지방세법 운영 예규 78-1.

범위에서 가감할 수 있다(지방세법 제81조 제2항).

나. 오염물질 배출사업소의 연면적에 대한 세율
(지방세법 제81조 제1항 제2호 단서)

폐수 또는 「폐기물관리법」 제2조 제3호에 따른 사업장폐기물 등을 배출하는 사업소로서 대통령령(제83조)으로 정하는 오염물질 배출사업소에 대해서는 1제곱미터당 500원으로 한다.

다. 세액계산

사업소분의 세액은 표준세율(위 <가.>)과 오염물질 배출사업소의 세율(위 <나.>)에 따라 각각 산출한 세액을 합산한 금액으로 한다(지방세법 제82조 본문).

다만 해당 사업소의 연면적이 330제곱미터 이하인 경우에는 연면적에 대한 세율에 따른 사업소분을 부과하지 아니한다(지방세법 제82조 단서). '사업소의 연면적이 330제곱미터 이하'라 함은 사업소 전체면적에서 지방세법 시행령 제78조 제1항 제1호에 규정된 「과세대상에서 제외되는 건물」 면적을 차감한 면적이 330제곱미터 이하인 경우를 말한다.[398] 앞에서 본 바와 같이 부가가치세 과세표준액(또는 총수입금액)이 4,800만 원 미만인 개인사업자(사업소를 둔 개인)는 사업소분 주민세를 납부하지 않는다.

3. 징수방법과 납기

가. 신고납부방법

사업소분의 징수는 신고납부의 방법으로 한다(지방세법 제83조 제1항). 사업소분의 과세기준일은 7월 1일로 한다(지방세법 제83조 제2항). 사업소분의 납세의무자는 매년 납부할 세액을 8월 1일부터 8월 31일까지를 납기로 하여 납세지를 관할하는 지방자치단체의 장에게 대통령령으로 정하는 바에 따라 신고하고 납부하여야 한다. 신고서에는 건축물의 연면적, 세액, 그 밖의 필요한 사항을 적은 명세

---

398) 지방세법 운영 예규 82-1.

서를 첨부하여야 한다(지방세법 제83조 제3항, 같은 법 시행령 제84조 제1항).

한편 납세지 관할 지방자치단체의 장은 사업소분의 납세의무자에게 행정안전부령으로 정하는 납부서를 발송할 수 있다. 납부서를 받은 납세의무자가 납부서에 기재된 세액을 8월 1일부터 8월 31일까지 납부한 경우에는 신고납부한 것으로 본다(지방세법 제83조 제4항, 제5항).

나. 보통징수방법

사업소분을 신고납부하지 아니하면 위 <2.다.>에서 산출한 세액 또는 그 부족세액에 「지방세기본법」 제53조부터 제55조까지의 규정에 따라 산출한 가산세를 합한 금액을 세액으로 부과고지한다(지방세법 제83조 제6항).

Ⅳ. 종업원분 주민세

1. 과세표준

주민세 종업원분의 과세표준은 종업원에게 지급한 그 달의 급여총액으로 한다(지방세법 제84조의2).

2. 세 율

주민세 종업원분의 세율은 표준세율로서 종업원의 급여 총액의 0.5%이며, 지방자치단체의 장은 조례로 표준세율의 100분의 50 범위에서 가감할 수 있다(지방세법 제84조의3).

3. 면세점

종업원에게 급여를 지급하는 달을 포함하여 최근 1년간 해당 사업소 종업원 급여총액의 월평균금액이 1억 5천만 원 이하인 경우에는 종업원분을 과세하지 않는다(지방세법 제84조의4, 같은 법 시행령 제85조의2).

급여총액의 월평균금액은 최근 12개월간 해당 사업소의 종업원에게 지급한 급여총액을 해당 개월 수로 나눈 금액을 기준으로 한다. 개업 또는 휴·폐업 등으로 영업한 날이 15일 미만인 달의 급여총액과 그 개월 수는 종업원 급여총액의 월평균금액 산정에서 제외한다(지방세법 시행령 제85조의2 제1항).

　종업원 급여총액의 월평균금액은 납세의무 성립일이 속하는 달을 포함하여 최근 12개월간의 급여 총액의 월평균금액이므로 면세 기준은 매월 계산해야 한다.

4. 중소기업 고용지원

　「중소기업기본법」 제2조에 따른 중소기업의 사업주가 종업원을 추가로 고용한 경우(해당 월의 종업원 수가 50명을 초과하는 경우만 해당한다)에는 다음의 계산식에 따라 산출한 금액을 종업원분의 과세표준에서 공제한다. 이 경우 직전 연도의 월평균 종업원 수가 50명 이하인 경우에는 50명으로 간주하여 산출한다(지방세법 제84조의5 제1항).

> 공제액 = (신고한 달의 종업원 수 － 직전 연도의 월평균 종업원 수) × 월 적용급여액

5. 징수방법과 납기

가. 신고납부방법

　종업원분의 징수는 신고납부의 방법으로 한다. 종업원분의 납세의무자는 매월 납부할 세액을 다음달 10일까지 납세지를 관할하는 지방자치단체의 장에게 신고하고 납부하여야 한다(지방세법 제84조의6 제1항, 제2항).

나. 보통징수방법

　종업원분의 납세의무자가 신고납부를 하지 않으면 정당하게 산출한 세액 또는 그 부족액에 가산세(지방세기본법 제53조부터 제55조)를 합하여 부과 고지하여 징수한다(지방세법 제84조의6).

제7절 지방소득세

지방소득세는 외형적으로는 국세인 소득세와 법인세로부터 독립되어 있지만, 실질적으로 소득세와 법인세에 연동되어 있다. 과세대상, 납세의무자, 과세표준, 납세지 등에서 소득세와 법인세의 그것과 같다.

Ⅰ. 과세대상

지방소득세의 과세대상은 개인지방소득과 법인지방소득이다.

개인지방소득이란 「소득세법」 제3조 및 제4조에 따른 거주자 또는 비거주자의 소득을 말한다(지방세법 제85조 제1항 제1호). 법인지방소득이란 「법인세법」 제4조에 따른 내국법인 또는 외국법인의 소득을 말한다(지방세법 제85조 제1항 제2호). 구체적으로 개인지방소득은 종합소득(이자·배당·사업·근로·연금·기타소득), 퇴직소득, 금융투자소득,[399] 양도소득으로, 법인지방소득은 각 사업연도소득, 청산소득, 토지 등 양도소득, 미환류소득(조세특례제한법 제100조의32)[400]으로 구분된다(지방세법 제87조).

거주자, 내국법인은 국내·외 모든 소득에 대하여 과세하지만, 비거주자, 외국법인은 국내원천소득만 과세대상이다(소득세법 제119조, 법인세법 제93조 참조).

Ⅱ. 납세의무자

소득세 및 법인세의 납세의무가 있는 자(개인 및 법인)는 지방소득세를 납부할 의무가 있다. 지방소득세 납부의무의 범위는 「소득세법」과 「법인세법」에서 정하는 바에 따른다(지방세법 제86조). 비거주자와 외국법인을 모두 포함한다.

「소득세법」, 「법인세법」 및 「조세특례제한법」에 따라 소득세 또는 법인세가 비과세되는 소득에 대하여는 지방소득세를 과세하지 아니한다(지방세법 제90조).

---

399) 금융투자소득에 대한 것은 2025. 1. 1.부터 적용한다. 이하 같다.
400) 내국법인인 대기업의 사내유보금을 시장에 유통시켜 경기를 활성화시키고자 투자, 임금 등으로 환류하지 아니한 소득(이를 '미환류소득'이라 한다)에 대하여 법인세를 과세한다. 현재는 투자·상생협력 촉진세제로 운영되고 있다.

Ⅲ. 과세기간 및 사업연도

개인지방소득세의 과세기간은 원칙적으로 매년 1월 1일부터 12월 31일까지이다. 거주자가 사망한 경우에는 1월 1일부터 사망한 날까지이고, 거주자가 주소 또는 거소를 국외로 이전(출국)하여 비거주자가 되는 경우에는 1월 1일부터 출국한 날까지이다(지방세법 제88조 제1항, 소득세법 제5조).

법인지방소득세의 과세기간은 법령이나 법인의 정관 등에서 정하는 1회계기간(사업연도)이다(지방세법 제88호 제2항, 법인세법 제6조 내지 제8조). 1회계기간은 1년을 초과하지 못한다.

Ⅳ. 납세지

개인지방소득세의 납세지는 지방세기본법 제34조에 따른 납세의무 성립 당시의 「소득세법」 제6조 및 제7조에 따른 납세지이다(지방세법 제89조 제1항).

법인지방소득세의 납세지는 사업연도 종료일 현재의 법인세법 제9조에 따른 납세지이다. 다만, 법인 또는 연결법인이 둘 이상의 지방자치단체에 사업장이 있는 경우에는 각각의 사업장 소재지를 납세지로 한다(지방세법 제89조 제2항).

Ⅴ. 과세표준 및 세율

1. 거주자(개인지방소득세)[401]

거주자의 종합소득, 퇴직소득 및 양도소득에 대한 개인지방소득세 과세표준은 소득세법에 따라 계산한 소득세의 과세표준(조세특례제한법 및 다른 법률에 따라 과세표준 산정과 관련된 조세감면 또는 중과세 등의 조세특례가 적용되는 경우에는 이에 따라 계산한 소득세의 과세표준)과 동일한 금액으로 한다(지방세법 제91조, 제103조 제2항). 종합소득, 퇴직소득, 금융투자소득 및 양도소득에 대한 개인지방소득세는 각각 구분하여 계산한다(지방세법 제91조, 제93조, 제102조의2 제1항, 제103조 제1항).

종합소득 및 퇴직소득, 금융투자소득에 대한 표준세율은 누진세율이 적용된다

---

401) 비거주자의 소득에 대한 개인지방소득세에 관하여는 지방세법 제103조의10 내지 제103조의12에 규정되어 있다.

(지방세법 제92조 제1항, 제4항, 제102조의3 제1항). 양도소득에 대한 표준세율은 각 자산별로 누진세율 또는 비례세율이 적용된다(지방세법 제103조의3 제1항 내지 제3항). 지방자치단체의 장은 조례로 정하는 바에 따라 표준세율의 100분의 50의 범위에서 가감할 수 있다(지방세법 제92조 제2항, 제102조의3 제2항, 제103조의3 제4항).

2. 내국법인(법인지방소득세)[402]

내국법인의 각 사업연도의 소득에 대한 법인지방소득세의 과세표준은 법인세법(제13조)에 따라 계산한 법인세의 과세표준(조세특례제한법 및 다른 법률에 따라 과세표준 산정과 관련된 조세감면 또는 중과세 등의 조세특례가 적용되는 경우에는 이에 따라 계산한 법인세의 과세표준)과 동일한 금액으로 한다(지방세법 제103조의19).

법인지방소득세의 표준세율은 누진세율이 적용되고, 지방자치단체의 장은 조례로 정하는 바에 따라 각 사업연도의 소득에 대한 법인지방소득세의 세율을 표준세율의 100분의 50의 범위에서 가감할 수 있다(지방세법 제103조의20).

Ⅵ. 과세표준 및 세액의 확정신고와 납부, 수정신고 등, 수시부과 및 특별징수

1. 과세표준 및 세액의 확정신고와 납부[403]

가. 거주자

(1) 종합소득이나 퇴직소득에 대한 개인지방소득세의 과세표준과 세액은 과세기간의 다음연도 5월 1일부터 5월 31일까지 납세지 관할 지방자치단체의 장에게 확정신고·납부하여야 한다(지방세법 제95조 제1항 전문).

(2) 양도소득에 대한 개인지방소득세의 과세표준과 세액은 양도소득세 신고기한(다음연도 5월 1일부터 5월 31일까지)에 2개월을 더한 날까지 납세지 관할 지

---

402) 외국법인의 각 사업연도의 소득에 대한 법인지방소득세에 관하여는 지방세법 제103조의21 내지 제103조의52에 규정되어 있다.

403) 이외 수정신고·납부, 결정과 경정, 수시부과, 가산세, 징수와 환급 등 부과·징수에 관한 사항은 기본적으로 소득세법 및 법인세법과 동일한다(지방세기본법 제95조 내지 제101조, 제103조의7 내지 제103조의9, 제103조의23 내지 제103조의27).

방자치단체의 장에게 확정신고·납부하여야 한다(지방세법 제103조의7 제1항 전문). 양도소득에 대한 예정신고[404]를 한 자는 확정신고를 하지 아니할 수 있다(지방세법 제103조의7 제3항).

(3) 금융투자소득에 대한 개인지방소득세의 과세표준과 세액은 국세인 금융투자소득세의 예정·확정신고 기간에 2개월을 더한 기간 내에 개인지방소득세를 예정·확정신고·납부하여야 한다(지방세법 제102조의6 제1항 전문, 제102조의7 제1항 전문).

(4) 개인지방소득세의 경우 납세지 관할 지방자치단체의 장 이외의 지방자치단체의 장에게 신고·납부하여도 효력에 영향이 없다(지방세법 제95조 제1항 후문, 제102조의6 제1항 후문, 제102조의7 제1항 후문, 제103조의7 제1항 후문). 무관할 신고제도가 도입되어 납세지 관할 지방자치단체에 관계없이 모든 지방자치단체에서 신고·경정청구가 가능하다.

나. 내국법인

(1) 각 사업연도의 소득에 대한 지방소득세

법인세 신고의무가 있는 내국법인은 각 사업연도의 종료일이 속하는 달의 말일부터 4개월 이내에 대통령령(제100조의12 제1항, 제2항)으로 정하는 바에 따라 그 사업연도 소득에 대한 법인지방소득세의 과세표준과 세액을 납세지 관할 지방자치단체의 장에게 신고·납부하여야 한다(지방세법 제103조의23 제1항, 제2항).

(2) 청산소득에 대한 지방소득세

청산소득에 대한 법인지방소득세는 납세지 지방자치단체의 장에게 잔여재산가액확정일(해산의 경우)이나 계속등기일(사업을 계속하는 경우)이 속한 달의 말일부

---

404) 거주자가 소득세법 제105조에 따라 양도소득과세표준 예정신고를 하는 경우에는 해당 신고기한에 2개월을 더한 날(예정신고기한)까지 양도소득에 대한 개인지방소득세 과세표준과 세액을 대통령령으로 정하는 바에 따라 납세지 관할 지방자치단체의 장에게 신고(예정신고)하여야 한다. 이 경우 거주자가 양도소득에 대한 개인지방소득세 과세표준과 세액을 납세지 관할 지방자치단체의 장 외의 지방자치단체의 장에게 신고한 경우에도 그 신고의 효력에는 영향이 없다(지방세법 제103조의5 제1항).

터 3개월 이내에 확정신고·납부를 하여야 한다. 청산소득이 없는 경우에도 신고는 하여야 한다(지방세법 제103조의43).

| 지방소득세의 신고납부 |

거주자	근로소득	• 매월 특별징수 후 다음해 2월에 연말정산(지방세법 제95조 제1항)
	사업소득 등 종합소득·퇴직소득	• 다음해 5월에 확정신고·납부(지방세법 제95조 제1항)
	양도소득	• (예정신고 납부) 해당 신고기한에 2개월을 더한 날까지 양도소득에 대한 개인지방소득세 과세표준과 세액을 대통령령으로 정하는 바에 따라 납세지 관할 지방자치단체의 장에게 신고(지방세법 제103조의5 제1항) • (확정신고 납부) 해당 신고기한에 2개월을 더한 날까지 양도소득에 대한 개인지방소득세 과세표준과 세액을 대통령령으로 정하는 바에 따라 납세지 관할 지방자치단체의 장에게 확정신고·납부(지방세법 제103조의7 제1항)
내국법인	각 사업연도소득	• 사업연도 종료일로부터 4개월 이내 신고·납부(지방세법 제103조의23 제1항)
	청산소득	• 해산의 경우 잔여재산가액 확정 후 3개월 이내 신고·납부(지방세법 제103조의43 제1항)

2. 수시부과

가. 개인지방소득세의 경우

납세지 관할 지방자치단체의 장은 거주자가 과세기간 중에 ① 사업부진이나 그 밖의 사유로 장기간 휴업 또는 폐업 상태에 있는 때로서 개인지방소득세를 포탈할 우려가 있다고 인정되는 경우나 ② 그 밖에 조세를 포탈할 우려가 있다고 인정되는 상당한 이유가 있는 경우에는 수시로 그 거주자에 대한 개인지방소득세를 부과할 수 있다(지방세법 제98조 제1항).

나. 법인지방소득세의 경우

납세지 관할 지방자치단체의 장은 내국법인이 그 사업연도 중에 대통령령으로 정하는 사유(수시부과사유)로 법인지방소득세를 포탈할 우려가 있다고 인정되는 경우에는 수시로 그 법인에 대한 법인지방소득세를 부과할 수 있다(지방세법 제103조의26 제1항).

수시부과사유에는 ① 신고를 하지 아니하고 본점 등을 이전한 경우, ② 사업 부진 기타의 사유로 인하여 휴업 또는 폐업상태에 있는 경우, ③ 기타 조세를 포탈할 우려가 있다고 인정되는 상당한 이유가 있는 경우가 있다(지방세법 시행령 제100조의17 제1항, 법인세법 시행령 제108조 제1항).

3. 수정신고 등

가. 개인지방소득세의 경우

개인지방소득세 확정신고를 한 거주자는 소득세를 수정신고 또는 경정 등의 청구를 할 때에는 납세지를 관할하는 지방자치단체의 장에게 수정신고 또는 경정 등의 청구(지방세기본법 제49조, 제50조)를 하여야 한다. 이 경우 거주자가 납세지를 관할하는 지방자치단체의 장 외의 지방자치단체의 장에게 수정신고 또는 경정 등의 청구를 한 경우에도 그 신고 또는 청구의 효력에는 영향이 없다(지방세법 제96조 제1항). 수정신고 또는 경정청구의 경우에도 관할 지방자치단체의 장 이외의 지방자치단체의 장에게 하여도 그 효력에 영향이 없는 무관할신고가 인정된다.

수정신고를 통하여 추가납부세액이 발생하는 경우에는 이를 납부하여야 한다(지방세법 제96조 제3항).

나. 법인지방소득세의 경우

(1) 일반적인 수정신고 등

법인지방소득세를 확정신고한 법인이 법인세를 수정신고할 때에는 법인지방소득세도 수정신고하여야 한다(지방세법 제103조의24 제1항). 법인지방소득세를 확정신고한 내국법인이 신고납부한 법인지방소득세의 납세지 또는 지방자치단체별 안분세액에 오류가 있음을 발견하였을 때에는 지방자치단체의 장이 보통징수의 방법으로 부과고지를 하기 전까지 관할 지방자치단체의 장에게 수정신고, 경정 등의 청구 또는 기한 후 신고(지방세기본법 제49조 내지 제51조)를 할 수 있다(지방세법 제103조의24 제2항). 수정신고 또는 기한 후 신고를 통하여 추가납부세액

이 발생하는 경우에는 이를 납부하여야 한다. 납세지 또는 지방자치단체별 안분
세액에 오류가 있음을 발견하여 수정신고 등을 함에 따라 발생하는 추가납부세
액에 대해서는 가산세를 부과하지 아니한다(지방세법 제103조의24 제3항).

(2) 안분계산을 하지 않은 경우 가산세 적용 특례

둘 이상의 지방자치단체에 사업장이 있는 법인이 사업장 소재지를 관할하는
지방자치단체의 장에게 각각 신고납부하지 아니하고(지방세법 제89조 제2항 참조)
하나의 지방자치단체의 장에게 일괄하여 과세표준 및 세액을 확정신고(수정신고
를 포함한다)한 경우 그 법인에 대해서는 가산세를 부과한다(지방세법 제103조의24 제
6항). 이는 여러 지방자치단체에 사업장을 보유하고 있는 법인이 지방자치단체별
로 세액을 안분 계산하여 신고하여야 함에도 한 곳의 지방자치단체에 일괄 신고
한 후 나중에 잘못이 발각되어 수정신고를 한 경우에도 가산세를 면제하면, 안
분신고를 게을리 하는 사례가 발생하는 것을 방지하기 위함이다.

본점 일괄 경정청구 제도

1. 의의
   둘 이상의 지방자치단체에 사업장이 있는 법인이 과세표준에 대하여 지방세기본법
   제50조에 따른 경정 등의 청구를 할 때에는 신고한 지방자치단체의 장에게 각각 하
   지 않고 본점 또는 주사무소의 소재지 관할 지방자치단체의 장에게 일괄하여 할 수
   있다(지방세법 제103조의24 제5항 전문).

2. 본점 일괄 경정청구 대상
   본점 일괄 경정청구는 과세표준에 대한 경정청구에 한한다.
   과세표준이 아닌 안분계산 착오 또는 세액공제 등에 대한 경정청구는 본점에 일괄
   하여 할 수 없고 각 사업장 소재지 지방자치단체의 장에게 각각 하여야 한다.

3. 본점 일괄 경정청구 절차
   본점 일괄 경정청구를 하려는 법인은 결정 또는 경정청구서를 납세지별로 각각 작성
   하여 해당 사업연도의 종료일 현재 본점 또는 주사무소의 소재지를 관할하는 지방자
   치단체의 장에게 일괄하여 제출해야 한다(지방세법 시행령 제100조의14 제3항).
   본점 일괄 경정청구를 접수한 본점 또는 주사무소 소재지 관할 지방자치단체의 장

은 해당 법인이 청구한 내용을 다른 사업장의 소재지 관할 지방자치단체의 장에게 통보하여야 하며(지방세법 제103조의24 제5항 후문), 경정은 각 사업장의 소재지 관할 지방자치단체의 장이 한다.

4. 특별징수

가. 개인지방소득세에 대한 특별징수

소득세를 원천징수하는 경우 그 원천징수의무자는 해당 원전징수세액의 10%에 해당하는 금액을 개인지방소득세로 특별징수한다(지방세법 제103조의13 제1항). 원천징수의무자는 특별징수의무자이다.

특별징수의무자는 특별징수한 소득세를 '그 징수일이 속하는 달의 다음달 10일까지' 납세지를 관할하는 지방자치단체에 납부하여야 한다(지방세법 제103조의13 제2항 본문). 다만 원천징수한 소득세를 반기(半期)별로 납부하는 경우(소득세법 제128조 제2항)에는 반기의 마지막 달의 다음 달 10일까지 반기의 마지막 달 말일 현재의 납세지를 관할하는 지방자치단체에 납부한다. 또한 금융투자소득에 대한 개인지방소득세의 경우 해당 과세기간의 반기 중에 계좌가 해지된 경우에는 그 반기 종료일이 속하는 달의 다음 달 10일까지 반기의 마지막 달 말일 현재의 납세지를 관할하는 지방자치단체에 납부한다(지방세법 제103조의13 제2항 단서).

나. 법인지방소득세에 대한 특별징수

법인세법(제73조 및 제73조의2)에 따른 원천징수의무자가 내국법인으로부터 법인세를 원천징수하는 경우에는 원천징수하는 법인세(조세특례제한법 및 다른 법률에 따라 조세감면 또는 중과세 등의 조세특례가 적용되는 경우에는 이를 적용한 법인세)의 100분의 10에 해당하는 금액을 법인지방소득세로 특별징수하여야 한다.

특별징수의무자는 특별징수한 지방소득세를 그 징수일이 속하는 달의 다음 달 10일까지 대통령령으로 정하는 바에 따라 관할 지방자치단체에 납부하여야 한다(지방세법 제103조의29 제1항, 제3항). 위와 같이 특별징수하여야 할 자를 특별징수의무자라 한다(지방세법 제103조의29 제2항).

Ⅶ. 불복방법

지방소비세와 달리(지방세법 제72조) 지방소득세의 경우는 소득세법이나 법인세법에 따라 계산한 소득세나 법인세의 과세표준을 과세표준으로 하고 있지만, 징수나 불복절차에서 특례가 인정되지 않는다. 따라서 개인지방소득세나 법인지방소득세에 대하여 불복이 있는 경우에는 통상의 지방세 불복절차에 따라 구제받아야 한다. 지방소득세는 독립세이므로 소득세나 법인세가 경정되었더라도 직권으로 경정되는 것이 아니므로 국세(소득세나 법인세)와 별도로 불복절차를 밟아야 한다.

지방소득세는 소득세법이나 법인세법에 따라 계산한 소득세나 법인세의 과세표준을 과세표준으로 하고 있어 소득세나 법인세의 납세의무가 있음을 전제로 한다. 그러나 소득세법이나 법인세법에 의한 과세표준은 소득세나 법인세의 과세표준에 지나지 아니하므로, 소득세나 법인세 부과처분의 불복과는 별개로 그 위법을 이유로 지방소득세의 부과처분의 취소를 구할 수 있다.[405]

실무적으로 지방소득세에 대하여 이의신청 등이 있는 경우 지방소득세는 소득세법이나 법인세법에 따라 계산한 금액을 과세표준으로 하여 신고납부하는 지방세이므로 그 과세표준이 되는 소득세나 법인세에 대한 권한 있는 기관에서 취소 또는 경정결정을 하기 전까지는 취소하지 않고 있다.[406]

Ⅷ. 법인전환 시 양도소득에 대한 개인지방소득세의 이월과세

1. 법인전환 시 양도소득에 대한 소득세의 이월과세

거주자가 사업용고정자산을 현물출자하거나 대통령령으로 정하는 사업 양도·양수의 방법에 따라 법인(대통령령으로 정하는 소비성서비스업을 경영하는 법인은 제외한다)으로 전환하는 경우 그 사업용고정자산에 대해서는 이월과세를 적용받을

---

405) 대법원 2020. 1. 16. 선고 2016두35854, 2016두35861(병합), 2016두35878(병합), 2016두 35885(병합), 2016두35892(병합), 2016두35908(병합) 판결, 대법원 2014. 7. 10. 선고 2012두 16466 판결 등 참조.
406) 지방소득세에 대하여 이의신청 등을 하는 경우에는 당연히 그 전제로 소득세나 법인세에 대한 이의신청 등이 제기되어 있을 것이다.

수 있다(조세특례제한법 제32조 제1항). 이월과세란 개인이 해당 사업에 사용되는 사업용고정자산 등(이하 "종전사업용고정자산등"이라 한다)을 현물출자 등을 통하여 법인에 양도하는 경우 이를 양도하는 개인에 대해서는 「소득세법」 제94조에 따른 양도소득에 대한 소득세(이하 "양도소득세"라 한다)를 과세하지 아니하고, 그 대신 이를 양수한 법인이 그 사업용고정자산 등을 양도하는 경우 개인이 종전사업용고정자산등을 그 법인에 양도한 날이 속하는 과세기간에 다른 양도자산이 없다고 보아 계산한 같은 법 제104조에 따른 양도소득 산출세액 상당액을 법인세로 납부하는 것을 말한다(조세특례제한법 제2조 제1항 제6호).

법인전환 시 양도소득세를 이월과세하는 취지는, 개인이 권리·의무의 주체가 되어 경영하던 기업을 개인 기업주와 독립된 법인이 권리·의무의 주체가 되어 경영하도록 기업의 조직 형태를 변경하는 경우 실질적으로 동일한 사업주가 사업의 운영 형태만 바꾸는 것에 불과하여 재산 이전에 따르는 양도소득세를 부과할 필요가 적다는 데에 있다. 이처럼 실질적으로 동일한 사업주가 사업의 운영 형태만 바꾼 것으로 평가되기 위해서는 사업양수도 대상의 순자산가액이 신설 법인에 그대로 승계되어야 한다.[407]

한편 조세특례제한법은 이월과세의 요건으로 '새로 설립되는 법인의 자본금이 법인으로 전환하는 사업장의 순자산가액[408] 이상일 것'을 규정함으로써(조세특례제한법 제32조 제2항, 같은 법 시행령 제29조, 제28조 제1항 제2호), 개인사업장을 그대로 법인으로 전환하는 것을 장려하되 그 과정에서 개인사업자가 출자금액을 부당하게 축소시키는 것을 방지하고 있다.[409]

---

407) 대법원 2012. 12. 13. 선고 2012두17865 판결 참조.
408) 전환일 현재의 시가로 평가한 자산의 합계액에서 충당금을 포함한 부채의 합계액을 공제한 금액을 말한다(조세특례제한법 시행령 제28조 제1항 제2호 참조). 실무적으로 순자산가액을 산정할 때 고정자산에 설정된 물상보증채무를 공제하여야 하는지가 문제되고 있다. 이월과세 규정의 취지 등에 비추어 보면 순자산가액을 산정함에 있어 물상보증채무도 공제하여야 한다고 볼 것이다{서울행정법원 2020. 9. 4. 선고 2019구합77248 판결(확정)}.
409) 대법원 1994. 11. 18. 선고 93누20160 판결 참조.

2. 법인전환 시 개인지방소득세의 이월과세

법인전환 시 양도소득에 대한 소득세가 이월과세됨에 따라 양도소득에 대한 개인지방소득세도 이월과세된다(지방세특례제한법 제120조). 이월과세란 개인이 해당 사업에 사용되는 사업용고정자산 등(이하 "종전사업용고정자산등"이라 한다)을 현물출자 등을 통하여 법인에 양도하는 경우 이를 양도하는 개인에 대해서는 「지방세법」 제103조에 따른 양도소득에 대한 개인지방소득세(이하 "양도소득분 개인지방소득세"라 한다)를 과세하지 아니하고, 그 대신 이를 양수한 법인이 그 사업용고정자산 등을 양도하는 경우 개인이 종전사업용고정자산등을 그 법인에 양도한 날이 속하는 과세기간에 다른 양도자산이 없다고 보아 계산한 같은 법 제103조의3에 따른 양도소득에 대한 개인지방소득세 산출세액(이하 "양도소득분 개인지방소득 산출세액"이라 한다) 상당액을 법인지방소득세로 납부하는 것을 말한다(지방세특례제한법 제2조 제14호).

제8절 재산세

재산세는 시·군·구의 독립세로 징수되며,[410] 일반재정수요에 충당하는 보통세이다.[411] 재산세는 토지, 건축물, 주택, 항공기, 선박 등 보유하는 재산에 담세력을 인정하여 부과되는 수익세적 성격을 지닌 보유세이다. 재산가액을 과세표준으로 하고 있어 그 본질은 재산 소유 자체를 과세요건으로 하는 것이므로, 현실적으로 당해 재산을 그 본래의 용도에 따라 사용 수익하였는지 여부는 그 과세요건이 아니다.[412]

또한 재산세는 과세대상 물건의 공부상 등재현황에 따라 과세하되, 과세대상 물건이 공부상 등재현황과 사실상의 현황이 다른 경우에는 사실상 현황에 따라 재산세를 부과한다(지방세법 시행령 제119조). 이는 그 사실상의 현황에 따라 재산의 가치를 산정하고 재산세를 과세함으로써 실질과세의 원칙과 과세형평을 도모하고자 하는 취지이다.

재산세의 과세표준은 금액을 기준으로 하는 종가세이고, 세율은 정률세율로 초과누진세율 및 차등비례세율을 적용하고 있다.

---

410) 특별시 관할구역에 있는 구의 경우 재산세는 특별시세 및 구세인 재산세로 한다. 특별시분 재산세와 구(區)분 재산세는 산출세액의 100분의 50을 그 세액으로 한다(지방세기본법 제9조 제1항, 제2항).

411) **종합부동산세와의 관계** 종합부동산세는 과세기준일(매년 6월 1일) 현재 국내에 소재한 재산세 과세대상인 주택 및 토지를 유형별로 구분하여 인별로 합산한 결과, 그 공시가격 합계액이 각 유형별로 공제금액을 초과하는 경우 그 초과분에 대하여 과세되는 세금이다. 고액의 부동산 보유자에 대하여 종합부동산세를 부과하여 부동산보유에 대한 조세부담의 형평성을 제고하고, 부동산의 가격안정을 도모함으로써 지방재정의 균형발전과 국민경제의 건전한 발전에 이바지함을 목적으로 한다. 종합부동산세법에 규정되어 있는 국세이다.
현재 주택 및 토지의 과다보유자에 대하여는 보유세가 이원화되어 있다. 1차로 부동산 소재지 관할 시·군·구에서 관내 부동산을 과세유형별로 구분하여 재산세를 부과하고, 2차로 각 유형별 공제액을 초과하는 부분에 대하여 주소지(본점 소재지) 관할세무서에서 종합부동산세를 부과한다. 합산 과세하는 토지의 경우 재산세는 시·군·구 관할구역 내 토지만 소유자별로 합산하여 과세하고, 종합부동산세는 전국의 모든 토지를 소유자별로 합산하여 과세한다.

412) 대법원 2001. 4. 24. 선고 99두110 판결 참조.

Ⅰ. 과세대상

1. 재산세의 과세대상

재산세의 과세대상은 토지, 건축물, 주택(부속토지를 포함한다), 선박 및 항공기이다(지방세법 제105조).

재산세의 과세대상(과세방식)은 다음과 같이 구분된다(지방세법 제106조 참조).

과세대상	과세방식
건축물·주택·선박·항공기·토지(분리과세대상)	각 재산마다 개별과세
토지(종합합산·별도합산과세대상)	시·군·구 단위의 인적중심으로 합산과세

가. 토지

토지란 「공간정보의 구축 및 관리 등에 관한 법률」에 따라 지적공부의 등록대상이 되는 토지와 그 밖에 사용되고 있는 사실상의 토지를 말한다(지방세법 제104조 제1호). 토지는 지적공부에 등록 유무를 불문하고 「공간정보의 구축 및 관리 등에 관한 법률」에 의한 등록대상이 되는 전국의 모든 토지를 의미한다. 사실상의 토지란 매립·간척 등으로 준공인가 전에 사실상으로 사용하는 토지 등 토지대장에 등재되어 있지 않은 토지를 포함한다(지방세법 운영 예규 104-1).

나. 건축물

건축물이란 건축법 제2조 제1항 제2호(토지에 정착하는 공작물 중 지붕과 기둥 또는 벽이 있는 것과 이에 딸린 시설물, 지하나 고가의 공작물에 설치하는 사무소·공연장·점포·차고·창고, 그 밖에 대통령령으로 정하는 것)에 따른 건축물(이와 유사한 형태의 건축물을 포함한다)과 토지에 정착하거나 지하 또는 다른 구조물에 설치하는 레저시설, 저장시설, 도크시설, 접안시설, 도관시설, 급·배수시설, 에너지공급시설, 그 밖에 이와 유사한 시설(이에 부수되는 시설을 포함)로서 대통령령이 정하는 것을 만한다(지방세법 제104조 제2호, 제6조 제4호).

다. 주택

주택이란 세대의 구성원이 장기간 독립된 주거생활을 할 수 있는 구조로 된 건축물의 전부 또는 일부 및 그 부속토지를 말한다(지방세법 제104조 제3호, 주택법 제2조 제1호).

주택이 철거가 예정되어 단전·단수 등으로 주거 기능이 상실된 경우에도 재산세를 과세할 수 있는가. 주택이 단전·단수가 이루어져 주택으로 이용되지 않는다고 하더라도 그 외형은 여전히 존재하여 건축물로서의 재산적 가치를 상실하였다고 볼 수 없으므로, 주택이 아닌 건축물로 보아 재산세를 부과할 수 있다고 할 것이다.[413]

오피스텔은 건축법상 일반 업무시설에 해당하므로 일반적으로 건축물로 과세하나, 현황과세의 원칙에 따라 주거용(주민등록, 취학여부, 임대주택 등록 여부 등)으로 사용하는 경우에 한해 주택으로 과세한다. 이 경우 해당 건물부분과 그 부속토지부분을 각각 구분하여 산출한 시가표준액의 합을 주택의 시가표준액으로 보아 이 금액에 주택분 공정시장가액 비율을 적용한 금액을 과세표준으로 한다.[414]

라. 선박

선박이란 기선, 범선, 부선(艀船) 및 그 밖에 명칭에 관계없이 모든 배를 말한다(지방세법 제104조 제5호, 제6조 제10호).

마. 항공기

항공기란 사람이 탑승·조종하여 항공에 사용하는 비행기, 비행선, 활공기, 회전익 항공기 및 그 밖에 이와 유사한 비행기구로서 대통령령으로 정하는 것을 말한다(지방세법 제104조 제4호, 제6조 제9호).

---

413) 인천지방법원 2013. 9. 12. 선고 2013구합10018 판결(확정) 참조.
414) 지방세법 운영 예규 104-2.

2. 토지에 대한 재산세 과세대상 구분

토지에 대한 재산세는 토지의 용도에 따라 종합합산과세대상(지방세법 제106조 제1항 제1호), 별도합산과세대상(지방세법 제1항 제2호), 분리과세대상(지방세법 제106조 제1항 제3호)으로 분류한다. 종합합산과세를 원칙으로 하나 모든 토지를 종합합산 과세할 경우 나타날 수 있는 불합리를 보완하기 위하여 예외적으로 일정한 요건을 갖춘 토지에 대하여 별도합산과세 및 분리과세를 하고 있다.

분리과세는 정책적 고려에서 국가의 보호·지원 또는 중과가 필요한 토지에 대하여 별도의 기준에 따라 과세하는 것으로 특정한 토지에 대하여 저율 또는 고율의 단일세율(비례세율)을 적용한다. 별도합산은 소유자별로 토지를 합산하여 과세하되 일정한 요건에 해당하는 토지를 별도로 구분하여 종합합산과세대상보다 다소 낮은 초과누진세율을 적용한다. 종합합산은 같은 시·군·구에 있는 모든 토지를 납세의무자별로 합산한 후 그 가액에 초과누진세율을 적용하여 과세하는 것으로 별도합산과세대상과 분리과세대상을 제외한 모든 토지가 해당된다.

| 토지에 대한 과세대상 구분 |

구분	대상	비고
종합합산과세대상 (제106조 제1항 제1호)	① 나대지 ② 분리과세·별도합산대상 토지 중 기준초과 토지 ③ 분리과세·별도합산대상 토지에서 제외된 모든 토지	
별도합산과세대상 (제106조 제1항 제2호)	① 공장용 건축물의 기준 이하 부속토지(시행령 제101조 제1항, 제2항) ② 차고용 토지, 보세창고용 토지, 시험·연구·검사용 토지, 물류단지시설용 토지 등 공지상태나 해당 토지의 이용에 필요한 시설 등을 설치하여 업무 또는 경제활동에 활용되는 기준 이하 토지(시행령 제101조 제3항) ③ 철거·멸실된 건축물 또는 주택의 부속토지	용도가 확실히 정해진 것 경제활동에 활용되는 토지

구분	대상	비고
분리과세대상 (제106조 제1항 제3호)	① 공장용지·전·답·과수원 및 목장용지로서 기준 이하 토지(시행령 제102조 제1항) ② 산림의 보호육성을 위하여 필요한 임야 및 종중 소유 임야 ③ 골프장용 토지와 고급오락장용 토지 ④ 「산업집적활성화 및 공장설립에 관한 법률」 제2조 제1호에 따른 공장의 부속토지 ⑤ 국가 및 지방자치단체 지원을 위한 특정목적 사업용 토지 ⑥ 에너지·자원의 공급 및 방송·통신·교통 등의 기반시설용 토지 ⑦ 국토의 효율적 이용을 위한 개발사업용 토지 ⑧ 그 밖에 지역경제의 발전, 공익성의 정도 등을 고려하여 분리과세하여야 할 타당한 이유가 있는 토지	생산관련토지(농지·목장용지·임야 등)는 저율 분리과세 사치성재산(골프장, 고급오락장)은 고율분리과세

종합합산과세대상과 별도합산과세대상은 시·군·구별로 합산과세하고, 분리과세대상은 개별토지별로 분리하여 과세한다.

분리과세대상 토지를 규정하고 있는 규정(지방세법 제106조 제1항 제3호, 같은 법 시행령 제102조)은 예시적 규정이 아니라 한정적 규정으로 보아야 한다.[415] 재산세 분리과세제도는 정책적 고려에 따라 중과세 또는 경과세의 필요가 있는 토지에 대하여 예외적으로 별도의 기준에 의하여 분리과세함으로써 종합합산과세에서 오는 불합리를 보완하고자 하는 데에 그 취지가 있을 뿐만 아니라 분리과세요건을 규정하는 권한은 입법자의 입법형성권의 범위에 속한다 할 것이므로, 일부 토지를 분리과세대상에서 제외하고 있다 하더라도 조세법률주의나 과세형평의 원칙에 어긋나거나 재산권 보장에 관한 헌법 규정에 위반된다고 할 수 없다.[416]

---

415) 대법원 2001. 5. 29. 선고 99두7265 판결 참조.
416) 대법원 2011. 10. 27. 선고 2008두5834 판결 참조.

Ⅱ. 납세의무자 및 비과세

1. 납세의무자

가. 원칙적 납세의무자

(1) 사실상의 소유자

(가) 과세기준일 현재 사실상의 소유자

원칙적으로 재산세 과세기준일(6월 1일) 현재 재산을 사실상 소유하고 있는 자는 재산세를 납부할 의무가 있다(지방세법 제107조 제1항 본문, 제114조). 따라서 과세기준일 현재 과세대상물건의 소유권이 양도·양수된 때에는 양수인을 해당연도의 납세의무자로 본다.[417]

재산세는 일정한 재산의 소유라는 사실에 담세력을 인정하여 부과하는 것이고 과세대상 재산으로부터 생기는 소득에 대하여 과세하는 것이 아니다. 재산세의 본질은 재산의 가치를 조세부담능력으로 파악하여 과세하는 것이므로, 과세대상 재산의 소득 발생 여부는 따질 필요가 없고, 재산의 가치를 측정하는 시점을 통일시킬 필요는 있지만 재산보유기간을 따질 필요는 없는 것이다. 그리고 과세대상 재산의 소유자는 수시로 변동될 수 있으므로, 과세대상 재산의 보유기간을 따져서 1년분의 재산세액을 나누어 과세하게 하면 조세징수비용이 불필요하게 많아지게 된다. 그래서 재산보유세의 본질에 부합시키면서 조세행정의 효율성을 제고하기 위하여 매년 1회의 과세기준일을 정하고 그 과세기준일에 과세대상 재산을 사실상 소유하는 자를 재산세의 납세의무자로 정한 것이다.[418]

---

417) 지방세법 운영 예규 106 - 1.

418) 헌법재판소 2008. 9. 25. 선고 2006헌바111 전원재판부 결정. 이 사건 법률조항(지방세법 제107조 제1항 본문)은 조세행정의 효율성을 높이고 조세징수비용을 줄이기 위하여 매년 1회 일정한 시점에 과세대상 재산을 사실상 소유하는 자를 재산세 납세의무자로 정한 것이고, 재산세의 본질상 과세대상 재산의 수익 여부나 보유기간의 장단은 따질 필요가 없는 것이므로 이 사건 법률조항이 재산의 수익 여부나 보유기간의 장단을 고려하지 아니한 채 재산세 납세의무자를 정하였다고 하여 불합리하다고 볼 수 없다. 따라서 이 사건 법률조항이 헌법이 부여한 조세입법권을 잘못 행사하였다거나 재산권을 침해하는 입법이라고 보기 어렵다. 이 사건 법률조항에 의하여 과세기준일 현재 과세대상 재산의 보유기간이 1년 미

'사실상 소유자'라 함은 공부상 소유자로 등재된 여부를 불문하고 당해 재산에 대한 실질적인 소유권을 가진 자를 말한다.[419] 따라서 국가를 상대로 제기한 소유권보존등기 말소등기청구소송에서 진정한 소유자임이 밝혀져 승소 확정판결을 받은 경우 승소자는 그 과세기준일 당시 해당 토지에 대한 소유자로서의 권능을 실제로 행사하였는지 여부와 관계없이 판결 확정 전의 과세기간에 대하여도 사용·수익·처분권능을 행사할 수 있는 지위에 있는 자로서 특별한 사정이 없는 한 사실상 소유자에 해당한다고 할 것이므로 재산세 납세의무자가 된다.[420] 또한 명의신탁자가 소유자로부터 부동산을 양수하면서 명의수탁자와 사이에 명의신탁약정을 하여 소유자로부터 바로 명의수탁자 명의로 해당 부동산의 소유권이전등기를 하는 3자간 등기명의신탁의 경우 명의신탁자의 매수인 지위는 일반 매매계약에서 매수인 지위와 근본적으로 다르지 않으므로,[421] 명의

만인 경우에도 1년분 재산세액을 전부 부담해야 하는 재산상의 불이익을 받게 된다고 볼 수도 있지만, 이는 재산보유세의 본질상 합당한 것이라고 볼 수 있고, 재산세의 부담과 관련된 전후 소유자의 이해관계는 과세대상 재산의 거래과정에서 조정될 수 있는 것이므로, 이 사건 법률조항의 헌법적합성을 허무는 사유로 삼기 어렵다. 그리고 이 사건 법률조항이 과세대상 재산의 보유기간을 따지지 않고 과세대상 재산을 1년간 보유한 자와 1년 미만 보유한 자를 동일하게 취급하여 1년분의 재산세액을 전부 부과한다고 하더라도, 그것은 재산세가 보유재산에서 생기는 수익이 아니라 보유재산의 가치를 담세능력으로 파악하는 것이라는 본질에 맞추면서 재산세 징수의 효율성을 높이고 징수비용을 줄이기 위한 것이므로, 불합리한 차별이라고 보기 어렵다(위 전원재판부 결정).

[419] 대법원 2020. 9. 3. 선고 2018다283773 판결, 대법원 2006. 3. 23. 선고 2005두15045 판결.
○ 지방세법 운영 예규 107-1【사실상의 소유자】지방세법 제107조 제1항의 「사실상 소유하고 있는 자」라 함은 같은 법 시행령 제20조에 규정된 취득의 시기가 도래되어 당해 토지를 취득한 자를 말하며, 법 제120조 제1항의 규정에 의하여 신고하는 경우에는 같은 법 제107조 제2항 제1호의 규정에 우선하여 적용된다.

[420] 대법원 2012. 12. 13. 선고 2010두4964 판결(국가 명의로 소유권보존등기가 경료되어 도로로 사용되어 오던 토지에 관하여 사정명의인 망 갑의 상속인 을이 국가를 상대로 원인무효를 이유로 소유권보존등기 말소청구소송과 토지의 점유·사용으로 인한 부당이득반환청구소송을 순차 제기하여 각 승소·확정판결을 받아 부당이득금을 지급받자 과세관청이 위 토지에 대해 재산세 부과처분을 한 사안에서, 을은 위 토지의 사실상 소유자로서 재산세 납부의무가 있고 위 토지는 유료로 사용된 경우에 해당하여 재산세 비과세대상에 해당하지 않는다고 본 원심판단을 수긍한 사례) 참조.

[421] 대법원 2018. 3. 22. 선고 2014두43110 전원합의체 판결 참조.

신탁자가 부동산에 관한 매매계약을 체결하고 매매대금을 모두 지급하였다면 재산세 과세기준일 당시 그 부동산에 관한 소유권이전등기를 마치기 전이라도 해당 부동산에 대한 실질적인 소유권을 가진 자로서 특별한 사정이 없는 한 그 재산세를 납부할 의무가 있다.[422]

재산세의 납세의무자를 '재산세 과세기준일 현재 재산을 사실상 소유하고 있는 자'라고 규정하고 있으므로, 재산을 사실상 취득한 때에 비로소

---

[422] 대법원 2020. 9. 3. 선고 2018다283773 판결. 위 판결은 나아가 '과세관청이 3자간 등기명의신탁에 따라 해당 부동산의 공부상 소유자가 된 명의수탁자에게 재산세 부과처분을 하고 이에 따라 명의수탁자가 재산세를 납부하였더라도 명의수탁자가 명의신탁자 또는 그 상속인을 상대로 재산세 상당의 금액에 대한 부당이득반환청구권을 가진다고 보기는 어렵다'고 판시하고 있다. 그 이유는 다음과 같다. ① 명의수탁자가 재산세를 납부하게 된 것은 명의수탁자가 해당 부동산에 관한 공부상 소유자로 등재되어 있어 명의수탁자에게 재산세가 부과되었기 때문이고, 명의수탁자가 자신에게 부과된 재산세를 납부하였다고 하여 명의신탁자가 재산세 납부의무를 면하는 이득을 얻게 되었다고 보기 어렵다. 명의신탁자는 여전히 해당 부동산에 대한 재산세 납부의무를 부담한다. ② 명의수탁자에 대한 재산세 부과처분은 특별한 사정이 없는 한 위법한 것으로 취소되지 않은 이상 유효한 처분이고, 과세관청이 명의수탁자에게 재산세를 부과하여 명의수탁자가 이를 납부한 것을 두고 민법 제741조에서 정한 '법률상 원인없이' 명의신탁자가 이익을 얻었거나 명의수탁자에게 손해가 발생한 경우라고 보기는 어렵다. ③ 명의수탁자는 항고소송으로 자신에게 부과된 재산세 부과처분의 위법을 주장하거나 관련 부동산의 소유권에 관한 판결이 확정됨을 안 날부터 일정 기간 이내에 지방세기본법 제50조 제2항 제1호의 후발적 사유에 의한 경정청구를 하는 등의 방법으로 납부한 재산세를 환급받을 수 있다. 따라서 명의수탁자가 위법한 재산세 부과처분을 다툴 수 없어(다투지 않아) 재산세 납부로 인한 손해가 발생하고 이를 회복할 수 없게 되었더라도 이러한 손해는 과세처분에 대한 불복기간이나 경정청구기간의 도과 등으로 인한 것이라고 볼 수 있다. 설령 과세관청이 명의신탁자에게 해당 부동산에 대한 재산세 부과처분을 하지 않게 됨으로써 결과적으로 명의신탁자가 재산세를 납부하지 않게 되는 이익을 얻게 되더라도 이것은 사실상 이익이나 반사적 이익에 불과할 뿐이다. 명의수탁자가 납부한 재산세의 반환이나 명의신탁자의 사실상 이익 발생의 문제는 명의수탁자와 과세관청, 과세관청과 명의신탁자 각각의 관계에서 해결되어야 할 문제이다. 명의수탁자와 과세관청 사이에서 해결되어야 할 문제에 대하여 명의수탁자에게 또 다른 구제수단을 부여하여야 할 필요성을 인정하기는 어렵다. ④ 명의수탁자의 명의신탁자에 대한 부당이득반환청구권을 인정하게 되면, 과세처분의 취소 여부에 따라 복잡한 문제가 발생할 수 있다. 명의수탁자가 명의신탁 부동산에 대한 재산세를 납부함으로써 명의신탁자에 대한 부당이득반환청구권을 가지게 된다고 볼 경우 이러한 사정이 명의수탁자가 과세관청을 상대로 과세처분의 취소를 구하는 항고소송을 진행하거나 후발적 사유에 의한 경정청구를 하는 것에 장애가 되지 않는다. 그렇다면 명의수탁자는 이중의 구제가 가능하게 된다.

재산세를 납부할 의무가 있는데, 그 취득의 시기에 대하여는 재산세에 관한 별도의 규정이 없으므로, 취득세에 있어서의 취득의 시기에 관한 지방세법 시행령 제20조를 준용하여 매매 등 유상승계취득의 경우에는 그 계약상의 잔금지급일을 취득일로 본다.[423]

취득세는 본래 재화의 이전이라는 사실 자체를 포착하여 거기에 담세력을 인정하여 부과하는 유통세의 일종이므로 취득자가 실질적으로 완전한 내용의 소유권을 취득하였는지의 여부에 관계없이 사실상의 취득행위 자체를 과세대상으로 하는 것이다.[424] 따라서 그에 대한 취득세는 취득행위라는 과세요건사실이 존재함으로써 등기·등록 여부와는 상관없이 발생한다.[425] 그러나 재산세는 보유하는 재산에 담세력을 인정하여 부과되는 수익세적 성격을 지닌 보유세로서 취득세와는 성격이 다르다. 따라서 모호한 개념인 사실상의 소유자를 납세의무자로 하는 것은 입법론적으로 의문이다.[426]

(나) 부인권 행사의 경우

부인권의 행사로 인한 일탈재산의 원상회복은 관리인과 상대방(수익자 또는 전득자)에 대한 관계에 있어서만 그 효력이 발생할 뿐이고 채무자가 직접 권리를 취득하는 것이 아니므로 관리인이 수익자나 전득자를 상대로 일탈재산의 원상회복을 구하는 판결을 받아 그 등기 명의를 원상회복시켰다고 하더라도 재산세 납세의무자(지방세법 제107조 제1항)는 사실상의 소유자인 수익자라고 할 것이다.[427]

---

423) 대법원 1995. 5. 23. 선고 94누13831 판결 참조.
424) 대법원 1998. 12. 8. 선고 98두14228 판결 참조.
425) 대법원 1988. 10. 11. 선고 87누377 판결 참조.
426) 재산을 매수하여 대금을 전액 지급하여 실질적인 소유권 변동이 있는 경우에는 공부상의 소유자에게 재산세를 과세하고, 소유자와 사실상의 소유자 사이의 관계는 당사자 사이에서 스스로 해결하면 된다.
427) 대법원 2000. 12. 8. 선고 98두11458 판결 참조.

(2) 지분권자 등

다음과 같은 경우에는 지분권자 등이 납세의무자이다(지방세법 제107조 제1항 단서).

(가) 공유재산(제1호)

공유재산인 경우엔 그 지분에 해당하는 면적에 대하여 그 지분권자를 납세의무자로 본다. 지분의 표시가 없는 경우에는 지분이 균등한 것으로 본다.

(나) 주택의 건물과 그 부속토지 소유자가 다를 경우(제2호)

주택의 건물과 부속토지의 소유자가 다를 경우 주택에 대한 산출세액을 지방세법 제4조 제1항 및 제2항의 규정에 따라 그 건축물과 그 부속토지의 시가표준액 비율로 안분한 부분에 대하여 그 소유자를 납세의무자로 한다.

나. 예외적 납세의무자

재산세 과세기준일 현재 사실상의 소유자를 확인할 수 없는 다음에 해당하는 자는 재산세를 납부할 의무가 있다(지방세법 제107조 제2항).

(1) 공부상의 소유자(제1호)

공부상의 소유자가 매매 등의 사유로 소유권에 변동이 있었음에도 이를 신고하지 아니하여 사실상의 소유자를 알 수 없는 때에는 공부상의 소유자가 납세의무자이다.

공부상의 소유자라 함은 등기된 경우에는 등기사항전부증명서상의 소유자를, 미등기인 경우에는 토지대장 또는 임야대장상의 소유자를 말한다.[428) 사실상의 소유자가 신고를 한 경우(지방세법 제120조 제1항)에는 사실상의 소유자가 납세의무자이다.[429)

---

428) 지방세법 운영 예규 107-3 참조.
429) 지방세법 운영 예규 107-1.

(2) 상속에 대한 주된 상속자(제2호)

상속이 개시된 재산으로서 상속등기가 이행되지 아니하고 사실상의 소유자를 신고하지 아니한 때에는 주된 상속자가 납세의무자이다.

주된 상속자는 ① 민법상의 상속지분이 가장 높은 자, ② 연장자 순으로 판정한다(지방세법 시행규칙 제53조).

상속은 「민법」 제997조의 규정에 의하여 피상속자의 사망으로 인하여 개시되며(당연상속주의), 상속등기가 되지 아니한 때에는 상속자가 지분에 따라 신고하면 신고된 지분에 따른 납세의무가 성립하고 신고가 없으면 「지방세법 시행규칙」 제53조에 따른 주된 상속자에게 납세의무가 있다.[430]

(3) 미신고 종중재산의 공부상 소유자(제3호)

공부상에 개인 등의 명의로 등재되어 있는 사실상의 종중재산으로서 종중소유임을 신고하지 아니한 때에는 공부상의 소유자가 납세의무자이다.

(4) 연부취득 중인 재산의 매수자(제4호)

국가·지방자치단체·지방자치단체조합과 재산세의 과세대상 재산을 연부로 매매계약을 체결하고 그 재산의 사용권을 무상으로 부여받은 경우에는 그 매수계약자가 납세의무자이다.

연부취득에 의하여 무상사용권을 부여받은 토지는 국가·지방자치단체·지방자치단체조합 등으로부터 연부취득한 것에 한하므로 국가등 이외의 자로부터 연부취득 중인 때에는 매수인이 무상사용권을 부여 받았다 하더라도 국가등 이외의 자가 납세의무자가 된다.[431]

---

430) 지방세법 운영 예규 107-7.
431) 지방세법 운영 예규 107-2.

(5) 신탁재산의 위탁자(제5호)[432]

신탁법 제2조에 따른 수탁자의 명의로 등기 또는 등록된 신탁재산의 경우에는 위탁자[433]가 신탁재산을 소유한 것으로 본다. 여기서 신탁재산은 신탁법에 의한 경우를 의미하므로 명의신탁은 이에 해당되지 아니한다.[434]

신탁재산에 대한 재산세의 납세의무자가 위탁자이기 때문에 민사법리에 의하면 위탁자에 대한 재산세채권에 기하여 신탁재산에 대하여 체납처분을 할 수 없다. 그래서 지방세법 제119조의2는 신탁재산 수탁자의 물적납세의무를 규정함

---

432) 2021. 1. 1. 이후 납세의무가 성립하는 분부터 「신탁법」에 따라 수탁자 명의로 등기 또는 등록된 신탁재산을 위탁자가 소유한 것으로 간주하여 신탁재산의 납세의무자를 수탁자에서 위탁자로 변경하고, 해당 재산에 대한 재산세 등이 체납된 경우 수탁자를 통해 재산세 등을 체납처분으로 징수할 수 있도록 수탁자의 물적납세의무와 그 납부고지 및 징수 등에 관한 특례를 신설하였다(지방세법 제119조의2).
   ○「신탁법」에 따른 수탁자 명의로 등기된 신탁재산의 납세의무성립 시기별 납세의무자
     −2014년부터 2020년 : 수탁자{신탁재산의 납세의무자는 그 수탁자의 성명·상호(법인의 명칭을 포함) 다음에 괄호를 하고 그 안에 위탁자의 성명·상호를 기재하여 구분}
     −2021년 이후 : 위탁자(수탁자는 위탁자가 신탁재산에 대한 재산세를 체납하였을 경우 물적납세의무 부담)
433) 「주택법」 제2조 제11호 가.목에 따른 지역주택조합 및 같은 호 나.목에 따른 직장주택조합이 조합원이 납부한 금전으로 매수하여 소유하고 있는 신탁재산의 경우에는 해당 지역주택조합 및 직장주택조합을 말한다.
434) 지방세법 운영 예규 107−5. 신탁법상 신탁은 단순히 소유권의 명의만 이전된 것이 아니라 수탁자에게 신탁재산에 대한 관리처분의 권한과 의무가 적극적, 배타적으로 부여되어 있다는 점에서 명의신탁과 구별된다. 이처럼 수탁자가 대내외적 소유권을 취득함으로써 신탁법상 신탁재산은 위탁자의 책임재산으로부터 분리되고, 신탁목적 달성을 위하여 수탁자의 고유재산으로부터도 독립성을 가지게 되므로, 위탁자의 채권자나 수탁자의 채권자는 신탁재산에 대하여 원칙적으로 강제집행이나 체납처분(강제징수) 등을 할 수 없으며, 예외적으로 신탁 전의 원인으로 발생한 권리 또는 신탁사무의 처리상 발생한 권리에 기한 경우에만 강제집행 등을 할 수 있다(신탁법 제22조 제1항). 그런데 신탁재산에 대한 재산세는 신탁재산에 대하여 체납처분(강제징수)이 가능한 권리인 위 "신탁사무의 처리상 발생한 권리"에 해당하는바, 신탁법 제2조의 취지에 의하면 신탁법에 의한 신탁재산은 대내외적으로 소유권이 수탁자에게 완전히 귀속되고 위탁자와 내부관계에서 그 소유권이 위탁자에게 유보되어 있는 것이 아닌 점, 신탁법 제22조 제1항은 신탁의 목적을 원활하게 달성하기 위하여 신탁재산의 독립성을 보장하는 데 입법취지가 있는 점 등을 종합적으로 고려하면, 위 "신탁사무의 처리상 발생한 권리"에는 수탁자를 채무자로 하는 것만이 포함되며, 위탁자를 채무자로 하는 것은 포함되지 않는다고 보아야 하므로(대법원 2012. 4. 12. 선고 2010두4612 판결), 위탁자에 대한 조세채권으로는 신탁재산에 대하여 체납처분(강제징수)을 할 수 없다.

으로써 수탁자를 통해 재산세 등을 징수할 수 있도록 하고 있다. 즉 신탁재산의 위탁자가 재산세 또는 체납처분비를 체납한 경우로서 그 위탁자의 다른 재산에 대하여 체납처분을 하여도 징수할 금액에 미치지 못할 때에는 해당 신탁재산의 수탁자는 그 신탁재산으로써 위탁자의 재산세 등을 납부할 의무가 있다(지방세법 제119조의2 제1항).

구분	2020년 이전	2021. 1. 1. 이후
납세의무자	수탁자	위탁자[435)
체납처분	수탁자에 대한 체납처분	① 위탁자 재산에 대한 체납처분 ② 수탁자의 물적납세의무 : 신탁재산에 대한 체납처분

(6) 사업시행자(제6호)

「도시개발법」에 따라 시행하는 환지(換地) 방식에 의한 도시개발사업 및 「도시 및 주거환경정비법」에 따른 정비사업(재개발사업만 해당한다)의 시행에 따른 환지계획에서 일정한 토지를 환지로 정하지 아니하고 체비지 또는 보류지로 정한 경우에는 사업시행자가 납세의무자이다.

(7) 수입하는 자(제7호)

외국인 소유의 항공기 또는 선박을 임차하여 수입하는 경우에는 수입하는 자가 납세의무자이다.

(8) 「채무자 회생 및 파산에 관한 법률」에 따른 파산선고 이후 파산종결[436)의 결정까지 파산재단에 속하는 재산의 경우 공부상 소유자(제8호)

이는 파산재단에 속하는 재산 중 명의가 채무자가 아닌 다른 자로 되어 있는 경우 공부상 명의자를 납세의무자로 본다는 의미로 해석하여야 한다. 파산재단

---

435) 신탁제도를 재산세의 회피수단으로 활용하는 경우가 늘자 그에 대응하기 위하여 위탁자를 납세의무자로 한 것이다. 수탁자는 아래에서 보는 바와 같이 물적납세의무를 부담한다(지방세법 제119조의2 제1항).
436) '파산종료'의 의미로 보아야 한다.

에 속하는 재산에 관한 재산세는 원칙적으로 파산관재인이 납세의무자이기 때문이다.

(9) 사용자

재산세 과세기준일 현재 소유권의 귀속이 분명하지 아니하여 사실상의 소유자를 확인할 수 없는 경우에는 그 사용자가 재산세를 납부할 의무가 있다(지방세법 제107조 제3항). 여기서 '소유권의 귀속이 분명하지 아니하여 사실상의 소유자를 확인할 수 없는 경우'라 함은 소유권의 귀속 자체에 분쟁이 생겨 소송 중에 있거나 공부상 소유자의 행방불명 또는 생사불명으로 장기간 그 소유자가 관리하고 있지 않는 경우 등을 의미한다.[437]

2. 비과세[438]

가. 국가 등의 소유재산(지방세법 제109조 제1항)

국가 · 지방자치단체 · 지방자치단체조합 · 외국정부 및 주한국제기구의 소유에 속하는 재산에 대하여는 재산세를 부과하지 아니한다. 다만, ① 대한민국 정부기관의 재산에 대하여 과세하는 외국정부의 재산, ② 국가 등으로부터 연부취득시 매수계약자에게 납세의무가 있는 재산(지방세법 제107조 제2항 제4호)에 대하여는 재산세를 부과한다.

나. 공용 · 공공용 등의 무료이용 재산(지방세법 제109조 제2항)

국가 · 지방자치단체 · 지방자치단체조합이 1년 이상 공용 또는 공공용에 사용하는 재산에 대하여는 재산세를 부과하지 아니한다. 다만, 유료로 사용하는 재산은 그러하지 아니하다. 기본적으로 국가 등이 무상으로 사용하는 것을 말하므로 당해 토지에 대해 국가 등으로부터 보상금을 지급받고 있는 토지의 경우는 무상으로 보지 아니한다.

---

437) 지방세법 운영 예규 107-6.
438) 재산세가 비과세되는 건축물과 선박에 대하여는 소방분 지역자원시설세를 부과하지 아니한다(지방세법 제145조 제2항).

유료로 사용하는 경우라 함은 당해 재산사용에 대하여 대가가 지급되는 것을 말하고, 그 사용이 대가적 의미를 갖는다면 사용기간의 장단이나, 대가의 지급이 1회적인지 또는 정기적이거나 반복적인 것인지, 대가의 다과 혹은 대가의 산출방식 여하를 묻지 아니한다.[439] 따라서 토지의 소유자가 국가 등으로부터 토지의 점유·사용에 따른 부당이득금을 지급받았다면 위 규정에서 정한 '유료로 사용하는 경우'에 해당한다고 보아야 한다. 나아가 토지의 소유자가 국가 등에 대하여 토지의 점유·사용에 따른 부당이득반환청구권을 가지고 있다면, 그 부당이득반환청구권을 행사하거나 부당이득금을 지급받지 않았더라도 이와 마찬가지로 보아야 한다.[440]

국가, 지방자치단체 등(이하 '국가 등'이라 한다)이 1년 이상 공용 또는 공공용으로 사용하는 재산에 대하여 비과세하는 취지는, 국가 등이 상당 기간 공용으로 사용하는 재산의 경우 당해 재산은 국가 등이 소유하는 경우와 유사하게 그 이익이 국가 등에 귀속되므로 과세주체와 당해 재산의 실질적인 향유 주체가 일치하는 결과가 되고, 반면 당해 재산의 소유자는 당해 재산에 대하여 실질적인 재산권을 행사하지 못하고 있어 담세능력이나 과세사유가 없다고 보기 때문으로 판단된다. 다만, 국가 등이 유료로 사용하는 경우에는 재산세를 부과하는바, 이는 당해 재산의 소유자가 국가 등으로부터 당해 재산의 사용대가를 받는 이상 그 소유자가 실질적으로 당해 재산에서 수익을 얻는 등으로 재산권을 행사하고 있으므로 이에 대하여는 과세함이 상당하다고 할 것이다.

---

439) 지방세법 운영 예규 109-2.

440) 대법원 2021. 11. 25. 선고 2019다277270 판결. 그 이유는 다음과 같다. ① 토지를 소유하고 있다면 재산세가 부과되는 것이 원칙이고, 예외적으로 토지가 공용 또는 공공용에 무상으로 제공되는 경우 재산세가 비과세되는 것이다. 토지의 소유자가 사용대가 상당을 지급받을 권리를 보유하는 경우까지 예외적인 비과세 혜택을 부여할 이유가 없다. ② 효율적인 과세행정을 위해서는 재산세 과세대상이 명확해야 한다. 토지의 소유자가 국가 등에 대하여 토지의 점유·사용에 따른 부당이득반환청구권을 행사하였는지, 나아가 부당이득금을 지급받았는지 여부 등에 따라 재산세 과세대상인지 여부가 달라진다고 볼 수는 없다. ③ 토지의 소유자가 국가 등에 대하여 토지의 점유·사용에 따른 부당이득반환청구권을 가지고 있다는 이유로 재산세가 부과된 이후 그 부당이득금의 반환을 구하는 소송에서 패소한다면, 토지의 소유자로서는 후발적 경정청구 등을 통하여 구제를 받을 수 있다.

다. 용도구분에 의한 비과세(지방세법 제109조 제3항, 같은 법 시행령 제108조)

① 대통령령(제108조 제1항)으로 정하는 도로·하천·제방·구거·유지 및 묘지, ②「산림보호법」제7조에 따른 산림보호구역, 그 밖에 공익상 재산세를 부과하지 아니할 타당한 이유가 있는 것으로서 대통령령으로 정하는 토지, ③ 임시로 사용하기 위하여 건축된 건축물로서 재산세 과세기준일 현재 1년 미만의 것, ④ 비상재해구조용, 무료도선용, 선교 구성용 및 본선에 속하는 전마용 등으로 사용하는 선박, ⑤ 행정기관으로부터 철거명령을 받은 건축물 등 재산세를 부과하는 것이 적절하지 아니한 건축물 또는 주택(「건축법」제2조 제1항 제2호에 따른 건축물 부분으로 한정한다)으로서 대통령령으로 정하는 것에 대하여는 재산세를 부과하지 않는다. 다만 수익사업에 사용하거나, 유료로 이용하거나, 목적사업에 미사용하거나, 사치성재산에 대하여는 재산세를 부과한다(지방세법 제109조 제3항).

도로는「도로법」에 따른 도로(같은 법 제2조 제2호에 따른 도로의 부속물 중 도로관리시설, 휴게시설, 주유소, 충전소, 교통·관광안내소 및 도로에 연접하여 설치한 연구시설은 제외한다)와 그 밖에 일반인의 자유로운 통행을 위하여 제공할 목적으로 개설한 사설도로를 말한다. 다만, 대지 안의 공지(건축법 시행령 제80조의2)는 제외한다(지방세법 시행령 제108조 제1항 제1호). '일반인의 자유로운 통행에 공할 목적으로 개설한 사도'는 허가를 받아 개설된 사도에 한정되는 것이 아니고, 처음부터 일반인의 자유로운 통행에 공할 목적으로 개설한 사도는 물론 사도의 소유자가 당초 특정한 용도에 제공할 목적으로 설치한 사도라고 하더라도 당해 사도의 이용실태, 사도의 공도에의 연결상황, 주위의 택지의 상황 등 제반 사정에 비추어 사도의 소유자가 일반인의 통행에 대하여 아무런 제약을 가하지 않고 있고, 실제로도 널리 불특정 다수인의 통행에 이용되고 있다면 그러한 사도는 모두 이에 포함된다. 또한 공지의 이용현황, 사도의 조성경위, 대지소유자의 배타적인 사용가능성 등을 객관적·종합적으로 살펴보아, 대지소유자가 그 소유 대지 주위에 일반인들이 통행할 수 있는 공적인 통행로가 없거나 부족하여 부득이하게 그 소유 공지를 불특정 다수인의 통행로로 제공하게 된 결과 더 이상 당해 공지를 독점적·배타적으로 사용·수익할 가능성이 없는 경우에는 비과세에서 제외되는 '대지

안의 공지'에 해당하지 않는다.[441]

Ⅲ. 납세지

재산세의 납세지는 다음과 같다. 재산세는 납세지를 관할하는 지방자치단체에서 부과한다(지방세법 제108조).

(1) 토지 : 토지의 소재지

(2) 건축물 : 건축물의 소재지

(3) 주택 : 주택의 소재지

(4) 선박 : 「선박법」에 따른 선적항의 소재지. 다만, 선적항이 없는 경우에는 정계장(定繫場) 소재지(정계장이 일정하지 아니한 경우에는 선박 소유자의 주소지)로 한다. 여기서 정계장은 선박을 계류하는 일정한 장소를 말한다.

(5) 항공기 : 「항공안전법」에 따른 등록원부에 기재된 정치장의 소재지(「항공안전법」에 따라 등록을 하지 아니한 경우에는 소유자의 주소지)

Ⅳ. 과세표준 및 세율

1. 과세표준

가. 토지·건축물·주택

토지·건축물·주택에 대한 재산세의 과세표준은 시가표준액(지방세법 제4조 제1항 및 제2항)에 공정시장가액비율을 곱하여 산정한 가액으로 한다(지방세법 제110조 제1항).

공정시장가액비율이란 부동산시장의 동향과 지방재정 여건 등을 고려하여 재산세를 부과하는 기준인 과세표준을 정할 때 적용하는 공시가격의 비율을 말한다. 공정시장가액비율은 부동산 시장의 동향과 지방재정 여건 등을 고려하여 정한 것으로 현재는 다음과 같다(지방세법 시행령 제109조).

(1) 토지 및 건축물 : 시가표준액의 100분의 70

---

441) 대법원 2005. 1. 28. 선고 2002두2871 판결 참조.

(2) 주택 : 시가표준액의 100분의 60. 다만, 2023년도에 납세의무가 성립하는 재산세의 과세표준을 산정하는 경우 제110조의2에 따라 1세대 1주택으로 인정되는 주택(시가표준액이 9억 원을 초과하는 주택을 포함한다)에 대해서는 다음 구분에 따른다.

① 시가표준액이 3억 원 이하인 주택 : 시가표준액의 100분의 43

② 시가표준액이 3억 원을 초과하고 6억 원 이하인 주택 : 시가표준액의 100분의 44

③ 시가표준액이 6억 원을 초과하는 주택 : 시가표준액의 100분의 45

나. 선박 및 항공기

선박 및 항공기에 대한 재산세의 과세표준은 시가표준액으로 한다(지방세법 제110조 제2항).

구 분	과세표준액		
토 지 (주택의 부속토지 제외)	시가표준액 × 공정시장가액비율	종합합산	소유자별 합산과세
		별도합산	
		분리과세	토지별 개별과세
건축물(주택 제외)	시가표준액 × 공정시장가액비율		개별과세
주택(부속토지 포함)	시가표준액 × 공정시장가액비율		
선박·항공기	시가표준액		

2. 세 율

가. 표준세율

재산세는 과세표준에 표준세율을 적용하여 계산한 금액을 그 세액으로 한다(지방세법 제111조 제1항). 표준세율은 지방세법 제111조 제1항에 규정되어 있다.

토지의 경우는 종합합산과세대상(초과누진세율),[442] 별도합산과세대상(초과누진세

---

442) 납세의무자가 소유하고 있는 시·군·구 내 소재 종합합산과세대상이 되는 토지의 가액을 모두 합산한 금액을 과세표준으로 하여 3단계 초과누진세율(0.2~0.5%)을 적용한다.

율),[443] 분리과세대상(단일비례세율)[444]에 따라 별도로 규정되어 있다.

| 토지에 대한 표준세율 |

과세대상			표준세율
토 지	종합합산과세대상		0.2~0.5% 3단계 초과누진세율
	별도합산과세대상		0.2~0.4% 3단계 초과누진세율
	분리과세대상	선·납·과수원·목장용지·임야	0.07%
		공장용지 기타 산업용지 등으로서 대통령령이 정한 토지	0.2%
		골프장 및 고급오락장용 토지	4%

지방자치단체장은 특별한 재정수요나 재해 등의 발생으로 재산세의 세율조정이 불가피하다고 인정되는 경우 조례로 정하는 바에 따라 표준세율의 100분의 50의 범위에서 가감 조정할 수 있다. 다만 가감한 세율은 해당 연도에만 적용한다(지방세법 제111조 제3항).

나. 중과세율

「수도권정비계획법」 제6조에 따른 과밀억제권역(「산업집적활성화 및 공장설립에 관한 법률」을 적용받는 산업단지 및 유치지역과 「국토의 계획 및 이용에 관한 법률」을 적용받는 공업지역은 제외한다)에서 공장 신설·증설에 해당하는 경우 그 건축물에 대한 재산세의 세율은 최초의 과세기준일부터 5년간 표준세율(지방세법 제111조 제1항 제2호 다목)에 따른 세율의 100분의 500에 해당하는 세율로 한다(지방세법 제111조 제2항).

---

443) 납세의무자가 소유하고 있는 시·군·구 내 소재 별도합산과세대상이 되는 토지의 가액을 모두 합산한 금액을 과세표준으로 하여 3단계 초과누진세율(0.2~0.4%)을 적용한다.
444) 분리과세대상이 되는 토지가액을 과세표준으로 하여 비례세율을 적용한다.

다. 1세대 1주택에 대한 세율 특례

시가표준액 9억 원 이하인 1세대 1주택[445]에 대하여는 다음의 세율을 적용한다(지방세법 제111조의2 제1항).

과세표준	세율
6천만 원 이하	1,000분의 0.5
6천만 원 초과 1억5천만 원 이하	30,000원+6천만 원 초과금액의 1,000분의 1
1억5천만 원 초과 3억 원 이하	120,000원+1억5천만 원 초과금액의 1,000분의 2
3억 원 초과	420,000원+3억 원 초과금액의 1,000분의 3.5

1세대 1주택의 해당 여부를 판단할 때 「신탁법」에 따라 신탁된 주택은 위탁자의 주택 수에 가산한다(지방세법 제111조의2 제2항).

V. 부과와 징수

1. 과세기준일

재산세 과세기준일은 6월 1일이다(지방세법 제114조). 따라서 6월 1일 소유권이 변경되면 양수인이 재산세 납세의무자가 된다.

2. 납 기

가. 통상적인 납기

재산세의 납기는 다음과 같다(지방세법 제115조 제1항).

(1) 토지 : 매년 9월 16일부터 9월 30일까지

(2) 건축물·선박·항공기 : 매년 7월 16일부터 7월 31일까지

(3) 주택 : 해당 연도에 부과·징수할 세액의 2분의 1은 매년 7월 16일부터 7월 31일까지, 나머지 2분의 1은 9월 16일부터 9월 30일까지. 다만 해당 연도 부과세액이 20만 원 이하인 경우 조례로 정하는 바에 따라 7월 16일부터 7월 31일까지로 하여 한꺼번에 부과·징수할 수 있다.

(4) 선박 : 매년 7월 16일부터 7월 31일까지

---

445) 1세대 1주택의 범위에 관하여는 지방세법 시행령 제110조의2 제1항을 참조할 것.

(5) 항공기 : 매년 7월 16일부터 7월 31일까지

나. 수시부과

지방자치단체의 장은 과세대상 누락, 위법 또는 착오 등으로 인하여 이미 부과한 세액을 변경하거나 수시부과하여야 할 사유가 발생하면 수시로 부과·징수할 수 있다(지방세법 제115조 제2항).

3. 징수방법

가. 보통징수

재산세는 과세관청이 보통징수의 방법으로 부과·징수한다(지방세법 제116조 제1항). 보통징수란 세무공무원이 납세고지서를 납세자에게 발급하여 지방세를 징수하는 것을 말한다(지방세기본법 제2조 제1항 제19호).

나. 물 납

물납은 금전납부에 대신하여 금전 이외의 재산으로 지방세채무를 이행하는 것을 말한다. 지방자치단체의 장은 재산세의 납부세액이 1천만 원을 초과하는 경우에는 납세의무자의 신청을 받아 해당 지방자치단체의 관할구역에 있는 부동산에 대하여만 물납을 허가할 수 있다(지방세법 제117조).

다. 분할납부

지방자치단체의 장은 재산세의 납부세액이 250만 원을 초과하는 경우에는 납부할 세액의 일부를 납부기한이 지난 날부터 3개월 이내에 분할납부하게 할 수 있다(지방세법 제118조).

라. 소액 징수면제

소액 징수면제란 징수할 세액이 일정 금액에 미달할 때는 징수를 하지 않는 것을 말한다. 고지서 1장당 재산세로 징수할 세액이 2천 원 미만인 경우에는 해당 재산세를 징수하지 아니한다(지방세법 제119조).

고지서 1장당 재산세로 징수할 세액이라 함은 병기 고지된 지방교육세, 지역자원시설세 등은 제외한 순수 재산세 본세만을 의미한다.[446) 재산세 도시지역분(지방세법 제112조)[447)을 재산세(본세)에 합산하여 2천 원 미만 여부를 판단한다. 지역자원시설세도 소액 징수면제 규정이 있으므로(지방세법 제148조) 1장의 고지서에 재산세와 지역자원시설세가 있을 때는 각각 판단한다.

소액 징수면제가 된다고 해서 부과 자체가 안되는 것은 아니며 부과는 하되 징수를 하지 않는 것임에 유의하여야 한다.

마. 신탁재산 수탁자의 물적납세의무

신탁재산의 위탁자가 ① 신탁 설정일 이후에 지방세기본법 제71조 제1항에 따른 법정기일이 도래하는 재산세 또는 가산금(재산세에 대한 가산금으로 한정한다)으로서 해당 신탁재산과 관련하여 발생한 것과 ② 위 금액에 대한 체납처분 과정에서 발생한 체납처분비를 체납한 경우로서 그 위탁자의 다른 재산에 대하여 체납처분을 하여도 징수할 금액에 미치지 못할 때에는 해당 신탁재산의 수탁자는 그 신탁재산으로써 위탁자의 재산세 등을 납부할 의무가 있다(지방세법 제119조의2

---

446) 지방세법 운영 예규 119-1.
447) 재산세 도시지역분 2010년도까지 시행하던 도시지역세를 폐지하고, 2011년도부터 재산세 과세특례로 과세하다가 2013년도부터 재산세 도시지역분으로 과세하고 있다. 도시계획세라는 세목은 폐지되었지만 재산세에 합산하여 추가적으로 과세하고 있다. 재산세 도시지역분은 국토의 계획 및 이용에 관한 법률 제6조 제1호에 따른 도시지역 중 해당 지방의회의 의결을 거쳐 고시한 지역 안에 있는 토지, 건축물 또는 주택에 대하여 부과한다(지방세법 제112조 제1항).

도시지역분 = 제110조에 따른 토지 등의 과세표준 × 0.14%

지방자치단체의 장은 0.14%의 세율을 조례로 정하는 바에 따라 0.23%를 초과하지 않는 범위에서 다르게 정할 수 있다(지방세법 제112조 제2항). 한편 재산세 도시지역분 적용대상 지역 안에 있는 토지 중 「국토의 계획 및 이용에 관한 법률」에 따라 지형도면이 고시된 공공시설용지 또는 개발제한구역으로 지정된 토지 중 지상건축물, 골프장, 유원지, 그 밖의 이용시설이 없는 토지는 과세대상에서 제외한다(지방세법 제112조 제3항). 공공시설용지는 지상에 건축물이 있는 경우에도 과세대상에서 제외된다(대법원 1996. 5. 28. 선고 95누7154 판결 참조).

재산세와 함께 부과되는 세금으로 재산세 도시지역분, 지방교육세(지방세법 제150조 제6호)가 있다.

제1항).

신탁법에 따라 수탁자 명의로 등록된 신탁재산의 납세의무자가 위탁자로 됨으로써(지방세법 제107조 제2항 제5호) 신탁재산에 대해 재산세 등이 체납된 경우 수탁자를 통해 재산세 등에 체납처분으로 징수할 수 있도록 한 것이다.

위탁자가 재산세 등을 납부하지 아니한 경우 먼저 위탁자 재산에 대하여 체납처분을 하고, 부족이 생긴 경우 수탁자에게 물적납세의무를 부여한 후 신탁재산에 대하여 체납처분을 한다.

바. 신고의무

① 재산의 소유권 변동 또는 과세대상 재산의 변동 사유가 발생하였으나 과세기준일까지 그 등기·등록이 되지 아니한 재산의 공부상 소유자, ② 상속이 개시된 재산으로서 상속등기가 되지 아니한 경우에는 제107조 제2항 제2호에 따른 주된 상속자, ③ 사실상 종중재산으로서 공부상에는 개인 명의로 등재되어 있는 재산의 공부상 소유자, ④ 수탁자 명의로 등기된 신탁재산의 수탁자, ⑤ 1세대가 둘 이상의 주택을 소유하고 있음에도 불구하고 제111조의2 제1항에 따른 세율을 적용받으려는 경우에는 그 세대원, ⑥ 공부상 등재현황과 사실상의 현황이 다르거나 사실상의 현황이 변경된 경우에는 해당 재산의 사실상 소유자는 과세기준일부터 10일 이내에 그 소재지를 관할하는 지방자치단체의 장에게 그 사실을 알 수 있는 증거자료를 갖추어 신고하여야 한다(지방세법 제120조 제1항).

신고를 하지 않으면 공부상의 소유자, 주된 상속자 등이 재산세 납세의무를 부담한다(지방세법 제107조 제2항).

신고가 사실과 일치하지 아니하거나 신고가 없는 경우에는 지방자치단체의 장이 직권으로 조사하여 과세대장에 등재할 수 있다(지방세법 제120조 제4항).[448]

상속분할협의가 성립되지 않아 공동상속인 간 실제 귀속되는 지분이 확정되

---

448) 지방자치단체는 재산세 과세대장을 비치하고 필요한 사항을 기재하여야 한다. 이 경우 해당 사항을 전산처리하는 경우에는 과세대장을 갖춘 것으로 본다. 재산세 과세대장은 토지, 건축물, 주택, 선박 및 항공기 과세대장으로 구분하여 작성한다(지방세법 제121조).

지 않은 상태에서 일부 상속인의 법정 상속분만 한정하여 납세의무를 신고한 경우는 지방세법 제120조의 사실상의 소유자를 신고한 경우로 보지 아니하여 같은 법 제107조 제2항 제2호에 따라 주된 상속자에게 납세의무가 있다.[449]

사. 세 부담의 상한

해당 재산에 대한 재산세의 산출세액(제112조 제1항 각 호 및 같은 조 제2항에 따른 각각의 세액을 말한다)이 대통령령(제118조)으로 정하는 방법에 따라 계산한 직전 연도의 해당 재산에 대한 재산세액 상당액의 100분의 150을 초과하는 경우에는 100분의 150에 해당하는 금액을 해당 연도에 징수할 세액으로 한다. 다만, 주택의 경우에는 적용하지 아니한다(지방세법 제122조).

세 부담 상한제도(circuit breaker system)는 종합토지세를 재산세로 통합하고, 주택은 건물과 그 부속토지로 통합하는 부동산 보유세제 개편에 따라 지방세의 과표 산정 방식이 원가방식에서 시가방식으로 전환되면서 재산세 부담의 급등에 따라 급격한 세 부담을 완화하기 위한 조치로 개인별 세부담이 전년도에 비해 50%(주택의 경우는 5~30%) 이상 증가되지 않도록 도입되었다. 상한선을 초과할 때 상한선에 해당하는 금액까지만 당해 연도에 징수할 재산세액으로 정한다.

---

449) 지방세법 운영 예규 120 - 1.

제9절 자동차세

자동차세에 있어 '자동차'란 자동차관리법에 의하여 등록되거나 신고된 차량과 건설기계관리법에 의하여 등록된 건설기계 중 차량과 유사한 것으로 덤프트럭 및 콘크리트믹서트럭을 말한다(지방세법 제124조, 같은 법 시행령 제120조). 따라서 자동차관리법 또는 건설기계관리법에 의한 등록 또는 신고가 되지 않은 것은 자동차세의 과세대상이 되지 아니한다.

자동차세에는 자동차 소유에 대한 자동차세와 자동차 주행에 대한 자동차세가 있다. 자동차세는 재산세적인 성격과 도로손상, 교통 혼잡 유발 및 환경오염에 대한 사회적 비용 발생에 따른 부담금적 성격을 동시에 갖는 세금이다.[450]

Ⅰ. 자동차 소유에 대한 자동차세

1. 납세의무자와 비과세

가. 납세의무자

지방자치단체 관할구역에 등록되어 있거나 신고되어 있는 자동차를 소유한 자가 자동차세의 납세의무자이다(지방세법 제125조 제1항). 자동차세는 자동차의 소유사실을 과세요건으로 하여 부과되는 재산세의 성질을 가진 조세이다.[451] 따라서 자동차 소유자가 휴업하면서 운행이익을 향유하고 있지 못하더라도 자동차세 납세의무를 면할 수 없다.

자동차세의 납세의무 성립시기는 자동차세 납기가 있는 달의 1일(6월 1일과 12월 1일)로 되어 있음에도(지방세기본법 제34조 제1항 제9호 가.목) 자동차세의 납세의무자는 특정시점을 기준으로 하지 않고 막연히 "소유한 자"로 되어 있다.

자동차세의 납세의무자는 각 납기별로 그 납기(지방세법 제128조 제1항)가 있는 달의 1일 현재의 자동차 등록원부상 소유자로 보아야 한다. 제1기분 납세의무

---

450) 헌법재판소 2002. 8. 29. 선고 2001헌가24 전원재판부 결정.
451) 대법원 1999. 3. 23. 선고 98도3278 판결 참조.

성립일은 6월 1일이고 제2기분 납세의무 성립일은 12월 1일이다(지방세기본법 제34조 제1항 제9호 가.목, 지방세법 제128조 제1항 참조). 자동차세는 자동차를 소유하는 사실에 대하여 과세하는 것이므로, 가령 자동차를 전혀 운행하지 않았다 하더라도 납세의무가 있는 것이며, 또한 당국으로부터 운행정지처분을 받은 경우라도 납세의무가 있는 것이다.[452]

과세기준일[453] 현재 상속이 개시된 자동차로서 사실상의 소유자 명의로 이전등록을 하지 아니한 경우에는 ① 「민법」상 상속지분이 가장 높은 자, ② 연장자의 순위에 따라 자동차세를 납부할 의무를 진다(지방세법 제125조 제2항).

과세기준일 현재 공매되어 매수대금이 납부되었으나 매수인 명의로 소유권이전등록을 하지 아니한 자동차에 대하여는 매수인이 자동차세를 납부할 의무를 진다(지방세법 제125조 제3항).

나. 비과세

취득세와는 달리 자동차세는 국가 등에 대한 비과세는 없고, ① 국가나 지방자치단체가 특정한 목적에 사용하는 경우나,[454] ② 그 밖에 주한외교기관이 사용하는 자동차 등 대통령령으로 정하는 자동차[455]에 한하여 비과세가 된다(지방

---

452) 자동차의 소유 여부는 자동차등록원부상의 등록 여부로 결정되는 것이므로(지방세법 제124조, 자동차관리법 제6조) 과세기준일에 그 등록원부상 소유자로 등재된 자가 납세의무자가 되며, 자동차의 소유자가 이를 도난당하거나 폐차업소에 입고함에 따라 그 운행이익을 향유하지 못하고 있다고 하더라도 자동차세의 납세의무가 있다. 다만, 도난당한 후 말소등록을 하거나 시장·군수·구청장이 사실조사를 통하여 폐차업소에 입고하여 사실상 회수하거나 사용할 수 없는 것으로 인정하는 경우에는 도난신고접수일 또는 폐차업소 입고일 이후의 자동차세를 부과하지 않는다(지방세법 운영 예규 125-1, 대법원 1999. 3. 23. 선고 98도3278 판결 참조).

453) 과세기준일에 대한 명확한 기준이 없다. 만약 과세기준일을 6월 1일과 12월 1일로 보면 1월 1일부터 5월 31일 중에 사망을 한 경우에 해당 자동차를 5월 31일 이전에 폐차말소를 하거나 이전등록을 하였다면 일부 소유기간에 대한 자동차세는 납세의무승계로 다루어야 할 것이다.

454) ① 국방·경호·경비·교통순찰 또는 소방을 위하여 제공하는 자동차, ② 환자수송·청소·오물제거 또는 도로공사를 위하여 제공하는 자동차.

455) ① 정부가 우편·전파관리에만 사용할 목적으로 특수한 구조로 제작한 것으로서 그 용도의 표지를 한 자동차, ② 주한외교기관과 국제연합기관 및 주한외국원조기관(민간원조기

세법 제126조, 같은 법 시행령 제121조).

2. 과세표준과 세율

자동차세의 과세표준은 해당 자동차가 영업용으로 사용되는지, 비영업용으로 사용되는지와 자동차의 종류가 승용인지, 승합인지 또는 화물자동차인지, 특수자동차인지를 구분하고, 배기량과 화물적재정량에 따라 각각 표준세율을 규정하고 있다(지방세법 제127조 제1항).

지방자치단체의 장은 조례로 정하는 바에 따라 자동차세의 세율을 배기량 등을 고려하여 표준세율의 100분의 50까지 초과하여 정할 수 있다(지방세법 제127조 제3항).

관을 포함한다)이 사용하는 자동차, ③「관세법」에 따라 세관장에게 수출신고를 하고 수출된 자동차, ④ 천재지변·화재·교통사고 등으로 소멸·멸실 또는 파손되어 해당 자동차를 회수하거나 사용할 수 없는 것으로 시장·군수·구청장이 인정하는 자동차, ⑤「자동차관리법」에 따른 자동차해체재활용업자에게 폐차되었음이 증명되는 자동차, ⑥ 공매 등 강제집행절차가 진행 중인 자동차로서 집행기관 인도일 이후부터 경락대금 납부일 전까지의 자동차, ⑦「자동차등록령」제31조 제2항에 해당하는 자동차로서 같은 조 제6항 제7호에 해당하는 자동차(지방세법 시행령 제121조 제2항). 다만 ③ 내지 ⑤의 자동차에 대하여 비과세받으려는 자는 그 사유를 증명할 수 있는 서류를 갖추어 시장·군수·구청장에게 신청하여야 한다(지방세법 시행령 제121조 제3항).

한편 위 ⑥의 경우와 관련하여 임의경매절차에 의하여 인도된 자동차에 대하여도 비과세가 되는지 실무적으로 문제가 되고 있다. '공매 등 강제집행절차가 진행 중인 자동차'는 체납처분(강제징수)에 따른 공매처분과 민사집행법에 따른 강제집행(민사집행법 제78조 제2항)에 제한된다고 보아 임의경매절차가 진행 중인 자동차는 비과세가 아니라는 견해가 있다. 하지만 임의경매와 강제경매를 차별할 합리적인 이유가 없다. 공매나 강제경매에서 집행기관에 인도된 자동차에 대하여 비과세를 하는 이유는 소유자라도 사실상 사용할 수 없다는 점을 고려한 것인데 이는 임의경매의 경우에도 동일하다. 따라서 임의경매절차가 진행 중인 자동차에 대하여도 비과세가 인정된다고 할 것이다(유추해석할 합리적인 이유가 있다). 한편 비과세하는 기간의 종기는 자동차등록일이 아니라 경락대금(매각대금) 납부일 전까지이다. 매수인이 대금을 납부한 때에 자동차의 소유권을 취득하기 때문이다(민사집행법 제187조, 제135조).

3. 납기와 징수방법

가. 보통징수방법

납세의무자는 자동차세 납기가 있는 달의 1일 현재의 자동차소유자로서 보통징수방법에 의하여 부과·징수한다. 자동차세는 1대당 연세액을 2분의 1의 금액으로 분할한 세액(비영업용 승용자동차의 경우에는 제127조 제1항 제2호에 따라 산출한 각 기분세액)을 아래 각 기간 내에 그 납기가 있는 달의 1일 현재의 자동차 소유자로부터 자동차 소재지를 관할하는 지방자치단체에서 징수한다(지방세법 제128조 제1항).

기 분	기 간	납 기
제1기분	1월부터 6월까지	6월 16일부터 6월 30일까지
제2기분	7월부터 12월까지	12월 16일부터 12월 31일까지

납세의무자는 연세액을 한꺼번에 납부할 수 있다(지방세법 제128조 제3항). 연세액이 10만 원 이하인 자동차세는 제1기분을 부과할 때 전액을 부과·징수할 수 있다(지방세법 제128조 제4항).

나. 수시부과

① 자동차를 신규등록하거나 말소등록하는 경우, ② 과세대상 자동차가 비과세 또는 감면대상이 되거나, 비과세 또는 감면대상 자동차가 과세대상이 되는 경우 및 영업용 자동차가 비영업용이 되거나, 비영업용 자동차가 영업용이 되는 경우, ③ 자동차를 승계취득함으로써 일할계산(日割計算)하여 부과·징수하는 경우에는 자동차세를 수시로 부과할 수 있다(지방세법 제130조 제1항 내지 제3항). 신규등록 자동차의 자동차세를 계산할 때에는 신규등록일부터 사용일수를 계산한다.[456)

수시부과할 세액이 2천 원 미만이면 자동차세를 징수하지 아니한다(지방세법

---

456) 지방세법 운영 예규 130-1.

제130조 제4항).

한편 과세기간 중에 이전등록이나 말소등록이 있게 되면 그 시점에서 납세의무가 성립하는 것으로 보아 납세의무자(양도인 또는 말소등록인)에게 해당 기분(期分)의 세액을 이전등록일 또는 말소등록일 기준으로 일할 계산하여(지방세법 시행령 제126조) 신고납부할 수 있도록 선택권을 부여하면서(지방세법 제128조 제5항), 신고납부를 하지 아니할 경우에 과세관청이 수시로 부과한다.

4. 승계취득 시의 납세의무

과세기간 중에 매매·증여 등으로 인하여 자동차를 승계취득한 자가 자동차 소유권 이전 등록을 하는 경우에는 그 소유기간에 따라 자동차세를 일할계산하여 양도인과 양수인에게 각각 부과·징수한다(지방세법 제129조). 자동차세를 소유기간에 따라 일할계산하는 경우 소유권 이전등록일을 기준으로 일할계산한 금액을 징수한다. 양도자는 기간초일부터 양도일(이전등록일) 전날까지로, 양수자는 양수일(이전등록일)부터 기간말일로 계산한다.

자동차에 대한 연세액을 제1기와 제2기로 나누어 과세하면서 각 기분의 납기가 있는 달의 1일 이전에 자동차를 취득한 경우 당해 기분의 자동차세를 승계토록 함에 따라 실제로 사용하지도 아니한 자동차세까지 부담하는 것은 자동차세의 취지에 맞지 않기 때문에 각 기분별로 소유기간에 따라 일할계산하여 양도인과 양수인에게 각각 부과징수할 수 있도록 한 것이다.

5. 자동차등록번호판의 영치 및 즉시 체납처분

가. 자동차등록번호판의 영치

독촉기한까지 자동차세의 납세의무를 이행하지 아니한 자가 있을 때에는 특별자치시·특별자치도의 경우와 자동차등록업무가 시장·군수·구청장에게 위임되어 있는 경우에는 특별자치시장·특별자치도지사·시장·군수 또는 구청장은 해당 자동차의 등록번호판을 영치할 수 있다(지방세법 제131조 제1항).

중지명령에 의하여 중지되거나(제44조 제1항 제5호) 회생절차개시결정으로 일정기간 중지·금지되는(제58조 제3항) 체납처분에 지방세법 제131조에서 규정하는 자동차 등록번호판의 영치가 포함되는가. 체납처분은 지방자치단체가 납세자의 재산을 압류하는 것이고 압류의 절차나 방법에 관하여는 지방세징수법에 구체적으로 규정되어 있는데, 자동차등록번호판의 영치는 위 법에 규정되어 있지 않은 점, 중지되거나 금지되는 체납처분은 지방세징수법에 의한 것이라고 명시하고 있는 점 등을 고려하면, 지방세법에 의한 자동차등록번호판의 영치는 중지·금지되는 체납처분에 해당되지 않는다고 할 것이다.

나. 즉시 체납처분

일반적으로 세금징수절차는 세금납부고지 → 체납자에 대한 납부독촉(독촉절차) → 체납처분의 순서로 진행된다.

다른 세목과 달리 자동차세는 독촉절차 없이 납기가 경과되면 그 즉시 체납처분을 할 수 있다. 즉 자동차에 관한 지방자치단체의 징수금을 납부하지 아니하거나 납부한 금액이 부족할 때는 해당 자동차에 대하여 독촉절차 없이 즉시 체납처분을 할 수 있다(지방세법 제133조).[457]

Ⅱ. 자동차 주행에 대한 자동차세

1. 납세의무자

주행분 자동차세의 납세의무자는 「교통·에너지·환경세법」 제3조 및 제11조의 규정에 따라 휘발유, 경유 및 이와 유사한 대체유류(과세물품)에 대한 교통·에너지·환경세의 납세의무가 있는 자이다(지방세법 제135조).

납세의무자는 국내정유회사와 외국으로부터 수입하는 자다. 각 지역에 산재해 있는 주유소와 자동차를 소유하고 있는 자가 직접 자동차세를 납부하는 것이 아니라 소비자는 유류가격만 지불하면, 자동차세를 납부하는 납세의무자는 정유회사와 유류를 수입하는 자가 된다.

---

457) 지방세법 운영 예규 133 – 1, 지방세징수법 운영 예규 32 – 3.

2. 세 율

가. 세 율

주행분 자동차세의 세율은 과세물품에 대한 교통·에너지·환경세액의 1천분의 360이다(지방세법 제136조 제1항). 부가세적 조세에 해당한다. 교통·에너지·환경세를 신고납부하지 아니하는 등의 사유로 부담한 가산세는 주행분 자동차세를 산정함에 있어 세액에 포함된다.

나. 조정세율

자동차세의 세율은 교통·에너지·환경세율의 변동 등으로 조정이 필요하면 그 세율의 100분의 30의 범위에서 대통령령으로 정하는 바에 따라 가감하여 조정할 수 있다(지방세법 제136조 제2항).

현재 조정세율은 과세물품에 대한 교통·에너지·환경세액의 1천분의 260이다(지방세법 시행령 제131조).

3. 신고납부와 보통징수

가. 신고납부

주행분 자동차세 납세의무자는 매월 반출된 휘발유·경유 및 이와 유사한 대체유류에 대한 교통·에너지·환경세액을 다음 달 말일까지 세무서장에게 신고납부하게 되는데, 이때에 교통·에너지·환경세액에 세율을 적용하여 산출한 주행분 자동차세를 교통·에너지·환경세의 납세지를 관할하는 지방자치단체의 장에게 신고하고 납부하여야 한다. 이 경우 교통·에너지·환경세의 납세지를 관할하는 지방자치단체의 장을 각 지방자치단체가 부과할 자동차세의 특별징수의무자로 한다(지방세법 제137조 제1항).

나. 보통징수

납세의무자가 신고 또는 납부의무를 다하지 아니하면 해당 특별징수의무자가 제136조에 따라 산출한 세액 또는 그 부족세액에 「지방세기본법」 제53조부터 제

55조까지의 규정에 따라 산출한 가산세를 합한 금액을 세액으로 하여 보통징수의 방법으로 징수한다. 다만, 자동차세로 징수할 세액이 고지서 1장당 2천 원 미만인 경우에는 그 자동차세를 징수하지 아니한다(지방세법 제137조 제2항).

4. 이의신청 등의 특례

자동차세의 부과・징수에 대하여 이의신청 등을 하려는 경우에는 특별징수의무자를 그 처분청으로 본다(지방세법 제138조 제1항). 자동차세가 교통・에너지・환경세의 납세지를 관할하는 지방자치단체의 장을 각 지방자치단체가 부과할 자동차세의 특별징수의무자로 하고 있기 때문에 자동차세에 대한 이의신청 등도 특별징수의무자에게 하도록 한 것이다.

특별징수의무자가 안분계산 등 착오로 지방세환급금이 발생하였을 때는 어떻게 처리하는가. 자동차세에 지방세환급금이 발생한 때에는 특별징수의무자가 환급하고 해당 시군에 납부하여야 할 세액에서 이를 공제한다(지방세법 제138조 제2항).

제10절 지역자원시설세

지역자원시설세는 지역의 부존자원 보호·보전, 환경보호·개선, 안전·생활 편의시설 설치 등 주민생활환경 개선사업 및 지역개발사업에 필요한 재원을 확보하고 소방사무에 소요되는 제반비용에 충당하기 위하여 부과되는 목적세이다 (지방세법 제141조).

지역자원시설세는 특정자원분(발전용수, 지하수, 지하자원 등), 특정시설분(컨테이너, 원자력발전, 화력발전 등)과 소방분(건축물, 선박 등)으로 구분하여 부과·징수한다.

Ⅰ. 과세대상

지역자원시설세는 ① 주민생활환경 개선사업 및 지역개발사업에 필요한 재원을 확보하기 위하여 부과하는 특정자원분 지역자원시설세, 특정시설분 지역자원시설세와 ② 소방사무에 소요되는 제반비용에 충당하기 위하여 부과하는 소방분 지역자원시설세로 구분한다(지방세법 제142조). 지역자원시설세의 과세대상은 다음과 같다.

(1) 특정자원분 지역자원시설세 : 발전용수, 지하수, 지하자원

(2) 특정시설분 지역자원시설세 : 컨테이너, 원자력발전, 화력발전

(3) 소방분 지역자원시설세 : 소방시설로 인하여 이익을 받는 자의 건축물(주택의 건축물 부분을 포함한다) 및 선박(납세지를 관할하는 지방자치단체에 소방선이 없는 경우는 제외한다). 소방시설로 인하여 이익을 받은 자라 함은 당해 시·군에 소방선이 없다 하더라도 인접한 시·군의 소방선으로부터 실질적인 수혜를 받고 있는 자를 포함한다.[458]

---

458) 지방세법 운영 예규 142-1.

Ⅱ. 납세의무자 및 비과세

1. 납세의무자

지역자원시설세의 납세의무자는 다음과 같다(지방세법 제143조).

가. 특정자원분 지역자원시설세의 납세의무자

(1) 발전용수 : 흐르는 물을 이용하여 직접 수력발전(양수발전은 제외한다)을 하는 자

(2) 지하수 : 지하수를 이용하기 위하여 채수(採水)하는 자

(3) 지하자원 : 지하자원을 채광(採鑛)하는 자. 지하자원은 채광된 광물을 말한다. 다만, 석탄과 「광업법 시행령」 제58조에 따른 광산 중 연간매출액이 10억 원 이하인 광산에서 채광된 광물은 제외한다(지방세법 시행령 제136조 제3호).

나. 특정시설분 지역자원시설세의 납세의무자

(1) 컨테이너 : 컨테이너를 취급하는 부두를 이용하여 컨테이너를 입항·출항 시키는 자

(2) 원자력발전 : 원자력을 이용하여 발전을 하는 자

(3) 화력발전 : 연료를 연소하여 발전을 하는 자

다. 소방분 지역자원시설세의 납세의무자 : 건축물 또는 선박에 대한 재산세 납세의무자

2. 비과세

① 국가, 지방자치단체 및 지방자치단체조합이 직접 개발하여 이용하는 경우, ② 국가, 지방자치단체 및 지방자치단체조합에 무료로 제공하는 경우는 특정자원분 지역자원시설세 및 특정시설분 지역자원시설세를 부과하지 아니한다(지방세법 제145조 제1항).

재산세가 비과세되는 건축물과 선박에 대해서는 소방분 지역자원시설세를 부

과하지 아니한다(지방세법 제145조 제2항).

Ⅲ. 납세지

지역자원시설세는 납세지를 관할하는 지방자치단체의 장이 부과한다(지방세법 제144조). 지역자원시설세의 납세지는 다음과 같다.

1. 특정자원분 지역자원시설세

(1) 발전용수 : 발전소의 소재지

(2) 지하수 : 채수공(採水孔)의 소재지

(3) 지하자원 : 광업권이 등록된 토지의 소재지. 다만, 광업권이 등록된 토지가 둘 이상의 지방자치단체에 걸쳐 있는 경우에는 광업권이 등록된 토지의 면적에 따라 안분한다.

2. 특정시설분 지역자원시설세

(1) 컨테이너 : 컨테이너를 취급하는 부두의 소재지

(2) 원자력발전 : 발전소의 소재지

(3) 화력발전 : 발전소의 소재지

3. 소방분 지역자원시설세

(1) 건축물 : 건축물의 소재지

(2) 선박 : 선박법에 따른 선적항의 소재지. 다만, 선적항이 없는 경우에는 정계장 소재지(정계장이 일정하지 아니한 경우에는 선박 소유자의 주소지)

Ⅳ. 과세표준 및 세율

1. 특정자원분 지역자원시설세

특정자원분 지역자원시설세의 과세표준과 표준세율은 발전에 이용된 물, 채수된 물·온천수, 채광된 광물가액을 기준으로 개별적으로 정해져 있다(지방세법 제146조 제1항).

지방자치단체의 장은 조례로 정하는 바에 따라 표준세율의 100분의 50의 범위에서 가감할 수 있다(지방세법 제146조 제5항).

2. 특정시설분 지역자원시설세

특정시설분 지역자원시설세의 과세표준과 표준세율은 컨테이너 티이유(TEU), 발전량 킬로와트시(kWh)를 기준으로 개별적으로 정해져 있다(지방세법 제146조 제2항).

지방자치단체의 장은 조례로 정하는 바에 따라 컨테이너에 대하여 표준세율의 100분의 50의 범위에서 가감할 수 있다(지방세법 제146조 제5항).

3. 소방분 지역자원시설세

소방분 지역자원시설세의 경우는 건축물 또는 선박의 가액 또는 시가표준액 등을 과세표준으로 하여 개별적으로 표준세율이 정해져 있다(지방세법 제146조 제3항).

소방분 지역자원시설세는 소방사무에 필요한 재원을 확보하고 소방시설에 필요한 비용을 충당하기 위한 것으로서, 화재위험, 피해규모 및 소방비용이 상대적으로 큰 대형 화재위험 건축물에 대하여 중과세 하는 것이 과도하다고 보기 어렵다. 대형 화재위험 건축물에 해당하는 건물의 구분소유자가 부담하는 소방분 지역자원시설세 납세의무에 비하여, 대도시의 고층건물, 거대한 쇼핑몰 등 대형 화재위험 건축물의 증가로 소방사무의 범위가 화재 진압을 넘어 각종 재난 대응, 인명구조 등으로 확대되는 환경에서 소방서비스 및 소방시설 확충을 위한 재원을 마련하는 공익은 중대하다고 할 것이므로 중과세가 납세의무자의 재산권을 침해한다고 볼 수 없다.[459]

지방자치단체의 장은 조례로 정하는 바에 따라 표준세율의 100분의 50의 범위에서 가감할 수 있다(지방세법 제146조 제5항).

---

459) 헌법재판소 2020. 3. 26. 선고 2017헌바387 전원재판부 결정 참조.

V. 부과 · 징수

1. 징수방법

가. 특정자원분 지역자원시설세 및 특정시설분 지역자원시설세

특정자원분 지역자원시설세 및 특정시설분 지역자원시설세는 신고납부의 방법으로 징수한다. 다만, 지하수에 대한 지역자원시설세의 경우 조례로 정하는 바에 따라 보통징수의 방법으로 징수할 수 있다(지방세법 제147조 제1항 제1호).

나. 소방분 지역자원시설세

소방분 지역자원시설세는 관할 지방자치단체의 장이 세액을 산정하여 보통징수의 방법으로 부과 · 징수한다(지방세법 제147조 제3항).

과세대상 누락, 위법 또는 착오 등으로 인하여 이미 부과된 세액을 변경하거나 수시부과하여야 할 사유가 발생하면 수시로 부과 · 징수할 수 있다(지방세법 제147조 제2항, 제115조).

2. 소액 징수면제

지역자원시설세로 징수할 세액이 고지서 1장당 2천 원 미만인 경우에는 그 지역자원시설세를 징수하지 아니한다(지방세법 제148조).

제11절 지방교육세

지방교육세는 시·도세이자 목적세로서 지방교육의 질적 향상에 필요한 지방교육재원의 확충을 위해(지방세법 제149조) 지방세 세목 중 일부 세목(취득세, 등록에 대한 등록면허세, 레저세, 담배소비세, 균등분 주민세, 재산세, 자동차세)의 세액에 부가하여 징수하는 것이다. 다른 지방세의 세액을 과세표준으로 하여 그 본세의 납세의무자에게 본세와 함께 과세하는 부가세(surtax)이다.

Ⅰ. 납세의무자

지방교육세는 취득세, 등록에 대한 등록면허세, 레저세, 담배소비세, 주민세 균등분, 재산세, 자동차세(이하 취득세 등이라 한다)와 같이 징수하며 납세의무자는 다음과 같다(지방세법 제150조).

(1) 부동산, 기계장비(자동차관리법에 따라 등록되거나 신고된 차량 제외), 항공기 및 선박의 취득에 대한 취득세의 납세의무자

(2) 「자동차관리법」에 따라 등록되거나 신고된 차량에 대한 등록면허세를 제외한 등록에 대한 등록면허세의 납세의무자

(3) 레저세, 담배소비세, 주민세 개인분 및 사업소분의 납세의무자

(4) 재산세의 납세의무자

(5) 비영업용 승용자동차에 대한 자동차세의 납세의무자. 승용자동차란 10인 이하를 운송하기에 적합하게 제작된 자동차를 말한다(자동차관리법 제3조).

Ⅱ. 과세표준 및 세율

지방교육세는 지방세법 및 지방세 감면 법령에 따라 납부하여야 할 취득세 등에 대하여 각각의 산출방법에 따라 산출한 금액을 그 세액으로 한다(지방세법 제151조 제1항).

지방자치단체의 장은 지방교육투자재원의 조달을 위하여 필요한 경우에는 지방교육세 표준세율(레저세는 제외한다)을 조례로 정하는 바에 따라 100분의 50 범

위에서 가감할 수 있다(지방세법 제151조 제2항).

지방교육세의 과세표준이 되는 지방세에 가산세가 가산되었을 경우 가산세액은 지방교육세 과세표준에 산입하지 않는다(지방세법 시행령 제140조).

Ⅲ. 신고납부와 부과 · 징수

1. 신고납부

지방교육세 납세의무자가 취득세, 등록에 대한 등록면허세, 레저세 또는 담배소비세 및 주민세 사업소분을 신고하고 납부하는 때에는 그에 대한 지방교육세를 함께 신고하고 납부하여야 한다(지방세법 제152조 제1항).

2. 부과 · 징수(보통징수)

(1) 지방자치단체의 장이 납세의무자에게 주민세 개인분, 재산세 및 자동차세를 부과 · 징수하거나 세관장이 담배소비세를 부과 · 징수 · 납입하는 때에는 그에 대한 지방교육세를 함께 부과 · 징수 · 납입한다(지방세법 제152조 제2항).

(2) 지방교육세를 신고하고 납부하여야 하는 자가 납부의무를 다하지 아니한 경우에는 제151조 제1항에 따라 산출한 세액 또는 그 부족세액에 「지방세기본법」 제55조(납부불성실가산세)에 따라 산출한 가산세를 합한 금액을 세액으로 하여 보통징수(제152조 제3항에 따라 징수하는 경우에는 특별징수)의 방법으로 징수한다(지방세법 제153조 제2항).

(3) 담배소비세의 특별징수의무자가 담배소비세를 특별징수하는 경우(지방세법 제62조의2)에는 그에 따른 지방교육세를 함께 부과 · 징수 · 납입한다(지방세법 제152조 제3항). 이 경우 지방교육세의 부과 · 징수 · 납입에 대하여 불복하려는 경우에는 특별징수의무자를 그 처분청으로 본다(지방세법 제152조 제4항).

1. 국세와 지방세의 불편한 동거

조세는 세금을 부과 징수하는 과세권이 누구에게 있느냐에 따라 국세와 지방세로 구분된다. 국세는 국가에게, 지방세는 지방자치단체에게 각 과세권이 있다. 본격적인 지방자치를 실시한 지 20년이 넘었고, 그에 따라 지방재정 규모도 상당히 커졌다. 2010년 말까지 단행법으로 운용되던 지방세는 2017년 3월 28일 지방세기본법, 지방세징수법, 지방세법, 지방세특례제한법이라는 4법체계를 갖추게 되어 명실상부하게 국세와는 완전히 독립된 조세가 되었다. 세수 규모에 있어서도 현재 지방세 25 : 국세 75 정도이지만, 앞으로 지방세의 비중은 점점 더 늘어날 것으로 예상된다.

지방세가 국세로부터 독립됨으로써 과세나 부과의 기본이 되는 법들도 별도로 존재하게 되었다. 국세기본법에 상응하는 지방세기본법, 국세징수법에 상응하는 지방세징수법, 국세의 개별 세목을 규정하는 법인세법 등에 상응하는 지방세법, 조세특례제한법에 상응하는 지방세특례제한법 등이 그것이다. 지방자치의 핵심이 재정의 자립에 있다는 점에서 지방세가 국세로부터 독립하여야 한다는 대의는 충분하다. 하지만 지방세의 분법으로 여러 가지 문제가 발생하고 있다.

먼저 세원(과세대상)은 동일한데 국세와 지방세가 모두 과세되는 경우가 있다. 법인의 소득에 대하여 법인세(국세)와 법인지방소득세(지방세)가 과세된다. 개인의 소득에 대하여 소득세(국세)와 개인지방소득세(지방세)가 과세된다. 부가가치세의 경우 지방소비세를 포함하여 과세된다. 동일한 세원임에도 국가와 지방자치단체가 따로 과세하기 때문에 불복절차에 있어 불편함을 초래할 수 있다. 예컨대 지방소득세의 경우 소득세법이나 법인세법에 따라 계산한 소득세나 법인세의 과세표준을 과세표준으로 하여 과세하지만, 징수나 불복절차에서 특례가 인정되지 않는다. 따라서 지방소득세에 대하여 불복이 있는 경우에는 통상의 지방세 불복절차에 따라 별도로 구제받아야 한다. 나아가 소득세나 법인세가 경정되더라도 지방소득세가 직권으로 경정되는 것은 아니므로 소득세나 법인세와 별도로 불복절차를 밟아야 한다.

한편 실무적으로 지방소득세에 대하여 이의신청이 있는 경우, 지방소득세는 소득세법이나 법인세법에 따라 계산한 금액을 과세표준으로 하여 신고 납부하는 지방세이므로 그 과세표준이 되는 소득세나 법인세에 대한 권한 있는 기관에서 취소 또는 경정을 하기 전까지는 취소 또는 경정을 하지 않고 있다(지방소득세에 대하여 불복이 있는 경우 소득세나 법인세에 대하여도 불복신청을 한다). 정확히 말하자면 취소나 경정이 불가능하다. 지방소득세 부과와 관련된 과세자료가 국세를 부과하는 과세관청에서 보관하고 있고, 사실상 과세관청 사이에 협조가 이루어지지 않고 있기 때문이다. 이로 인해 지방소득세에 대해 불복을 하더라도 실질적인 심의가 어렵고, 형식 논리적으로 소득세나 법인세에 대해 취소나 경정이 없었다는 점을 이유로 불복신청을 기각하고 있다.

다음으로 지방세가 독립세이기 때문에 동일한 세원에 대하여 세무조사가 중복하여 이루어질 수 있다. 예컨대 개인이나 법인의 소득에 대하여 국세공무원(소득세 또는 법인세)이나 지방세공무원(지방소득세) 모두 세무조사를 할 수 있는 것이다. 이처럼 국세나 지방세가 서로 독자적인 세무조사권을 행사할 경우, 납세자 입장에서는 세무조사에 따른 비용과 시간을 이중으로 낭비하게 되고, 이는 납세자의 조세저항을 유발할 수 있다.

마지막으로 국세와 지방세에 관한 법률에서 사용하고 있는 용어가 통일되지 못하고 있다. 국세에서는 법인세, 소득세라 하고 있음에 반하여, 지방세에서는 지방소득세라고 하고 있다. 국세에서는 부가가치세라고 하고 있음에 반하여, 지방세에서는 지방소비세라고 하고 있다. 최근에는 국세에서 징수와 관련된 '체납처분'이라는 용어를 '강제징수'라는 용어로 바꾸었다. 강제징수라는 용어가 그 본질적인 부분인 강제성을 잘 드러내고 있다고는 하지만, 지방세징수법은 물론 다른 법에서 여전히 '체납처분'이라는 용어를 사용하고 있다는 점에서 아쉬움이 있다.

납세자 입장에서는 국세든 지방세든 내야하는 세금임에는 차이가 없다. 지방세는 과세권자가 지방자치단체라는 것을 제외하면 국세와 마찬가지로 조세로서의 모든 특성을 갖고 있다. 결국 세법의 기본원리에 차이가 없음에도 납세자에게는 신고, 세무조사 및 불복절차에서 이중부담이나 절차의 차이로 인한 불편을 겪고 있다. 납세자뿐만 아니라 실무를 운용하는 세무공무원, 관련 업무에 종사하는 조세 전문가들에게도 부담스럽다.

국세와 지방세를 통합하면 문제가 해결되겠지만, 조세의 통합은 본질을 벗어난 것이고 시대의 흐름에도 맞지 않으며 불가능한 것이기도 하다. 국세와 지방세의 분리는 불가피한 것임을 인정하고 문제 해결을 고민해야 한다. 우선 세원에 따라 국세와 지방세의 과세대상을 명확히 분리할 필요가 있다. 예컨대 부가가치세는 소비에 근원하고 있으므로 지방세로서 지방소비세로 하는 것이 본질에 맞다. 다음으로 국세와 지방세에서 사용하는 용어를 통일하고 동일한 성질의 것은 동일하게 취급하여야 한다. 이를 위해서 세법 개정이나 제도 설계에 있어 국세와 지방세를 담당하는 기관끼리 소통하고 협조하여야 한다. 결국 세무행정은 납세자를 위한 방향으로 가야 한다. 마지막으로 과세자료에 대한 상호 공유가 필수적이다. 과세자료를 공유함으로써 정확한 과세처분과 신속한 불복절차처리를 이룰 수 있으며, 불필요한 이중세무조사의 부담을 줄일 수 있을 것이기 때문이다.

2. 서초구의 재산세 감면은 적법한가

2020년 하반기 지방세와 관련하여 뜨거운 관심을 끌었던 것이 서초구의 재산세를 감면하는 조례 제정이었다. 공시가격 9억 원 이하 1가구 1주택 소유자에게 재산세 50%를 감면해주겠다는 것이 주된 내용이다. 재산세 중 서울특별시 몫 50%를 빼면 서초구의 몫은 50%이므로 실제로는 25%를 감면해주는 것이다(지방세기본법 제9조 제1항, 제2항). 일반인들에게는 조례로 세금을 감면해주는 것이 가능한지 생소하다. 일단 감면해 준다니 납세자 입장에서는 기분 좋은 일이 아닐 수 없다. 하지만 뭔가 고개가 갸우뚱해지는 것은 무엇 때문일까.

서초구의 조례가 지방세법(제111조 제1항 제3호 나목)에 규정되지 않은 새로운 과세표준을 창설하는 것이므로 조세법률주의나 상위법인 지방세법에 위반된다거나 정부의 부동산 정책 실패를 부각하기 위한 정치적인 의도가 있는 것은 아닌지 등은 논외로 하고, 서초구가 조례로 재산세를 감면하는 법적 근거가 무엇인지, 조례를 통한 감면은 적법한 것인지 등 본질적인 내용에 관하여 생각해 볼 필요가 있다. 지방자치가 더욱 공고히 되고, 지방세의 중요성이 점점 더 커지는 상황에서 이러한 문제는 언제든지 발생할 수 있기 때문이다.

지방세도 과세권자가 지방자치단체라는 점만 다를 뿐 조세라는 점에서 국세와 다를 바 없으므로 조세로서의 모든 특성을 갖는다. 그러나 지방세는 법률규정에 의해 바로 납세의무를 부여하는 국세와 달리, 지방세법 등 지방세관계법에서 조례에 위임된 사항에 대해서는 지방자치단체의 조례로 다시 제정하여 공포 시행하여야 그 효력이 있다는 점에서 다르다. 즉 지방자치단체는 지방세의 세목(稅目), 과세대상, 과세표준, 세율, 그 밖에 지방세의 부과·징수에 필요한 사항을 조례로 정할 수 있다. 다만 지방세기본법이나 지방세관계법에서 정하는 범위에서 조례로 정하여야 한다(지방세기본법 제5조 제1항). 결국 조례로 정할 수 있는 것은 지방세기본법 등이 정한 범위 내이다.

지방세를 과세하기 위한 요건(과세요건) 중 하나인 세율에는 재정학적으로 비례세율, 누진세율 등이 있다. 한편 지방세법은 지방자치단체의 재량권을 고려하여 지방세 독자적인 세율(법정세율, 제한세율 등)을 규정하고 있다. 그 중 하나가 표준세율이다. 표준세율이란 지방자치단체가 지방세를 부과할 경우에 통상 적용하여야 할 세율로서 재정상의 사유 또는 그 밖의 특별한 사유가 있는 경우에는 이에 따르지 아니할 수 있는 세율을 말한다(지방세기본법 제2조 제6호). 일반적으로 지방세법에서는 표준세율을 규정해 놓고 지방자치단체의 조례로 50% 범위 내에서 가감할 수 있도록 하고 있다. 지방자치단체의 과세자주권(자율성)을 높이기 위한 수단이다.

재산세는 과세기준일(6월 1일) 현재 주택 등 재산을 사실상 소유하고 있는 자가 내는 세금이다(지방세법 제107조 제1항, 제114조). 재산세도 표준세율을 채택하고 있다(지방세법 제111조 제1항 제3호 나목). 따라서 서초구는 조례로 재산세를 감면할 수 있다.

문제는 서초구가 재산세를 조례로 감면을 할 수 있는 요건을 갖추었느냐는 것이다. 일반적으로 조례로 세율을 감면하려면 '재정상의 사유 또는 그 밖의 특별한 사유'가 있어야 한다. 하지만 지방세법은 재산세의 경우 '지방자치단체의 장은 특별한 재정수요나 재해 등의 발생으로 재산세의 세율 조정이 불가피하다고 인정되는 경우 조례로 정하는 바에 따라 표준세율의 100분의 50의 범위에서 가감할 수 있다'고 규정함으로써(지방세법 제111조 제3항, 이하 '이 사건 근거조항'이라 한다), 조례로 재산세를 감면할 수 있는 경우를 더욱 좁히고 있다. 다른 측면에서 재산세에 관한 한 지방자치단체의 과세자주권을 상당히 제약하고 있다.

조세법률주의의 원칙상 과세요건이거나 비과세요건 또는 조세감면요건을 막론하고 조세법규의 해석은 특별한 사정이 없는 한 법문대로 해석할 것이고 합리적 이유 없이 확장해석하거나 유추해석하는 것은 허용되지 않는다. 서초구는 재산세를 감면하는 조례를 제정한 이유에 관하여, 재산세 과세의 기초가 되는 주택 공시가격의 급격한 상승으로 납세자의 세금(재산세) 부담이 급등하게 되었다는 것을 내세우고 있다. 조세법률주의가 요구하는 엄격해석원칙과 지방세법의 규정 취지 등에 비추어 보면, 서초구가 내세우는 이유가 지방세법이 규정하고 있는 '특별한 재정수요나 재해 등의 발생으로 재산세의 세율 조정이 불가피하다고 인정되는 경우'에 해당한다고 볼 수 있을지는 의문이다.

[해당 사건의 경과]

1. 서울특별시 서초구의회의 조례 제정 및 공포

서울특별시 서초구의회는 2020. 9. 25. '서울특별시 서초구 구세조례 일부개정조례안(지방세법 제4조에 따른 과세시가표준액이 9억 원 이하인 1가구 1주택자에 대한 재산세를 50% 인하하는 안, 이하 '이 사건 조례안'이라 한다)'을 의결하였다. 서울특별시장이 재의를 요구하였음에도 불구하고 2020. 10. 23. 이 사건 조례안은 그대로 공포되었다.

이 사건 조례안 제10조 제1항에서는 "법(지방세법) 제111조 제3항에 따른 제111조

제1항 제3호 나목에 해당하는 재산세의 세율은 표준세율의 100분의 50으로 한다. 다만, 법 제4조에 따른 시가표준액 9억 이하의 1가구 1개 주택을 소유한 개인에 한한다."고 규정하고, 제2항에서는 "1가구 1개 주택의 적용에 필요한 사항은 규칙으로 정한다."고 규정하고 있다.

2. 서울특별시장의 조례안의결무효확인청구 및 집행정지 신청

서울특별시장(원고)은 서울특별시 서초구의회(피고)를 상대로 이 사건 조례안이 2020. 10. 30. 지방자치법 제172조 제7항[460])에 따라 본안사건인 대법원 2020추5169 조례안의결무효확인 청구를 하면서,[461]) 함께 신청사건으로 대법원 2020쿠515 집행정지 신청을 하였다.

신청인(서울특별시장)은 이 사건 조례안이 지방세법의 위임 범위를 일탈하여 '세율'이 아닌 추가적인 재산세 감면 요건을 규정한 것으로 포괄위임 금지의 원칙 및 명확성의 원칙에 반하는 것으로 효력이 없다고 주장하였다.

3. 집행정지 사건에 대한 대법원 판단(집행정지 인용)

가. 집행정지 신청의 인용요건

집행정지 신청의 인용요건은 ① 회복하기 어려운 손해의 발생을 피하기 위한 긴급한 필요가 있을 것과 ② 본안청구가 이유 없음이 명백하지 않을 것이다.[462])

나. 집행정지의 인용

대법원은 이 사건 집행정지 신청의 경우 위와 같은 집행정지 신청의 인용요건을 일단 충족한다고 판단하여 인용 결정을 하였다.

주문 : 피신청인이 2020. 9. 25. '서울특별시 서초구 구세조례 일부개정조례안'에 대하여 한 의결의 효력은 대법원 2020추5169 조례안의결무효확인 청구 사건에 관한 본안판결이 있을 때까지 이를 정지한다.

---

460) 제172조(지방의회 의결의 재의와 제소) ⑦ 제1항에 따라 지방의회 의결이 법령에 위반된다고 판단되어 주무부장관이나 시·도지사로부터 재의요구지시를 받은 지방자치단체의 장이 재의를 요구하지 아니하는 경우(법령에 위반되는 지방의회 의결사항이 조례안인 경우로서 재의요구지시를 받기 전에 그 조례안을 공포한 경우를 포함한다)에는 주무부장관이나 시·도지사는 제1항에 따른 기간이 지난 날부터 7일 이내에 **대법원에 직접 제소 및 집행정지결정을 신청할 수 있다.**

461) 청구취지 : 피고가 2020. 9. 25. 「서울특별시 서초구 구세 조례 일부 개정 조례안」에 관하여 한 의결은 효력이 없다.

462) 대법원 1992. 8. 7. 선고 92두30 결정 등 참조.

4. 본안사건에 대한 대법원 판단(대법원 2022. 4. 14. 선고 2020추5169 판결)

대법원은 「당시 코로나바이러스 감염증-19의 확산이 이 사건 근거조항에서 정한 '재해'에 해당한다. 재해 등이 발생한 경우 조례로 감경하는 세율의 적용대상을 재해 피해자 등 일정 범위로 한정하는 것은 이 사건 근거조항의 위임범위 내로서 허용된 다. 따라서 이 사건 조례안이 감경하는 세율의 적용대상을 한정하여, 그에 따라 과세 표준 구간이 창설되고 과세표준 구간별 누진 정도가 변경되는 결과가 발생하더라도, 이는 이 사건 근거조항이 조례로 감경하는 세율의 적용대상을 한정할 수 있도록 함 으로써 생기는 반사적 효과에 불과하거나 이 사건 근거조항이 예정하고 있는 것으 로 볼 수 있다. 그러므로 이 사건 조례안이 이 사건 근거조항의 위임범위의 한계를 일탈하였다거나 조세법률주의에 위배되어 무효라고 평가할 수는 없다. 또한 이 사 건 조례안이 '1가구 1주택'의 개념을 규칙안에 위임하였다고 하더라도 포괄위임금지 원칙에 위배되어 무효라고 볼 수 없다. 나아가 이 사건 조례안이 '재산세의 세율은 표준세율의 100분의 50으로 한다'고 정하였더라도 그 내용은 재산세 중 구세의 표준 세율을 100분의 50만큼 감경하는 것임을 분명히 알 수 있다. 따라서 이 사건 조례안 이 조세법률의 명확성 원칙에 위배되어 무효라고 볼 수 없다.」는 이유로 원고의 청 구를 기각하였다.

3. 세법 용어 유감

몇 년간의 준비를 거쳐 2020년 12월 2일 <도산과 지방세>(삼일인포마인, 2021년) 를 출간하였다. 서울회생법원을 비롯한 여러 법원에서 파산부장으로 근무하면서 쌓은 도산실무경험, 한국지방세연구원에서의 조세(지방세) 강의 및 서울특별시 지방세심의위원회 위원장으로서의 지방세심판경험이 고스란히 담겨있는 책이 다. <도산과 지방세>를 집필하는 동안 세법에 사용되고 있는 몇 가지 용어는 잘 못 사용되거나 바람직한 표현이 아니라는 것을 알게 되었다. 용어는 그 자체로 무엇을 의미하는지 알 수 있어야 한다. 그래야 쉬운 법을 만들 수 있다.

'법인세'라는 용어는 적절한가. 법인세는 법인의 사업연도 소득에 대하여 부 과하는 세금이다. '소득'에 대한 세금임에도 법인세라고 하고 있다. 법인세는 '법인'에 대하여 부과하는 세금이라는 의미로 오해될 수 있는 용어다. '소득세' 의 경우도 마찬가지다. 소득세는 '개인(거주자나 비거주자)'의 소득에 대하여 부과 하는 세금이다. 소득세는 소득에 대하여 과세하는 세금이라는 의미는 들어 있지만, '개인'의 소득에 대한 것이라는 의미가 포함되어 있지 않다. 결국 법인세는 법인소득세, 소득세는 개인소득세라는 용어가 적절하다. 법인소득세는 법인의 소득에 대한 세금이라는 의미가 용어 자체에 잘 드러나 있다. 법인격이 없는 단체도 법인세를 납부한다는 점에서 기업소득세라고 하는 것도 고려해 볼 만하다. 개인소득세도 개인의 소득에 대한 세금이라는 의미가 용어 자체에 들어 있다. 참고로 중국의 경우 기업소득세와 개인소득세라는 용어를 사용하고 있다. 이런 점에서 지방세법이 개인에 대한 지방소득세를 개인지방소득세, 법인에 대한 지방소득세를 법인지방소득세라고 하고 있는 것은 바람직한 현상이다.

'양도소득세'라는 용어는 어떤가. 양도소득세라는 세금(세목)이 없음에도 언론이나 실무가들 사이, 심지어 책 제목에도 양도소득세라는 용어를 사용하고 있다. 양도소득세는 부동산 등의 양도로 인하여 발생한 '소득'에 대하여 부과하는 세금이다. 양도소득세는 양도로 인한 '소득'에 대한 세금으로 소득세(법인세)의 일종이다. 양도소득세라는 용어는 양도소득세를 거래세로 잘못 인식되게 하고 있기도 하다. 언론은 물론 일부 조세전문가들조차도 거래세의 대표적인 것으로 양도소득세를 언급한다. 다시 말하지만 양도소득세는 소득세(법인세)다. 부동산 등을 양도함으로써 얻은 소득에 대하여 과세하는 세금으로 거래세가 아니다(거래세의 대표적인 것이 취득세다).

'조세범 처벌법'이라는 용어 역시 문제가 있다. 조세범 처벌법은 '국세'에 관한 세법을 위반한 자에 대한 형벌에 관한 사항을 규정하여 국세에 관한 세법의 실효성을 높이고 국민의 건전한 납세의식을 확립함을 목적으로 하는 것인데, 여기서 조세는 관세를 제외한 '국세'를 말한다. 일반적으로 조세는 국세(관세 포함)와 지방세를 포함하는 개념으로 사용하고 있다. 이로 인해 '조세범 처벌법'은 관세를 포함한 국세는 물론 지방세에 관한 처벌 규정까지 포함하고 있는 것으로 오해를 불러일으키고 있다. 조세범 처벌법은 '국세'에 관한 세법을 위반한 자에 대한 형벌을 규정하고 있을 뿐이다. 지방세에 관한 법을 위반한 자에 대한 형사처벌은 지방세기본법에서, 관세에 관한 법을 위반한 자에 대한 형사처벌은 관세법에서 각각 규정하고 있다. 결국 조세범 처벌법은 '조세'라는 용어를 사용함으로써 혼선을 주고 있다. 조세범 처벌법에 지방세와 관세에 관한 처벌규정을 모두 규정하든지(다만 현실적으로 쉽지 않다), 아니면 '국세범 처벌법'이라는 용어로 변경하는 것이 타당하다.

세법은 그 어떤 법보다도 복잡하다. 경제상황을 반영한 정책적인 법이라는 세법 고유의 특징에서 비롯된 것도 있지만, 국민(납세자)들의 입장은 고려하지 않은 채 입법자나 집행자의 시각에서만 용어를 만든 것은 아닌지 반성할 필요가 있다. 국민들에게 다가가는 세무행정이 되려면 용어부터 쉽고 정확하게 고쳐야 한다.

4. 조세채권의 우선성은 정당한가

기업이나 개인은 신용거래나 대출거래를 통해 누군가와 채권채무관계를 형성한다. 채권채무관계에서 모든 채권자는 평등하다. 예컨대 A(채무자)에 대하여 채권자 甲(갑)은 물품대금채권 1억 원, 채권자 乙(을)은 대여금채권 3억 원을 각 가지고 있었는데, 채무자 A 소유 부동산이 경매로 매각되었다. 이 경우 甲과 乙은 그들이 가지고 있는 채권액에 비례하여 변제(배당)받는다. 만약 채무자 A의 부동산이 1억 원에 매각되었다면 甲이 2,500만 원, 乙이 7,500만 원을 가져간다.

문제는 채무자 A가 조세를 체납하고 있는 경우다. 일반적으로 조세는 국가나 지방자치단체의 재정적 원천이라는 이유로 다른 일반채권보다 우선하여 징수하도록 하고 있다. 위에서 본 사례에서 채무자 A가 6,000만 원의 조세를 체납하고 있는 경우, 조세채권자인 국가 등이 6,000만 원을 먼저 가져간 후, 나머지 4,000만 원은 채권액에 비례하여 甲이 1,000만 원, 乙이 3,000만 원을 가져간다. 과연 이것이 정당한가. 왜 일반채권은 조세채권보다 나중에 변제받아야 하는가.

채무자 A와 물품거래를 한 채권자 甲이나 돈을 빌려준 채권자 乙은 채무자 A가 조세를 체납한 사실을 알지 못한다. 조세채권은 등기나 등록에 의해 공시되는 것이 아니기 때문이다. 만약 채무자 A가 조세를 체납한 사실을 알았다면 甲, 乙은 물품거래를 중단하거나 돈을 빌려주지 않았을 것이다. 조세채권의 우선성은 거래안전을 해치고, 다른 일반채권자에게 예측하지 못한 손해를 줄 수도 있다. 이러한 문제점에도 불구하고 지금껏 조세채권은 일반채권보다 우선하여 변제를 받아왔고, 이를 당연하게 여겨왔다.

조세채권이 다른 일반채권보다 우선하여야 하는가. 조세채권은 일반채권과 달리 납세자가 세금을 납부하지 않으면 집행권원이 없어도 바로 압류절차에 들어갈 수 있다. 이를 강제징수(국세) 또는 체납처분(지방세)이라 한다. 일반채권이 소송 등을 통해 집행권원을 얻은 후 압류할 수 있는 것과 비교하면, 국가나 지방자치단체에게는 신속하고 막강한 강제징수권한을 부여하고 있다. 또한 필요한 경우 세무조사도 할 수 있고, 상습고액체납자를 공개할 수도 있으며, 고발을 통해 형사처벌을 받게 할 수도 있다. 나아가 국세나 관세를 납부하지 않을 경우 30일 범위에서 체납된 세금을 납부할 때까지 감치도 할 수 있다. 이처럼 막강한 징수권한과 조사권한을 가지고 있음에도 국가나 지방자치단체가 일반채권자보다 우선하여 조세를 징수하여 가도록 하는 것이 맞는지 이제 고민을 해 보아야 할 시점이다. 조세채권이 일반채권보다 우선하도록 규정한 것은 입법정책의 문제이지 결코 절대적인 것은 아니기 때문이다.

한편 도산절차(회생절차, 파산절차, 개인회생절차)가 개시되면 조세채권은 더욱 강화된 보호를 받는다. 회생절차에서 조세채권은 원칙적으로 우선권 있는 회생채권이지만 일부 조세채권은 공익채권으로서 수시로 우선적으로 변제받는다. 파산절차에서는 원칙적으로 재단채권으로서 다른 채권보다 수시로 우선적으로 변제받는다. 개인회생절차의 경우 원칙적으로 우선권 있는 개인회생채권이지만 일부 조세채권은 개인회생재단채권으로서 수시로 우선적으로 변제받는다. 이처럼 도산절차가 개시되면 조세채권 중 일부는 공익채권, 재단채권 또는 개인회생재단채권으로서 실체법에서 인정되는 것 이상으로 보호를 받는다. 도산절차개시라는 우연한 사정에 의하여 조세채권이 실체법에서 인정되는 것 이상으로 보호되는 것은 합리성이 없다.

조세채권이 일반채권보다 우선한다는 것은 다시 생각해 보아야 한다. 국가나 지방자치단체의 재원 확보는 강력한 징수수단을 부여하는 것으로 충분하다. 사인간의 채권도 국가 등의 채권만큼이나 보호가치가 있기 때문이다.

5. 조세심판과 조세소송

필자는 2009년부터 2010년까지 서울행정법원에서 조세소송을 담당한 적이 있고, 2020년부터 2022년까지는 서울특별시 지방세심의위원회 위원장으로서 지방세심판을 담당했던 적이 있었다. 지방세이기는 하지만, 서울특별시의 부동산 가격이 높고 경제규모가 크기 때문에 쟁점이 되는 사안들의 세금 규모는 국세 못지않게, 경우에 따라서는 훨씬 더 큰 규모의 금액들이 다투어졌다.

서울행정법원에서 조세소송을 담당할 때는 조세심판 결정들을 보면서 '왜 이런 결정을 한 것일까' 하는 의문을 가진 사건들이 가끔 있었다. 그때의 의문은 지방세심판을 거듭할수록 조금씩 풀려갔다. 지방세심의위원회 위원장을 맡으면서는 막연하게 조세소송을 담당하던 때의 마음가짐으로 지방세심판을 하면 되겠지 하는 생각을 가지고 있었다. 그래서 대법원 판례나 조세법의 기본원리 등을 세심하게 살피려 했고, 지방세관계법의 해석에 있어서도 엄격성을 유지하려고 했다. 하지만 그 동안 품었던 의문이 풀리면서 초기의 마음가짐은 조금씩 흔들려갔다. 조세심판과 조세소송은 심리나 결론을 내림에 있어 차이가 있다는 점을 느낀 것이다. 그 이유는 무엇일까.

첫째, 조세소송에서는 지방세(조세) 부과처분이 위법하다고 판단되면 특별한 사정이 없는 한 부과처분을 취소한다고 결론을 내린다. 하지만 조세심판에서는 꼭 그렇게 할 수 없는 경우가 더러 있다. 위법한 것이라고 의심이 들더라도 이미 이전에 이의신청 등을 기각하여 조세심판원에서 심의를 하고 있거나, 더 나아가 법원에 소송이 제기되어 있는 경우에는 부과처분을 취소하기 어렵다는 현실적인 고민이 있다. 부과처분을 취소할 경우 이전에 기각한 사건에 관하여 잘못된 결론이었다는 자백이 되므로 조세심판원이나 법원에서 진행되고 있는 사건에 불리한 영향을 미칠 우려가 있기 때문이다. 과세금액이 큰 경우나 부과처분이 전국적으로 영향을 미치는 경우에도 쉽게 취소하기 어려운 것 같다. 위법 여부가 명확하지 않은 상태에서 큰 금액의 부과처분을 취소해 주었는데, 나중에 부과처분이 맞는 것으로 밝혀질 경우 그에 대한 후폭풍이 만만치 않기 때문이다.

위법을 판단함에 있어서도 정도의 차이가 있는 것 같다. 지방자치단체의 입장에서는 지방세수입의 확보를 위해 가급적 위법하지 않다고 판단하려는 경향이 있는 것 같다. 국세의 경우도 마찬가지일 것이다. 위법을 좁게 해석하는 것이다.

지방세심의위원회에 외부위원이 다수 참여하기는 하지만, 심의자료는 기본적으로 지방자치단체(국가)의 지방세(국세)공무원들이 준비를 하는 관계로 과세관청의 관점에서 조사가 이루어지기도 한다. 조세소송에서 법원이 객관적인 제3자 입장에서 증거조사를 하는 것과 대조되는 점이다. 또한 조세소송에서만큼 엄격한 증거법칙이 적용되지 않기 때문에 추론에 의한 사실인정을 하기도 한다.

둘째, 조세소송에서는 위법한지 여부만을 심리하지만, 조세심판에서는 위법뿐만 아니라 부당까지도 심리할 수 있다는 점에서 오는 차이이다. 기초생활수급자이거나 중증장애인 등과 같이 사회적으로 약자들에게는 좀 더 관대하게(유연하게) 취소를 해 줄 수 있는 것 같다. 소액의 부과처분인 경우는 이러한 경향이 두드러질 수 있다. 본세는 취소해주기 어렵다고 하더라도 가산세에 있어 '정당한 사유'를 좀 더 폭넓게 인정해줄 수 있는 것 같기도 하다.

셋째, 조세심판 단계에서는 상급기관의 해석에 대한 기속력이 상당히 강하다는 것을 느꼈다. 조세소송의 경우도 대법원 판례에 사실상 구속력이 인정되고 있지만, 사실관계에 있어서는 말할 것도 없고 법리적인 측면에서도 자유롭게 판단한다. 하지만 조세심판을 함에 있어서는 국세청이나 행정안전부의 해석은 실무자들에게 상당한 구속력으로 작용하는 것 같다. 국세청 등의 해석이 아무런 법적 구속력이 없음에도, 마치 해석과 달리 판단하면 안 되는 것으로 생각하는 것 같다. 아마 나중에 감사 등을 통해 상급기관으로부터 지적이 있을 것이라는 우려에서 비롯된 것으로 보인다.

넷째, 조세심판의 태생적 한계에서 오는 차이이다. 조세심판을 하는 지방세심의위원회는 과세관청이 구성하고, 과세관청에 속해 있기 때문에 과세관청으로부터 결코 자유로울 수 없다. 그러다보니 의심스러우면 납세자의 이익으로가 아니라 과세관청의 이익으로 해석하려는 경향이 강해지는 것 같다.

지방세(조세)심판전치주의를 채택하고 있는 이상 지방세(조세)에 관하여 불복이 있으면 지방세(조세)심판을 거쳐야 한다. 지방세심판(조세심판)을 거쳐 결국에는 조세소송에 이르지만, 지방세심판(조세심판)을 함에 있어서는 꼭 조세소송을 염두에 두고 심리하거나 결론을 내리는 것은 아니다. 경우에 따라서는 바람직하지도 않는 것 같다. 조세소송에서 결론이 달라지더라도 지방세심판(조세심판)의 본연의 역할을 생각하면서 결론을 내리는 것이 제도의 취지에 맞는 것 같다. 조세소송을 담당할 때 생각하지 못했던 조세심판의 고충과 고민을 지방세심의위원회 위원장을 하면서 많이 느꼈다.

6. 회생절차에서 세금도 면책되는가

의류용품을 생산하여 대기업에 납품하던 A주식회사는 경기불황을 이기지 못하고 회생절차개시신청을 고려하고 있다. 은행 대출금을 비롯하여 상거래채권도 많지만, A주식회사가 가장 고민하고 있는 것은 체납된 세금(법인세) 10억 원이다. 1년 매출액이 50억 원 정도의 기업이다 보니 체납된 세금은 감면되지 않는 한 큰 부담이 아닐 수 없다. 회생절차를 통해서 세금을 면책받을 수 있는 것일까.

회생절차를 신청하는 대부분의 채무자는 A주식회사와 마찬가지로 신청 당시 이미 상당한 금액의 세금을 체납하고 있는 경우가 많다. 세금은 국가나 지방자치단체의 재원이라는 점을 고려하여, 실체법에서 징수우선권을 부여하고 있는 것과 마찬가지로 회생절차에서도 특별한 취급을 하고 있다.

회생절차에서 조세채권(세금)은 크게 2가지 성질의 채권으로 취급하고 있다. 하나는 회생채권이다. 회생채권이란 회생절차가 개시되면 권리행사를 할 수 없고, 회생계획에서 정해진 바에 따라 변제받는 채권을 말한다. 조세채권은 원칙적으로 회생채권이다. 따라서 채무자가 세금을 체납하였다고 하더라도 회생절차가 개시되면 징수권자(국가, 지방자치단체)는 채무자의 재산에 대하여 체납처분(강제징수)을 할 수 없다. 둘은 공익채권이다. 공익채권이란 회생절차가 개시되더라도 권리행사에 아무런 제한이 없고 수시로 우선적으로 변제받을 수 있는 채권을 말한다. 조세채권이 회생채권인지 공익채권인지는 납세의무가 회생절차개시 전에 성립한 것인지 후에 성립한 것인지에 따라 구별된다. 회생절차개시 전에 납세의무가 성립한 것이면 회생채권, 회생절차개시 후에 성립한 것이면 공익채권이다. 다만 회생절차개시 전에 납세의무가 성립하였지만, 원천징수하는 조세 등과 같이 일부 조세채권은 공익채권이다.

회생절차에서 공익채권인 조세채권은 수시로 우선적으로 납부하여야 하고 면책도 인정되지 않는다. 결국 회생절차에서 면책의 여지가 있는 것은 회생채권인 조세채권이다. 그렇다면 회생채권인 조세채권은 면책될 수 있는가. 조세채권은 그 특수성으로 인해 다른 회생채권과 다른 취급을 하고 있다. 다른 회생채권의 경우 다수결의 원리에 따라 채권을 감면(면책)시킬 수 있다. 하지만 조세채권의 경우는 다르다. 세금을 3년 넘게 분할 납부하거나 조금이라도 감면을 받으려면 징수권자의 동의를 얻어야 한다. 반면 3년 미만으로 분할 납부할 경우에는 징수권자의 의견만 들으면 된다. 실무적으로 징수권자가 체납된 세금에 대하여 3년을 넘어 분할 납부하거나 감면하는 것에 동의하는 경우는 흔하지 않다. 따라서 대부분 세금을 3년 분할 납부하는 것으로 회생계획을 작성한다(최근 3년을 넘어 분할 납부하는 것에 징수권자가 동의하는 사례가 늘고 있지만, 감면에 동의하는 경우는 찾아보기 어렵다).

결국 회생채권인 조세채권은 징수권자가 감면에 동의하면 감면부분에 대하여 면책이 되지만, 동의하지 않으면 면책되지 않는다. 이러한 이유로 과다하게 세금을 체납하고 있는 채무자는 회생절차를 통해서도 회생의 기회를 얻는 것이 쉽지 않다.

A주식회사의 체납된 세금 10억 원은 회생절차개시 전에 납세의무가 성립한 것이므로 회생채권이다. 따라서 징수권자가 어떠한 입장을 취하는지에 따라 면책 여부가 결정된다. 징수권자가 일부 세금의 감면에 동의하면 그 부분은 면책된다. 다만 현실적으로 감면에 동의를 받기는 쉽지 않다. 결국 A주식회사는 10억 원을 3년간 분할 납부하는 내용으로 회생계획을 작성할 수밖에 없다. 이러한 내용의 회생계획에 대하여는 징수권자의 동의를 받을 필요는 없다. 만약 체납된 세금이 공익채권이라면 면책의 여지는 없다.

7. 세법은 왜 이렇게 복잡할까

매년 1월이 되면 직장인들은 연말정산을 하느라 골머리를 앓는다. 연말정산을 위한 자료는 국세청을 통하여 쉽게 구할 수 있어 연말정산이 예전보다 편리해졌지만, 연말정산 관련 자료를 입력하는 것은 일반인들 입장에서는 쉬운 일이 아니다. 최종적으로 내야할 세금을 계산해 내기 위해서는 수많은 과정을 거쳐야 한다. 인적공제부터 세액공제에 이르기까지 산 넘어 산이다. 용어도 어렵고 공제를 얼마나 인정해주는지는 개별 세법을 일일이 찾아보지 않으면 알기 어렵다. 세법을 찾아보아도 모르기는 마찬가지다. 세법이 너무 복잡하기 때문이다. 왜 이렇게 세법은 복잡한 것일까.

애초부터 세법이 복잡한 것은 아니었을 것이다. 필자가 처음 세법을 접한 1990년 무렵에는 지금에 비하면 상당히 단순하였다. 경제규모가 커지고 가족 구성을 비롯한 사회가 다양해지면서 이러한 요인들을 세법에 반영하여야 한다는 요구가 강해졌다. 그러다보니 초기의 단순한 모습은 사라지고 점점 더 복잡해진 괴물로 변해버렸다. 최근에는 세무전문가인 세무사조차도 양도소득으로 인한 법인세나 소득세를 대신 신고해주는 것을 포기한다는 '양포세무사'라는 신조어까지 등장했다. 그만큼 세법이 복잡하다는 이야기다.

세법이 복잡해진 첫 번째 요인은 새로운 세원의 등장에서 찾을 수 있다. 경제가 발전하고 확장되다 보면 예전에 과세대상이 아니었던 것을 과세대상에 포섭하려는 요인이 생긴다. 재원확보라는 측면도 있지만 실질적인 소득임에도 조세법률주의로 인해 과세를 못하는 경우가 있기 때문이다. 최근 비트코인 등을 비롯한 가상화폐에 대한 과세 논의가 여기에 해당한다. 문제는 과세대상으로 포섭하려다 보니 생소한 용어가 세법에 등장할 수밖에 없고, 어떻게 과세할 것인지, 어떤 단계에서 얼마를 과세할 것인지에 대하여 세세하게 규정하여야 한다는 데 있다. 이러한 현상은 열거주의를 채택하고 있는 소득세에서 더욱 두드러지지만, 법인세 등의 경우도 정도의 차이가 있을 뿐 정밀한 규정을 요구하는 것은 마찬가지다. 분쟁의 소지를 없애기 위함이다.

두 번째 요인은 정책적인 이유와 지방경제의 활성화를 위해 각종 법률에 의한 감면 규정의 등장이다. 과세당국은 일단 특정 세원을 과세대상으로 규정한 후, 각종 정책적인 이유나 균형적인 지역발전이라는 명목으로 다양한 감면 혜택을 규정한다. 지방세의 경우는 한걸음 더 나가 조례에 의한 감면도 가능하다. 감면 후 일정한 사유가 발생하면 감면해 준 세금을 다시 추징한다. 그러다보니 규정 자체가 이중 삼중으로 꼬인다. 「과세 → 감면 → 추징」의 과정이 연속적으로 일어나는 것이다. 일반인으로서는 이러한 일련의 규정들을 이해하기 쉽지 않다.

세 번째 요인은 세법 연구가 깊어짐에 따라 점점 더 정치한 규정을 요구하게 된다는 점에 있다. 최근 가산세의 납세의무 성립시기가 하나의 규정으로 단순하였던 것을 각 가산세별로 각각 규정한 것이 대표적 사례다. 가산세의 납세의무 성립시기를 세분화함으로써 이론적인 정확성은 갖추게 되었지만, 납세자 입장에서는 더욱 어려운 내용이 되어 버렸다.

세법이 복잡한 것은 숙명인지도 모른다. 경제가 복잡해지고 새로운 세원들이 포착된다고 하여도 알기 쉽게 세법을 규정하는 것이 불가능한 것일까. 필자는 2007년 8월경부터 중국으로 1년간 유학을 다녀온 적이 있다. 유학 시절 현지에 있는 기업인들의 요청으로 함께 중국 세법에 대하여 공부를 한 적이 있다. 중국 세법을 공부하면서 정말로 중국의 세법이 단순하다는 것을 느꼈다. 당시 중국의 경제규모와 발전은 우리나라와 비교하여 뒤쳐진 것은 사실이었지만, 그러한 사정을 감안하더라도 세금을 계산함에 있어 지극히 간단하다는 것에 새삼 놀랐다.

경제가 발전해가면서 세법이 복잡해지는 것은 어느 정도 감수하여야 하겠지만, 과세관청이 결단을 하면 많이 간결한 세법이 될 수도 있다. 납세자를 위한 세무행정이라는 점에서도 세법은 좀 더 단순해질 필요가 있다. 이는 의지의 문제이다. 당장 실현할 수 있는 것부터 하여야 한다. 그런 점에서 최근 국세에서 납세자 유형에 따라 달리 사용하던 '독촉'과 '(납부)최고'를 '독촉'이라는 용어로 통일한 것[463] 등은 세법의 단순화를 위한 첫걸음이라는 점에서 긍정적 신호다.

8. 세법의 해석 적용도 법 감정이 고려되어야 한다!
‒주거로서 기능이 상실된 것도 주택인가‒

세법의 해석 적용에 있어서도 다른 법률의 경우와 마찬가지로 법적안정성을 중시할 것인가 아니면 구체적 타당성을 중시할 것인가의 문제가 늘 잠재되어 있다. 세법은 엄격하게 해석하여 적용하여야 한다는 측면에서 구체적 타당성보다는 법적안정성이 더 강조되는 경향이 있다. 하지만 세법도 사람을 위하여 운용되는

---

463) 지방세에서는 여전히 구별하여 사용하고 있다.

것이고 그 해석 적용에 있어서도 이러한 점을 간과할 수 없다. 또한 세법의 해석 적용에 있어서 일반인들의 상식을 벗어나면 법집행의 신뢰를 얻기 어렵다.

이○○씨는 2021. 2. 12. 부친의 사망으로 서울 강동구 둔촌동에 소재하는 아파트 1채를 상속으로 취득하였다. 한편 이○○씨의 처인 우△△씨는 2012. 8. 2. 충남 예산군 소재 토지를 증여받아 소유하고 있었다. 위 토지에는 주택으로 보이는 건축물이 있었다. 건축물대장에는 여전히 주택으로 등재되어 있으나 해당 주택은 약 20년간 방치되어 아무도 거주하지 않고 있고 전기도 차단되었으며 풀과 대나무가 무성한 폐허 상태였다. 그런데 그 동안 주택으로 보아 부과된 재산세도 납부하여 왔다. 이 경우 이○○씨는 아파트 취득과 관련하여 1가구 1주택자로서 특례세율을 적용하여 취득세를 신고납부할 수 있을까. 핵심 쟁점은 주거기능을 상실한 것을 주택으로 볼 수 있는지 여부이다.

필자가 위원장으로 있었던 서울특별시 지방세심의위원회의 이의신청이나 과세전적부심사청구사건에서 위와 유사한 사례들이 더러 있었다. 과세관청은 우△△씨가 주택에 대하여 재산세를 납부하고 있고(일반적으로 그 금액이 크지 않기 때문에 대부분 납세자는 재산세에 관하여 이의신청 등으로 불복하지 않고 재산세를 납부한다), 폐가라고 하여 주택이 아니라고 볼 수 없으며, 주거기능을 상실하였다고 하지만 건축물로 신고된 적이 없다는 이유로 1가주 1주택의 특례세율을 적용할 수 없다고 주장하며 통상적인 세율(표준세율)을 적용하여 과세한다. 위 사례도 2021년 3월경 실제 있었던 사례를 단순화한 것이다.

상속으로 인한 취득 중 대통령령으로 정하는 1가구 1주택의 취득에 대한 세율은 1천분의 28에서 중과기준세율(1천분의 20, 지방세법 제6조 제19호)을 뺀 세율로 산정한 금액을 취득세로 한다(지방세법 제15조 제1항 제2호 가목, 제11조 제1항 제1호 나목). 한편 1가주 1주택을 판정함에 있어 주택의 부속토지만을 소유하는 경우에도 주택을 소유하는 것으로 본다(지방세법 시행령 제29조 제2항). 한편 주택이란 세대의 구성원이 장기간 독립된 주거생활을 할 수 있는 구조로 된 건축물의 전부 또는 일부 및 그 부속토지를 말한다(지방세법 시행령 제29조 제1항, 지방세법 제11조 제1항 제8호, 주택법 제2조 제1호).

이○○씨가 상속으로 인한 아파트 취득으로 취득세를 신고함에 있어 1가구 1 주택의 특례세율이 적용될 수 있는지는 처인 우△△씨가 소유하고 있는 충남 예산군 소재 토지가 주택의 부속토지인지 여부에 달려 있다. 충남 예산군 소재 토지가 주택의 부속토지로 인정되려면 그 지상에 소재한 건축물이 주택에 해당되어야 한다. 건축물대장에 주택으로 등재되어 있으면 주택인가. 주거의 기능을 상실한 주택인 경우 건축물대장의 기재와 무관하게 주택으로 볼 수 없는가.

우△△씨가 소유하고 있는 토지 위의 건축물에는 사람이 거주하지 않고 전기도 공급되지 않고 있으며 장기간 방치되어 풀과 대나무가 무성한 상태로 세대의 구성원이 장기간 독립된 주거생활을 할 수 있는 구조가 아니다. 주거로서의 기능을 상실한 것이다. 따라서 주택으로 볼 수 없고 단순히 건축물로 볼 여지가 있을 뿐이다. 따라서 우△△씨가 소유하는 충남 예산군 소재 토지는 주택의 부속토지가 아니고 이○○씨는 상속으로 인한 취득세를 신고함에 있어 특례세율을 적용하여 신고납부하면 된다. 구체적으로 위 사례에서 이○○씨는 1천분의 8(1천분의 28 − 1천분의 20)의 특례세율을 적용하여 취득세를 납부하면 된다. 통상적인 세율(1천분의 28)을 적용하여 취득세를 납부하였다면 경정청구를 통해 과다하게 납부한 취득세를 돌려받을 수 있다.

서울특별시 지방세심의위원회는 심도 있는 검토와 논의를 거쳐 위와 유사한 사례에서 해당 주택은 주거로서 기능이 상실하였으므로 특례세율을 적용하여야 한다고 결론을 내렸다. 여러 가지 사정과 과정을 거쳐 1가구 1주택으로 보았지만 그 내면에는 법해석에도 상식이 전제되어야 한다는 것이 내포되어 있다. 폐허 상태의 주택을 주택으로 보아 과세한다면 일반 납세자들이 과연 수긍할 수 있을까. 동의하기 어려울 것이고 결국 조세저항에 직면할 수 있다. 세법의 해석 적용에 있어서 국민의 법 감정이 고려되어야 하는 이유다.

9. 조세채권의 면책과 형사책임

대형 프랜차이즈 음식점을 운영하는 A씨는 사업이 어려워지자 세금을 덜 내기 위해 매출 장부를 거짓으로 작성하였다. 식당 매출은 점점 더 떨어졌고, 결국 법원에 통상적인 회생절차를 신청하였다. 20억 원이 넘는 은행담보대출로 개인회생절차는 신청할 수 없었기 때문이다. 회생절차는 순조롭게 진행되어 회생계획이 인가되었다. 회생절차가 진행되던 중 A씨에 대해 세무조사가 이루어졌고, 3억 원의 세금을 탈루한 사실이 밝혀졌다. A씨의 행위는 조세포탈에 해당한다. 포탈된 조세(조세채권)도 회생계획인가결정으로 면책될 수 있는가. 조세채권이 면책될 경우 A씨는 조세포탈범으로 형사처벌은 받지 않는가.

회생절차에서 조세채권은 원칙적으로 면책 대상이 되는 채권(회생채권)이다. 조세채권이 회생채권인 경우 관리인(일반적으로 A씨가 관리인이 된다)이 제출하는 채권자목록에 기재되어 있지 않고, 국가나 지방자치단체가 조세채권을 신고하지 아니하면 회생계획인가결정으로 면책(실권)된다. 조세채권이 면책된 경우 납세자는 연체된 세금을 납부하지 않아도 된다.

회생절차가 진행되던 중 채무자(납세자)가 조세포탈 등의 의도를 가지고 있었다면 채권자목록에 조세채권을 기재하지 않을 것이다. 관리인이 된 A씨도 이러한 이유로 채권자목록에 탈루한 매출액과 관련된 조세채권(부가가치세, 소득세 등)을 기재하지 않았다. 과세관청은 납세자가 일부러 매출을 탈루한 경우 사후에 세무조사를 통하여 조세채권이 존재하는지를 알 수밖에 없다. 따라서 과세관청은 회생절차에서 조세채권을 신고할 수 없다. 이 경우 조세채권은 회생계획인가결정으로 실효된다. 위 사례에서도 채권자목록에도 기재되어 있지 않았고 조세채권의 신고도 없어 A씨의 조세채권은 비록 조세포탈의 의도가 있었지만 실효된다.

조세채권은 국가나 지방자치단체에 있어 재정의 원천이기 때문에 반드시 징수가 확보되어야 한다. 그래서 세법은 조세채권을 확보하기 위해 국가 등에게 우선징수권은 물론 자력집행권까지 부여하고 있다. 나아가 납세자의 행위가 그 위법성과 반사회성이 중대할 경우 형사처벌을 하고 있다. 이를 조세범이라 한다. 조세범은 크게 조세포탈에 관련된 탈세범과 조세행정질서 위반에 관한 조세질서범으로 나뉜다. 국세의 경우는 조세범의 성립과 처벌에 관하여는 조세범 처벌법에, 그 조사 및 처벌절차에 관하여는 조세범 처벌절차법에서 각각 규정하고 있다. 지방세의 경우는 조세범의 성립 및 처벌과 절차 모두 지방세기본법에서 규정하고 있다.

조세채권이 실효된 경우 A씨는 조세범으로 처벌되지 않는 것일까. 먼저 조세범이 성립하는지가 문제다. 범죄의 성립은 행위를 한 때를 기준으로 판단하므로 조세채권이 실효되었다고 하여도 성립된 범죄가 소멸된다고 보기는 어렵다. 또한 민사책임이 없어졌다고 하여 형사처벌이 면제되는 것은 아니다. 따라서 비록 회생계획인가결정으로 조세채권이 실효되었다고 하더라도 조세범의 성립에는 지장이 없다. 다음으로 과세관청에 고발권이 있는지가 문제다. 조세범은 다른 형사사건과 달리 국세청장, 지방국세청장 또는 세무서장이나 지방자치단체의 장 또는 범칙사건조사공무원의 고발이 있어야 처벌할 수 있다. 조세채권이 회생계획인가결정으로 실효된다고 하더라도 조세범이 성립하는 것에는 문제가 없으므로 국세청장 등의 고발권은 유지된다고 할 것이다.

결국 A씨는 회생계획인가결정으로 세금 납부를 면할 수 있을지는 몰라도, 조세범으로서 형사처벌은 피할 수 없다. 물론 조세포탈행위에 대한 공소시효 경과 여부는 별도로 따져보아야 한다.

10. [안 내도 되는 세금(취득세)] 직계존비속으로부터 부동산 취득

A씨는 30년 간 다니던 직장을 은퇴하고 귀농을 결심한 후 서울에 있는 아파트를 자녀에게 매도하기로 하였다. 증여를 할 수도 있었지만, 세금을 절약할 수 있다는 주위의 권유에 따라 아들 B씨에게 6억 원에 매도하였다. 다른 세금들은 별론으로 하고, 아들 B씨는 취득세를 얼마나 부담하는 것일까.

지방세법은 부동산 취득으로 인한 세율을 상속으로 인한 취득 이외의 무상취득(증여 등)은 1천분의 35, 농지 외의 유상취득(매매 등)에 대하여는 1천분의 40으로 정하고 있다. 다만 주택의 경우 유상거래라도 취득당시의 가액이 6억 원 이하인 때에는 1천분의 10의 세율을 적용한다(지방세법 제11조 제1항 제2호, 제7호 나목, 제8호 가목).

단순하게 보면 B씨는 부모로부터 6억 원에 아파트를 취득하였으므로 유상거래로 취득한 주택에 대한 세율 1천분의 10을 적용하여 취득세를 신고납부하면 된다. 하지만 현실은 그렇지 못하다. 배우자나 직계존비속과 같이 특수한 관계에 있는 자 사이에서 매매거래는 흔하지 않고, 세금을 회피하기 위한 수단으로 증여 대신 매매를 선택할 가능성이 많다. 그래서 지방세법은 배우자나 직계존비속으로부터 부동산을 취득한 경우 증여로 간주하는 규정을 두고 있다.

배우자 또는 직계존비속의 부동산을 취득하는 경우에는 증여로 취득한 것으로 본다(지방세법 제7조 제11항 본문). 과세관청 입장에서 형식을 매매로 할 경우 증여임을 증명하기 쉽지 않기 때문에 간주규정을 둔 것이다. 위 사안에서 B씨는 부모(직계존속)로부터 아파트를 매수한 것이므로 증여로 취득한 것으로 간주되고, 그에 따라 아파트 취득에 적용될 세율은 1천분의 35가 된다. 만약 아파트가 조정대상지역에 있는 것이라면 12.4%의 세율이 적용된다(지방세법 제13조의2 제2항). B씨 입장에서는 취득 당시 예상하지 못한 상황에 놓이게 될 수 있다. 자신은 진정으로 부모로부터 위 아파트를 매수한 것인데, 증여로 간주되어 고율의 세율을 적용받는다는 것은 수긍하기 어려울 것이다. 부모님이 배우자나 직계존비속이 아닌 C씨에게 매도하고, B씨가 다시 C씨로부터 매수하였다면 1천분의 10의 세율을 적용받을 텐데, 부모님으로부터 곧바로 매수함으로써 1천분의 35, 경우에 따라서는 12.4%의 세율을 적용받는다는 것은 납득하기 어려울 것이다.

하지만 구제책은 있다. 배우자나 직계존비속으로부터의 취득이라도 진정한 매매일 수 있다. 그래서 지방세법은 일정한 경우 배우자나 직계존비속으로부터의 취득이라도 유상취득으로 본다(지방세법 제7조 제11항 단서). ① 공매(경매를 포함한다)를 통하여 부동산을 취득한 경우, ② 파산선고로 인하여 처분되는 부동산을 취득한 경우, ③ 권리의 이전이나 행사에 등기 또는 등록이 필요한 부동산을 서로 교환한 경우, ④ 해당 부동산의 취득을 위하여 ⓐ 그 대가를 지급한 사실이 그 대가를 지급하기 위한 취득자의 소득이 증명되거나, ⓑ 소유재산을 처분 또는 담보한 금액으로 해당 부동산을 취득하거나, ⓒ 이미 상속세 또는 증여세를 과세(비과세 또는 감면받은 경우를 포함한다)받았거나 신고한 경우로서 그 상속 또는 수증 재산의 가액으로 그 대가를 지급하였거나, ⓓ 위 ⓐ부터 ⓒ까지에 준하는 것으로서 취득자의 재산으로 그 대가를 지급한 사실이 증명되는 경우 중 어느 하나에 의하여 증명되는 경우에는 유상취득으로 본다.

결과적으로 유상취득에 대한 증명책임이 취득자(납세자)에게 넘어가 있다. 실무적으로 ④의 경우가 주로 문제된다. 배우자나 직계존비속으로부터 부동산을 취득한 자가 과세관청으로부터 증여로 간주하여 취득세가 과세된 경우 매매계약서, 자금이체내역, 임대차계약서, 자신의 소득증명 등을 통하여 유상거래임을 주장한다. 필자가 위원장으로 있는 서울특별시 지방세심의위원회에는 이러한 직계존비속간의 취득으로 인한 증여간주에 불복하여 이의신청을 하는 사례가 자주 있다. 이의신청인(납세자)이 거래 내역과 관련한 각종 자료와 자신의 소득증명을 잘 갖추어서 고율의 취득세가 취소되는 경우도 있지만, 대부분은 이러한 자료를 갖추지 못하여 증여로 인한 취득으로 간주되어 이의신청이 기각된다.

요컨대 배우자나 직계존비속으로부터 취득이 실질적인 유상거래일 수 있다. 하지만 현행 지방세법은 배우자나 직계존비속으로부터의 취득을 증여로 간주하고 있으므로 거래 당사자들은 유상거래임을 증명할 수 있는 자료를 확보해 둘 필요가 있다. 그래야 억울하게 세금을 납부하는 일이 발생하지 않는다.

한편 과세관청 입장에서도 증여간주규정을 잘못 운영하는 경우가 있다. 증여간주규정이 적용되는 것은 배우자나 직계존비속으로부터 취득의 경우로 한정된다. 따라서 배우자나 직계존비속 관계가 아닌 자, 예컨대 사위로부터 취득하는 경우에는 증여간주규정이 적용되지 않는다. 그럼에도 과세관청이 배우자나 직계존비속을 넓게 해석하여 그런 관계가 없는 친인척 사이의 거래에도 증여간주규정을 적용하여 과세하는 경우가 있다. 명백히 조세법률주의에 반하는 것이다. 또한 유상거래로 간주되는 경우는 ①부터 ④ 중 어느 하나에만 해당하면 되는데(또한 위 ④의 경우도 ⓐ부터 ⓓ 중 어느 하나만 해당하면 된다), 전부에 해당하여야 하는 것처럼(납세자가 전부에 해당한다는 것을 증명하여야 하는 것처럼) 운영하는 경우가 있다. 과세관청이나 납세자 입장에서 주의할 필요가 있다.

11. [안 내도 되는 세금(자동차세)] 임의경매절차에서 자동차세 비과세

A씨는 2020년경 신종 코로나 바이러스 감염증(코로나19)으로 운영하던 식당이 어려워지자 그 소유 자동차를 담보로 은행에서 1,000만 원을 대출받았다. 하지만 만기에 이르러서도 대출금을 변제하지 못하였고, 은행은 2023. 9. 1. 자동차에 대하여 법원에 경매를 신청하였다. A씨는 2023. 9. 18. 집행관에게 자동차를

인도하였다. 경매절차에서 매수인 甲은 위 자동차를 500만 원에 낙찰받아 2024. 1. 5. 법원에 매각대금을 전액 납입하였고, 2024. 2. 5. 자동차등록을 마쳤다. 과세관청은 2023. 12. 10. 자동차등록원부 상의 명의자인 A씨에게 2023년 제2기분(과세기간 : 2023. 7. 1.부터 2023. 12. 31.까지) 자동차세 10만 원을 부과하였다. 과세관청의 자동차세 부과처분은 적법한가.

자동차세는 자동차 소유에 대한 자동차세와 자동차 주행에 대한 자동차세가 있다. 여기서 문제가 되는 것은 자동차 소유에 대한 자동차세(이하 '자동차세'라고만 한다)이다. 자동차세는 6월 1일과 12월 1일 자동차를 소유하고 있는 자가 납세의무를 부담한다. 자동차세는 자동차의 소유사실을 과세요건으로 하여 부과되는 재산세의 성질을 가진 조세이다.

A씨에 대한 2023년 제2기분 자동차세에 대하여 보자. 2023. 12. 1. 자동차등록원부상의 소유자는 A씨이므로 형식적으로 보면 자동차세의 납세의무자는 A씨이다. 따라서 과세관청의 A씨에 대한 자동차세 과세처분은 일응 문제가 없어 보인다. 하지만 지방세법은 일정한 경우 자동차세를 비과세하고 있다(지방세법 제126조). 비과세하는 자동차 중 하나가 「공매 등 강제집행절차가 진행 중인 자동차로서 집행기관 인도일 이후부터 경락대금 납부일 전까지의 자동차」이다(지방세법 제126조 제3호, 같은 법 시행령 제121조 제2항 제6호).

위 사안에서 A씨 소유 자동차에 대한 경매절차는 임의경매절차다. 임의경매절차에 의하여 인도된 자동차에 대하여도 비과세가 되는가. '공매 등 강제집행절차가 진행 중인 자동차'는 문언상 체납처분(강제징수)에 따른 공매처분과 민사집행법에 따른 강제집행(민사집행법 제78조 제2항)에 제한된다고 보아 임의경매절차가 진행 중인 자동차는 비과세 대상이 아니라는 견해가 있다. 이러한 견해에 따라 일부 지방자치단체에서는 임의경매절차가 진행 중인 자동차에 대하여 위 사례에서처럼 자동차등록원부 상의 소유자에 대하여 자동차세를 과세하고 있다고 한다(현재 주류적인 실무의 입장인 것으로 보인다).

하지만 임의경매와 강제경매를 차별할 합리적인 이유가 없다. 공매나 강제경매에서 집행기관에 인도된 자동차에 대하여 비과세를 하는 이유는 비록 자동차세가 자동차의 소유사실에 담세력을 인정하는 것이지만, 소유자라도 사실상 사용할 수 없음에도 자동차세를 부과하는 것은 부당하다는 점을 고려한 것인데, 이는 임의경매의 경우에도 마찬가지이다. 따라서 임의경매절차가 진행 중인 자동차에 대하여도 비과세가 인정된다고 할 것이다(지방세법 제126조 제3호, 같은 법 시행령 제121조 제2항 제6호를 유추해석할 합리적인 이유가 있다). 참고로 필자가 위원장을 맡고 있었던 2021년 당시 서울특별시 지방세심의위원회에서는 임의경매절차에서도 비과세가 적용된다고 보아 위 사례와 유사한 사안에서 납세자의 이의신청을 받아들여 자동차세 부과처분을 취소하였다.

한편 비과세하는 기간은 '집행기관 인도일 이후부터 경락대금 납부일 전까지'이다. 비과세기간의 종기는 자동차등록일이 아니라 경락대금(매각대금) 납부일 전까지임에 주의를 요한다. 이는 매수인이 대금을 납부한 때에 자동차의 소유권을 취득한다는 점(민사집행법 제187조, 제135조)을 고려한 것이다.

위 사례에서 과세관청은 2023. 7. 1.부터 2023. 9. 17.까지는 A씨에게 자동차세를 과세할 수 있지만, 2023. 9. 18. 이후에는 비과세에 해당하여 자동차세를 과세할 수 없다. 甲에 대한 자동차세는 어떻게 되는가. 자동차세의 경우 과세기간에 자동차가 승계된 경우 그 소유기간에 따라 자동차세를 일할 계산하여 부과징수한다(지방세법 제129조). 따라서 甲은 낙찰 이후 계속 자동차를 소유할 경우 매각대금을 납부한 2024. 1. 5.부터 6. 30.까지 2024년 제1기분 자동차세를 부담한다.

결론적으로 과세관청은 ① 2023. 7. 1.부터 2023. 9. 17.까지 기간에 대하여는 A씨에게 자동차세를 과세한다. ② 2023. 9. 18.부터 2024. 1. 4.까지는 누구에게도 자동차세를 과세할 수 없다. 이 기간 동안은 자동차세가 비과세되기 때문이다. ③ 2024. 1. 5.부터 2024. 6. 30.까지 기간에 대하여는 甲에게 자동차세를 과세한다. 물론 甲이 자동차를 계속 소유하고 있는 한 이후 기간에 대하여도 甲에게 자동차세를 과세할 수 있다.

12. 개인회생절차개시 후 상속이 발생한 경우 취득세 문제

A씨는 동네에서 작은 호프집을 운영하고 있다. 경기불황으로 매출이 줄어 거

래은행대출로 영업을 계속하였지만, 결국 2020년 2월 4일 법원에 개인회생절차를 신청하였다. 개인회생절차는 순조롭게 진행되어 2020년 3월 4일 개인회생절차가 개시(시작)되었다. A씨는 3년간 채무를 나누어 갚는 것으로 변제계획을 작성하였고, 법원은 2020년 5월 3일 변제계획을 인가하였다. 이후 A씨는 변제계획에 따라 변제를 모두 마쳤고, 마침내 2023년 6월 4일 면책결정을 받았다.

면책결정을 받은 후 새로운 출발을 준비하던 A씨는 2023년 6월 7일 마포구청장으로부터 취득세 2,400만 원을 납부하라는 통지를 받았다. 사연은 이렇다. A씨 부친은 변제계획 인가결정을 받은 후인 2021년 9월 10일 사망하였고, 부친이 소유하고 있던 마포구 소재 아파트를 상속받았다. 상속은 취득세의 과세원인인 취득에 해당하기 때문에 A씨는 취득세를 납부하여야 했던 것이다. A씨는 예상하지 못한 과세통지에 황망할 따름이다. 더군다나 위 아파트는 부친의 채무로 상당한 금액에 해당하는 담보권이 설정되어 있어 A씨는 한정승인(상속재산의 한도에서 부친의 채무를 상속하는 것)을 한 상태이다. 한정승인을 하더라도 취득세를 납부하여야 하는 것에는 변함이 없다. A씨가 부담하게 되는 취득세는 법원의 면책결정에도 불구하고 납부하여야 하는 것일까.

개인회생절차개시결정 전에 납세의무가 성립한 세금은 개인회생절차에서 우선권 있는 개인회생채권으로 취급된다. 우선권 있는 개인회생채권은 개인회생절차에서 전액 변제하여야 한다. A씨의 부친이 개인회생절차개시결정 전에 사망하였다면 A씨가 부담하여야 할 취득세는 우선권 있는 개인회생채권으로 변제계획에 반영되어 전액 변제함으로써(물론 이로 인하여 다른 채권자들의 변제액은 감소한다) 면책결정으로 더 이상 세금 부담은 없었을 것이다. 하지만 A씨의 부친이 변제계획 인가결정 이후 사망함으로써 취득세를 변제계획에 반영할 수 없었다.

변제계획을 변경할 수 있는가. 변제계획변경이란 변제계획 인가결정 후 변제가 완료되기 전에 변제계획에서 정한 사항을 변경하는 것을 말한다. A씨의 경우도 변제계획 인가결정 이후 부친의 사망으로 세금(취득세) 부담이 생겼으므로 변제계획의 변경을 고려할 수 있다. 하지만 A씨는 변제계획변경을 통해 부담하게 될 취득세 문제를 해결할 수 없다. 변제계획의 변경은 변제계획에 따른 변제가 완료되기 전까지만 가능하기 때문이다. A씨의 변제계획에 따른 변제는 이미 완료되었고 나아가 면책결정까지 되었으므로 변제계획을 변경할 수는 없다.

면책결정이 되었으므로 A씨의 취득세 역시 면책되는 것은 아닐까. 유감스럽게도 면책되지 않는다. 개인회생절차에서 면책의 대상이 되는 것은 개인회생채권만이다. A씨가 부담하여야 할 취득세는 개인회생절차개시결정 후에 납세의무가 성립한 것이므로 개인회생채권이 아니다. 개인회생재단채권이거나 개인회생채권도 개인회생재단채권도 아닌 채권에 불과하다. 어떠한 채권에 해당하건 개인회생채권이 아닌 A씨의 취득세는 면책 대상이 아니다. 결국 A씨는 부친의 사망으로 인한 취득세를 전액 납부하여야 한다.

세금이 국가나 지방자치단체에게 재정의 원천이 된다는 점에서 반드시 징수되어야 한다고 하지만, 위 사례에서처럼 A씨는 예상치 못한 상황에 직면하게 되고, 그로 인해 새로운 출발에 대한 기대는 사라져버릴 수도 있다. 적어도 A씨가 설계한 일상으로의 회복은 다소 늦어질 것이다. 개인회생절차가 채무조정을 통한 신속한 사회복귀를 이념으로 한다는 측면에서 개인회생절차개시 이후 발생한 세금에 대한 입법적 조치가 필요해 보인다.

제**3**편

도산과 지방세[1]

제 **1** 장 　도산절차에서 지방세채권의 취급

제 **2** 장 　회생절차와 지방세채권

제 **3** 장 　파산절차와 지방세채권

제 **4** 장 　개인회생절차와 지방세채권

---

1) 제3편은 「전대규(채무자회생법), 1971쪽 이하」에 있는 「제3장 도산과 조세」를 기본으로 작성한 것이다. 또한 한국지방세연구원에서 발간하는 「지방세 알림e」 2020년 4월호부터 12월호에 게재한 글을 일부 수정·보완한 것이다.

도산절차(회생절차·파산절차·개인회생절차)의 개시(시작)로 지방세채권은 권리의 존속(소멸)이나 징수(체납처분)에 있어 많은 영향을 받는다. 그렇지만 대부분의 지방세 담당 공무원들이나 관련 업무 종사자들(변호사, 세무사, 회계사 등)은 그 영향에 대하여 정확히 이해하고 있지 못하다. 다른 분야에 있는 사람들과 마찬가지로 이들에게도 도산은 낯선 것이다. 어쩌면 외계에서 온 특이한 괴물인지도 모른다.

도산절차가 신청되면 법원은 해당 지방자치단체에 도산절차신청사실을 통보한다. 납세의무자가 도산의 위험에 처해 있으니 그에 대해 대비하라는 취지이다. 그러나 막상 통보를 받은 지방자치단체, 구체적으로는 지방세 담당 공무원들은 이후 어떠한 조치를 취하여야 하는지(각 절차마다 각 단계마다 취하여야 할 조치가 다르다), 무엇을 어떻게 해야 하는지에 대해 알지 못한다. 조치를 제대로 취하지 않으면 경우에 따라 지방세가 소멸(실권)되어 버릴 수도 있는데 말이다. 예컨대 회생절차가 개시된 채무자(납세의무자)에 대하여 지방세(지방세채권) 5억 원을 가지고 있다고 하더라도, 위 지방세채권이 회생채권인 경우 지체 없이(늦어도 회생계획안 심리를 위한 관계인집회 전까지) 지방세를 법원에 신고하지 않으면 지방세채권은 없어져 버릴 수 있다. 회생절차는 파산절차나 개인회생절차와 달리 비면책채권이라는 개념이 존재하지 않기 때문이다(파산절차나 개인회생절차에서 지방세채권은 비면책채권으로 면책결정이 있더라도 면책되지 않는다). 이러한 문제는 어느 순간 일어날 수 있음에도 그 심각성을 잘 모른다.

반대의 경우에도 마찬가지이다. 도산에 제법 익숙한 분들도 조세, 특히 지방세에 대하여는 잘 알지 못하는 경우가 많다. 그래서 도산 이후에 지방세를 납부하여야 하는 것인지, 과세처분에 대하여 다툴 경우 어떠한 방법으로 하여야 하는지 등에 대하여 조언을 하기가 쉽지 않다.

도산절차가 국세에 미치는 영향에 관한 내용은 참고할 만한 자료들이 제법 있다. 하지만 지방세에 관하여는 발견하기기 쉽지 않은 것 같다. 지방세에 관한 연구도 아직 많지 않은데 거기에 도산절차를 아울러 검토한다는 것이 쉽지 않는 것 때문일 것이다.

본 편에서는 도산절차가 지방세에 어떠한 영향을 미치는지, 도산절차가 신청 나아가 개시되면 지방세 담당 공무원을 비롯하여 이해당사자들은 어떻게 대처하여야 하는지 등 도산절차와 관련한 지방세 업무처리에 도움이 될 만한 사항을 다룬다. 제3편의 숙지를 통해 도산과 지방세에 관하여 진정한 게임체인저(Game Changer)가 될 수 있을 것이다.

제1장 도산절차에서 지방세채권의 취급

Ⅰ. 지방세의 징수단계에서의 특권

지방세는 지방자치단체가 재정수요를 충족시키거나 경제적 사회적 특수정책의 실현을 위하여 주민에 대하여 아무런 특별한 반대급부 없이 강제적으로 부과 징수하는 과징금이다.[2] 지방세법(local tax law, law of local taxation)은 지방세채권의 확보를 위하여 징수단계에서 지방세우선권과 자력집행권(강제징수권)이라는 특권을 인정하고 있다. 구체적으로 지방세채권은 지방세기본법이나 지방세징수법에 의하여 우선권 및 자력집행권이 인정되는 권리로서 사적자치가 인정되는 사법상의 채권과 그 성질을 달리할 뿐 아니라, 부당한 지방세징수로부터 주민을 보호하고 지방세부담의 공평을 기하기 위하여 그 성립과 행사는 법률에 의해서만 가능하고 법률의 규정과 달리 당사자가 그 내용 등을 임의로 정할 수 없으며, 지방세채무관계는 공법상의 법률관계로서 그에 관한 쟁송은 원칙적으로 행정소송법의 적용을 받고, 지방세는 공익성과 공공성 등의 특성을 갖는다는 점에서도 사법상의 채권과 구별된다.[3]

1. 지방세우선권

지방세우선권(지방세의 우선성)이란 납세자에게 지방세의 체납사실이 있고 그의 재산이 강제 환가된 경우 지방세채권의 효율적인 확보를 위하여 제한된 범위 내에서 다른 채권보다 지방세를 우선하여 변제받을 수 있는 지방세법상 인정된 특수한 우선변제권을 말한다(지방세기본법 제71조 제1항[4]).[5]

---

2) 헌법재판소 1990. 9. 3. 선고 89헌가59 전원재판부 결정 참조.
3) 대법원 2017. 8. 29. 선고 2016다224961 판결 참조.

지방세우선권은 납세자의 재산에 대한 강제집행, 경매, 체납처분 등의 강제환가절차에서 지방세를 다른 공과금 기타 채권에 우선하여 징수하는 효력을 의미할 뿐 그 이상으로 납세자의 총재산에 대하여 지방세채권을 위한 일반의 선취특권이나 특별담보권을 인정하는 것은 아니다. 따라서 지방세우선권을 근거로 이미 제3자 앞으로 소유권이 이전된 재산권을 압류할 수는 없고, 이는 당해 재산에 대하여 부과된 지방세의 경우도 마찬가지이다.[6] 지방세의 우선권은 권리의 강제실현절차에서 문제될 뿐 납세자의 임의의 변제순서까지 강제하는 것은 아니다. 즉 지방세의 우선권은 지방세의 우선징수권만을 뜻한다.

관련 내용은 <제2편 제1장 제4절 Ⅱ.>(본서 181쪽)를 참조할 것.

지방세채권이 우선하여 징수되어야 할 이유에 대하여서 지방세는 지방자치단체 재정의 기초이기 때문에 당연히 지방자치단체의 시책으로 그 이익을 향수하는 주민으로부터 환수되어야 한다거나(공공성·공익성의 이론), 지방세채권은 당사자의 임의로운 선택에 의하여 발생하는 것이 아니라 지방세관계 법률이 정하는 과세요건의 충족에 따라 자동적으로 과세충당부분이 창출되기 때문에 그 부분은 당연히 공제되어야 한다거나(우선공제성이론), 일반채권은 예컨대 자금의 대차 또는 재화의 매매와 같이 반대급부를 수반하지만 지방세채권은 비록 이론상 일반보상성이 있다고는 하지만 특정한 개별적인 반대급부를 수반하지 않아 그 이행가능성이 희박하기 때문이거나(무대가성이론), 지방세관계 법률은 과세의 요건과 절차를 주민에게 공포하고 있으므로 그에 의하여 발생되는 지방세채권도 일반채권과 비교한다면 어느 정도 공시되어 있기 때문이라고(공시성이론) 설명되고 있다.[7]

---

4) 국세 : 국세기본법 제35조 제1항.
5) 지방세기본법 운영 예규 71-1【지방세의 우선징수】「지방세기본법」 제71조 제1항에서 「우선하여 징수한다」라고 함은 납세자의 재산을 강제매각절차에 의하여 매각하는 경우에 그 매각대금 또는 추심금액 중에서 지방세를 우선하여 징수하는 것을 말한다.
6) 대법원 1996. 10. 15. 선고 96다17424 판결 참조.
7) 헌법재판소 1990. 9. 3. 선고 89헌가95 전원재판부 결정 참조.

2. 자력집행권 (강제징수권)

사법상의 채권에 관하여는 원칙적으로 그 존부 내지는 금액에 관하여 법원의 판단을 거쳐 사법기관에 그 강제이행을 청구하지 않으면 아니되나, 지방세채권의 경우에는 그 존부 내지 금액을 확정하는 권한(확정권)과 임의의 이행이 없는 경우에 스스로 강제적 실현을 도모하는 권한[자력집행권(강제징수권)] 등이 모두 지방세채권자인 지방자치단체에 부여되어 있다. 이는 지방세의 공공성을 감안하여 확실하고 능률적인 징수를 도모하기 위한 것이다.[8]

지방세(조세)우선권이 절차적인 면에서 구현된 것이 자력집행권이다.

3. 지방세우선권과 자력집행권(강제징수권)의 의미

지방세법에서 과세주체에 부여하고 있는 징수단계에서의 지방세우선권·자력집행권(강제징수권) 등의 특권은 조세법률관계의 본질적 요소라고 볼 수 없는 것이며, 조세법률주의의 이념에 따라 법률이 명문으로 인정하는 경우에 한하여 예외로 허용되는 것으로 이해해야 한다. 즉 공정·확실하고 신속한 지방세징수를 꾀하기 위한 입법정책적 조치이다.[9]

이러한 지방세우선권, 자력집행권(강제징수권) 등의 지방세법상의 특색은 현실적으로 주민의 지방세채무에도 영향을 주고 있다.

Ⅱ. 도산절차에서 지방세채권 취급의 중요성

도산절차에서도 지방세채권의 우월적 지위가 인정되어야 한다는 것은 부정할

---

8) **민사집행과 체납처분** 민사집행은 사법상 청구권의 실현을 목적으로 민사집행법에 따라 집행법원에 의하여 진행되는 절차이다. 체납처분은 공법상 채권(조세채권)의 실현을 목적으로 국세징수법, 지방세징수법에 따라 행정공무원(세무서장, 지방자치단체의 장)에 의하여 진행되는 절차이다. 현행법상 체납처분절차와 민사집행절차는 별개의 절차로서 그 절차 상호간의 관계를 조정하는 법률의 규정이 없으므로 한 쪽의 절차가 다른 쪽의 절차에 간섭을 할 수 없는 반면 쌍방절차에서의 각 채권자는 서로 다른 절차에서 정한 방법으로 그 다른 절차에 참여할 수밖에 없다(대법원 1989. 1. 31. 선고 88다카42 판결).

9) 입법정책적 문제이기는 하나 어떤 나라든 정도의 차이가 있을 뿐 지방세의 징수를 확보하고, 납세자 상호간의 공평을 유지하기 위하여 지방세우선권 등과 같은 특권을 인정하고 있다.

수 없다. 다만 어느 정도 인정할 것인지, 모든 도산절차에서 동일하게 인정할 것인지가 문제이다.

먼저 모든 도산절차에서 지방세채권의 우월성을 동일하게 인정할 수는 없고 각 도산절차의 제도적 취지나 차이를 두어야 하는 공익적 근거에 따라 조금씩 달라질 수 있다. 예컨대 회생절차보다는 파산절차에서 우월적 지위가 더 많이 인정될 수도 있을 것이다. 왜냐하면 파산절차는 채무자의 재산(파산재단)을 환가하여 채권자들에게 배당하는 것(이후 소멸)이 목적이지만, 회생절차는 채무자의 존속(회생)이 목적이기 때문에 지방세채권자도 채무자의 회생을 위하여 어느 정도 양보가 요구되기 때문이다.

다음으로 도산절차에서 지방세채권의 우월적 지위를 인정한다고 하더라도 우선권을 어느 정도 인정하느냐(지방세채권을 도산절차에서 어떤 종류의 채권으로 분류할 것인지)에 따라 한정된 자원의 분배나 도산절차의 성패에 중대한 영향을 미친다. 공익채권이나 (개인회생)재단채권이 되는 지방세채권의 범위가 지나치게 넓으면 도산절차의 폐지가 빈번하고 회생계획(변제계획)의 수행에 곤란한 점이 있다. 또한 지방세채권이 어떠한 지위에서 얼마나 변제받는지는 채무자의 주주, 채권자 등 다른 이해관계인들의 중요한 관심사가 된다. 지방세채권을 과도하게 보호할 경우 도산절차개시신청을 꺼리거나 미룸으로써 종국적으로 자원분배의 왜곡을 초래한다. 장기적으로 세원이 소멸되는 결과가 초래될 수도 있다. 반대로 통상적인 강제집행절차에서 인정되는 지방세채권의 우선권을 폐지할 경우 채무자에게 나쁜 유인을 제공할 수 있는 부작용이 있을 수 있다.

Ⅲ. 현행 채무자회생법의 지방세채권에 관한 태도

도산절차에서 지방세채권(조세채권)은 어떤 종류의 채권으로 분류하는 것이 타당한가. 납세자(채무자)에 대하여 도산절차가 개시된 경우 통상적인 지방세채권의 우선권을 그대로 유지하거나 더 강화시켜야 하는가, 아니면 후퇴시켜야 하는가. 이와 같이 지방세채권을 도산절차에서 어떻게 취급할 것인지는 입법정책의 문제이다.

채무자회생법은 지방세채권의 취급에 있어 우선권을 인정하는 방법과 부인하는 방법을 취하고 있다. 전자의 경우에는 다시 지방세채권에 최선순위의 공익적 절차비용과 같은 순위를 주는 방법과 통상의 강제집행절차에서 인정되는 우선변제권에 따른 우선적 지위를 부여하는 방법이 있다.

결과적으로 채무자회생법은 지방세채권에 관하여 다음과 같이 규정하고(취급하고) 있다.[10]

- 지방세채권의 우선권을 인정하는 방법
  - 최선순위의 공익적 절차비용과 같은 순위를 부여
    - 공익채권(회생절차)
    - 재단채권(파산절차)
    - 개인회생재단채권(개인회생절차)
  - 통상의 강제집행절차에서 인정되는 우선변제권에 따른 우선적 지위 인정
    - 일반의 우선권 있는 회생채권(회생절차)[11]
    - 일반의 우선권 있는 개인회생채권(개인회생절차)
- 지방세채권의 우선권을 부인하는 방법
  - 후순위 파산채권(지방세기본법 제55조 제1항 제3호, 제4호의 납부지연가산세)
    (파산절차)
  - 후순위 개인회생채권(지방세기본법 제55조 제1항 제3호, 제4호의 납부지연가산세)
    (개인회생절차)

---

10) 이외에 회생절차에서는 개시후기타채권이, 파산절차에서는 파산채권도 아니고 재단채권도 아닌 비파산채권(기타채권)이, 개인회생절차에서는 개인회생채권도 아니고 개인회생재단채권도 아닌 지방세채권이 있을 수 있다.

11) 아래에서 보는 바와 같이 별도의 일반 회생채권으로 보는 견해도 있다.

제2장

회생절차와 지방세채권

회생절차는 재정적 어려움으로 파탄에 직면해 있는 채무자에 대하여 채권자, 주주·지분권자 등 여러 이해관계인들의 법률관계(채권채무, 자본구조)를 조정하여 채무자 또는 그 사업의 효율적인 회생을 도모하는 것을 목적으로 하는 제도이다(제1조). 법인 및 주로 개인회생절차를 이용할 수 없는 일정 규모(무담보채무 10억 원, 담보채무 15억 원)를 넘는 채무를 부담하는 개인에게 적용되는 회생형 절차이다.[12)]

채무자회생법 제2편 제1장 내지 제8장에서 규정하고 있다.

회생절차에는 중소기업을 위한 간이회생절차도 있다. 간이회생절차는 회생절차가 복잡하고 비용이 많이 들어 중소기업에 적합하지 않다는 비판이 있어 2015. 7. 1. 도입한 것이다. 간이회생절차란 중소기업과 같은 소액영업소득자를 대상으로 비용이 저렴하고 신속하게 진행하는 간이한 회생형 절차를 말한다. 법인과 개인 모두에게 적용된다. 소액영업소득자란 부동산임대소득·사업소득·농업소득·임업소득, 그 밖에 이와 유사한 수입을 장래에 계속적으로 또는 반복하여 얻을 가능성이 있는 채무자를 말한다(제293조의2 제1호). 구체적으로 간이회생절차 신청 당시를 기준으로 회생채권 및 회생담보권 총액이 50억 원[13)] 이하

---

12) 개인의 경우 개인회생절차가 아닌 회생절차를 이용할 수도 있다. 회생절차(제2편)와 개인회생절차(제4편)는 상호 배타적인 것이 아니다. 다만 채무자회생법은 개인회생절차가 개시되면 회생절차는 중지되도록 하고 있어 개인회생절차를 회생절차보다 우선하는 것으로 하고 있다(제600조 제1항 제1호). 실무적으로도 회생절차보다 개인회생절차가 유리한 점이 많기 때문에 채무액수의 상한을 초과하여 개인회생절차를 이용할 수 없는 개인채무자만이 회생절차를 이용하고 있다. 개인에 대한 회생절차를 실무적으로 '일반회생'이라고 부르고 있다.

13) 2020년 신종 코로나 바이러스 감염증(코로나19)의 영향으로 도산에 직면한 중소기업이 신속

인 채무를 부담하는 영업소득자를 말한다(제293조의2 제2호, 시행령 제15조의3). 채무자회생법 제2편 제9장에서 규정하고 있다. 간이회생절차는 기본적으로 회생절차이므로 제2편 제9장의 규정을 적용하는 것 외에는 제2편 회생절차의 규정을 적용한다(제293조의3 제1항).

본 장에서 회생절차는 간이회생절차를 포함한다.

Ⅰ. 회생절차에서 지방세채권의 취급

1. 회생채권·회생담보권·공익채권·개시후기타채권

회생절차에서 지방세채권은 지방세채무(납세의무)가 언제 성립하였는지, 담보물에 의하여 담보된 것인지 등에 따라 회생채권, 회생담보권, 공익채권, 개시후기타채권으로 취급되고 있다. 회생담보권은 회생채권과 그 본질에 있어 같은 것이고(다만 담보물이 있는지에서만 차이가 있을 뿐이다), 개시후기타채권은 회생채권도 공익채권도 아닌 것을 의미하므로 실질적으로 회생채권과 공익채권의 구별이 중요하다.

회생절차에서 지방세채권은 원칙적으로 회생채권이다. 이것은 채무자의 유지·회생을 위해서 공익채권의 범위를 어느 정도 제한할 필요가 있다는 점을 고려한 것이다(파산절차에서 지방세채권은 원칙적으로 재단채권이라는 점과 비교된다).

회생채권인 지방세채권은 다른 회생채권과 마찬가지로 채권신고가 필요하고(제156조 제1항) 개별적인 권리행사가 금지됨과 아울러 회생계획에 의하여만 변제받을 수 있으며(제131조 본문) 회생계획에서 감면이 이루어질 수도 있음에 반하여(제140조), 공익채권인 지방세채권은 회생절차에 의하지 않고 수시로 변제받을 수 있고(제180조 제1항) 회생채권과 회생담보권에 우선하여 변제받을 수 있다(제180조 제2항). 이처럼 회생채권과 공익채권은 회생절차에서 인정되는 지위가 달라 어떠한 지방세채권이 회생채권과 공익채권 중 어디에 해당하는지는 과세관청은 물론 채권자·주주·지분권자 등 다른 이해관계인에게 미치는 영향이 지대하다.

하게 회생할 수 있도록 하기 위하여 2020. 6. 2. 간이회생절차 적용대상을 30억 원에서 50억 원으로 확대하였다.

지방세채권이 회생채권인지 공익채권인지는 원칙적으로 그 청구권(채권)이 회생절차개시결정 전에 성립한 것인지에 따라 구분된다. 회생절차개시 전에 성립한 것이면 회생채권, 회생절차개시 후에 성립한 것이면 공익채권이다. 지방세채권의 성립이란 법률이 정한 과세요건을 충족하여 납세의무가 추상적으로 발생하는 것을 말한다.[14] 지방세채권의 구체적인 성립시기에 관하여는 지방세기본법 제34조[15]에 규정되어 있다. 한편 제2차 납세의무는 언제 성립하는가. 이에 관하여 지방세법은 명시적 규정을 두고 있지 않다. 제2차 납세의무는 납세자가 납세의무를 이행할 수 없는 경우 납세자를 갈음하여 납세의무를 지는 것이므로(지방세기본법 제2조 제1항 제13호[16]) 주된 납세의무의 체납사실 및 무자력을 요건으로 하여 성립한다고 할 것이다.[17] 제2차 납세의무로 인한 지방세채권이 회생채권인지 공익채권인지는 주된 납세의무자의 납세의무 성립시기를 기준으로 할 것이 아니라 제2차 납세의무자의 납세의무 성립시기를 기준으로 한다는 점에 주의를 요한다.

가. 회생채권

회생절차개시 전의 원인으로 생긴 지방세채권이다. 여기서 '생긴'은 지방세채무의 성립을 의미한다. 따라서 회생절차개시 전에 납세의무가 성립한 지방세채권은 원칙적으로 회생채권이다. 언제 지방세채무가 성립하는지는 앞에서 본 바와 같이 지방세기본법 제34조[18]에 규정되어 있다.

회생채권인 지방세채권은 일반적인 회생채권과 마찬가지로 채권신고도 필요하고(제156조 제1항) 감면도 가능하다(제140조 제3항). 지방세채권은 회생채권 중 일

---

14) 대법원 2002. 9. 4. 선고 2001두7268 판결, 대법원 1994. 3. 25. 선고 93누14417 판결, 대법원 1982. 5. 11. 선고 82누56 판결 등 참조.

15) 국세 : 국세기본법 제21조.

16) 국세 : 국세기본법 제2조 제11호.

17) 대법원 1982. 8. 24. 선고 81누80 판결(제2차 납세의무는 주된 납세의무자의 체납 등 그 요건에 해당되는 사실의 발생에 의하여 추상적으로 성립하고 납부통지에 의하여 고지됨으로써 구체적으로 확정된다).

18) 국세 : 국세기본법 제21조.

반의 우선권 있는 회생채권(제217조 제1항 제2호)[19]에 해당한다. 회생채권으로서의 성질을 갖기 때문에 회생채권자표에도 기재된다(제156조 제2항).[20]

한편 지방세채권은 지방자치단체의 존립을 위한 재정적 기초가 되므로 그 공익목적을 중시하여 지방세를 일반채권에 우선하여 징수하도록 규정하고 있다(지방세기본법 제71조 제1항[21]). 그러나 회생절차에서 지방세채권에 대하여 공익채권과 같은 우선권을 인정하게 되면 채무자의 효율적인 회생이라는 목적을 달성하기 어렵다. 그래서 회생절차에서는 지방세채권도 회생채권으로 취급하고 있다. 실체법상 인정된 의미의 우선권이 완전하게 보장되고 있지는 않다(회생계획에서 징수유예나 체납처분에 의한 환가유예도 정할 수 있고 동의에 의한 감면도 가능하다). 다만 지방세채권의 특수성(우월적 지위)을 고려하여 통상의 회생채권과는 다른 여러 가지 특칙(아래 <Ⅱ.> 참조)을 인정하고 있다. 이로 인해 사실상 실체법상 인정되는 지방세채권의 우선권이 구현되고 있다.[22]

---

19) 지방세채권과 관련하여 제217조 제2항을 근거로 일반의 우선권 있는 회생채권이 아닌 별도의 회생채권으로 보는 견해가 있다{임채홍·백창훈, 회사정리법(상), 한국사법행정학회 (2002), 525~526쪽}. 대법원도 같은 입장으로 보인다(대법원 2012. 3. 22. 선고 2010두27523 전원합의체 판결). 그러나 일반의 우선권 있는 회생채권인지는 민법 등 실체법의 규정에 의하여 정하여지는 것이고, 제217조 제2항은 지방세채권에 공정하고 형평한 차등원칙이 적용되지 않는다는 의미로 해석할 수 있으며(제217조는 공정하고 형평한 차등원칙을 규정한 것이지 지방세채권이 일반의 우선권 있는 회생채권이 아니라는 것을 규정한 것이 아니다), 제118조는 일반의 우선권 있는 회생채권을 포함한 회생채권에 관한 일반적인 규정으로 볼 수 있고, 개인회생절차에서도 일반의 우선권 있는 개인회생채권으로 취급되고 있다는 점에서 지방세채권은 일반의 우선권 있는 회생채권으로 보아야 한다. 다만 지방세채권을 일반의 우선권 있는 회생채권으로 보든 별개의 회생채권으로 보든 회생절차에서의 취급에는 별다른 차이가 없다. 왜냐하면 아래에서 보는 바와 같이 회생절차에서 지방세채권에 대하여 여러 가지 특칙을 인정하고 있기 때문이다.

20) 뒤에서 보는 바와 같이 지방세채권을 회생채권자표에 기재하더라도 관리인이 불복할 수 있으므로 회생채권자표의 기재에 제168조에서 말하는 '확정판결과 동일한 효력'이 인정되는 것은 아니다.

21) 국세 : 국세기본법 제35조 제1항.

22) 지방세채권을 회생절차에서 어떤 채권으로 분류(취급)하느냐 또는 어느 정도 우월적 지위를 인정할 것이냐는 회생절차의 성패에 중대한 영향을 미친다. 공익채권이 되는 지방세채권의 범위가 넓으면 다른 채권자들이나 주주들이 가져갈 분배액(변제액)이 줄어들고, 회생절차가 폐지될 가능성이 높다. 이렇게 되면 채무자나 다른 채권자들은 회생절차 이용을 꺼리게 될 것이다. 회생계획의 수행으로 인한 세금이 많아진다면 회생절차 이용을 포기할 수

나. 회생담보권

회생채권인 지방세채권이나 회생절차개시 전의 원인으로 생긴 채무자 외의 자에 대한 지방세채권으로서 회생절차개시 당시 채무자의 재산상에 존재하는 저당권 등의 담보권에 의하여 담보된 범위의 지방세채권은 회생담보권이다(제141조 제1항).

납세담보는 지방세법에 의해 납세의무자에게 담보제공의무가 과하여진 경우(지방세기본법 제26조 제2항, 지방세징수법 제27조,[23] 지방세법 제64조, 제118조의2 제1항, 제137조 제5항, 제137조의2, 제152조 제1항) 지방세법이 정한 절차에 따라 과세관청의 요구에 의하여 제공되는 공법상의 담보이다.[24] 납세담보를 제공하여야 할 경우는 주로 지방세채무의 이행이 유예된 경우나 그 이행기한이 연장된 경우이다. 납세담보에는 인적담보와 물적담보가 있다. 이중 회생담보권과 관련된 것이 물적담보이다.

물적 납세담보는 납세자 또는 제3자가 제공하는 특정재산의 교환가치에 의하여 지방세채권을 확보하는 제도이다. 특정재산은 ① 금전, ② 국채 또는 지방채, ③ 지방자치단체의 장이 확실하다고 인정하는 유가증권, ④ 토지, ⑤ 보험에 든 등기되거나 등록된 건물·공장재단·광업재단·선박·항공기 또는 건설기계 등이다(지방세기본법 제65조[25]). 납세담보의 요건과 절차는 지방세기본법에 정하여져 있으며 이를 갖추지 못한 납세담보는 효력이 없다.[26]

도 있다. 한편 권리의 우선순위는 회생계획의 조건, 즉 권리의 감축 및 변경의 내용을 정하는 중요한 기준이 된다. 공익채권은 최선순위로 전액 변제받지만, 회생채권은 일정 부분 권리의 감축이 불가피하다.

23) 국세 : 국세기본법 제6조 제2항, 국세징수법 제18조.

24) 납세담보에 관하여는 <제2편 제1장 제2절 Ⅰ.4. 각주 64)>(본서 140쪽)를 참조할 것.

25) 국세 : 국세기본법 제29조.

26) 대법원 1981. 10. 27. 선고 81다692 판결(조세채권은 국가재정수입의 안정적 확보를 위하여 국세징수법 등에 의하여 그 우선권, 자력집행권 등이 인정되는 것이며, 한편으로는 국민조세부담의 공정 공평과 부당한 조세징수로부터 국민을 보호하기 위하여 조세법률주의의 원칙이 지배되는 것으로 이와 같은 양면적 성격과 목적에 따라 조세채권은 사법상의 채권과는 달리 그 성립과 행사가 반드시 법률에 의하여서만 이루어져야 하고 조세에 관한 법률에 의하지 아니한 사법상의 의사표시 따위에 의하여 조세채권의 종국적 만족을 실현하는 것은 허용될 수 없는 것이다).

회생담보권인 지방세채권은 회생담보권자표에 기재된다(제156조 제2항).

다. 공익채권

(1) 회생절차개시결정 후에 성립한 지방세채권

지방세채권이 회생채권인지 공익채권인지는 앞에서 본 바와 같이 원칙적으로 지방세채무(납세의무)가 회생절차개시 전에 성립한 것인지 여부에 따라 결정된다. 회생절차개시 전에 지방세채무가 성립한 것이면 회생채권, 후에 성립한 것이면 공익채권이다.

다만 회생절차개시 후에 성립한 지방세채권이 모두 공익채권이 되는 것은 아니다(공익채권은 열거주의를 취하고 있다). 회생절차개시 후에 성립한 지방세채권으로서 ① 회생절차개시 후의 채무자의 업무 및 재산의 관리와 처분에 관한 비용(제179조 제1항 제2호), ② 채무자의 업무 및 재산에 관하여 관리인이 회생절차개시 후에 한 자금의 차입 그 밖의 행위로 인하여 생긴 청구권(제179조 제1항 제5호), ③ 제1호부터 제14호에 규정된 것 외의 것으로서 채무자를 위하여 지출하여야 하는 부득이한 비용(제179조 제1항 제15호)에 해당하는 경우 공익채권이 된다.

(2) 회생절차개시결정 전에 성립한 특별징수의무자가 징수하여 납부하여야 할 지방세

회생절차개시결정 전에 성립된 지방세채권은 원칙적으로 회생채권에 해당한다. 그러나 회생절차개시결정 전에 성립하였더라도 개시 당시 아직 납부기한이 도래하지 아니한 것으로서 특별징수의무자가 징수하여 납부하여야 할 지방세는 공익채권이다(제179조 제1항 제9호 라목).

특별징수의무자[27]가 징수하여 납부하여야 할 지방세는 채무자가 거래상대방으

---

27) 원천징수제도와 구조가 동일한 제도로 지방세법상 지방소득세(지방세법 제103조의13, 제103조의29), 등록면허세(지방세법 제31조), 지방소비세(지방세법 제68조) 등에 대하여 인정되는 특별징수제도가 있다. 특별징수제도는 지방세를 징수할 때 징수에 편의를 가진 자를 지정하여 납세의무자가 내야하는 지방세를 대신하여 징수하고 과세관청에 납부하여 징수의 편의도모와 납세의무자의 세금납부를 대신하는 징수방법이다. 특별징수제도는 과세관청이 지방자치단체라는 점만 다를 뿐 징수납부의무자와 납세의무자가 분리되어 있다는 기본적 구조는 원천

로부터 과세권자를 위해 징수한 것으로서 채무자가 지방자치단체를 대신하여 보관하고 있는 것으로(일종의 예금적 성질을 가지고 있다) 볼 수 있으므로 환취권과 유사한 취급(실질적으로 본다면 특별징수의무자 고유의 재산이라고 할 수 없다)을 하는 것이 공평의 관념에 부합한다는 이유로 공익채권으로 분류한 것이다. 다른 채권자와의 이해관계를 고려하여 그 중 회생절차개시 당시 납부기한이 도래하지 아니한 것만을 공익채권으로 한 것이다. 이미 납부기한이 도래한 것은 회생채권으로 된다.

여기서 납부기한[28]은 법정납부기한[29]을 의미한다는 것이 판례이지만,[30] 지정납부기한[31]으로 보아야 할 것이다.[32][33]

징수제도와 동일하다. 관련 내용은 <제2편 제1장 제2절 I.5.>(본서 141쪽)를 참조할 것.

28) 납부기한은 납세의무가 확정된 조세(가산세를 포함한다)를 납부하여야 할 기한을 말한다(국세징수법 제2조 제1항 제1호 참조).

29) 조세의 종목과 세율을 정하고 있는 개별 법률에서 정한 기한이 법정납부기한이다(국세징수법 제2조 제1항 제1호 가목 참조).

30) 대법원 2012. 3. 22. 선고 2010두27523 전원합의체 판결. 그 이유는 다음과 같다. 회생채권인 조세채권은 다른 회생채권과 마찬가지로 신고가 필요하고(제156조 제1항) 개별적인 권리행사가 금지됨과 아울러 회생계획에 의하여만 변제받을 수 있으며(제131조 본문) 회생계획에서 감면이 이루어질 수도 있음에 반하여(제140조), 공익채권인 조세채권은 회생절차에 의하지 않고 수시로 변제받을 수 있고(제180조 제1항) 회생채권과 회생담보권에 우선하여 변제받을 수 있다(제180조 제2항). 이처럼 회생채권과 공익채권은 회생절차에서 인정되는 지위가 달라 어떠한 조세채권이 회생채권과 공익채권 중 어디에 해당하는지는 채권자·주주·지분권자 등 다른 이해관계인에게 미치는 영향이 지대하므로, 다수 이해관계인의 법률관계를 조절하는 회생절차의 특성상 회생채권과 공익채권은 객관적이고 명확한 기준에 의하여 구분되어야만 한다. 그럼에도 만일 제179조 제9호의 '납부기한'을 법정납부기한이 아닌 지정납부기한으로 보게 되면, 과세청이 회생절차개시 전에 도래하는 날을 납부기한으로 정하여 납세고지를 한 경우에는 회생채권이 되고, 납세고지를 할 수 있었음에도 이를 하지 않거나 회생절차개시 후에 도래하는 날을 납부기한으로 정하여 납세고지를 한 경우에는 공익채권이 될 터인데, 이처럼 회생절차에서 과세관청의 의사에 따라 공익채권 해당 여부가 좌우되는 결과를 가져오는 해석은 집단적 이해관계의 합리적 조절이라는 회생절차의 취지에 부합하지 않고, 조세채권이 갖는 공공성을 이유로 정당화되기도 어렵다.

31) 지정납부기한이란 관할 세무서장이나 지방자치단체의 장이 납부고지를 하면서 지정한 기한을 말한다(국세징수법 제2조 제1항 제1호 나목 참조).

32) 제179조 제9호의 조세를 공익채권으로 규정한 취지는 조세채권의 자력집행권을 보장하기 위한 것이라는 점, 조세채권이 회생채권인지 공익채권인지 여부는 원칙적으로 납세의무 성립시기를 기준으로 하여야 하고, 다른 채권자들과 달리 과세관청은 회생절차개시신청이 있을 때 통보를 받으므로(제40조 제1항 제3호) 회생계획안 심리를 위한 관계인집회 전까지 미신고·허위신고된 조세채권을 조사하여 신고할 충분한 시간적 여유가 있는 점, 회생채권인

(3) 변제재원이 부족한 경우 공익채권인 지방세채권의 변제

(가) 채권액 비례 변제

회생절차에서는 실체법상의 우선권이 있는 채권이라도 채무자의 재산이 부족한 경우에는 우선권이 참작되지 않는다. 지방세채권이라도 변제재원이 부족한 경우 지방세기본법(제71조[34])의 우선권은 고려되지 않고 다른 공익채권과 함께 채권액에 비례하여 변제받는다(제180조 제7항).

채무자의 재산이 부족하게 된 후라도 공익채권의 변제는 관리인의 책임이고, 변제할 때 개별 공익채권의 실체법상의 우선권의 유무 및 그 순위에 관하여 관리인에게 조사할 의무가 있다고 할 경우에는 회생절차의 구조상 부담이 가중되지 않을 수 없다. 또한 실체법상의 우선권 유무에 대응하여 변제하도록 한다면 공익채권자에게 그에 대한 불복신청절차를 둘 필요가 있게 되어 절차가 지연된다. 채무자의 재산이 부족한 것이 명백하게 된 경우에는 조속히 회생절차를 종료하거나 파산절차로 이행하여야 하고, 절차상의 이유로 종료가 지체될 경우에는 공익채권자뿐만 아니라 회생채권자 등의 이익을 훼손하게 된다. 이 때문에 회생절차에 있어서는 실체법상의 우선권의 유무에 상관없이 안분변제하도록 한 것이다.[35]

조세채권에 대하여 여러 가지 특칙을 인정하고 있어 보호가 충분함에도 더 나아가 공익채권으로까지 인정할 필요성은 없는 점, 조세채권을 어떻게 취급하는지는 회생절차에 중대한 영향을 미치고 공익채권이 늘어나면 회생절차의 성공가능성이 낮아지는 점 등을 고려하면, 법정납부기한이 각 세법에 개별적으로 규정된 조세는 처음부터 제179조 제9호의 적용대상이 되지 않고, 순수한 지정납부기한만을 그 적용의 대상으로 보아야 한다. 이럴 경우 공익채권의 범위는 상당히 제한된다. 다만 이 경우에도 과세관청의 자의적인 시기 조정 등으로 인하여 공익채권으로 되는 조세채권의 범위가 부당하게 확장되는 것은 불합리하므로 위와 같은 특별한 사정이 있는 경우에는 신의칙 등을 적용하여 과세관청이 당초 지정할 수 있었던 납부기한을 기준으로 공익채권에 해당하는지를 판단하여야 할 것이다. 관련 내용은 「전대규(채무자회생법), 607~611쪽」을 참조할 것.

33) 판례처럼 법정납부기한으로 본다면 법정납부기한이 존재하지 않는 경우(제2차 납세의무자 등)에는 원칙으로 돌아가 납세의무의 성립시기에 따라 회생채권인지 공익채권인지를 판단하여야 할 것이다.

34) 국세 : 국세기본법 제35조.

35) 공익채권에 대하여는 제477조 제2항과 같은 우열도 없다. 지방세채권은 다른 채권에 대하여 일반적 우선권을 가지나 회생절차에서는 이러한 우선권이 없다. 따라서 공익채권의 변

(나) 압류우선주의 적용 여부

① 압류우선주의의 의미

모든 지방세채권은 원칙적으로 그 징수순위가 동일하다. 다만 압류에 관계된 지방세채권이 우선 징수된다(압류우선주의)는 예외가 있다. 지방세 상호 간, 국세와 지방세 상호 간에는 먼저 압류한 지방세가 나중에 압류(참가압류)하거나 교부청구한 조세보다 우선한다(지방세기본법 제73조).[36] 이를 압류우선주의(압류선착주의)라 한다.[37]

압류우선주의(압류선착주의)의 취지는 다른 조세채권자보다 조세채무자의 자산 상태에 주의를 기울이고 조세 징수에 열의를 가지고 있는 징수권자에게 우선권을 부여하고자 하는 것이다.[38] 주의할 것은 압류우선주의는 압류가 먼저 된 대로 우선한다는 것이 아니라 압류와 교부청구 사이에서 압류가 우선한다는 점이다.[39]

지방자치단체의 징수금의 체납처분에 의하여 납세자의 재산을 압류한 후 다른 지방자치단체의 징수금 또는 국세의 교부청구[40]가 있으

제비율에 있어서는 채권액만이 유일한 기준이 된다.

36) 국세 상호 간을 포함하여 국세의 경우에도 마찬가지이다(국세기본법 제36조).

37) 일반적인 민사집행에서는 먼저 집행하는 채권자에게 우선권을 부여하는 우선주의가 아니라 각 채권자의 집행 순서와 관계없이 평등한 권리를 인정하는 평등주의를 채택하고 있다(민사집행법 제235조). 이로 인해 금전채권의 집행에 있어 동일한 목적물에 대하여 여러 개의 압류가 경합되는 압류의 경합(이중압류)이 발생한다.

38) 대법원 2003. 7. 11. 선고 2001다83777 판결. 위 판결은 나아가 압류선착주의의 입법 취지와, 압류재산이 금전채권인 경우에 제3채무자가 그의 선택에 의하여 체납처분청에 지급하는지 집행법원에 집행공탁을 하는지에 따라 조세의 징수액이 달라지는 것은 부당하다는 점을 고려하여 보면, 압류선착주의는 조세가 체납처분절차를 통하여 징수되는 경우뿐만 아니라 민사집행법에 의한 강제집행절차를 통하여 징수되는 경우에도 적용되어야 한다고 판시하고 있다.

39) 1순위 압류, 2순위 압류, 3순위 압류가 있는 경우 2, 3순위 압류는 1순위 압류가 소멸되지 않는 한 참가압류로서 교부청구의 효력만이 있으므로(지방세징수법 제67조, 제68조, 국세징수법 제57조, 제58조), 1순위 압류는 우선권이 있으나, 2순위와 3순위는 서로 교부청구로서 동순위로 안분배당하여야 한다. 즉 1, 2, 3순위 압류가 차례로 있을 때 압류우선주의라는 말은 1, 2, 3의 압류 순서대로 우선권이 있다는 말이 아니라, 1순위 압류권자만이 진정한 압류권자로서 참가압류권자이자 교부청구권자에 불과한 2, 3순위 압류권자에게 우선권이 있다는 의미이다{법원실무제요, 민사집행(Ⅲ) - 부동산집행2, 사법연수원(2020), 110쪽}.

40) 교부청구에는 참가압류를 포함한다(국세기본법 기본통칙 36-0…1 참조).

면 압류에 관계되는 지방자치단체의 징수금은 교부청구한 다른 지방자치단체의 징수금 또는 국세에 우선하여 징수한다. 다른 지방자치단체의 징수금 또는 국세의 체납처분에 의하여 납세자의 재산을 압류한 후 지방자치단체의 징수금 교부청구가 있으면 교부청구한 지방자치단체의 징수금은 압류에 관계되는 지방자치단체의 징수금 또는 국세의 다음으로 징수한다(지방세기본법 제73조 제1항, 제2항).[41]

지방세 상호간 및 국세와 지방세 상호간에는 먼저 압류한 지방세가 교부청구한 지방세나 국세보다 우선한다.

② 회생절차에서의 압류우선주의

회생절차가 개시된 경우에도 압류우선주의가 적용되는가. 회생절차가 개시된 경우 법령에서 정하는 우선권에 불구하고 채권액에 비례하여 변제받은 것이기 때문에 지방세채권이 공익채권인 한[42] 압류한 지방세채권과 교부청구한 지방세채권은 변제에 있어 순위가 동일하다고 할 것이다. 즉 채권액에 비례하여 받아가야 한다는 것이다. 따라서 관리인으로서는 지방세채권의 변제에 앞서 압류 여부를 검토할 필요가 없다.[43]

(4) 체납처분

공익채권인 지방세채권에 기하여 체납처분을 할 수 있는가. 지방세채권도 공익채권인 이상 제180조의 제한을 받고 변제재원이 부족한 경우 안분 비례하여 변제를 받는다는 점에서 체납처분을 할 수 없다는 견해가 있을 수 있다. 그러나 원칙적으로 공익채권에 기한 강제집행 등이 가능하고, 제180조 제3항에서 중지

---

41) 국세 : 국세기본법 제36조.

42) 회생채권인 지방세채권의 경우는 압류우선주의가 적용될 여지가 있지만, 체납처분이 중지·금지되고, 사실상 전액을 변제받으며, 변제순위는 일반적으로 회생계획에 기재되므로 별다른 차이가 없다.

43) 공과금(국민연금보험료, 산업재해보험료 등) 상호 간 및 공과금과 조세 상호 간에는 압류우선주의가 준용되지 않는다(대법원 2008. 10. 23. 선고 2008다47732 판결, 대법원 2005. 5. 27. 선고 2004다44384 판결 등 참조).

나 취소를 명할 수 있는 것은 강제집행 또는 가압류이고 체납처분은 그 대상이 아니며,[44) 체납처분을 금지하는 특별한 규정이 없으므로 체납처분이 가능하다고 할 것이다.

라. 개시후기타채권[45)

회생절차개시 후 원인으로 생긴 지방세채권이지만, 공익채권(제179조 제1항 제2호, 제5호, 제15호)에 해당하지 않는 경우 지방세채권은 개시후기타채권이다. 회생절차개시 후에 생긴(성립한) 것이므로 회생채권도 아니다.

개시후기타채권인 지방세채권에 기하여 체납처분을 할 수 있는가. 제181조 제2항의 제한대상인 '강제집행, 가압류, 가처분 또는 담보권 실행을 위한 경매'를 제한적 규정으로 보아야 하므로 체납처분은 할 수 있다고 볼 수도 있다. 그러나 개시후기타채권의 변제시기가 제한되고 있는 점, 회생계획에 따른 변제기간 만료 전에는 강제집행 등을 신청할 수 없는 개시후기타채권의 성질 등에 비추어보면, 지방세채권에 기한 체납처분도 허용되지 않는다고 할 것이다(제181조 제2항 참조).

2. 가산세

가산세는 지방세기본법 및 지방세관계법에 규정하는 의무의 성실한 이행을 확보하기 위하여 지방세기본법이나 지방세관계법에 따라 산출한 세액에 가산하여 징수하는 금액을 말한다(지방세기본법 제2조 제1항 제23호).[46)

가산세는 과세권의 행사와 지방세채권의 실현을 용이하게 하기 위하여 지방세법에 규정된 의무를 정당한 이유 없이 위반한 납세자에게 부과하는 일종의 행정상 제재로서, 지방세법에 의하여 산출한 취득세 등 본세에 가산세를 가산한 금액을 본세의 명목으로 징수한다 하더라도 이는 징수절차의 편의상 본세의 세

---

44) 채무자회생법은 '강제집행'과 '체납처분'을 명확히 구분하여 사용하고 있다(제44조 제1항 제2호, 제5호, 제58조 등).

45) 개시후기타채권에 관한 일반적인 사항에 관하여는 「전대규(채무자회생법), 634~638쪽」을 참조할 것.

46) 국세의 경우도 마찬가지이다(국세기본법 제2조 제4호, 제21조 제1항 제11호, 제22조 제3항).

액에 가산하여 함께 징수하는 것일 뿐 지방세법이 정하는 바에 의하여 성립·확정되는 본세와는 그 성질이 다르므로, 본세의 산출세액이 없는 경우에는 가산세도 부과·징수하지 아니한다는 등의 특별한 규정이 없는 한, 본세의 산출세액이 없다 하더라도 가산세만 독립하여 부과·징수할 수 있다.[47]

가. 지연배상금 성격의 납부지연가산세
(지방세기본법 제55조 제1항 제3호, 제4호의 납부지연가산세)

지방세기본법 제55조 제1항 제3호의 납부지연가산세는 지방세를 납부기한까지 납부하지 아니한 경우 고지세액에 가산하여 징수하는 금액이고, 지방세기본법 제55조 제1항 제4호의 납부지연가산세는 납부기한 경과 후 일정기한까지 납부하지 아니한 때에 그 금액에 다시 가산하여 징수되는 금액이다. 그 법적성질은 지연배상금(지체책임)의 성질을 띤다.

회생절차가 신청되어 지방세채권의 변제금지 보전처분이 내려지거나 회생절차개시결정이 내려져 변제금지의 효력이 생겨도(제131조 본문), 채무자는 지방세채권에 대해 지방세징수법 제25조[48] 및 제25조의2[49]에 의하여 징수유예를 받

---

47) 대법원 2007. 3. 15. 선고 2005두12725 판결.
48) 제25조(납기 시작 전의 징수유예) 지방자치단체의 장은 납기가 시작되기 전에 납세자가 다음 각 호의 어느 하나에 해당하는 사유로 지방자치단체의 징수금을 납부할 수 없다고 인정하면 대통령령으로 정하는 바에 따라 납세 고지를 유예(이하 "고지유예"라 한다)하거나 결정한 세액을 분할하여 고지(이하 "분할고지"라 한다)할 것을 결정할 수 있다.
　　1. 풍수해, 벼락, 화재, 전쟁, 그 밖의 재해 또는 도난으로 재산에 심한 손실을 입은 경우
　　2. 사업에 현저한 손실을 입은 경우
　　3. 사업이 중대한 위기에 처한 경우
　　4. 납세자 또는 동거가족이 질병이나 중상해(重傷害)로 6개월 이상의 치료가 필요한 경우 또는 사망하여 상중(喪中)인 경우
　　5. 조세조약에 따라 외국의 권한 있는 당국과 상호합의절차가 진행 중인 경우. 이 경우 「국제조세조정에 관한 법률」 제24조 제2항부터 제6항까지의 규정에 따른 징수유예의 특례에 따른다.
　　6. 제1호부터 제4호까지의 경우에 준하는 사유가 있는 경우
49) 제25조의2(고지된 지방세 등의 징수유예) 지방자치단체의 장은 납세자가 납세의 고지 또는 독촉을 받은 후에 제25조 각 호의 어느 하나에 해당하는 사유로 고지된 지방세 또는 체납액을 납부기한까지 납부할 수 없다고 인정할 때에는 대통령령으로 정하는 바에 따라 납부기

거나 법원의 허가를 얻어 납부할 수 있으므로 지방세채권이 회생채권에 해당한다는 사유만으로 납부기한 도과에 정당한 사유가 있다고 볼 수 없으므로 회생계획인가 전에는[50] 회생채권인 지방세채권에 관하여 지방세징수법에 의한 징수유예를 받지 않는 한 위 납부지연가산세가 발생한다.[51]

회생절차개시 전의 원인으로 인한 지방세에 기하여 회생절차개시 후에 발생한 위 납부지연가산세는 일반의 우선권 있는 회생채권이다(제118조 제3호 참조).[52]

한편 납세자가 납세의 고지 또는 독촉을 받은 후 채무자회생법 제140조에 따른 징수의 유예를 받았을 때에는 위 납부지연가산세는 발생하지 않는다(지방세징수법 제28조 제4항).

나. 지연배상금 성격의 납부지연가산세를 제외한 가산세가 회생채권인지 공익채권인지 여부

가산세는 그 종류마다 납세의무의 성립시기가 다르다(지방세기본법 제34조 제1항 제12호).[53] 지연배상금 성격을 띤 납부지연가산세를 제외한 가산세(이하 '가산세'라고만 한다)가 회생채권인지 공익채권인지는 본세와 마찬가지로 가산세의 납세의무의 성립시기에 따라 결정될 것이다. ① 회생절차개시 전에 발생한 가산세면 회생채권이고, 회생절차개시 후에 발생한 가산세면 공익채권이다. ② 본세가 회생절차개시 전에 성립한 경우로서 국세기본법 제21조 제2항 제11호 마.목 및 지방세기본법 제34조 제1항 제12호 사.목 단서에 해당하는 가산세는 회생절차개

한을 다시 정하여 징수를 유예(이하 "징수유예"라 한다)할 수 있다. 다만, 외국의 권한 있는 당국과 상호합의절차가 진행 중인 경우 징수유예는 「국제조세조정에 관한 법률」 제24조 제3항부터 제6항까지에서 정하는 징수유예의 특례에 따른다.

50) 회생계획인가 후에는 일반적으로 회생계획에 징수유예나 체납처분유예가 규정되어 있으므로 납부지연가산세가 발생하지 않는다.

51) 대법원 1982. 5. 11. 선고 82누56 판결 참조.

52) 반면 파산절차에서 위 납부지연가산세는 후순위 파산채권이고(제446조 제1항 제2호, 대법원 2017. 11. 29. 선고 2015다216444 판결), 개인회생절차에서는 후순위 개인회생채권이다(제581조 제2항).

53) 국세의 경우도 마찬가지이다(국세기본법 제21조 제1항 제11호). 가산세의 납세의무 성립시기에 관하여는 <제2편 제1장 제2절 Ⅱ.1.>(본서 145쪽)를 참조할 것.

시 후에 발생한 것이라도 회생채권이다. 가산세의 납세의무 성립시기가 회생절차개시 전이기 때문이다. ③ 본세가 회생절차개시 후에 성립한 공익채권에 해당하면 그에 기한 가산세도 공익채권에 해당한다. ④ 본세가 회생절차개시 후에 성립하였으나 공익채권에 해당하지 않는 경우(본세가 개시후기타채권인 경우) 이에 대한 가산세도 본세를 따라 개시후기타채권이라고 할 것이다.

II. 회생채권인 지방세채권에 관한 특칙

회생절차에서 회생채권인 지방세채권에 대하여는 절차의 각 단계에서 여러 가지 특칙을 인정함으로써 사실상 지방세채권의 우선성을 확보하고 있다.

1. 회생절차개시 신청 단계[54)]

가. 회생절차개시신청의 통지 및 중지명령·포괄적 금지명령

(1) 지방자치단체 장에의 통지

회생절차개시신청이 있으면 관할 지방자치단체의 장[55)]에게 회생절차개시신청의 통지를 하고, 징수권한이 있는 자는 의견진술을 할 수 있다(제40조 제1항 제3호, 제2항 제3호).

---

54) 도산절차개시에 있어 미국과 같이 신청주의를 채택하고 있는 경우에는 회생절차개시신청과 회생절차개시결정 사이에 지방세채권(조세채권)의 취급을 별도로 논할 이유가 없다{회생절차개시 시점에 관하여는 「전대규(채무자회생법), 66쪽」을 참조할 것}. 하지만 개시결정주의를 채택하고 있는 우리나라의 경우 회생절차개시신청부터 회생절차개시결정까지 사이에 지방세채권을 어떻게 취급할 것인지가 문제될 수 있다. 회생절차는 회생절차개시를 전제로 하는 것이므로 회생절차개시 전의 취급은 회생절차가 개시된 경우와 마찬가지로 취급하는 것이 논리적이다. 즉 회생절차개시로 인한 취급을 회생절차개시 전 단계로 앞당기는 것은 입법론적으로 가능한 것이다. 회생절차가 개시되면 체납처분은 중지되므로(제58조 제3항) 회생절차개시 전의 중지명령에 의하여 중지를 인정하는 것이다(제44조 제1항 제5호). 회생절차개시 이후 체납처분이 금지되므로(제58조 제3항) 회생절차개시 전에도 금지제도가 있어야 하는데, 아래에서 보는 바와 같이 포괄적 금지명령에 의하여도 체납처분은 금지되지 않는다(이런 점에서 채무자회생법은 입법론적으로 논리적이지 못하다고 할 것이다). 회생절차개시 이후에 체납처분 등의 취소가 인정되지 않으므로(제58조 제5항 참조) 개시결정 이전에도 체납처분의 취소는 인정되지 않는다(제44조 제4항 참조).

55) 법 조문상 '세무서장'이라고 되어 있지만, 실무적으로 과세권자인 '지방자치단체의 장'에게도 통지하고 있다. 국세와 지방세를 차별할 이유가 없으므로 입법적 정비가 필요하다.

회생절차에서 회생채권인 지방세채권의 권리행사가 제약되고(제44조 제1항 제5호, 제58조 제3항 등) 채권신고 등 절차참가의 필요성(제156조 제1항) 등이 있음을 고려하여 지방세채권자에 대하여 통지하도록 한 것이다.

일반 회생채권자는 관계인집회를 통해서만 의견진술이 가능하지만, 지방세채권의 경우 법원이 필요하다고 인정한 때에는 징수의 권한을 가진 자에 대하여 채무자의 회생절차에 관한 의견 진술을 구할 수 있고(제40조 제2항), 또한 이러한 자는 스스로 법원에 대하여 회생절차에 관한 의견을 진술할 수도 있다(제40조 제3항).

(2) 중지명령·포괄적 금지명령에 관한 특칙

① 체납처분 등의 중지명령·포괄적금지명령

회생채권인 지방세채권에 기한 체납처분이나 지방세채무담보를 위하여 제공된 물건의 처분(이하 '체납처분 등'이라 한다)에 대한 중지명령을 할 때는 미리 징수권자의 의견을 들어야 한다(제44조 제1항 제5호 단서). 강제집행 등에 대한 중지명령과 달리 사전에 의견을 듣도록 한 것은, 적법한 행정권의 행사에 제약을 가하는 것이기 때문에, 신중한 판단을 하기 위함이다.[56] 공익채권인 지방세채권을 징수하기 위한 체납처분 등은 중지명령의 대상이 아니다.[57] 회생절차개시결정이 되면 회생채권으로 되는 지방세채권에 기한 체납처분 등에 대하여 금지 또는 중지의 효과가 있기 때문에(제58조 제3항),

---

[56] 의견을 듣도록 의무화한 것은 동의를 필요로 한다는 취지는 아니고 의견을 진술할 기회를 주어야 한다는 취지이다. 법원이 의견을 진술할 기회를 부여하지 아니하고 한 중지명령도 효력이 있다.

[57] 강제집행 등의 중지명령은 '회생채권 또는 회생담보권'에 기한 것임을 명시하고 있으나(제44조 제1항 제2호), 체납처분 등의 중지명령에는 그러한 제한이 없다. 그렇다면 공익채권을 징수하기 위한 체납처분 등도 중지명령의 대상인가. 강제집행 등과 비교하여 체납처분 등의 중지명령 대상을 확대할 특별한 이유가 없는 점, 회생절차개시결정으로 중지 또는 금지되는 체납처분 등은 회생채권 또는 회생담보권에 기한 것인 점(제58조 제3항), 채무자회생법은 조세 등 청구권에 관하여 여러 특칙을 인정함으로써 사실상 우대하고 있는 점 등에 비추어 보면, 공익채권을 징수하기 위한 체납처분 등은 중지명령의 대상이 되지 않는다고 할 것이다. 입법적 보완이 필요해 보인다. 일본 회사갱생법 제24조 제2항은 공익채권을 징수하기 위한 체납처분은 중지명령의 대상이 아님을 명확히 하고 있다[전대규(채무자회생법), 211쪽 각주 60)].

회생절차개시 전 단계에서 중지명령에 따라 체납처분 등의 중지를 인정한 것이다. 공익채권에 기한 체납처분 등은 중지의 대상이 아닌데, 이것은 개시결정에 의하여도 공익채권에 기한 체납처분 등은 중지 또는 금지의 대상이 아니기 때문이다. 다만 개시결정과 달리 이미 시작된 체납처분 등만을 대상으로 하고 있으며 금지하는 것은 개시결정에 맡기고 있다.

회생채권인 지방세채권에 기한 체납처분 등은 포괄적 금지명령에 의한 금지(중지)의 대상이 아니다(제45조).[58] 따라서 체납처분 등을 중지하려면 체납처분 등을 기다린 후 별도의 중지명령을 받아야 한다.[59]

② 중지명령에 따른 시효의 정지

체납처분이나 지방세채무담보를 위하여 제공된 물건의 처분의 중지기간 중에는 시효는 진행하지 않는다(제44조 제2항).

나. 취소명령의 대상인지

중지명령으로 중지된 지방세채권에 기한 체납처분이나 지방세채무담보를 위하여 제공된 물건의 처분은 취소명령의 대상이 아니다(제44조 제4항 참조). 뒤에서 보는 바와 같이 회생절차개시결정이 되더라도 체납처분 등은 취소의 대상이 아니기 때문에 회생절차개시결정 전에도 취소명령의 대상으로 하지 않은 것이다.

2. 회생절차개시결정 단계

가. 체납처분 등의 중지·금지 등

회생절차개시결정이 되면 지방세채권에 관하여는 일정기간, 즉 ① 회생계획인가결정이 있는 날, ② 회생절차가 종료되는 날 또는 ③ 회생절차개시결정이

---

58) 일본 회사갱생법은 체납처분 등을 포괄적 금지명령의 대상으로 하고 있다(제25조 제1항). 결국 일본에서는 체납처분 등의 중지는 중지명령의 대상으로 함에 반하여, 금지는 포괄적 금지명령에 맡기고 있다.

59) 결국 체납처분 등이 되면 중지명령의 대상이 되므로 일본 회사갱생법(제25조 제1항)의 경우처럼 체납처분 등의 금지는 포괄적 금지명령의 대상으로 하는 것이 타당하다. 입법론적 검토가 필요해 보인다.

있은 날부터 2년이 되는 날 중 먼저 도래하는 날까지의 기간 동안에만 체납처분, 지방세담보를 위하여 제공한 물건의 처분이 중지·금지된다(제58조 제3항). 다만 법원은 채무자의 회생을 위하여 필요하다고 인정하는 때에는 관리인의 신청에 의하거나 직권으로 그 기간을 1년 범위 내에서 연장할 수 있다(제58조 제4항).

일정기간이 지나면 새로운 체납처분 등을 하거나 중지된 체납처분 등의 속행이 가능하다. 한편 회생계획이 인가되더라도 중지된 체납처분 등은 실효되지 않는다(제256조 제1항 참조).

(1) 속행명령

회생절차개시결정으로 중지된 지방세채권에 기한 체납처분과 지방세채무담보를 위하여 제공된 물건의 처분은 법원의 속행명령에 따라 속행할 수 있다(제58조 제5항). 제58조 제5항에는 속행할 수 있는 중지한 절차 또는 처분에 '제2항'의 규정에 의한 것만을 규정하고 있으나(제3항은 빠져있다), 속행명령의 신청권자에 제140조 제2항의 청구권에 관하여 징수의 권한을 가진 자가 포함되어 있고(관리인이 체납처분의 속행을 신청한다는 것은 상정하기 어렵다), 징수우선순위가 우선하지 않는 것의 속행을 구할 수 있음에도 징수우선순위가 우선하는 것의 속행을 구할 수 없다고 하는 것은 논리적으로 맞지 않다. 또한 제131조는 징수우선순위가 있는 지방세채권의 속행을 전제로 규정하고 있다. 따라서 제58조 제5항 앞부분의 '제2항'을 '제2항, 제3항'의 오기로 보거나, 제58조 제5항을 유추적용하여 지방세채권에 기한 체납처분 등의 속행을 인정하여야 할 것이다.

지방세채권에 기한 체납처분 등의 속행이 허용되어 환가된 경우 지방세채권은 우선적으로 변제받는다(제131조 단서). 공익채권보다도 우선하여 변제받는다. 이는 지방세채권의 우선성과 체납처분의 자력집행성을 존중한 것이다. 그러나 일반 회생채권, 회생담보권에 의한 강제집행이나 경매절차를 속행하는 경우에는 회생채권 등에 대한 회생절차에 의하지 아니한 변제가 금지됨에 따라 속행 절차에 의하여 얻은 금전이 있어도 법원의 허가를 받지 아니하는 한 그 채권의 변제에 충당할 수 없다(제131조 본문). 즉 강제집행 등이 속행되어도 집행채권자인 회생채권자나 회생담보권자는 이것에 의하여 만족을 얻는 것이 인정되지 않고, 배당은 실시되지 않으며, 매각대금은 회생계획에 기초한 변제재원으로서 관리인에게 교부되어야 한다.

(2) 취소명령 여부

회생절차개시결정으로 중지된 체납처분 등을 취소할 수 있는지에 관하여 회생계획인가 전까지 취소가 가능하다는 견해가 있으나,[60] 체납처분 등은 법조문상 취소명령의 대상이 아니라고 할 것이다(제58조 제5항). 회생절차개시결정이 있더라도 지방세징수법에 의한 체납처분과 지방세채무담보를 위하여 제공된 물건의 처분은 일정기간 동안만 금지되거나 중지되고(제58조 제1항, 제3항 참조), 회생계획인가결정으로 체납처분 등이 당연히 속행되는 것이 아니라 회생계획에 정한 바에 따라 징수유예 또는 환가유예(체납처분유예)가 될 수 있으며(제140조 제2항 참조), 개시결정 전에도 취소의 대상이 아니고(개시결정 전후를 달리 취급할 합리적인 이유가 없다),[61] 다른 처분과 달리 회생계획인가결정으로도 효력이 소멸되지 않으며(제256조 제1항 참조), 지방세채권은 우선적으로 변제하여야 할 공익적 목적이 크고(이러한 이유로 여러 가지 특칙을 인정함으로써 사실상 회생절차에서 우선적 지위를 부여하고 있다), 취소를 인정하더라도 일정기간만 지나면 다시 체납처분 등을 할 수 있으므로(제58조 제1항, 제3항 참조) 취소의 대상이 되지 않는다고 할 것이다.[62]

나. 회생절차개시결정과 납부지연가산세

회생채권인 지방세채권은 회생절차에 의하지 아니하고도 관리인이 법원의 허가를 얻어 변제할 수 있는 것이고(제131조 단서), 납세자가 납세의 고지를 받은 후 지방세징수법 제25조 제1항 각 호의 어느 하나에 해당하는 사유로 고지된 지방세를 납부기간까지 납부할 수 없다고 인정되는 때에는 징수의 유예를 받을 수

---

60) 위 견해는 제58조 제5항의 뒷부분 '제2항'은 '제2항, 제3항'의 오기라고 본다.

61) 앞에서 본 바와 같이 체납처분 등에 대하여 중지명령을 인정한 것은 개시결정으로 체납처분 등이 중지되기 때문에 그 시점을 개시결정 이전으로 당긴 것이다. 마찬가지로 중지된 체납처분 등에 대하여 개시결정 전에 취소명령이 인정되지 않는 것은 개시결정 이후에도 체납처분 등의 취소가 인정되지 않기 때문으로 보아야 한다.

62) 전대규(채무자회생법), 305~307쪽.

있으며(지방세징수법 제25조), 징수를 유예한 지방세에 대하여는 납부지연가산세(지방세기본법 제55조 제1항 제3호, 제4호)를 징수할 수 없도록 되어 있으므로(지방세징수법 제28조)[63] 회생채권인 지방세채권에 관하여 납세의 고지를 받은 회생회사가 납부지연가산세의 징수를 면하려면 그 고지된 세액에 관하여 지방세징수법 제25조 소정의 징수유예를 받거나 법원의 허가를 얻어 이를 납부기한 내에 납부하여야 할 것이고, 회생회사가 회생채권인 지방세채권에 대한 납세의 고지를 받고 위와 같은 징수유예를 받음이 없이 고지된 세액을 납부기한 내에 납부하지 아니한 경우에는 회생절차개시결정으로 변제금지의 효력이 생겨도(제131조 본문) 납부지연가산세의 징수를 면할 수 없다.[64]

다. 지방세채권과 부인권

지방세채권에 대하여 담보를 제공하거나 지방세채무를 소멸(납부 등)하게 하는 행위는 부인할 수 없다(제100조 제2항).[65] 이는 지방세채권의 우선성을 고려한 것이다.

라. 회생절차개시결정과 지방세의 징수유예

지방자치단체의 장은 납세자(채무자)가 회생절차개시결정을 받고 납부계획서를 제출한 경우 징수유예를 할 수 있다(지방세징수법 제25조 제1항 제6호, 지방세징수법 운영 예규 25-8 제4호).[66]

납세자의 거래처 등이 회생절차개시결정을 받아 매출채권 등을 회수하기 곤

---

63) 국세의 경우도 납부지연가산세(국세기본법 제47조의4 제1항)를 징수하지 아니한다(국세징수법 제19조 제1항, 제4항).

64) 대법원 1982. 5. 11. 선고 82누56 판결 참조. 국세의 경우는 납부지연가산세의 징수를 면할 수 없다.

65) 파산절차나 개인회생절차에서는 이러한 규정이 없지만, 그 취지에 비추어 동일하게 해석하여야 할 것이다.

66) 납세자의 거래처 등이 회생절차개시결정을 받아 납세자가 매출채권 등을 회수하기 곤란한 경우 징수유예를 할 수 있다(지방세징수법 제25조 제1항 제6호, 지방세징수법 운영 예규 25-8 제3호 나.목). 국세의 경우도 마찬가지이다(국세징수법 제15조 제1항 제6호, 국세징수법 기본통칙 15-0…10 제3호 나.목).

란한 경우 납세자에 대하여 징수유예가 가능하다(지방세징수법 제25조 제1항 제6호, 지방세징수법 운영예규 25-8 제3호 나.목).[67]

3. 채권신고·확정단계

가. 지방세채권의 신고·확정

지방세채권(제140조 제2항)도 원칙적으로 회생채권(회생담보권)이므로 채권신고 및 조사·확정이 문제되지만, 지방세채권의 특유한 성질로 인해 통상의 회생채권과 동일하게 취급하는 것은 적당하지 않다. 지방세채권은 공법상의 청구권이고, 그 성질로부터 회생절차에서도 특별한 대우가 요청되어, 채무자회생법은 이들에 대한 채권신고[68] 및 확정에 있어 특별하게 취급하고 있다.[69]

지방세채권은 채권조사의 대상이 아니다. 지방세채권에 대하여는 관리인이 행정심판이나 행정소송에 의해 불복신청을 할 수 있을 뿐이다(제157조 제1항).

(1) 지방세채권의 신고

(가) 지체 없이 신고

지방세채권도 회생채권이므로 채권신고를 하여야 한다. 다만 지방세채권은 일반 회생채권이 채권신고기간 내에 신고하여야 하는 것과 달리 '지체 없이' 신고하면 된다(제156조 제1항).

지방세채권을 가지고 있는 자는 지체 없이 그 액 및 원인과 담보권의 내용을 법원에 신고하여야 하지만, '지체 없이 신고하여야 한다'는 취지는 회생계획안 수립에 장애가 되지 않는 시기까지, 즉 늦어도 회생계획안 심리를 위한 관계인집회 전까지는 신고되어야 한다는 의미이다.[70] 지방

---

67) 국세의 경우에도 납세자의 거래처 등인 채무자에게 회생절차개시결정이 있어 매출채권 등의 회수가 곤란한 경우 납세자에 대하여 납부기한의 연장사유가 될 수 있다(국세징수법 제13조 제1항 제4호, 국세징수법 시행령 제11조 제5호, 국세징수법 기본통칙 15-0…10 제3호 가.목, 국세징수법 집행기준 15-0-2 제3호 가.목 참조).

68) 지방세채권도 회생채권이므로 관리인은 지방세채권에 관한 목록을 제출하여야 한다.

69) 파산절차에서나 개인회생절차에서는 이러한 특례규정이 없다.

70) 대법원 1980. 9. 9. 선고 80누232 판결 참조.

세채권은 앞에서 본 바와 같이 채권조사의 대상이 아니다. 지방세채권은 행정처분에 의하여 발생한 청구권으로 그 부과처분이 취소되지 않는 한 공정력을 가지고 있어 신고가 있는 경우 일응 진정한 채권으로 인정되기 때문이다.

지방세채권은 진실성이 추정되기 때문에 조사의 결과에 준하여 회생채권자표 또는 회생담보권자표에 기재된다(제156조 제2항, 제167조 제1항).[71] 다만 회생채권자표 등의 기재에 확정판결과 동일한 효력이 인정되는 것은 타당하지 않다.[72] 왜냐하면 제156조 제2항, 제167조 제1항에 의하면 지방세채권과 같은 공법상의 채권에 대하여는 일반 회생채권과 같은 조사·확정절차를 거치지 아니한 채 회생채권자표 등에 기재하도록 하되 다만 그러한 기재가 있었다고 하더라도 그 청구권의 원인이 행정심판[73]·행정소송 그 밖에 불복이 허용되는 처분인 때에는 관리인이 여전히 채무자가 할 수 있는 방법으로 불복을 신청할 수 있도록 하고 있어서, 이 경우에는 회생채권으로 신고되어 회생채권자표 등에 기재되면 확정판결과 동일한 효력이 있다고 규정한 제168조나 제255조는 적용될 여지가 없기 때문이다.[74]

한편 지방세채권이 목록에도 기재되어 있지 않고 채권신고도 하지 아니한 경우 아래에서 보는 바와 같이 회생계획인가결정으로 실권이 됨은 물론, 회생계획인가 여부 결정이나 회생절차폐지결정에 대한 즉시항고권의 인정에 있어서도 차이가 있다. 목록에 기재되거나 신고한 지방세채권자는 회생계획인가 여부 결정이나 회생절차폐지결정에 대하여 즉시항고권이 인정된다(제247조 제1항, 제290조 제1항). 목록에도 기재되어 있지 않고 신고도 하지

---

71) 회생채권자표 또는 회생담보권자표에 기재된다는 것은 그 기재에 따라 변제의 대상이 된다는 의미이다.
72) 제157조 제2항은 제176조 제2항을 준용하고 있지 않다.
73) 처분청에 대한 이의신청, 조세심판원에 대한 심판청구, 감사원에 대한 심사청구를 말한다. 부과처분 전이면 과세전적부심사도 청구할 수 있다고 할 것이다.
74) 대법원 2000. 12. 22. 선고 99두11349 판결 참조.

아니한 지방세채권자도 즉시항고권이 인정되지만, 즉시항고를 하려면 회생채권자(지방세채권자)인 것을 소명하여야 한다(제247조 제2항, 제290조 제1항).

(나) 추후 보완신고

회생채권자인 지방세채권자가 회생절차의 개시사실 및 회생채권 등의 신고기간 등에 관하여 개별적인 통지를 받지 못하는 등으로 회생절차에 관하여 알지 못함으로써 회생계획안 심리를 위한 관계인집회가 끝날 때까지 채권신고를 하지 못하고, 관리인이 그 회생채권의 존재 또는 그러한 회생채권이 주장되는 사실을 알고 있거나 이를 쉽게 알 수 있었음에도 회생채권자 목록에 기재하지 아니한 경우에는, 지방세채권자는 회생계획안 심리를 위한 관계인집회가 끝난 후에도 회생절차에 관하여 알게 된 날로부터 1개월 이내에 지방세채권의 신고를 보완할 수 있다. 위와 같은 경우에도 회생계획의 인가결정에 의하여 회생채권(지방세채권)이 실권되고 회생채권의 신고를 보완할 수 없다고 하면, 회생채권자로 하여금 회생절차에 참가하여 자신의 권리의 실권 여부에 관하여 대응할 수 있는 최소한의 절차적 기회를 박탈하는 것으로서 헌법상의 적법절차 원리 및 과잉금지 원칙에 반하여 재산권을 침해하는 것으로 허용될 수 없기 때문이다.[75]

(2) 지방세채권의 확정

(가) 관리인에 의한 불복

지방세채권은 그 성질상 채권의 진실성이 일응 추정되기 때문에 제소책임을 이의자측에 부과하는 것이 타당하고, 또한 다른 채권자에게 이의권을 인정하여도 적절한 행사를 기대할 수 없기 때문에 이의권은 관리인에게만 부여하는 것으로 충분하다(제157조 제1항).[76] 다른 회생채권자 등이나 주주에게는 이의권이 인정되지 않는다. 지방세채권의 성질을 중시하여, 관리인에게 회생채권자 등이나 주주의 이익을 대표하여 이의권을 인정하

---

75) 대법원 2014. 9. 4. 선고 2013다29448 판결, 대법원 2012. 2. 13.자 2011그256 결정.
76) 지방세불복의 구조상 과세권자가 이의를 하는 것은 생각하기 어렵다.

고, 이의자인 관리인이 지방세채권의 확정을 위한 절차를 개시하도록 하고 있다.

신고한 지방세채권 중 관리인은 지방세채권의 존재나 내용에 이의가 있는 때에는 통상의 채권조사확정절차에 의하여 하는 것이 아니라,[77] 그 지방세채권에 대하여 통상 인정되고 있는(채무자가 할 수 있는) 행정심판, 행정(지방세)소송 등에 의하여 불복을 신청할 수 있다(제157조 제1항, 제2항, 제174조[78] 제1항). 불복은 조사기간의 말일 또는 특별조사기일부터 1월 이내에 하여야 한다(제157조 제2항, 제174조 제3항). 위 기간 내에 불복을 하지 않는 경우 관리인이 그 회생채권 또는 회생담보권을 인정한 것으로 본다(제157조 제2항, 제174조 제4항). 관리인은 신고하지 않은 지방세채권에 대하여는 불복신청을 할 수 없다.[79]

회생절차개시 당시 이미 허용되는 행정심판이나 지방세소송 등이 제기되어 있는 경우에는 아래에서 설명하는 중단·수계절차에 의한다.

(나) 소송절차 등의 중단·수계

1) 신고한 지방세채권에 관하여, 채무자가 불복하여 회생절차개시 당시 이미 소송이 계속되어 있는 경우가 있을 수 있다. 이러한 소송은 회생절차개시로 중단되고(제59조 제1항), 관리인은 신고한 지방세채권을 보유한 과세권자를 상대방으로 하여 그 소송절차를 수계하여야 한다(제156조 제2항, 제174조 제2항). 수계는 청구권자로부터 채권신고가 있다는 것을 전제로 한다. 따라서 관리인이 청구권자로부터의 채권신고가 없음에도 수계를 신청하는 것은 부적법하다.

소송의 수계신청은 조사기간의 말일 또는 특별조사기일부터 1월 이내

---

77) 대법원 1967. 12. 5. 선고 67다2189 판결 참조.

78) 법조문은 '제172조'라고 되어 있지만, 같은 취지를 규정한 제472조 제2항에 비추어 '제174조'의 오기로 보인다. 주장의 제한에 관한 제173조도 준용하여야 할 것이다. 결국 지방세채권의 불복과 관련하여서는 집행력 있는 집행권원이나 종국판결이 있는 채권에 준하여 취급하고 있다는 것을 알 수 있다.

79) 회생채권인 지방세채권은 목록에 기재되지 않고 신고하지 않는 경우 실권되므로 문제가 없다.

에 하여야 한다(제157조 제2항, 제174조 제3항). 위 기간 내에 수계가 행하여지지 아니한 경우 관리인이 그 지방세채권을 인정한 것으로 본다(제157조 제2항, 제174조 제4항).

2) 신고한 지방세채권에 관하여[80] 회생절차개시 당시 행정청에 계속되어 있는 채무자의 재산에 관한 사건(행정심판 : 이의신청, 감사원에 대한 심사청구, 심판청구[81])도 회생절차개시로 중단되고, 관리인이 수계할 수 있다(제59조 제6항). 과세전적부심사의 경우도 중단되고 수계할 수 있다고 할 것이다.

3) 회생절차가 종료한 때 관리인에 의한 불복절차나 관리인이 수계한 절차가 계속 중인 경우에는, 절차가 중단되고 채무자가 수계한다(제59조 제4항, 제6항).

(3) 소송의 결과 등 기재 및 효력

법원사무관 등은 관리인이 제기하거나 수계한 불복신청의 결과 및 소송의 결과를 회생채권자표 및 회생담보권자표에 기재하여야 한다(제157조 제2항, 제175조).

관리인이 제기하거나 수계한 불복신청의 결과 및 소송의 결과는 회생채권자·회생담보권자·주주·지분권자 전원에 대하여 그 효력이 있다(제157조 제2항, 제176조 제1항).

나. 지방세채권이 회생채권자표 등에 기재된 경우 소멸시효

회생채권자표 등에 기재된 채권은 단기소멸시효에 해당하는 것이라도 회생채권자표 등에 기재되면 확정판결과 동일한 효력이 있으므로(제168조, 제255조 제1항) 그 소멸시효는 10년으로 연장된다(민법 제165조 제2항). 그렇다면 지방세채권이 회생채권자표 등에 기재된 경우 소멸시효기간은 5년(지방세기본법 제39조 제1항 제2

---

80) 조문에는 신고를 요하고 있지 않지만, 해석상 신고한 지방세채권에 대하여만 수계가 가능하다고 볼 것이다. 관리인이 다투는 경우 채권자목록에도 기재하지 않았을 것이고, 과세권자가 신고하지 않으면 실권되기 때문이다.
81) 국세 : 이의신청, 심사청구(감사원 또는 국세청), 심판청구.

호[82])인가 10년인가.

제32조 제1호는 회생절차참가(채권신고)는 시효중단의 효력이 있다고 규정하고 있으므로 채무자에 대하여 회생절차가 개시되어 과세관청이 지방세채권을 회생채권으로 신고하였다면 이로써 시효가 중단된다고 할 것이나, 제156조 제2항, 제167조 제1항에 의하면 지방세채권과 같이 체납처분이 가능한 공법상의 채권에 대하여는 일반 회생채권과 같은 조사·확정절차를 거치지 아니한 채 회생채권자표 등에 기재하도록 하되 다만 그러한 기재가 있었다고 하더라도 그 청구권의 원인이 행정심판·지방세소송 등 불복의 신청을 허용하는 처분인 때에는 관리인이 여전히 채무자가 할 수 있는 방법으로 불복을 신청할 수 있도록 하고 있어서, 이 경우에는 회생채권으로 신고되어 회생채권자표 등에 기재되면 확정판결과 동일한 효력이 있다고 규정한 제168조나 제255조는 적용될 여지가 없고, 따라서 지방세채권이 회생채권으로 신고되어 회생채권자표 등에 기재되었다고 하더라도 그 시효기간이 민법 제165조에 의하여 10년으로 연장되는 것으로 볼 수도 없다.[83]

4. 회생계획안 작성 단계

가. 권리변경 등에 관한 특칙

지방세채권의 경우 회생계획에서 권리를 변경하기 위해서는 권리의 변경 정도에 따라 징수권자의 동의를 얻거나 그 의견을 들어야 한다. 징수를 유예하거나[84] 체납처분에 의한 재산의 환가를 유예하는 기간이 3년 이하인 때에는 징수

---

82) 국세 : 국세기본법 제27조 제1항 제2호.

83) 대법원 2000. 12. 22. 선고 99두11349 판결 참조. 예컨대 지방세(지방세기본법 제39조)의 경우 징수권의 소멸시효는 5년인데, 회생절차에서 해당 지방세채권을 신고하고 회생채권자표 등에 기재되었다고 하더라도 소멸시효가 10년으로 되는 것은 아니다.

84) 지방세징수법 제28조 제4항에 의해 회생계획에서 '징수유예'를 정한 때에는 지방세기본법 제55조 제1항 제3호, 제4호의 납부지연가산세가 발생하지 않는다. 문제는 회생계획인가 전에 독촉장에서 정한 납부기한이 도과된 경우이다. 독촉장에서 정한 납부기한이 지난 후 압류를 개시하지 않는 것은 징수유예가 아니라 체납처분유예이다. 따라서 지방세징수법의 문언에 따르면 위 납부지연가산세가 발생한다고 해석될 여지가 있다. 그러나 독촉장에서 정한 납부기한이 지난 후에 회생계획인가결정이 있는 경우 위 조항들의 적용을 배제한다면

권자의 의견을 들어야 하고(제140조 제2항), 유예기간이 3년을 넘거나 채무의 승계(제280조 참조), 지방세의 감면 또는 그 밖에 권리에 영향을 미치는 내용을 정한 경우에는 징수권자의 동의를 얻어야 한다(제140조 제3항).[85]

여기서 '징수유예'는 '납부기한의 연장'을 의미하므로[86] 회생계획인가일 이후로는 지방세기본법 제55조 제1항 제3호, 제4호의 납부지연가산세는 발생하지 않는다(지방세징수법 제28조 제4항 참조). 그리고 이미 회생계획이 확정된 이상 징수의 권한을 가진 자의 동의를 받지 아니한 절차상의 하자가 있다는 사정만으로는 회생계획의 효력을 다툴 수 없다.[87]

나. 회생계획안 작성 원칙에 관한 특칙

지방세채권에 관하여는 공정하고 형평에 맞는 차등원칙이 적용되지 않으므로(제217조 제2항), 회생담보권이나 다른 회생채권보다 우선하는 조건으로 취급할 수 있다.

지방세채권에 대하여 청산가치보장원칙(제243조 제1항 제4호)이 적용되는가. ① 지방세채권에 대하여는 원칙적으로 징수권자의 동의를 얻어야만 권리변경이 가능하므로(제140조 제3항) 징수권자의 동의를 얻어 권리변경을 하는 경우에는 청산가치보장원칙이 적용되지 아니한다(제243조 제1항 제4호 단서 참조). ② 징수권자의

실제 사례에서 위 납부지연가산세가 발생하지 않는 경우는 드물 것이라는 점, 지방세채권에 대한 지나친 우대는 채무자의 회생을 어렵게 할 수 있다는 점, 위 조항들의 입법취지 등에 비추어 보면, 이러한 경우에도 위 납부지연가산세가 발생하지 않는다고 할 것이다. 이경우 위 납부지연가산세가 발생하지 않는 기산점은 회생계획인가결정일이다. 따라서 회생계획에는 회생계획인가결정 전일까지 발생한 위 납부지연가산세에 대한 권리변경을 규정하면 된다. 입법론적으로는 체납처분에 의한 재산의 환가유예를 정한 경우에도 위 납부지연가산세가 발생하지 않도록 개정할 필요가 있다.

국세의 경우에도 납세자가 납세의 고지 또는 독촉을 받은 후에 제140조에 따른 징수유예를 받은 때에는 납부지연가산세를 징수하지 않는다고 규정하고 있다(국세징수법 제19조 제4항).

85) 회생계획 중 회생채권으로 신고한 지방세채권에 관하여 '회생절차 개시결정일부터 이 회생계획안에서 정한 변제기일까지의 이자는 전액 면제'한다는 부분은 회생절차 개시결정일부터 위 변제기일까지 발생하였거나 발생할 지방세채권의 지방세기본법 제55조 제1항 제3호, 제4호의 납부지연가산세는 이를 면제한다는 취지이다(대법원 2005. 6. 10. 선고 2005다15482 판결 참조).

86) 대법원 1991. 3. 12. 선고 90누2833 판결 참조.

87) 대법원 2005. 6. 10. 선고 2005다15482 판결 참조.

의견청취만으로 3년 이하의 기간 동안 분할변제를 규정하는 경우에도 청산가치보장원칙이 적용되지 아니한다. 왜냐하면 지방세채권은 법에 의해 당연히 3년간 변제가 유예되는 것이고(제140조 제2항), 청산가치보장원칙은 동일한 채권자 조에 속하는 다수의 채권자들의 동의에 의하여 소수의 반대 채권자들의 의사를 무시하고 회생계획안의 구속력을 반대 채권자들에게 미치게 하는 것을 정당화시키기 위한 것인데, 지방세채권은 특정한 조에 편입되지 않고(제236조 제2항 단서) 관계인집회에서 의결권도 없으며(제191조 제2호) 의견청취만으로 권리변경이 가능하므로 다른 회생채권 등에 적용되는 청산가치보장원칙을 지방세채권에 그대로 적용할 필요가 없기 때문이다.[88]

5. 회생계획안 결의 단계

지방세채권은 관계인집회에서의 결의절차에 있어서도 다른 취급을 받는다. 지방세채권은 결의에 있어 어느 조에도 속하지 않고(제236조 제2항 단서), 의결권도 행사할 수 없다(제191조 제2호). 지방세채권에 대하여 권리변경을 하려면 그 정도에 따라 그 징수권자의 의견을 듣거나 동의를 얻도록 함으로써(제140조 제2항) 다른 회생채권에 비하여 우선적 지위를 인정하고 있는 반면, 관계인집회에서의 의결권은 인정하지 않고 있다.

---

88) 현재 실무에서는 일반적으로 지방세채권의 원금 및 개시결정 전날까지 발생한 가산세 등에 대해 3년간 분할 변제하면서 그 유예기간 동안의 가산세 등은 변제하지 않는 것으로 회생계획을 작성하고 있다. 이로 인하여 지방세채권의 청산배당률이 100%임에도 회생계획에 의한 현가할인율은 이에 미치지 못하는 현상이 발생하고 있다(실제로 변제되는 명목상의 금액은 동일하다). 지방세채권에도 청산가치보장원칙이 적용된다고 할 경우 이는 문제가 있을 수 있다. 그런데 이는 제140조 제2항이 지방세채권의 경우 3년간의 변제 유예기간을 허용함으로써 발생한 것으로 청산가치보장원칙에 반하는 것으로 보기 어렵다. 나아가 이는 결국 지방세채권의 경우 청산가치보장원칙이 적용되지 않는다는 근거로도 될 수 있다.

6. 회생계획인가결정 단계

가. 면 책

(1) 지방세채권의 실효

지방세채권이라도 회생채권인 경우 채권자목록에 기재되어 있지 않고 채권신고를 하지 아니한 경우에는 면책된다(제251조). 추상적 지방세채권이 회생계획인가 이후 구체화되더라도 실권되어 부과권을 행사할 수 없다. 실효된 이후의 부과처분은 당연무효이다.[89] 따라서 세무당국은 납세의무가 성립한 경우 반드시 채권신고를 하여야 한다.

한편 주된 납세자가 제251조에 따라 지방세의 납세의무에 대하여 면책된 경우에 있어서도 제2차 납세의무에 관한 지방세의 납세의무에는 영향을 미치지 아니한다.[90] 제2차 납세의무는 본래의 납세의무에 갈음하는 의무인 까닭에 후자에 대하여 부종성과 보충성을 갖는다는 점에서 보증인과 유사한 지위에 있다고 볼 수 있기 때문이다(제250조 제2항 참조).

(2) 면책과 형사처벌(지방세범)

지방세범이란 지방세법을 위반한 행위 중 그 위법성과 반사회성이 중대하여 특별히 형벌로써 다스려야 하는 행위를 말한다.[91] 지방세범은 크게 지방세포탈에 관련된 탈세범과 지방세행정질서 위반에 관한 지방세질서범으로 나뉜다. 지방세의 경우 지방세범의 성립 및 처벌과 절차 모두 지방세기본법(제8장)에 규정되어 있다.[92]

회생절차에서 지방세채권은 원칙적으로 회생채권으로 채무자가 지방세포탈 등의 의도를 가지고 있었다면 관리인이 채권자목록에 기재하지 않았을 것이고(의도

---

89) 대법원 2007. 9. 6. 선고 20005다43883 판결.
90) 국세징수법 기본통칙 12 - 0…3 참조.
91) 국세의 경우는 '조세범'이라 한다(조세범 처벌법 제2조 참조). 관세의 경우 '관세범'이라 한다. '관세범'이란 관세법 또는 관세법에 따른 명령을 위반하는 행위로서 관세법에 따라 형사처벌되거나 통고처분되는 것을 말한다(관세법 제283조 제1항).
92) 국세는 조세범 처벌법에 규정되어 있다.

가 없었다고 하더라도 채권자목록에 기재하지 않을 수 있다), 과세관청 입장에서도 지방세채권이 존재하는지는 사후에 세무조사 등을 통하여 알 수 있다. 이 경우 채권신고를 하지 않아(또는 할 수 없어) 지방세채권은 회생계획인가결정으로 실효된다(제251조). 그렇다면 지방세채권이 실효된 경우에도 지방세범으로 처벌될 수 있는가.[93]

(가) 먼저 고발권이 있는지를 본다. 지방세범은 지방자치단체의 장 또는 범칙사건조사공무원의 고발이 있어야 처벌할 수 있다(지방세기본법 제111조[94]).[95] 지방세채권이 회생계획인가결정으로 실효된다고 하더라도 아래에서 보는 바와 같이 지방세범이 성립하는 것에는 문제가 없으므로 지방자치단체의 장 등의 고발권은 유지된다고 할 것이다.

(나) 다음으로 지방세범이 성립하는 것인지에 관하여 본다. 범죄의 성립은 행위시를 기준으로 하고(형법 제1조 제1항) 이후 지방세채권이 실효되었다고 하여 성립된 범죄가 소멸된다고 보기는 어렵다. 또한 민사책임이 없어졌다고 하여 형사처벌이 면제되는 것도 아니다. 따라서 비록 회생계획인가결정으로 지방세채권이 실효되었다고 하더라도 지방세범의 성립에는 지장이 없다. 그러므로 당연히 공소시효의 경과 여부도 검토되어야 한다. 한편 지방세포탈범(지방세기본법 제102조[96])은 미수범을 처벌하는 규정이 없기 때문에 기수에 이르러야, 즉 포탈의 결과가 발생하여야 비로소 행위자에게 책임을 물을 수 있다. 그렇다면 기수시기는 언제인가. ① 보통징

---

93) 회생절차에서 조세채권자(국가나 지방자치단체)가 조세채권의 감액에 동의하고 회생계획이 인가됨으로써 감액된 부분이 면책된 경우, 개인회생절차에서 후순위 개인회생채권인 조세채권이 면책된 경우에도 동일한 문제가 발생한다. 파산절차의 경우에는 비면책채권(제566조 제1호)이므로 이러한 문제가 발생할 수 없다.

94) 국세 : 조세범 처벌법 제21조.

95) 형사소송법은 공무원이 그 직무를 행함에 있어 범죄가 있다고 사료하는 때에는 고발하도록 규정하고 있으나(형사소송법 제234조 제2항), 이때의 고발은 직무상 고발일 뿐 소송요건으로서의 고발이 아니다. 이에 비하여 지방세범에 대한 고발은 소추요건 및 소송요건으로서 지방자치단체의 장 등의 고발을 요구하여 이를 흠결한 경우 공소제기의 절차가 법률의 규정에 위반하여 무효가 된다{김태희, 지방세범처벌법, 박영사(2018), 104쪽}.

96) 국세 : 조세범 처벌법 제3조.

수방식(부과과세방식)의 지방세는 해당 세목의 과세표준을 지방자치단체가 결정하거나 조사결정한 후 그 납부기한이 지난 때가 기수시기이다. 다만, 납세의무자가 지방세를 포탈할 목적으로 지방세법에 따른 과세표준을 신고하지 아니함으로써 해당 세목의 과세표준을 지방자치단체의 장이 결정하거나 조사결정할 수 없는 경우에는 해당 세목의 과세표준의 신고기한이 지난 때로 한다. ② 신고납세방식의 지방세는 그 신고·납부기한이 지난 때를 기수시기로 한다(지방세기본법 제102조 제6항[97]). ③ 특별징수방식(자동확정방식)의 지방세는 신고·납부기한이 지난 때가 지방세포탈죄의 기수시기가 된다. 특별징수방식의 지방세 역시 납세자가 그 과세표준과 세액을 신고·납부하도록 규정되어 있기 때문이다.[98]

(3) 면책(실권)되지 않는 경우

회생절차에서 관리인의 잘못 등으로 회생계획(또는 회생계획변경계획)의 권리변경 및 변제대상에서 아예 누락되거나 이미 소멸한 것으로 잘못 기재되어 권리변경 및 변제대상에서 제외되기에 이른 경우[99]나 회생절차에서 회생채권자가 회생절차의 개시사실 및 회생채권 등의 신고기간 등에 관하여 개별적인 통지를 받지 못하는 등으로 회생절차에 관하여 알지 못함으로써 회생계획안 심리를 위한 관계인집회가 끝날 때까지 채권신고를 하지 못하고, 관리인이 그 회생채권의 존재 또는 그러한 회생채권이 주장되는 사실을 알고 있거나 이를 쉽게 알 수 있었음에도 회생채권자 목록에 기재하지 아니한 경우에는 채무자회생법 제251조의 규정에도 불구하고 회생계획이 인가되더라도 그 회생채권은 실권되지 아니한다.[100] 이러한 경우 회생절차가 종결 전이라면 추후 보완신고를 통하여, 회생절

---

97) 국세 : 조세범 처벌법 제3조 제5항.
98) 국세포탈범의 세부적인 기수시기에 관하여는 「김태희, 전게서, 239~250쪽」을 참조할 것.
99) 대법원 2008. 6. 26. 선고 2006다77197 판결.
100) 대법원 2020. 9. 3. 선고 2015다236028(본소), 2015다236035(반소) 판결[☞원고의 회생절차에서 관리인이 피고에 대한 임대차보증금 반환채권을 채권자목록에 기재하지 않았고, 회생계획에도 위 채권의 권리변경 여부에 관하여 정하여 지지 아니한 채 위 회생절차가 종결된 사안에서, 이 사건 임대차보증금반환채권이 실권되었다고 볼 수 없고, 회생계획의 해

차가 종결 된 후라면 통상의 지방세징수절차에 따라(또는 지방세채권의 확인소송을 통하여) 지방세를 징수할 수 있을 것이다.

나. 권리의 변경

지방세채권도 회생계획의 내용대로 권리가 변경된다(제252조). 납부지연가산세 (지방세기본법 제55조 제1항 제3호, 제4호)는 회생계획인가 전까지는 발생하지만, 인가 이후에는 유예된 기간 동안 발생하지 않고 그 이후에 발생한다(지방세징수법 제28조 제4항).[101]

다. 체납처분 등에 미치는 영향

회생절차개시결정으로 중지된 체납처분 등은 회생계획인가결정으로 효력을 잃지 않는다(제256조 제1항 참조). 일정기간 동안 중지되었다가(제58조 제3항) 인가결정 이후에 속행이 가능하다.[102] 다만 통상 회생계획에 징수유예나 체납처분유예가 규정되므로 바로 체납처분을 속행하는 경우는 없다. 회생계획에 따라 납부하지 아니한 경우 속행하거나 새로운 체납처분이 가능하다. 이 점이 다른 회생채권과 차이가 있다(다른 회생채권의 경우 변제를 하지 않더라도 회생절차가 진행 중인 경우에는 강제집행 등을 할 수 없다).

라. 고액 · 상습체납자 등 명단 공개 대상에서 제외

지방자치단체의 장은 지방세에 대한 고액 · 상습체납자의 인적사항 등을 공개할 수 있다. 체납자란 납세자로서 지방세를 납부기한까지 납부하지 아니한 자를 말한다(지방세징수법 제2조 제1항 제1호). 다만 회생계획인가의 결정에 따라 체납된

석상 원고를 상대로 보증금 전액의 반환을 구할 수 있다고 판단하여 상고기각한 사례], 대법원 2012. 2. 13.자 2011그256 결정 등 참조.
101) 국세의 납부지연가산세(국세기본법 제47조의2 제1항 제1호, 제3호)도 마찬가지이다.
102) 회생절차개시결정으로 중지된 체납처분 등은 일정한 경우 속행할 수 있다. ① 중지기간경과로 인한 속행, ② 회생계획인가로 인한 속행(제256조 제1항), ③ 회생절차종료로 인한 속행, ④ 법원의 속행명령에 의한 속행(제58조 제5항)이 그것이다.

세금의 징수를 유예받고 그 유예기간 중에 있거나 체납된 세금을 회생계획의 납부일정에 따라 납부하고 있는 경우에는 공개하지 않을 수 있다(지방세징수법 제11조 제1항, 지방세징수법 시행령 제19조 제1항 제2호[103]).

마. 지방세의 정리보류[104]

정리보류는 체납처분을 집행하여도 체납자에게 재력이 없어 지방세채권을 실현할 수 없는 경우에 오랫동안 미해결 상태로 놓아두는 것은 과세권자나 납세자 모두에게 과중한 부담이 되므로 이러한 지방세의 채권·채무 관계를 조속히 종결지어 법적 안정성을 기하고자 하는 조치이다(지방세징수법 제106조 제1항).[105]

정리보류는 납세자의 무자력 등의 사유로 체납된 지방세채권의 실현이 불가능할 경우에 징수권의 행사를 정지시키는 처분이므로, 제2차 납세의무자, 양도담보권자, 납세보증인 또는 물상보증인으로부터 체납세액을 징수할 수 있을 때에는 주된 납세자의 체납액에 대하여 정리보류는 하지 아니하나 제2차 납세의

---

103) 국세 : 국세기본법 제85조의5 제1항 단서, 같은 법 시행령 제65조 제1항 제1호 나.목.

104) 지방세의 정리보류(이전 결손처분, 이하 같다)는 국세의 정리보류와 마찬가지로 더 이상 납세의무가 소멸하는 사유가 아니라 체납처분을 종료하는 의미만을 가지게 되었고, 정리보류의 취소 역시 국민의 권리와 의무에 영향을 미치는 행정처분이 아니라 과거에 종료되었던 체납처분 절차를 다시 시작한다는 행정절차로서의 의미만을 가지게 되었다고 할 것이다(대법원 2019. 8. 9. 선고 2018다272407 판결, 대법원 2011. 3. 24. 선고 2010두25527 판결 등 참조). 정리보류가 이루어진 지방세에 대하여 다시 체납처분을 하기 위해서는 해당 정리보류를 취소하는 절차를 미리 마쳐야 한다(지방세징수법 제106조 제2항). 지방세징수법 제106조 제2항 본문 및 같은 법 시행령 제94조 제3항은 지방세채권을 강제적으로 실현시키는 체납처분 절차에서 체납자의 권리 내지 재산상의 이익을 보호하기 위해 마련된 강행규정으로 보아야 한다. 따라서 지방자치단체의 장이 정리보류를 하였다가 체납처분의 일환으로 지방세의 교부청구를 하는 과정에서 위 규정들을 위반하여 정리보류의 취소 및 그 통지에 관한 절차적 요건을 준수하지 않았다면, 강제집행 절차에서 적법한 배당요구가 이루어지지 아니한 경우와 마찬가지로, 해당 교부청구에 기해서는 이미 진행 중인 강제환가절차에서 배당을 받을 수 없다고 봄이 타당하다(위 2018다272407 판결 참조). ☞ 지방자치단체인 피고가 체납된 지방세액의 교부청구를 하는 과정에서 선행 정리보류를 취소하고 그 취소사실을 납세자인 원고에게 지체 없이 통지하는 절차를 마치지 아니한 이상, 피고가 한 교부청구 중 정리보류가 이루어진 부분은 절차적 요건이 흠결되어 적법하다고 볼 수 없으므로, 이에 기해서는 경매절차에서 배당을 받을 수 없다고 한 사례.

105) 정리보류에 관하여는 <제2편 제1장 제6절 Ⅲ.4.다.(1)>(본서 233쪽)를 참조할 것.

무자 등에 대하여 정리보류 사유가 있을 경우에는 이들에 대하여는 주된 납세자와 관계없이 정리보류를 할 수 있다.[106]

지방자치단체의 장은 제251조에 따라 체납한 채무자(회사)가 납세의무를 면제받게 된 경우 정리보류를 하여야 한다(지방세징수법 제106조 제1항 제4호, 같은 법 시행령 제94조 제1항 제2호). 지방세의 정리보류는 납세의무가 소멸하는 사유가 아니라 체납처분을 종료(일시 중지 내지 유보)하는 의미만을 가진다.[107] 정리보류 후 재산이 발견될 경우에는 즉시 정리보류를 취소하고 체납처분을 한다는 점에서 징수권이 소멸하는 소멸시효[108]와 구분된다. 다만 제251조에 의한 면제의 경우는 그 자체로 지방세채권의 소멸사유이기 때문에 정리보류를 취소하고 새로운 체납처분을 할 수는 없다(본서 234쪽).[109]

바. 회생계획에 의한 과점주주의 신설회사로의 지위 승계 여부

회생회사가 주된 납세의무자인 법인의 과점주주에 해당하는 경우, 제2차 납세의무 성립의 기초가 되는 과점주주로서의 지위가 회생계획이 정하는 바에 따라서 신설회사에 승계될 수 있는가.[110]

어떤 법인의 과점주주는 제2차 납세의무를 지는데(지방세기본법 제46조 제2호[111]), 제2차 납세의무의 성립요건인 해당 법인의 과점주주인지 여부는 해당 법인의 납세의무 성립일을 기준으로 판단한다.[112]

---

106) 지방세징수법 운영 예규 106-2.
107) 대법원 2019. 8. 9. 선고 2018다272407 판결.
108) 소멸시효가 완성되었을 때에는 지방자치단체의 장은 시효완성정리를 하여야 한다(지방세징수법 제106조 제2항).
109) 실무적으로 과세관청은 제251조에 의해 지방세채무가 면책된 경우 정리보류를 하고, 이후 새로운 재산이 발견되거나 주기적으로 체납자에 대하여 납부를 촉구하면서 납부하지 아니하면 체납처분(강제징수) 등의 조치를 취하겠다고 통보하고 있다. 이 경우 체납자는 지방자치단체를 상대로 면책확인의 소를 제기할 수밖에 없을 것이다(대법원 2017. 10. 12. 선고 2017다17771 판결, 대법원 2017. 4. 28. 선고 2016다239840 판결 등 참조).
110) 대법원 2017. 7. 18. 선고 2016두41781 판결 참조.
111) 국세 : 국세기본법 제39조 제2호.
112) 대법원 1985. 12. 10. 선고 85누405 판결 참조.

한편 상법 제530조의10은 "단순분할회사, 분할승계회사 또는 분할합병신설회사는 분할회사의 권리와 의무를 분할계획서 또는 분할합병계약서가 정하는 바에 따라서 승계한다."고 규정하고 있고, 제272조 제1항은 회생계획에 의하여 주식회사인 채무자가 분할되거나 주식회사인 채무자 또는 그 일부가 다른 회사 또는 다른 회사의 일부와 분할합병할 것을 정한 때에는 회생계획에 의하여 분할 또는 분할합병할 수 있다고 하면서 제4항은 그 경우에 상법 제530조의10의 적용을 배제하고 있지 않으므로, 회생회사의 분할로 인하여 설립되는 신설회사는 회생계획이 정하는 바에 따라서 회생회사의 권리와 의무를 승계한다.

이와 같이 회생계획에 의하여 설립되는 신설회사가 승계하는 회생회사의 권리와 의무에는 성질상 이전이 허용되지 않는 것을 제외하고는 사법상 관계와 공법상 관계 모두가 포함된다고 보아야 한다. 또한 제280조는 '회생계획에서 신설회사가 회생회사의 지방세채무를 승계할 것을 정한 때에는 신설회사는 그 지방세를 납부할 책임을 지며, 회생회사의 지방세채무는 소멸한다'고 규정하여, 상법에 따른 회사분할과 달리 지방세채무에 관하여 회생계획에서 그 승계 여부를 정할 수 있음을 명시하고 있다. 한편 회생회사의 지방세채무가 아직 성립하지 않은 경우라 하더라도 과세요건사실의 일부가 발생하는 등 가까운 장래에 성립할 가능성이 있다면 회생계획에서는 그 지위나 법률효과에 관하여도 승계 여부를 정할 수 있다고 해석하는 것이 회생제도의 목적과 취지에 부합한다. 따라서 회생회사가 주된 납세의무자인 법인의 납세의무 성립일을 기준으로 해당 법인의 과점주주에 해당하는 경우, 제2차 납세의무 성립의 기초가 되는 주된 납세의무 성립 당시의 과점주주로서의 지위는 회생계획이 정하는 바에 따라서 신설회사에 승계될 수 있다고 봄이 타당하다.

사. 파산절차의 효력 상실로 인한 재단채권의 취급

회생계획인가결정이 되면 회생절차개시결정으로 중지된(제58조 제2항 제1호) 파산절차는 실효되고(제256조 제1항), 효력을 잃은 파산절차에서의 재단채권(제473조 제2호 및 제9호에 해당하는 것을 제외한다)은 공익채권이 된다(제256조 제2항). 파산절차에서 재단채권이라고 하여도 회생절차개시 전 원인으로 발생한 것은 회생채권으로서의 성질을 갖는 것에 불과하지만, 재단채권자의 기대를 보호하기 위하여 위와 같은 규정을 둔 것이다. 또한 파산채권자를 위한 공익적 지출의 성질을 가지고 수시변제가 인정되는 재단채권이 회생절차에서 보호되지 않는다는 것은 불공평하다는 점도 고려한 것이다.

그러나 지방세채권은 파산절차에서 정책적 이유로 재단채권으로 인정하고 있지만(제473조 제2호) 회생절차에서는 원칙적으로 회생채권으로 취급하고 있으므로 회생계획인가결정이 있다고 하더라도 모두 공익채권으로 인정할 수는 없다(제256조 제2항 괄호). 회생절차에서 공익채권으로 인정될 수 있는 것만 공익채권으로 인정하여야 할 것이다.[113]

Ⅲ. 회생절차에서 지방세채권의 취급에 관한 몇 가지 쟁점

1. 납세보증보험자의 지방세채권 대위변제

천재지변 등의 사유가 있는 경우 지방자치단체의 장은 납세자로부터 담보 제공을 받고 납부기한을 연장할 수 있다(지방세기본법 제26조 제2항[114]). 또한 징수유예 등을 할 경우에도 담보제공을 요구할 수 있다(지방세징수법 제27조[115]). 지방세법상 제공할 수 있는 담보의 하나로 납세보증보험증권이 인정된다(지방세기본법 제65조 제4호[116]). 이에 따라 납세자가 납세보증보험[117]계약을 체결한 후 회생절차

---

113) 회생절차개시결정 전에 성립한 지방세채권은 일반의 우선권 있는 회생채권이고, 개시결정 이후에 성립한 지방세채권은 공익채권이다. 한편 반대로 회생절차에서 회생채권에 불과한 지방세채권이더라도 파산절차로 이행되면 재단채권으로 된다. 파산절차에서는 파산선고 전에 발생한 지방세채권은 모두 재단채권이기 때문이다.

114) 국세 : 국세기본법 제6조 제2항.

115) 국세 : 국세징수법 제18조.

116) 국세 : 국세기본법 제29조 제4호.

117) 납세보증보험이란 국세, 지방세, 관세 기타 조세에 관한 법령에서 규정하는 납세담보제공 의무자가 보험계약자가 되고 국가 또는 지방자치단체가 피보험자가 되어, 납세자가 그 납부의무를 납부기한에 이행하지 아니함으로써 국가 또는 지방자치단체가 재산상 손해를 입은 경우 보험자가 이를 보상하는 보험이다(지방세기본법 제65조 제4호, 국세기본법 제29조 제4호).

가 개시된 경우 지방세채무를 대위변제한 납세보증보험자의 회생절차에서의 지위가 문제된다.

가. 납세보증보험자의 변제자대위 인정 여부

지방세채권은 우선권과 자력집행권이 인정되는 채권으로 사법상의 채권과 다르고 지방세채권 그 자체의 대위를 인정하는 명문의 근거 규정이 없으며, 지방세채권이 사인에게 양도될 수는 없다는 점에서 지방세채권에 대해 변제자대위가 인정될 수 없다고 볼 수도 있을 것이다. 그러나 납세보증보험은 보험금액의 한도 안에서 보험계약자가 보증 대상 납세의무를 납기 내에 이행하지 아니함으로써 피보험자가 입게 되는 손해를 담보하는 보증보험으로서 보증에 갈음하는 기능을 가지고 있어, 보험자의 보상책임을 보증책임과 동일하게 볼 수 있으므로, 납세보증보험의 보험자가 그 보증성에 터잡아 보험금을 지급한 경우에는 변제자대위에 관한 민법 제481조를 유추적용하여 피보험자인 지방자치단체가 보험계약자인 납세의무자에 대하여 가지는 채권을 대위행사할 수 있다고 할 것이다.[118]

나. 지방세채권을 대위변제한 경우 납세보증보험자의 지위

회생채권인 지방세채권을 대위변제한 납세보증보험자의 회생절차상 지위를 어떻게 보느냐에 따라 앞에서 지방세채권에 대하여 인정되는 각종 특칙이 납세보증보험자에게 그대로 적용할 수 있을 것인지, 나아가 납세보증보험자가 지방세징수법(제30조)에 의한 납부지연가산세(지방세기본법 제55조 제1항 제3호, 제4호)를 회생계획인가 예정일까지 산정하여 신고한 경우 이를 어떻게 처리할 것인지 등에 관하여 서로 다른 결론에 이를 수 있다.

회생채권인 지방세채권을 대위변제한 납세보증보험자를 어떻게 취급할 것인지에 관하여 세 가지 견해가 논의되고 있다.[119] ① 지방세채권과 동일하게 취급

---

118) 대법원 2009. 2. 26. 선고 2005다32418 판결 참조.
119) 자세한 내용은 「전대규(채무자회생법), 518~522쪽」을 참조할 것.

하는 견해(지방세채권설). 변제자대위의 법리에 따라 지방세채권을 대위변제한 납세보증보험자는 구 채권자인 징수권자가 가지는 원래의 채권을 그대로 이전받아 이를 행사할 수 있으므로, 회생절차에서도 지방세채권에 부여된 특칙 규정이 그대로 적용될 수 있다는 견해이다. ② 일반의 우선권 있는 회생채권과 동일하게 취급하는 견해(우선채권설). 납세보증보험자가 사인인 이상 징수권자를 전제로 규정하고 있는 채무자회생법상의 특칙 규정을 모두 그대로 적용할 수는 없고, 또한 지방세채권은 회생절차에서 원칙적으로 회생채권으로 분류되고 있으므로 납세보증보험자가 대위 행사하는 채권도 기본적으로는 회생채권이다. 다만 변제자대위에 의해 지방세채권의 우선권이 납세보증보험자에게 이전된다고 보아야 할 것이므로, 결국 납세보증보험자는 일반의 우선권 있는 회생채권자의 지위에 있다는 견해이다. ③ 우선권 없는 일반 회생채권과 동일하게 취급하는 견해(일반 채권설). 기본적으로 납세보증보험자는 사인이므로 징수권자가 가지는 공법적 법률관계가 적용될 수 없다는 점을 전제로 하면서, 사인인 납세보증보험자가 변제자대위로 인해 행사할 수 있는 채권은 지방세법상의 우월적 지위가 인정되지 않는 단순한 금전이행청구권이므로 비록 지방세채권을 대위변제하였다고 하더라도 납세보증보험자는 우선권 없는 일반 회생채권자와 동일한 지위에 있다는 견해이다.

공익채권을 대위변제한 경우 구상권이 회생채권이라고 하더라도 대위변제자는 회생절차에 의하지 아니하고 공익채권을 행사할 수 있다는 대법원 판례[120]의 취지에 따르면, 지방세채권을 대위변제한 경우에도 구상권자는 지방세채권이나 일반의 우선권 있는 회생채권으로 행사할 수 있다고 할 여지가 있다. 그렇지만 지방세기본법이 지방세채권에 대하여 우선징수권을 인정하는 이유는 지방세 징수를 확보하기 위하여 다른 채권보다 우월한 지위를 부여할 필요가 있다는 공익적 요청에 기한 것으로서, 제3자가 취득한 경우에는 이러한 우월적 지위를 주장할 수 없고, 채무자회생법이 지방세채권에 사실상 우선징수권과 여러 가지 특칙을 인정한 취지는 지방세가 지방자치단체의 기반을 이룬다는 것에 있

---

120) 대법원 2009. 2. 26. 선고 2005다32418 판결.

기 때문에 납세보증보험자(보증인)에 의하여 지방세가 변제된 이상, 채권자평등원칙의 예외를 적용할 근거가 없으므로 일반 회생채권으로 취급함이 타당하다(일반채권설).

2. 등록면허세(지방교육세)의 비과세

(1) 회생절차에서 등기·등록이 필요한 경우가 있다. 채무자회생법은 법인인 채무자에 관한 등기(제23조)와 법인 또는 개인인 채무자의 재산에 관하여 이루어지는 등기(제24조)로 구분하여 규정하고 있다. 법인인 채무자에 관한 등기에는 다시 회생절차 자체의 진행과 관련된 등기(회생절차개시결정 등)와 회생계획의 이행에 따른 등기(신주발행 등)로 구분할 수 있다. 지방세법은 이러한 등기·등록에 대한 등록면허세에 관하여 특별한 규정을 두고 있다.

(2) 제23조 또는 제24조의 규정에 의하여 법원사무관 등이나 법원[121]이 촉탁하는 등기 또는 등기소가 직권으로 한 등기(제25조 제1항, 제3항, 제76조 제4항)나 부인의 등기(제26조 제1항, 제3항)에 관하여는 등록면허세를 부과하지 않는다(지방세법 제26조 제2항 제1호). 부인의 등기는 법원의 촉탁이 아니라 관리인 등의 신청에 의한 등기이지만 등록면허세가 비과세된다. 등록의 경우에도 마찬가지이다(제27조, 지방세법 제26조 제2항 제1호).

등록[122]을 하는 자는 지방세법에 의하여 등록면허세를 납부할 의무가 있다(지방세법 제24조 제1호). 그러나 제23조나 제24조, 제76조 제4항 또는 부인

---

121) 지방세법 제26조 제2항 제1호는 '법원사무관등의 촉탁'이라고 하고 있으나, 법원의 촉탁에 의한 경우(제24조 제2항)도 포함된다고 할 것이다.

122) "등록"이란 재산권과 그 밖의 권리의 설정·변경 또는 소멸에 관한 사항을 공부에 등기하거나 등록하는 것을 말한다. 다만, 제2장에 따른 취득을 원인으로 이루어지는 등기 또는 등록은 제외하되, 다음 각 목의 어느 하나에 해당하는 등기나 등록은 포함한다(지방세법 제23조 제1호).
    가. 광업권 및 어업권 및 양식업권의 취득에 따른 등록
    나. 제15조 제2항 제4호에 따른 외국인 소유의 취득세 과세대상 물건(차량, 기계장비, 항공기 및 선박만 해당한다)의 연부 취득에 따른 등기 또는 등록
    다. 「지방세기본법」 제38조에 따른 취득세 부과제척기간이 경과한 물건의 등기 또는 등록
    라. 제17조에 해당하는 물건의 등기 또는 등록

의 등기의 경우는 이해관계인 일반의 이익의 보전이라는 공익적 요소가 강하고,[123] 채무자의 재산 감소를 방지할 필요가 있기 때문에(부인등기의 경우) 등록면허세를 부과하지 않도록 하였다. 등기절차를 신속히 하고 채무자의 경제적 부담을 덜어주어야 한다는 점도 고려한 것이다.

(3) 회생계획의 수행이나 채무자회생법의 규정에 의하여 신주발행(제265조, 제266조), 사채발행(제267조, 제268조), 주식의 포괄적 교환(제269조), 주식의 포괄적 이전(제270조), 합병(제271조), 분할 또는 분할합병(제272조)이나 신회사의 설립(제273조, 제274조)이 있는 경우 절차의 신속과 비용 절약을 위해 법원사무관 등이 위 각 등기를 촉탁하도록 하고 있다(제23조 제1항 제4호). 회생절차종결 이전에 위와 같은 등기사항이 발생하여 법원사무관등이 회생절차종결 이전에 촉탁할 수 있었던 사항에 관하여 착오로 이를 누락한 경우에는 회생절차종결 후라도 그 등기촉탁을 할 수 있다. 이 경우 등록면허세는 비과세된다. 그러나 회생계획의 수행에 따른 것이라고 하더라도 그 사유가 회생절차종결 후에 발생한 경우(예컨대 회생절차종결 후 회생계획에 따라 증자를 한 경우)의 등기는 채무자인 법인 또는 새로운 법인의 신청에 의하여 등기하여야 하고, 법원사무관 등의 촉탁에 의하여 등기할 수 없다.[124] 따라서 이러한 경우에는 등록면허세를 납부하여야 한다.[125]

---

123) 이런 점에서 회생계획에 따른 신주발행 등의 경우(제23조 제1항 제4호)에도 등록면허세를 비과세하는 것은 입법론적으로 의문이다. 관련하여 개정 전 지방세법(법률 제19430호) 제26조 제2항 제1호 단서는 회생절차에서 법원의 촉탁으로 인한 것이라고 하더라도 법인의 자본금 또는 출자금의 납입, 증자 및 출자전환에 따른 등기 또는 등록은 등록면허세를 부과하도록 하고 있었다. 이로 인하여 개정 전 채무자회생법과 개정 전 지방세법이 충돌하는 상황이 발생하였고, 2023년 지방자치단체들이 회생절차에서 출자전환 등에 따른 등기에 관하여 등록면허세를 부과하여 실무적으로 논란이 되었다. 하지만 기업회생과 경제회복을 지원하기 위하여 2024. 1. 1.부터는 회생·파산절차에 따른 법원사무관 등(법원)의 촉탁이나 등기소 직권으로 이루어진 등기·등록에 대하여는 등록면허세를 예외 없이 비과세하도록 개정하였다.

124) 「채무자 회생 및 파산에 관한 법률」에 따른 부동산 등의 등기 사무처리지침[등기예규 제1516호] 제3조 제2항.

125) 실무적으로 회생계획에 증자 등을 하기로 되어 있음에도 등록면허세에 대한 고려 없이 조기에 종결을 하는 경우가 있는데, 주의를 요한다.

(4) 법원은 회생계획의 수행이나 채무자회생법의 규정에 의하여 회생절차가 종료되기 전에 등기된 권리의 득실이나 변경이 생긴 경우로 등기권리자가 채권자·담보권자·주주·지분권자와 신회사인 때에는 직권으로 지체 없이 그 등기를 촉탁하여야 하고(제24조 제2항), 이 경우 등록면허세는 비과세된다(지방세법 제26조 제2항 제1호). 반면 그 외의 자가 권리등기자인 경우에는 직접 등기신청을 신청하여야 하고, 등록면허세도 납부하여야 한다. 권리등기자가 채권자·담보권자·주주·지분권자와 신회사가 아님에도 법원이 착오로 등기를 촉탁하였다고 하더라도 비과세대상이 아니다.[126]

(5) 등록면허세의 비과세는 회생절차종결 전에 한하고, 회생절차종결 후에는 과세된다.

(6) 등록면허세의 비과세로 지방교육세는 납부하지 않아도 된다(지방세법 제150조 제2호 참조). 지방교육세의 부가세적 성격에서 비롯된 것이다.

3. 과점주주의 제2차 납세의무

회생절차가 개시되면 채무자의 재산에 관한 관리처분권이 관리인에게 전속하므로(제56조 제1항) 주주 등은 출자자로서 제2차 납세의무를 부담하지 않는다. 회생절차개시결정이 있은 때에는 채무자 사업의 경영과 재산의 관리처분권은 관리인에 전속하고 관리인은 채무자회사의 기관이거나 그 대표자는 아니지만 채무자회사와 그 채권자 및 주주로 구성되는 이해관계인 단체의 관리자인 일종의 공적 수탁자라는 입장에서 채무자회사의 대표, 업무집행 및 재산관리 등의 권한 행사를 혼자서 할 수 있게 되므로 법인의 대주주는 그때부터는 대주주로서의 주주권을 행사할 수 없게 되어 채무자회사의 운영을 실질적으로 지배할 수 있는 지위에 있지 아니하게 되기(과점주주의 요건에 해당되지 아니한다. 지방세기본법 제46조 제2호) 때문이다.

회생계획에 따른 출자전환으로 과점주주가 된 경우에도 제2차 납세의무를 부

---

126) 대법원 2010. 4. 29. 선고 2009두17179 판결, 「채무자 회생 및 파산에 관한 법률」에 따른 부동산 등의 등기 사무처리지침[등기예규 제1516호] 제4조 제3항 참조.

담하지 않는다.

반면 회생절차개시 전에 제2차 납세의무가 성립한 경우에는 여전히 제2차 납세의무를 부담한다고 할 것이다.

4. 후발적 경정청구사유로서 회생계획인가결정으로 인한 면책

가. 후발적 경정청구

과세표준과 세액의 확정을 위한 과세관청의 부과처분이나 납세의무자의 신고가 언제나 정확한 것은 아니므로 이를 시정하기 위한 제도적 장치가 필요하다. 과세관청은 부과제척기간이 도과하기 전까지는 언제든지 과세처분과 세액을 증액 또는 감액하는 경정처분을 할 수 있다. 납세의무자의 경우에도 스스로 자신이 한 신고행위의 잘못을 수정할 수 있는데, 그것이 바로 경정청구제도이다. 관련 내용은 <제2편 제1장 제3절 Ⅱ.>(본서 166쪽)를 참조할 것.

경정청구에는 과세표준 신고서에 기재된 과세표준과 세액 등에 잘못이 있는 경우에 하는 통상의 경정청구(지방세기본법 제50조 제1항[127])와 후발적 이유에 의하여 과세표준과 세액 등의 계산의 기초에 변동이 생겼기 때문에 하는 후발적 경정청구(지방세기본법 제50조 제2항[128])가 있다.

후발적 경정청구의 구체적인 사유에 관하여는 지방세기본법 제50조 제2항, 같은 법 시행령 제30조[129]를 참조할 것(본서 167쪽).

후발적 경정청구는 법정신고기한 이후에 납세의무자의 담세력에 영향을 미치는 사정이 발생하였음을 이유로 한다. 후발적 경정청구를 인정하는 취지는 통상의 경정청구나 과세처분에 대한 불복기간을 구체적 타당성에 맞추어 연장시켜 주기 위한 것이다.

---

127) 국세 : 국세기본법 제45조의2 제1항.
128) 국세 : 국세기본법 제45조의2 제2항.
129) 국세 : 국세기본법 제45조의2 제2항, 같은 법 시행령 제25조의2.

나. 회생계획인가결정으로 인한 면책이 후발적 경정청구 사유가 되는지

납세의무의 성립 후 소득의 원인이 된 채권이 상대방의 도산 등으로 회수불능이 되어 장래 그 소득이 실현될 가능성이 전혀 없음이 객관적으로 명백하게 되었다면, 이는 특별한 사정이 없는 한 후발적 경정청구사유에 해당한다고 봄이 타당하다.[130) 따라서 회생계획인가결정으로 인한 면책은 후발적 경정청구 사유가 된다. 그 이유는 다음과 같다.

후발적 경정청구제도는 납세의무 성립 후 일정한 후발적 사유의 발생으로 말미암아 과세표준 및 세액의 산정기초에 변동이 생긴 경우 납세자로 하여금 그 사실을 증명하여 감액을 청구할 수 있도록 함으로써 납세자의 권리구제를 확대하려는 데 있다.[131)

소득의 귀속시기를 정하는 원칙인 권리확정주의는 소득의 원인이 되는 권리의 확정시기와 소득의 실현시기와의 사이에 시간적 간격이 있는 경우에는 과세상 소득이 실현된 때가 아닌 권리가 확정적으로 발생한 때를 기준으로 하여 그 때 소득이 있는 것으로 보고 당해 과세연도의 소득을 계산하는 방식으로, 실질적으로는 불확실한 소득에 대하여 장래 그것이 실현될 것을 전제로 하여 미리 과세하는 것을 허용하는 것이다. 이러한 권리확정주의는 납세자의 자의에 의하여 과세연도의 소득이 좌우되는 것을 방지함으로써 과세의 공평을 기함과 함께 징세기술상 소득을 획일적으로 파악하려는 데 그 취지가 있을 뿐 소득이 종국적으로 실현되지 아니한 경우에도 그 원인이 되는 권리가 확정적으로 발생한 적이 있기만 하면 무조건 납세의무를 지우겠다는 취지에서 도입된 것이 아니다.[132)

위와 같은 후발적 경정청구제도의 취지, 권리확정주의의 의의와 기능 및 한계 등에 비추어 보면, 소득의 원인이 되는 권리가 확정적으로 발생하여 과세요건이 충족됨으로써 일단 납세의무가 성립하였다 하더라도 그 후 일정한 후발적 사유

---

130) 대법원 2014. 1. 29. 선고 2013두18810 판결 참조.
131) 대법원 2011. 7. 28. 선고 2009두22379 판결 등 참조.
132) 대법원 1984. 3. 13. 선고 83누720 판결, 대법원 2003. 12. 26. 선고 2001두7176 판결 등 참조.

의 발생으로 말미암아 소득이 실현되지 아니하는 것으로 확정됨으로써 당초 성립하였던 납세의무가 그 전제를 잃게 되었다면, 특별한 사정이 없는 한 납세자는 지방세기본법 제50조 제2항[133] 등이 규정한 후발적 경정청구를 하여 그 납세의무의 부담에서 벗어날 수 있다고 보아야 한다.

따라서 납세의무의 성립 후 소득의 원인이 된 채권이 채무자의 도산 등으로 인하여 회수불능이 되어 장래 그 소득이 실현될 가능성이 전혀 없게 된 것이 객관적으로 명백하게 되었다면, 이는 지방세기본법 시행령 제30조 제2호[134]에 준하는 사유로서 특별한 사정이 없는 한 같은 법 시행령 제30조 제4호[135]가 규정한 후발적 경정청구사유에 해당한다고 봄이 타당하다.

5. 지방세채무 승계 및 연대납세의무

가. 지방세채무의 승계[136]

상법(제530조의10)에 따른 회사분할과 달리 지방세채무에 관하여 회생계획에서 그 승계 여부를 정할 수 있다.[137] 회생계획에서 신회사가 채무자의 지방세채무를 승계할 것을 정한 때에는 신회사는 그 지방세를 납부할 책임을 지며, 채무자의 지방세채무는 소멸한다(제280조).

지방세채무는 금전채무이므로 승계가 가능한 채무이다. 반면 지방세는 경제적 부담능력을 고려하여 과세된다는 점에서 납세의무자의 개별성이 강조되므로 무작정 지방세채무의 승계를 인정하는 것은 적당하지 않다. 현행법은 이러한 점을 고려하여 포괄승계, 즉 법인의 합병(지방세기본법 제41조[138]), 상속(지방세기본법 제42조[139])의 경우와 회생계획에 의한 지방세채무의 승계만을 인정하고 있다. 한편 회생계획에 의한 채무자의 조직재편에는 합병, 회사분할 또는 신회사의 설립 등

---

133) 국세 : 국세기본법 제45조의2 제2항.
134) 국세 : 국세기본법 시행령 제25조의2 제2호.
135) 국세 : 국세기본법 시행령 제25조의2 제4호.
136) 납세의무의 승계에 관하여는 <제2편 제1장 제2절 Ⅲ.1.>(본서 151쪽)을 참조할 것.
137) 대법원 2017. 7. 18. 선고 2016두41781 판결.
138) 국세 : 국세기본법 제23조.
139) 국세 : 국세기본법 제24조.

이 규정될 수 있다. 이 중 회생계획에 의해 신회사가 설립된 경우에 대하여만 지방세채무의 승계를 인정하고 있다.

회생계획에서 신회사가 지방세채무를 면책적으로 승계할 것을 정한 경우에는 징수권한을 가진 자의 동의를 받아야 하기 때문에(제140조 제3항), 이러한 특례가 징수권한을 가진 자의 이익을 해할 염려는 없다.

나. 연대납세의무

법인이 제215조에 따라 신회사를 설립하는 경우 기존의 법인에 부과되거나 납세의무가 성립한 지방세 및 체납처분비는 신회사가 연대하여 납부할 의무를 진다(지방세기본법 제44조 제4항[140]).

6. 견련파산의 경우 지방세채권의 취급

회생절차개시신청기각, 회생절차폐지, 회생계획불인가 등에 의하여 회생절차가 진행 도중에 종료된 경우, 절차 경제적 관점에서 법원은 임의적 또는 필요적으로 신청에 의하거나 직권으로 파산을 선고할 수 있다(제6조). 이를 실무적으로 견련파산이라 부른다. 견련파산과 관련된 내용은 <제1편 제1장 제2절 XI.3.>(본서 67쪽)을 참조할 것.

견련파산의 경우 공익채권인 지방세채권은 재단채권으로 된다(제6조 제4항). 회생채권인 지방세채권이나 개시후기타채권인 지방세채권도 모두 재단채권(제473조 제2호)이다.

7. 지방세채권에 기해 압류한 경우의 채권신고

채권신고는 회생채권에 대하여 관리처분권을 가진 자가 하여야 한다. 따라서 지방세징수법에 기한 압류에 의하여 추심권을 갖는 경우도 추심권을 얻는 자(지방자치단체의 장)가 채권을 신고하여야 한다(지방세징수법 제50조[141]). 원래의 채권자도 보전행위로서 채권신고를 할 수 있을 것이다.

---

140) 국세 : 국세기본법 제25조 제4항.
141) 국세 : 국세징수법 제40조.

8. 취득세와 관리인의 해제

취득세는 과세물건을 취득하는 때에 그 납세의무가 성립한다(지방세법 제7조 제1항). 지방세법은 취득세의 과세행위인 '취득'에 대하여 사실상의 취득으로 취득개념을 확대하고 있다(지방세법 제7조 제1항, 제2항). 여기에서 사실상의 취득이라함은 일반적으로 등기와 같은 소유권 취득의 형식적 요건을 갖추지는 못하였으나 대금의 지급과 같은 소유권 취득의 실질적 요건을 갖춘 경우를 말하는데,[142] 매매의 경우에 있어서는 사회통념상 대금의 거의 전부가 지급되었다고 볼 만한 정도의 대금지급이 이행되었음을 뜻한다고 보아야 하고, 이와 같이 대금의 거의 전부가 지급되었다고 볼 수 있는지 여부는 개별적·구체적 사안에 따라 미지급 잔금의 액수와 그것이 전체 대금에서 차지하는 비율, 미지급 잔금이 남게 된 경위 등 제반 사정을 종합적으로 고려하여 판단하여야 한다.[143]

이처럼 사실상의 취득개념을 사용함으로 인하여 부동산 등에 대한 매매계약이 체결되고 취득세의 납세의무가 성립한 후 관리인에 의하여 매매계약이 해제될 수도 있는데(제119조),[144] 이 경우 취득세는 징수할 수 있는가. 부동산 취득세는 부동산의 취득행위를 과세객체로 하여 부과하는 행위세이므로, 그에 대한 지방세채권은 그 취득행위라는 과세요건 사실이 존재함으로써 당연히 발생하고, 일단 적법하게 취득한 이상 그 이후에 매매계약이 쌍무계약에 기한 해제권에 터잡아 해제되어 소급적으로 실효되었다 하더라도 이로써 이미 성립한 지방세채권의 행사에 아무런 영향을 줄 수는 없다고 할 것이다.[145]

한편 지방세법 시행령 제20조 제1항 단서 및 제2항 제2호 단서는 유·무상을 불문하고, 또한 해제원인에 관계없이 잔금을 모두 지급받았더라도 등기·등록을 하지 않은 상태에서 법상 취득일로부터 60일 이내에 해제한 사실이 법정 서

---

[142] 결국 취득세의 납세의무는 ① 잔금·대금지급과 같은 사실상 취득행위 또는 ② 등기·등록과 같은 형식상 취득행위 중 어느 하나만 있으면 성립한다.

[143] 대법원 2014. 1. 23. 선고 2013두18018 판결, 대법원 2001. 2. 9. 선고 2000두2204 판결 등 참조.

[144] 파산절차에서 파산관재인이 해제권을 행사한 경우(제335조)에도 마찬가지이다.

[145] 대법원 2018. 9. 13. 선고 2018두38345 판결, 대법원 2001. 4. 10. 선고 99두6651 판결 등 참조.

류[146])에 의해 증빙된 경우 취득으로 보지 않는다고 규정(취득예외규정)하고 있다. 관리인에 의한 해제도 취득예외규정에 해당하는 경우 취득세를 납부하지 아니한다. 반면 위와 같은 경우를 제외한 나머지는 계약이 상대방의 채무불이행 등 해제권 행사에 의해 해제된 경우나 관리인이 해제권을 선택한 경우에도 취득예외 사유에 해당하지 않게 된다. 이미 등기·등록이 마쳐진 경우에는 취득예외규정이 적용되지 않는다.

요컨대 취득예외규정에 해당되지 않는 한 관리인이 해제권을 선택하여 매매계약을 해제하더라도 취득세의 납세의무에는 아무런 영향이 없다.

9. 부인권 행사로 인한 원상회복과 재산세 납세의무자[147])

부인권의 행사로 인한 일탈재산의 원상회복은 관리인과 상대방(수익자 또는 전득자)에 대한 관계에 있어서만 그 효력이 발생할 뿐이고 채무자가 직접 권리를 취득하는 것이 아니므로 관리인이 수익자나 전득자를 상대로 일탈재산의 원상회복을 구하는 판결을 받아 그 등기 명의를 원상회복시켰다고 하더라도 재산세 납세의무자(지방세법 제107조 제1항)는 사실상의 소유자인 수익자라고 할 것이다.[148])

---

146) ○ 무상취득의 경우 : ① 화해조서·인낙조서(해당 조서에서 취득일부터 60일 이내에 계약이 해제된 사실이 입증되는 경우만 해당한다), ② 공정증서(공증인이 인증한 사서증서를 포함하되, 취득일부터 60일 이내에 공증받은 것만 해당한다), ③ 행정안전부령으로 정하는 계약해제신고서(취득일부터 60일 이내에 제출된 것만 해당한다)
　　○ 유상취득의 경우 : ① 화해조서·인낙조서(해당 조서에서 취득일부터 60일 이내에 계약이 해제된 사실이 입증되는 경우만 해당한다), ② 공정증서(공증인이 인증한 사서증서를 포함하되, 취득일부터 60일 이내에 공증받은 것만 해당한다), ③ 행정안전부령으로 정하는 계약해제신고서(취득일부터 60일 이내에 제출된 것만 해당한다), ④ 부동산 거래신고 관련 법령에 따른 부동산거래계약 해제등 신고서(취득일부터 60일 이내에 등록관청에 제출한 경우만 해당한다)
147) 사해행위 등을 이유로 거래가 부인된 경우 취득세를 부과할 수 있는가. 대법원은 기본적으로 취득의 개념을 소유권이전의 형식에 의한 부동산 취득의 모든 경우를 포함한다고 보는 소유권 취득설을 취하고 있지만, 정책적인 조정도 하고 있다는 점에서(대법원 1997. 11. 11. 선고 97다8427 판결 등 참조) 거래가 부인된 경우에는 취득세를 부과할 수 없을 것이다.
148) 대법원 2000. 12. 8. 선고 98두11458 판결 참조. 한편 사해행위 취소에 이은 주식 매각에 있어 증권거래세의 납세의무자는 채무자라고 보고 있다(대법원 2020. 10. 29. 선고 2017두

10. 체납처분에 의한 강제환가절차에서 회생채권인 지방세채권이 공익채권보다 우선하는지 여부

회생계획이 정한 징수의 유예기간이 지난 후 회생채권인 지방세채권에 기하여 이루어진 지방세징수법에 의한 압류처분은 제58조 제3항, 제140조 제2항 등에 비추어 보면 적법하고, 회생절차에서 공익채권은 회생채권과 회생담보권에 우선하여 변제한다는 제180조 제2항은 채무자의 일반재산으로부터 변제를 받는 경우에 우선한다는 의미에 지나지 아니하며, 제180조 제2항이 지방세기본법 제71조 제1항[149]이나 지방세징수법 제99조 제1항[150]에 대한 예외규정에 해당한다고 볼 수도 없으므로, 지방세의 우선권이 보장되는 체납처분에 의한 강제환가절차에서는 회생채권인 지방세채권이라 하더라도 공익채권보다 우선하여 변제를 받을 수 있다.[151]

11. 지방세환급금의 충당과 상계제한

회생절차가 개시되면 회생채권자 등의 상계는 제한받는다(제144조). 지방세채

52979 판결). 그 이유는 다음과 같다. ① 사해행위취소 판결로 채무자 명의로 원상회복된 재산에 대한 강제경매절차에서 매각대금이 채권자에게 배당되면, 채무자의 채무 변제에 충당되어 채무가 소멸한다. 이러한 재산의 매각대금으로 채무자의 채무가 변제된다는 점에서는 사해행위취소의 효과가 채무자에게도 미친다고 볼 수 있다. ② 증권거래세는 주권의 유상 양도라는 사실 자체를 과세대상으로 하는 행위세이고, 주권이 증권시장 밖에서 증권회사를 통하지 않고 양도되는 경우 주권의 양도자가 담세자이자 납세의무자가 된다. 사해행위취소에 따라 채무자 소유명의로 원상회복된 주식이 강제경매절차에서 매각되는 경우 주권의 양도행위 자체에서 드러나는 주권의 양도자는 소유명의자인 채무자이다. ③ 사해행위취소로 채권자의 강제집행을 위해 채무자 명의 책임재산으로 회복되는 것일 뿐 채무자가 그 재산에 대한 권리를 직접 취득하는 것은 아니라고 하더라도, 원상회복에 이은 강제경매절차에서 채무자 소유명의 주식이 매각되었다는 거래의 외관과 그 매각대금이 채무자의 채무 변제에 충당되어 채무 소멸의 효력이 발생하였다는 거래의 법률효과가 채무자 소유 주식이 강제경매절차에서 매각된 거래와 일치하는 만큼, 과세관청도 이러한 주권의 유상 양도라는 증권거래세 과세대상에 대해 주권의 양도자를 채무자로 보아 과세권을 행사해야 한다.

149) 국세 : 국세기본법 제35조 제1항.
150) 국세 : 국세징수법 제81조 제1항.
151) 대법원 2012. 7. 12. 선고 2012다23252 판결.

권도 회생채권인 경우 이러한 제한을 받는다.[152] 문제는 지방세환급금의 충당(지방세기본법 제60조[153])은 어떻게 되는지 여부이다. 지방세환급금의 충당은 납세자가 납부할 지방세와 과세관청이 환급할 지방세환급금이 서로 대립하고 있는 경우 그 대등액에 있어서 이를 동시에 소멸시키는 것을 말한다(지방세기본법 제60조 제1항[154]). 양자(납세자의 환급청구권과 과세관청의 지방세채권)는 별개의 채권·채무이지만 별도로 행사되는 경우의 불편과 지방세징수권의 확보를 위하여 인정되는 제도이다. 관련 내용은 <제2편 제1장 제4절 Ⅰ.2.>(본서 179쪽)를 참조할 것.

지방세환급금의 충당은 민법상의 상계제도와 유사하다. 다만 민법상의 상계는 당사자 일방의 상대방에 대한 의사표시에 의하나, 지방세환급금의 충당은 과세관청이 법정된 요건과 방식에 따라 일방적으로 행하는 점에서 차이가 있다.

회생절차가 개시되면 지방세환급금을 충당할 수 있는가. 앞에서 본 바와 같이 회생절차가 개시되면 회생채권의 권리행사는 제한되고, 지방세환급금의 충당이 상계와 유사하다는 점에서 지방세환급금이 회생절차개시결정 전에 발생한 것이라면 제144조의 상계요건이 충족된 경우에만 지방세환급금을 충당할 수 있다고 볼 여지도 있다. 하지만 지방세환급금은 상계와 유사하지만 그 본질에 있어서는 차이가 있고, 납세자와 과세권자의 편의를 위해 지방세기본법에서 특별이 인정한 것이며, 지방세의 상계는 금지되지만(지방세징수법 제21조) 충당의 경우는 예외로 인정되고, 채무자회생법의 상계제한규정이 지방세기본법의 충당에 관한 규정을 배제한다고 보기 어렵다는 점에서 지방세환급금의 충당이 가능하다고 할 것이다.[155]

---

152) 상계금지규정에 의하여도 제한받는다(지방세징수법 제21조).
153) 국세 : 국세기본법 제51조.
154) 국세 : 국세기본법 제51조 제1항, 관세법 제46조 제1항.
155) 실무적으로 회생계획에 조세채권의 충당이 가능하다는 취지를 기재하기도 한다.

> 채무자 회생 및 파산에 관한 법률 제140조에 의하여 회생계획안 인가일부터 3년 이하의 기간 동안 징수 및 체납처분은 유예하고 이 기간 동안에는 납부지연가산세가 발생하지 아니하는 것으로 하였으며, 신고된 조세채권의 본세 및 본 회생계획인가결정 전일까지 발생한 납부지연가산세는 회생계획인가일로부터 3년이 되는 날의 전일에 걸쳐 법원의 허가를 얻어 균등분할 변제하는 것으로 하였습니다. 다만 국세(지방세)환급금과 충당처리되는 경우에는 예외로 하였습니다.

Ⅳ. 출자전환 등으로 인한 과점주주의 취득세 납세의무

1. 과점주주의 취득세 납세의무

한국거래소 상장법인을 제외한 법인의 주식 또는 지분을 취득함으로써 해당 법인의 과점주주가 된 때에는 그 과점주주가 당해 법인의 취득세 과세대상자산을 취득한 것으로 간주하여 취득세를 과세하게 된다. 이러한 취득세를 일반적으로 '간주취득세'라 부른다. 다만 법인 설립시에 발행하는 주식 또는 지분을 취득하여 과점주주가 된 경우에는 과점주수에 대한 취득세가 과세되지 않는다. 이 경우 과점주주는 연대납세의무를 부담한다[156](지방세법 제7조 제5항,[157][158]) 지방세기

---

[156] 과점주주를 형성하는 친족 기타 특수관계에 있는 자들은 실질적으로 당해 법인의 자산에 관하여 공동사업자 또는 공유자의 지위에서 관리·처분권을 행사할 수 있으므로, 그 자산에 대한 권리의무도 과점주주에게 실질적·경제적으로 공동으로 귀속된다. 따라서 그 담세력도 공동으로 파악하는 것이 공평과세·실질과세의 원칙에 부합하므로, 지방세채권의 확보를 위하여 그들에게 연대납세의무를 부담하게 한 지방세법 제7조 제5항은 자기책임이나 주주에 대한 유한책임을 넘어 부당하게 납세의무를 확장하거나 지방세법률주의가 추구하는 적법절차의 원리를 위반하였다고 할 수 없다. 아울러, 위 조항은 과점주주가 당해 법인의 자산에 대하여 공동으로 가지는 실질적·경제적 담세력을 기초로 지방세채권을 확보하고자 하는 것으로, 과점주주 상호간에 구상권을 행사하여 그 피해를 최소화할 수 있도록 하고 있고 연대납세의무를 통하여 얻고자 하는 지방세채권확보라는 공익 또한 결코 작지 않다는 점에서, 과잉금지원칙을 위배하여 헌법상 보장되는 재산권 등의 기본권을 침해하고 있다고 할 수도 없다(대법원 2008. 10. 23. 선고 2006두19501 판결 참조).

[157] 지방세법 제7조(납세의무자 등) ⑤ 법인의 주식 또는 지분을 취득함으로써 「지방세기본법」 제46조 제2호에 따른 과점주주(이하 "과점주주"라 한다)가 되었을 때에는 그 과점주주가 해당 법인의 부동산등(법인이 「신탁법」에 따라 신탁한 재산으로서 수탁자 명의로 등기·등록이 되어 있는 부동산등을 포함한다)을 취득(법인설립 시에 발행하는 주식 또는 지분을 취득함으로써 과점주주가 된 경우에는 취득으로 보지 아니한다)한 것으로 본다. 이 경우 과점주주의 연대납세의무에 관하여는 「지방세기본법」 제44조를 준용한다.

[158] 이 사건 법률조항(현행 지방세법 제7조 제5항)은 비상장법인의 과점주주가 된 경우 당해 법인의 자산에 대한 관리·처분권을 취득하게 되므로 실질적으로 당해 법인의 자산을 취득한 것이나 다름없게 되어 공평과세 및 실질과세원칙상 취득세를 과세하는 것으로서 입법 목적의 정당성이 인정되며 재산의 이전에 의하여 실질적으로 담세력이 발생한 곳에 과세하는 것으로서 공평과세를 기할 수 있으므로 그 방법의 적절성이 인정된다. 또한, 비상장법인의 과점주주에 대한 간주취득세 부과는 일반적인 취득세와 같은 세율을 적용하는 등, 일반적인 취득세 부과와 달리 비상장법인의 과점주주의 간주취득세에만 특별히 무거운 세율을 적용하지 않으며, 비상장법인의 모든 과점주주에게 취득세를 부과하는 것이 아니라, 법인 설립 시의 과점주주는 취득세 부과 대상에서 제외하고 있고, 사실적 지배력을

본법 제46조[159]).[160]

법인의 과점주주는 당해 법인의 재산을 사실상 임의로 처분하거나 관리할 수 있는 지배권을 행사할 수 있으므로 그 지분의 범위 내에서 법인의 소유재산을 취득한 것으로 간주하여 이러한 담세력을 근거로 취득세를 과세하고 있다.[161]

가진 과점주주에게만 취득세를 부과토록 하여 취득세 부과 대상이 되는 비상장법인 과점주주의 범위를 필요한 정도 내로 제한하고 있는 등, 이 사건 법률조항이 추구하는 공평과세 부과라는 입법목적 달성을 위한 개인의 재산권 제한에 있어 필요 이상의 과잉된 수단이 사용되었다고 볼 수 없으며, 비상장법인의 과점주주에 대한 취득세 부과를 통하여 달성하려는 공익에 비하여 개인의 재산권 제한은 재산의 이전에 의하여 실질적으로 발생한 담세력에 따른 지방세부담의 증가로, 이 사건 법률조항이 추구하는 공익과 비교하여 결코 크다고 할 수 없으므로 재산권을 침해하지 않는다(헌법재판소 2006. 6. 29. 선고 2005헌바45 전원재판부결정).

159) 지방세기본법 제46조(출자자의 제2차 납세의무) 법인(주식을 「자본시장과 금융투자업에 관한 법률」에 따른 증권시장으로서 대통령령으로 정하는 증권시장에 상장한 법인은 제외한다)의 재산으로 그 법인에 부과되거나 그 법인이 납부할 지방자치단체의 징수금에 충당하여도 부족한 경우에는 그 지방자치단체의 징수금의 과세기준일 또는 납세의무성립일(이에 관한 규정이 없는 세목의 경우에는 납기개시일) 현재 다음 각 호의 어느 하나에 해당하는 자는 그 부족액에 대하여 제2차 납세의무를 진다. 다만, 제2호에 따른 과점주주의 경우에는 그 부족액을 그 법인의 발행주식총수(의결권이 없는 주식은 제외한다. 이하 이 조에서 같다) 또는 출자총액으로 나눈 금액에 해당 과점주주가 실질적으로 권리를 행사하는 소유주식수(의결권이 없는 주식은 제외한다) 또는 출자액을 곱하여 산출한 금액을 한도로 한다.
   1. 무한책임사원
   2. 주주 또는 유한책임사원 1명과 그의 특수관계인 중 대통령령으로 정하는 자로서 그들의 소유주식의 합계 또는 출자액의 합계가 해당 법인의 발행주식 총수 또는 출자총액의 100분의 50을 초과하면서 그에 관한 권리를 실질적으로 행사하는 자들(이하 "과점주주"라 한다)

160) 비상장법인 설립 시의 과점주주에게 취득세를 부과하지 않는 것은 법인설립 시의 과점주주는 법인설립 시, 법인 자산에 대한 사실상 지배력을 취득하게 되어 경제적, 사실적으로 법인과 과점주주는 구분되지 아니하여 법인에 의한 1회의 취득세 납부로 족하며 만일 법인설립 시의 과점주주에게 취득세를 부과한다면, 법인의 설립주체로서 사실상 지배력의 관점에서 당해 법인과 실질적으로 동일시 할 수 있는 과점주주에게 당해 법인이 자산 취득 시 이미 납부한 취득세를 다시 납부케 하여 합리적 이유 없이 중복 부담을 과하게 될 소지가 있어 입법정책상 의도적으로 취득세 과세대상에서 제외한 것이다(헌법재판소 2006. 6. 29. 선고 2005헌바45 전원재판부결정).

161) 대법원 2019. 3. 28. 선고 2015두3591 판결, 대법원 2018. 11. 9. 선고 2018두49376 판결(법인의 과점주주에 대하여 그 법인의 재산을 취득한 것으로 보아 취득세를 부과하는 것은

과점주주란 주주 또는 유한책임사원 1명과 그의 특수관계인(지방세기본법 시행령 제24조 제2항[162])으로서 그들의 소유주식의 합계 또는 출자액의 합계가 해당 법인의 발행주식 총수 또는 출자총액의 100분의 50을 초과하면서 그에 관한 권리를 실질적으로 행사하는 자를 말한다(지방세기본법 제46조 제2호).

과점주주로 된 자에 대하여 취득세 과세대상 물건을 취득한 것으로 보아 취득세의 납세의무를 지우기 위하여는 지방세기본법 제46조 제2호 소정의 형식적 요건을 갖추어야 할 뿐만 아니라, 이미 해당 법인이 취득세를 부담하였는데 그 과점주주에 대하여 다시 동일한 과세물건을 대상으로 간주취득세를 부과하는 것은 이중과세에 해당할 수 있기 때문에 당해 과점주주가 법인의 운영을 실질적으로 지배할 수 있는 지위에 있음을 요한다고 할 것이다.[163] 이때 법인의 운영을 실질적으로 지배할 수 있는 지위라 함은 실제 법인의 경영지배를 통하여 법인의 부동산 등의 재산을 사용·수익하거나 처분하는 등의 권한을 행사하였을 것을 요구하는 것은 아니고, 소유하고 있는 주식에 관하여 의결권행사 등을 통하여 주주권을 실질적으로 행사할 수 있는 지위에 있으면 족하다.[164]

과점주주가 되면 해당 법인의 재산을 사실상 임의처분하거나 관리·운용할 수 있는 지위에 서게 되어 실질적으로 그 재산을 직접 소유하는 것과 크게 다를 바 없다는 점에서 담세력이 있다고 보기 때문이다).

162) 지방세기본법 시행령 제24조(제2차 납세의무를 지는 특수관계인의 범위 등) ② 법 제46조 제2호에서 "대통령령으로 정하는 자"란 해당 주주 또는 유한책임사원과 제2조의 어느 하나에 해당하는 관계에 있는 자를 말한다.

163) 대법원 2019. 3. 28. 선고 2015두3591 판결(☞ 이 사건 회사의 50% 지분을 가진 원고가 주식 매수인인 A회사의 요청으로 자신의 명의로 나머지 지분에 해당하는 이 사건 주식을 취득하여 명의개서를 마침으로써 주주명부상 이 사건 회사의 과점주주가 되었으나, 불과 6일 후에 이 사건 주식을 포함한 이 사건 회사 주식 전부를 A회사에 양도한 경우, 원고가 이 사건 주식을 취득하여 그 주식 비율의 증가분만큼 이 사건 회사의 운영에 대한 지배권이 실질적으로 증가함으로써 간주취득세를 부담하는 과점주주가 되었다고 보기 어렵다고 판단한 원심 판단을 수긍한 사례), 대법원 2018. 10. 4. 선고 2018두44753 판결, 대법원 1979. 12. 26. 선고 78누333 판결 참조.

164) 대법원 2018. 11. 9. 선고 2018두49376 판결, 대법원 2008. 10. 23. 선고 2006두19501 판결. 위 2018두49376 판결은 「취득세의 납세의무를 부담하는 과점주주에 해당하는지 여부는 주주명부상의 주주 명의가 아니라 그 주식에 관하여 의결권 등을 통하여 주주권을 실질적으로 행사하여 법인의 운영을 지배하는지 여부를 기준으로 판단하여야 하므로 과점주주의 주식 비율이 증가되었는지 여부 역시 주주권을 실질적으로 행사하는 주식을 기준으로 판

2. 회생절차개시 후 출자전환이나 주식취득 등으로 과점주주가 된 경우[165]

과점주주의 취득세 납세의무의 대상은 과점주주 성립 당시(주식 또는 지분취득일) 당해 법인이 소유하고 있던 취득세 과세물건이므로 과점주주가 된 이후에 법인이 취득하는 과세물건에 대하여는 납세의무가 없고, 세율(표준세율 또는 중과세율)의 적용 여부도 과점주주 성립 당시를 기준으로 하는 것이다. 즉 과점주주의 납세의무의 대상은 과점주주 성립시점에 법인이 소유하고 있는 취득세 과세물건이 되며 이때 소유란 지방세법상 취득의 시기가 완성된 것을 의미한다. 과점주주는 법인 설립시 과점주주가 된 경우를 제외하고는 유상취득이나 승계취득 또는 증자 등으로 인하여 과점주주가 된 경우 취득세가 과세된다.

한편 회생계획에 출자전환에 의해 신주를 발행할 것을 정한 경우에는 회생계획에서 특별히 정한 때를 제외하고 회생계획인가가 결정된 때에 주주가 된다(제265조 제1항). 따라서 회생채권자 등은 출자전환으로 회생계획인가 시점에 과점주주의 형식적 요건을 갖출 수 있게 된다. 이처럼 회생절차개시 이후 출자전환이나 주식 취득 등으로 과점주주로서의 형식적 요건을 갖춘 경우 취득세를 납부하여야 하는가. 채무자회생법에 의한 회생절차개시결정이 있은 때에는 회사사업의 경영과 재산의 관리처분권은 관리인에 전속하고 관리인은 회생회사의 기관이거나 그 대표자는 아니지만 회생회사와 그 채권자 및 주주로 구성되는 이해관계인

단하여야 한다.」고 전제한 다음 과점주주인 원고가 명의신탁해 두었던 주식에 관하여 자신의 명의로 명의개서를 하자 위 주식의 취득으로 주식지분율이 증가하였다는 이유로 지분증가분에 대한 간주취득세가 부과된 사안에서, 「명의신탁에도 불구하고 위 주식에 관한 권리를 실질적으로 행사하는 지위에 있었던 것은 원고이므로, 위 명의개서 전후로 원고의 주식 소유비율은 동일하여, 위 명의개서가 간주취득세의 과세근거가 되는 과점주주의 주식 비율이 증가된 경우에 해당하지 않는다.」고 보았다.

165) 기업구조조정 촉진법(이하 '기촉법'이라 한다)에 의한 공동관리절차(이른바 워크아웃) 진행 중 주식을 취득한 후 채권단(금융채권자협의회)에 의결권행사를 위임한 경우에는 법인의 운영을 실질적으로 지배할 수 있는 지위에 있다고 볼 수 없다는 이유로 간주취득세 부과를 부정한 사례가 있다(대법원 2018. 10. 4. 선고 2018두44753 판결 참조). 위 판결은 기촉법에 주주권행사를 직접적으로 제한하는 규정이 없다고 하더라도 주식취득 전후의 제반 사정을 전체적으로 살펴 법률상 절차 내에서 실질적으로 회사지배와 관련 없이 주식을 취득하고 그 후 주식취득의 목적이 실현되었다면 간주취득세 납세의무가 성립하는 주식비율의 증가에 해당하지 않는다고 보았다.

단체의 관리자인 일종의 공적 수탁자라는 입장에서 회생회사의 대표, 업무집행 및 재산관리 등의 권한행사를 혼자서 할 수 있게 되므로 회생절차개시 후에 비로소 과점주주가 된 자는 과점주주로서의 주주권을 행사할 수 없게 되는 것이고, 따라서 회생회사의 운영을 실질적으로 지배할 수 있는 지위에 있지 아니하는 셈이 되어 그 재산을 취득한 것으로 의제하는 지방세법 제7조 제5항 소정의 과점주주의 요건에 해당되지 아니한다.[166] 회생절차개시 후에는 간주취득세의 납세의무가 성립하지 않는다.

3. 회생절차종결과 취득세 납세의무

회생절차 중 출자전환이나 주식취득 등으로 과점주주가 된 경우 회생회사의 운영을 실질적으로 지배할 수 없으므로 과점주주에 해당하지 아니하며, 향후 회생절차가 종결되어 실질적인 지배력을 얻는다고 하여도 회생절차종결 당시 취득하는 주식 또는 지분이 없다면 과점주주에 따른 취득세는 과세되지 아니한다. 따라서 회생절차를 종결할 때에는 출자전환이나 주식취득 등으로 인한 과점주주의 형식적 요건을 갖추고 있어 종결 후 실질적인 지배력이 있는 것으로 판단될 여지가 있는 주주가 없는지 검토가 필요하다. 과점주주의 형식적 요건이 갖추어진 경우에는 회생절차종결 전에 일정 부분 주식 또는 지분을 처분하여 과점주주의 지위에서 벗어난 후 종결신청을 하여야 할 것이다.

V. 법인합병에 대한 취득세 과세특례와 회생 · 파산절차

기업구조조정에서 조세문제의 핵심은 기업구조조정을 미실현이익의 과세 계기로 삼을 것인지 여부이다. 기업환경 변화에 따라 구조조정을 용이하게 하기 위해서는 조세문제가 걸림돌이 되어서는 안 된다. 이에 지방세특례제한법은 합병 등으로 인한 기업구조조정에 대하여 과세특례를 인정하고 있다(제2장 제5절).[167]

---

166) 대법원 1994. 5. 24. 선고 92누11138 판결 참조.
167) 법인세법도 기업의 구조조정을 촉진하기 위하여 구조조정에 따른 과세이연을 인정하고 있다(법인세법 제2장 제1절 제6관). 법인세법은 구조조정에 있어 합병과 분할을 중심으로 규정하고 있다.

여기서는 법인합병으로 인한 합병법인의 취득세 과세특례와 회생·파산절차의 관계에 관하여 간략히 살펴보기로 한다.

적격합병의 요건을 갖추어 합병하는 경우 합병에 따라 양수하는 사업용 재산을 2021년 12월 31일까지 취득하는 경우에는 취득세의 100분의 50(법인으로서 중소기업간 합병 및 기술혁신형사업법인과 합병하는 경우는 100분의 60)을 경감한다(지방세특례제한법 제57조의2 제1항 본문). 적격합병으로 인정되기 위해서는 ① 사업목적 합병, ② 지분의 연속성, ③ 사업의 계속성, ④ 고용관계의 지속성 등 4가지 요건이 충족되어야 한다(법인세법 제44조 제2항 본문 제1호 내지 제4호).[168]

---

[168] 법인세법 제44조(합병 시 피합병법인에 대한 과세) ① 피합병법인이 합병으로 해산하는 경우에는 그 법인의 자산을 합병법인에 양도한 것으로 본다. 이 경우 그 양도에 따라 발생하는 양도손익(제1호의 가액에서 제2호의 가액을 뺀 금액을 말한다. 이하 이 조 및 제44조의3에서 같다)은 피합병법인이 합병등기일이 속하는 사업연도의 소득금액을 계산할 때 익금 또는 손금에 산입한다.
1. 피합병법인이 합병법인으로부터 받은 양도가액
2. 피합병법인의 합병등기일 현재의 자산의 장부가액 총액에서 부채의 장부가액 총액을 뺀 가액(이하 이 관에서 "순자산 장부가액"이라 한다)
② 제1항을 적용할 때 다음 각 호의 요건을 모두 갖춘 합병(이하 "적격합병"이라 한다)의 경우에는 제1항 제1호의 가액을 피합병법인의 합병등기일 현재의 순자산 장부가액으로 보아 양도손익이 없는 것으로 할 수 있다. 다만, 대통령령으로 정하는 부득이한 사유가 있는 경우에는 제2호·제3호 또는 제4호의 요건을 갖추지 못한 경우에도 적격합병으로 보아 대통령령으로 정하는 바에 따라 양도손익이 없는 것으로 할 수 있다.
1. 합병등기일 현재 1년 이상 사업을 계속하던 내국법인 간의 합병일 것. 다만, 다른 법인과 합병하는 것을 유일한 목적으로 하는 법인으로서 대통령령으로 정하는 법인의 경우는 제외한다.
2. 피합병법인의 주주등이 합병으로 인하여 받은 합병대가의 총합계액 중 합병법인의 주식등의 가액이 100분의 80 이상이거나 합병법인의 모회사(합병등기일 현재 합병법인의 발행주식총수 또는 출자총액을 소유하고 있는 내국법인을 말한다)의 주식등의 가액이 100분의 80 이상인 경우로서 그 주식등이 대통령령으로 정하는 바에 따라 배정되고, 대통령령으로 정하는 피합병법인의 주주등이 합병등기일이 속하는 사업연도의 종료일까지 그 주식등을 보유할 것
3. 합병법인이 합병등기일이 속하는 사업연도의 종료일까지 피합병법인으로부터 승계받은 사업을 계속할 것
4. 합병등기일 1개월 전 당시 피합병법인에 종사하는 대통령령으로 정하는 근로자 중 합병법인이 승계한 근로자의 비율이 100분의 80 이상이고, 합병등기일이 속하는 사업연도의 종료일까지 그 비율을 유지할 것

한편 합병등기일로부터 3년 이내에 법인세법 제44조의3 제3항 각 호의 어느 하나에 해당하는 사유(① 합병법인이 피합병법인으로부터 승계받은 사업을 폐지하는 경우, ② 대통령령으로 정하는 피합병법인의 주주등이 합병법인으로부터 받은 주식등을 처분하는 경우, ③ 각 사업연도 종료일 현재 합병법인에 종사하는 대통령령으로 정하는 근로자 수가 합병등기일 1개월 전 당시 피합병법인과 합병법인에 각각 종사하는 근로자 수의 합의 100분의 80 미만으로 하락하는 경우)가 발생하는 경우에는 경감된 취득세를 추징한다(지방세특례제한법 제57조의2 제1항 단서). 그러나 합병법인에 파산이나 회생절차로 인해 위와 같은 사유가 발생한 경우에는 감경된 취득세를 추징하지 못한다(지방세특례제합법 제57조의2 제1항 단서 괄호).

Ⅵ. 채무자의 재산에 속한 부동산 등이 경매로 매각된 경우 회생채권인 지방세채권자에의 배당 여부

회생절차가 개시된 경우 회생채권자(회생담보권자)는 회생절차에 의하지 아니하고는 변제받을 수 없다(제131조 본문, 제141조 제2항). 그러나 채무자의 재산에 속한 부동산 등이라고 하여 절대적으로 강제집행 또는 담보권 실행을 위한 경매가 불가능한 것은 아니다. 회생담보권이라도 회생계획에서 경매절차 실행 권한을 부여한 경우에는 담보권 실행을 위한 경매가 가능하다. 또한 공익채권은 회생절차에 의하지 않고 수시로 우선적으로 변제받을 수 있으므로(제180조 제1항) 공익채권에 기한 강제집행이 가능하다. 이러한 경우 집행법원이 회생채권인 지방세채권자에게 직접 지급할 수 있는가. 지방자치단체는 경매절차에서 직접 배당을 받을 수 있는가.

회생절차개시 전에 체납처분을 하지 아니한 경우에는 회생절차가 개시되면 채무자의 재산에 대한 관리처분권은 관리인에게 전속하므로(제56조 제1항) 관리인에게 지급하여야 할 것이다. 결국 지방자치단체는 직접 배당을 받을 수 없고, 관리인에게 지급된 후 회생계획에 따라 지방세의 납부를 받게 된다.

회생절차개시 전에 체납처분을 한 경우에는 어떤가. 회생절차개시 전에 체납처분을 마친 지방세채권자는 회생계획의 변제조건에 따라 일정 기간 지방세채권의 변제기가 유예되고, 체납처분의 실행이 일정기간 중지될 뿐(제58조 제3항),

다른 일반 회생채권의 경우와 달리 회생계획의 인가에 의해 그 체납처분이 실효되지 아니하므로(제256조 제1항 본문), 집행법원은 지방세채권자에게 직접 지급하여야 한다는 견해가 있을 수 있다. 그러나 회생절차 진행 중에는 여전히 채무자의 재산에 관한 관리처분권은 관리인에게 있고, 지방세채권자의 교부청구는 부동산 등의 매각대금에서 변제를 받을 자를 정하는 것에 그치며, 회생계획에서 체납처분이 유예될 수 있고(회생계획이 인가되면 회생채권인 지방세채권도 회생계획에서 정한 바에 따라 권리변경이 되고 그 경우 지방세채권도 회생계획에 따라 변제받아야 한다),[169] 제131조 단서와 같은 명시적인 규정이 없다. 따라서 관리인에게 교부하여야 할 것이다. 결국 실질적인 변제절차는 일괄하여 채무자의 관리인이 회생계획에서 정해진 바에 따라 할 것이다.[170]

---

169) 지방세징수법에 의한 체납처분 유예기간은 1년이지만(지방세징수법 시행령 제93조 제1항), 채무자회생법은 3년간 체납처분을 유예할 수 있도록 하고 있다(제140조 제2항). 실무적으로 제140조 제2항에 따라 지방세채권은 3년간 분할 납부하는 것으로 회생계획을 작성하게 되는데, 지방세채권자에게 직접 교부(배당)할 경우 회생계획에 반하는 변제가 된다.

170) 체납처분의 속행(제58조 제5항)으로 인한 경우에는 지방세채권자가 직접 배당받을 수 있다(본서 430쪽).

제3장 파산절차와 지방세채권

파산절차란 채무자에게 파산의 원인(지급불능, 채무초과)이 있을 때 파산선고를 하고 파산재단[171]을 매각하여 금전으로 만든 다음(환가), 파산절차 내에서 채권조사를 거쳐 확정된 채권의 우선순위와 채권액에 따라 환가한 돈을 분배(배당)하는 재판상의 절차를 말한다.

파산절차는 국가권력에 의한 채권의 강제적 실현이라는 점에서 강제집행의 일종이다. 다만 일반의 강제집행(민사집행법상의 강제집행)이 채무자의 (개별)재산을 대상으로 하여 개개의 채권의 실현을 도모하는 개별적인 집행인데 반하여, 파산절차는 채무자의 모든 재산[172]을 대상으로 하여 총채권자의 공평한 만족을 얻게 하는 포괄적·집단적 집행이라는 데에 그 특징이 있다.

파산절차에는 개인파산절차와 법인파산절차가 있다. 그리고 특수한 형태의 파산절차로 상속재산파산절차와 유한책임신탁재산파산절차가 있다. 아래에서 설명하는 내용은 특별한 언급이 없으면 개인파산절차와 법인파산절차를 전제로 한 것이다. 개인의 경우 파산절차 이후 면책절차가 있다는 점을 제외하고 양 절차는 동일하게 진행된다.

---

171) 회생절차에서 채무자의 재산과는 다른 개념이다. 파산절차에서는 고정주의를 취하여 파산선고 당시에 채무자가 가진 모든 재산을 파산재단이라고 하고(제382조 제1항), 파산재단만이 파산절차의 대상이 된다. 이 점이 팽창주의를 취하고 있는 회생절차 및 개인회생절차와 다른 점이다.

172) 엄밀한 의미에서는 파산선고 당시의 채무자의 모든 재산, 즉 파산재단이다.

I. 파산절차에서 지방세채권의 취급

1. 재단채권·후순위 파산채권·비파산채권 (기타채권)

가. 재단채권

(1) 재단채권으로 되는 지방세채권

파산절차에서 지방세채권은 원칙적으로 재단채권이다(제473조 제2호). 그렇다고 모든 지방세채권이 재단채권인 것은 아니다. 지방세채권 중 재단채권으로 되는 것은 ① 파산선고 전의 원인으로 인한 지방세채권과 ② 파산선고 후의 원인으로 인한 것 중 파산재단에 관하여 생긴 지방세채권 2가지이다.

(가) 파산선고 전의 원인으로 인한 지방세채권

파산선고 전의 원인으로 생긴 지방세채권은 파산선고 전에 발생한 재산상의 청구권으로 본래 파산채권이나 지방자치단체의 예산에 직결된 지방세의 징수를 확보하기 위하여 정책적으로(지방세가 공공서비스를 위한 자금으로서 강한 공익성을 가지고 있다는 것을 입법자가 중시한 것이다) 재단채권으로 한 것이다. 파산선고 전의 원인으로 인한 지방세채권은 파산재단에 관하여 생긴 것인지 여부를 불문하고 모두 재단채권에 해당한다.

'파산선고 전의 원인으로 인한 지방세채권'으로 재단채권에 해당하는지 여부는 파산선고 전에 법률에 정한 과세요건이 충족되어 그 지방세채권이 성립되었는지 여부를 기준으로 하여 결정된다.[173] 지방세채무의 성립 시기에 관하여는 지방세기본법 제34조[174]에 구체적으로 규정되어 있다. 파산선고 전에 성립한 지방세채권에 대한 파산선고일 전날까지의 납부지연가산세(지방세기본법 제55조 제1항 제3호, 제4호)는 재단채권에 해당한다.[175] 파산선고 전에 체납처분이 이루어진 경우에는 파산선고에 불구하고 그 절차가 속행되어 우선변제를 받을 수 있으므로(제349조 제1항) 지방세채권

---

173) 대법원 2005. 6. 9. 선고 2004다71904 판결.
174) 국세 : 국세기본법 제21조.
175) 반면 파산선고 전에 성립한 지방세채권에 기하여 파산선고 후에 발생한 납부지연가산세(지방세기본법 제55조 제1항 제3호, 제4호)는 후순위 파산채권에 해당한다{아래 (2)(나) 참조}.

을 재단채권으로 인정한 실익은 파산선고 전의 원인으로 인한 지방세채권 중 아직 체납처분에 이르지 않은 것에 있다.[176]

한편 지방세채권 중 아래에서 보는 바와 같이 '제446조의 규정에 의한 후순위 파산채권'에 해당하는 것은 재단채권에서 제외된다(제473조 제2호 괄호 안).[177]

(나) 파산선고 후의 원인으로 인한 것 중 파산재단에 관하여 생긴 지방세채권[178]

1) 파산선고 후의 원인으로 인한 것 중 파산재단에 관하여 생긴 지방세채권은 재단채권이다. 즉 파산선고 후의 원인으로 인한 지방세채권은 '파산재단에 관하여 생긴 것'에 한하여 재단채권으로 인정된다.

여기서 '파산재단에 관하여 생긴 것'이란 무엇을 의미하는가.[179] 이에 관하여는 ① 파산재단에 속한 자산의 소유사실 또는 그 자산의 양도·처분사실에 터 잡아 과세되거나 그 자산으로부터의 수익 그 자체에 대하여 과세되는 지방세라는 견해, ② 파산재단의 관리, 환가 및 배당에 관한 비용청구권으로 보는 견해, ③ 파산채권자를 위한 공익적 지출로서 공동으로 부담하는 것이 타당한 지방세채권을 의미한다

---

176) 파산선고 당시에 아직 체납처분에 들어가지 않은 지방세채권 중 파산선고 전의 원인에 기해 발생한 것은 재단채권이 된다. 원래 이들은 통상의 강제집행절차에서라면 선진행된 경매절차에 교부청구 등을 하여 법에 정해진 우선순위에 따라 절차 내에서 배당을 받는다. 그런데 파산절차에서는 재단채권이 되어 파산절차에 의하지 않고서도 최우선적으로 변제받을 수 있다(제475조). 재단채권이라고 하더라도 파산선고 후에는 체납처분을 할 수 없다(제349조 제2항).

177) 후순위 파산채권에 관한 제446조는 제3편 파산절차 중 제4장 제1절 '파산채권' 부분에 규정된 것으로서 같은 절에 규정된 '파산채권'에만 적용되고, 별도의 절인 제4장 제3절에서 규정하고 있는 '재단채권'에는 적용될 수 없다(대법원 2014. 11. 20. 선고 2013다64908 전원합의체 판결).

178) 파산선고 후의 원인으로 인한 지방세채권으로서 파산재단에 관하여 생긴 것이 아닌 지방세채권은 재단채권에 해당하지 아니한다. 그렇다면 위와 같은 지방세채권은 파산채권인가. 파산채권은 파산선고 전의 원인으로 생긴 것에 한하므로(제423조) 파산선고 후의 원인으로 인한 재단채권이 아닌 지방세채권은 파산채권에 해당하지 않는다고 볼 것이다. 즉 파산채권도 재단채권도 아니다.

179) 구체적인 내용에 관하여는 「전대규(채무자회생법), 1365~1367쪽」을 참조할 것.

고 보는 견해, ④ 각 지방세채권마다 개별적으로 판단하여야 한다는 견해가 있다. 살피건대 파산선고 후 파산재단에 관한 관리처분권은 파산관재인에게 있고(제384조), 파산관재인은 파산채권자의 공동의 이익을 위하여 파산재단을 관리, 환가하는 것이므로 '파산재단에 관하여 생긴 것'이란 파산관재인이 파산재단을 관리·처분(환가)하는 과정에서 부과된 것(발생하는 비용)을 의미한다고 할 것이다. 구체적으로 재산세, 자동차세, 등록면허세, 주민세 등을 말한다.[180] 아래 (4)에서 보는 당해세도 여기에 해당한다. 반대로 소득에 대하여 부과하는 조세(소득세, 법인세, 지방소득세 등)는 비용의 성질을 갖는 것은 아니기 때문에 여기에 해당하지 않는다고 할 것이다.

그런데 파산재단에 관하여 생긴 지방세채권에 한하여 재단채권으로 인정하는 이유는 지방세채권이라는 속성에 기인한 것이 아니라 파산재단의 관리 또는 환가(처분)로 인하여 발생한 파산채권자가 공동으로 부담하여야 할 공익적 비용(지출)이라는 성질에 기인한 것이다. 따라서 이는 제473조 제3호의 재단채권에 포함시킬 수 있으므로 별도로 규정할 필요는 없다고 할 것이다.

2) 한편 본래의 납세의무자의 파산으로 과세관청에 의하여 제2차 납세의무자로 지정된 자가 그 납세의무를 이행함으로써 취득한 구상금채권은 본 호의 지방세채권으로서 재단채권에 해당한다고 할 수 없다.[181] 그 이유는 채무자회생법이 지방세채권에 대하여 재단채권으로 인정한 이유는 제473조 각 호에 열거된 다른 재단채권, 즉 파산채권자들의 공동의 이익을 위한 것이 아니라 지방자치단체 존립의 재정적 기초가 되는 지방세 징수를 확보하기 위하여 다른 채권보다 우월한

---

180) 단위신용협동조합이 회비를 납부하지 아니할 때는 신용협동조합중앙회 정관 제16조에 의하여 과태금을 징수할 수 있다고 하더라도, 그러한 사정만으로는 위 회비를 재단채권 또는 재단채권과 유사한 것이라 할 수 없다(대법원 2002. 1. 25. 선고 2001다67812 판결).

181) 대법원 2005. 8. 19. 선고 2003다36904 판결 참조. 다만 위 구상금채권은 제473조 제5호의 재단채권에 해당한다.

지위를 부여할 필요가 있다는 공익적 요청에 기한 것으로서, 제3자가 취득한 경우에는 이러한 우월적 지위를 주장할 수 없고, 지방자치단체가 파산절차에 의하지 아니하고 파산재단으로부터 채무자의 체납세액을 징수함으로써 채무자의 파산으로 많은 손실을 입고 있는 다수의 파산채권자들에 대한 배당액이 감소될 수 있는 점에 비추어 제473조 제2호 소정의 지방세채권에 해당하는지 여부는 엄격히 해석하여야 할 필요가 있기 때문이다.

3) 주의할 것은 파산관재인은 법원의 허가를 얻어 파산재단에 속하는 재산(권리)을 포기할 수 있는데(제492조 제12호), 이 경우 해당 재산은 파산관재인의 관리처분권에서 벗어나 채무자의 자유재산이 된다. 따라서 권리포기 후 그 소유로 인하여 발생하는 재산세, 자동차세 등은 파산재단에 관하여 생긴 지방세채권이 아니므로 재단채권이 아니다. 채무자에게 관리처분권이 회복되고 납세의무자도 채무자가 된다.

(2) 가산세의 경우

(가) 가산세는 지방세기본법 또는 지방세관계법에 규정하는 의무의 성실한 이행을 확보하기 위하여 지방세기본법 또는 지방세관계법에 따라 산출한 세액에 가산하여 징수하는 금액을 말한다(지방세기본법 제2조 제1항 제23호[182]). 또한 아래 (나)에서 보는 바와 같이 법정납부기한(납부기한)과 납부일 사이의 기간에 대한 지연배상금에 상당하는 금액도 가산세(납부지연가산세)이다.

가산세 납세의무는 그 종류별로 성립시기가 다르지만(지방세기본법 제34조 제1항 제12호[183]), 그 과세표준과 세액을 지방자치단체가 결정하는 때에 확정된다(지방세기본법 제35조 제1항 제2호[184]).

---

182) 국세 : 국세기본법 제2조 제4호.
183) 국세 : 국세기본법 제21조 제1항 제11호.
184) 국세 : 국세기본법 제22조 제3항.

지방세에 대한 가산세는 재단채권인가.[185] ① 본세가 파산선고 전에 성립한 경우에는 가산세도 재단채권이다. ② 본세가 파산선고 전에 성립한 경우로서 지방세기본법 제34조 제1항 제12호 사.목 단서에 해당하는 가산세는 파산선고 후에 발생한 것이라도 재단채권이다. 가산세의 납세의무 성립시기가 파산선고 전이기 때문이다. ③ 본세가 파산선고 후에 발생(성립)한 것이면 본세가 파산재단에 관하여 생긴 것이라야 가산세도 재단채권이 된다. ④ 본세가 파산선고 후에 성립하였으나 재단채권에 해당하지 않는 경우(파산재단에 관하여 생긴 것이 아닌 경우) 가산세는 재단채권도 아니고 파산채권도 아니다.

(나) 파산관재인이 파산선고 전의 원인으로 인한 재단채권인 지방세를 체납하여 파산선고 후에 발생한 지방세기본법 제55조 제1항 제3호, 제4호의 납부지연가산세(지연배상금 성격의 납부지연가산세라고만 한다)가 재단채권에 해당하는가.

제473조 제4호는 '파산재단에 관하여 파산관재인이 한 행위로 인하여 생긴 청구권'을 재단채권으로 규정하고 있고, '파산재단에 관하여 파산관재인이 한 행위'에는 파산관재인이 직무와 관련하여 부담하는 채무의 불이행도 포함된다.[186] 위 규정은 파산관재인이 파산재단의 관리처분권에 기초하여 직무를 행하면서 생긴 상대방의 청구권을 수시로 변제하도록 하여 이해관계인을 보호함으로써 공정하고 원활하게 파산절차를 진행하고자 하는 데 그 취지가 있다. 이러한 점에서 제473조 제4호는 파산관재인이 파산재단의 관리처분권에 기초하여 직무를 행하면서 생긴 상대방의 청구권에 관한 일반규정으로 볼 수 있다. 반면 제473조 제2호는 '국세징수법 또는 지방세징수법에 의하여 징수할 수 있는 청구권' 및 '국세징수의 예에 의하여 징수할 수 있는 청구권으로서 그 징수우선순위가 일반파산채권보다 우선하는 것'만을 적용대상으로 하는 특별규정이다. 나아

---

185) 아래 (나)에서 설명하는 지연배상금 성격의 납부지연가산세를 제외한 가산세를 말한다.
186) 대법원 2014. 11. 20. 선고 2013다64908 전원합의체 판결 참조.

가 지방세뿐만 아니라 지방세 체납으로 인하여 부가되는 지연배상금 성격의 납부지연가산세도 그것이 파산선고 전에 생긴 것인지 파산 후에 생긴 것인지 가리지 않고 모두 그 적용범위에 포함된다. 따라서 파산관재인이 재단채권인 지방세를 체납하여 그로 인하여 지연배상금 성격의 납부지연가산세가 발생한 경우 그 지연배상금 성격의 납부지연가산세에 대하여는 제473조 제4호가 아닌 제473조 제2호가 우선적으로 적용된다고 봄이 타당하다.

이러한 제473조 제2호 본문의 입법 취지, 지방세징수법상 지연배상금 성격의 납부지연가산세의 법적 성질,[187] 제473조 제2호・제4호의 관계 등을 종합하면, 파산선고 전의 원인으로 인한 지방세에 기하여 파산선고 후에 발생한 지연배상금 성격의 납부지연가산세는 후순위 파산채권인 제446조 제1항 제2호의 '파산선고 후의 불이행으로 인한 손해배상액'에 해당하는 것으로 봄이 타당하므로 제473조 제2호 괄호 안에 있는 규정에 따라 재단채권에서 제외된다.[188]

요컨대 파산관재인이 재단채권인 지방세를 체납하여 파산선고 후에 발생한 지연배상금 성격의 납부지연가산세는 후순위 파산채권이다.

파산선고 전에 발생한 지방세와 이에 대한 지연배상금 성격의 납부지연가산세의 취급
① 파산선고 전에 발생한 지방세채권 : 재단채권
② 파산선고 전에 발생한 지방세채권에 대한 파산선고일 전일까지의 지연배상금 성격의 납부지연가산세 : 재단채권
③ 파산선고 전에 발생한 지방세채권에 대한 파산선고 후(파산선고일부터) 발생한 지연배상금 성격의 납부지연가산세 : 후순위 파산채권

---

(3) 당해세의 경우

당해세란 매각 재산 자체에 대하여 부과된 지방세로, 지방세기본법 제71조 제

---

187) 납부지연가산세는 납세의무의 이행지체에 대하여 부담하는 지연배상금의 성질을 띠고 있다(대법원 1991. 3. 12. 선고 90누2833 판결 참조).
188) 대법원 2017. 11. 29. 선고 2015다216444 판결 참조.

2항 제3호[189]의 "그 재산에 대하여 부과된 지방세"를 의미한다. 구체적으로 당해세는 전세권, 질권 또는 저당권 등이 설정된 재산에 대하여 부과된 지방세이다.[190]

당해세는 그 법정기일이 전세권 등의 설정일보다 앞서는지와 관계없이 항상 전세권 등이 담보하는 채권보다 절대적으로 우선한다. 지방세의 법정기일 전에 전세권 등의 설정을 등기한 경우에는 그 전세권 등이 담보하는 채권이 지방세보다 우선하는 것이 원칙인데, 이에 대한 예외로서 당해세는 그 법정기일이 전세권 등의 설정일보다 늦은 경우에도 당해세가 전세권 등이 담보하는 채권보다 우선하도록 하고 있다. 이를 당해세 우선의 원칙이라 한다.

그러나 당해세가 담보물권에 의하여 담보되는 채권에 우선한다고 하더라도 이로써 담보물권의 본질적 내용까지 침해하여서는 안되므로 당해세라 함은 담보물권을 취득하는 사람이 장래 그 재산에 대하여 부과될 것으로 상당한 정도로 예측할 수 있는 것으로서 오로지 당해 재산을 소유하고 있는 것 자체에 담세력을 인정하여 부과되는 지방세만을 의미한다고 할 것이다.[191]

당해세로 재산세, 자동차세(자동차 소유에 대한 자동차세만 해당한다), 지역자원시설세(소방분 지역자원시설세만 해당한다), 지방교육세(재산세와 자동차세에 부가되는 지방교육세만 해당한다)가 있다(지방세기본법 제71조 제5항).[192]

당해세에 해당하는 지방세채권은 그 납세의무 성립일이 파산선고 전인 경우는 물론 파산선고 후인 경우에도 재단채권에 해당한다. 당해세에 해당하는 세목은 파산재단에 관하여 생긴 것에 해당하기 때문에 그 납세의무 성립일이 파산선고 후라도 재단채권이다. 물론 파산관재인이 해당 재산에 대한 권리를 포기한 경우에는 채무자의 자유재산에 속하고 파산재단에 관하여 생긴 것이라고 볼 수 없으므로 당해세는 재단채권이라고 할 수 없다. 이 경우 채무자가 납세의무자가 된다.

---

189) 국세 : 국세기본법 제35조 제1항 제3호.
190) 당해세에 관하여는 <제2편 제1장 제4절 Ⅱ.2.다.(2)>(본서 183쪽)을 참조할 것.
191) 대법원 2007. 2. 22. 선고 2005다10845 판결 참조.
192) 국세에는 당해세로 상속세, 증여세 및 종합부동산세가 있다(국세기본법 제35조 제5항),

(4) 지방세채권과 시효중단

파산채권은 채권신고로 시효가 중단된다(제32조 제2호). 재단채권인 지방세채권은 채권신고의 대상이 아니므로 채권신고를 통한 시효중단은 있을 수 없다. 파산선고가 되더라도 재단채권인 지방세채권의 권리행사는 원칙적으로 제한이 없어 부과처분이나 징수처분을 할 수 있다. 다만 체납처분만을 못할 뿐이다(제349조 제2항). 또한 파산선고가 되면 파산관재인에게 교부청구를 하여야 하고(지방세징수법 제66조[193]), 파산관재인에게 교부청구를 할 경우 재단채권인 지방세채권의 소멸시효는 중단된다(지방세기본법 제40조 제1항 제3호[194]).

나. 후순위 파산채권

파산선고 전의 원인으로 인한 지방세채권에 기하여 파산선고 후에 발생한 지방세기본법 제55조 제1항 제3호, 제4호의 납부지연가산세(이하 '납부지연가산세'라 한다)는 앞{가.(2)(나)}에서 본 바와 같이 후순위 파산채권이다.[195]

파산제도는 채무자의 재정적 어려움으로 인하여 채무 전체의 변제가 불가능하여진 상황에서 채권의 개별적 행사를 금지하고 채무자 재산의 관리처분권을 파산관재인에게 배타적으로 위임하여 이를 공정하게 환가·배당함으로써 불충분하더라도 채권자들 간의 적정하고 공평한 만족을 도모하기 위한 것인바, ① 사법상 금전채무의 이행지체에 따른 지연배상금 내지 지연이자에 대응하는 파산선고 후의 납부지연가산세채권을 재단채권에 포함시키는 것은 일반 채권의 지연이자가 채무자회생법상 후순위 파산채권인 것(제446조 제1항 제2호)과 비교할 때 파산선고시를 기준으로 우선순위가 등질화 되어야 한다는 기본 원칙에 반하는 점, ② 파산실무상 파산절차가 대다수 파산채권자들을 위한 제도가 아니라

---

193) 국세 : 국세징수법 제59조 제2호.

194) 국세 : 국세기본법 제28조 제1항 제3호.

195) 대법원 2017. 11. 29. 선고 2015다216444 판결. 반면 파산선고 전의 원인으로 인한 지방세채권에 기하여 파산선고 전에 발생한 지방세기본법 제55조 제1항 제3호, 제4호의 납부지연가산세는 재단채권이다. 예컨대 2020. 2. 20. 파산선고가 되었다면 2020. 1. 19.까지 발생한 위 납부지연가산세는 재단채권이고, 2020. 1. 20. 이후 발생한 위 납부지연가산세는 후순위 파산채권이다.

사실상 지방세채권의 회수절차로 전락할 위험마저 있는 점, ③ 파산선고 이후에 발생한 납부지연가산세채권을 재단채권에 포함시켜야 할 만큼 공익적·정책적 필요가 있다고 보기 어려운 점, ④ 나아가 다액의 납부지연가산세채권이 수시로, 그리고 다른 파산채권보다 먼저 변제됨으로써 일반 파산채권자들이 감수하여야 할 재산상 손실이라는 사익이 파산선고 이후에 발생한 납부지연가산세채권의 징수확보라는 공익보다 결코 적다고 할 수 없는 점, ⑤ 지방세채권은 일반적으로 우선권이 인정되고 있지만, 지방세의 체납으로 인하여 파산선고 후에 부가되는 납부지연가산세는 지방세채무의 불이행에 대한 제재이거나 지연손해금과 성질이 같은 것이므로, 이는 파산절차의 진행을 위하여 필수불가결한 것이라거나 파산채권자 전체의 이익을 도모하기 위한 것이라고 보기 어려운 점 등을 종합하여 보면, 파산선고 전의 원인에 기한 지방세채권 이외에 파산선고 이후에 발생한 납부지연가산세채권까지 재단채권에 포함시키는 것은 부당하므로 파산선고 전의 원인으로 인한 지방세채권에 기하여 파산선고 후에 발생한 납부지연가산세는 후순위 파산채권으로 보아야 한다.

다. 비파산채권(기타채권)

회생절차에서는 개시후기타채권에 관한 규정을 두고 있다(제181조). 그렇지만 파산절차에서는 파산채권도 재단채권도 아닌 채권에 관한 규정이 없다. 그러나 실무적으로 파산선고 이후에 발생한 채권 중 파산채권도 재단채권도 아닌 채권이 있다. 지방세채권의 경우도 마찬가지이다. 이를 비파산채권(기타채권)이라 한다. 파산선고 후에 관할 세무서장이 법인세법 제67조에 따라 직원(종업원)에게 상여처분을 한 경우 주민세 종업원분은 재단채권이 아니다. 그 이유는 채무자가 소득금액변동통지서를 받은 날 주민세 종업원분 납세의무가 성립하기 때문이다 (지방세기본법 제34조 제2항 제3호 가.목). 따라서 위 주민세 종업원분은 파산선고 후의 원인으로 생긴 지방세채권에 해당하여 파산채권도 아니고, 파산재단에 관하여 생긴 것도 아니므로 재단채권도 아니다.[196]

---

196) 대법원 2011. 11. 10. 선고 2009다28738 판결 참조.

파산선고 이후에 발생한 채권 중 재단채권(제473조)이나 파산채권에도 포함되지 않는 채권은 채무자의 자유재산에 대하여 자유롭게 권리를 행사할 수 있다.[197)

파산채권도 재단채권도 아닌 지방세의 납세의무자는 파산관재인이 아니라 채무자이다.[198) 따라서 파산관재인에게 과세처분을 하는 것은 납세의무자가 아닌 자를 상대로 한 것으로 당연무효이다.[199) 이러한 채권은 파산선고 후에 발생한 것으로 비파산채권(기타채권)이고, 파산재단으로부터 만족을 받을 자격이 없다. 또한 파산관재인도 이를 변제할 수 없다(물론 강제집행도 할 수 없다). 결국 과세관청은 채무자의 재산으로부터 변제받을 수밖에 없다.

2. 재단채권인 지방세채권의 변제 및 실현

파산선고 전에 체납처분이 된 경우에는 그 속행을 방해하지 않으므로(제349조제1항) 지방세채권의 실현에 별다른 문제가 없다. 문제는 파산선고 전에 체납처분이 되어 있지 않은 경우이다. 이런 경우 지방세채권은 어떻게 변제를 받고 실현되는가.

가. 파산재단이 재단채권을 변제하기에 부족한 경우 지방세채권의 변제방법

파산재단이 재단채권을 변제하기에 부족한 경우 다른 재단채권과의 관계에서 지방세채권은 어떻게 변제받는가.

지방세채권에 대한 변제 순위는 회생절차에서 신규차입자금으로 인한 공익채권이 견련파산에 따라 재단채권으로 되는 경우인지 아닌지에 따라 다르다. 일반파산절차나 견련파산에서 신규차입자금으로 인한 재단채권이 없는 경우에는 실

---

197) 도산절차에서 도산절차개시 후 원인으로 발생한 재산상의 청구권에 관한 취급에 관하여는 「전대규(채무자회생법), 634, 1393쪽」을 참조할 것.
198) 대법원 2017. 11. 29. 선고 2015다216444 판결. 파산채권도 아니고 재단채권도 아닌 지방세채권의 납세의무자는 파산관재인이 아니라 채무자이기 때문에 사실상 지방세채권을 확보하는데 한계가 있다.
199) 대법원 2007. 6. 15. 선고 2007두7697 판결 참조.

체법상의 우선권은 고려되지 않고 다른 재단채권과 함께 채권액에 비례하여 변제받는다(제477조 제1항, 제2항).[200] 반면 견련파산에서 신규차입자금으로 인한 재단채권이 있는 경우에는 신규차입자금으로 인한 채권과 임금채권보다 후순위로 변제받는다(제477조 제3항). 구체적으로 보면 다음과 같다.

(1) 일반파산절차 및 견련파산절차에서 신규차입자금으로 인한 재단채권이 없는 경우

파산재단이 재단채권의 총액을 변제하기에 부족한 것이 분명하게 된 때에는 이미 변제된 부분은 그대로 두고, 아직 변제되지 아니한 재단채권에 관하여는 법령이 정한 우선권에 불구하고[201] 그 채권의 비율에 따라 평등하게 변제된다(제477조 제1항 본문).[202] 다만 그 재단채권을 피담보채권으로 하는[203] 유치권, 질권 및 저당권, 「동산·채권 등의 담보에 관한 법률」에 따른 담보권 및 전세권의 효력은 인정되고(제477조 제1항 단서), 제473조 제1호 내지 제7호 및 제10호의 재

---

200) 교부청구한 지방세 사이에서는 서로 경합할 수 있는데, 그 우선순위는 법에 별도의 규정을 두고 있지 않으므로 같은 순위로 보아야 할 것이다.

201) 파산절차에서는 실체법상의 우선권이 있는 채권이라도 파산재단이 부족한 경우에는 우선권이 참작되지 않는다. 파산재단이 부족하게 된 후라도 재단채권의 변제는 파산관재인의 책임이고, 변제할 때 개별 재단채권의 실체법상의 우선권의 유무 및 그 순위에 관하여 파산관재인에게 조사할 의무가 있다고 할 경우에는 파산절차의 구조상 부담이 가중되지 않을 수 없다. 또한 실체법상의 우선권 유무에 대응하여 변제하도록 한다면 재단채권자에게 그에 대한 불복신청절차를 둘 필요가 있게 되어 절차가 지연된다. 파산재단이 부족한 것이 명백하게 된 경우에는 조속히 파산절차를 종료하여야 하고, 절차상의 이유로 종료가 지체될 경우에는 재단채권자뿐만 아니라 파산채권자의 이익을 훼손하게 된다. 이 때문에 파산절차에 있어서는 실체법상의 우선권의 유무에 상관없이 안분변제하도록 한 것이다{전대규(채무자회생법), 1384쪽 각주 180)}. 국세기본법 기본통칙 35-0…14 제1호.

202) 평등원칙이 적용되는 것은 재단부족이 판명된 이후이다. 이미 한 변제가 평등원칙에 위반되는지는 문제가 되지 않고, 편파변제에도 해당하지 않는다. 회생절차와 달리(제100조 제2항) 명시적인 규정이 없지만, 파산절차에서도 지방세의 납부는 부인권의 대상이 된다고 할 수 없을 것이다(본서 495쪽).

203) 재단채권을 피담보채권으로 하는 경우가 많지는 않지만 있을 수 있다. 예컨대 영업계속허가(제486조)를 받아 영업을 계속하면서 원재료를 구입하기 위해 거래처에 파산재단에 속하는 재산에 담보권을 설정해주는 경우, 파산선고 전에 발생한 재단채권을 피담보채권으로 하는 경우 등이 있을 수 있다.

단채권은 다른 재단채권에 우선한다(제477조 제2항).

요컨대 파산재단이 부족한 경우 재단채권의 변제 순위는 ① 재단채권에 관하여 유치권, 질권 및 저당권, 「동산·채권 등의 담보에 관한 법률」에 따른 담보권 및 전세권과 같은 담보권이 있는 것, ② 제473조 제1호 내지 제7호 및 제10호의 재단채권, ③ 기타 동순위의 재단채권이다. 지방세채권은 ②에 해당한다.

한편 ②와 관련하여 변제 순위에 있어 그들 상호간에는 원칙적으로 채권액의 비율에 따라 안분하여야 할 것이다.[204]

(2) 견련파산절차에서 신규차입자금으로 인한 재단채권이 있는 경우

견련파산절차에서 신규차입자금으로 인한 재단채권이 있는 경우에는 ① 재단채권에 관하여 유치권, 질권 및 저당권, 「동산·채권 등의 담보에 관한 법률」에 따른 담보권 및 전세권과 같은 담보권이 있는 것, ② 견련파산에 따라 재단채권으로 되는 회생절차에서의 신규차입자금으로 인한 채권 및 제473조 제10호(임금채권 등), ③ 제473조 제1호 내지 제7호의 재단채권, ④ 기타 동순위의 재단채권의 순서로 변제된다(제477조 제3항). 지방세채권은 ③에 해당한다.

견련파산에 따라 재단채권으로 되는 회생절차에서의 신규차입자금으로 인한 채권이란 제6조 제4항·제9항 및 제7조 제1항에 따라 재단채권으로 되는 제179

---

204) 임금, 재해보상금, 그 밖에 근로관계로 인한 채권은 사용자의 총재산에 대하여 질권·저당권 또는 「동산·채권 등의 담보에 관한 법률」에 따른 담보권에 따라 담보된 채권 외에는 조세·공과금 및 다른 채권에 우선하여 변제되어야 한다. 다만, 질권·저당권 또는 「동산·채권 등의 담보에 관한 법률」에 따른 담보권에 우선하는 조세·공과금에 대하여는 그러하지 아니하다(근로기준법 제38조 제1항). 이와 관련하여 파산재단이 부족한 경우 재단채권인 임금채권, 조세채권 사이의 우열관계가 문제된다{최종 3개월분의 임금, 재해보상금 및 최종 3년간의 퇴직급여등은 별제권으로 취급하여 다른 담보물권자보다 우선하여 변제된다(제415조의2). 따라서 여기서 문제가 되는 것은 별제권으로 보호되는 것을 제외한 임금채권이다}. 비록 채무자회생법이 파산재단이 부족한 경우 임금채권과 조세채권의 채권액에 비례하여 변제한다고 규정하고 있지만, 근로자의 임금채권을 보호하려는 근로기준법의 입법취지와 조세채권을 파산절차에서 특별히 보호할 필요가 있는지는 의문이라는 점에서 임금채권이 조세채권에 우선한다고 보아야 할 것이다. 퇴직급여 등의 경우도 마찬가지이다(근로자퇴직급여 보장법 제12조 제1항). 아래에서 보는 바와 같이 견련파산 절차에서 신규차입자금으로 인한 재단채권이 있는 경우에는 이를 명확히 하고 있다.

조 제1항 제5호 및 제12호의 청구권 중에서 채무자의 사업을 계속하기 위하여 법원의 허가를 받아 차입한 자금(신규차입자금)에 관한 채권을 말한다. 회생절차에서는 채무자의 재산이 부족한 경우 신규자금차입에 따른 공익채권이 최우선적으로 변제받음에 반하여(제180조 제7항), 견련파산 절차에서 재단부족의 경우에는 신규자금차입에 따른 채권에 대해 최우선변제권이 인정되지 않고 다른 재단채권과 동등하게 비율에 따라 변제받음으로 인한 회생절차에서 신규자금차입의 어려움을 해소하고 신규자금 유입을 활성화하고자 견련파산 절차에서 신규자금차입으로 인한 공익채권에 대해 회생절차와 동일한 수준의 우선변제권을 부여한 것이다.[205] 한편 신규차입자금채권에 우선변제권을 부여함으로 인하여 파산절차에서 근로자의 임금채권 등의 변제순위가 후순위로 조정되어 기업파산에 따라 생계가 불안해진 근로자에 대한 보호의 정도가 약화된다는 점을 고려하여 신규차입자금으로 인한 재단채권이 있는 경우에는 신규차입자금으로 인한 재단채권과 임금채권 등에 대해 동일한 순위로 우선변제권을 부여하고 있다.

나. 파산절차에서 재단채권인 지방세채권의 실현

재단채권인 지방세채권에 대하여는 재단채권의 본래의 지급방법에 따라 재단부족의 경우를 제외하고 파산관재인은 법원의 허가를 얻어(제492조 제13호) 파산재단으로부터 수시로 변제한다(제475조).

---

205) 다만 먼저 견련파산이 아니라 일반파산을 신청한 경우와 형평성에 있어 문제가 있다. 견련파산이 아니라 일반파산을 신청한 경우 신규자금차입으로 인한 채권은 파산채권으로 된다. 그렇다면 채무자 또는 관리인이 견련파산신청을 하느냐(또는 법원이 직권으로 견련파산선고를 하느냐), 채무자가 일반 파산신청을 하느냐에 따라 신규자금차입으로 인한 채권의 취급이 달라진다. 이렇게 되면 회생절차에서 신규자금차입은 여전히 어려워질 수밖에 없다. 왜냐하면 신규자금차입으로 인한 채권은 상황에 따라 그 지위가 불안정해지기 때문이다. 다음으로 신규차입자금채권이 있는지 여부(나아가 신규차입자금채권이 극히 적은 경우)라는 우연한 사정에 따라 임금채권 등의 변제순위가 완전히 달라지는 문제가 있다. 파산관재인은 재단채권을 변제함에 있어 견련파산인지 신규차입자금채권이 있는지에 대해 조사해야 하는 부담이 있다.
제477조 제3항 신설 경위와 취지에 관한 자세한 내용은 「전대규, "신규자금대출", 자본시장에서의 기업구조조정활성화를 통한 한계기업 조기 정상화방안 정책자료집(2019. 4. 29., 주최: 국회의원 채이배)」을 참조할 것.

(1) 파산선고 전에 체납처분을 한 경우

파산선고 전에 체납처분이 되어 있는 경우에는 체납처분절차에 의하여 지방세채권을 실현한다(제349조 제1항). 관련 내용은 아래 <V.1.>(본서 502쪽)을 참조할 것.

(2) 파산선고 전에 체납처분을 하지 아니한 경우

(가) 교부청구에 의한 실현

파산선고 전에 체납처분을 아니한 경우에는 새로운 체납처분은 허용되지 않기 때문에(제349조 제2항) 파산관재인에게 교부청구[206]를 할 수밖에 없다(지방세징수법 제66조). 한편 파산재단에 속하는 재산에 대한 별제권의 실행으로 개시된 경매절차에서도 교부청구를 할 수 있으나, 그 교부청구에 따른 배당금은 파산관재인에게 교부하여야 한다.[207]

지방자치단체의 장은 납세의무자가 파산선고를 받은 경우 파산관재인에게 체납액의 교부를 청구하여야 한다(지방세징수법 제66조[208]). 지방자치단체의 장이 파산관재인에게 교부청구를 할 때에는 ① 압류한 재산의 가액이 징수할 금액보다 적거나 적다고 인정될 때에는 재단채권으로서 파산관재인에게 그 부족액을 교부청구하여야 하고, ② 납세담보물 제공자가 파산선고를 받아 체납처분에 의하여 그 담보물을 공매하려는 경우에는 제447조에 따른 절차를 밟은 후 별제권을 행사하여도 부족하거나 부족하다고 인정되는 금액을 교부청구하여야 한다. 다만, 파산관재인이 그 재산을 매각하려는 경우에는 징수할 금액을 교부청구하여야 한다(지방세징수법 시행령 제65조[209]).

---

206) 교부청구는 과세관청이 이미 진행 중인 강제환가절차에 가입하여 체납된 지방세의 배당을 구하는 것으로서 강제집행에 있어서의 배당요구와 같은 성질의 것이므로, 해당 지방세는 교부청구 당시 체납되어 있음을 요한다(대법원 2019. 7. 25. 선고 2019다206933 판결).

207) 대법원 2003. 6. 24. 선고 2002다70129 판결. 공매절차의 경우에도 마찬가지이다. 따라서 지방자치단체의 장이 파산관재인이 아닌 교부청구권자에게 배분하는 경우에는 파산관재인은 배분계산서에 대한 이의를 제기하여야 한다(지방세징수법 제102조, 국세 : 국세징수법 제83조의2).

208) 국세 : 국세징수법 제56조.

209) 국세 : 국세징수법 시행령 제62조.

(나) 교부청구의 시기

교부청구의 시기에 대하여는 법령에 특별한 정함이 없다. 그러나 배당률 (중간배당의 경우) 또는 배당액(최후배당의 경우)의 통지를 하기 전에 파산관재인에게 판명되지 아니한 재단채권자는 각 배당에서 배당할 금액으로써 변제를 받을 수 없으므로(제534조) 늦어도 배당률 또는 배당액의 통지를 하기 전에 교부청구를 하여야 배당을 받을 수 있다.

(다) 교부청구의 성질

지방세채권이 재단채권에 해당하는 경우 파산관재인은 교부청구의 유무에 불구하고 당해 지방세채권을 파산절차에 의하지 아니하고 수시로 변제할 의무가 있는 것이고, 교부청구에 의하여 비로소 변제의무가 생기는 것은 아니라고 할 것이다. 그러므로 재단채권인 지방세채권에 관한 교부청구는 이미 발생한 납세의무에 대하여 그 우선변제를 최고하는 것에 불과하고 새로운 권리의무를 발생시키는 것은 아니다. 따라서 항고소송의 대상이 되는 행정처분에 해당하지 아니한다.

(라) 교부청구를 하지 아니한 경우 파산관재인의 조치

실무적으로 파산관재인에게 납세고지서가 있음에도 지방자치단체의 장이 교부청구를 안 하는 경우가 있다. 배당률 또는 배당액의 통지를 하기 전에 파산관재인이 재단채권의 존재를 안 경우에는 지급할 의무가 있다(제534조 참조). 따라서 파산관재인은 재단채권인 지방세채권에 대하여는 교부청구의 유무와 관계없이 위 시점에 그 존재를 알고 있는 이상 과세관청에 구체적인 금액을 확인하여 지급할 필요가 있다.

(마) 파산관재인이 교부청구에 응하지 아니하는 경우

과세관청이 재단채권인 지방세채권에 관하여 교부청구를 하였음에도 불구하고 파산관재인이 당해 지방세채권은 재단채권에 해당하지 아니한다는 등의 이유를 들어 이에 응하지 아니하는 경우 과세관청은 어떠한 조치를 취할 수 있는가.

이에 관하여 과세관청이 파산관재인에 대하여 당해 지방세채권의 이행을 구하는 소송은 파산선고 후 새로운 체납처분을 금지하는 규정과 충돌되므로 허용되지 않고 당해 지방세채권이 재단채권임의 확인을 구하는 소송을 제기할 수 있다는 견해가 있다.[210]

먼저 파산관재인이 지방세채권의 존재는 인정하면서 재단채권성만을 다투는 경우에는 소송을 제기할 실익이 없다. 후순위 파산채권은 사실상 배당을 받을 수 없고, 파산채권도 아니고 재단채권도 아닌 것은 파산절차에서 배당의 대상이 아니기 때문이다.

다음으로 지방세채권의 존재를 다투면서 교부청구에 응하지 않는 경우이다. 원래 지방세채권은 체납처분절차에 의하여 강제로 집행할 수 있으므로 납세의무자가 과세처분 또는 압류처분에 대하여 불복하여야 하고 과세관청이 지방세채권에 관한 소를 제기할 필요는 없다.[211] 또한 체납처분이 허용되지 않는다고 하여 납세의무자의 소송까지 금지하는 것은 아니다. 한편 파산절차가 개시되었다고 하여 제소책임을 과세관청에 전환시키는 것은 지방세불복절차와 부합하지 않고, 회생절차에서도 회생절차가 개시되면 체납처분이 금지되지만(제58조 제3항) 그에 대한 불복은 관리인이 채무자가 할 수 있는 방법으로 하도록 한 것(제157조 제1항)과 배치된다. 결국 재단채권임의 확인을 구하는 방법으로 해결할 수는 없고, 파산관재인으로서는 부과처분 등을 전제로 그 처분의 취소 등을 구하는 절차(이의신청, 심사청구, 심판청구, 행정소송 등)가 필요하다고 할 것이다.

현실적으로 재단부족 상태가 아님에도 파산관재인이 당해 지방세채권에

---

210) 최완주, 전게 "파산절차와 조세관계", 파산법의 제문제(상), 재판자료 제82집, 법원도서관, 416~417쪽.

211) 조세는 국가존립의 기초인 재정의 근간으로서, 세법은 공권력 행사의 주체인 과세관청에 부과권이나 우선권 및 자력집행권 등 세액의 납부와 징수를 위한 상당한 권한을 부여하여 공익성과 공공성을 담보하고 있다. 따라서 조세채권자는 세법이 부여한 부과권 및 자력집행권 등에 기하여 조세채권을 실현할 수 있어 시효중단을 위하여 필요한 경우와 같이 특별한 사정이 없는 한 납세자를 상대로 소를 제기할 이익을 인정하기 어렵다(대법원 2020. 3. 2. 선고 2017두41771 판결). 교부청구는 시효중단사유이므로(지방세기본법 제40조 제1항 제3호) 과세관청이 교부청구를 한 이상 시효중단을 위한 소제기의 필요성도 없다.

대한 교부청구를 거부하는 경우가 실제로 일어날 가능성은 없다. 파산관재인이 교부청구를 거부한 경우에는 선량한 관리자로서의 주의의무 위반을 이유로 손해배상책임을 부담하여야 할 것이다(제361조). 따라서 과세관청은 파산계속법원에 파산관재인의 해임 등 감독권의 발동을 촉구하는 것으로(제364조) 충분하다.

Ⅱ. 파산절차에서 지방세채권의 취급에 관한 몇 가지 쟁점

1. 파산선고 후 채무자가 사망한 경우 상속인에 대한 취득세의 과세 여부

실무적으로 개인파산절차에서 채무자가 파산선고를 받은 이후 사망한 경우가 있다. 이 경우 파산절차는 상속재산에 대하여 속행되고(제308조) 상속인은 한정승인을 한 것으로 간주된다(제389조 제3항). 이때 상속인이 취득세 납세의무를 부담하는가. 한정승인을 한 경우에도 상속인에게 취득세 납세의무가 있는가.

취득세의 부과에 있어서 사물을 보는 관점은 과연 그 납세자가 취득세의 과세대상이 되는 목적물을 '취득'하였는가 하는 것이다. 여기서 '취득'이란 매매, 교환, 상속, 증여, 기부, 법인에 대한 현물출자, 건축, 개수, 공유수면의 매립, 간척에 의한 토지의 조성 등과 그 밖에 이와 유사한 취득으로서 원시취득(수용재결로 취득한 경우 등 과세대상이 이미 존재하는 상태에서 취득하는 경우는 제외한다), 승계취득 또는 유상·무상의 모든 취득을 말한다(지방세법 제6조 제1호).[212] 상속(또는 유증)으로 인한 취득의 경우에는 상속(또는 유증)개시일에 취득한 것으로 본다(지방세법 시행령 제20조 제1항).

취득세는 재화의 이전이라는 사실 자체를 포착하여 거기에 담세력을 인정하

---

212) 대법원 2020. 1. 30. 선고 2018두32927 판결 참조. 매매계약이 체결된 후 해제되더라도 취득세의 납세의무에는 영향을 미치지 않는다. 그런데 해제권의 행사에 따라 부동산매매계약이 적법하게 해제되면 계약의 이행으로 변동되었던 물권은 당연히 계약이 없었던 상태로 복귀하는 것이므로 매도인이 비록 원상회복의 방법으로 소유권이전등기의 방식을 취하였다 하더라도 특별한 사정이 없는 이상 이는 매매 등과 유사한 새로운 취득으로 볼 수 없어 취득세 과세대상이 되는 부동산 취득에 해당하지 않는다(위 2018두32927 판결). 관련 내용은 <제2편 제2장 제1절 Ⅰ.1.다.>(본서 240쪽)를 참조할 것.

고 부과하는 유통세의 일종으로서 취득자가 재화를 사용·수익·처분함으로써 얻어질 이익을 포착하여 부과하는 것이 아니므로 취득이란 취득자가 실질적으로 완전한 내용의 소유권을 취득하는지 여부와 관계없이 소유권 이전의 형식에 의한 취득의 모든 경우를 포함하는 것으로 해석된다.[213] 또한 채무초과상태에 있는 상속인도 일단 적극재산에 대한 소유권을 취득하는 것이다. 한정승인자라 하여도 상속재산에 대하여 실질적 권리를 취득하는 것이고,[214] 다만 상속채무에 대한 책임이 한정됨에 불과한 것이므로 담세력의 실질이 없다고 볼 수 없다.[215]

요컨대 취득세의 과세대상인 취득에는 상속이 포함되고, 채무자가 파산선고를 받아 사망한 경우에도 상속은 발생하므로 상속인은 상속개시일(사망일)에 취득세의 납세의무를 부담한다고 할 것이다. 결국 상속인이 취득세를 납부하지 않으려면 상속포기를 하는 수밖에 없다.[216]

2. 파산선고와 지방세채권의 납기

지방자치단체의 장은 납세자가 파산선고를 받은 경우[217] 이미 납세의무가 성립된 지방세를 확정하여 납기 전이라도 지방자치단체의 징수금을 징수할 수 있다(지방세징수법 제22조 제1항 제2호).

납기 전에 징수할 수 있는 지방세로는 ① 신고납부를 하거나 납세의 고지를

---

213) 대법원 2007. 4. 12. 선고 2005두9491 판결 참조.
214) 한정승인을 한 상속인이라도 그 역시 상속이 개시된 때로부터 피상속인의 재산에 관한 권리의무를 포괄적으로 승계하여 해당 부동산의 소유자가 된다는 점에서는 단순승인을 한 상속인과 다르지 않다(대법원 2012. 9. 13. 선고 2010두13630 판결). '상속'은 취득세의 과세요건으로서 '취득'의 원인이 되고, 한편 '상속'에는 '한정승인'도 포함되는 이상, 상속재산에 대하여 한정승인을 한 자는 상속을 포기한 자와는 달리 그 부동산에 대한 등기 없이도 피상속인의 사망일에 피상속인의 재산에 취득세 납세의무를 부담하게 된다{대법원 2017. 4. 13. 선고 2017두30740 판결(서울행정법원 2016. 7. 8. 선고 2016구합1585 판결), 대법원 2007. 4. 12. 선고 2005두9491 판결, 민법 제1031조 참조}.
215) 헌법재판소 2006. 2. 23. 선고 2004헌바43 전원재판부 결정.
216) 한정승인으로 간주된다고 하여 상속포기를 할 수 없다고 할 수는 없다.
217) 반대로 납세자의 거래처 등이 파산선고를 받아 납세자가 매출채권 등을 회수하기 곤란한 경우 징수유예를 할 수 있다(지방세징수법 제25조 제1항 제6호, 지방세징수법 운영 예규 25-8 제3호 가.목). 국세의 경우도 마찬가지이다(국세징수법 제15조 제1항 제6호, 국세징수법 기본통칙 15-0…10 제3호 가.목).

하는 지방세, ② 특별징수하는 지방세, ③ 납세조합이 징수한 지방세로서 납부기한까지 기다려서는 해당 지방세를 징수할 수 없다고 인정하는 것으로 한정된다(지방세징수법 시행령 제27조).

한편 징수를 유예받은 자가 파산선고를 받은 경우 이로 인하여 그 유예한 기한까지 유예에 관계되는 지방자치단체의 징수금 또는 체납액의 전액을 징수할 수 없다고 인정되는 때에는 지방자치단체의 장은 그 징수유예를 취소하고, 유예에 관계되는 지방자치단체의 징수금 또는 체납액을 한꺼번에 징수할 수 있다(지방세징수법 제29조).

3. 수시부과사유에 따른 지방세납세의무

수시부과란 과세기간 종료 전에 일정한 사유가 생겨 지방세(담배소비세, 지방소득세 등)를 포탈할 우려가 있다고 인정되는 경우 그 과세표준 신고서를 받기 전에 우선 수시부과사유 발생 당시까지의 과세표준과 세액을 결정·고지하는 것을 말한다(지방세법 제62조, 제98조 제1항, 제103조의26 제1항, 같은 법 시행령 제100조의17 제1항).

파산선고와 관련된 일정한 사유로 '사업부진이나 그 밖의 사유로 장기간 휴업 또는 폐업 상태에 있는 때'로서 지방세를 포탈할 우려가 있다고 인정되는 경우(지방세법 제98조 제1항 제1호, 같은 법 시행령 제100조의17 제1항)가 있다.

수시부과에 의하여 징수하는 지방세의 납세의무는 수시부과할 사유가 발생하는 때에 성립한다(지방세기본법 제34조 제2항 제2호). 파산상태에 이른 채무자의 경우 대부분 파산선고 전후에 걸쳐 폐업신고를 하는데, 파산선고 이전에 폐업신고를 하고 파산선고 이후에 부과처분이 되었다고 하여도 적어도 폐업신고일까지 기간에 대한 지방세는 재단채권이다. 예컨대 채무자가 2024. 2. 17. 폐업신고를 하고 2024. 3. 5. 파산선고를 받은 경우라도 2024. 2. 17.까지의 지방세는 재단채권이다. 왜냐하면 수시로 부과 징수하는 지방세는 수시부과할 사유가 발생하는 때 납세의무가 성립하는데(지방세기본법 제35조 제2항 제2호), 위의 경우는 납세의무가 파산선고 전에 성립되었기 때문이다(제473조 제2호 참조).

4. 후발적 경정청구사유로서 파산선고

후발적 경정청구제도(지방세기본법 제50조 제2항[218])는 납세의무의 성립 후 일정한 후발적 사유의 발생으로 말미암아 과세표준 및 세액의 산정기초에 변동이 생긴 경우 납세자로 하여금 그 사실을 증명하여 감액을 청구할 수 있도록 함으로써 납세자의 권리구제를 확대하고자 둔 것이다.[219]

한편 소득의 귀속시기를 정하는 원칙인 권리확정주의는 소득의 원인이 되는 권리의 확정시기와 소득의 실현시기와의 사이에 시간적 간격이 있는 경우에는 과세상 소득이 실현된 때가 아닌 권리가 확정적으로 발생한 때를 기준으로 하여 그때 소득이 있는 것으로 보고 당해 과세연도의 소득을 계산하는 방식으로, 실질적으로는 불확실한 소득에 대하여 장래 그것이 실현될 것을 전제로 하여 미리 과세하는 것을 허용하는 것이다. 이러한 권리확정주의는 납세자의 자의에 의하여 과세연도의 소득이 좌우되는 것을 방지함으로써 과세의 공평을 기함과 함께 징세기술상 소득을 획일적으로 파악하려는 데 그 취지가 있을 뿐 소득이 종국적으로 실현되지 아니한 경우에도 그 원인이 되는 권리가 확정적으로 발생한 적이 있기만 하면 무조건 납세의무를 지우겠다는 취지에서 도입된 것이 아니다.[220]

위와 같은 후발적 경정청구제도의 취지, 권리확정주의의 의의와 기능 및 한계 등에 비추어 보면, 소득의 원인이 되는 권리가 확정적으로 발생하여 과세요건이 충족됨으로써 일단 납세의무가 성립하였다 하더라도 그 후 일정한 후발적 사유의 발생으로 말미암아 소득이 실현되지 아니하는 것으로 확정됨으로써 당초 성립하였던 납세의무가 그 전제를 잃게 되었다면, 특별한 사정이 없는 한 납세자는 지방세기본법 제50조 제2항[221] 등이 규정한 후발적 경정청구를 하여 그 납세의무의 부담에서 벗어날 수 있다.

---

218) 국세 : 국세기본법 제45조의2 제2항.
219) 대법원 2011. 7. 28. 선고 2009두22379 판결 등 참조.
220) 대법원 2003. 12. 26. 선고 2001두7176 판결, 대법원 1984. 3. 13. 선고 83누720 판결 등 참조.
221) 국세 : 국세기본법 제45조의2 제2항.

따라서 납세의무의 성립 후 소득의 원인이 된 채권이 채무자의 파산 등으로 인하여 회수불능이 되어 장래 그 소득이 실현될 가능성이 전혀 없게 된 것이 객관적으로 명백하게 되었다면, 이는 지방세기본법 시행령 제30조 제2호[222]에 준하는 사유로서 특별한 사정이 없는 한 지방세기본법 시행령 제30조 제4호[223]가 규정한 후발적 경정청구사유에 해당한다고 보아야 할 것이다.[224]

5. 지방세채권의 납세의무자

파산선고에 의하여 채무자가 파산선고 당시에 가진 모든 재산은 파산재단을 구성하고(제382조 제1항), 그 파산재단을 관리 및 처분할 권리는 파산관재인에게 전속한다(제384조). 파산관재인은 파산재단에 속하는 재산을 환가하여 파산채권자들에 대한 배당을 실시할 뿐만 아니라 재단채권 역시 파산재단에 속하는 재산에서 수시로 변제하게 된다. 따라서 재단채권이나 파산채권에 해당하는 지방세채권의 납세의무자는 파산관재인이다.

파산선고 후 채무자의 권리와 의무는 파산재단에 귀속되고 이 시점부터는 파산관재인이 대표자라 할 것이므로 파산관재인이 납세의무자인 경우 파산선고 이후에는 파산관재인의 주소 또는 영업소로 서류를 송달하여야 한다.[225] 따라서 파산선고 후 파산관재인이 아닌 채무자 회사의 대표이사에게 납세고지서를 송달한 것은 적법한 송달절차를 거친 것이라 볼 수 없다.

반면 파산재단에 속하지 않는 재산(자유재산)에 대한 관리처분권은 채무자가 그대로 보유하고 있고, 이는 파산선고 후에 발생한 채권 중 재단채권에 해당하지 않는 채권의 변제재원이 된다. 따라서 파산선고 후에 발생한 지방세채권 중 재단채권에 해당하지 않는 지방세채권, 즉 '파산채권도 아니고 재단채권도 아닌 지방세채권'에 대한 납세의무자는 파산관재인이 아니라 채무자라고 할 것이다.[226]

---

222) 국세 : 국세기본법 시행령 제25조의2 제2호.
223) 국세 : 국세기본법 시행령 제25조의2 제4호.
224) 대법원 2014. 1. 29. 선고 2013두18810 판결 참조.
225) 지방세기본법 운영 예규 30-3. 국세 : 국세기본법 기본통칙 8-0…5.

6. 비면책채권

개인채무자의 경우 지방세채권은 비면책채권이다(제566조 단서 제1호). (후순위)파산채권이건[227] 재단채권이건 모두 비면책채권이다.[228] 지방세채권[229]은 지방자치단체의 수입확보라는 정책적 요구에 의해 비면책채권으로 한 것이다.[230] 또한 지방세는 법률의 규정에 의하여 당연히 성립하는 채권이므로 계약상의 채권과

---

226) 대법원 2017. 11. 29. 선고 2015다216444 판결. 실무적으로 과세관청은 파산채권도 아니고 재단채권도 아닌 지방세에 대하여는 채무자를 납세의무자로 하여 과세처분을 하여야 함에도 파산관재인을 납세의무자로 하여 과세처분을 하는 경우가 종종 있다. 이러한 과세처분은 납세의무자가 아닌 파산관재인을 상대로 한 것으로 당연무효이다(대법원 2007. 6. 15. 선고 2007두7697 판결의 제1심인 서울행정법원 2006. 7. 12. 선고 2006구합3438 판결 참조).

227) 제446조 제1항 제2호가 후순위 파산채권의 한 유형으로 정한 '파산선고 후의 불이행으로 인한 손해배상액'(예컨대 지방세기본법 제55조 제1항 제3호, 제4호의 납부지연가산세 채권)과 제566조 제1호가 비면책채권의 하나로 정한 '지방세'가 양립 불가능한 개념이라고 볼 수는 없다. 그 이유는 다음과 같다. ① 제3편 파산절차는 제4장 '파산채권 및 재단채권'에서 파산채권과 재단채권의 개념을 정의하고, 파산절차에서 파산채권과 재단채권을 각각 어떻게 대우할 것인지 등에 관하여 규정하고, 제8장 '면책 및 복권'에서 면책의 요건, 절차와 효력 등에 관하여 규정한다. 파산선고를 받은 채무자에 대한 채권을, 파산절차 진행 중 일반 파산채권, 우선권 있는 파산채권, 후순위 파산채권, 재단채권 중 어느 유형으로 분류하여 대우할 것인지와 그 채무자에 대한 면책 결정이 확정된 이후 면책되지 아니하는 채권으로 정할 것인지는 서로 다른 차원의 문제로서 별개의 입법 목적에 따라 정해지는 것이다. ② 제566조 제1호가 비면책채권으로 정한 '지방세'에 해당하는지 여부는 원칙적으로 채권 발생의 근거 법률이 지방세법인지에 따라 결정되고, 제446조 제1항 제2호가 후순위 파산채권의 한 유형으로 정한 '파산선고 후의 불이행으로 인한 손해배상액 및 위약금'에 해당하는지 여부는 '채무불이행이라는 사실관계가 파산선고 이후에 발생하였는가, 그 채권이 손해배상액 또는 위약금에 해당하는가'라는 기준에 따라 결정될 뿐 채권 발생의 근거 법률과는 직접적인 관련성이 없다.

228) 개인회생절차에서는 개인회생재단채권만이 비면책채권이다(제625조 제2항 단서 제2호). 후순위 개인회생채권인 지방세채권은 변제받지 못하더라도 면책결정으로 면책된다.

229) 국세징수의 예에 의하여 징수할 수 있는 청구권은 지방세채권이 아니므로 비면책채권이 아니다. 그러나 위 청구권 중 그 징수우선순위가 일반 파산채권보다 우선하는 것은 비면책채권은 아니나 재단채권이므로(제473조 제2호) 면책의 효력이 미치지 않는다. 반면 그 징수우선순위가 일반 파산채권에 우선하지 아니하는 것은 일반 파산채권으로 비면책채권도 아니고 면책허가결정으로 면책된다.

230) 홈스 대법관(Justice Holmes)은 "taxes are the price we pay for civilization."(조세는 문명사회를 위하여 지급하는 대가이다)라고 말하였다. 이러한 측면에서도 지방세채권을 비면책채권으로 한 것은 놀라운 일이 아니다.

달리 인적·물적 담보의 확보가 용이하지 아니하여 지방세채권자는 채무자의 자력 악화에 대처할 마땅한 방법이 없다는 점도 고려한 것이다.[231]

지방세채권은 재단채권으로서 우선적 변제가 인정되지만, 그렇다고 하여 완전한 변제를 보장하는 것은 아니다. 다른 재단채권이 있는 경우 실체법상의 우선권은 고려되지 않고 채권액에 비례하여 변제받는다는 점에서 더욱 그렇다(제477조 제1항). 대부분 채무자들의 파산재단은 지방세채권을 변제하기에 부족하다. 지방세채권도 대부분 재단채권이지만 파산재단의 환가대금으로 변제하지 못한 지방세채권은 면책되지 않는다. 재단채권인 지방세채권은 재단채권이기 때문에 면책의 대상이 되지 않지만, 앞에서 본 바와 같이 후순위 파산채권인 지방세채권도 면책되지 않는다.

지방세채권이 파산재단의 환가대금으로 전액 변제받지 못한 경우, 과세관청은 파산절차 종료 후 채무자로부터 미지급된 지방세채권을 회수할 수 있는가. 판례[232]를 비롯한 실무는 긍정하고 있지만, 채무자의 경제적 회생이라는 점 등을 고려하면 부정하여야 할 것이다(다른 의견 있음).[233]

7. 파산법인의 제2차 납세의무

법인이 파산선고를 받은 경우라면 그 법인에게 지급불능 또는 채무초과와 같은 파산원인이 발생한 것으로 법인의 재산으로 지방세의 납부가 불가능한 때라 할 것이므로 과점주주는 파산을 전후로 법인의 체납세액에 대하여 제2차 납세의무를 부담한다(지방세기본법 제46조[234]). 출자자가 제2차 납세의무를 지는지 여부는 체납법인의 당해 지방세의 납세의무성립일 현재를 기준으로 하여 판단하는 것으로 이미 성립한 출자자의 제2차 납세의무는 추후 체납법인이 파산한 경우에도 존속한다. 그러나 파산법인에게는 출자자로서 제2차 납세의무를 부담지울 수는 없다. 그 이유는 당해 지방세의 납세의무성립일 전에 출자자인 법인이

---

231) 헌법재판소 2013. 3. 21. 선고 2012헌마569 전원재판부 결정.
232) 서울행정법원 2018. 8. 22. 선고 2018구단51488 판결(항소기각, 상고기각 확정).
233) 관련 내용은 「전대규(채무자회생법), 1394쪽」을 참조할 것.
234) 국세 : 국세기본법 제39조.

파산선고된 경우에는 파산법인이 파산선고시에 가진 모든 재산은 이를 파산재단으로 귀속되고 파산재단을 관리 및 처분할 권리는 파산관재인에게 속하므로 파산법인이 체납법인의 주식 또는 출자지분에 관한 권리를 실질적으로 행사하거나 그 법인의 경영을 사실상 지배하는 것이 불가능하기 때문이다.[235]

참고로 개인이 파산선고를 받은 경우라면 개인이 법인의 과점주주인 때 법인이 제2차 납세의무를 부담할 수 있다(지방세기본법 제47조[236]).

8. 주택 취득에 있어 증여 취득 간주 배제

주택 취득으로 인한 취득세의 세율은 취득원인이 무상인지 유상인지에 따라 다르다. 유상취득의 경우에는 1.0%에서 3.0%이고(지방세법 제11조 제1항 제8호), 증여 등 무상취득의 경우에는 3.5%이다(지방세법 제11조 제1항 제2호).

한편 배우자 또는 직계존비속의 주택을 취득하는 경우에는 증여로 취득한 것으로 본다. 다만 파산선고로 인하여 처분되는 주택을 취득하는 경우에는 증여 취득으로 간주되지 않는다(지방세법 제7조 제11항 제2호).

9. 등록면허세·지방교육세의 비과세

법원사무관 등이 파산절차와 관련하여 등기·등록을 촉탁하는 경우 등록면허세 및 지방교육세는 비과세된다(지방세법 제26조 제2항 제1호, 채무자회생법 제6조 제3항, 제362조 제3항, 제578조의5 제3항, 제578조의8 제3항, 제578조의9 제3항, 제27조, 지방세법 제150조 제2호 참조). 부인의 등기·등록의 경우도 마찬가지이다(지방세법 제26조 제2항 제1호, 채무자회생법 제27조).

파산관재인에 의한 부동산의 처분에 있어서, 임의매각에 의한 것인지 민사집행법 등 법령의 규정에 의한 매각인지를 묻지 않고, 위 비과세 조항이 적용되는 상황은 아니기 때문에, 처분 결과 소유권이전등기에 대하여는 등록면허세를 과세한다.

관련 내용은 <제2장 III.2.>(본서 451쪽)를 참조할 것.

---

235) 징세46101-29, 2002. 1. 8.
236) 국세 : 국세기본법 제40조.

10. 지방세채권과 부인권

회생절차에서는 회생채권에 해당하는 회생절차개시 전의 지방세채권에 관하여 그 징수권한을 가진 자에 대하여 한 담보의 제공 또는 채무의 소멸에 관한 행위는 부인할 수 없다고 명시적으로 규정하고 있으나(제100조 제2항), 파산절차에서는 이와 같은 규정이 없다.

비록 명시적인 규정이 없지만 파산절차에서도 지방세채권의 우선징수권은 보장되어야 한다는 점에서 마찬가지로 지방세채권에 관한 담보의 제공이나 납부 등은 부인권의 대상이 아니라고 할 것이다.

11. 임금채권자 등의 최우선변제권

근로자의 최종 3개월분의 임금·재해보상금 및 최종 3년분의 퇴직금 채권을 두텁게 보장하기 위하여, 체납처분절차에서는 지방세채권보다도 우선적으로 변제받을 수 있도록 배려하고 있다(지방세기본법 제71조 제1항 단서 제5호[237]). 한편 파산절차에서는 임금채권자 등의 채권이 재단채권으로 되고(제473조 제10호), 파산재단이 재단채권을 전액 변제하기 어려운 경우 실체법상의 우선권에 불구하고 채권액에 비례하여 변제받는다(제477조 제1항). 이로 인해 통상적인 체납처분절차에서 지방세채권에 우선하는 임금 등 채권이 파산절차가 개시됨으로써 그 우선권을 보장받지 못하는 현상이 발생하게 될 수 있다.

이러한 문제를 해결하기 위하여 채무자회생법은 위와 같은 임금 등 채권자를 별제권자로 규정하고 있다. 즉 파산절차에서 근로자가 행사하는 근로자의 최종 3개월분의 임금·재해보상금 및 최종 3년분의 퇴직금 채권에 대하여 별제권자로서 최우선변제권을 인정하고 있다(제415조의2). 근로자의 최종 3개월 임금·재해보상금 및 최종 3년간 퇴직금은 파산선고 이후 파산재단에 속하는 재산에 대한 체납처분절차(제349조 제1항)에 따른 환가대금에서 지방세채권보다 우선적으로 배당받는다.[238] 이는 지방세기본법 제71조[239] 제1항 단서 제5호의 취지를 파산

---

237) 국세 : 국세기본법 제35조 제1항 단서 제5호.
238) 별제권 행사에 의한 경매절차에서도 마찬가지이다.

절차에 반영한 것으로 볼 수 있다.

12. 취득세 추징과 파산선고

지방세특례제한법은 여러 가지 정책적인 이유로 취득세를 감면하고 있다. 하지만 감면 후 취득세의 감면을 받은 자가 ① 정당한 사유 없이 그 취득일부터 1년이 경과할 때까지 해당 용도로 직접 사용하지 아니하는 경우, ② 해당 용도로 직접 사용한 기간이 2년 미만인 상태에서 매각·증여하거나 다른 용도로 사용하는 경우 그 해당 부분에 대해서는 감면된 취득세를 추징한다(지방세특례제한법 제178조 제1항).

납세자에 대하여 파산선고가 된 후 파산관재인이 감면대상이 된 부동산을 매각한 경우에도 추징대상이 되는가. 감면된 취득세의 추징은 '부동산에 대한 취득세를 감면받은 자'가 추징사유에 해당하는 행위를 하였을 경우에 하는 것이므로 파산관재인이 환가행위로서 한 것은 추징사유에 해당하지 않는다고 할 것이다. 이러한 전제에서 채무자가 파산선고를 받은 경우에는 감면기간 동안의 이자 상당액도 가산하지 않는다(지방세특례제한법 제178조 제2항 단서, 같은 법 시행령 제123조의2 제2항 제1호).

13. 지방세우선권의 예외

파산절차에 따라 재산을 매각할 때 그 매각금액 중에서 지방세 또는 체납처분비를 징수하는 경우 파산절차에 든 비용은 그 지방세 또는 체납처분비보다 우선한다(지방세기본법 제71조 제1항 제2호[240]).

Ⅲ. 별제권과 지방세채권

1. 별제권과 지방세채권의 순위

별제권이란 파산절차상 파산재단에 속하는 재산상에 설정되어 있는 유치권,

---

239) 국세 : 국세기본법 제35조.
240) 국세 : 국세기본법 제35조 제1항 제2호.

질권, 저당권, 「동산·채권 등의 담보에 관한 법률」에 따른 담보권 또는 전세권을 말한다(제411조). 별제권자는 파산재단에 속하는 특정한 재산으로부터 파산절차에 의하지 아니하고 우선적, 개별적으로 변제받을 수 있다.

별제권의 피담보채권과 지방세채권의 우열관계에 관하여는 지방세기본법 제71조[241]에서 규정하고 있다. 법정기일 전에 전세권, 질권, 저당권(이하 '전세권 등'이라 한다)이 설정된 재산을 매각하는 때에는 그 매각대금 중에서 지방세를 징수하는 경우에는 그 전세권 등으로 담보된 채권이 지방세채권보다 우선하여 변제된다. 법정기일이란 지방세기본법 제71조 제1항 제3호에 규정된 기일을 말한다. 다만 당해세는 별제권에 우선한다. 당해세란 그 재산에 대하여 부과된 지방세를 말한다(지방세기본법 제71조 제1항 제3호[242]).[243]

결국 당해세 → 법정기일 전에 설정된 전세권 등으로 담보된 채권 → 지방세 → 법정기일 이후에 설정된 전세권 등으로 담보된 채권 순위로 변제받게 된다.

양도담보재산에 대해서는 모두 제3자의 명의로 되어 있으므로 채무자 자신의 재산에서 우선 징수하여 부족이 있는 때 양도담보권자의 물적납세의무에 기해 양도담보재산(법정기일 전에 담보의 목적이 된 것은 제외)으로부터 지방세, 체납처분비를 징수할 수 있다(지방세기본법 제75조[244]).

한편 별제권자는 원칙적으로 그 담보의 목적인 재산의 매각대금에서 다른 재단채권에 앞서 우선변제를 받는다. 파산재단에 담보물건 이외에 다른 재산이 있을 때에는 재단채권은 별제권자와 관계없이 수시로 변제받게 되므로 상호간에

---

241) 국세 : 국세기본법 제35조.
242) 국세 : 국세기본법 제35조 제1항 제3호.
243) 당해세의 우선을 인정하는 것은 담보물권 목적물 자체를 과세대상으로 하는 조세는 담보물권에 대한 우선권을 인정해도 담보취득자의 예측가능성을 크게 저해하지 않는다는 데 있지만(헌법재판소 2001. 2. 22. 선고 99헌바 44 전원재판부 결정), 거래의 안전을 해칠 우려가 있으므로 성립범위를 제한할 필요가 있다. 현재 당해세로 인정되는 것은 국세의 경우 상속세, 증여세 및 종합부동산세(국세기본법 제35조 제5항), 지방세의 경우 재산세, 자동차세(자동차 소유에 대한 자동차세만 해당한다), 지역자원시설세(소방분 지역자원시설세만 해당한다) 및 지방교육세(재산세와 자동차세에 부과되는 지방교육세만 해당한다)(지방세기본법 제71조 제5항)이다.
244) 국세 : 국세기본법 제42조.

우열이나 순위의 문제가 생기지 않는다. 파산재단에 자력이 없을 때에는 재단채권인 지방세채권의 우선성은 별다른 의미가 없다. 지방세기본법에서 규정하는 우선권은 고려되지 않기 때문이다(제477조 제1항).

2. 별제권의 행사와 지방세채권

파산절차 진행 중 별제권자가 그 권리의 행사로서 행한 경매절차에서 과세관청이 지방세채권에 해당하는 금원을 그 매각대금에서 직접 배당받을 수 있는지는 파산선고 전에 체납처분이 되었는지 여부에 따라 다르다.

가. 파산선고 전에 체납처분을 한 경우

파산선고 전에 체납처분을 한 경우에는 체납처분을 속행하여(제349조 제1항) 직접 배당을 받을 수 있다. 또한 별제권자가 실시하는 경매절차에서 그 매각대금으로부터 직접 배당을 받을 수도 있다. 제349조 제1항은 "파산선고 전에 파산재단에 속하는 재산에 대하여 체납처분을 한 때에는 파산선고는 그 처분의 속행을 방해하지 않는다."고 규정하고 있고, 이는 파산선고 전의 체납처분은 파산선고 후에도 속행할 수 있다는 것을 특별히 정한 취지에서 나온 것이므로, 과세관청이 파산선고 전에 체납처분으로 압류(참가압류를 포함한다)한 경우에는 그 후 체납자가 파산선고를 받더라도 그 체납처분을 속행하여 파산절차에 의하지 아니하고 배당금을 취득할 수 있어 선착수한 체납처분의 우선성이 보장된다는 것으로 해석함이 상당하고, 따라서 별제권(담보물권 등)의 행사로서의 경매절차에서 그 매각대금으로부터 직접 배당받을 수 있고, 이는 파산재단이 재단채권의 총액을 변제하기에 부족한 것이 분명하게 된 때에도 마찬가지이다.[245]

결국 파산선고 전에 체납처분이 되어 있는 경우 과세관청은 ① 체납처분을 속행하거나 ② 별제권자가 신청한 경매절차에서 그 매각대금으로부터 직접 배당을 받을 수 있다.

---

245) 대법원 2003. 8. 22. 선고 2003다3768 판결 참조. 파산선고 전에 체납처분이 되었고, 파산선고 후 제348조 제1항 단서에 의하여 강제집행절차가 속행된 경우에도 마찬가지로 보아야 할 것이다.

나. 파산선고 전에 체납처분을 하지 않은 경우

파산선고 후에는 지방세채권에 기하여 새로운 체납처분을 할 수 없다(제349조 제1항). 그렇다면 지방세채권자는 별제권의 행사로서의 경매절차에서 교부청구를 할 수 있는지, 나아가 그 매각대금으로부터 직접 배당받을 수 있는지가 문제될 수 있다.[246]

채무자회생법은 총 채권자의 공평한 만족을 실현하기 위하여 파산관재인에게 파산재단의 관리·처분에 관한 권한을 부여함으로써 파산관재인이 파산절차의 중심적 기관으로서의 역할을 수행할 수 있도록 하고 있고, 지방세채권을 비롯한 '재단채권'에 관하여는 파산절차에 의하지 않고 파산관재인이 일반 파산채권보다 우선하여 수시로 변제하되, 파산재단이 재단채권의 총액을 변제하기에 부족한 것이 분명하게 된 때에는 각 재단채권의 변제는 법령이 규정하는 우선권에 불구하고 아직 변제하지 아니한 채권액의 비율에 따라 분배하도록 규정하여(제477조 제1항), 일정한 경우에는 지방세채권의 법령상 우선권에 불구하고 다른 재단채권과 균등하게 분배되도록 규정하고 있는 점, 여기에다가 파산선고 후에는 지방세채권에 터잡아 새로운 체납처분을 하는 것이 허용되지 않는 점, 채무자 소유 재산에 대한 별제권의 실행으로 인하여 개시된 경매절차에서 과세관청이 한 교부청구는 그 별제권자가 파산으로 인하여 파산 전보다 더 유리하게 되는 이득을 얻는 것을 방지함과 아울러 적정한 배당재원의 확보라는 공익을 위하여 별제권보다 우선하는 채권 해당액을 공제하도록 하는 제한된 효력만이 인정된다고 할 것인 점[247] 등을 종합하여 보면, 별제권의 실행으로 인하여 개시된 경매절차에서 과세관청이 교부청구를 하는 경우 그 교부청구에 따른 배당금은 지방세채권자인 과세관청에게 직접 교부할 것이 아니라 파산관재인이 채무자회생법 소정의 절차에 따라 각 재단채권자에게 안분 변제할 수 있도록 파산관재인에게 교부하여야 함이 상당하다 할 것이다.[248]

---

246) 제348조 제1항 단서에 의하여 속행된 강제경매절차의 경우에도 마찬가지이다.
247) 대법원 2003. 6. 24. 선고 2002다70129 판결.
248) 대법원 2003. 8. 22. 선고 2003다3768 판결, 대법원 2003. 6. 24. 선고 2002다70129 판결 등

결국 파산선고 전에 체납처분이 되어 있지 아니한 경우 과세관청은 별제권 행사로 인한 경매절차에서 교부청구를 할 수는 있지만, 교부청구에 따른 배당금은 파산관재인에게 교부하여야 하고, 과세관청은 다른 재단채권자와 마찬가지로 파산관재인으로부터 지방세채권을 변제받을 수밖에 없다.

이에 의하면 제477조 제1항 본문에서 정하는 바와 같이 파산재단이 재단채권의 총액을 변제하기에 부족한 것이 분명하게 된 때에는 재단채권의 변제는 법령이 규정하는 우선권에 불구하고 아직 변제하지 아니한 채권액의 비율에 따라 하게 되므로 지방세채권자가 다른 재단채권자보다 우선변제를 받게 되는 결과를 막을 수 있다. 그러나 지방세징수법에 따른 체납처분에 의하는 경우에는 지방세채권자가 우선변제받지만, 법원의 집행절차에서는 우선변제받지 못하므로, 어떠한 절차가 우선적으로 진행되느냐의 우연한 사정에 따라 지방세채권자의 우선변제 여부가 결정된다는 문제가 있다.

Ⅳ. 상속재산파산과 지방세채권

상속재산의 파산이란 상속재산으로 상속채권자(피상속인의 채권자) 및 유증을 받은 자에 대한 채무를 완제할 수 없을 때 상속채권자 및 유증을 받은 자와 상속인의 (고유)채권자의 이익을 조정할 목적으로 상속재산과 상속인의 고유재산을 분리하여 상속재산에 대해 청산을 하는 파산절차를 말한다(제307조 참조).

상속재산파산이 있는 경우 상속인은 납세의무를 부담하지 않는가. 상속재산파산이 있으면 상속인은 한정승인을 한 것으로 보고(제389조 제3항), 한정승인도 상속에 포함된다. 또한 상속재산파산이 있어 파산재단이 성립하더라도 파산재단에 대한 관리처분권이 파산관재인에게 귀속될 뿐 상속이라는 효과가 없어지는 것은 아니다. 즉 상속재산에 대한 상속은 여전히 발생하고 소유권은 상속인에게 있는 것이다(당연상속주의). 따라서 상속재산파산이 있더라도 상속인은 상속재산과 관련된 지방세(예컨대 취득세, 자동차세 등)의 납세의무를 부담한다.[249]

참조.
249) 대법원 2017. 4. 13. 선고 2017두30740 판결(서울행정법원 2016. 7. 8. 선고 2016구합1585 판

1. 사건의 개요
- 피상속인 사망 후 상속인들 가정법원으로부터 한정승인 결정 받음
- 상속인들 상속재산파산 신청 : 2023. 8. 13.
- 상속인들 상속재산 중 부동산에 대하여 상속을 원인으로 한 소유권 취득 : 2023. 10. 9.
- 상속재산파산결정일 : 2023. 11. 28.
- 상속재산 중 부동산에 대하여 저당권에 기한 임의경매절차개시 : 2023. 11. 18.

2. 2023년 재산세 납세의무자
① 피상속인이 과세기준일인 6월 1일 이전에 사망한 경우 : 상속인들이 재산세 납세의무를 부담
② 피상속인이 과세기준일인 6월 1일 이후에 사망한 경우 : 피상속인이 납세의무자이고, 상속인들은 재산세 납세의무를 승계하게 됨(지방세기본법 제42조). 상속재산파산이 선고되더라도 마찬가지이다.

3. 2024년 재산세 납세의무자
상속재산에 대하여 파산선고가 되었으므로 파산관재인이 재산세의 납세의무자가 된다. 재산세는 당해세(지방세기본법 제71조 제5항)로 파산재단에 관하여 생긴 것이므로 재단채권에 해당한다. 만약 상속재산에 대하여 파산이 선고되지 않았다면 한정승인을 하였다고 하더라도 상속은 이루어진 것이므로 상속인들이 재산세의 납세의무자가 된다.

4. 경매절차에서 배당 여부
경매절차에서 당해세는 저당권에 우선하여 배당받게 되나, 과세관청에 배당을 하는 것이 아니라(재산세에 대한 교부청구는 가능하다) 파산관재인에게 교부하게 된다. 과세관청은 파산관재인에게 교부청구를 하여 지급받아야 한다.

결), 대법원 2007. 4. 12. 선고 2005두9491 판결 등 참조. 한정승인의 경우에는 상속재산의 범위 내에서 책임을 부담한다.

Ⅴ. 파산선고와 체납처분

1. 파산선고 전에 된 체납처분

지방자치단체의 장은 체납자가 파산선고를 받은 경우에도 이미 압류한 재산이 있을 때에는 체납처분을 속행하여야 한다(지방세징수법 제41조[250]).

파산선고 전에 파산재단에 속하는 재산에 대하여 지방세징수법에 의하여 징수할 수 있는 지방세채권에 기한 체납처분을 한 때에는 파산선고는 그 처분의 속행을 방해하지 못한다(제349조 제1항). 채무자가 파산신고를 받더라도 그 체납처분은 그대로 속행된다. 지방세채권은 지방자치단체의 재정수입의 원천이 되고 다른 재단채권과 비교하여 그 공익성이 훨씬 강하기 때문에 파산선고 전에 착수한 경우 속행을 인정한 것이다.[251]

체납처분의 속행은 파산선고 전의 체납처분을 파산선고 후에도 속행할 수 있다는 것을 특별히 정한 취지에서 나온 것이므로, 과세관청이 파산선고 전에 지방세징수법에 의하여 체납처분으로 부동산을 압류(참가압류를 포함한다)한 경우에는 그 후 체납자가 파산선고를 받더라도 그 체납처분을 속행하여 파산절차에 의하지 아니하고 배당금을 취득할 수 있어 선착수한 체납처분의 우선성이 보장된다는 것으로 해석함이 상당하다. 따라서 파산선고 전에 체납처분을 한 과세관청은 체납처분절차에 의한 환가대금에서 직접 배당을 받을 수 있다.[252]

별제권의 행사로서 경매절차가 진행된 경우에도 마찬가지이다. 즉 파산선고

---

250) 국세 : 국세징수법 시행령 제30조.

251) 파산선고 전에 계속수입과 관련된 채권에 대하여 체납처분이 된 경우(지방세징수법 제54조, 국세징수법 제44조), 그 효력이 파산선고 후 파산관재인의 행위에 의하여 발생하는 채권에 대하여도 미치는가. 채무자의 행위로 인한 채권과 파산관재인의 행위로 인한 채권은 계속수입으로서의 연속성이 흠결되기 때문에 체납처분으로 인한 압류의 효력이 미친다고 보기 어렵다고 할 것이다.

252) 제349조의 '체납처분'이란 참가압류(지방세징수법 제67조)가 포함된다. 따라서 파산선고 시에 이미 협의의 체납처분(압류) 또는 참가압류를 한 지방세청구권자는 그 절차에서 만족을 받을 수 있지만, 교부청구(지방세징수법 제66조)를 한 것에 지나지 않은 지방세청구권자는 체납처분에 기한 절차에서 배당을 받을 수 없고 그 배당액은 파산관재인에게 교부되며 지방세청구권자는 재단채권으로 만족을 받게 된다.

전에 체납처분을 한 과세관청은 별제권(담보물권 등)의 행사로서의 경매절차에서 그 매각대금으로부터 직접 배당받을 수 있고, 이는 파산재단이 재단채권의 총액을 변제하기에 부족한 것이 분명하게 된 때에도 마찬가지이다.[253]

2. 파산선고 후 체납처분

파산선고 후에는 지방세채권에 기한 새로운 체납처분은 허용되지 않는다(제349조 제2항).[254] 파산선고 전에 체납처분을 하지 않은 한 재단채권인 지방세채권이라도 새로운 체납처분을 할 수 없다. 지방세채권의 성립시기가 파산선고 전이라도 체납처분을 할 수 없다. 예컨대 취득세 납세의무성립일이 2020. 5. 24.이고 파산선고일이 2020. 7. 28.이라도 과세관청은 체납처분을 할 수 없다.[255]

지방세징수를 위하여 지방세채권자가 제기하는 사해행위취소소송(지방세징수법 제39조[256]), 채권자대위소송 등은 '체납처분'에 포함되지 않는다.

VI. 파산관재인의 세무처리

파산선고가 되면 채무자(파산관재인)뿐만 아니라 파산채권자 등 이해관계인의 세무처리가 뒤따른다. 파산채권자 등 이해관계인의 세무처리(지방세채권의 파산절차에서의 지위 등)는 이미 보았으므로,[257] 여기서는 파산관재인의 세무처리에 관하여 각 세목별로 간단히 살펴보기로 한다.

채무자에 대하여 파산관재인이 선임된 경우 파산관재인은 취임한 때부터 임기를 마칠 때까지 세금신고 등 여러 가지 세무처리를 하여야 한다.[258] 지방세법

---

253) 대법원 2003. 8. 22. 선고 2003다3768 판결 참조.
254) 대법원 2003. 3. 28. 선고 2001두9486 판결 참조.
255) 과세관청으로서는 파산선고일인 2020. 7. 28. 이전에 체납처분을 하여야 한다. 만약 과세관청이 파산선고 후인 2020. 8. 31.에 체납처분(압류)을 하였다면 이는 부적법하므로 해제하여야 한다.
256) 국세 : 국세징수법 제30조.
257) 채권자는 대부분 정상적으로 기업을 운영하고 있기 때문에 채무자(파산관재인)의 파산에 따른 세무처리가 특히 중요하다.
258) 파산관재인이 지방세법이 정한 바에 따라 세금의 신고나 납부를 하지 아니한 경우 가산세가 부과될 수 있다. 그런데 가산세는 개별 지방세법에서 규정하는 의무의 성실한 이행을

에서 규정하는 서류를 송달받을 자가 파산선고를 받은 때에는 파산관재인의 주소 또는 영업소에 서류를 송달한다.[259]

1. 법인파산에서 파산관재인의 세무처리

가. 주민세

주민세는 ① 지방자치단체에 사업소를 둔 법인의 사업소 및 그 연면적을 과세표준으로 하는 사업소분(지방세법 제74조 제1호, 제75조 제1항 제2호), ② 종업원의 급여총액을 과세표준으로 하여 부과하는 종업원분(지방세법 제74조 제3호, 제75조 제3항)이 있다.

사업소란 인적 및 물적 설비를 갖추고 계속하여 사업 또는 사무가 이루어지는 장소를 말한다(지방세법 제74조 제4호). 여기서 '인적설비'란 그 계약형태나 형식에 불구하고 당해 장소에서 그 사업에 종사 또는 근로를 제공하는 자를 말한다. '물적설비'란 허가와 관계없이 현실적으로 사업이 이루어지고 있는 건축물 기계장치 등이 있고, 이러한 설비들이 지상에 고착되어 현실적으로 사무·사업에 이용되는 것을 말한다.[260] '계속'의 의미는 최소한 1개월 이상의 기간동안 지속되는 것을 말한다. 이 경우 과세기준일 현재는 1개월이 되지 않았더라도 전체 지속기간이 1개월 이상이면 이에 해당된다.[261]

사업소분의 납세의무자는 과세기준일 현재 지방자치단체에 사업소를 둔 법인

확보하기 위하여 해당 지방세법에 따라 산출한 세액에 가산하여 징수하는 금액을 말한다(지방세기본법 제2조 제1항 제23호). 따라서 납부할 세액이나 수입금액이 없는 경우 신고나 납부를 하지 않더라도 가산세가 부과될 수 없고(지방세기본법 제53조 내지 제56조 참조), 파산선고를 받은 법인의 경우 산출세액이 있는 경우는 거의 없기 때문에 파산관재인의 세무처리는 실무적으로 큰 문제가 되지 않을 수 있다. 파산선고 후의 지방세기본법 제55조 제1항 제3호, 제4호의 납부지연가산세는 후순위 파산채권으로 실질적으로 배당의 대상이 되기 어렵다는 점에서도 그렇다. 다만 재단채권의 안분변제 시 세액의 누락을 방지할 수 있고, 제2차 납세의무를 지는 과점주주에게 불리한 영향을 미칠 수 있다는 점에서 파산관재인은 선관주의의무 일환으로 세금의 신고·납부를 성실하게 하는 것이 바람직하다.

259) 지방세기본법 운영 예규 30-3.
260) 지방세법 운영 예규 74-1.
261) 지방세법 운영 예규 74-2.

(법인세의 과세대상이 되는 법인격 없는 사단·재단 및 단체를 포함한다)이다(지방세법 제75조 제1항 제2호). 과세기준일은 매년 7월 1일이고(지방세법 제83조 제2항), 납기는 매년 8월 1일부터 8월 31일까지이다(지방세법 제83조 제3항). 종업원분의 납세의무자는 종업원에게 급여를 지급하는 사업주이고(지방세법 제75조 제3항), 매월 납부할 세액을 다음 달 10일까지 납세지 관할 지방자치단체의 장에게 신고·납부하여야 한다(지방세법 제84조의6 제2항).

파산선고 이전 사업연도에 대한 주민세는 어느 것도 모두 재단채권이다(제473조 제2호 본문). 파산선고 이후 사업연도에 대한 주민세는 견해에 따라[262] 파산재단에 관하여 생긴 것이거나 파산재단의 관리에 관한 비용(제473조 제3호)으로서 재단채권이다.

파산관재인으로서는 주민세의 과세를 피하기 위해서는 신속하게 사업소를 폐쇄할 필요가 있다.

나. 지방소득세·지방소비세

법인세의 납세의무가 있는 자는 지방소득세의 납세의무가 있다(지방세법 제86조 제1항).

부가가치세의 납세의무가 있는 자는 지방소비세의 납세의무가 있다(지방세법 제66조, 제65조).

다. 재산세

재산세는 과세대상인 재산(토지, 건축물, 주택, 선박, 항공기)을 보유하고 있는 자의 재산소유사실에 대하여 과세하는 보유세이다. 재산세의 과세대상 물건이 공부상 등재현황과 사실상의 현황이 다른 경우에는 사실상의 현황에 의하여 재산세를 부과한다(지방세법 시행령 제119조). 이는 그 사실상의 현황에 따라 재산의 가치를 산정하고 재산세를 과세함으로써 실질과세의 원칙과 과세형평을 도모하고자 하는 취지이다.

---

262) 관련 내용은 「전대규(채무자회생법), 1365쪽 이하」를 참조할 것.

재산세는 매년 6월 1일을 기준으로(지방세법 제114조) 재산을 사실상 소유하고 있는 자[263]가 납부하여야 한다(지방세법 제107조 제1항).[264] 위 과세기준일에 성립한 재산세 납세의무는 과세관청의 부과처분에 의하여 확정된다. 재산세의 납부기한은 지방세법 제115조 제1항[265]에 규정되어 있다.

한편 파산관재인은 상황에 따라 파산재단에 속하는 재산을 포기할 수도 있다. 부동산에 대하여 환가를 포기하는 경우 채무자가 당해 부동산의 관리처분권을 회복하기 때문에 채무자에게 부동산이 인도된다. 이 경우 재산세에 대하여는 과세기준일인 6월 1일에 사실상의 소유자에게 과세되는 것이고(지방세법 제107조), 이전등기가 되어도 소유자이었던 기간 동안만 일할 계산하여 과세하는 것은 아니다. 따라서 파산관재인이 6월 1일 이후에 부동산을 포기한 경우에는 파산재단으로부터 포기를 한 다음해부터 채무자가 부담한다.[266]

---

263) 지방세법 운영 예규 107-1[사실상의 소유자] 「지방세법」 제107조 제1항의 '사실상 소유하고 있는 자'라 함은 같은 법 시행령 제20조에 규정된 취득의 시기가 도래되어 당해 토지를 취득한 자를 말하며, 법 제120조 제1항의 규정에 의하여 신고하는 경우에는 같은 법 제107조 제2항 제1호의 규정에 우선하여 적용된다.

264) 지방세법은 파산선고를 받은 경우 파산선고 이후 파산종결의 결정이 있기까지 파산재단에 속하는 재산의 경우 공부상 소유자가 납세의무자라고 규정하고 있다(지방세법 제107조 제2항 제8호). 이는 파산재단에 속하는 재산 중에 명의자가 채무자가 아닌 다른 자로 되어 있는 경우 공부상 명의자를 납세의무자로 본다는 의미로 해석하여야 한다. 파산재단에 속하는 재산에 관한 재산세는 원칙적으로 파산관재인이 납세의무자이기 때문이다.

265) 제115조(납기) ① 재산세의 납기는 다음 각 호와 같다.
   1. 토지 : 매년 9월 16일부터 9월 30일까지
   2. 건축물 : 매년 7월 16일부터 7월 31일까지
   3. 주택 : 해당 연도에 부과·징수할 세액의 2분의 1은 매년 7월 16일부터 7월 31일까지, 나머지 2분의 1은 9월 16일부터 9월 30일까지. 다만, 해당 연도에 부과할 세액이 20만 원 이하인 경우에는 조례로 정하는 바에 따라 납기를 7월 16일부터 7월 31일까지로 하여 한꺼번에 부과·징수할 수 있다.
   4. 선박 : 매년 7월 16일부터 7월 31일까지
   5. 항공기 : 매년 7월 16일부터 7월 31일까지

266) 파산관재인 입장에서는 권리를 포기할 경우 6월 1일 이전에 하여야 재산세를 부담하지 않는다는 점에 주의할 필요가 있다.

라. 자동차세

자동차 소유에 대한 자동차세는 지방자치단체 관할구역에 등록되어 있거나 신고되어 있는 자동차를 소유하고 있는 자가 납부한다(지방세법 제125조 제1항). 제1기분(1월부터 6월까지)은 6월 16일부터 6월 30일까지, 제2기분(7월부터 12월까지)은 12월 16일부터 12월 30일까지 각 납부하여야 한다(지방세법 제128조 제1항).

자동차세는 6월 1일, 12월 1일 자동차의 소유자가 납세의무를 지지만(지방세법 제128조 제1항 참조), 과세기간 중에 매매 등으로 승계된 경우에는 양도인과 양수인이 일할 계산하여 납세의무를 부담한다(지방세법 제129조).

한편 실무적으로 파산관재인이 자동차를 임의매각하는 경우 주의할 점이 있다. 파산선고 전에 자동차에 체납처분(압류)이 되어 있으면 임의매각을 하더라도 자동차세의 체납 여부를 확인할 수 있어 문제는 없다. 반면 체납처분이 되어 있지 않은 경우에는 자동차이전등록이 곤란할 수 있다. 등록된 자동차를 양수받은 자는 자동차 소유권의 이전등록을 하여야 하고(자동차관리법 제12조 제1항), 이전등록을 하려면 해당 등록관청에 자동차세를 납부한 증명서를 제출하여야 하는데(지방세법 제132조 제1호), 체납처분이 되어 있지 않을 경우 양수인으로서는 자동차세 체납 여부를 알기 어려워 예상치 못한 손해(자동차세 부담)를 입을 수 있다. 따라서 파산관재인으로서는 자동차를 임의매각할 경우 자동차세의 체납 여부를 확인하여 임의매각에 따른 혼란을 방지하여야 한다.

마. 취득세

취득세는 부동산 등을 거래하는 단계에서 과세하는 거래세이다.[267] 취득세는 부동산에 관련된 세목으로서 지방세 중 가장 세수규모가 큰 세목이다. 취득세는 부동산, 차량, 선박 등 지방세법에서 열거하고 있는 과세대상 물건을 취득할 때 납세의무가 생긴다(지방세법 제7조 제1항). 과세물건을 취득한 자는 취득한 날로부터 60일 이내에 세금을 신고 납부하여야 한다(지방세법 제18조, 제20조). 다만 취득가액이 50만 원 이하인 때에는 취득세를 부과하지 아니한다(지방세법 제17조 제1항).

---

267) 반면 재산세나 종합부동산세는 부동산 등을 보유하는 단계에서 과세하는 보유세이다.

취득세의 성격상 파산절차에서 취득세를 신고 납부하여야 할 경우는 거의 발생하지 않을 것이다. 다만 부동산 등에 대한 매매계약이 체결되고 취득세의 납세의무가 성립한 후 파산관재인에 의하여 매매계약이 해제된 경우(제335조) 취득세를 징수할 수 있는지가 문제될 수 있다. 부동산 취득세는 부동산의 취득행위를 과세객체로 하여 부과하는 행위세이므로, 그에 대한 지방세채권은 그 취득행위라는 과세요건 사실이 존재함으로써 당연히 발생하고, 일단 적법하게 취득한 이상 그 이후에 매매계약이 쌍무계약에 기한 해제권에 터잡아 해제되어 소급적으로 실효되었다 하더라도 이로써 이미 성립한 지방세채권의 행사에 아무런 영향을 줄 수는 없다고 할 것이다. 다만 유·무상을 불문하고, 또한 해제원인에 관계없이 잔금을 모두 지급받았더라도 등기·등록을 하지 않은 상태에서 법상 취득일로부터 60일 이내에 해제한 사실이 법정 서류에 의해 증빙된 경우에는 취득으로 보지 않는다(지방세법 시행령 제20조 제1항 단서, 제2항 제2호 단서).

바. 지방교육세

취득세, 등록에 대한 등록면허세, 레저세, 담배소비세, 주민세 균등분, 재산세 및 자동차세(비영업용 승용자동차)의 납세의무자는 지방교육세를 납부하여야 한다(지방세법 제150조).

2. 개인파산에서 파산관재인의 세무처리

가. 주민세

주민세는 ① 지방자치단체에 주소를 둔 개인에 대하여 균등하게 부과하는 개인분(지방세법 제74조 제1호, 제75조 제1항), ② 지방자치단체에 일정 규모 이상의 사업소를 둔 개인에 대하여 사업소의 연면적을 과세표준으로 하는 사업소분(지방세법 제74조 제2호, 제75조 제2항) 및 ③ 종업원분이 있다. 관련 내용은 위 <1.가.>를 참조할 것.

나. 지방소득세·지방소비세·재산세·자동차세·취득세·지방교육세

위 <1.의 나. 내지 바.>에서 설명한 바와 같다.

3. 납세증명서 제출 및 그 예외

가. 납세증명서 제출

지방세의 납세자(미과세된 자를 포함한다)는 국가, 지방자치단체 또는 대통령령으로 정하는 정부기관(예컨대 한국토지주택공사)으로부터 대금을 지급받을 경우에는 대통령령으로 정하는 바에 따라 납세증명서를 제출하여야 한다(지방세징수법 제5조 제1항 제1호, 같은 법 시행령 제3조[268]).

이와 같이 납세증명서의 제출을 요구하는 것은 지방세의 징수를 원활히 하고 나아가 그 체납을 방지하고자 하는 데 있다.[269]

나. 납세증명서 제출의 예외

파산선고를 받은 채무자는 대부분 지방세를 체납하고 있고 그에 따라 납세증명서를 발급받지 못한다. 이로 인해 파산관재인은 정부기관 등으로부터 파산재단에 속하는 대금채권 등을 회수하지 못하여 파산절차가 지연되거나 진행이 어려운 경우가 많다.

파산관재인이 납세증명서를 발급받지 못하여 법원이 파산절차를 원활하게 진행하기 곤란하다고 인정하는 경우로서 관할 지방자치단체의 장에게 납세증명서 제출의 예외를 요청하는 때에는 납세증명서의 제출을 하지 않아도 된다(지방세징수법 시행령 제5조 제1항 제4호[270]). 판결문에 의해 체납(연체)사실이 없다는 것이 확정되면 이로써 납세증명서 제출에 갈음할 수 있다.[271]

실무적으로 파산관재인은 납세증명서를 발급받지 못하여 정부기관 등으로부터 대금채권 등을 회수하지 못할 경우 법원에 납세증명서 제출의 예외 신청을 하고, 법원이 관할 지방자치단체의 장에게 납세증명서 제출의 예외를 요청하고 있다.

---

268) 국세 : 국세징수법 제5조 제1호, 같은 법 시행령 제2조.
269) 대법원 1973. 10. 23. 선고 73다158 판결 참조.
270) 국세 : 국세징수법 시행령 제5조 제1항 제4호.
271) 대법원 1973. 10. 23. 선고 73다158 판결 참조.

Ⅶ. 파산재단에 속한 부동산 등이 경매로 매각된 경우 지방세채권자에의 배당 여부

파산선고 이후에도 제348조 제1항 단서에 의한 강제집행절차의 속행이나 별제권의 행사에 의해 파산재단 소유의 부동산 등이 경매로 매각될 수 있다. 이 경우 지방세채권자에게 직접 배당할 수 있는가.

파산선고 전에 체납처분을 마친 경우 지방세채권자는 그 매각대금에서 직접 배당받을 수 있다. 그 이유에 관하여는 <Ⅲ.2.가.>(본서 498쪽)를 참조할 것.

파산선고 전에 체납처분을 하지 아니한 경우에는 직접 배당받을 수 없고 파산관재인에게 교부하여야 한다. 그 이유에 관하여는 <Ⅲ.2.나.>(본서 499쪽)를 참조할 것.

Ⅷ. 면책절차와 지방세채권

면책심리기간 중에 파산채권인 지방세채권에 기한 체납처분을 할 수 있는가. 파산선고 후에는 파산재단에 속하는 재산에 대한 새로운 체납처분은 금지되지만(제349조 제2항), 파산절차가 종료되면 새로운 체납처분을 할 수 있는 것이 원칙이다. 또한 제557조 제1항은 면책심리기간 중 금지·중지의 대상으로 체납처분을 포함시키지 않고 있다. 따라서 면책심리기간 중이라도 파산채권인 지방세채권에 기한 체납처분은 가능하다고 할 것이다.

다만 입법론적으로는 지방세채권 중 파산채권인 것은 다른 파산채권의 강제집행 등이 금지되는 것과의 형평의 관점에서 체납처분을 할 수 없는 것으로 하여야 할 것이다.[272]

---

272) 일본 파산법 제249조 제1항은 이를 명시적으로 규정하고 있다. 채무자회생법은 원칙적으로 지방세채권을 재단채권으로 규정하고 있지만, 후순위 파산채권이 존재할 수 있어 여전히 문제이다.

제4장 개인회생절차와 지방세채권

개인회생절차란 파산의 원인인 사실이 있거나 그러한 사실이 생길 염려가 있는 자로서 일정 금액(무담보부채무의 경우 5억 원, 담보부채무의 경우 10억 원) 이하의 채무를 지고 있는 개인채무자가 정기적이고 확실하거나 장래에 계속적으로 또는 반복적으로 수입을 얻을 가능성이 있는 경우 수입 중에서 생계에 필요하다고 인정되는 비용 등을 제외한 나머지 금액을 원칙적으로 최장 3년간 변제하면 나머지 채무에 대하여 면책받을 수 있는 절차를 말한다.

개인회생절차는 개인만이 신청할 수 있다.

Ⅰ. 개인회생절차에서 지방세채권의 취급

개인회생절차에서 지방세채권은 개인회생채권이거나 개인회생재단채권이다. 개인회생채권에는 우선권 있는 개인회생채권과 후순위 개인회생채권이 있다.[273]

1. 개인회생채권

가. 우선권 있는 개인회생채권

지방세채권은 우선권 있는 개인회생채권이다. 다만 개인회생절차개시결정 전에 지방세채권의 납세의무가 성립되었어야 한다. 개인회생절차개시결정 전의 원인으로 인한 지방세에 기하여 개인회생절차개시 전에 발생한 지방세기본법 제55조 제1항 제3호, 제4호의 납부지연가산세는 우선권 있는 개인회생채권에 해당한다.

우선권 있는 개인회생채권도 개인회생채권이므로 개인회생절차개시결정으로

---

273) 경우에 따라서는 개인회생채권도 개인회생재단채권도 아닌 지방세채권이 있을 수 있다.

체납처분이 중지 또는 금지되고(제600조 제1항), 원칙적으로 변제계획에 의하여만 변제가 허용된다(제582조).

우선권 있는 개인회생채권은 일반 개인회생채권에 우선하여 전액 변제하여야 하므로, 변제계획에는 우선권 있는 지방세채권의 전액의 변제에 관한 사항을 정하여야 한다(제611조 제1항 제2호).[274]

나. 후순위 개인회생채권

개인회생절차개시결정 전의 원인으로 인한 지방세에 기하여 개인회생절차개시 후에 발생한 지방세기본법 제55조 제1항 제3호, 제4호의 납부지연가산세는 후순위 개인회생채권에 해당한다.[275]

후순위 개인회생채권은 실질적으로 변제받기 어렵다. 변제를 받지 못하더라도 면책결정이 되면 면책의 대상이 된다는 점에서(제625조 제2항 단서 제2호), 파산절차에서 후순위 파산채권이 면책의 대상이 되지 않는 것과 차이가 있다(제566조 단서 제1호).

2. 개인회생재단채권

개인회생절차개시 후에 납세의무가 성립한 지방세채권으로 제583조 제1항 제5호, 제6호에 해당하는 것은 개인회생재단채권이다.

개인회생절차개시결정 전에 성립한 지방세채권이라도 개인회생절차개시 당시 아직 납부기한이 도래하지 아니한 것으로 지방세징수법에 의하여 징수할 수 있는 특별징수의무자가 징수하여 납부하여야 하는 지방세는 개인회생재단채권이

---

274) 일반의 우선권 있는 개인회생채권을 변제하는 기간은 전체 개인회생채권에서 일반의 우선권 있는 개인회생채권이 차지하는 비율에 따라 달라질 수 있고, 일반의 우선권 있는 개인회생채권을 30개월 이상의 변제기로 나누어 변제하더라도 채무자회생법이 정한 우선순위에 따른 것이므로, 일반의 우선권 있는 개인회생채권의 변제기간이 전체 변제기간 60개월의 1/2 이내가 되어야만 전체 채권자들 일반의 이익에 적합하다고 볼 아무런 근거가 없다(대법원 2017. 2. 17. 자 2016마1324 결정). 위 사안은 변제기간이 5년에서 3년으로 단축되기 전의 것이다.
275) 대법원 2017. 11. 29. 선고 2015다216444 판결 참조.

다(제583조 제1항 제2호 다.목). 위와 같은 지방세는 실질적인 담세자가 따로 있고, 특별징수의무자는 납부할 세금의 징수기관으로서 실질적인 담세자로부터 징수한 후 지방자치단체를 위하여 보관하고 있는 것에 불과하므로 개인회생재단채권으로 한 것이다.

3. 가산세의 경우

가산세 납세의무는 그 종류별로 성립시기가 다르지만(지방세기본법 제34조 제1항 제12호[276]), 그 과세표준과 세액을 정부가 결정하는 때에 확정된다(지방세기본법 제35조 제1항 제2호[277]).

가산세[278]는 개인회생채권인가 개인회생재단채권인가. ① 본세가 개인회생절차개시 전에 성립하고, 가산세도 개인회생절차개시 전에 성립한 경우에는 가산세도 우선권 있는 개인회생채권이다. 가산세가 개인회생절차개시 후에 발생(성립)한 것은 개인회생재단채권이다. ② 본세가 개인회생절차개시 전에 성립한 경우로서 지방세기본법 제34조 제1항 제12호 사.목 단서에 해당하는 가산세는 개인회생절차개시 후에 발생한 것이라도 우선권 있는 개인회생채권이다. 가산세의 납세의무 성립시기가 개인회생절차개시 전이기 때문이다. ③ 본세가 개인회생절차개시 후에 발생한 것이고 개인회생재단채권이면 가산세도 개인회생재단채권이 된다. ④ 본세가 개인회생절차개시 후에 성립하였으나 개인회생재단채권에 해당하지 않는 경우 가산세는 개인회생재단채권도 아니고 우선권 있는 개인회생채권도 아니다.

---

276) 국세 : 국세기본법 제21조 제1항 제11호.
277) 국세 : 국세기본법 제22조 제3항.
278) 앞(1.나.)에서 설명한 지연배상금 성격의 납부지연가산세는 제외한다.

Ⅱ. 개인회생절차에서 각 단계별 지방세채권의 취급

1. 개인회생절차개시신청 단계

가. 중지·금지명령

지방세채권에 기한 체납처분은 중지·금지명령의 대상이 된다. 다만 중지·금지명령을 하기 전에 징수권한이 있는 자의 의견을 들어야 한다(제593조 제1항 제5호).

신청이 기각된 경우에는 중지된 체납처분은 속행된다(제593조 제3항).

나. 등록면허세·지방교육세의 비과세

법원사무관 등이 개인회생절차와 관련하여 등기·등록을 촉탁하는 경우 등록에 대한 등록면허세 및 지방교육세는 비과세된다(지방세법 제26조 제2항 제1호, 제25조 제1항, 제24조 제6항, 채무자회생법 제27조, 지방세법 제150조 제2호 참조). 부인의 등기·등록도 마찬가지이다(지방세법 제26조 제2항 제1호, 채무자회생법 제27조).

2. 개인회생절차개시결정 단계

가. 체납처분 등의 중지·금지 등

개인회생절차개시의 결정이 있는 때에는 지방세징수법에 의한 체납처분, 지방세채무담보를 위하여 제공된 물건의 처분은 중지되고, 새로이 체납처분 등을 하는 것은 금지된다(제600조 제1항 제4호). 중지 또는 금지되는 처분은 채권자목록에 기재된 개인회생채권에 의한 경우에 한한다(제600조 제1항 단서). 따라서 채권자목록에 기재되지 않은 개인회생채권인 지방세채권이나 개인회생재단채권인 지방세채권(제583조 제1항 제2호 참조)에 기한 것은 중지 또는 금지되지 않는다.[279]

---

279) 이로 인해 개인회생절차에서 곤란한 상황이 발생한다. 회생절차에서는 지방세채권자(조세채권자)가 지방세채권(조세채권)을 신고하지 않으면 실권의 위험을 지방세채권자(조세채권자)가 부담하기 때문에 별다른 문제가 없다. 하지만 채권신고제도가 없는 개인회생절차에서는 개인채무자가 지방세채권(조세채권)의 존재를 몰라 채권자목록에 기재하지 않으면 지방세채권(조세채권)은 개인회생절차에 영향을 받지 않기 때문에 언제든지 체납처분절차에 들어갈 수 있다. 이 경우 개인채무자는 지방세채권(조세채권) 전액을 일시에 변제할 수

한편 법원은 상당한 이유가 있는 경우에는 중지된 체납처분 등의 속행 또는 취소를 명할 수 있다. 다만 처분의 취소의 경우에는 담보를 제공하게 할 수 있다(제600조 제3항).

개인회생절차에서 지방세 및 지방세기본법 제55조 제1항 제3호, 제4호의
납부지연가산세(이하 '납부지연가산세'라고만 한다)의 취급
1. ① 개인회생절차개시결정 전까지 납세의무가 성립한 본세와 개인회생절차개시결정 전일까지 발생한 납부지연가산세 : 일반의 우선권 있는 개인회생채권
   ② 개인회생절차개시결정 전까지 납세의무가 성립하였으나 개시결정 당시 납부기한이 도래하지 아니한 특별징수의무자가 징수하여 납부하여야 하는 지방세 : 개인회생재단채권(제583조 제1항 제2호 다.목)
2. 개인회생절차개시결정 전에 성립한 지방세에 대한 개인회생절차개시결정일 이후의 납부지연가산세 : 후순위 개인회생채권(면책대상)
3. 개인회생절차개시결정 후 납세의무가 성립한 본세(제583조 제1항 제5호, 제6호에 해당하는 것)와 그에 대한 납부지연가산세 : 개인회생재단채권
4. 개인회생절차개시결정 후 납세의무가 성립한 본세(제583조 제1항 제5호, 제6호 이외의 것)와 그에 대한 납부지연가산세 : 개인회생채권도 아니고 개인회생재단채권도 아님

나. 지방세채권과 부인권

회생절차에서는 회생채권에 해당하는 회생절차개시 전의 지방세채권에 관하여 그 징수권한을 가진 자에 대하여 한 담보의 제공 또는 채무의 소멸에 관한 행위는 부인할 수 없다고 명시적으로 규정하고 있으나(제100조 제2항), 개인회생절차에서는 이와 같은 규정이 없다.

비록 명시적인 규정이 없지만 개인회생절차에서도 지방세채권의 우선징수권은 보장되어야 한다는 점에서 마찬가지로 지방세채권에 관한 담보의 제공이나 납부 등은 부인권의 대상이 아니라고 할 것이다.

밖에 없어[채권자목록에 기재하였다면 3년 분할 변제가 가능하다] 개인회생절차의 진행이 어렵게 된다. 따라서 개인채무자는 개인회생절차개시신청을 할 때 납부하여야 할 지방세를 비롯한 조세가 있는지 반드시 확인하여 채권자목록에 기재할 필요가 있다.

3. 변제계획인가결정 단계

변제계획이 인가되어도 개시결정으로 중지된 체납처분은 실효되지 않고 개시결정으로 인한 중지 상태가 유지될 뿐이다. 변제계획에 따라 변제하지 않아 개인회생절차가 폐지되면 체납처분은 속행이 가능하다.

한편 변제계획인가결정이 있는 때에는 개인회생절차개시결정으로 중지된(제600조 제1항 본문) 회생절차 또는 파산절차는 변제계획이나 변제계획인가결정에 달리 정하지 않는 한 그 효력을 잃는다(제615조 제3항). 이 경우 회생절차에서 공익채권인 지방세채권이나 파산절차에서 재단채권인 지방세채권은 어떻게 되는가. 제256조 제2항과 같은 규정이 없지만, 회생절차에서 공익채권은 개인회생절차에서 개인회생재단채권이 되고, 파산절차에서 재단채권은 개인회생절차에서 개인회생재단채권이 된다고 할 것이다. 다만 지방세채권은 개인회생절차에서 원칙적으로 우선권 있는 개인회생채권이므로 파산절차에서 재단채권이라고 하더라도 개인회생절차에서는 본래 개인회생재단채권으로 인정되는 것을 제외하고 (우선권 있는) 개인회생채권으로 취급하여야 할 것이다(제256조 제2항 유추적용).

납세자가 개인회생절차개시신청을 하여 법원으로부터 변제계획 인가결정을 받은 경우 지방세기본법 제55조 제1항 제3호, 제4호의 납부지연가산세를 부담하지 않는가. 개인회생절차에서 변제계획인가결정을 받은 경우에는 지방세징수법 제28조 제4항이 적용되지 않으므로 위 납부지연가산세를 징수하여야 하는 것이다.[280] 개인회생절차에서의 변제계획인가는 일반 개인회생채권자는 물론 지방세채권자의 동의도 구할 필요가 없이 법원이 직권으로 한다는 점에서도 그렇다.

4. 면책결정(확정)단계

개인회생절차에서는 개인회생재단채권만이 비면책채권이다(제625조 제2항 단서

---

[280] 반면 회생절차에서 회생계획인가결정이 있는 경우에는 납부지연가산세(국세기본법 제47조의4 제1항 제1호, 제3호, 지방세기본법 제55조 제1항 제3호, 제4호)가 발생하지 않는다 (지방세징수법 제28조 제4항, 대법원 2009. 1. 30. 선고 2007마1584 판결 참조).

제2호). 개인회생채권인 지방세채권은 우선권 있는 개인회생채권으로 전액 변제된다. 후순위 개인회생채권(지방세기본법 제55조 제1항 제3호, 제4호의 납부지연가산세)은 실질적으로 거의 변제받지 못한다. 지방세채권 중 우선권 있는 개인회생채권은 전액 변제되고 후순위 개인회생채권은 정책적으로 후순위로 한 것이므로, 개인회생재단채권만을 비면책채권으로 규정한 것이다.

후순위 개인회생채권인 지방세채권은 변제받지 못하더라도 면책결정으로 면책된다.

Ⅲ. 개인회생재단에 속한 부동산 등이 경매로 매각된 경우 개인회생채권인 지방세채권자에의 배당 여부

개인회생절차개시결정으로 개인회생채권에 기한 강제집행이나 담보권 실행을 위한 경매절차가 중지되지만(제600조 제1항 제2호, 제2항), 법원은 상당한 이유가 있는 때에는 이해관계인의 신청에 의하거나 직권으로 중지된 경매절차를 속행할 수 있다(제600조 제3항 본문). 또한 별제권자는 개인회생절차에서 변제계획에 의하지 않고 그 권리를 행사할 수 있다(제586조, 제412조). 다만 변제계획인가일까지는 별제권 행사가 제한된다(제600조 제2항). 결국 ① 개인회생절차개시결정으로 중지되었던 개인회생채권에 기한 강제경매절차나 담보권실행을 위한 경매절차가 법원의 속행명령에 따라 속행되는 경우나 ② 변제계획인가결정일 이후 별제권 행사에 의해 경매절차가 속행되는 경우가 있을 수 있다. 이러한 경우 지방세채권자는 직접 배당을 받을 수 있는가.

개인회생채권자목록에 기재된 개인회생채권에 해당하는 지방세채권에 대하여 개인회생절차개시 전에 체납처분이 마쳐졌다면, 개시결정으로 그 체납처분이 중지될 뿐이고(제600조 제1항 제4호) 변제계획인가결정으로 실효되지 않으므로 지방세채권자에게 직접 배당하여야 한다는 견해가 있을 수 있다. 그러나 개인회생채권자목록에 기재된 개인회생채권은 변제계획에 의하지 않고는 변제받을 수 없고(제582조)(따라서 이러한 채권자에게는 채권자에 대하여 직접 배당을 할 수 없고 채무자에게 배당하여야 한다), 변제계획인가결정 이후에도 체납처분은 중지 상태를 유지하며,

개인회생채권인 지방세채권을 다른 개인회생채권과 달리 취급할 아무런 이유가 없으므로 지방세채권자에게 배당할 수는 없고 채무자에게 지급하여야 한다. 다만 개인회생채권자목록에 기재되지 않은 경우 개인회생절차에 아무런 영향을 받지 않으므로 지방세채권자에게 직접 배당하여야 할 것이다.

개인회생절차개시 전에 체납처분이 되어 있지 아니한 경우에도 마찬가지이다.[281]

---

281) 개인회생절차개시결정 이후에는 체납처분을 할 수 없다(제600조 제1항 제4호).

　도산절차에서 지방세채권의 취급은 도산과 지방세의 법리가 어려운 것만큼 복잡하고 이해하기 쉽지 않다. 거기에는 여러 가지 이유가 있겠지만, 지방세채권을 확보하여야 한다는 도그마에 빠져 도산절차에서 실체법에서 인정되는 것 이상으로 우월적 지위를 인정한 것에서 비롯된 점도 있다. 또한 체계적인 측면에서도 채무자회생법과 지방세법이 모순되거나 누락된 부분도 있다. 이러한 측면에서 다음 몇 가지는 향후 「채무자 회생 및 파산에 관한 법률」이나 지방세법을 개정함에 있어 고려할 필요가 있다고 생각된다.

　1. 도산절차가 개시되었다고 하여 지방세채권에 대하여 통상의 강제집행절차나 체납처분절차에서 인정되는 우선징수권에서 더 나아가 최선순위의 우선적 지위를 인정하는 것은 합리적인 이유가 없다. 도산절차개시라는 우연한 사정에 의하여 통상적인 절차에서보다 지위가 강화되어 더 강력한 지위를 부여한다는 것은 다른 채권자들과의 관계에서 형평에 반한다. 따라서 지방세채권에 대하여 회생절차에서 회생절차개시 전에 성립한 것을 공익채권으로, 파산절차에서 원칙적으로 재단채권으로, 개인회생절차에서 개인회생절차개시 전에 성립한 것을 개인회생재단채권으로 인정하는 것에 대하여는 입법적 검토가 필요해 보인다.

　도산절차에서도 지방세채권은 통상의 강제집행절차나 체납처분절차에서 인정되는 우선징수권에 따른 우선적 지위를 인정하는 것으로 충분하다. 다만 일부 지방세채권(지방세기본법 제55조 제1항 제3호, 제4호의 납부지연가산세)에 대해서는 도산제도의 효율적 운용을 위해 우선권을 부인하는 것이 타당하다.[282]

　2. 「채무자 회생 및 파산에 관한 법률」 곳곳에 산발적으로 규정된 지방세채권

---

[282] 납부지연가산세는 채무자의 사전적 의사결정에 비효율을 낳을 염려가 없을 뿐만 아니라 우선권을 부인하고 다른 채권자들에 대한 배당률을 높임으로써 도산절차에 대한 일반의 신뢰를 회복하고 회생의 가망성이 없는 기업의 파산적 청산을 장려할 수 있다.

의 취급에 관한 내용을 하나의 장(국세를 포함하여 '조세채권에 관한 특례'라는 장을 신설)으로 묶어 규정하는 것이 바람직하다.

3. 지방세법에는 채무자회생법의 규정과 모순되거나 개정 내용이 제대로 반영되지 못한 조항들이 많다. 채무자회생법의 경우에도 각 절차마다 통일적으로 규정되지 못한 것들이 있다{예컨대 지방세의 납부에 관하여 회생절차에서는 부인권의 대상이 아니라고 명시적으로 규정하고 있으나(제100조 제2항), 파산절차나 개인회생절차에는 이러한 규정이 없고, 지방세채권의 신고나 확정에 관하여도 회생절차에만 규정되어 있다}. 이는 입법이나 개정을 함에 있어 각 기관간의 소통이 없고 전체적인 법체계를 고려하지 않은 채 법이 제정·개정된 것에서 비롯된 것이다. 또한 지방세법이나 「채무자 회생 및 파산에 관한 법률」의 특성상 경제상황에 따라 수시로 개정된다는 그 자체의 특성에도 원인이 있다. 향후 입법이나 개정에서는 이러한 문제들이 발생하지 않도록 관련 기관들의 유기적인 협조가 필요해 보인다.

[보론2] 도산과 국세

도산절차에서 국세의 취급은 지방세와 같다. 다만 세목이 다르고, 그에 따라 국세에 고유한 제도가 존재한다는 차이로 그와 관련된 추가적인 쟁점이 있을 뿐이다. 여기서는 「제3편 도산과 지방세」의 순서에 맞추어 <도산과 국세>에 관하여 살펴보기로 한다. 목차만 있으면 '지방세'를 '국세'로 바꾸는 것 이외에는 같다는 의미이다(국세 관련 세법 조문은 제3편 해당 부분 각주에 표시해 두었다).

현행법상 국세는 13개의 세목이 있다.[283] 국세의 세목은 ① 소득세(소득세법), ② 법인세(법인세법), ③ 상속세와 증여세(상속세 및 증여세법), ④ 부가가치세(부가가치세법), ⑤ 개별소비세(개별소비세법), ⑥ 교통·에너지·환경세(교통·에너지·환경세법), ⑦ 주세(주세법), ⑧ 인지세(인지세법), ⑨ 증권거래세(증권거래세법), ⑩ 교육세(교육세법), ⑪ 농어촌특별세(농어촌특별세법), ⑫ 종합부동산세(종합부동산세법), ⑬ 관세(관세법)가 있다(국세기본법 제2조 제1호).[284]

---

283) 내국세에 관하여는 국세기본법, 국세징수법과 같은 국세의 총칙에 관한 부분과 소득세법, 법인세법 등과 같은 국세의 실체법에 관한 부분을 각각 독립된 법률에서 규정하고 있다. 반면 관세의 경우에는 총칙에 관한 부분과 실체에 관한 부분 모두를 관세법에서 일괄하여 규정하고 있다.

284) 국세의 법원(法源)에는 헌법, 법률(국세기본법, 국세징수법, 조세범 처벌법, 조세범 처벌절차법, 조세특례제한법, 법인세법 등과 같은 개별세법 등), 조약 및 국제법규, 명령(시행령, 시행규칙)이 있다. 법원은 아니지만 실무적으로 중요한 기능을 수행하는 것으로 조세통칙이 있다. 조세통칙이란 상급행정청이 조세행정의 통일을 위해 세법의 해석·적용의 기준을 마련하여 발령한 것이다. 국세에 관한 중요한 것으로 기본통칙(국세기본법 기본통칙 등)과 집행기준(국세기본법 집행기준 등)이 있다. 기본통칙이란 국세청에서 각 세법의 구체적인 해석기준과 집행기준을 법조문 형식으로 규정하여 기획재정부장관의 승인을 받은 것을 말한다(국세청 법령사무처리규정 제2조 제8호). 집행기준이란 국세청{징세법무국장(법령해석과장)}에서 세법과 기본통칙을 토대로 판례·심판청구결정·질의회신 등 다양한 해석사례를 반영하여 쉽고 명확하게 작성한 세법집행 실무기준을 말한다(국세청 법령사무처리규정 제37조). 기본통칙과 집행기준은 같거나 집행기준이 통칙을 포함하는 것이 많다.

국세 (13개)	내국세	보통세	직접세	소득세 : 소득세법
				법인세 : 법인세법
				상속세·증여세 : 상속세 및 증여세법
				종합부동산세 : 종합부동산세법
			간접세	부가가치세 : 부가가치세법
				개별소비세 : 개별소비세법
				교통·에너지·환경세 : 교통·에너지·환경세법
				주세 : 주세법
				인지세 : 인지세법
				증권거래세 : 증권거래세법
		목적세		교육세 : 교육세법
				농어촌특별세 : 농어촌특별세법
	관세 : 관세법			

제1장 도산절차에서 국세채권의 취급

제2장 회생절차와 국세채권

Ⅰ. 회생절차에서 국세채권의 취급

1. 회생채권·회생담보권·공익채권·개시후기타채권

가. 회생채권

나. 회생담보권

다. 공익채권

(1) 회생절차개시결정 후에 성립한 국세채권

(2) 회생절차개시결정 전에 성립한 원천징수하여야 할 조세 등

회생절차개시 전에 성립하였더라도 개시 당시 아직 납부기한이 도래하지 아니한 것으로서, ① 원천징수하는[285] 조세[다만 법인세법 제67조(소득처분)의 규정에 의하여 대표자에게 귀속된 것으로 보는 상여에 대한 조세는 원천징수된 것에 한한다[286]], ② 부가가치세·개별소비세·주세 및 교통·에너지·환경세, ③ 본세의 부과·징수의 예에 따라 부과·징수하는 교육세·농어촌특별세는 지방세에서 설명하는 것과 같은 이유로 공익채권이다(제179조 제1항 제9호 가. 내지 다.목).

---

285) 회생절차가 진행 중이라고 하더라도 채무자 회사가 근로자에게 급여를 지급할 때는 소득세를 원천징수하여 다음 달 10일까지 관할 세무서 등에 납부하여야 한다(소득세법 제128조 제1항, 제134조). 법인세법 제67조에 따라 처분되는 상여는 '소득금액변동통지서를 받은 날'에 근로소득을 지급한 것으로 보아 원천징수를 하여야 한다(소득세법 제135조 제4항, 제131조 제2항 제1호). 한편 세무서장 등은 상여 등 법인소득금액 결정일로부터 15일 내에 법인에게 소득금액변동통지서에 의해 이를 통지하고, 법인의 소재지가 분명하지 아니하거나 그 통지서를 송달할 수 없는 경우에는 상여처분을 받은 거주자에게 통지하여야 한다(소득세법 시행령 제192조 제1항). 따라서 법인인 채무자 회사의 소재지가 분명하지 아니하거나 그 통지서를 송달할 수 없는 경우를 제외하고 소득금액변동통지서에 의해 통지될 것이고, 이 경우 채무자 회사는 상여 처분된 금액에 대한 소득세를 원천징수할 의무를 부담한다.
그러나 이처럼 회생절차 진행 중에 갑자기 거액의 원천징수의무가 발생한 경우 회생절차 진행에 큰 지장이 초래된다. 그리하여 소득세법은 일정한 요건을 갖춘 경우 원천징수의무를 면제하고 있다. 즉 법인이 회생절차에 따라 특수관계인이 아닌 다른 법인에 합병되는 등 지배주주가 변경(이하 "인수"라 한다)된 이후 회생절차개시 전에 발생한 사유로 인수된 법인의 대표자 등에 대하여 법인세법 제67조에 따라 상여로 처분되는 소득에 대해서는 소득세를 원천징수하지 않아도 된다(소득세법 제155조의4 제1항). 여기서 소득이란 귀속자가 임원 또는 사용인인 경우를 말한다(소득세법 시행령 제206조의2, 법인세법 시행령 제106조 제1항 제1호 나목).
286) 법인의 사외유출금액의 귀속이 불분명한 경우 그 금액이 대표자에게 귀속된 것으로 간주하여 상여로 소득처분을 한다(법인세법 제67조, 법인세법 시행령 제106조 제1항). 이를 인정상여라 부른다. 일반적으로 소득처분은 법인이 세금을 납부하기 위하여 세무조정을 할 때 이루어지는 것이므로 통상 인정상여는 원천징수를 할 수 없다. 회생채무자가 미리 징수하여 보관하는 예금적 성격이 있는 것이 아니다. 실제로 원천징수되지도 않은 세금을 공익채권으로 규정하는 것은 그 변제를 위해 새롭게 추가로 채무자 재산의 사외유출이 이루어질 수밖에 없어 채무자의 회생에 지장을 초래한다. 이러한 점을 고려하여 원천징수된 것에 한하여 공익채권으로 분류한 것이다.

(3) 변제재원이 부족한 경우 공익채권인 국세채권의 변제

(4) 강제징수[287]

라. 개시후기타채권

2. 가산세

가산세는 그 종류별로 납세의무의 성립시기가 규정되어 있다(국세기본법 제21조 제2항 제11호).

가산세가 회생채권인지 공익채권인지는 단계별로 나누어 살펴보아야 한다. ① 본세가 회생절차개시 전에 성립하였고 가산세도 회생절차개시 전에 발생한 경우 가산세는 당연히 회생채권에 해당한다. ② 국세기본법 제21조 제2항 제11호 가.목 내지 라.목을 제외한 가산세의 경우 본세가 회생절차개시 전에 성립한 경우 가산세가 회생절차개시 후에 발생하더라도 납세의무의 성립은 본세의 납세의무가 성립한 때이므로 가산세도 회생채권이다. ③ 본세가 회생절차개시 후에 생긴 공익채권에 해당한다면 이에 기한 가산세는 본세를 따라 역시 공익채권이다. ④ 본세가 회생절차개시 후에 성립하였으나 공익채권에 해당하지 않는 경우(본세가 개시후기타채권인 경우) 이에 기한 가산세는 본세를 따라 개시후기타채권이라고 할 것이다.

한편 납세자가 납세의 고지 또는 독촉을 받은 후 제140조에 따른 징수유예를 받은 경우 납부지연가산세(국세기본법 제47조의4 제1항 제1호 및 제3호)[288]는 발생하지 않는다(국세징수법 제19조 제4항).

---

287) 국세에서는 '체납처분'이 아니라 '강제징수'라는 용어를 사용한다.
288) '제1호 중 납부고지서 납부기한 다음날부터 납부일까지의 금액과 제3호의 금액'을 말한다. 2020. 1. 1. 이전의 가산금에 해당하는 것이다.

Ⅱ. 회생채권인 국세채권에 관한 특칙

아래에서 설명하는 것 이외에는 지방세에서 설명하는 내용과 동일하다.

2. 회생절차개시결정 단계

나. 회생절차개시결정과 납부지연가산세[289]

회생채권인 국세채권은 회생절차에 의하지 아니하고도 관리인이 법원의 허가를 얻어 변제할 수 있는 것이고(제131조 단서), 납세자가 납세의 고지를 받은 후 국세징수법 제13조 제1항 각 호의 어느 하나에 해당하는 사유로 고지된 국세를 납부기간까지 납부할 수 없다고 인정되는 때에는 납부기한 등의 연장을 받을 수 있으므로(국세징수법 제13조), 회생채권인 국세채권에 관하여 납세의 고지를 받은 회생회사가 납부지연가산세의 징수를 면하려면 그 고지된 세액에 관하여 국세징수법 제13조 소정의 납부기한 등의 연장을 받거나 법원의 허가를 얻어 이를 납부기한 내에 납부하여야 할 것이고, 회생회사가 회생채권인 국세채권에 대한 납세의 고지를 받고 위와 같은 납부기한의 연장 등을 받음이 없이 고지된 세액을 납부기한 내에 납부하지 아니한 경우에는 회생절차개시결정으로 변제금지의 효력이 생겨도(제131조 본문) 납부지연가산세의 징수를 면할 수 없다.

Ⅲ. 회생절차에서 국세채권의 취급에 관한 몇 가지 쟁점

1., 3. 내지 7., 10.은 국세에도 동일하게 적용된다[2.,8.,9.는 지방세만 관련된 내용이다]. 이하 회생절차에서 국세와 관련된 추가적인 쟁점은 다음과 같다.

---

289) '국세기본법 제47조의4 제1항 제1호 중 납부고지서 납부기한 다음날부터 납부일까지의 금액과 제3호의 금액'을 말한다.

11. 자산평가손실의 손금산입

내국법인이 보유하는 자산의 평가손실은 각 사업연도의 소득금액을 계산할 때 손금에 산입하지 아니한다(법인세법 제22조 본문). 다만 대통령령으로 정하는 주식등[290]으로서 해당 주식등의 발행법인이 회생계획인가결정을 받은 경우 주식 등의 장부가액을 감액할 수 있는데(법인세법 제42조 제3항 제3호 나.목, 법인세법 시행령 제78조 제2항 제1호), 이 경우 발생한 평가손실은 손금에 산입할 수 있다(법인세법 제 22조 단서).

12. 자산매각에 따른 양도차익에 대한 과세

최근 회생절차가 진행 중인 기업이 신규자금을 조달하기 위한 방식으로 많이 활용하고 있는 것이 Sale&Lease Back방식에 따라 자산을 매각하는 것이다. 그런데 Sale&Lease Back방식에 따라 자산을 매각할 경우 문제는 이로 인하여 발생하는 양도차익에 대한 과세(법인세, 소득세)이다. 회생절차개시 후 이루어지는 자산양도로 발생하는 소득에 대한 조세채권은 공익채권으로 다른 채권에 우선하여 변제받을 수 있도록 되어 있어 기업의 회생에 실질적으로 상당한 장애가 된다.

이러한 문제점을 해결하기 위하여 조세특례제한법은 특례를 인정하고 있다. 채무자가 재무구조개선을 위하여 자산을 매각한 경우 양도차익에 대하여는 4년 거치 3년 분할하여 과세한다(조세특례제한법 제34조 제1항).

---

290) 대통령령으로 정하는 주식등이란 ① 주권상장법인이 발행한 주식등, ②「중소기업 창업지 원법」에 따른 중소기업창업투자회사 또는 「여신전문금융업법」에 따른 신기술사업금융업 자가 보유하는 주식등 중 각각 창업자 또는 신기술사업자가 발행한 것, ③ 주권상장법인 이 아닌 법인 중 제2조 제5항 각 호의 어느 하나의 관계에 있지 않은 법인이 발행한 주식 등을 말한다(법인세법 시행령 제78조 제2항 제1호).

13. 인정상여와 인정배당

가. 관리인에 대한 인정상여 인정 여부

법인세법상 법인이 과세표준을 신고하거나 결정·경정함에 있어서 익금에 산입한 금액이 임원 또는 사용인에게 귀속된 경우 그 임원 등에 대한 상여로, 익금산입액이 사외유출되었거나 귀속이 불분명한 경우 대표자에게 귀속된 것으로 보아 대표자에 대한 상여로 각 처분한다(법인세법 제67조, 같은 법 시행령 제106조). 당해 법인의 대표자가 아니라는 사실이 객관적인 증빙이나 법원의 판결에 의하여 증명되는 경우를 제외하고는 등기상의 대표자를 그 법인의 대표자로 본다.[291] 이와 같이 임원 등에게 상여로 처분한 금액은 그 임원 등의 근로소득으로 하며(소득세법 제20조 제1항 제3호), 이를 인정상여라 한다. 그 중 소득이 불분명한 경우에 대표자에 대하여 하는 상여처분을 대표자 인정상여처분이라 한다.

회생절차개시결정 이후 익금산입액 중 귀속이 불분명한 것을 관리인의 인정상여로 처분할 수 있는가. 인정상여제도의 취지나 관리인의 수탁자로서의 지위에 비추어 관리인은 특별한 사정이 없는 한 인정상여로 소득처분되는 법인의 대표자로 볼 수 없다.

나. 주주 등에 대한 인정배당 인정 여부

법인이 법인세 신고를 하지 않거나 그 신고에 오류나 탈루가 있어 과세관청이 과세표준과 세액을 결정 또는 경정함에 있어 익금에 가산한 금액이 주주 또는 출자자에게 귀속되었다고 인정되는 경우에는 그 주주 등에 대하여 배당으로 소득처분을 하고(법인세법 제67조, 같은 법 시행령 제106조 제1항 제1호), 그와 같이 배당으로 소득처분된 금액은 그 주주 등의 배당소득을 구성한다(소득세법 제17조 제1항).

회생절차개시 이후에도 주주 등에 대한 인정배당처분을 할 수 있는가. 회생절차개시 후에는 그 종료에 이르기까지 회생절차에 의하지 않고는 이익이나 이자의 배당을 할 수 없도록 되어 있고(제55조 제1항 제7호) 회생절차개시결정 이후에

---

291) 법인세법 기본통칙 67 - 106…19.

는 채무자의 업무의 수행과 재산의 관리처분권은 관리인에게 전속하며 주주 등의 권리는 제한된다는 점을 고려하면 회생절차개시 이후부터 종료될 때까지는 주주 등에 대한 인정배당처분을 할 수 없다고 할 것이다.[292]

14. 감자에 따른 증여의제

법인이 자본금을 감소시키기 위하여 주식 등을 소각하는 경우로서 일부 주주 등의 주식 등을 소각함으로써 아래의 구분에 따른 이익을 얻은 경우에는 감자를 위한 주주총회결의일을 증여일로 하여 그 이익에 상당하는 금액을 그 이익을 얻은 자의 증여재산가액으로 한다(상속세 및 증여세법 제39조의2).

① 주식 등을 시가보다 낮은 대가로 소각한 경우 : 주식 등을 소각한 주주 등의 특수관계인에 해당하는 대주주 등이 얻은 이익

② 주식 등을 시가보다 높은 대가로 소각한 경우 : 대주주 등의 특수관계인에 해당하는 주식등을 소각한 주주 등이 얻은 이익

한편 주식회사 또는 유한회사인 채무자의 이사나 지배인의 중대한 책임이 있는 행위로 인하여 회생절차개시의 원인이 발생한 때에는 회생계획에 그 행위에 상당한 영향력을 행사한 주주 및 그 친족 그 밖에 대통령령이 정하는 범위의 특수관계에 있는 주주가 가진 주식의 3분의 2 이상을 소각하거나 3주 이상을 1주로 병합하는 방법으로 자본을 감소할 것을 정하여야 한다(제205조 제4항, 제6항). 이 경우 그 주주 등에게 감자에 따른 증여의제규정을 적용할 수 있는가. 이때의 자본감소는 무상감자이고, 채무자회생법이나 회생계획에 따른 부득이한 감자이므로 증여의제규정은 적용되지 않는다고 할 것이다.

15. 지급이자 손금불산입 및 인정이자 익금산입

법인이 주주 등 특수관계인[293]에 대하여 가지급금을 가지고 있는 경우 지급

---

292) 대법원 1992. 7. 28. 선고 92누4987 판결(보전관리인에 의한 관리명령이 있은 뒤에는 주주에 대한 인정배당처분을 할 수 없다) 참조.
293) 법인세법 제2조 제12호, 같은 법 시행령 제2조 제5항.

이자에 대하여 손금산입을 제한하고 있다(법인세법 제28조 제1항 제4호 나.목).[294] 또한 주주 등 특수관계인에게 무상으로 금전을 대여한 경우 일정률의 이자상당액을 익금에 산입하고 있다(법인세법 제52조 제1항, 같은 법 시행령 제88조 제1항 제6호, 제89조 제3항).[295] 주주 등 특수관계인에 대하여 회생절차가 개시된 경우에도 위와 같은 제한 규정이 적용되는가.[296] 다음과 같은 이유로 적용된다고 할 것이다.

법인과 그 주주 사이에 특수관계가 있는 경우 그 중 어느 일방에 대하여 회생절차개시결정이나 파산선고결정이 있었다고 하여 곧 법인의 출자자인 관계까지 소멸하는 것은 아니므로 그 법인과 주주 사이의 특수관계 역시 소멸한다고 볼 수 없다.

지급이자 손금불산입에 관한 법인세법 제28조 제1항 제4호 나.목 규정의 입법목적은 차입금을 보유하고 있는 법인이 특수관계인에게 업무와 관련 없이 가지급금 등을 지급한 경우에는 이에 상당하는 차입금의 지급이자를 손금불산입하도록 하는 조세상의 불이익을 주어, 차입금을 생산적인 부분에 사용하지 아니하고 계열사 등 특수관계인에게 대여하는 비정상적인 행위를 제한함으로써 타인자본에 의존한 무리한 기업 확장으로 기업의 재무구조가 악화되는 것을 방지하고, 기업자금의 생산적 운용을 통한 기업의 건전한 경제활동을 유도하는 데에 있다. 또한 어느 법인이 특수관계인에게 업무무관 가지급금을 제공한 후 그 특수관계인에 대하여 회생절차개시결정 등이 있더라도 그 전, 후를 통하여 당해 법인이 차입금을 생산적인 부분에 사용하고 있지 않다는 등의 사정은 변함이 없는 점, 지급이자 손금불산입제도는 적정이자율의 이자를 지급받았는지 여부와는 무관하게 적용되는 점 등에 비추어 보면, 채무자인 특수관계인에 대한 회생절차개시결정 등으로 인하여 가지급금을 제공한 당해 법인이 회생절차 등에 의하지 아니하고는 권리행사를 할 수 없게 되었더라도 업무무관 가지급금에 상당하는 차입금의 지급이자는 그 가지급금 채권이 대손금으로 확정되기 전까지 여전히

---

294) 소득세법 제33조 제1항 제13호, 같은 법 시행령 제78조 제3호에도 유사한 취지의 규정이 있다.

295) 소득세법 제41조, 같은 법 시행령 제98조 제2항 제2호에도 유사한 취지의 규정이 있다.

296) 대법원 2009. 12. 10. 선고 2007두15872 판결 참조.

손금불산입의 대상이 된다.

또한 어느 법인이 특수관계인에게 금전을 무상으로 대여한 후 그 특수관계인에 대하여 회생절차개시결정 등이 있더라도 그 전, 후를 통하여 당해 법인이 특수관계인에게 무상대여로 인한 이익을 분여하고 있다는 사정은 변함이 없는 점, 법인세법 제52조 제1항, 법인세법 시행령 제88조 제1항 제6호, 제89조 제3항 각 규정에 의한 인정이자는 당해 법인이 특수관계인으로부터 그 상당액의 이자를 실제로 지급받지 않았음에도 불구하고 지급받은 것으로 보아 이를 익금에 산입하는 것인 점, 이에 따라 인정이자를 계산함에 있어서 그 이자채권이 존재함을 전제로 한 회수불능 여부는 고려할 필요가 없는 점 등을 종합하여 보면, 채무자인 특수관계인에 대하여 회생절차개시결정 등이 있더라도 채권자인 당해 법인이 보유하는 대여금채권에 관한 인정이자 상당액은 익금산입의 대상이 된다.

16. 납부의무소멸제도

영세개인사업자의 재기를 돕기 위하여 체납액 납부의무 소멸제도를 시행하고 있다(조세특례제한법 제99조의5, 같은 법 시행령 제99조의5). 영세개인사업자 체납액 납부의무 소멸제도란 폐업한 사업체의 총수입금액이 일정 규모 미만인 폐업 개인사업자(영세개인사업자)가 신규 사업자등록을 하거나 취업하여 3개월 이상 근무하는 경우 체납액을 징수할 재산이 없는 등으로 징수가 곤란하다고 인정되면 종합소득세, 부가가치세(농어촌특별세, 강제징수비 포함) 체납액의 3천만 원 한도로 소멸시키는 제도이다. 영세개인사업자가 체납액 납무의무 소멸을 신청하면 세무서장은 국세체납정리위원회의 심의를 걸쳐 신청일로부터 2개월 내 그 결과를 통지하여야 한다.

회생계획(변제계획)을 작성하거나 조사위원(간이조사위원)이 조사보고서(간이조사보고서)를 작성할 때 개인채무자의 경우 체납액이 납부의무 소멸 대상인지 검토할 필요가 있다.

Ⅳ. 출자전환에 따른 과세문제[297)]

1. 출자전환에 따른 채무면제익에 대한 과세 문제

가. 출자전환의 의의

출자전환(Debt-Equity Swap)이란 채권자가 보유하고 있는 채권을 채무자의 주식으로 전환시켜 당해 기업의 금융비용을 절감시키는 한편, 영업을 계속 유지케 함으로써 그 결과 창출되는 미래현금흐름(Future Cash-flow)의 수익가치를 채권의 추심재원으로 변경시키는 것을 말한다.

주식회사인 채무자가 회생채권자·회생담보권자 또는 주주에 대하여 새로이 납입 또는 현물출자를 하게 하지 아니하고 신주를 발행하는 때에는 회생계획에 신주의 종류와 수, 신주의 배정에 관한 사항, 신주의 발행으로 인하여 증가하게 되는 자본과 준비금의 액, 신주의 발행으로 감소하게 되는 부채액 등 구체적인 사항을 정하여야 한다(제206조 제1항). 회생계획에 출자전환에 의해 신주를 발행할 것을 정한 경우에는 회생계획에서 특별히 정한 때를 제외하고 회생계획인가가 결정된 때에 주주가 된다(제265조 제1항).

나. 회생절차에서 채무자의 채무면제익에 대한 과세

(1) 이월결손금의 보전에 충당

법인세법 시행령 제11조 제6호는 채무의 면제 또는 소멸로 인하여 생기는 부채의 감소액(법인세법 제17조 제1항 제1호 단서의 규정에 따른 금액을 포함한다)을 수익에 포함시키고 있으므로 원칙적으로 법인이 채무의 전부 또는 일부를 면제받은 경우 그 소멸된 채무액은 법인세 과세대상이 되는 소득에 해당한다. 다만 법인세법 제18조 제6호가 '채무면제 또는 소멸로 인한 부채의 감소액 중 대통령령이 정하는 이월결손금의 보전에 충당된 금액'을 각 사업연도의 소득금액계산에 있어 익금에 산입하지 않는다고 규정하고 있으므로, 채무면제익은 이월결손금의

---

297) 제3편 제2장 <Ⅳ.>와 <Ⅴ.>는 지방세만 관련된 내용이다.

보전에 우선 충당하고 남는 금액만이 익금에 산입된다.

　개인사업자(사업소득이 있는 거주자)의 경우도 마찬가지이다. 소득세법 시행령 제51조 제3항 제4호는 사업과 관련한 채무의 면제 또는 소멸로 인하여 생기는 부채의 감소액을 총수입금액에 포함시키고 있으므로 원칙적으로 채무의 전부 또는 일부를 면제받은 경우 그 소멸된 채무액은 소득세 과세대상이 된다. 다만 소득세법 제26조 제2항이 '채무의 면제 또는 소멸로 인한 부채의 감소액 중 제45조 제3항에 따른 이월결손금의 보전에 충당된 금액'을 해당 과세기간의 소득금액을 계산할 때 총수입금액에 산입하지 않는다고 규정하고 있으므로, 채무면제익은 이월결손금의 보전에 우선 충당하고 남는 금액만이 총수입금액에 산입된다.

　요컨대 회생절차에서 채무자의 채무면제익은 이월결손금에 충당하고 남은 금액만 법인세나 소득세의 과세대상이 된다.

　한편 회생계획인가결정에 따라 회생채무의 이자율과 변제기가 유리하게 변경된 법인이 그 채무를 현재가치로 할인하여 평가한 금액으로 중도 상환하는 경우, 법인세법상으로는 채무를 상환하기 전에 그 채무를 현재가치로 평가하여 현재가치할인차금과 평가이익을 계상하는 것이 인정되지 않는 이상(법인세법 제42조 제1항 참조), 그 채무를 현재가치로 평가하기 전의 가액, 즉 현재가치할인차금을 차감하기 전의 장부가액을 기준으로 상환에 따른 소득금액을 계상하여야 하므로, 그 채무의 장부가액과 상환액과의 차액인 현재가치할인차금 미상각잔액을 채무면제이익으로 보아 익금에 산입한다.[298]

(2) 과세 특례

　현행 세법은 회생절차에서 발생한 채무면제익의 과세에 있어 기존 이월결손금의 보전에 충당하는 이외에 과세 특례를 인정하고 있다. 다만 과세 특례는 채무자가 법인인지 개인사업자인지, 출자전환이 이루어졌는지 여부에 따라 달리 취급하고 있다.

---

298) 대법원 2009. 12. 10. 선고 2007두19683 판결 참조.

（가） 법인인 경우

법인의 경우는 출자전환 여부에 따라 채무면제익을 달리 취급하고 있다.

① 출자전환 없이 채무를 면제받은 경우

회생계획인가의 결정을 받은 법인이 2021년 12월 31일까지 금융채권자로 부터 채무의 일부를 면제받은 경우로서 회생계획인가의 결정에 채무의 면제액이 포함되어 있는 경우, 채무면제금액 중 이월결손금(법인세법 제16조 제1항)을 초과하는 금액은 해당 사업연도와 해당 사업연도의 종료일 이후 3개 사업연도의 기간의 익금에 이를 산입하지 아니하고 그 다음 3개 사업연도의 기간에 그 균등액 이상을 익금에 산입한다(조세특례제한법 제44조 제1항). 즉 금융기관으로부터 2021년 12월 31일까지 면제받은 채무로서 이월결손금에 충당되지 않은 것은 3개 사업연도 후부터 3년간 익금에 산입한다. 그러나 채무면제익 전액이 익금에 산입되기 이전에 당해 법인이 사업을 폐지하거나 해산하는 경우에는 그 사유가 발생한 날이 속하는 사업연도의 소득금액계산에 있어서 익금에 산입하지 아니한 금액 전액을 익금에 산입한다(조세특례제한법 제44조 제3항).

② 출자전환이 이루어진 경우

시가(시가가 액면가액 이하인 경우는 액면가액)를 초과하여 발행된 금액은 원칙적으로 익금에 해당하나(법인세법 제17조 제1항 제1호 단서), 이를 결손금의 보전에 충당할 수 있다(법인세법 제17조 제2항, 같은 법 시행령 제15조 제1항). 자세한 내용은 아래 <다.(2)> 참조.

반면 액면가액으로 출자전환하고 주식을 병합한 경우에는 출자전환으로 채무면제익이 발생하지 않고 이월결손금도 그대로 사용 가능하다.[299]

（나） 개인사업자의 경우

개인사업자의 경우는 사업 관련성 여부에 따라 채무면제익을 달리 취급하고 있다.

---

[299] 실무적으로 액면가를 초과하는 금액으로 신주를 발행할 경우 채무면제이익이 발생할 수 있으므로 원칙적으로 액면가로 발행하도록 하고 있다.

① 사업과 관련이 없는 채무면제익

사업과 관련이 없는 채무면제익은 증여세의 과세대상이 된다(상속세 및 증여세법 제36조 제1항). 한편 수증자(회생채무자)가 납부할 능력이 없다고 인정되는 때에는 그에 상당하는 증여세의 전부 또는 일부를 면제할 수 있다(같은 법 제4조의2 제3항).

회생채무자의 경우는 사실상 증여세의 납부능력이 없다고 보아야 할 것이다. 따라서 회생계획안에 따라 영업수익금 등을 채무 변제에 충당하는 경우 증여세의 전부 또는 일부가 면제될 수 있을 것이다.

② 사업과 관련이 있는 채무면제익

사업과 관련이 있는 채무면제익(주로 상거래 채무면제익)은 이월결손금의 보전에 충당된 금액을 제외하고는 당해 사업의 총수입금액에 산입되어 소득세가 과세된다(소득세법 제24조, 같은 법 시행령 제51조 제3항 제4호). 조세특례제한법 제44조 제1항은 법인을 대상으로 하는 규정이므로 거주자의 소득금액을 계산함에 있어서는 적용되지 않는다.

③ 입법론적 검토

개인사업자(사업소득이 있는 거주자)의 경우는 출자전환을 할 수 없어 출자전환으로 법인과 같은 과세 특례(과세이연)를 받을 수 없고, 조세특례제한법은 법인만을 대상으로 하므로 한시적 과세이월의 혜택을 누릴 수 없다. 이러한 이유로 실무에서 개인사업자에 대한 회생계획을 작성할 경우 어려운 점이 있다. 증여세의 경우 회생채무자는 사실상 납부능력이 없을 것이므로 특별히 고려할 필요는 없을 것이다. 반면 소득세의 경우 고려하지 않을 수 없다. 실무적으로 통상 회생기간 말(최종 10차 사업연도)에 채무면제익이 실현되는 것으로 하고 있다(이 경우 그 때 소득세가 과세될 것이다). 회생기간 말에 채무가 면제되는 것으로 할 경우 소득세는 회생기간 이후에 발생하므로 이를 회생계획안에 별도로 반영하지 않을 수 있다. 그러나 회생기간 이후 채무자 사업의 안정성을 고려하면 회생기간 이후에 발생이 예상되는 채무면제익에 대한 소득세를 회생계획안에 반영하는 것이 바람직하다. 즉 회생기간 내에 추후 소득세 납부에 대비하여 적립을 하여야 한다. 그러나 이렇게 회생계획안을 작성할 경우 개인사업자의 회생은 쉽지 않다. 또한 법인과 비교하여 개인사업자를 차별할 합리적인 이유도 찾을 수 없다. 입법적인 보완이 필요해 보인다.

다. 회생절차에서 출자전환이 이루어진 경우 채무면제익에 대한 과세

(1) 출자전환으로 인한 채무면제익에 대한 과세

주식발행액면초과액(액면금액 이상으로 주식을 발행한 경우 그 액면금액을 초과한 금액)은 자본거래로 인한 수익으로서 익금에 산입하지 아니한다(법인세법 제17조 제1항 제1호). 주식을 발행함에 있어 액면을 초과하여 할증 발행된 경우 그 액면초과액은 상법상 자본금은 아니라고 하더라도 사실상 출자의 납입분에 해당하기 때문이다. 다만 채무의 출자전환으로 주식 등을 발행하는 경우에 있어서 그 주식 등의 시가를 초과하여 발행된 금액은 채무면제익으로 과세된다(법인세법 제17조 제1항 제1호 단서, 법인세법 시행령 제11조 제6호). 채무의 출자전환으로 발생한 채무면제익은 실제로 주주가 납입한 금액이 아닐 뿐만 아니라 법인 입장에서도 실질적으로 채무를 면제받은 효과가 있기 때문이다.

한편 회생절차에서 출자전환이 이루어지는 경우 새로 발행되는 주식의 시가는 채무액에 미치지 못하는 경우가 많고, 이는 실질적으로 일부 채무면제에 해당한다. 채무의 출자전환으로 주식 등을 발행하는 경우 당해 주식 등의 시가를 초과하여 발행된 금액은 주식발행액면초과액에서 제외되고(법인세법 제17조 제1항 제1호 단서) 출자전환된 채무액과 신주의 시가(시가가 액면가액에 미달하는 경우에는 액면가액)[300] 간의 차액은 그 경제적 실질에 따라 채무면제익으로 취급되어 원칙적으로 당해 사업연도의 익금에 산입되고 앞서 본 바와 같이 해당 법인에게 소정의 이월결손금이 있는 경우 법인세법 제18조 제6호에 의해 그 이월결손금의 보

---

[300] 법인세법은 출자전환으로 인한 채무면제익에 대한 법인세 과세 문제를 해결하기 위해 출자전환으로 인한 주식의 취득가액을 출자전환된 채권의 장부가액으로 규정하고 있다(법인세법 제41조 제1항 제3호, 같은 법 시행령 제72조 제2항 제4의2호).

전에 충당되게 된다.

(2) 법인세법에 의한 과세 특례

도산상태에 있는 회사의 채무재조정 거래 과정에서 출자전환을 하여 발생된 채무면제익에 대해서는 추가적인 세제 혜택이 부여되어 있다(법인세법 제17조 제2항). 즉 채무의 출자전환으로 주식 등을 발행하는 경우 그 시가(법인세법 제52조 제2항)를 초과하여 발행된 금액 중 법인세법 제18조 제6호(이월결손금에 충당)의 적용을 받지 아니한 대통령령으로 정하는 금액[＝채무자회생법에 따라 채무를 출자로 전환하는 내용이 포함된 회생계획인가의 결정을 받은 법인이 채무를 출자전환하는 경우로서 당해 주식 등의 시가(시가가 액면가액에 미달하는 경우에는 액면가액)를 초과하여 발행된 금액]은 당해 사업연도의 익금에 산입되지 아니하고, 그 이후의 각 사업연도에 발생한 결손금의 보전에 충당할 수 있다(법인세법 시행령 제15조 제1항 제1호).[301] 이와 같은 방법으로 채무면제익 전액이 결손금 보전에 충당되기 전에 당해 회사가 사업을 폐지하거나 해산하는 경우에는 그 사유가 발생한 날이 속하는 사업연도의 소득금액계산에 있어서 결손금의 보전에 충당되지 아니한 금액 전액을 익금에 산입한다(법인세법 시행령 제15조 제2항).

이에 따라 회생회사가 출자전환을 하는 경우에는 출자전환 시점의 이월결손금만이 아니라 향후 발생하는 결손금에 대해서도 채무면제익을 충당처리할 수 있게 되어, 채무면제익이 이월결손금을 초과하는 경우 법인세 과세가 이루어지는 것을 막고 과세를 장래로 이연할 수 있게 되었다.[302] 그러나 회생계획인가 이후에 회생계획의 수행이 불가능해져 회생절차가 도중에 폐지되고 파산절차로

---

301) 일반적으로 채무면제익은 법인세법 제18조 제6호에 따라 기존 결손금(이월결손금)의 보전에 충당할 수 있다. 그런데 회생절차를 통한 구조조정을 거친 경우에는 기존 결손금(이월결손금)을 넘어서 출자전환 이후 사업연도 결손금 보전에도 충당할 수 있도록 하였다.

302) 채무의 면제에 따른 일반적인 채무면제익과 출자전환에 따른 채무면제익은 세법상 취급에 차이가 있다. 회생절차가 진행 중인 법인에 있어서, 법인세법상 일반적인 채무면제익은 채무의 면제 효과가 발생하는 시점에 존재하는 이월결손금에서만 공제할 수 있는 데 반해, 출자전환에 따른 채무면제익은 출자전환 시점의 이월결손금뿐만 아니라 향후에 발생하는 결손금에서도 공제할 수 있다.

이행하는 경우에는 익금산입이 유예된 채무면제익이 일시에 익금 산입되어 다액의 법인세가 부과될 수 있다.[303] 이에 채무면제익의 익금산입시기를 최대한 늦추기 위하여 출자전환시기를 최종 연도로 미루고[304] 회생절차폐지시에는 출자전환 대상채권을 원래의 채권 또는 후순위 채권으로 환원하는 내용의 회생계획을 정하는 방법을 활용할 수 있다.

2. 출자전환과 대손금 처리 및 대손세액공제

가. 회생계획에 따라 출자전환 후 무상 감자된 매출채권의 대손금 처리 및 대손세액공제 인정 여부[305]

(1) 문제의 소재

기업(사업자)을 운영함에 있어 대부분의 매출은 신용거래로 이루어진다. 그러나 세법은 권리의무 확정주의를 채택하고 있기 때문에(소득세법 제39조 제1항, 법인세법 제14조 제1항, 제40조 제1항 등 참조)[306] 현금 회수 여부와 상관없이 재화나 용역을 공급한 경우 매출을 인식하고 법인세(소득세) 및 부가가치세를 납부하여야 한다.

권리의무 확정주의에 따라 과세를 하다 보면 재화나 용역을 공급한 후 물품대금을 지급받기 전에 상대방 회사(채무자)가 재정적 어려움으로 회생절차에 들어가는 경우가 있다. 상대방 회사(채무자)가 회생절차에 들어가면 매출채권의 상당부분을 회수하지 못하는 경우가 일반적이다. 이럴 경우 공급자(채권자) 입장에서는 매출로 인한 법인세(소득세) 및 부가가치세를 이미 납부하였지만 정작 매출에

---

303) 그리하여 처음부터 파산신청을 한 경우에 비해 무담보채권자에게 불리하다.
304) 다만 현재 실무는 회생계획인가일 다음날을 출자전환시기로 하고 있다(제265조 제1항 참조).
305) 이에 관한 내용은 저자가 2017. 5. 18. 수원지방법원 회생파산실무연구회 창립총회에서 "회생계획에 따른 출자전환 후 무상 감자된 매출채권과 관련한 부가가치세 과세 문제"라는 제목으로 발표한 것이다. 관련 내용은 <법원 코트넷 - 지식광장 - 지식마당 - 법인회생 · 파산>에 등록되어 있고, 「경기법조(2017, 제24호)(경기중앙지방변호사회 발간), 539~554쪽」에 게재되어 있다.
306) 권리의무 확정주의는 납세자의 과세소득을 획일적으로 파악하여 법적 안정성을 도모하고 과세의 공평을 기함과 동시에 납세자의 자의를 배제하기 위한 것이다(대법원 2017. 3. 22. 선고 2016두51511 판결).

따른 대금(부가가치세를 포함하여)의 상당 부분을 지급받지 못하는 부당한 결과가 발생할 수 있다. 반대로 공급을 받은 자(채무자)는 이미 매입세액공제를 통하여 상응하는 부가가치세를 환급받거나 적게 납부하게 된다. 이는 조세형평의 관점에서 문제가 있다. 이러한 문제점을 해결하기 위하여 회생계획인가결정에 따라 회수할 수 없는 채권을 가진 채권자에 대하여 법인세법 또는 소득세법은 대손금을, 부가가치세법은 대손세액공제를 각 인정하고 있다.

그런데 실무적으로 채무자는 법인세법상의 채무면제익의 발생을 방지하기 위하여 회생계획에서 회생채권을 출자전환하고 이후 무상으로 감자를 하는 경우가 많은데,[307] 이 경우에도 채권자에 대하여 법인세법(소득세법)에 따른 대손금이 인정되는지, 부가가치세법에 따른 대손세액공제가 인정되는지가 문제된다. 매출채권의 출자전환 후 무상 감자에 따른 과세 문제가 어떻게 처리되느냐에 따라 채무자의 효율적인 회생 여부에 중대한 영향을 미치게 된다.[308]

(2) 법인세법[309]상 대손금 처리 여부

법인세법 제19조의2 제1항은 "내국법인이 보유하고 있는 채권 중 채무자의 파산 등 대통령령으로 정하는 사유로 회수할 수 없는 채권의 금액(이하 "대손금"이라 한다)은 해당 사업연도의 소득금액을 계산할 때 손금에 산입한다."고 규정하면서, 법인세법 시행령 제19조의2 제1항 제5호는 「'채무자 회생 및 파산에 관한 법률'에 따른 회생계획인가의 결정 또는 법원의 면책결정에 따라 회수불능으로

---

307) 법인회생절차에 있어 출자전환은, 채무자 입장에서는 채무변제를 위한 자금의 유출이 없다는 점에서 채무면제와 동일한 효과를 누리면서도 채무면제 이익이 즉시 익금 산입되지 않고 법인세 부담이 이연될 수 있다는 장점이 있고, 채권자 입장에서도 적어도 그만큼 면제를 당하지 않으면서 출자전환 된 주식을 보유하고 있다가 금전으로 환가할 가능성이 있으며, 이에 더하여 채권자들이 주주로서 회생절차 종결 후에도 주주총회를 통하여 경영에 관여할 수 있다는 점 등에서 자주 활용되고 있다. 이러한 '통상의 출자전환'과 달리 회생계획에서 회생채권을 출자전환하고 이후 무상으로 감자를 하는 경우는 단지 형식상으로만 출자전환의 외관을 취하였을 뿐 '채무의 면제'와 다를 바 없다.
308) 회생절차에서 채권자는 대손금 처리나 대손세액공제를 받지 못한다는 것을 이유로 회생계획에 동의하지 않거나 그에 상응하는 추가적인 변제를 요구하고 있다.
309) 소득세법의 경우에도 같은 문제가 발생한다(소득세법 제27조 제3항, 소득세법 시행령 제55조 제1항 제16호, 제2항).

확정된 채권」을 대손금으로 인정되는 사유 중 하나로 규정하고 있다.

회생채권을 출자전환하고 이후 무상으로 감자를 하는 경우 법인세법 시행령 제72조 제2항 제4호의2 단서는 법원의 회생계획인가결정에 따라 출자전환한 주식의 취득가액은 출자전환된 채권의 장부가액으로 규정하고 있으므로 법인세법에 따른 대손금 처리를 어렵게 한다는 견해가 있을 수 있다. 그러나 ① 매출채권이 면제되는 것과 출자전환 후 무상감자된 것은 실질적으로 차이가 없고, ② 위 단서의 취지는 채무자의 채무면제이익으로 인한 법인세를 해소하기 위한 것이지 대손금의 처리를 배제하기 위한 것이 아니며, ③ 법인세법이 회수불능채권을 대손금으로 인정하기로 입법적 결단을 내린 것은 매출채권도 회수하지 못한 채권자의 부담을 덜어주기 위한 것이라는 점 등을 고려하면 회생계획인가결정에 따라 출자전환 후 무상 감자된 매출채권에 대하여 회수불능채권으로서(법인세법 시행령 제19조의2 제1항 제5호) 법인세법상의 대손금으로 인정해주어야 할 것이다.

(3) 부가가치세법상 대손세액공제 인정 여부

부가가치세법 제45조 제1항은 "사업자는 부가가치세가 과세되는 재화 또는 용역을 공급하고 외상매출금이나 그 밖의 매출채권(부가가치세를 포함한 것을 말한다)의 전부 또는 일부가 공급을 받은 자의 파산·강제집행이나 그 밖에 대통령령으로 정하는 사유로 대손되어 회수할 수 없는 경우에는 대손금액에 110분의 10을 곱한 금액(이하 "대손세액"이라 한다)을 그 대손이 확정된 날이 속하는 과세기간의 매출세액에서 뺄 수 있다."고 규정하면서, 부가가치세법 시행령 제87조 제1항 제1호는 "'파산·강제집행이나 그 밖에 대통령령으로 정하는 사유'란 「소득세법 시행령」 제55조 제2항 및 「법인세법 시행령」 제19조의2 제1항에 따라 대손금으로 인정되는 사유를 말한다."고 규정하고 있다.[310]

---

310) 채무자에 대한 부가가치세 과세(추징) 여부 부가가치세법 제45조 제3항은 "제1항 및 제2항을 적용할 때 재화 또는 용역을 공급받은 사업자가 대손세액에 해당하는 금액의 전부 또는 일부를 제38조에 따라 매입세액으로 공제받은 경우로서 그 사업자가 폐업하기 전에 재화 또는 용역을 공급하는 자가 제1항에 따른 대손세액공제를 받은 경우에는 그 재화 또는 용역을 공급받은 사업자는 관련 대손세액에 해당하는 금액을 대손이 확정된 날이 속하는 과세기간에 자신의 매입세액에서 뺀다. 다만, 그 공급을 받은 사업자가 대손세액에 해

이와 관련하여 회생계획에서 회생채권을 출자전환하고 이후 무상으로 감자를 하는 경우 대손세액공제를 인정할 수 있는지가 문제될 수 있다. 이에 대하여는 기존에 하급심에서 대손세액을 부정하는 사례[311]도 있었고 인정하는 사례[312]도

당하는 금액을 빼지 아니한 경우에는 대통령령으로 정하는 바에 따라 그 사업자의 관할 세무서장이 빼야 할 매입세액을 결정 또는 경정(更正)하여야 한다."고 규정하고 있다.

이는 공급자는 대손세액을 공제받고, 공급받는 자는 매입세액을 공제받는다면 대손세액 상당액이 이중으로 공제되는 결과가 되어 부당하기 때문이라는데 기인한 것으로 보인다. 그러나 이러한 규정은 채무자의 효율적인 회생을 목적으로 하는 채무자회생법의 취지에 반한다. 채무자에게 대손세액공제액만큼을 추징함으로써 자금압박을 심화시키고, 파산의 경우에는 추징하지 않으면서 회생의 경우(사업의 폐지가 있을 수 없다)에는 추징을 한다는 것은 채무자로 하여금 파산의 선택을 강요하는 결과를 초래할 수 있다. 대손세액이 이중으로 공제되는 것이 아니라 결과적으로 채무자가 공급한 재화나 용역에 대한 부가가치세만을 징수하지 못하는 것에 불과하다. 또한 권리의무 확정주의에 따라 이미 부가가치세의 납부의무를 마친 채무자에게 사후적인 상황 변화로 예상치 못한 과세 부담을 안겨준다(과연 어떤 사업자가 향후 회생절차에 들어갈 것까지 예상하여 세금 납부에 따른 자금흐름을 계획할 것인가). 권리의무 확정주의에 따라 채권자가 부담하는 것이 당연하다는 전제에서 채권자에게 상황 변화에 따른 이익을 주는 것(대손세액공제의 인정)은 무관하지만, 그 반면으로 채무자에게 예상치 못한 부담을 주는 것은 조세정책적으로도 바람직하지 않다. 입법론적인 검토가 필요해 보인다.

다만 부가가치세법이 개정되지 않는 한 채무자에 대한 대손세액공제의 추징은 불가피해 보인다. 이를 방지하기 위해서 채무자는 회생계획에 위 추징에 관한 납세의무를 면제받는 규정을 둘 수밖에 없을 것이다. 한편 채무자에 대하여 부가가치세를 과세(추징)할 경우 이를 공익채권으로 볼 것인가. 채무자회생법은 원칙적으로 조세채권을 일반채권과 동일하게 취급하여 회생절차개시 전의 원인으로 생긴 조세채권을 회생채권에 포함시키되, 회생절차개시 후에 생긴 조세채권은 채무자의 업무 및 재산의 관리와 처분에 관하여 성립한 것과 같이 예외적인 경우에만 공익채권으로 인정하고 있다(제179조). 여기서 회생절차개시 전의 원인으로 생긴 조세채권이란 회생절차개시결정 전에 법률에 따른 과세요건이 충족된 조세채권을 의미하므로, 어느 조세채권이 회생채권에 해당하는지는 회생절차개시 당시 납세의무가 성립하였는지 여부에 따라 결정된다. 대손세액공제의 대상이 된 재화 또는 용역의 공급이 회생절차개시 이전이더라도 대손이 확정됨으로써 추징사유가 발생한 것은 회생절차개시 이후이므로 회생채권이라고 보기 어렵다. 따라서 회생절차개시 후의 채무자의 업무 및 재산의 관리와 처분에 관한 비용청구권(제179조 제2호)으로서 공익채권으로 보아야 할 것이다.

311) 서울행정법원 2013. 6. 20. 선고 2012구합32703 판결(확정). 「수원지방법원 2016. 4. 20. 선고 2015구합66715 판결(항소)」도 같은 취지이다. 이로 인해 채무자는 대손세액 상당액의 추징을 받지 않게 되는 이점이 있었다. 그러나 이제는 아래에서 보는 바와 같은 대법원 판례로 인해 채무자가 대손세액공제를 받기는 어렵게 되었다.

한편 위 2015구합66715에 대한 항소사건은 과세관청이 항소심에서 직권으로 과세처분을

있었다. 대법원은 「회생계획인가의 결정이 있는 때에는 회생채권자·회생담보권자·주주·지분권자의 권리는 회생계획에 따라 변경되며(제252조 제1항), 법원은 신주의 발행으로 감소하게 되는 부채액 등의 사항을 회생계획에 정하여 주식회사인 채무자가 회생채권자·회생담보권자 또는 주주에 대하여 새로 납입 또는 현물출자를 하게 하지 아니하고 신주를 발행하게 할 수 있다(제206조 제1항). 법원은 감소할 자본의 액과 자본감소의 방법을 회생계획에 정한 때에는 회생계획에 의하여 주식회사인 채무자의 자본을 감소할 수 있고, 이 경우 상법 제343조(주식의 소각) 제2항, 제439조(자본감소의 방법, 절차) 제2항·제3항, 제440조(주식병합의 절차), 제441조(주식병합의 절차), 제445조(감자무효의 소) 및 제446조(준용규정)의 규정은 적용되지 아니한다(제205조 제1항, 제264조 제1항 및 제2항). 결국 회생계획에서 별도의 납입 등을 요구하지 아니하고 신주발행 방식의 출자전환으로 기존 회생채권 등의 변제에 갈음하기로 하면서도 그 출자전환에 의하여 발행된 주식은 무상으로 소각하기로 정하였다면 그 인가된 회생계획의 효력에 따라 새로 발행된 주식은 그에 대한 주주로서의 권리를 행사할 여지가 없고 다른 대가 없이 그대로 소각될 것이 확실하게 된다. 그렇다면 위와 같은 출자전환의 전제가 된 회생채권 등은 회생계획인가의 결정에 따라 회수불능으로 확정되었다(법인세법 시행령 제19조의2 제1항 제5호)고 봄이 상당하다. 따라서 대손세액공제를 인정하여야 한다.」고 판시하였다.[313]

살피건대 대손세액공제를 인정해 주어야 한다. 그 이유는 ① 매출세액은 물론 매출채권 자체마저 회수하지 못한 채권자에게 징수하지도 못한 부가가치세까지 부담하도록 한 것은 너무 가혹하고, ② 매출채권을 면제하는 것으로 회생계획이 작성된 경우에는(채무면제이익에 따른 법인세 과세는 별론으로 하더라도) 대손세액공제가 됨에 반하여, 법인세 부담을 회피하기 위해 출자전환 후 무상감자하는 경우(대부분의 실무 운용방식이다)에는 대손세액공제가 안된다고 하는 것은 형평에 반하

취소하여 소각하로 종결되었다(서울고등법원 2019. 11. 1. 선고 2016누45556 판결).

312) 대전고등법원(청주재판부) 2016. 12. 7. 선고 2015누11548 판결(상고기각).

313) 대법원 2018. 7. 26. 선고 2017두75781 판결, 대법원 2018. 7. 11. 선고 2016두65565 판결, 대법원 2018. 6. 28. 선고 2017두68295 판결.

며, ③ 출자전환된 주식이 강제로 무상감자된 경우 그 가치는 실질적으로 0인데, 채권자는 금전적으로 아무런 이득이 없음에도 부가가치세까지 부담하도록 하는 것은 부당하고, ④ 법인세법 시행령 제72조 제2항 제4호의2 단서의 입법취지는 채무자의 채무면제익으로 인한 법인세 문제를 해소하려는 것이지 채권자의 부가가치세 대손세액공제를 배제하려는 것으로 보기 어려우며, ⑤ 부가가치세법상 자산의 취득가액에 대하여 별도의 규정을 두고 있지 않으므로(부가가치세법과 법인세법은 그 입법취지와 대상이 다르므로 법인세법이나 법인세법 시행령의 규정을 부가가치세 과세에 유추적용할 수는 없다) 부가가치세 대손세액 공제 시 회수불능으로 확정된 채권은 시가로 평가하는 것이 원칙이고, ⑥ 출자전환주식을 회생채권의 장부가액으로 평가할 경우 출자전환시점에서 법인세는 대손금을 손금산입하지 못하지만 주식 처분 시 처분손실 계상이 가능하나, 부가가치세는 채권의 장부가액 전부가 주식으로 변제된 것으로 취급되어 추후 매각되더라도 사실상 대손세액공제가 불가능하게 되며, ⑦ 대손세액공제는 사업자가 개인이냐 법인이냐에 따라 동일하게 적용받아야 하고 그 유형에 따라 납부세액이 달라져야 할 이유가 없음에도 소득세법은 취득 당시의 시가를 자산의 취득가액으로 한다고 규정하고 있을 뿐 회생계획인가 결정으로 출자전환 취득주식의 시가를 채권의 장부가액으로 한다는 규정을 두고 있지 않기 때문에[314] 채권자가 개인이냐 법인이냐에 따라 부가가치세 대손세액공제에 있어서 차별받는 부당한 결과가 발생하게 되기 때문이다.

다만 아래 <나.>에서 보는 바와 같이 2019. 2. 12. 부가가치세법 시행령(대통령령 제29617호)의 개정으로 부가가치세법 시행령 제87조 제1항 제2호는 부가가치세법 제45조 제1항 "파산·강제집행이나 그 밖에 대통령령으로 정하는 사유"로 '법원의 회생계획인가결정에 따라 채무를 출자전환한 경우'를 추가함으로써 입

---

[314] 소득세법은 법인세법과 마찬가지로 회생계획인가의 결정에 따라 회수불능으로 확정된 채권에 대하여 대손금으로 인정하고 있으나(소득세법 시행령 제55조 제1항 제16호, 제2항), 취득 당시의 시가를 자산의 취득가액으로 한다고 규정하고 있을 뿐(소득세법 제39조 제2항, 같은 법 시행령 제89조 제3호) 회생계획인가결정으로 출자전환 취득주식의 시가를 채권의 장부가액으로 한다는 규정을 두고 있지 않고 있다.

법적으로 해결하였다고 볼 여지도 있다. 어떻게 보든 결론에 있어서는 차이가 없다.

나. 출자전환 후 무상소각이 없는 경우의 대손세액공제

무상소각 없이 출자전환(주식병합의 경우도 마찬가지이다)만 한 경우에는 어떠한가. 출자전환에 따른 신주의 시가(실무적으로 회생절차가 개시된 경우 0원일 가능성이 많다)가 발행가액(출자전환된 채권액)에 미달하는 경우 채권자로서는 주식의 시가와 발행가액의 차액에 관하여 사실상 회수할 수 없는 손해(회수불능채권)를 입은 것과 같은 결과가 발생한다. 그럼에도 위에서 본 권리의무확정주의에 따라 채권자는 부가가치세를 해당부분만큼 이미 납부하였다. 따라서 이로 인한 불합리를 해소하기 위하여 출자전환으로 인한 시가와 발행가액과의 차이만큼 대손세액공제를 해주어야 하는 것이 아닌지의 문제가 발생한다.

이와 관련하여 출자전환된 회생채권은 출자전환으로 변제에 갈음하여 소멸하고, 이때 취득하게 되는 주식의 취득가액은 법인세법 시행령 제72조 제2항 제4의2호에 따라 출자전환된 채권의 장부가액으로 보아야 하므로, 출자전환된 회생채권의 장부가액과 시가의 차액 부분을 법인세법 시행령 제19조의2 제1항 제5호가 대손금으로 정하고 있는 '회생계획인가의 결정 또는 법원의 면책결정에 따라 회수불능으로 확정된 채권'에 해당한다고 할 수는 없다는 견해가 있다.[315] 그 이유는 출자전환주식을 전부 무상으로 소각하기로 정한 경우에는 종전 채권자가 주주로서의 권리를 행사할 여지가 없고, 출자전환된 주식이 다른 대가 없이 그대로 소각될 것이 확실하다고 볼 수 있는 반면, 출자전환 후 무상

---

315) 대법원 2019. 6. 13. 선고 2019두35329 판결(심리불속행 기각, 원심판결 : 부산고등법원 2019. 1. 30. 선고 (창원)2017누10237 판결), 대법원 2019. 5. 10. 선고 2019두31853 판결(심리불속행 기각, 원심판결 : 서울고등법원 2018. 12. 5. 선고 2015누60657 판결). 위 사안들은 출자전환된 회생채권자들에게 대손세액공제를 인정한 다음 회생회사에 대하여 매입세액공제를 인정하지 않고 부가가치세를 부과한 사안으로, 회수불능으로 확정된 채권으로 보지 않았다. 회수불능채권으로 보게 되면 앞에서 본 바와 같이(본서 539쪽 각주 310) 회생회사(채무자)의 효율적인 회생을 도모하는 데 곤란을 초래한다는 점에서 결론에 있어서는 타당하다고 본다.

소각을 하지 않는 경우(또는 출자전환 후 일정한 비율의 주식병합을 통한 일부 감자를 하는 경우)에는 종전 채권자가 주주의 지위를 유지하게 되어 장래에 주식 가치가 상승할 경우 그 이익을 얻을 수 있게 되고, 출자전환된 주식이 다른 대가 없이 그대로 소각되거나 그 가치가 0원으로 떨어질 것이 확실하다고 볼 수 없으므로, 출자전환의 전제가 된 회생채권이 회생계획인가의 결정에 따라 회수불능으로 확정되었다고 보기는 어렵기 때문이다.

그러나 위 견해는 2019. 2. 12. 부가가치세법 시행령(대통령령 제29617호)의 개정으로 더 이상 유지될 수 없게 되었다. 부가가치세법 시행령 제87조 제1항 제2호는 부가가치세법 제45조 제1항 "파산·강제집행이나 그 밖에 대통령령으로 정하는 사유", 즉 회수불능사유로 '법원의 회생계획인가 결정에 따라 채무를 출자전환한 경우'를 추가하였다. 따라서 법원의 회생계획인가결정에 따라 채무를 출자전환하는 경우 출자전환시점의 출자전환된 매출채권 장부가액과 출자전환으로 취득한 주식 또는 출자지분의 시가와의 차액은 대손세액공제의 대상이 된다(부가가치세법 제45조 제1항 본문, 같은 법 시행령 제87조 제1항 제2호 전문).[316]

요컨대 법원의 회생계획인가결정에 따라 채무를 출자전환하는 경우 채권액과 주식의 시가의 차액에 대하여 대손세액공제를 할 수 있도록 규정함으로써, 적어도 회생기업에 대하여는 출자전환 후 무상소각이 없는 경우에도 대손세액공제가 가능하다는 점을 명확히 하였다.

V. 법인합병에 대한 법인세 과세특례와 회생·파산절차

기업구조조정에서 조세문제의 핵심은 기업구조조정을 미실현이익의 과세 계기로 삼을 것인지 여부이다. 기업환경 변화에 따라 구조조정을 용이하게 하기 위해서는 조세문제가 걸림돌이 되어서는 안 된다. 이에 현행 법인세법은 기업의 구조조정을 촉진하기 위하여 구조조정에 따른 법인세의 과세이연을 인정하고

---

316) 이 경우 대손되어 회수할 수 없는 금액은 출자전환 시점의 출자전환된 매출채권의 장부가액과 출자전환으로 취득한 주식 또는 출자지분의 시가와의 차액으로 한다(부가가치세법 시행령 제87조 제1항 제2호 후문).

있다(법인세법 제2장 제1절 제6관). 법인세법은 구조조정에 있어 합병과 분할을 중심으로 규정하고 있다.[317]

여기서는 법인합병으로 인한 과세특례와 회생·파산절차의 관계에 관하여 간략히 살펴보기로 한다.

피합병법인이 합병으로 해산하는 경우에는 그 법인의 자산을 합병법인에 양도한 것으로 본다. 이 경우 피합병법인에게 자산양도에 따른 양도차익이 발생한 경우 원칙적으로 법인세를 납부하여야 한다(법인세법 제44조 제1항 참조).

그러나 피합병법인이 적격합병의 요건을 갖추어 합병하는 경우 피합병법인이 합병법인으로부터 받은 자산 양도가액을 피합병법인의 합병등기일 현재의 순자산장부가액으로 보아 양도손익이 없는 것으로 할 수 있다(법인세법 제44조 제2항 본문). 적격합병으로 인정되기 위해서는 ① 사업목적 합병, ② 지분의 연속성, ③ 사업의 계속성, ④ 고용관계의 지속성 등 4가지 요건이 충족되어야 한다(법인세법 제44조 제2항 본문 제1호 내지 제4호).[318] 또한 대통령령으로 정하는 부득이한 사

---

317) 지방세특례제한법의 경우에도 합병 등으로 인한 기업구조조정에 대하여 취득세의 과세특례를 인정하고 있다(제2장 제5절).

318) 법인세법 제44조(합병 시 피합병법인에 대한 과세) ① 피합병법인이 합병으로 해산하는 경우에는 그 법인의 자산을 합병법인에 양도한 것으로 본다. 이 경우 그 양도에 따라 발생하는 양도손익(제1호의 가액에서 제2호의 가액을 뺀 금액을 말한다. 이하 이 조 및 제44조의3에서 같다)은 피합병법인이 합병등기일이 속하는 사업연도의 소득금액을 계산할 때 익금 또는 손금에 산입한다.
1. 피합병법인이 합병법인으로부터 받은 양도가액
2. 피합병법인의 합병등기일 현재의 자산의 장부가액 총액에서 부채의 장부가액 총액을 뺀 가액(이하 이 관에서 "순자산 장부가액"이라 한다)
② 제1항을 적용할 때 다음 각 호의 요건을 모두 갖춘 합병(이하 "적격합병"이라 한다)의 경우에는 제1항 제1호의 가액을 피합병법인의 합병등기일 현재의 순자산 장부가액으로 보아 양도손익이 없는 것으로 할 수 있다. 다만, 대통령령으로 정하는 부득이한 사유가 있는 경우에는 제2호·제3호 또는 제4호의 요건을 갖추지 못한 경우에도 적격합병으로 보아 대통령령으로 정하는 바에 따라 양도손익이 없는 것으로 할 수 있다.
1. 합병등기일 현재 1년 이상 사업을 계속하던 내국법인 간의 합병일 것. 다만, 다른 법인과 합병하는 것을 유일한 목적으로 하는 법인으로서 대통령령으로 정하는 법인의 경우는 제외한다.
2. 피합병법인의 주주등이 합병으로 인하여 받은 합병대가의 총합계액 중 합병법인의 주식등의 가액이 100분의 80 이상이거나 합병법인의 모회사(합병등기일 현재 합병법인의

유가 있는 경우에는 대통령이 정하는 바에 따라 위 ② 내지 ④의 요건을 갖추지 못한 경우에도 양도차익이 없는 것으로 할 수 있다(법인세법 제44조 제2항 단서).

부득이한 사유로 위 ②와 관련된 것으로 피합병법인의 주주 등이 파산하여 주식등을 처분한 경우(법인세법 시행령 제80조의2 제1항 제1호 나.목)와 회생절차에 따라 법원의 허가를 받아 주식등을 처분하는 경우(법인세법 시행령 제80조의2 제1항 제1호 마.목)가 있다. ③과 관련된 것으로 합병법인이 파산함에 따라 승계받은 자산을 처분한 경우(법인세법 시행령 제80조의2 제1항 제2호 가.목)와 회생절차에 따라 법원의 허가를 받아 승계받은 자산을 처분한 경우(법인세법 시행령 제80조의2 제1항 제2호 라.목)가 있다. ④와 관련된 것으로 합병법인이 제193조에 따른 회생계획을 이행 중인 경우(법인세법 시행령 제80조의2 제1항 제3호 가.목)와 합병법인이 파산함에 따라 근로자의 비율을 유지하지 못하는 경우(법인세법 시행령 제80조의2 제1항 제3호 나.목)가 있다.

이와 같이 파산이나 회생절차에 따른 부득이한 사유로 인해 합병신주 등을 처분하거나 사업을 폐지한 경우 등에는 조세회피목적이 있다고 볼 수 없어 과세특례가 부여되는 적격합병의 요건이 충족된 것으로 본 것이다.

발행주식총수 또는 출자총액을 소유하고 있는 내국법인을 말한다)의 주식등의 가액이 100분의 80 이상인 경우로서 그 주식등이 대통령령으로 정하는 바에 따라 배정되고, 대통령령으로 정하는 피합병법인의 주주등이 합병등기일이 속하는 사업연도의 종료일까지 그 주식등을 보유할 것
3. 합병법인이 합병등기일이 속하는 사업연도의 종료일까지 피합병법인으로부터 승계받은 사업을 계속할 것
4. 합병등기일 1개월 전 당시 피합병법인에 종사하는 대통령령으로 정하는 근로자 중 합병법인이 승계한 근로자의 비율이 100분의 80 이상이고, 합병등기일이 속하는 사업연도의 종료일까지 그 비율을 유지할 것

Ⅵ. 채무자의 재산에 속한 부동산 등이 경매로 매각된 경우 회생채권인 국세채권자에의 배당 여부

제3장 파산절차와 국세채권

Ⅰ. 파산절차에서 국세채권의 취급

<제3장 Ⅰ.1.가.(2)>(본서 474쪽)를 다음과 같이 수정한 것을 제외하고 동일하게 읽으면 된다.

(2) 가산세의 경우

(가) 국세에 대한 가산세는 파산채권인가 재단채권인가. ① 본세가 파산선고 전에 성립한 경우에는 가산세도 재단채권이다. 국세기본법 제21조 제2항 제11호 가.목 내지 라.목을 제외한 가산세는 파산선고 전에 발생한 가산세이건 파산선고 후에 발생한 가산세이건 모두 재단채권이다. 가산세의 납세의무 성립시기가 파산선고 전이기 때문이다.[319] ② 본세가 파산선고 후에 발생(성립)한 것이면 본세가 파산재단에 관하여 생긴 것이라야 가산세도 재단채권이 된다. ③ 본세가 파산선고 후에 성립하였으나 재단채권에 해당하지 않는 경우(파산재단에 관하여 생긴 것이 아닌 경우) 가산세는 재단채권도 아니고 파산채권도 아니다.

(나) 파산관재인이 파산선고 전의 원인으로 인한 재단채권인 지방세를 체납하여 파산선고 후에 발생한 납부지연가산세(국세기본법 제47조의4 제1항 제1호 중 납부고지서 납부기한 다음날부터 납부일까지의 금액과 제3호의 금액)는 후순위 파산채권이다. 그 이유에 관하여는 지방세에 관한 <제3장 Ⅰ.1.가.(2)(나)> 부분을 참조할 것.

---

[319] 서울고등법원 2009. 7. 17. 선고 2008나115507 판결 참조.

Ⅱ. 파산절차에서 국세채권의 취급에 관한 몇 가지 쟁점

> 1.은 지방세만 관련되는 내용이다. 2., 3.은 다음과 같이 교체한다.

2. 파산선고와 국세채권의 납기

세무서장은 납세자가 파산선고를 받은 경우[320] 이미 납세의무가 확정된 국세는 납기 전이라도 이를 징수할 수 있다(국세징수법 제14조 제1항). 납기 전에 징수할 수 있는 국세로는 ① 납세고지를 한 국세, ② 과세표준 결정을 통지한 국세, ③ 원천징수할 국세, ④ 납세조합이 징수한 국세, ⑤ 중간예납하는 국세로서 납부기한까지 기다려서는 해당 국세를 징수할 수 없다고 인정하는 것으로 한정한다(국세징수법 시행령 제20조).

한편 징수를 유예받은 납세자가 파산선고를 받은 경우 이로 인하여 그 유예한 기한까지 유예에 관계되는 국세 또는 체납액의 전액을 징수할 수 없다고 인정되는 때에는 세무서장은 그 징수유예를 취소하고, 유예에 관계되는 국세 또는 체납액을 한꺼번에 징수할 수 있다(국세징수법 제20조).

3. 수시부과사유에 따른 국세납세의무

수시부과란 과세기간 종료 전에 일정한 사유가 생겨 조세(소득세, 법인세)를 포탈할 우려가 있다고 인정되는 경우 그 과세표준신고서를 받기 전에 우선 수시부과사유 발생 당시까지의 과세표준과 세액을 결정·고지하는 것을 말한다(소득세법 제82조 제1항, 법인세법 제69조 제1항, 같은 법 시행령 제108조 제1항).

파산선고와 관련된 일정한 사유로 '사업부진이나 그 밖의 사유로 장기간 휴업 또는 폐업 상태에 있는 때'로서 소득세나 법인세를 포탈할 우려가 있다고 인정되는 경우(소득세법 제82조 제1항 제1호, 법인세법 시행령 제108조 제1항 제2호)가 있다.

---

320) 반대로 납세자의 거래처 등이 파산선고를 받아 납세자가 매출채권 등을 회수하기 곤란한 경우 징수유예를 할 수 있다(국세징수법 제15조 제1항 제6호, 국세징수법 기본통칙 15-0…10 제3호 가.목).

수시부과에 의하여 징수하는 조세의 납세의무는 수시부과할 사유가 발생하는 때에 성립한다(국세기본법 제21조 제2항 제4호). 파산상태에 이른 채무자의 경우 대부분 파산선고 전후에 걸쳐 폐업신고를 하는데, 파산선고 이전에 폐업신고를 하고 파산선고 이후에 부과처분이 되었다고 하여도 폐업신고일까지 기간에 대한 조세는 재단채권이다. 예컨대 채무자가 2021. 2. 17. 폐업신고를 하고 2021. 3. 5. 파산선고를 받은 경우라도 2021. 2. 17.까지의 조세는 재단채권이다. 왜냐하면 납세의무가 파산선고 전에 성립되었기 때문이다(제473조 제2호 참조).

> 4. 내지 7., 10., 11.은 동일하고[8.과 9.는 지방세만 관련된다], 아래의 내용을 추가한다.

12. 양도소득에 대한 비과세

개인이나 법인이 토지 및 건물(건물에 부속된 시설물과 구축물을 포함한다) 등을 양도한 경우 그 양도소득에 대하여 소득세 또는 법인세를 납부하여야 한다(소득세법 제3조, 제4조 제3호, 법인세법 제55조의2 제1항). 그러나 개인 또는 법인의 파산선고에 의한 처분으로 인하여 발생하는 양도소득에 대한 소득세나 법인세는 과세하지 않는다(소득세법 제89조 제1항 제1호, 법인세법 제55조의2 제4항 제1호). 다만 미등기 양도자산을 양도한 경우에는 과세된다(소득세법 제91조 제1항, 법인세법 제55조의2 제4항 제1호 단서). 파산선고 전 처분(매매, 경매 등)으로 인하여 발생한 양도소득은 파산선고에 의한 처분에 해당하지 않는다.

파산선고가 되면 채무자는 자신의 의사와 관계없이 그 재산(파산재단)에 대한 관리처분권을 상실하고, 채권자도 채무자에 대하여 권리를 행사할 수 없게 되며, 법원이 선임한 파산관재인이 채무자의 재산을 관리·환가하여 채권자에게 분배하여 주기 때문에 '파산선고로 인한 처분'의 경우에는 양도소득에 대한 소득세나 법인세를 비과세하는 것이다.

한편 파산재단에 속하는 재산이라 할지라도 별제권자가 별제권을 행사하여 매각(양도)되는 경우는 제412조의 규정에 따라 파산절차에 의하지 아니하고 일반적인 경매 방법과 동일한 방법으로 매각 처분되므로 이러한 경우는 '파산선고에 의한 처분'에 해당하지 아니하여 양도로 인한 소득세나 법인세의 비과세 규정을 적용받을 수 없다.[321] 따라서 별제권자가 별제권을 행사하여 경매를 통해 양도 된 경우에는 양도소득으로 인한 소득세나 법인세의 납부대상이 된다.

13. 중소기업의 결손금 소급공제에 따른 환급

채무자가 중소기업에 해당하고, 파산선고 직전 사업연도에 소득이 있어 법인 세를 납부하였지만, 파산선고 후 최초 도래하는 사업연도(파산선고 등기에 따른 의 제사업연도를 포함한다)에 결손금(deficit)이 발생한 경우, 파산관재인은 결손금 소급 공제에 따른 환급을 신청하여 파산선고 직전 사업연도에 납부한 법인세를 환급 받을 수 있다(법인세법 제72조). 개인파산에 있어서 거주자가 중소기업을 경영하는 경우에도 결손금소급공제에 의한 환급을 인정하고 있다(소득세법 제85조의2).

환급은 신청을 전제로 한다. 즉 신청이 있어야 환급이 가능하다. 법인세액을 환급받으려면 법인세법 제60조에 따른 신고기한(사업연도의 종료일이 속하는 달의 말 일부터 3개월)까지 납세지 관할 세무서장에게 신청하여야 한다(법인세법 제72조 제2 항).[322] 소득세액의 환급을 받으려면 과세표준확정신고기한까지 납세지 관할 세 무서장에게 신청하여야 한다(소득세법 제85조의2 제2항).

---

321) 대구지방법원 2018. 4. 11. 선고 2017구합2556 판결(확정) 참조.
322) 신고기한까지 결손금 소급공제에 의한 환급을 신청하지 아니한 경우에는 당해 법인이 경 정청구 절차에 의하여 환급신청서를 제출한 경우에도 당해 결손금소급공제에 의한 환급을 받을 수 없다. 개인의 경우도 마찬가지이다.
 법인세법 기본통칙 72 – 110…1【결손금 소급공제에 의한 환급신청대상 법인의 범위】「조 세특례제한법 시행령」제2조의 규정에 의한 중소기업에 해당하는 법인이 합병으로 인하 여 소멸하거나 폐업한 경우에도 그 합병등기일 또는 폐업일이 속하는 사업연도에 발생한 결손금에 대하여 법 제72조 규정의 결손금 소급공제에 의한 환급신청을 할 수 있다.
 법인세법 기본통칙 72 – 110…2【소급공제를 신청하지 아니한 결손금의 처리】법인세법 제60조의 규정에 의한 신고기한 내에 "소급공제 법인세액환급신청서"를 제출하지 아니한 경우의 결손금은 영 제10조의 규정에 따라 공제하는 것으로서 「국세기본법」제45조의2의 규정에 의한 경정 등의 청구에 의하여 소급공제하지 아니 한다.

14. 원천징수의무자로서의 형사처벌 여부

조세(국세)의 원천징수의무자가 정당한 사유 없이 징수한 세금을 납부하지 아니한 때에는 형사처벌을 받는데(조세범 처벌법 제13조 제2항), 파산선고는 조세범 처벌법 제13조 제2항의 '정당한 사유'에 해당하기 때문에[323] 채무자가 파산선고 후 원천징수한 세금을 납부하지 않더라도 형사처벌을 받지 않을 수 있다.[324]

파산선고 후 파산관재인이 선임되고, 파산관재인이 원천징수의무자로서 징수한 세금을 파산재단이 부족하여 납부하지 아니한 경우에도 마찬가지이다.

15. 사업연도의 의제

법인이 사업연도 중에 파산선고를 받은 경우 ① 그 사업연도 개시일로부터 파산등기일까지의 기간과 ② 파산등기일의 다음 날부터 그 사업연도 종료일까지의 기간을 각각 1사업연도로 본다. 또한 ③ 청산 중에 있는 내국법인의 잔여재산의 가액이 사업연도기간 중에 확정된 경우에는 그 사업연도 개시일부터 잔여재산의 가액이 확정된 날까지의 기간을 1사업연도로 본다(법인세법 제8조 제1항, 제4항 제1호). 아래 <Ⅵ.1.가.(1)>을 참조할 것.

16. 자산평가손실의 손금산입

내국법인이 보유하는 자산의 평가손실은 각 사업연도의 소득금액을 계산할 때 손금에 산입하지 아니한다(법인세법 제22조 본문). 다만 대통령령으로 정하는 주식등으로서 해당 주식등의 발행법인이 파산한 경우 주식등의 장부가액을 감액할 수 있는데(법인세법 제42조 제3항 제3호 라.목, 법인세법 시행령 제78조 제2항 제2호), 이 경우 발생한 평가손실은 손금에 산입할 수 있다(법인세법 제22조 단서).

---

323) 파산관재인은 다른 재단채권과 함께 재단채권액에 비례하여 변제하여야 한다(제477조 제1항).
324) 대법원 2009. 10. 29. 선고 2009도6614 판결, 대법원 2008. 10. 9. 선고 2008도7318 판결, 대법원 2000. 10. 27. 선고 2000도2858 판결 등 참조.

17. 대손금의 손금(필요경비)산입 또는 대손세액공제

가. 대손금의 손금(필요경비) 산입

내국법인이 보유하고 있는 채권 중 채무자의 파산으로 회수할 수 없는 채권의 금액(이하 "대손금"이라 한다)은 해당 사업연도의 소득금액을 계산할 때 손금에 산입한다(법인세법 제19조의2 제1항, 법인세법 시행령 제19조의2 제1항 제8호). 개인의 경우에는 필요경비에 산입한다(소득세법 제27조 제3항, 소득세법 시행령 제55조 제1항 제16호, 제2항, 법인세법 시행령 제19조의2 제1항 제8호).

대손금의 손금(필요경비) 산입시기와 관련하여 파산선고만으로는 회수불능채권으로 확정되었다고 볼 수 없지만, 배당절차가 완료되었다면 특별한 사정이 없는 한 채권의 일부 또는 전부의 회수 불능 여부가 확정되었다고 볼 것이다.

한편 실무에서는 대손금의 손금(필요경비) 산입요건인 '채무자의 파산'을 파산계속법원이 파산폐지결정하거나 파산종결결정하여 공고한 경우로 보고 있다. 나아가 법원의 파산폐지 또는 파산종결 공고일 이전에 파산절차 진행과정에서 관계서류 등에 의해 해당 채권자가 배당받을 금액이 채권금액에 미달하는 사실이 객관적으로 확인되는 경우, 그 미달하는 금액은 회수할 수 없는 채권으로 보아 대손금으로 손금에 산입할 수 있다.[325]

나. 대손세액공제

사업자는 부가가치세가 과세되는 재화 또는 용역을 공급하고 외상매출금이나 그 밖의 매출채권(부가가치세를 포함한 것을 말한다)의 전부 또는 일부가 공급을 받은 자의 파산으로 대손되어 회수할 없는 경우에는 대손금액에 110분의 10을 곱한 금액(이하 "대손세액"이라 한다)을 그 대손이 확정된 날이 속하는 과세기간의 매출세액에서 뺄 수 있다(부가가치세법 제45조 제1항, 부가가치세법 시행령 제87조 제1항 제1호, 소득세법 시행령 제55조 제2항, 법인세법 시행령 제19조의2 제1항 제8호). 결국 사업자는 상대방이 파산한 경우 대손세액공제를 받을 수 있다.

---

325) 법인세법 기본통칙 34-61…1, 소득세법 기본통칙 27-55…34 참조.

18. 파산관재인의 원천징수의무

파산관재인이 재단채권인 파산선고 전 발생한 임금 등을 변제하는 경우 원천징수의무가 있는지가 문제되나,[326] 원천징수제도는 임금 등에 대하여 효율적인 징세라는 관점에서 원천징수의무자에게 합리적인 범위에서 부담을 과하는 경우에 성립하는 것으로 임금 등 대가에 대한 근로를 수령하는 자 이외의 자에게 원천징수의무를 인정하는 것은 제도의 취지에 부합하지 않고, 파산관재인은 파산재단의 집행기관의 지위에서 임금 등을 변제하는 것이므로 파산관재인이 파산선고 전에 발생한 재단채권인 임금 등을 지급(변제)하는 경우에는 원천징수의무가 없다고 할 것이다.

반면 파산선고 후 일정기간 고용을 계속하여 파산관재인이 임금 등을 지급할 의무를 부담하는 경우와 파산관재인이 자신의 관재업무의 수행을 위하여 보조인을 고용한 경우 지급하는 임금 등에 대하여 원천징수의무를 부담하는 것은 당연하다. 이러한 임금 등은 파산재단의 관리에 관한 비용인 재단채권(제473조 제3호)으로 납부한다.

19. 파산재단의 환가와 부가가치세

파산재단의 환가는 파산관재인의 재량에 맡겨져 있지만, 민사집행법에 의한 환가(제496조 제1항)와 임의매각이 있다. 임의매각은 파산재단을 신속하게 고가에 매각할 수 있다는 점에서 실무적으로 많이 활용되고 있다. 그렇지만 사업자인 채무자의 파산관재인이 건물 등을 매각한 경우 부가가치세를 납부하여야 하는 문제가 있다.[327] 반면 임의매각이 아닌 민사집행법에 따른 경매(같은 법에 따른 강제경매, 담보권 실행을 위한 경매와 민법·상법 등 그 밖의 법률에 따른 경매를 포함한다)에 따라 건물 등을 인도하거나 양도하는 경우에는 재화의 공급으로 보지 않아 부가

---

326) 원천징수의무의 기초가 되는 것은 근로를 제공함으로써 받은 봉급·급료·보수·세비·임금·상여·수당과 이와 유사한 성질의 급여를 말하고(소득세법 제20조 제1항 제1호), 임금 등 채권에 대한 변제가 여기에 포함되는지는 긍정 또는 부정 어느 견해도 가능하다.
327) 다만 파산선고 이후 채무자나 파산관재인에게 사업자의 지위를 인정할 수 있는 경우는 많지 않을 것이다.

가치세를 납부하지 아니한다(부가가치세법 시행령 제18조 제3항 제2호).[328] 경매에 의하여 재화가 양도되는 경우 현실적인 징수의 어려움 및 실효성 등을 감안하여 부가가치세 과세대상에서 제외한 것이다.

Ⅲ. 별제권과 국세채권

Ⅳ. 상속재산파산과 국세채권

Ⅴ. 파산선고와 강제징수

Ⅵ. 파산관재인의 세무처리

1. 법인파산에서 파산관재인의 세무처리

가. 법인세

(1) 의제사업연도

파산관재인은 법인세 신고의 전제로 당해 법인의 사업연도를 파악하여야 한다. 법인이 사업연도 중에 파산선고를 받은 경우 ① 그 사업연도 개시일로부터 파산등기일까지의 기간과 ② 파산등기일의 다음 날부터 그 사업연도 종료일까지의 기간을 각각 1사업연도로 본다(법인세법 제8조 제1항). 또한 ③ 청산 중에 있는 내국법인의 잔여재산의 가액이 사업연도기간 중에 확정된 경우에는 그 사업연도 개시일부터 잔여재산의 가액이 확정된 날까지의 기간을 1사업연도로 본다(법인세법 제8조 제4항 제1호). ①을 해산사업연도, ② 및 이후 청산 중에 있는 사업연도를 청산사업연도, ③을 청산확정사업연도라 한다.

채무자 회사가 파산선고를 받으면 파산등기일에 사업연도가 종료되고, 파산등기일 다음날부터 새로운 사업연도가 개시된다. 예컨대 1. 1.부터 12. 31.까지를

---

[328] 국세징수법 제61조에 의한 공매의 경우에도 부가가치세의 과세대상이 아니다(부가가치세법 시행령 제18조 제3항 제1호). 지방세징수법 제71조에 의한 공매의 경우에도 마찬가지일 것이다. 따라서 강제징수가 되어 있는 파산재단의 경우 부가가치세가 다액일 것으로 예상되는 경우 임의매각보다 공매를 통하여 매각하는 것이 바람직하다.

회계기간으로 하는[329) 회사가 2023. 5. 20. 파산선고를 받은 경우(같은 날 파산등기) 2023. 1. 1.부터 같은 해 5. 20.까지가 1사업연도로 되고, 2023. 5. 21.부터 새로운 사업연도가 개시된다. 한편 잔여재산이 2025. 2. 20. 확정된 경우 위 회사의 사업연도는 ① 2023. 1. 1.부터 같은 해 5. 20.까지, ② 2023. 5. 21.부터 같은 해 12. 31.까지 및 2024. 1. 1.부터 같은 해 12. 31.까지, ③ 2025. 1. 1.부터 같은 해 2. 20.까지가 각 1사업연도가 된다.

해산사업연도＝사업연도개시일～파산등기일[2023. 1. 1.～2023. 5. 20.]
청산사업연도(제1기)＝파산등기일 다음날～사업연도 말일[2023. 5. 21.～2023. 12. 31.]
청산사업연도(제2기)＝사업연도개시일～사업연도 말일[2024. 1. 1.～2024. 12. 31.]
청산사업연도(제n기)＝사업연도개시일～사업연도 말일
청산확정사업연도＝사업연도개시일～잔여재산가액 확정일[2025. 1. 1.～2025. 2. 20.]

---

(2) 세무신고

(가) 해산사업연도 이전 사업연도의 세무신고

실무적으로 파산관재인에게 해산사업연도 이전 사업연도에 대하여도 세무신고를 요구하는 경우도 있지만, 파산관재인에게 법률적인 신고의무는 없다고 할 것이다. 물론 구체적인 상황에 따라 세무관련 사항에 대하여 유리한 취급을 받기 위하여 신고를 하는 경우도 있고, 경우에 따라 파산관재인으로서 신고하려고 하여도 관련 정보가 불충분한 때도 있는 등 사정이 다양하므로 구체적인 사정에 따라 대응할 필요가 있다.

(나) 해산사업연도 이후 사업연도의 세무신고

파산선고(파산등기일) 이후 청산기간 중 해산 전의 사업을 계속하여 영위하는 경우 당해 사업에서 발생한 사업수입이나 임대수입, 공·사채 및 예금의 이자수입 등은 각 사업연도소득으로 보아 법인세 신고를 하여야 한다(법인세법 시행규칙 제61조 단서). 반면 법인이 파산등기일 현재의 자산을 청산기간 중에 처분한 금액

---

329) 1회계기간이 사업연도이다(법인세법 제6조 제1항).

(환가를 위한 재고자산의 처분액)은 이를 청산소득에 포함한다(법인세법 시행규칙 제61조 본문).

파산한 법인(회사)의 납세신고의무는 누구에게 있는가. 해산사업연도의 소득에 대한 법인세는 파산등기일에 납세의무가 성립하므로 재단채권이다. 이 시기의 법인세에 대하여 파산관재인에게 신고의무가 있는지 의문이 있지만, 신고에 의하여 환급이 이루어질 수도 있고, 소득금액이 발생하더라도 누적된 이월결손금으로 공제가 가능하며(법인세법 제13조 제1항 제1호 참조), 또한 채무자의 구 대표자가 신고하지 않으면 무신고가산세가 부과될 수 있기 때문에 실무적으로는 신고를 하도록 하고 있다. 결국 사업연도의 납세신고는 파산재단의 관리처분에 관한 사항으로서 아래 ① 내지 ③ 사업연도 모두 파산관재인에게 납세신고의무가 있다고 할 것이다.[330]

①과 ②는 각 사업연도소득에 대한 법인세를, ③은 청산소득에 대한 법인세를 신고·납부하여야 한다.

① 해산사업연도

파산관재인은 사업연도 개시일로부터 파산등기일까지의 법인의 소득에 대하여 사업자등록 폐업 여부와 관계없이 파산등기일(사업연도 종료일)이 속하는 달의 말일부터 3개월 이내에 법인세 과세표준과 세액을 납세지 관할 세무서장에게 신고하여야 한다(법인세법 제60조 제1항). 예를 들어 채무자가 12월말 결산법인으로 2023. 10. 21. 폐업신고를 하고 법인세신고를 하지 않은 상태에서 2024. 1. 20. 파산선고가 있었으며, 파산선고가 2024. 2. 5.자로 등기되었다면, 채무자는 2023. 1. 1.부터 2023. 12. 31.까지의 사업연도에 대하여 2024. 3. 31.까지 법인세 신고를 하여야 하며, 파산관재인은

---

330) 법인은 각 사업연도의 소득금액이 없거나 결손금이 있어도 과세표준 등의 신고의무가 있다(법인세법 제60조 제3항). 다만 현실적으로 대부분의 파산사건은 채무자가 파산선고 전 법인세를 체납한 상태이고, 파산선고 이후 소득금액(수입금액)이 발생하지 않아 파산선고 이후 법인세 미신고나 미납부에 따른 가산세가 발생할 가능성이 없어 파산재단이 법인세 신고를 하지 않아도 그에 따른 불이익은 없을 것이다. 물론 사업연도에 소득금액(수입금액)이 있는 경우에는 법인세를 신고·납부하여야 한다. 그렇지 않을 경우 상황에 따라 법인세 미신고로 인한 가산세에 대하여 과점주주가 제2차 납세의무를 부담할 수가 있다.

2024. 1. 1.부터 파산등기일(2024. 2. 5.)까지의 사업연도에 대하여 2024. 5. 31.까지 법인세 신고를 하여야 한다.

한편 사업연도의 기간이 6개월을 초과하는 법인은 중간예납기간(해당 사업연도의 개시일로부터 6개월이 되는 날)이 지난 날로부터 2개월 이내에 법인세중간예납신고를 과세관청에 하여야 한다(법인세법 제63조 제1항, 제2항).

② 청산사업연도

법인세법 제79조 제6항은 "내국법인의 해산에 의한 청산소득의 금액을 계산할 때 그 청산기간에 생기는 각 사업연도의 소득금액이 있는 경우에는 그 법인의 해당 각 사업연도의 소득금액에 산입한다."고 규정하고 있다. 이로써 청산 중의 소득(청산사업연도에 발생한 소득 또는 결손금)에 대하여는 통상의 경우에 관한 규정이 적용된다. 따라서 파산관재인은 청산사업연도의 소득에 대하여 사업연도 종료일이 속하는 달의 말일부터 3개월 이내에 법인세 과세표준과 세액을 납세지 관할 세무서장에게 신고하여야 한다(법인세법 제60조 제1항). 예를 들어 채무자가 12월말 결산법인으로 2023. 10. 21. 폐업신고를 하고 법인세신고를 하지 않은 상태에서 2024. 1. 20. 파산선고가 있었으며, 파산선고가 2024. 2. 5.자로 등기되었다면, 파산등기일 익일(2024. 2. 6.)부터 2024. 12. 31.까지의 사업연도에 대하여 2025. 3. 31.까지, 이후 청산사업연도에 대하여는 다음 해 3. 31.까지 각 법인세 신고를 하여야 한다.

한편 사업연도의 기간이 6개월을 초과하는 법인은 중간예납기간(해당 사업연도의 개시일로부터 6개월이 되는 날)이 지난 날로부터 2개월 이내에 법인세중간예납신고를 과세관청에 하여야 한다(법인세법 제63조 제1항, 제2항).

일반적으로 파산절차가 진행 중인 법인의 경우 법인세를 납부하는 경우는 드물겠지만, 각 사업연도 소득금액이 없거나 결손금이 있는 경우에도 법인세 신고의무는 있다는 것에 주의를 요한다(법인세법 제60조 제3항).

③ 청산확정사업연도

㉮ 확정신고

파산선고를 받은 내국법인은 잔여재산가액 확정일[331]이 속하는 달의 말일부터 3개월 이내에 청산소득에 대한 법인세의 과세표준과 세액을 납세지 관할 세무서장에게 신고하여야 한다(법인세법 제84조 제1항 제1호). 청산소득이 없는 경우에도 마찬가지이다(법인세법 제84조 제3항).

법인이 파산선고로 해산된 경우 청산소득 금액은 해산에 의한 잔여재산의 가액[332]에서 파산등기일 현재의 자본금 또는 출자금과 잉여금의 합계액(자기자본의 총액)을 공제한 금액이다(법인세법 제77조, 제79조 제1항). 파산법인은 일반적으로 부채총액이 자산총액을 초과하므로 청산소득에 대한 법인세가 과세되는 경우는 거의 없을 것이다.

㉯ 중간신고 · 납부

잔여재산가액이 확정되기 전에 그 일부를 주주 · 사원 또는 출자자에게 분배하거나 파산등기일부터 1년이 되는 날까지 잔여재산가액이 확정되지 아니한 경우에는 분배한 날 또는 1년이 되는 날이 속하는 달의 말일부터 1개월 이내에 중간신고를 하고, 신고기한까지 세액을 납부하여야 한다(법인세법 제85조 제1항, 제86조 제3항, 제4항).

그런데 파산에 의하여 해산된 법인이 잔여재산가액의 일부를 주주 등에게 분배하는 경우는 거의 없을 것이고, 파산선고를 받은 법인의 경우 부채초과 상태로서 잔여재산가액 예정액이 그 파산등기일 현재의 자기

---

331) 잔여재산가액 확정일이란 ① 해산등기일 현재의 잔여재산의 추심 또는 환가처분을 완료한 날 또는 ② 해산등기일 현재의 잔여재산을 그대로 분배하는 경우에는 그 분배를 완료한 날이다(법인세법 시행령 제124조 제3항). 파산절차의 경우에는 법원으로부터 최후배당허가일이 될 것이다.

332) 잔여재산의 가액은 자산총액에서 부채총액을 공제한 금액으로 한다. "자산총액"이라 함은 해산등기일 현재의 자산의 합계액으로 하되, 추심할 채권과 환가처분할 자산에 대하여는 ① 추심할 채권과 환가처분할 자산은 추심 또는 환가처분한 날 현재의 금액 또는 ② 추심 또는 환가처분전에 분배한 경우에는 그 분배한 날 현재의 시가에 의하여 평가한 금액이다(법인세법 시행령 제121조 제1항, 제2항).

자본 총액을 초과하는 경우 또한 거의 없을 것이므로 실제로 법인세를 중간신고·납부하는 경우는 많지 않을 것이다.

(3) 세무사 등에 의한 세무조정계산서의 작성

내국법인은 법인세를 신고함에 있어 세무조정계산서를 첨부하여야 한다(법인세법 제60조 제2항 제2호). 특히 외부세무조정 대상 법인은 반드시 세무사, 공인회계사, 변호사가 작성한 세무조정계산서를 제출하여야 한다(법인세법 제60조 제9항). 세무사 등이 작성한 세무조정계산서를 제출하여야 하는 법인은 다음과 같다(법인세법 시행령 제97조의2 제1항).

---

1. 직전 사업연도의 수입금액이 70억 원 이상인 법인 및 「주식회사 등의 외부감사에 관한 법률」 제4조에 따라 외부의 감사인에게 회계감사를 받아야 하는 법인
2. 직전 사업연도의 수입금액이 3억 원 이상인 법인으로서 법 제29조부터 제31조까지, 제45조 또는 「조세특례제한법」에 따른 조세특례(같은 법 제104조의8에 따른 조세특례는 제외한다)를 적용받는 법인
3. 직전 사업연도의 수입금액이 3억 원 이상인 법인으로서 해당 사업연도 종료일 현재 법 및 「조세특례제한법」에 따른 준비금 잔액이 3억 원 이상인 법인
4. 해당 사업연도 종료일부터 2년 이내에 설립된 법인으로서 해당 사업연도 수입금액이 3억 원 이상인 법인
5. 직전 사업연도의 법인세 과세표준과 세액에 대하여 법 제66조 제3항 단서에 따라 결정 또는 경정받은 법인
6. 해당 사업연도 종료일부터 소급하여 3년 이내에 합병 또는 분할한 합병법인, 분할법인, 분할신설법인 및 분할합병의 상대방 법인
7. 국외에 사업장을 가지고 있거나 법 제57조 제5항에 따른 외국자회사를 가지고 있는 법인

나. 부가가치세

(1) 부가가치세의 납세의무

① 납세의무자인지 여부

부가가치세의 납세의무자는 사업자이다(부가가치세법 제3조 제1호). 사업자란 사업상 독립적으로 재화 또는 용역을 공급하는 자를 말한다(부가가치

세법 제2조 제3호). 여기서 '사업상 독립적으로 재화 또는 용역을 공급하는 자'란 부가가치를 창출하여 낼 수 있는 정도의 사업형태를 갖추고 계속적이고 반복적인 의사로 재화 또는 용역을 공급하는 자를 뜻한다.[333] 따라서 어느 재화나 용역의 공급이 부가가치세의 과세대상이 되려면 사업으로서의 반복성과 계속성이 있어야 한다. 그런데 사업자인 법인이나 개인이 파산선고를 받은 경우 사업자(채무자)는 사실상 사업을 계속할 수 없고 환가를 위한 자산매각이 사업으로서의 계속성과 반복성을 가지고 있다고 보기 어렵기 때문에 사업자로서 부가가치세의 납세의무자로 볼 수 없다.[334] 이는 아래에서 보는 바와 같이 폐업시 잔존재화에 대하여 공급으로 간주하여 부가가치세를 납부하도록 한 것을 보아도 알 수 있다. 다만 법원의 허가를 얻어 기존의 사업(영업)을 계속할 경우(제486조)에는 부가가치세의 납세의무가 있다고 볼 여지가 있다.

② 폐업시 잔존재화에 대한 공급의제

사업자가 폐업할 때 자기생산·취득재화 중 남아 있는 재화는 자기에게 공급한 것으로 보아 부가가치세 과세대상이 된다(부가가치세법 제10조 제6항). 사업을 폐업하면 더 이상 사업자가 아니기 때문에 남아 있는 재화를 판매하더라도 부가가치세를 납부할 필요가 없다. 그러나 이렇게 되면 이미 해당 재화에 대하여 매입세액을 공제받았으므로 불합리한 결과가 발생할 수 있다. 따라서 폐업할 때 잔존재화에 대하여 공급으로 의제하여 부가가치세를 과세하는 것이다.[335] 공급시기는 폐업일이다(부가가치세법

---

333) 대법원 2005. 7. 15. 선고 2003두5754 판결, 대법원 1999. 9. 17. 선고 98두16705 판결.
334) 대법원 1996. 10. 11. 선고 95누18666 판결(은행 관리하의 회사가 더 이상 지탱하지 못하고 결국 폐업공고, 회생절차의 폐지결정을 받고 파산선고마저 받아 현재 관련 법령에 의한 파산절차가 진행 중인 경우에는, 그 사업을 실질적으로 폐지하였다고 보아야 하고 그 회사가 폐업신고절차를 밟지 아니하였다고 달리 볼 것은 아니며, 비록 그 회사가 폐업공고 이후에 잔존 재화를 타에 매도하였다고 하더라도 이는 그 회사가 사업폐지 후 그 때까지 남아 있던 재고자산을 정리하는 방법의 일환으로서 한 것일 뿐 그로써 사업자의 지위를 계속 유지하는 것은 아니라고 한 원심판단을 수긍한 사례) 참조.
335) 부가가치세법에 의하여 공급으로 간주되어 부가가치세를 납부하더라도 소득세법이나 법인세법에서 매출액으로 간주되는 것은 아니다.

시행령 제28조 제4항). 폐업신고를 한 경우 공급가액은 폐업 시 남아 있는 재화의 시가[336]이다(부가가치세법 제29조 제1항, 제3항 제3호).

(2) 폐업신고

사업자는 일반적으로 사업장마다 사업자등록을 하고 사업을 하다가(부가가치세법 제8조 제1항) 파산선고로 사업을 폐업한 경우, 파산관재인은 지체없이 관할 세무서장에게 폐업신고를 하여야 한다(부가가치세법 시행령 제13조 제1항).

(3) 부가가치세의 과세기간 및 신고

부가가치세의 과세기간은 간이과세자[337]의 경우 1월 1일부터 12월 31일까지이고, 일반과세자[338]의 경우 ① 제1기는 1월 1일부터 6월 30일까지, ② 제2기는 7월 1일부터 12월 31일까지이다(부가가치세법 제5조 제1항). 다만 사업자가 사업을 폐업한 경우 과세기간은 폐업일이 속하는 과세기간의 개시일부터 폐업일까지로 한다(부가가치세법 제5조 제3항).

폐업일은 언제인가. 폐업일은 원칙적으로 사업장별로 그 사업을 실질적으로 폐업하는 날이고, 폐업한 날이 분명하지 아니한 경우는 폐업신고서의 접수일이다(부가가치세법 시행령 제7조 제3호). 다만 해산(파산선고의 경우도 포함한다)으로 청산 중인 내국법인[339]이 사업을 실질적으로 폐업하는 날부터 25일 이내에 납세지 관할 세무서장에게 신고하여 승인을 받은 경우에는 잔여재산가액 확정일(해산일

---

336) 회사의 폐업 당시 잔존 재화에 대한 부가가치세 과세표준을 결정함에 있어, 행정청의 직접 조사나 공신력 있는 감정기관의 시가감정 등을 통하여 정상거래가격을 산정하려는 노력 없이, 그 회사가 폐업 당시 재고 재화의 시가를 산정한다는 인식 없이 작성·제출한 가결산서에 기재된 장부가액을 그대로 시가로 본 원심판결을 파기한 사례가 있다(대법원 1996. 10. 11. 선고 95누18666 판결).

337) 간이과세자란 부가가치세법 제61조 제1항에 따라 직전 연도의 공급대가의 합계액이 대통령령으로 정하는 금액에 미달하는 사업자로서, 제7장에 따라 간편한 절차로 부가가치세를 신고·납부하는 개인사업자를 말한다(부가가치세법 제2조 제4호). 현재는 공급대가의 합계액이 8천만 원에 미달하는 개인사업자를 말한다(부가가치세법 시행령 제109조 제1항).

338) 일반과세자란 간이과세자가 아닌 사업자를 말한다(부가가치세법 제2조 제5호).

339) 채무자회생법에 따라 법원으로부터 회생계획인가 결정을 받고 회생절차를 진행 중인 내국법인도 마찬가지이다(부가가치세법 시행령 제7조 제2항).

부터 365일이 되는 날까지 잔여재산가액이 확정되지 아니한 경우에는 그 해산일로부터 365일이 되는 날)을 폐업일로 할 수 있다(부가가치세법 시행령 제7조 제2항).

파산관재인은 예정신고기간[340]이나 과세기간이 끝난 후 각각 25일(폐업한 경우에는 폐업일이 속한 달의 다음달 25일) 이내에 부가가치세의 과세표준과 세액을 납세지 관할 세무서장에게 신고 및 납부하여야 한다(부가가치세법 제48조 제1항, 제49조 제1항).

다. 증권거래세

파산관재인은 폐업여부와 관계없이 증권거래세법 제2조(과세대상)에 해당하는 주권 또는 지분을 양도한 경우 증권거래세를 신고 납부하여야 한다(증권거래세법 제3조, 제10조).

라. 교육세

실무적으로 파산한 상호저축은행, 증권회사 등의 파산관재인을 맡고 있는 예금보험공사가 교육세 납부의 허가신청을 하는 경우가 있다. 교육세는 국내에서 금융업·보험업을 경영하는 자 등이 신고납부하는 조세이다(교육세법 제3조 제1호). 상호저축은행, 증권회사 등은 금융업자에 포함된다.

문제는 파산선고 이후에도 교육세의 납세의무가 있는 지이다. 이에 관하여 하급심은 '예금보험공사의 이자수입행위는 인가취소 전에 이루어진 금전대부계약 또는 어음할인계약에 따른 이자를 인가취소 후 받은 것인데, 이는 금융감독위원회의 업무정지명령에서 정지되지 않은 업무로서 관리인의 승인을 받아 영위할 수 있는 청산목적 범위 내의 현상유지적 업무임이 명백하므로 그 범위 내에서는 당초의 인가의 취지가 그 한도에서 유지되고 있는 것으로 보아야 할 것이다. 또한 그 후 파산선고가 있었다 하더라도 여전히 그 범위 내에서 당초의 인가의 취지가 유지되고 있다고 할 것이어서 예금보험공사는 교육세를 납부할 의무가 있다'고 판시하고 있다.[341] 그러나 금융업자는 금융을 업으로 하는 자이여야 한다.

---

340) 예정신고기간 : 제1기는 1월 1일부터 3월 31일까지, 제2기는 7월 1일부터 9월 30일까지이다(부가가치세법 제48조 제1항).
341) 서울행정법원 2006. 11. 22. 선고 2006구합590 판결.

그런데 파산관재인으로 예금보험공사는 기존 예금의 회수, 자산의 매각 등 환가 업무를 할 뿐이고 그로 인하여 발생하는 예금이자, 유가증권처분이익 등은 환가 업무에서 발생하는 부차적인 것으로 금융업을 하는 것으로 볼 수는 없다. 파산 재단은 더 이상의 금융업을 영위하지 아니하고 오로지 파산채권자의 채권을 보전할 목적으로 파산재단의 자산을 정리(환가)하여 이를 파산채권자에게 배당하는 등의 절차를 거쳐 최종적으로 종결되며 이에 따라 사업주체가 소멸하게 된다는 점에서도 그렇다.

2. 개인파산에서 파산관재인의 세무처리

가. 소득세

(1) 확정신고

개인이 과세기간 중에 파산선고를 받은 경우 소득세의 확정신고는 통상의 경우와 마찬가지로 1년의 소득에 대하여 소득세를 신고하면 된다. 이때 신고는 채무자 개인이 하는 것이고, 파산관재인은 신고의무를 지지 않는다.

(2) 양도소득으로 인한 소득세

개인이 토지 및 건물(건물에 부속된 시설물과 구축물을 포함한다) 등을 양도한 경우 그 양도소득에 대하여 소득세를 납부하여야 한다(소득세법 제3조). 그러나 개인이 파산선고를 받은 경우에는 양도소득에 대하여 소득세를 부담하지 않는다(소득세법 제89조 제1항 제1호). 따라서 파산절차에 따른 자산의 양도에 관하여는 양도차익이 있더라도 납세신고를 할 필요가 없다. 다만 미등기 양도자산에 대하여는 양도소득으로 인한 소득세를 납부하여야 한다(소득세법 제91조 제1항).

나. 부가가치세

위 <1.나.>를 참조할 것.

다. 증여세

증여세의 납세의무자는 원칙적으로 수증자이지만(상속세 및 증여세법 제4조의2 제

1항), 예외적으로 증여자인 경우도 있다(상속세 및 증여세법 기본통칙 4－0…2, 국제조세 조정에 관한 법률 제21조 제1항 본문). 또한 증여자는 증여세에 대하여 연대납세의무를 부담할 수도 있다(상속세 및 증여세법 제4조의2 제6항). 따라서 개인파산의 경우 파산관재인이 증여자나 연대납세의무자로서 증여세 납세의무를 부담하는 경우가 있을 수 있다.

(1) 배우자 등에 대한 양도 시의 증여추정

배우자[342] 또는 직계존비속(이하 '배우자등'이라 한다)에게 양도한 재산은 양도자가 그 재산을 양도한 때에 그 재산의 가액을 배우자등이 증여받은 것으로 추정하여 이를 배우자등의 증여재산가액으로 한다(상속세 및 증여세법 제44조 제1항). 특수관계인에게 양도한 재산을 그 특수관계인(이하 "양수자"라 한다)이 양수일부터 3년 이내에 당초 양도자의 배우자등에게 다시 양도한 경우에는 양수자가 그 재산을 양도한 당시의 재산가액을 그 배우자등이 증여받은 것으로 추정하여 이를 배우자등의 증여재산가액으로 한다(상속세 및 증여세법 제44조 제2항 본문). 여기서 '양도'란 외형상 재산의 소유권이 이전되는 일체의 경우를 포함한다.

위와 같이 증여추정을 하는 것은 양도를 가장한 근친 사이의 증여은폐행위를 방지하고자 함에 있다. 특히 후자(제2항)는 직계비속 등과 근친자에 대한 증여의 과정에서 제3자에 대한 양도행위를 개입시켜 부당하게 세액을 회피하고자 하는 것을 방지하기 위한 규정이다.

(2) 추정제외사유 – 파산선고

해당 재산에 대한 양도, 양수가 파산선고로 인하여 처분된 경우에는 증여로 추정되지 않는다(상속세 및 증여세법 제44조 제3항 제2호). 파산선고로 인하여 처분된 경우에는 실제 객관적인 양도거래에 해당하여 조세회피의 의도가 있다고 보기 어렵다는 점을 고려한 것이다. 파산제도는 채무자의 재산상태가 악화되어 총채권자에 대하여 채무를 완제할 수 없을 경우에, 채무자의 총재산을 강제적으로

---

342) 배우자란 법률상의 배우자를 뜻하는 것이며 사실상의 배우자는 이에 해당하지 아니한다 (대법원 1991. 4. 26. 선고 90누6897 판결).

관리·처분하여 모든 채권자에게 공평하게 변제하는 것을 목적으로 한 재판상의 절차이다. 파산재단에 대한 관리처분권은 파산관재인에게 있고 파산선고는 재판절차에 따라 이루어 진 것이므로 그 객관성이 인정되는 것이다.

따라서 파산관재인이 파산재단 소속 재산을 채무자의 배우자나 직계존비속에게 양도하더라도 증여로 추정되지 않기 때문에 증여세 문제는 발생하지 않는다.

3. 납세증명서의 제출

Ⅶ. 파산재단에 속한 부동산 등이 경매로 매각된 경우 국세채권자에의 배당 여부

제4장 개인회생절차와 국세채권

Ⅰ. 개인회생절차에서 국세채권의 취급

1. 개인회생채권

2. 개인회생재단채권

개인회생절차개시결정 전에 성립된 국세채권이라도 개인회생절차개시 당시 아직 납부기한이 도래하지 아니한 것으로 국세징수법에 의하여 징수할 수 있는 ① 원천징수하는 조세, ② 부가가치세·특별소비세·주세 및 교통·에너지·환경세, ③ ① 내지 ②의 규정에 의한 조세의 부과·징수의 예에 따라 부과·징수하는 교육세 및 농어촌특별세는 개인회생재단채권이다(제583조 제1항 제2호 가.목, 나.목 및 라.목). 여기서 납부기한은 법정납부기한을 의미한다는 것이 판례이지만, 지정납부기한으로 보아야 한다는 것은 앞에서 본 바와 같다(본서 420쪽).

위와 같은 조세는 실질적인 담세자가 따로 있고, 원천징수의무자는 납부할 세금의 징수기관으로서 실질적인 담세자로부터 징수한 후 국가를 위하여 보관하고 있는 것에 불과하므로 개인회생재단채권으로 한 것이다.

한편 개인회생절차에서 개인회생재단으로 개인회생재단채권을 변제하기에 부족한 경우는 어떻게 처리하는가. 개인회생절차에서는 제477조를 준용하고 있지 않다(제583조 제2항). 개인회생재단으로 개인회생재단채권을 변제하기에도 부족한 경우에는 개인회생절차를 폐지할 수밖에 없을 것이다. 개인회생절차에서는 개인회생재단채권을 전액 변제하여야 하기 때문이다(제611조 제1항 제2호 참조). 개인회생절차가 폐지된 후 통상적인 경우(개인회생절차를 신청하지 않은 경우)와 마찬가지로 변제받을 수밖에 없다.

3. 가산세의 경우

가산세 납세의무의 성립시기는 그 종류별로 다르다(국세기본법 제21조 제2항 제11호).

가산세는 개인회생채권인가 개인회생재단채권인가. ① 본세가 개인회생절차 개시 전에 성립한 경우에는 가산세도 우선권 있는 개인회생채권이다. 국세기본법 제21조 제2항 제11호 가.목 내지 라.목을 제외한 가산세는 개인회생절차개시 전에 발생한 가산세이건 개인회생절차개시 후에 발생한 가산세이건 모두 우선권 있는 개인회생채권이다. 가산세의 납세의무 성립시기가 개인회생절차개시 전이기 때문이다. ② 본세가 개인회생절차개시 후에 발생한 것이고 개인회생재단채권이면 가산세도 개인회생재단채권이 된다. ③ 본세가 개인회생절차개시 후에 성립하였으나 개인회생재단채권에 해당하지 않는 경우 가산세는 개인회생재단채권도 아니고 우선권 있는 개인회생채권도 아니다.

Ⅱ. 개인회생절차에서 각 단계별 국세채권의 취급

Ⅲ. 개인회생재단에 속한 부동산 등이 경매로 매각된 경우 개인회생채권인 국세채권자에의 배당 여부

〈조세채권 관련 채무자회생법 규정〉

제1편 총칙

제25조(등기소의 직무 및 등록세 면제) ① 등기소는 제23조 또는 제24조의 규정에 의한 등기의 촉탁을 받은 때에는 지체 없이 그 등기를 하여야 한다.
② 등기소는 회생계획인가의 등기를 하는 경우 채무자에 대하여 파산등기가 있는 때에는 직권으로 그 등기를 말소하여야 한다.
③ 등기소는 회생계획인가취소의 등기를 하는 경우 제2항의 규정에 의하여 말소한 등기가 있는 때에는 직권으로 그 등기를 회복하여야 한다.

제26조(부인의 등기) ① 등기의 원인인 행위가 부인된 때에는 관리인, 파산관재인 또는 개인회생절차에서의 부인권자는 부인의 등기를 신청하여야 한다. 등기가 부인된 때에도 또한 같다.

제27조(등록된 권리에의 준용) 제24조 내지 제26조의 규정은 채무자의 재산, 파산재단 또는 개인회생재단에 속하는 권리로서 등록된 것에 관하여 준용한다.

제2편 회생절차

제40조(감독행정청에의 통지 등) ① 주식회사인 채무자에 대하여 회생절차개시의 신청이 있는 때에는 법원은 다음 각 호의 자에게 그 뜻을 통지하여야 한다.
3. 채무자의 주된 사무소 또는 영업소(외국에 주된 사무소 또는 영업소가 있는 때에는 대한민국에 있는 주된 사무소 또는 영업소를 말한다)의 소재지를 관할하는 세무서장
② 법원은 필요하다고 인정하는 때에는 다음 각 호의 어느 하나에 해당하는 자에 대하여 회생절차에 관한 의견의 진술을 요구할 수 있다.
1. 채무자의 업무를 감독하는 행정청
2. 금융위원회
3. 「국세징수법」 또는 「지방세징수법」에 의하여 징수할 수 있는 청구권(국세징

수의 예, 국세 또는 지방세 체납처분의 예에 의하여 징수할 수 있는 청구권으로서 그 징수우선순위가 일반 회생채권보다 우선하는 것을 포함한다)에 관하여 징수의 권한을 가진 자

③ 제2항 각 호의 어느 하나에 해당하는 자는 법원에 대하여 회생절차에 관하여 의견을 진술할 수 있다.

제44조(다른 절차의 중지명령 등) ① 법원은 회생절차개시의 신청이 있는 경우 필요하다고 인정하는 때에는 이해관계인의 신청에 의하거나 직권으로 회생절차개시의 신청에 대한 결정이 있을 때까지 다음 각 호의 어느 하나에 해당하는 절차의 중지를 명할 수 있다. 다만, 제2호의 규정에 의한 절차의 경우 그 절차의 신청인인 회생채권자 또는 회생담보권자에게 부당한 손해를 끼칠 염려가 있는 때에는 그러하지 아니하다.

5. 「국세징수법」 또는 「지방세징수법」에 의한 체납처분, 국세징수의 예(국세 또는 지방세 체납처분의 예를 포함한다. 이하 같다)에 의한 체납처분 또는 조세채무담보를 위하여 제공된 물건의 처분. 이 경우 징수의 권한을 가진 자의 의견을 들어야 한다.

② 제1항 제5호의 규정에 의한 처분의 중지기간 중에는 시효는 진행하지 아니한다.

제52조(회생절차개시의 통지) 주식회사인 채무자에 대하여 회생절차개시의 결정을 한 때에는 법원은 제51조 제1항 각 호의 사항을 채무자의 업무를 감독하는 행정청, 법무부장관과 금융위원회에 통지하여야 한다. 제51조 제1항 제2호 및 제3호의 사항에 변경이 생긴 경우도 또한 같다.

제58조(다른 절차의 중지 등)

③ 회생절차개시결정이 있는 때에는 다음 각 호의 기간 중 말일이 먼저 도래하는 기간 동안 회생채권 또는 회생담보권에 기한 채무자의 재산에 대한 「국세징수법」 또는 「지방세징수법」에 의한 체납처분, 국세징수의 예에 의하여 징수할 수 있는 청구권으로서 그 징수우선순위가 일반 회생채권보다 우선하는 것에 기

한 체납처분과 조세채무담보를 위하여 제공된 물건의 처분은 할 수 없으며, 이미 행한 처분은 중지된다. 이 경우 법원은 필요하다고 인정하는 때에는 관리인의 신청에 의하거나 직권으로 1년 이내의 범위에서 그 기간을 늘일 수 있다.

1. 회생절차개시결정이 있는 날부터 회생계획인가가 있는 날까지
2. 회생절차개시결정이 있는 날부터 회생절차가 종료되는 날까지
3. 회생절차개시결정이 있는 날부터 2년이 되는 날까지

④ 제3항의 규정에 의하여 처분을 할 수 없거나 처분이 중지된 기간 중에는 시효는 진행하지 아니한다.

⑤ 법원은 회생에 지장이 없다고 인정하는 때에는 관리인이나 제140조 제2항의 청구권에 관하여 징수의 권한을 가진 자의 신청에 의하거나 직권으로 제2항의 규정에 의하여 중지한 절차 또는 처분의 속행을 명할 수 있으며, 회생을 위하여 필요하다고 인정하는 때에는 관리인의 신청에 의하거나 직권으로 담보를 제공하게 하거나 제공하게 하지 아니하고 제2항의 규정에 의하여 중지한 절차 또는 처분의 취소를 명할 수 있다. 다만, 파산절차에 관하여는 그러하지 아니하다.

제59조(소송절차의 중단 등) ① 회생절차개시결정이 있는 때에는 채무자의 재산에 관한 소송절차는 중단된다.

② 제1항의 규정에 의하여 중단한 소송절차 중 회생채권 또는 회생담보권과 관계없는 것은 관리인 또는 상대방이 이를 수계할 수 있다. 이 경우 채무자에 대한 소송비용청구권은 공익채권으로 한다.

③ 제2항의 규정에 의한 수계가 있기 전에 회생절차가 종료한 때에는 채무자는 당연히 소송절차를 수계한다.

④ 제2항의 규정에 의한 수계가 있은 후에 회생절차가 종료한 때에는 소송절차는 중단된다. 이 경우 채무자는 소송절차를 수계하여야 한다.

⑤ 제4항의 경우에는 상대방도 소송절차를 수계할 수 있다.

⑥ 제1항 내지 제5항의 규정은 채무자의 재산에 관한 사건으로서 회생절차개시 당시 행정청에 계속되어 있는 것에 관하여 준용한다.

제100조(부인할 수 있는 행위)

② 제1항의 규정은 채무자가 제140조 제1항 및 제2항의 청구권에 관하여 그 징수의 권한을 가진 자에 대하여 한 담보의 제공 또는 채무의 소멸에 관한 행위에 관하여는 적용하지 아니한다.

제131조(회생채권의 변제금지) 회생채권에 관하여는 회생절차가 개시된 후에는 이법에 특별한 규정이 있는 경우를 제외하고는 회생계획에 규정된 바에 따르지 아니하고는 변제하거나 변제받는 등 이를 소멸하게 하는 행위(면제를 제외한다)를 하지 못한다. 다만, 관리인이 법원의 허가를 받아 변제하는 경우와 제140조 제2항의 청구권에 해당하는 경우로서 다음 각 호의 어느 하나에 해당하는 경우에는 그러하지 아니하다.

1. 그 체납처분이나 담보물권의 처분 또는 그 속행이 허용되는 경우
2. 체납처분에 의한 압류를 당한 채무자의 채권(압류의 효력이 미치는 채권을 포함한다)에 관하여 그 체납처분의 중지 중에 제3채무자가 징수의 권한을 가진 자에게 임의로 이행하는 경우

제140조(벌금·조세 등의 감면)

② 회생계획에서 「국세징수법」 또는 「지방세징수법」에 의하여 징수할 수 있는 청구권(국세징수의 예에 의하여 징수할 수 있는 청구권으로서 그 징수우선순위가 일반 회생채권보다 우선하는 것을 포함한다)에 관하여 3년 이하의 기간 동안 징수를 유예하거나 체납처분에 의한 재산의 환가를 유예하는 내용을 정하는 때에는 징수의 권한을 가진 자의 의견을 들어야 한다.

③ 회생계획에서 제2항의 규정에 의한 청구권에 관하여 3년을 초과하는 기간 동안 징수를 유예하거나 체납처분에 의한 재산의 환가를 유예하는 내용을 정하거나, 채무의 승계, 조세의 감면 또는 그 밖에 권리에 영향을 미치는 내용을 정하는 때에는 징수의 권한을 가진 자의 동의를 얻어야 한다.

④ 제2항의 규정에 의한 청구권에 관하여 징수의 권한을 가진 자는 제3항의 규정에 의한 동의를 할 수 있다.

⑤ 제2항 및 제3항의 규정에 의하여 징수를 유예하거나 체납처분에 의한 재산의 환가를 유예하는 기간 중에는 시효는 진행하지 아니한다.

제141조(회생담보권자의 권리)
② 제126조 내지 제131조 및 제139조의 규정은 회생담보권에 관하여 준용한다.

제156조(벌금·조세 등의 신고)
① 제140조 제1항 및 제2항의 청구권을 가지고 있는 자는 지체 없이 그 액 및 원인과 담보권의 내용을 법원에 신고하여야 한다.
② 제167조 제1항의 규정은 제1항의 규정에 의하여 신고된 청구권에 관하여 준용한다.

제157조(회생절차개시 전의 벌금 등에 대한 불복)
① 관리인은 제156조 제1항의 규정에 의하여 신고된 청구권의 원인이 행정심판, 소송 그 밖의 불복이 허용되는 처분인 때에는 그 청구권에 관하여 채무자가 할 수 있는 방법으로 불복을 신청할 수 있다.
② 제172조, 제175조 및 제176조 제1항의 규정은 제1항에 의한 불복의 신청에 관하여 준용한다.

제179조(공익채권이 되는 청구권)
① 다음 각 호의 어느 하나에 해당하는 청구권은 공익채권으로 한다.
9. 다음 각 목의 조세로서 회생절차개시 당시 아직 납부기한이 도래하지 아니한 것
    가. 원천징수하는 조세. 다만, 「법인세법」 제67조(소득처분)의 규정에 의하여 대표자에게 귀속된 것으로 보는 상여에 대한 조세는 원천징수된 것에 한한다.
    나. 부가가치세·개별소비세·주세 및 교통·에너지·환경세
    다. 본세의 부과징수의 예에 따라 부과징수하는 교육세 및 농어촌특별세
    라. 특별징수의무자가 징수하여 납부하여야 하는 지방세

제180조(공익채권의 변제 등)

⑦ 채무자의 재산이 공익채권의 총액을 변제하기에 부족한 것이 명백하게 된 때에는 제179조 제1항 제5호 및 제12호의 청구권 중에서 채무자의 사업을 계속하기 위하여 법원의 허가를 받아 차입한 자금에 관한 채권을 우선적으로 변제하고 그 밖의 공익채권은 법령에 정하는 우선권에 불구하고 아직 변제하지 아니한 채권액의 비율에 따라 변제한다. 다만, 공익채권을 위한 유치권·질권·저당권·「동산·채권 등의 담보에 관한 법률」에 따른 담보권·전세권 및 우선특권의 효력에는 영향을 미치지 아니한다.

제191조(의결권을 행사할 수 없는 자) 다음 각 호의 어느 하나에 해당하는 자는 의결권을 행사하지 못한다.
2. 제140조 제1항 및 제2항의 청구권을 가지는 자

제217조(공정하고 형평한 차등) ① 회생계획에서는 다음 각 호의 규정에 의한 권리의 순위를 고려하여 회생계획의 조건에 공정하고 형평에 맞는 차등을 두어야 한다.
1. 회생담보권
2. 일반의 우선권 있는 회생채권
3. 제2호에 규정된 것 외의 회생채권
4. 잔여재산의 분배에 관하여 우선적 내용이 있는 종류의 주주·지분권자의 권리
5. 제4호에 규정된 것 외의 주주·지분권자의 권리
② 제1항의 규정은 제140조 제1항 및 제2항의 청구권에 관하여는 적용하지 아니한다.

제236조(결의의 방법과 회생채권자 등의 분류)
② 회생채권자·회생담보권자·주주·지분권자는 회생계획안의 작성과 결의를 위하여 다음 각 호의 조로 분류한다. 다만, 제140조 제1항 및 제2항의 청구권을 가진 자는 그러하지 아니한다.
1. 회생담보권자

2. 일반의 우선권 있는 채권을 가진 회생채권자

3. 제2호에 규정된 회생채권자 외의 회생채권자

4. 잔여재산의 분배에 관하여 우선적 내용을 갖는 종류의 주식 또는 출자지분을 가진 주주·지분권자

5. 제4호에 규정된 주주·지분권자 외의 주주·지분권자

제256조(중지 중의 절차의 실효) ① 회생계획인가의 결정이 있은 때에는 제58조 제2항의 규정에 의하여 중지한 파산절차, 강제집행, 가압류, 가처분, 담보권실행 등을 위한 경매절차는 그 효력을 잃는다. 다만, 같은 조 제5항의 규정에 의하여 속행된 절차 또는 처분은 그러하지 아니한다.

② 제1항의 규정에 의하여 효력을 잃은 파산절차에서의 재단채권(제473조 제2호 및 제9호에 해당하는 것을 제외한다)은 공익채권으로 한다.

제280조(조세채무의 승계) 회생계획에서 신회사가 채무자의 조세채무를 승계할 것을 정한 때에는 신회사는 그 조세를 납부할 책임을 지며, 채무자의 조세채무는 소멸한다.

제3편 파산절차

제314조(법인파산의 통지) ① 법인에 대하여 파산선고를 한 경우 그 법인의 설립이나 목적인 사업에 관하여 행정청의 허가가 있는 때에는 법원은 파산의 선고가 있음을 주무관청에 통지하여야 한다.

② 제1항의 규정은 파산취소 또는 파산폐지의 결정이 확정되거나 파산종결의 결정이 있는 경우에 관하여 준용한다.

제349조(체납처분에 대한 효력) ① 파산선고 전에 파산재단에 속하는 재산에 대하여 「국세징수법」 또는 「지방세징수법」에 의하여 징수할 수 있는 청구권(국세징수의 예에 의하여 징수할 수 있는 청구권으로서 그 징수우선순위가 일반 파산채권보다 우선하는 것을 포함한다)에 기한 체납처분을 한 때에는 파산선고는 그 처분의 속행을 방해하지 아니한다.

② 파산선고 후에는 파산재단에 속하는 재산에 대하여 「국세징수법」 또는 「지방세징수법」에 의하여 징수할 수 있는 청구권(국세징수의 예에 의하여 징수할 수 있는 청구권을 포함한다)에 기한 체납처분을 할 수 없다.

제350조(행정사건에 대한 효력) ① 파산재단에 속하는 재산에 관하여 파산선고 당시에 행정청에 계속되어 있는 사건이 있는 때에는 그 절차는 수계 또는 파산절차의 종료가 있을 때까지 중단된다.
② 제347조의 규정은 제1항의 경우에 관하여 준용한다.

제415조의2(임금채권자 등) 「근로기준법」 제38조 제2항 각 호에 따른 채권과 「근로자퇴직급여 보장법」 제12조 제2항에 따른 최종 3년간의 퇴직급여등 채권의 채권자는 해당 채권을 파산재단에 속하는 재산에 대한 별제권 행사 또는 제349조 제1항의 체납처분에 따른 환가대금에서 다른 담보물권자보다 우선하여 변제받을 권리가 있다. 다만, 「임금채권보장법」 제8조에 따라 해당 채권을 대위하는 경우에는 그러하지 아니하다.

제464조(이의채권에 관한 소송의 수계) 이의채권에 관하여 파산선고 당시 소송이 계속되어 있는 경우 채권자가 그 권리의 확정을 구하고자 하는 때에는 이의자 전원을 그 소송의 상대방으로 하여 소송을 수계하여야 한다.

제472조(행정심판 또는 행정소송의 대상인 경우) ① 제471조 제1항의 규정에 의하여 신고한 청구권의 원인이 행정심판 또는 행정소송의 대상이 되는 처분인 때에는 법원은 지체 없이 그 청구권의 금액 및 원인을 파산관재인에게 통지하여야 한다.
② 제466조 내지 제468조의 규정은 파산관재인이 이의를 주장하는 경우에 관하여 준용한다.

제473조(재단채권의 범위) 다음 각 호의 어느 하나에 해당하는 청구권은 재단채권으로 한다.
2. 「국세징수법」 또는 「지방세징수법」에 의하여 징수할 수 있는 청구권(국세징

수의 예에 의하여 징수할 수 있는 청구권으로서 그 징수우선순위가 일반 파산채권보다 우선하는 것을 포함하며, 제446조의 규정에 의한 후순위파산채권을 제외한다). 다만, 파산선고 후의 원인으로 인한 청구권은 파산재단에 관하여 생긴 것에 한한다.

제477조(재단부족의 경우의 변제방법) ① 파산재단이 재단채권의 총액을 변제하기에 부족한 것이 분명하게 된 때에는 재단채권의 변제는 다른 법령이 규정하는 우선권에 불구하고 아직 변제하지 아니한 채권액의 비율에 따라 한다. 다만, 재단채권에 관하여 존재하는 유치권·질권·저당권·「동산·채권 등의 담보에 관한 법률」에 따른 담보권 및 전세권의 효력에는 영향을 미치지 아니한다.
② 제473조 제1호 내지 제7호 및 제10호에 열거된 재단채권은 다른 재단채권에 우선한다.
③ 제1항의 경우에 제6조 제4항·제9항 및 제7조 제1항에 따라 재단채권으로 하는 제179조 제1항 제5호 및 제12호의 청구권 중에서 채무자의 사업을 계속하기 위하여 법원의 허가를 받아 차입한 자금(이하 이 조에서 "신규차입자금"이라 한다)이 있는 때에는 제2항에도 불구하고 신규차입자금에 관한 채권과 제473조 제10호의 재단채권은 다른 재단채권에 우선한다. 이 경우 신규차입자금에 관한 채권과 제473조 제10호의 재단채권을 제외한 재단채권의 순위는 제2항에 따른다.

제566조(면책의 효력) 면책을 받은 채무자는 파산절차에 의한 배당을 제외하고는 파산채권자에 대한 채무의 전부에 관하여 그 책임이 면제된다. 다만, 다음 각 호의 청구권에 대하여는 책임이 면제되지 아니한다.
1. 조세

제4편 개인회생절차

제583조(개인회생재단채권) ① 다음 각 호의 청구권은 개인회생재단채권으로
한다.

2. 「국세징수법」 또는 「지방세징수법」에 의하여 징수할 수 있는 다음 각 목의
청구권. 다만, 개인회생절차개시 당시 아직 납부기한이 도래하지 아니한 것에
한한다.

제593조(중지명령) ① 법원은 개인회생절차개시의 신청이 있는 경우 필요하다
고 인정하는 때에는 이해관계인의 신청에 의하거나 직권으로 개인회생절차의
개시신청에 대한 결정시까지 다음 각 호의 절차 또는 행위의 중지 또는 금지를
명할 수 있다.

5. 「국세징수법」 또는 「지방세징수법」에 의한 체납처분, 국세징수의 예(국세 또
는 지방세 체납처분의 예를 포함한다. 이하 같다)에 의한 체납처분 또는 조세
채무담보를 위하여 제공된 물건의 처분. 이 경우 징수의 권한을 가진 자의 의
견을 들어야 한다.

② 제1항 제5호의 규정에 의한 처분의 중지기간 중에는 시효는 진행하지 아니
한다.

제600조(다른 절차의 중지 등) ① 개인회생절차개시의 결정이 있는 때에는 다
음 각 호의 절차 또는 행위는 중지 또는 금지된다. 다만, 제2호 내지 제4호의 절
차 또는 행위는 채권자목록에 기재된 채권에 의한 경우에 한한다.

4. 「국세징수법」 또는 「지방세징수법」에 의한 체납처분, 국세징수의 예(국세 또
는 지방세 체납처분의 예를 포함한다. 이하 같다)에 의한 체납처분 또는 조세
채무담보를 위하여 제공된 물건의 처분

③ 법원은 상당한 이유가 있는 때에는 이해관계인의 신청에 의하거나 직권으로
제1항 또는 제2항의 규정에 의하여 중지된 절차 또는 처분의 속행 또는 취소를
명할 수 있다. 다만, 처분의 취소의 경우에는 담보를 제공하게 할 수 있다.

④ 제1항 또는 제2항의 규정에 의하여 처분을 할 수 없거나 중지된 기간 중에

시효는 진행하지 아니한다.

제625조(면책결정의 효력)

② 면책을 받은 채무자는 변제계획에 따라 변제한 것을 제외하고 개인회생채권자에 대한 채무에 관하여 그 책임이 면제된다. 다만, 다음 각 호의 청구권에 관하여는 책임이 면제되지 아니한다.

2. 제583조 제1항 제2호의 규정에 의한 조세 등의 청구

[부 록]

◉ [별지1] 회생채권자표

◉ [별지2] 회생담보권자표

◉ [별지3] 파산채권자표

채권자표 번호	1

회 생 채 권 자 표

사 건	2024회합 1000001		채무자명	이앤에스 주식회사
회생 채권자	성명 (법인명)	중소기업은행		
	주소	15433 경기도 안산시 단원구 산단로 296 1층(원시동, 대우테크노피아 아파트)		

〈목록, 신고의 내용〉

목록번호		채권목록2-1~5	신고번호		채권신고1343
회생채권의 원인		금융기관 대여금			
목록 내용	회생채권의 내용	원금	개시전 이자		개시후 이자등
		603,498,398원	0원		
	우선권 유무				
	의결권액				603,498,398원
신고 내용	회생채권의 내용	원금	개시전 이자		개시후 이자등
		423,498,398원	4,322,547원		연11%
	우선권 유무				
	의결권액				427,820,945원
비고		2024.02.24.자 신고로 목록(채권목록2-1~5)은 실효됨			

〈채권조사의 결과〉

회생 채권 내용	채권시인액		427,820,945원
	이의내역	이의액	0원
		이의사유	
		이의자	
우선권유무			
의결권 내용	의결권시인액		427,820,945원
	이의내역	이의액	
		이의사유	개시후 이자는 시인하되 의결권 부인함
		이의자	법률상관리인 최계설
작성일, 작성자			2024.04.03 법원사무관 장 ○○○

〈추가 기재사항〉

회생계획조항		
채권확정 소송결과		
이의철회		
신고철회		
명의변경		
비고		

회 생 담 보 권 자 표

사 건	2024회합 1000001		채무자명	이앤에스 주식회사
회생 담보권 자	성명 (법인명)	(주)우리은행		
	주소	04632 서울시 중구 소공로 51		

〈목록, 신고의 내용〉

목록번호	담보목록1		신고번호	담보신고1545
회생담보권의 원인	대여채무			
회생담보권의 목적·가액	목적	"경기도 안산시 단원구 신길동 1123 안산디지털파크 제3층 제3034호 집합건물, 감정가액 금147,000,000원"		
	가액			
회생 채무자 이외의 채무자	성명		연락처	
	주소			
목록 내용	회생채권의 내용	원금	개시전 이자	개시후 이자등
		29,000,000원	0원	
	의결권액			29,000,000원
신고 내용	회생채권의 내용	원금	개시전 이자	개시후 이자등
		29,000,000원	404,696원	연15.00%
	의결권액			29,404,696원
비고	2024.03.07.자 신고로 목록(담보권1)은 실효됨			

〈채권조사의 결과〉

회생 담보권 내용	담보권시인액		29,000,000원	
	이의내역	이의액	404,696원	
		이의사유	1) 담보평가액 초과액은 부인하고 회생채권으로 시인함. 2) 개시후 이자는 부인하고 회생채권으로 시인함.	
		이의자	법률상관리인 최계설	
우선권유무				
의결권 내용	의결권시인액		29,000,000원	
	이의내역	이의액		
		이의사유	담보평가액 초과액 개시전이자 및 개시후이자 의결권 부인	
		이의자	법률상관리인 최계설	
작성일, 작성자		2024.04.03 법원사무관 장 ○○○		

〈추가 기재사항〉

회생계획조항		
회생담보권확정 소송결과		
이의철회		
신고철회		
명의변경		
비고		

채권자표 번호	6

법 인 파 산 채 권 자 표

사 건	2023하합100142 파산선고		채무자명	주식회사 지앤지
채권자	성 명(법인명)		선화자동차부품㈜	
	주 소		서울 동대문구 한천로 17, 나-163 (답십리동, 자동차부품상가)	

〈채권신고의 내용〉

	채권신고접수일		2023. 5. 28.	
비별제권	채권액			17,453,040원
	채권원인		물품대금	
	우선권이 있는 경우 그 권리			
	후순위 파산채권을 포함하는 경우 그 구분			
별제권행사로 변제를 받을 수 없는 채권액				
신고사항의 변경내용				

〈채권조사의 결과〉

조사기일			2023. 6. 20.		
파산관재인인부	비별제권	전액시인		전액이의	
		일부이의 한 경우 이의금액			13,962,432원
		이의내용		변제를 원인으로 이의	
	별제권 행사로 변제받지 못한 채권시인액				
채권자의 이의	이의금액				
	이의내용				
채무자의 이의	이의금액				
	이의내용				

2023. 7. 3.

서울회생법원 법원사무관 김오섭

〈추가 기재사항〉

이의철회	
신고취하	
명의변경	
파산채권확정소송결과	
확정파산채권액	
비고	

〈배당의 결과〉

배당횟수	배당일시	배당금액	배당 후 잔존채권액	파산관재인 기명날인
1	2023. 6. 25.	60,708원	3,429,900원	2023. 8. 6. 변호사 김효정

▮색 인▮

기타

DIP(Debtor In Possession) / 41
P-plan / 57
Sale&Lease Back방식 / 526

ㄱ

가등기담보권 / 185
가산세 / 426, 474, 513
간이과세자 / 561
간이조사위원 / 42
간이회생절차 / 64, 414
간주취득 / 245
간주취득세 / 247, 462
감면 / 257
감액경정청구 / 166
감자에 따른 증여의제 / 528
강제인가 / 60
강제징수권 / 411
개시후기타채권 / 46, 424
개인지방소득 / 329
개인채무자 / 90
개인회생재단 / 92, 93
개인회생재단채권 / 96, 512, 565
개인회생절차 / 25, 89, 511
개인회생절차의 폐지 / 99
개인회생채권 / 95, 511
개인회생채권자목록제출 / 96
거주자 / 330
견련파산 / 67, 457, 482
결손처분 / 233, 445
결정 / 148
경정결정 / 148

경정청구 / 166
계속적 공급계약 / 39
계약명의신탁 / 255
계약해제 / 240
고발권 / 398
고액·상습체납자 등 명단 공개 / 444
고정주의 / 69
고지유예 / 222
공급의제 / 560
공동사업 / 130
공매 / 228
공시송달 / 128
공유물 / 130
공익담보권 / 46
공익채권 / 45, 419
과세기간 / 330
과세기준일 / 359
과세면제 / 314
과세예고통지 / 202
과세요건 / 143
과세전적부심사청구 / 200
과세표준 / 264
과소신고가산세 / 173
과점주주 / 132, 134, 246, 446, 453, 464
관리위원 / 41
관리위원회 / 41
관리인 / 41
관리인의 해제 / 458
관리처분권 / 38, 66, 69
교부송달 / 126
교부청구 / 230, 484
교육세 / 562
구조조정담당임원 / 43
구조조정담당임원(CRO) / 43

국제도산 / 103
국제도산관할 / 103
국제재판관할 / 103
권리보호조항을 정한 인가 / 60
권리의 변경 / 62
권리의무 확정주의 / 537
균등분 주민세 / 324
근거과세원칙 / 119
금지효 / 37
급여소득자 / 91
기간 / 121
기속력 / 212
기존경영자 관리인 제도 / 41
기한 / 122
기한 후 신고 / 169

ㄴ

납기 전 징수 / 220
납부기한 / 420
납부의무의 소멸 / 151
납부지연가산세 / 174, 525
납부최고 / 225
납부최고서 / 225
납부통지서 / 215
납세고지 / 158
납세고지서 / 215
납세담보 / 140, 418
납세보증보험 / 448
납세보증보험자 / 448
납세보증보험증권 / 141
납세의 고지 / 215
납세의무소멸제도 / 530
납세의무의 성립 / 142
납세의무의 승계 / 151
납세의무의 확정 / 147
납세의무자 / 129

납세자 / 129
납세증명서 / 509
납입 / 318
내국법인 / 331

ㄷ

담배소비세 / 312
당사자적격 / 39, 70
당연상속주의 / 87
당해세 / 183, 476
당해세 우선의 원칙 / 183
대손금 / 538, 552
대손세액공제 / 537, 539, 552
도산 / 26
도산법정지법 / 106
도산절차 / 23
독촉 / 225
독촉장 / 225
동의폐지 / 83
등기명의신탁 / 256
등록 / 301
등록면허세 / 301, 451, 494, 514

ㄹ

레저세 / 311

ㅁ

매각 / 227
면세점 / 291, 327
면책 / 61, 84, 100, 441
면책불허가사유 / 84, 101
면책절차 / 510
명의수탁자 / 346
명의신탁 / 255

명의신탁자 / 346
목적세 / 114
무신고가산세 / 172
무한책임사원 / 132
물적 납세의무 / 161
미환류소득 / 329
민사집행 / 411

ㅂ

배분 / 230
배분요구 / 230
법인지방소득 / 329
법인합병 / 466, 544
법정기일 / 182
법정납부기한 / 420
법정세율 / 262
변제계획안 / 97
변제계획인가결정 / 98, 516
별도합산과세대상 / 343
별제권 / 78, 94, 496
보전처분 / 34
보증인 / 140
보통세 / 114
보통징수방식 / 148
부가가치세 / 553, 559
부가세 / 377
부과과세방식 / 148
부과권 / 152
부과의 취소 / 152
부인권 / 48, 77, 93, 348, 432, 459, 495,
    515
분리과세대상 / 343
분할고지 / 222
분할납부 / 360
비과세 / 257
비과세관행 / 120

비면책채권 / 85, 102, 516
비파산채권 / 479

ㅅ

사실상 소유자 / 345
사실상 취득 / 238
사실상 취득가격 / 266
사업소 / 320, 504
사업연도 / 330
사업연도의 의제 / 551
상계 / 460
상계권 / 49, 79, 95
상속재산파산 / 87
서류의 송달 / 124
선택권 / 39
세무조사 / 189
세무조정계산서 / 559
세액 / 264
소멸시효 / 157, 180, 437
소멸시효의 정지 / 160
소멸시효의 중단 / 157
소송의 수계 / 54
소송절차의 수계 / 40, 73
소송절차의 중단 / 39, 72
소액 징수면제 / 360, 376
소액영업소득자 / 414
소액임차보증금반환채권 / 78
소액임차보증금채권 / 184
속행명령 / 430
수시부과 / 316, 333, 360, 367, 489, 548
수시선정조사 / 191
수의계약 / 229
수입판매업자 / 312
수정신고 / 164
시 · 부인 / 52
시가인정액 / 264

시가표준액 / 264
신고납부방식 / 147
신고납세방식 / 147
신고의무 / 361
신의성실원칙 / 117
신탁 / 246
신탁재산 / 259, 351
실질과세원칙 / 116
심사청구 / 213
심판청구 / 212
쌍방미이행 쌍무계약 / 39, 70

ㅇ

압류 / 226
압류선착주의 / 186, 422
압류우선주의 / 185, 422
양도담보권자 / 161
양도소득 / 549, 563
양도소득에 대한 비과세 / 549
업무수행권 / 38
연대납세의무 / 130, 457
연대납세의무자 / 130, 219
연대보증채무 / 63, 85, 102
연부취득 / 248
영업소득자 / 64, 91
예산총계주의 / 179
우선권 있는 개인회생채권 / 511
우편송달 / 127
워크아웃 / 29
원천징수 / 523
원천징수의무 / 553
의제사업연도 / 554
이월결손금 / 531, 535
이의신청 / 210
이의채권 / 53
인정배당 / 527

인정상여 / 523, 527
인정이자 익금산입 / 528
일반과세자 / 561
일반면책 / 100
일반세율 / 262
일반환취권 / 48
임금채권자 등의 최우선변제권 / 79
임차보증금반환청구권 / 78

ㅈ

자동중지제도(automatic stay) / 36
자동차등록번호판의 영치 / 368
자동차세 / 364, 507
자동확정방식 / 148
자력집행권 / 411
자산매각에 따른 양도차익 / 526
자산평가손실 / 526, 551
자유재산 / 69
재단채권 / 75, 447, 471
재량면책 / 84
재산분 주민세 / 324
재산세 / 340, 459, 505
재산세 도시지역분 / 361
재조사 / 193
재조사결정 / 208
적격합병 / 467, 545
전부명령 / 99
전자송달 / 128
정기선정조사 / 190
정당한 사유 / 176, 296
정리보류 / 233, 445
제2차 납세의무 / 453
제2차 납세의무자 / 132
제조자 / 312
제척기간 / 152
제한세율 / 263

조기 결정 신청 / 206
조사위원 / 42
조세관행 존중의 원칙 / 120
조세범 / 397
조세채권 / 417, 548
조정세율 / 263, 370
종국판결 / 54
종업원 / 321
종업원분 재산세 / 327
종합부동산세 / 340
종합합산과세대상 / 343
주된 상속자 / 350
주민세 / 320, 504, 508
중과기준세율 / 288
중과세율 / 282, 293, 358
중복조사 금지원칙 / 193
중소기업의 결손금 소급공제에 따른 환급
  / 550
중지명령 / 35, 428
중지효 / 37
즉시 체납처분 / 369
증권거래세 / 562
증여계약 / 241
증여세 / 563
지급이자 손금불산입 / 528
지방교부세 / 115
지방교육세 / 377, 451, 494, 508, 514
지방세 / 109
지방세 우선의 원칙 / 181
지방세관계법 / 110
지방세관계법 운영 예규 / 111
지방세범 / 441
지방세심의위원회 / 205
지방세심판전치주의 / 207
지방세우선권 / 409
지방세의 징수절차 / 215

지방세의 환급 / 178
지방세채권 / 412
지방세채권의 납기 / 488
지방세채권의 신고 / 433
지방세채무의 승계 / 456
지방세환급가산금 / 180
지방세환급금 / 178
지방세환급금의 충당 / 179, 460
지방소득세 / 329, 505
지방소비세 / 317, 505
지방자치단체 / 109
지방자치단체의 징수금 / 130
지역자원시설세 / 372
지정납부기한 / 420
직접 사용 / 294, 496
집행력 있는 집행권원 / 54
집행장애사유 / 37
징수권 / 153
징수방법 / 147
징수유예 / 221, 223, 432

ㅊ

참가압류 / 231
채권신고 / 51, 457
채권자목록제출제도 / 51
채권자협의회 / 42
채권조사 / 51
채권조사확정재판 / 53
채권조사확정재판에 대한 이의의 소 / 54
채권확정절차 / 50, 81
채무면제익 / 531
채무자의 재산 / 32, 47
책임소멸설 / 62, 85, 102
청산 / 230
청산가치보장원칙 / 439
청산소득 / 332

체납액의 징수유예 / 223
체납처분 / 226, 429
체납처분비 / 140, 186
체납처분의 유예 / 232
초과환급신고가산세 / 173
최소납부제 / 257
최후배당 / 82
추징 / 293
추징에 관한 이자상당액 / 298
추후 보완신고 / 435
출자전환 / 465, 531
충당 / 152
취득 / 236
취득세 / 235, 458, 487, 507
취득의 시기 / 275
취소명령 / 36, 429, 431

ㅌ

통상의 경정청구 / 166
특례세율 / 289
특별면책 / 101
특별징수 / 141, 306, 336
특별징수납부 등 불성실가산세 / 175
특별징수의무자 / 141, 318, 419

ㅍ

파산관재인 / 69
파산재단 / 69, 76
파산재단 부족으로 인한 폐지 / 83
파산절차 / 24, 68

파산절차의 종결 / 82
파산절차의 폐지 / 83
파산채권 / 74
파산채권의 균질화(등질화) / 71
폐업신고 / 561
포괄적 금지명령 / 36, 428
표준세율 / 262, 279

ㅎ

합의해제 / 241
행정심판전치주의 / 207
현황과세 / 279
확정 전 보전압류 / 226
환취권 / 48, 77, 94
회생계획 / 55, 223
회생계획안 / 55
회생계획안 사전제출제도 / 57
회생계획인가결정 / 61
회생담보권 / 45, 418
회생위원 / 92
회생절차 / 24, 31
회생절차개시결정 / 37
회생절차의 종결 / 66
회생절차의 폐지 / 66
회생채권 / 44, 416
회생채권자 등의 목록제출제도 / 51
회생채권자표 / 64
후발적 경정청구 / 454, 490
후발적 사유에 의한 경정청구 / 167
후순위 개인회생채권 / 512
후순위 파산채권 / 478

|저|자|소|개|

■ 전 대 규

- 서울대학교 경영대학 경영학과 졸업
- 공인회계사시험 합격(제25회)
- 사법시험 합격(제38회)
- 사법연수원 수료(제28기)
- 삼일회계법인 근무(1993)
- 서울지방법원 서부지원 예비판사(1999)
- 서울지방법원 판사(2001)
- 광주지방법원 판사(2003)
- 의정부지방법원 고양지원 판사(2006)
- 서울행정법원 판사(2009)
- 서울고등법원 판사(2011)
- 사법연수원 교수(2012)
- 창원지방법원 파산부 부장판사(2014)
- 수원지방법원 파산부 부장판사(2017)
- 중국 청화대학(清華大學) 법학원 장기해외연수(2007. 8.~2008. 8.)
- 사법시험(2차), 변호사시험, 법무사시험(2차) 출제위원
- 경희대학교 법무대학원 강사(2009~2018)
- 경상대학교 법무학과 강사(2015)
- 수원시 팔달구 선거관리위원회 위원장(2017~2018)
- 서울특별시 지방세심의위원회 위원장(2020~2022)
- 서울회생법원 부장판사(2019~2022)
- 한국자산관리공사(캠코) 기업구조혁신포럼 운영위원(2022~)
- 서울대학교 전문분야 법학연구과정 제39기(공정거래법과정 제15기)(2022~2023)
- 한중법학회 부회장(영구회원)
- NBN(내외경제) TV 자문위원(2022~)
- ㈜호반건설 부사장[준법경영실 대표](2022)
- 서울지방변호사회 이사(2023~)
- 서울특별시 중구 고문변호사(2024~)

- 현 변호사 | 공인회계사 | ㈜투데이아트 대표이사

[저작 및 논문]
- 채무자회생법[제8판](법문사, 2024년)
- 도산, 일상으로의 회복[제2판](법문사, 2023년)
- 중국민사소송법(박영사, 2008년)

- 중국세법(광교이택스, 2008년)
- 중국민법(상), (하)(법률정보센타, 2009년)
- 차이나핸드북[개정증보판](김영사, 공저, 2018년)

- 면책불허가사유로서의 '낭비'의 개념에 관하여(2005년)
- 중국의 민사소송절차 - 통상절차를 중심으로 -(2009년)
- 중국의 법관연수제도(2009년)
- 중국의 최근 사법개혁 및 향후 개혁방향(2009년)
- 한국사법제도(중문어판, 2007년)
- 사례를 통하여 본 한중조세조약의 이해(2009년)
- 시행 50년의 민법전과 민법학에 대한 중국민법의 의미 - 중국민법의 내용과 그 특징을 중심으로 - (The significance of Chinese civil law on its civil code implemented for 50 years and the civil law jurisprudence: Focusing on the contents and distinct features of Chinese civil law)(2009년)
- 양도소득과세표준의 예정신고·확정신고와 관련된 법률상의 쟁점들(2010년)
- 중국의 사법해석에 관한 연구(2010년)
- 중국법상 섭외사건의 국제재판관할에 관하여(2011년)
- 관습상의 법정지상권에 관한 판례와 학설의 동향(2012년)
- 소비자, 근로자 등 경제적 약자의 보호를 위한 국제재판관할(International Jurisdiction for the protection of the Economically Weak including Consumers and Workers etc.)(2013년)
- 2012년 중국 민사소송법의 주요 개정 내용 - 입법배경과 시사점을 중심으로 - (2014년)
- 한국전력공사가 전기요금 미납을 이유로 회생회사에 대하여 한 전기 공급 중단이 채무자 회생 및 파산에 관한 법률에 위반되는지 여부(2015년)
- 회생계획에 따른 출자전환 후 무상 감자된 매출채권과 관련한 부가가치세 과세 문제(2017년)
- [44일 간의 여정] 사례를 통하여 본 회생계획안 사전제출제도(P-plan) 및 출자전환에 따른 간주취득세·기업결합신고 문제(2018년)
- 회생기업의 신규자금조달 방안과 그 지원 대책-신규자금 최우선변제권 도입 논의를 포함하여-(2019년)

개정증보판 **도산과 지방세**

2021년 1월 4일 초판 발행
2024년 1월 22일 2판 발행

저　　　　자　전　대　규
발　행　인　이　희　태
발　행　처　**삼일인포마인**

저자협의
인지생략

서울특별시 용산구 한강대로 273 용산빌딩 4층
등록번호 : 1995. 6. 26 제3-633호
전　　　화 : (02) 3489-3100
F A X : (02) 3489-3141
I S B N : 979-11-6784-199-5　93320

♣ 파본은 교환하여 드립니다.　　　　　　　　　　　　　정가 60,000원